Contents

新見“用飲元駐乘馬匜”銘試釋

張光裕*

多年前曾於古肆得見青銅匜一件(附圖一),惟銘文“監”字之釋讀,多次苦思皆未得其解,遂擱置案頭,不意竟荒怠二十餘年。2017年5月12、13日臺灣大學中國文學系與中國文字學會合辦“第28屆中國文字學國際學術研討會”,邀約光裕與會,乃檢出舊稿予以增補,僅於會中宣讀,未敢遽爾發表。2017年9月因緣訪問中山大學古文字研中心及復旦大學出土文獻中心,曾出示匜銘,分别向兩中心同仁請益,然“監”字釋讀,仍未得確解。今主編一再邀稿,乃不避揣陋,徒以新見材料爲名塞責,如有向壁之嫌,幸祈諒宥。

青銅匜通體平素,寬腹,器身前有短流,下置小環,後身鋬口部位内收,俯視呈“3”字形,其下亦附小環。匜體口徑約三十餘釐米,實測大小及通高失記。匜器體形高大,若此者甚少,上海博物館藏變形交龍紋匜,高18.5釐米、長34.4釐米、寬34.8釐米,[1]又素匜高16釐米、長30.7釐米、寬31.9釐米,[2]形制及大小與本器相似,可參照。器後内壁靠流下方有銘文,鑄款,四行二十二字:

鑄𠪚(匜)用征
以行以監₌盥
用歙(飲)元駐乘馬
其釁(眉)壽無疆

内容未見著録。本文所用拓本(附圖二)乃隨手施拓,銘文字形結構仍以所附照片(附圖三)爲準。

鑄𠪚(匜)

本銘𠪚字从匸从會,會,金文或用爲名詞,如員卣:

---

* 香港中文大學歷史系歷史研究中心高級研究員、恒生管理學院中文系講座教授。

[1] 陳佩芬:《夏商周青銅器研究》,上海:上海古籍出版社,2004年,圖五二六。

[2] 陳佩芬:《夏商周青銅器研究》,上海:上海古籍出版社,2004年,圖五七七。

員從史旗伐會(鄶)。

羣氏嗇鎗:

羣氏嗇乍膳鎗。[1]

或用爲動詞,如逨盤:

用會卲(昭)王、穆王。

新郪虎符:

用兵五十人以上,必會王符,乃敢行之,燔隊(燧)事,雖毋會符,行殹。

然綜觀春秋戰國時期有銘匜器自名,多見"會匜"連用。如:

"會(匜)"以鄧匜(銘圖 14990)[2]

"會(匜)"東姬匜(銘圖 15002)

"會(匜)"攻盧季生匜(銘圖 14901)

"會(匜)"鄬中姬匜(淅川下寺 M3:2)

"會(匜)"蔡子匜(銘圖 14881)

"會(匜)"彭子射匜(銘圖 14878)

---

[1] 羣氏鎗蓋,6 字銘文"羣氏嗇作膳鎗"(《貞松》11.3,《貞松圖》中 39)。是器僅得一蓋,《貞松堂集古遺文》"下 11.3"稱:

此器貞松堂藏,狀如簋蓋,但存手握處,而四周全缺,俗工又去其缺損處,遂如小盞,失其原狀矣。上有羣氏嗇作善六字,羣字不可識,嗇字作,下从,初亦不審爲何字,以下善字从推之,知即言字,蓋即許書之諺,篆文从彦聲,此从彦省聲也,即會字,器蓋謂之會,其文象器蓋上下相合,趙亥鼎作,發子□匜作會,王子□匜作,此从△,象蓋,下从田,象器,以金爲之,故旁增金,其器爲蓋,益證其爲會字,殆無疑也,王子□匜增从辵,乃引申爲會遇字,許書載會之古文作,與王子□匜略同,又會與合同意,故許君會注合也,而合下云:合,口也(段訂正作△口也),予疑合口二字乃會之訛,二字轉注,合亦象器形,上下相合會之,古文从合,亦其證矣。

[2] 吴鎮烽:《商周青銅器銘文暨圖像集成》,上海:上海古籍出版社,2012 年。

"會(匜)"曾關臣匜(銘圖 14871)

"澮(會)(匜)"王子适匜(銘圖 14870)

"澮(會)(匜)"唐子适仲瀕兒匜(銘圖 14975)

"鐘(會)(匜)"𣿬台丘匜(銘圖 14880)

"鉿(會)(鍦/匜)"王子申鍦(匜)(銘圖 14868)

"盫(會)(匜)"蔡侯匜(銘圖 14874)

"會"或釋作"沬"。《説文》:"會,合也。从亼曾省,曾、益也。凡會之屬皆从會。,古文會如此。"黄錫全嘗因"會"、"合"二字音義相近,認爲乃一字之分化。[1] 王子申匜之"鉿(會)"字即从金从合。至於用於匜器銘文之"會"字,近代學者多讀爲"沬"。楊樹達"蔡子匜"跋云:

會字無義,字假爲説文之沬。[2]

陳昭容曾有專文討論,并認爲這些以"會"或从"會"爲聲,代表洗面義的字,都出現在春秋戰國時期長江中下游楚文化所及及其鄰近的地區,可以認爲是洗面義的頮或沬字的區域性寫法。[3] 西周匜器,本有自名爲匜者,字从也、从皿,或从也、从金,或从也、从金皿:

也　盐　鍌　鑑　鉇

字形結構與"春秋戰國時期長江中下游楚文化所及及其鄰近的地區"所見匜銘自名之特殊寫法,迥然不同。至於本器器形爲匜,銘文匫字从匚从會,倘亦讀爲"沬"固無不可,然觀乎本器,形雖爲匜,然銘文内容則與洗面義或盥洗之用無涉(詳見下文),故暫仍讀如字。

本器匜字書作"",細審匚内爲兩手相合形,中間有直劃下出,與下方字劃連筆呈似倒人形。類此寫法多見於上述南方楚地匜銘。又曾見仲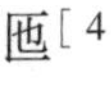(妣)匜[4] 自名曰"(匜)",

[1] 黄錫全:《汗簡注釋》,武漢:武漢大學出社,1990年,第119頁。
[2] 楊樹達:《積微居金文説》,北京:科學出版社,1959年,第167頁。
[3] 陳昭容:《故宫新收青銅器王子申匜》,《中國文字》1999年新二十五期;又氏著:《從古文字材料談古代的盥洗用具及其相關問題——自淅川下寺春秋楚墓的青銅水器自名説起》,《中研院歷史語言研究所集刊》(第七十一本第四分),2000年。
[4] 未見著録。

“”,形構與中子化盤(三代吉金文存 17.13.1)相當,隸定爲“盤”讀爲“浣”,[1]用爲“盥”。“”字上半部件亦見倒人形。陳昭容曾探討上引王子申鐭(匜)自名爲“鐭”,所从“與”字,乃楚式寫法之簡省,中間部件是從牙(与)字變形而來,作爲“與”字之聲符。并同意裘錫圭所説周代金文“與”字的聲旁本與牙字同形……“牙”“與”二字上古音都屬魚部,應屬合理。[2]因此蔡子匜、攻盧季生匜、鄬中姬匜及蔡侯匜等匜字中所見倒人形,其實皆讀爲“牙”字,并且作爲聲旁,故“會”“會”“會”“會”皆得讀爲“會匜”。[3] 本器“”字,左右兩手形近乎接合,然仍得見中間爲倒人之形,結合上述,故可將“匬”讀爲“會匜”,爲此類自名專字再添一實例。

用征以行

“用征用行”、“以征以行”句式,金文習見,如叔夜鼎:

以征以行,用盨用鬻,用旛(祈)眉壽無彊(疆)。

曩伯子窢父盨:

以征以行,割(匄)眉壽無彊(疆)。

曾伯霥簠:

以征以行,用盛稻粱,用耆(孝)用享于我皇且、文考。

陳公子叔原父甗:

用征用行,用鬻稻粱。

[1] 參看李家浩:《信陽楚簡“澮”字及从“关”之字》,《中國語言學報》1982 年第 1 期。
[2] 陳昭容:《故宫新收青銅器王子申匜》,《中國文字》1999 年新二十五期;又氏著:《從古文字材料談古代的盥洗用具及其相關問題——自淅川下寺春秋楚墓的青銅水器自名説起》,《中研院歷史語言研究所集刊》(第七十一本第四分),2000 年。
[3] 陳昭容:《故宫新收青銅器王子申匜》,《中國文字》1999 年新二十五期;又氏著:《從古文字材料談古代的盥洗用具及其相關問題——自淅川下寺春秋楚墓的青銅水器自名説起》,《中研院歷史語言研究所集刊》(第七十一本第四分),2000 年。

庚兒鼎:

用征用行,用龢用鬻,眉壽無疆。

爲甫人盨:

用征用行,邁(萬)歲用尚。

或省作"用征行",如侯母壺:

用征行,用求福無彊(疆)。

曾伯文鐳:

唯曾伯文自乍氒(厥)歙(飲)鐳,用征行。

又有作"以行以巡"者,如鄭義伯鐳:

以行以巡,我酉(酒)既清,我用以爲侃□。

本銘書作"用征以行"則殊爲鮮見,然藉助"用征用行"與"以征以行"詞例互相參照,乃知"用"與"以"同用爲介詞。而介詞"用"、"以"之後賓語"之"則被省略,"之"相當於"此",指代"這件銅器"。"用征"即相當於"用(之)征",同理"用行"即相當於"用(之)行","用征"、"用行"乃表示用此銅器外出征行。職是之故,本銘"用征以行"與金文習見之"用征用行"、"以征以行"二者意義基本相同。

以盬₌盨

"盬"字,未見字書收録。字从"日"从"₌"从"皿"从"欠",字符"日"及"₌"或當表示盛載物類(或爲飾筆,有如"差"之作"木又₌"),暫時未明所指,疑字義或當與可供飲用或食用之盛載器類攸關,詞性則當爲名詞之屬。然雖經細審再三,該字訓釋仍難確知,今僅提供兩種可能作爲參考,明知有關形構及字義解説,并未有充分論據支持,惟有待識者予以補説。

1. 讀爲“昷”

《説文》無“昷”字,然於皿部“𥁕”下云:

> 𥁕,仁也,从皿以食囚也,官溥説。

後出字書及韻書則以“昷”爲“𥁕”之隸省或俗寫。如《類篇》:

> 𥁕,隸省作昷。

今暫依字形結構,試讀“監”爲“昷”。

“以監=盪”,“監”字下兩横點疑爲重文符號,可讀爲“以監監盪”,“監”字主要義符爲“皿”與“欠”,故其字本義應當爲可供飲用或食用之盛載器類,“以”爲介詞,衡之“以衣衣我”用例,“監”字當爲名詞,重文所表示之“監”字,則可理解爲名詞作動詞,既表示其重要且具“食”或“飲”之作用,從銘文記述“用歙(飲)元駐乘馬”,或可推知并寓“餵飼”之意。“盪”讀爲“漿”,(見後)。整句意謂“用監器作餵盪之用”,或言“以監(昷)餵之以流質飲漿飼料”。

2. 讀爲“昷/盟”

《説文》:“盟(盟),《周禮》曰:國有疑則盟。諸侯再相與會,十二歲一盟,北面詔天之司慎、司命,盟殺牲歃血,朱盤玉敦,以立牛耳。从囧皿聲。盟,篆文从朙。盟(盟),古文从明。”據《説文》“盟”有祀祭義。金文亦多用爲盟祀。字从“明”,故金文或借“明”爲“盟”,如:

> 徐尹皆鼎:“余敢敬明(盟)祀。”
> 服尊:“服肇(肇)夙夕明(盟)享。”

文獻亦見其例,如《詩經·小雅·黄鳥》:

> 此邦之人,不可與明。

《鄭箋》:

> 明當作盟。

金文“盟”字有以下諸形,如:

A.  B. 

字从日从皿，或隸作“盄”讀爲“盟”。又“盟”字从明从皿，如

C.  D.  E. 

D、E 兩形，“明”下皆有一點，有以之爲“血”之義符，與本銘“監”字日下附帶二點相類似，惟未明所指，而本銘字則更益“欠”作“監”。今參校“盟”字於剌鼎用例，暫試讀爲“盟”：

剌肈作寶障，其用（盟）鸞宂嫣日辛。《集成》(02485)

剌鼎之“用盟”，猶言“以盟”，“用盟鸞宂嫣日辛”，“盟”後綴以“鸞”字，對本銘所稱“以監=盨”之釋讀似有助思考，再者，河南上蔡郭莊出土競之嬰鼎銘云：

自乍𪔝（鸞）彝……供盟祀。[1]

競之嬰鼎的内容，謝明文有專文討論，[2]文中引清華簡“𪔝”字形體及曾仲姬之𤖻壺之“𤖻”字，印証鼎銘當釋爲“𪔝”，讀爲與祭祀有關之“鸞”。本銘“盨”與“𪔝”字之别，僅爲所从“皿”、“止”之異，故“盨”如據以讀爲“鸞”，而“以監=盨”則讀爲“以盟=鸞”，若此假設成立，則是語亦帶有盟祀義。然細審“盨”字於金文中雖爲首見，其形構則與《説文》“醬”字籀文相同。《説文》云：

醬，醢也，从肉酉，酒以龢醬也，爿聲。𤖻，古文醬如此。盨，籀文。

醢，説文云：“肉醬也。”若然，“盨”或當爲肉醬類矣。然飼養馬匹率皆以草料爲主，未見餵以“肉醬”者，故“盨”形雖與“醬”之籀文相合，然於義不合，未能采用。至於能否逕讀爲“鸞”，亦宜再加思考。《玉篇・鼎部》：

[1] 謝明文：《競之嬰鼎考釋》，《出土文獻》（第九輯），上海：中西書局，2016 年；又參看氏著：《曾伯克父甘婁簠銘文小考》，復旦大學出土文獻與古文字研究中心網站（http://www.gwz.fudan.edu.cn/old/SrcShow.asp? Src_ID=2925　2016/10/30）。

[2] 謝明文：《競之嬰鼎考釋》，《出土文獻》（第九輯），上海：中西書局，2016 年；又參看氏著：《曾伯克父甘婁簠銘文小考》，復旦大學出土文獻與古文字研究中心網站（http://www.gwz.fudan.edu.cn/old/SrcShow.asp? Src_ID=2925　2016/10/30）。

鬺,煮也。亦作䰞。

《説文·鬲部》:

䰞,煮也。从鬲羊聲。

王國維有《説俎下》一文,[1]利用《儀禮》記述,認爲“鬺”字:

象匕肉於鼎之形。古者鼎中之肉皆載於俎。又匕載之時,匕在鼎左,俎在鼎右,今鬺字之左从匕,則其右之象俎,明矣。

解説至爲精闢。然根據匜銘“用歙(飲)元駐乘馬”詞意,“⿱擅皿”或與“鬺”字無涉,今以爲可讀曰“漿”。“漿”,或作“𤖤”,《説文》云:

𤖤,酢𤖤也。从水,將省聲。𣲵,古文𤖤省。

《周禮·天官·酒正》:

辨四飲之物:一曰清,二曰醫,三曰漿,四曰酏。

鄭玄注:

漿,今之酨漿也。

孫詒讓《周禮正義》:

案漿酨同物,纍言之則曰酨漿。蓋亦釀糟爲之,但味微酢耳。

《禮記·内則》“漿水醷濫”下鄭玄注:

[1] 王國維:《説俎下》,見《觀堂集林:附别集》,北京:中華書局,1959年。

漿，酢截。

《周禮·天官·漿人》：

漿人，掌共王之六飲：水、漿、醴、涼、醫、酏。

綜上所釋，漿爲酢漿，味微酸，或與酒糟相類。然餵飼馬匹則不應含酒精成分，“𥂴”，如讀爲“漿”，則當指略帶酸味之流質飼料。青銅匜本爲水器，金文及文獻中多見與“盤”配合使用，惟匜既能盛水，盛“漿”亦當無不可，何況本匜器體寬大，異於常形，足容雄馬垂首飲食。前云“以監（皿）餵之以流質飲漿飼料”，似較符合匜銘要旨。

用歙（飲）元駐乘馬，其𩰤（眉）壽無疆

“乘馬”一詞，《詩經》屢見。《詩·大雅·崧高》：

路車乘馬，我圖爾居。

《毛傳》：

乘馬，四馬也。

又《小雅·鴛鴦》：

乘馬在厩，摧之秣之。

《鄭風·大叔于田》：

叔于田，乘乘馬。

古代以四馬所駕之車謂之一“乘”。《管子·乘馬》：

一乘者，四馬也。

《論語·學而》:

子曰:"道千乘之國,敬事而信,節用而愛人,使民以時。"

"千乘"之數,毛子水曾做估計云:

古代兵車一乘,戎馬四,甲士三人,步卒七十二人,衣炊樵汲厩養共二十五人。[1]

即共約百人,若然,"千乘"兵力當在十萬左右。"乘"有"四"義,文獻中猶見數例。如《左傳·僖公三十三年》記:

秦師……及滑,鄭商人弦高……以乘韋先牛十二犒師。

又《禮記·少儀》:

其以乘壺酒,束脩,一犬,賜人。

鄭玄注:

乘壺,四壺也。

孔穎達疏:

四馬曰乘,故知四壺酒,亦曰乘壺酒。

古代射禮比試,每射以"四矢"爲度,《儀禮》記述射儀多見"乘矢",即指"四矢"而言,如《儀禮·鄉射》:

司射適堂西,袒、决、遂,取弓于階西,兼挾乘矢,升自西階。

---

[1] 毛子水:《論語今注今譯》,臺北:臺灣商務印書館,1984年,第4頁。

又：

司射東面立于三耦之北，搢三而挾一个，揖進。……誘射，將乘矢。

《大射》：

司射適次，袒、決、遂，執弓，挾乘矢，於弓外見鏃於弣，右巨指鉤弦。

又：

司射入于次，搢三挾一个，出于次，西面揖……誘射。射三侯，將乘矢，始射干，又射參，大侯再發。

"駐"，本爲雄馬之專用字。甲骨文別有（駐），[1] 楚簡亦有（駐），[2] 或當爲雌馬之專用字。金文中"庚壺"有"乘駐"一詞，"駐"字兩見：

字又見"螸壺"，作：

曾侯乙墓出土竹簡有"駐"字，作以下諸形：[3]

---

[1] 于省吾主編：《甲骨文字詁林》，北京：中華書局，1996年，第1646頁。

[2] 張光裕等合編：《曾侯乙墓竹簡文字編》，臺北：藝文印書館，1997年，160簡"坪夜君之兩騑駐"，第337頁。

[3] 張光裕等合編：《曾侯乙墓竹簡文字編》，臺北：藝文印書館，1997年，160簡"坪夜君之兩騑駐"，第176頁。

《古文四聲韻》引古老子亦有左从土,右从馬之“駐”:[1]

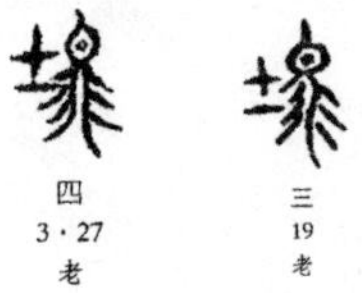

《集韻·上聲·厚韻》則書作“犸”。由於文字演變過程中,“牡”字及“牝牡”一詞使用普遍,描述雄馬亦以“牡”字取代,如《詩經·魯頌·駉》:

駉駉牡馬,在坰之野。

而文獻稱述四馬御車者,更多以“牡馬”服其事,如《詩經·秦風·小戎》:

四牡孔阜,六轡在手。騏駵是中,騧驪是驂。

《詩經·小雅·節南山》:

駕彼四牡,四牡項領。

《詩經·小雅·采薇》:

戎車既駕,四牡業業。

《文心雕龍·附會》:

是以駟牡異力,而六轡如琴;并駕齊驅,而一轂統輻;馭文之法,有似於此。

例多不贅舉。而原有之“駐”及“犸”反被視爲“牡”之異體字,甚且認爲牡字本从牛,古文更換意符从馬作駐。[2] 今新見之匜銘既爲“駐”字增添一用例,亦可印証雄馬專用之“駐”字於兩周時期并不罕見。

匜銘“元駐乘馬”,“元”有“首”義,《爾雅·釋詁》:

---

[1] 徐在國編:《傳抄古文字編》,北京:綫裝書局,2006年,第96頁。

[2] 參見李春桃:《古文異體關係整理與研究》,北京,中華書局,2016年,前言及第30頁。

初，哉，首，基，肇，祖，元，胎，俶，落，權，輿，始也。

以元爲“首”或“長”義，文獻多見，如《詩·魯頌·閟宫》：

建爾元子，俾侯于魯。

元子即指周公長子伯禽，《書·顧命》：

用敬保元子釗，弘濟于艱難。

即以元子爲長子。至於金文亦有稱長女爲元子者，如番匊生壺：

用賸厥元子孟妃乖……

可忌豆：

可忌作氒元子中（仲）姞賸錞（敦）。

惟該器既自名曰“賸敦”，乃陪嫁之物，故元子云者，猶言長女。又金文及文獻中固有稱長女曰“元女”者，如晉公盦：

丕乍元女□□□□賸盦四酉。

《左傳·襄公二十五年》：

庸以元女大姬，配胡公，而封諸陳，以備三恪。

至於湖北江陵岳山春秋墓出土的羕伯簠則有“元妹”之稱：

羕伯受用其吉金，乍其元妹叔嬴爲心賸餴簠……[1]

---

[1] 荆州地區博物館：《江陵岳山大隊出土一批春秋銅器》，《文物》1982年第10期。

“元妹”亦猶言大妹也。金文中猶有“元孫”之稱,叔弓鐘(鎛)(集成 00277/00278):

用旂眉壽,霝命難老,丕顯皇祖,其乍福元孫,其萬福屯魯。

又新見《差鐘》(未見著録):

有中周鄭邑大内史元孫内史差孫伯□父。

“元”又以爲應有“尚/上”或“善”義者,然無論如何,“元駐”固可指乘馬中爲首或最上善之“駐”馬。然四馬繫駕,當中二馬爲服馬,左右外側兩馬則爲驂馬,四馬之中,殊難判斷孰爲首馬,故“元駐乘馬”宜理解爲首四匹駕車雄馬,就整隊車馬而言,則指最前列之“車乘”。“四馬車乘”一般多屬戰車,以四匹雄馬駕車,更具神氣。古稱“千乘之國”者,蓋言坐擁强大車馬兵力,同時展示國勢之隆盛。《孫子兵法·作戰》:

孫子曰:凡用兵之法,馳車千駟,革車千乘,帶甲十萬,千里饋糧。

“馳車千駟,革車千乘”云者,肯定指戰車無疑。本銘“乘馬”與戰車是否有關,可結合前云“用征以行”詞意,做進一步探討參考。“乘馬”列隊,作爲前驅者當然備受重視,而器主爲表示征行之重要,故鑄此匜盛載飲漿,於出行或出征前爲“元駐乘馬”進行餵飼,既使精壯馬匹氣力飽足,又可藉以鼓勵士氣。銘末云“其釁(眉)壽無疆”,雖屬祝禱吉頌熟語,然已充分表達主事者内心之祈求與祝願。至於“行”、“盨”、“疆”三字,古音分别爲“匣”、“精”及“見”紐,而均同屬“陽”韻,可以通叶,足見鑄銘者用心所在。

要之,本匜鑄製目的或有别於一般盥洗用匜,器主專爲征行及“以監₌盨,用飲元駐乘馬”而鑄匜,文句簡潔,内容乃金文中首見,值得研究及重視。

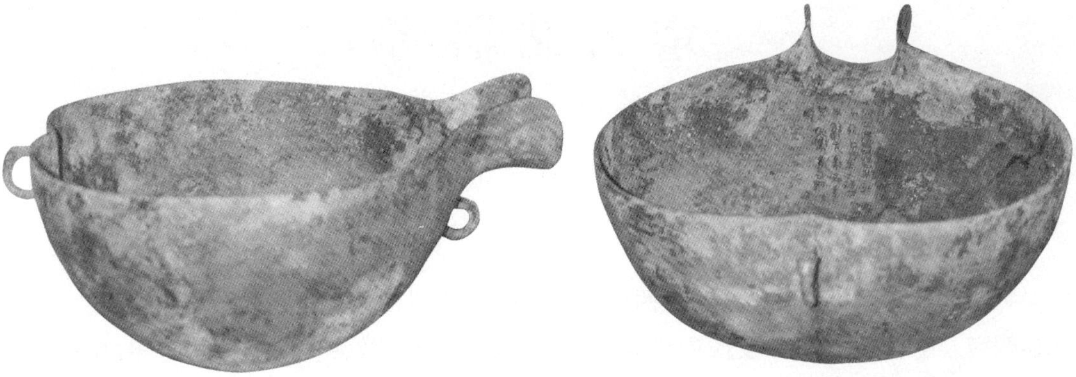

附圖一

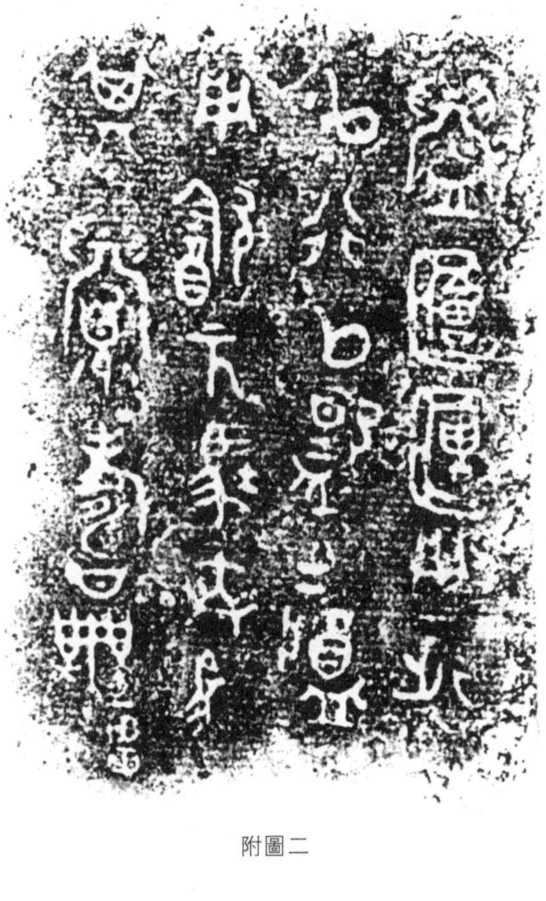

附圖二

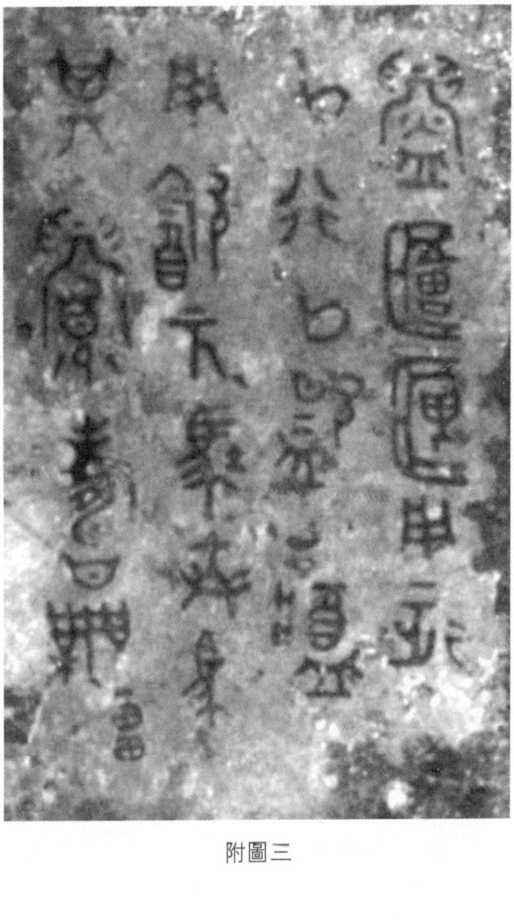

附圖三

宗人諸器考

——兼及再論西周貴族家族作器制度

朱鳳瀚*

吴鎮烽先生《銘圖續》收入三件西周中期偏晚至晚期初的青銅器,[1]作器者是“宗人”或器歸宗人使用,銘文均涉及西周貴族家族内的宗法關係,故頗值得注意。此外,其中兩件也涉及在貴族家族内製作青銅禮器的問題,而此前筆者曾有小文專門探討過西周貴族家族内的作器制度,[2]故本文對於後面這個問題的討論,可以叫作“再論”。

這三件器物是宗人鼎(《銘圖續》0231)、宗人簋甲(之一,《銘圖續》0461)、宗人簋乙(《銘圖續》0440),其中宗人簋甲實際有同銘的兩件器,可稱之一、之二。本文在討論宗人諸器銘時,還兼及宗人之弟孝所作的孝簋與其銘文(《銘圖續》0441)。這幾件器物的銘文在文字上與文句上總體看并不難懂,但由於其中牽扯到的人物身份、相互關係略顯複雜,故欲讀懂文義需要做深入討論。

一

先讀宗人鼎(圖一)。

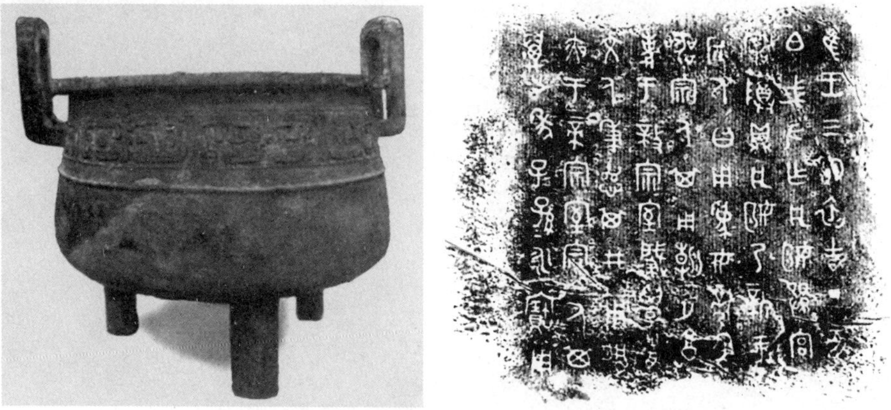

圖一　宗人鼎圖像及其銘文拓本(《銘圖續》0231)

* 北京大學中國古代史研究中心、出土文獻與中國古代文明研究協同創新中心教授。

[1] 《銘圖續》是吴鎮烽編著《商周青銅器銘文暨圖像集成續編》(上海:上海古籍出版社,2016 年)之簡稱。本文使用的《銘圖》是該書正編簡稱。

[2] 拙作:《金文所見西周貴族家族作器制度》,收入《青銅器與金文》(第一輯),上海:上海古籍出版社,2017 年。

圖二　宗人鼎銘文照片

此鼎雙附耳，尚存留西周中期垂腹的特徵，且腹傾垂度甚大，最大徑已近器底，足部亦尚爲柱足，從形制與所飾竊曲紋看，此器應在西周中期偏晚，在宗人諸器中，此鼎應是年代相對較早的。鼎内壁有銘文 73 字（重文 2），現將釋文寫定如下：

隹（惟）王三月初吉丁亥，
白（伯）戈父乍（作）凡姬□宫
寶障（尊）鼎，凡姬乃新（親）于
宗人曰："用爲女（汝）帝（嫡）賓（?）
器。"宗人其用朝夕亯（享）
事于敵（嫡）宗室，肇學前
文人，秉德其井（刑），用夙
夜于帝（嫡）宗室。宗人其
邁（萬）年子子孫孫永寶用。

伯戈父之"戈"，研究者或隸作"或"，但細審銘文拓本（圖一）與照片（圖二），[1]"戈"下

[1] 曹錦炎：《宗人鼎銘文小考》，收入《吉林大學古籍研究所建所三十周年紀念論文集》，上海：上海古籍出版社，2014 年。又見吴鎮烽《銘圖續》釋文。

的橫畫應是銹泐所致(此器銘文字多有銹蝕),而非筆畫,且“或”應有的口形也不明顯,[1]故在此暫隸作“戈”。

凡姬,應是出身於凡氏、姬姓的女子,凡爲“周公之胤”,見《左傳》僖公二十四年。器銘稱“凡姬”,以其父氏冠於前,合乎夫家對外嫁來的女子之尊稱,爲金文慣例。

□宫,前一字銹蝕,已難確識。[2] 從下文之義看,此宫很可能是祭凡姬之夫君的宗廟。西周金文中,王朝卿士在本家族内所建宫室、宗廟亦有自己所起名稱,如“伯或肇其作西宫寶”(伯或簋,《銘圖》05107)、“用作散官旅彝”(召圜器,《銘圖》19255)。

這是伯戈父作爲大宗,在其宗族内的小宗(按:即下文孝簋所稱之釐伯)去世後,爲此小宗之配偶凡姬主持之宗廟製禮器,以祭其亡夫。

在西周金文中,亦有爲嫁到本族内的女性作宗廟之例子,如西周中期的尹姞鬲,其銘文曰:“穆公作尹姞宗室于繇林,隹六月既生霸乙卯,休天君弗望(忘)穆公聖粦明□事先王,各于尹姞宗室繇林。”既言穆公生前曾爲尹姞作宗室,在西周貴族家族内,與上古時期所有的父權制(夫權制)家族相同,宗族内的祭祀均應是由男性宗子主持的,他們當然同時也是宗廟的主宰者,一般不會由出嫁至此的屬於異姓的女性成員主宰宗廟。因此,尹姞也不當是穆公之妻。穆公所以爲尹姞作宗室,只有一種可能,即尹姞之夫係穆公爲大宗之宗族内的小宗,爲穆公之弟或子的可能較大,先已去世,其子尚未成年,故只能由尹姞主持亡夫之家祭。[3] 穆公爲尹姞作宗室,用以敦促其主祭亡夫是作爲大宗的一種責任,也是對宗族内所奉行祭祀制度的維持。這種大宗關照族内小宗祭祀之事,與西周金文中所見大宗爲亡故的小宗作祭器(如爯鼎、爯簋、爯盨銘文所言)[4]性質及意義都是相同的。此銘中的“天君”,顯然是穆公之上司,最有可能即是王或王后,因不忘穆公奉事先王之功績,在穆公去世後,特意來到穆公家族,對穆公後裔表示慰問,因而各于位在繇林的尹姞宗室。此時,尹姞宗室中所祭或者已不止是其夫君,也有可能已有了穆公的神主。西周時宗婦亦可祭夫族内之大宗,如虘鐘(《銘圖》15269－15274)銘文所示。

在此宗人鼎銘文中,凡姬之□宫,情況或與尹姞鬲中之“尹姞宗室”的性質近同,而尹姞

[1] 西周金文中“或”所從爲必而非戈,偶亦寫成近似戈的,實亦是將左側亘與ㄑ連在一起所成,寫成近似戈的,年代多已在西周晚期偏晚。

[2] 從現可見字形看,疑爲“敳”字,《説文》中“敗”字籀文即作此形。敗,幫母月部字,在此可能讀爲同音字“祓”或“拜”。

[3] 尹姞所作之器,尚有公姞鬲(《銘圖》03035),與尹姞鬲形制、紋飾同,製作時間當相同或相近。公姞之稱未必可作爲尹姞爲穆公配之證。如本文所析,公姞之夫當爲穆公之弟或子,係穆公宗族内小宗,即支族之首任宗子,逝後被本族人、後裔尊稱爲公是可能的,此“公”與穆公之公内涵有所不同,公姞殆因此爲稱。

[4] 請參見拙作:《金文所見西周貴族家族作器制度》,收入《青銅器與金文》(第一輯),上海:上海古籍出版社,2017年。

與穆公的關係和凡姬與伯戈父的關係亦當近同,凡姬實爲伯戈父宗族内小宗之配。在西周金文中,夫爲妻作器是較常見的,這種器物常是使其妻祭拜公、婆使用,但本銘中言此鼎不是爲凡姬個人所作,而是爲凡姬主持之宗廟所製之禮器,不同於夫爲妻作器。

凡姬乃新于宗人曰"用爲女(汝)帝(嫡)賓(?)器" 新爲心母真部字,親爲清母真部字,同韻,聲母皆齒音,故音極近,二者實皆從辛得聲。親即親自。凡姬親對宗人所言,是要將伯戈父賜予她、令放置於她所建宗廟中的鼎,指定作爲給宗人的"嫡賓(?)器"。宗人,研究本銘之學者或認爲是"指同宗之人",只是表示身份之稱。[1] 但從宗人諸器器銘來看,此"宗人"應即受凡姬賜鼎者之私名。"嫡賓(?)器"之"嫡"在這裏當是正統、正宗之義,宗人應是本小宗之宗子,故所用器可稱"嫡"。"賓"字在銘文的最下邊,銹泐不清,從拓本看近於"賓",如是"賓"字,則在此應爲"敬"義。《周禮·地官·鄉大夫》"以禮禮賓之"鄭玄注引鄭衆云:"賓,敬也。"《周禮·秋官·司儀》"賓亦如之"孫詒讓正義曰:"賓,猶敬也。"賓敬以禮,故"賓器"實亦即禮器。[2] "嫡賓器"即宗子的禮器。因用於宗廟中,也即宗子主祭所用之禮器。

宗人其用朝夕享事于啇(嫡)宗室 這具體説明凡姬指定由宗人用爲"嫡賓器"的,是要其朝夕享祭於啇宗室的祭器。"啇"字在銘文拓本中,左邊乍看像"亲",但細察銘文照片,左邊還是"帝"字。下文所論宗人簋乙銘文中也有"啇宗室"之稱,"啇"當讀作"嫡",嫡宗室應是指自身所從出的直系先人的宗室。

用夙夜于嫡宗室 此句講的意思與上一句"其用朝夕享事于啇(嫡)宗室"是相同的,所以重複言之,應是藉以展示自己對尊祖敬宗無比虔誠的心意。

本銘中的人物關係,可以先做這樣一個推擬:

伯戈父,包含宗人所在分支宗族的更大規模的宗族族長,亦即大宗。

凡姬,爲宗人之母。宗人之父爲該分支宗族族長(相對於伯戈父又爲小宗),故凡姬有宗婦身份。宗人之父或是伯戈父之從弟(所以爲從弟,詳下文),或是伯戈父之再從子,而以爲其弟可能性較大,即伯戈父爲宗人之伯父輩。

宗人,在凡姬將此鼎轉授予他時,可能剛繼承其父即凡姬之夫爲宗子,亦即伯戈父宗族内小宗。

伯戈父要爲凡姬作其宗廟的祭器,乃大宗關注與督促小宗家族祭祀,是當時貴族家族内宗法制度的體現,這在筆者前此所撰論西周金文中所見貴族家族内作器制度時已言及。[3] 凡姬將此鼎交予宗人,正是因爲宗人此時始作爲小宗,已擔任本支宗族主祭者,本享有此權

---

[1] 見前引曹錦炎先生文。
[2]《周禮·地官·鄉師》"州共賓器"鄭玄注:"賓器者,尊俎笙瑟之屬。"
[3] 拙作:《金文所見西周貴族家族作器制度》,收入《青銅器與金文》(第一輯),上海:上海古籍出版社,2017年。

力。凡姬作爲其母,將大宗專爲本支宗族所作祭器交付作爲小宗的宗人,事在情理之中。

當然,對本銘的解釋中,還有一個問題,即伯戈父所作鼎,是否即是本器,從銘文語義看,凡姬囑咐宗人要將伯戈父所作鼎"用爲汝嫡賓器"後,宗人曰:"宗人其用朝夕享孝于……""用"即當是指用此鼎,故伯戈父所作鼎即此宗人鼎。這樣看來,鼎既已鑄有宗人(或以其名義)所作銘文,則伯戈父并非是先鑄成鼎交予凡姬,而是由其出資,或以其名義製作此禮器,實際鑄作者當是凡姬(或宗人)。

與上面討論問題相關的是這件鼎的定名。作器者雖名義上應是伯戈父,但從器銘文義看,此鼎實已爲宗人所有,鼎銘亦多帶有宗人備忘、自律性質,故依此實情,還是稱爲宗人鼎爲妥。

二

再讀宗人簋甲。據曹錦炎先生言,同銘簋有二,一件完整,一件殘損嚴重(脱底)。[1] 本文所考證的《銘圖續》0461 這件,應是曹文所云完整簋,可稱"宗人簋甲之一"(圖三)。另一件殘損的,本文稱"宗人簋甲之二"(圖四)。

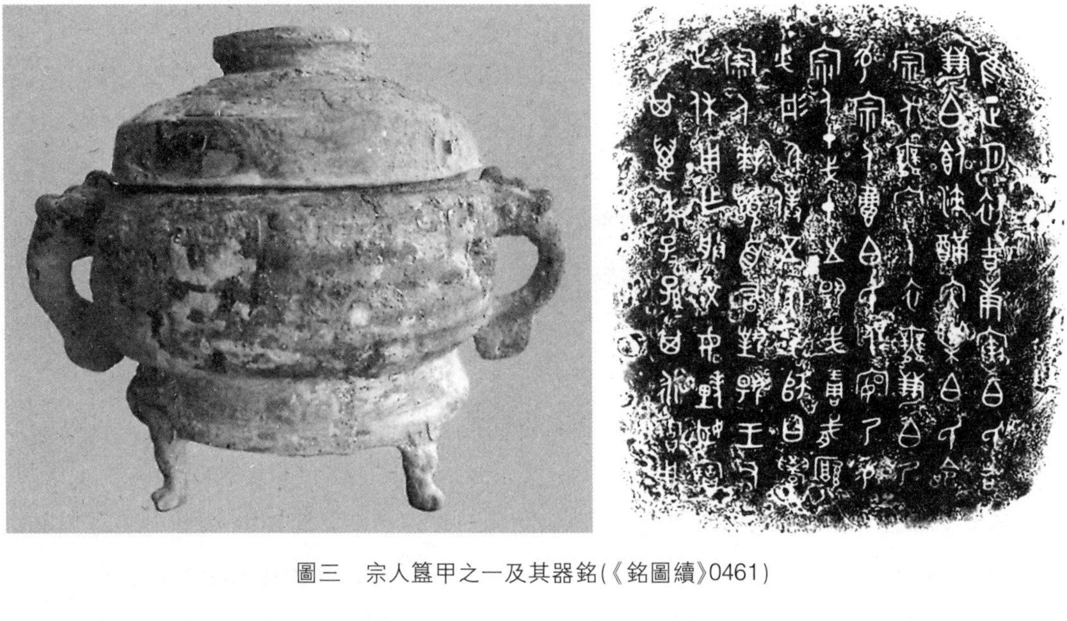

圖三　宗人簋甲之一及其器銘(《銘圖續》0461)

此兩件同銘簋已是西周中期偏晚後始流行的圈足下帶三小扁足、下腹與蓋頂均有瓦紋的形制,雙半環耳下的小珥較小,圈足下三小扁足較高。結合上引宗人鼎年代(西周中期偏晚)與此

[1] 曹錦炎:《宗人簋銘文與西周時的燕禮》,《古文字研究》(第 31 輯),北京:中華書局,2016 年。曹文云此簋甲之一漏鑄一字。

簋之銘文字體特徵看,其年代仍當在西周中期偏晚。簋器蓋同銘,《銘圖續》簋甲之一僅刊出器銘,共93字(重文2),其釋文可寫定如下:

佳(惟)正月初吉庚寅,白(伯)氏召
滭白(伯)飤涑(瀆)醂,内樂。白(伯)氏命
宗人舞,宗人衣(卒)舞,滭白(伯)乃
易(賜)宗人畺。白(伯)氏侃宴,乃易(賜)
宗人毌戈:毌五䂮(錫),戈琱戢、㕈(厚)
必(柲)、彤屖(緌);僕五家,氒(厥)師曰學。
宗人拜頶(稽)首,敢對䂮(揚)王父
之休,用乍(作)朕文母釐姬寶
毁,其萬年子子孫孫其永寶用。

圖四　宗人簋甲之二器底銘文照片

此器銘文所述内容較單純。下面僅對其中幾個問題略做考釋。

滭,李學勤先生根據郭店簡祭公寫成晉,認爲金文中的滭公即祭公。[1] 吴振武先生釋作淺,亦認爲可以讀作祭。[2] 依此説,此"滭伯"應是祭公後人。

伯氏召滭伯飤涑(瀆)醂　瀆醂,應是一種飲料的名字。瀆,説文曰:"嘔也。"醂,從酉、苪聲。苪,疑是萬的省體。《廣韻》有醂字,釋作"醭醂醬上白也"。在這裏"瀆醂"或是指浸泡植物或食糧使之發酵生成的一種飲料。

宗人衣(卒)舞　衣讀作"卒",唐蘭先生有此説,曹錦炎先生文已述。[3]

滭伯乃賜宗人畺　畺從字形看,應是一有流口的盛酒器。

僕五家,氒(厥)師曰學　言"厥師",可知此"師"即應是此"僕五家"之長。《周禮·天官·敘官》"甸師下士二人"鄭玄注:"師,猶長也。""厥師曰學"是説此僕五家之長名字叫學。[4] 此與季姬方尊銘文中"君命宰茀賜𥎦季姬畋臣于空木,厥師夫曰丁"(《銘圖》11811)語句相近。

---

[1] 李學勤:《釋郭店簡祭公之顧命》,《文物》1998年第7期。

[2] 吴振武:《假設之上的假設——金文"𥜽公"的文字學解釋》,《吉林大學古籍研究所建所二十周年紀念文集》,長春:吉林文史出版社,2003年。

[3] 據上引曹錦炎文。

[4] 據上引曹錦炎文,與同銘乙簋相校,此甲之一簋"學"下漏鑄一字"若",如是,則其名應叫"學若"。但從甲之二簋殘存器底照片(圖四)看,"學"字下似亦無"若"字位置。

與宗人鼎銘文中較費解的問題相同,此簋銘文中的人物關係亦需辨析。簋銘中的伯氏既可命宗人舞,應即上述宗人鼎中的伯戈父,作爲大宗,賜宗人兵器外,還賜之僕五家。宗人在銘末言“敢對揚王父之休”,“王父”自然指的是伯氏,亦即伯戈父。王父,當然可以認爲即是通常所指的父之考,即祖父,如《禮記・祭統》所言:“夫祭之道,孫爲王父尸。”但如伯戈父是宗人之祖父,從上文所論宗人鼎情況看,宗人生父已去世,宗人已繼位爲小宗之宗子,是已成年,則伯戈父如輩份長宗人兩代,則年齡似過大,如上述,伯戈父當是宗人之伯父輩。故這裏不取“王父”爲祖父説,而取“王父”爲對父輩尊稱説。《國語・晉語七》:“養老幼,恤孤疾,年過七十,公親見之,稱曰王父。”王,可讀爲“皇”,王父即皇父。

“王父”作爲對父親的尊稱,亦見於伯康簋,其銘文曰:

> 用饎王父、王母。(《銘圖》05168、05169)

此與“王母”并稱的“王父”,不會是祖父。“王母”,文獻中未有記其爲祖母之稱的。金文中則有“王母”與“皇考”并稱之例,如:

> 史顐作朕皇考釐仲、王母泉女尊鼎。(《銘圖》02401)
> 仲叡父作朕皇考遅伯,王母遅姬尊毁。(《銘圖》05094)

此類銘文足證“王母”是對母親的尊稱,因此伯康簋中與“王母”并稱的“王父”,也是伯康對自己父親的尊稱、美稱,“王”皆當讀作“皇”。伯戈父雖是宗人伯父輩,而宗人亦稱之爲“王(皇)父”,猶如毛公鼎,王稱毛公厝爲“父厝”。

除此“王父”之稱值得討論外,在簋銘文中,宗人在銘末一方面對揚王父休,一方面又言,要“用作朕文母釐姬寶毁”。用,因也,因得到王父之休,而思念及其文母,是西周金文中最常見的思維模式,是作器者認爲自己之所以能得到王、上級貴族或宗族之長的表彰、賞賜之類的恩寵,蓋源自其先人之蔭庇。宗人爲其文母釐姬作此寶簋,而未言及其父,這也應當可以從上文所論宗人鼎銘文中反映出來的情況得到解釋。如上文所論,宗人鼎銘文中的凡姬應是宗人之母,也即當是此簋銘文中的釐姬,只是宗人作此簋時,其母凡姬已故去,故宗人作簋祭祀之。宗人殆較早即喪父,其母凡姬作爲宗婦主持家族事務,宗人是在她教誨之下長大,故宗人對其母親懷有超過其父之情感,此當是宗人專爲其母作禮器之原因。釐姬之釐,是金文中常見之謚稱。

三

下面讀宗人簋乙(圖五)。

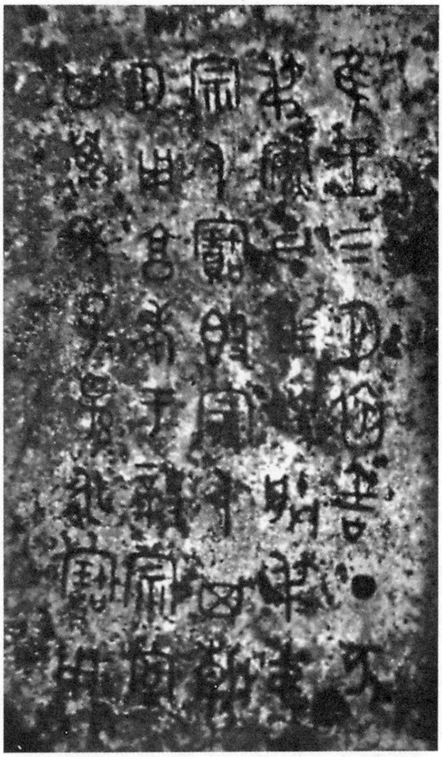

圖五　宗人簋乙及其銘文(《銘圖續》0440)

這件簋亦是圈足下帶三小扁足的有蓋鼎,但雙耳作獸首半環耳銜環狀,圈足作直壁,蓋頂尤高,而寬蓋沿成直角狀下折,使整個器物顯得甚爲高聳,形制有其特色。如結合銘文字體及下邊要討論的銘文内容,可以認爲此簋是宗人諸器中年代相對較晚的一件,大致也屬於西周中期偏晚或晚期之初。西周中晚期之際此種小獸首銜環狀耳簋方始興起。[1]簋器蓋同銘,《銘圖》只刊出一張銘文照片,未知是器銘還是蓋銘。42 字銘文中有合文 2,其釋文爲:

隹(惟)王三月初吉丁亥,
叔安父乍(作)爲朕叔弟
宗人寶毁,宗人其朝

[1] 有蓋,圈足下帶三小足,雙獸首小半環耳銜環的簋,大致始流行於西周中期偏晚,參見拙著:《中國青銅器綜論》中册,上海:上海古籍出版社,2009 年,第 1303 頁。與此簋大致可歸爲同型的簋,如其簋(蓋後配,《銘圖》04611),叔侯父簋(《銘圖》05100),伯句簋(《銘圖》04989、《銘圖續》0410),伯䪞簋(《銘圖》05100),吕簋(《銘圖》05257),毁簋(《銘圖》05305、05306),從形制、紋飾與銘文字體看,皆當在穆王以後,估計其時段大致在共王至懿、孝以至夷王期間。

夕用亯(享)考(孝)于敵宗室,
其萬年子子孫孫永寶用。

銘文在宗人諸器中相對較爲簡單。“叔弟”之稱,在西周金文中似爲首見。西周文獻中,如《詩經·鄭風·蘀兮》及《豊》中均有“叔兮伯兮”之稱,是同輩兄弟間可以“叔”、“伯”之類表行輩之稱呼,故叔安父稱宗人爲“叔弟”,等同於稱“弟”。但叔安父既爲其叔弟宗人作禮器,按照筆者曾討論過的西周貴族家族内作器制度,則叔安父應是宗人之大宗,但依上文對宗人鼎、宗人簋甲銘文中人物關係的分析,宗人在其本支家族内已有宗子身份,叔安父與宗人應不會是在同一小宗分支家族内,則叔安父最大之可能,是他爲宗人所屬宗族的宗子,即相對宗人爲大宗,地位應同於上面討論的宗人鼎中的伯戈父(在宗人簋甲銘文中,宗人亦稱之爲“伯氏”)。叔安父行輩爲叔,自然不會是伯戈父,而他很有可能即是伯戈父之子。是宗人作此件簋時,伯戈父已去世,由其子叔安父繼任該宗族的宗子,[1]其輩份應與宗人同而年長於宗人,爲其再從兄,故稱之爲“叔弟”。叔安父身份如確是如此,則他稱宗人爲“叔弟”,當然也有另一種可能,即此“叔”是叔安父稱宗人之父的行輩,此“叔弟”即類似於今日所謂“叔伯兄弟”之稱,但西周時是否可以這樣稱呼,還需要有更多證據。

叔安父爲伯戈父之子,此時繼任爲大宗,則此宗人簋乙銘文中的曆日,必要晚於上文所舉宗人鼎銘文中的曆日,時伯戈父尚在世。需要説明的是,此二器所銘曆日雖皆爲“惟王三月初吉丁亥”,但這種相合并不意味二器銘文所記曆日是同一天,因爲這種月份與初吉時日隔若干年即相合的情況并不少見,例如:約屬夷王二年的王臣簋曆日爲“二年三月初吉庚寅”,約屬厲王五年的諫簋曆日爲“五年三月初吉庚寅”,約屬厲王三十一年的鬲攸从鼎曆日爲“三十一年三月初吉壬辰(庚寅在前二日,也可能亦在三月初吉範圍内)”。初吉,舊多理解爲月相,近年來研究西周金文曆譜的學者已多傾向於認爲初吉是指所謂初干吉日,其時日可在一個月的前十天之内,範圍較寬,所以隔若干年有相同的月份和初吉日是可能的。所以,此宗人簋乙所記時日不必與宗人鼎同時。依上文對宗人簋甲銘文内容的分析,宗人簋乙應是在伯戈父去世後,其子叔安父繼爲大宗之初年所製。實際上,宗人簋乙銘文中記叔安父爲自己作簋之事,也只能是在叔安父已具有大宗身份之後才可能有的具有合族意義的行爲。

值得注意的是,宗人在這件簋銘中記載了叔安父爲自己作此禮器後,亦言“朝夕用享于敵(嫡)宗室”,與前論宗人鼎中記載伯戈父爲凡姬□宮作器而後凡姬囑其使用,宗人表

[1] 西周貴族家族内的宗子,未必皆由嫡長子擔任,因多種原因,非嫡長子也常常會擔任宗子。參見筆者對眉縣楊家村窖藏出土逨盤中單氏家族内各代宗子行輩的論述(《眉縣楊家村窖藏出土之逨器與其家族》,收入《商周家族形態研究》增訂本,天津:天津古籍出版社,2004年)。

示要“用朝夕享事于啇(嫡)宗室”、“用夙夜于帝(嫡)宗室”，所用語句、文義是相近同的，也證明叔安父之身份與伯戈父相同，均是宗人所屬宗族中之大宗，而且小宗在接受大宗宗廟祭器之賜予後，總要用此類語言表示自己會虔誠地、不懈地對待宗族祭祀，以不辜負大宗之期望，這自然也由此露出大宗爲小宗作器的目的，正是强化宗族内祭祀制度，强調尊祖敬宗。

《銘圖續》稱此簋爲叔安父簋，有一定的道理。因爲簋銘中明言是“叔安父作朕叔弟宗人寶毁”，特别使用了“朕”字，用了第一人稱。只是與其他西周貴族家族内大宗爲小宗作器，銘文自始至終是用大宗口氣有所不同，此簋銘後半部分，與宗人自己作器口吻無别，類似的器銘形式，亦見爯簋(《銘圖》05213　05214)、爯鼎(《中國國家博物館百年收藏集粹》32)。故本文仍以宗人爲器主，稱之爲宗人簋，是認爲此鼎實際還是宗人實施具體作器事宜，只是在作器銘時，前面以實録叔安父言語形式記録了此器之由來。與宗人鼎的情况相同，大宗出資或以大宗名義作器，但具體作器(包括作銘)則由受賜之小宗執行。

四

與以上宗人諸器相關的還有一件孝簋(圖六)。

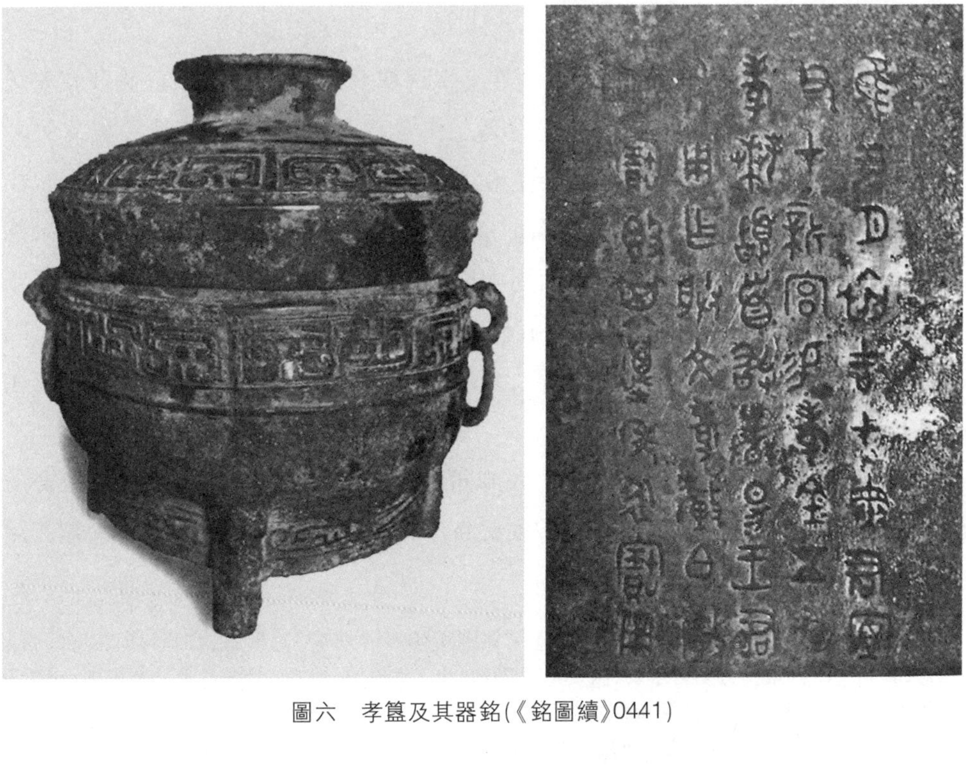

圖六　孝簋及其器銘(《銘圖續》0441)

此簋形制、紋飾均與上文所舉宗人鼎乙近同,高凸的蓋頂、寬而近於直角下折的蓋沿、作直壁的圈足,是二者共同的形制特徵。[1] 惟孝簋的蓋沿略向内折,角度稍小於宗人簋乙。二簋的紋飾亦近同,均是以兩個正倒相間的含目紋的U形竊曲紋構成一個紋飾單元,左右對稱組成紋飾帶。這種情況,反映出這兩件簋製作的時間可能很近,或即是同時,承擔製造的工匠或機構亦很可能相同。所以如此,自然與孝和宗人有下文所述的親屬關係有關。

孝簋銘文曰:

> 隹(惟)三月初吉甲寅,君𡧊(安)
> 父才(在)新宫,易(賜)孝金五勻(鈞)
> 孝拜(拜)韻首,敢對昜(揚)王君
> 休,用乍(作)朕文孝(考)釐白(伯)、釐
> 姬寶毁,其邁(萬)年永寶用。

孝在銘末説明此簋是爲其文考釐伯與其母釐姬所作,其母謚號曰"釐姬",與宗人簋甲中宗人稱其母爲"釐姬"同,故孝必與宗人爲同胞兄弟。但上文已説明宗人應是他這一支分族的宗子,孝此時未必再有小宗身份(當然如孝脱離此分族,又另立家族,自然也可能爲新分出的家族的宗子)。

君安父,應即宗人簋乙中的"叔安父"。在上文解釋宗人簋乙銘文中,已論及叔安父是宗人再從兄,在宗人於此簋銘文中述及叔安父爲之作器時,叔安父已承繼其父叔戈父大宗之位。孝爲宗人之胞弟,則亦爲叔安父之再從弟,孝在簋銘中尊稱之爲"君安父"、"王君",此"君"應是指宗君,是對其大宗之尊稱,王君即皇君。西周金文中類似的作爲族人的弟尊稱身份爲宗子的兄爲"君"的例子,可見約屬西周中期偏早的𧇖簋(《銘圖》05173),其銘文曰"休朕匋(寶)君公伯易(賜)氒(厥)臣弟𧇖井五楊",𧇖自稱爲"臣弟",知公伯即是其兄,因是宗子,尊尊更勝於親親,故𧇖要尊稱之爲"君",且更溢美爲"寶君"。𧇖自稱爲"臣",或在家族内兼有家臣的身份。

上面已提到,由孝簋與宗人簋乙形制、紋飾同,製作時間相近,内容又都涉及叔安父之賞賜,則此兩件簋所言之事,很有可能是在叔安父新任大宗之後不久的事(按:宗人簋乙銘文中

---

[1] 孝所作器,已著録的尚有兩件同銘的叔友簋(《銘圖續》00434、00435),形制、紋飾均與叔安父簋及孝簋相近,其銘文曰:"惟正月初吉丁亥,叔友追孝于剌(烈)考釐伯、釐姬,作旅姜幾母寶媵毁,子子孫孫其萬年永寶用。"從其父母廟號可知,叔友即是孝。"孝"、"友"字義相關,且由此銘亦可知,宗人所屬宗族爲姜姓。韓巍《新出"宗人"諸器所反映的西周宗法關係》(鄭州:商周青銅器與金文研究學術研討會,2017年10月)一文已論及。

所稱叔安父是依其自稱，不等於此時他未繼大宗位。孝簋與宗人簋乙製作時近，孝簋銘中孝已稱之爲“君安父”，説明宗人簋銘中叔安父當時已經在家族内稱君，即已有大宗之身份）。宗人簋乙曆日爲“惟王三月初吉丁亥”，孝簋曆日爲“惟三月初吉甲寅”，其時雖皆在三月初吉，然丁亥日與甲寅日相差26天，肯定不會在同一個三月内。但按西周時期的曆日，這兩個時間相隔一年是有可能的，例如前873年三月丁亥朔，前872年三月辛亥朔，四日甲寅；前862年三月甲申朔，四日丁亥，前861年三月戊申朔，七日甲寅，[1]都可以與以上二簋所記曆日的情況相合或近合。

孝簋與宗人簋乙在形制上近同，并有可能是在先後兩年内製作，且銘文内涵所展示的器主人之間有同胞兄弟關係，但將二器銘文内容做一比較，即可看出器主人身份之差異。宗人簋乙雖以宗人爲器主人，但從銘文内容可知，此簋名義上是大宗叔安父爲宗人所作，只是實際作器由宗人自爲，故銘文前面一部分，是以叔安父自己口氣講的，這點上文已論及，所賜之簋，是令宗人享祭于其“啇（嫡）宗室”，即用來作爲宗人這一支家族内嫡宗（即直系先人）的宗室之祭器，展現了大宗對小宗在祭祀上的主導權，體現了濃厚的宗法關係。但孝簋却不具有這樣一種性質，只是孝在受到君安父即叔安父賞賜金後，作器以表示對大宗即安父之感謝與尊敬，是在受上級賞賜後爲銘記此榮耀，而爲父母所作之器，其背景較簡單，與西周貴族家族内通常作器原由相同。因此上述這兩件簋之異同，既表現了同胞兄弟之間内在的親屬關係，同時亦展現了在宗法關係制約下，彼此間尊卑有差的等級關係。

順便説明一下，孝簋雖非大宗所賜器，但君安父賜孝金（即銅）五鈞，頗可能亦是令其作家族内的祭器，祭其父、母，即鳌伯、鳌姬。只是孝簋未在銘文中説明這一點。

五

以上討論宗人諸器及孝簋銘文主要涉及的問題，大致有如下六點：

（一）諸器銘文中的人物關係可示意如下（外加方框的是銘文中未出現者；括弧内稱呼是宗人或孝所稱）

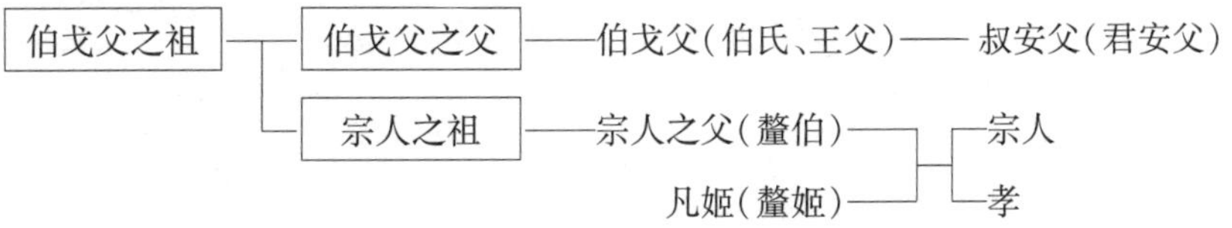

宗人之父可稱“鳌伯”，即行輩爲伯，是因他與伯戈父雖同宗族，但因宗人之祖父已另立分族，故至宗人之父這一代行輩已可稱伯。

（二）諸器的年代順序爲宗人鼎——宗人簋甲（之一、二）——宗人簋乙、孝簋。但年代

[1] 張培瑜：《中國先秦史曆表》“冬至合朔時日表”，濟南：齊魯書社，1987年。

相差不遠,年代範圍大致在西周中期偏晚至晚期初,約共王偏晚至夷王這一段。宗人主要活動年代大約在懿、孝王至夷王時期,從排金文曆譜可知,孝王與夷王在位年代皆不甚長。

(三) 宗人應是其所在家族之宗子,屬於伯戈父、叔安父一支爲大宗的宗族分支。從銘文文義看,這一小宗分支似乎始終依附於大宗宗族生活,由此亦可知,在西周中晚期之際,當時貴族家族之規模還是較大的。在銘文中,伯戈父、叔安父均未稱官職,似非外服侯國封君,有可能是畿内王朝卿士宗族,或近畿地區小邦之封君。因曾召滭伯宴飲,滭如可讀"祭",則其族居地或邦可能距祭地不甚遠,祭在鄭州東北。

(四) 以上諸器銘文均體現了大、小宗之間濃厚的宗親情誼與嚴謹的宗法等級,此二者并存,是西周貴族家族人際關係的生動體現。

(五) 宗人所作諸器中,有兩器是該宗族大宗爲小宗(宗人)作祭器,進一步充實了西周貴族家族内作器制度的内涵,説明當時確有大宗爲小宗作禮器之制,用以督促小宗重視祭祀,尊祖敬宗,這應是大宗維護宗族秩序,强化族人宗法意識的一種常規舉措,同時亦體現了大宗主持宗族祭祀的宗法地位,屬於西周貴族家族内宗法制度的重要内容。

(六) 所謂大宗爲小宗作禮器(或賜禮器),有的是全過程由大宗本人完成的,銘文内容也僅記録大宗對小宗的訓誥、勉勵與期望,如純屬大宗爲小宗(或族人)作器之非簋、由伯尊、㢊父鼎(甲、乙)、叔趯父卣,皆屬於此類。[1] 但從以上宗人鼎與宗人簋乙銘文文義看,大宗作器也可能只是一方面重在經濟意義上,即出資,一方面體現於名義上,即要明確器是由大宗主持并管理的行爲,而禮器的具體製作過程,特别是銘文的鑄作(包括其文辭内涵)則有可能是由受器之小宗具體施行的。其實,以前筆者與諸家均曾討論過的再簋、再鼎亦屬此類。[2] 所以,大宗爲小宗作禮器雖體現的宗法意義相同,但具體實施則有不同的情况。前此所討論西周貴族家族内作器制度的文章,討論的器物皆在西周中期範圍,本文所論宗人鼎與宗人簋乙已在西周中期偏晚至晚期偏早時段,説明大宗爲小宗作禮器制度可能從西周早期一直延續至晚期。

---

[1] 參見拙作《金文所見西周貴族家族作器制度》,收入《青銅器與金文》(第一輯),上海:上海古籍出版社,2017年。

[2] 參見拙作《金文所見西周貴族家族作器制度》,收入《青銅器與金文》(第一輯),上海:上海古籍出版社,2017年。

太行東西與燕山南北

——説京津冀地區及其周邊的古代戎狄

李　零*

我跟河北很有緣分

這些年,我在山西、河北跑過不少地方。我的老家在山西。我們家是從上黨地區,走黎城、涉縣、武安,出滏口陘,沿邯鄲、邢臺、正定北上,一路進北京。我大姐生於沁源,我二姐生於武安,我生於邢臺,我妹妹生於北京。我跟河北很有緣分。

閱讀河北,我找了點書讀:

1. 俞偉超《早期中國的四大聯盟集團》,收入氏著《古史的考古學探索》,北京:文物出版社,2002 年,第 124 – 137 頁。

2. 段連勤《丁零、高車與鐵勒》,桂林:廣西師大出版社,2006 年。

3. 段連勤《北狄族與中山國》,桂林:廣西師大出版社,2007 年。

4. 林幹《突厥史》,呼和浩特:内蒙古人民出版社,1988 年。

5. 常懷穎《夏商時期古冀州之域的考古學研究》,北京大學博士研究生學位論文,2010 年 6 月。

6. 韋心瀅《殷代商王國政治地理結構研究》,上海:上海古籍出版社,2013 年。

7. 劉緒《夏商周考古探研》,北京:科學出版社,2014 年。

8. 張渭蓮、段宏振《中原與北方之間的文化走廊——太行山東麓地區先秦文化的演進格局》,北京:文物出版社,2015 年。

這些書,有些是重讀,有些是剛讀,這裏講一點學習體會。

與戎狄有關的考古發現越來越多

古人以華夏爲中心,把四裔之民叫蠻夷戎狄。[1] 所謂華夏,所謂蠻夷戎狄,只是相對而

---

* 北京大學人文講席教授、美國藝術與科學院(AAAS)院士。

[1] 兩周時期,蠻、夷、戎、狄四字,除舉其一以概全體,彼此仍有區别。大體,戎、狄偏西北,蠻、夷偏東南。戎有北戎、西戎之分,狄有白狄、赤狄之分。北狄或稱戎,但西戎并不稱狄,蠻、夷或混稱,但東夷并不稱蠻。漢代,概念有變化,西戎指河湟之地的羌人,東夷指中國東北和朝鮮、日本,東南夷指雲貴川的氐人,匈奴或胡指北方草原地區的族群,越指東南沿海的族群。

言,夏含夷,夷含夏,同樣重要。[1] 我甚至認爲,華夏之根就是蠻夷戎狄,蠻夷戎狄是華夏的大背景。

研究中國史,只研究華夏,不研究蠻夷戎狄,不能理解中國史。我們千萬不要以爲,古之蠻夷戎狄全都住在四徼蠻荒之地。其實,早在先秦時代,他們的前鋒就已深入内地,與所謂華夏,犬牙交錯,混在一起住,華夏和戎狄的關係只是先來後到,就像十六國和魏晉南北朝時期一樣。

與戎狄有關的考古發現過去就有,近年,這類發現越來越多,如:

1. 甘肅:清水劉坪墓地、張家川馬家塬墓地和漳縣墩坪墓地。[2]
2. 寧夏:彭陽王大户墓地、中莊墓地、九龍山墓地和米溝墓地。[3]
3. 陝西:黄陵寨頭河墓地和史家河墓地。[4]
4. 河南:伊川徐陽陸渾戎墓地。[5]
5. 山西:絳縣横水倗伯墓和翼城大河口霸國墓地。[6]
6. 北京:軍都山玉皇廟墓地、葫蘆溝墓地和西梁土垙墓地。[7]
7. 河北:平山戰國中山王墓和目前正在發掘的行唐故郡墓地。[8]

前些年,我在北大講《禹貢》。我説,九州是以西周大一統的地理視野爲基礎,依托"禹迹"式的敘事方式,精心設計的九個地理板塊。這些板塊,冀州是夏、商之域,兖、青、徐是夷人之域,揚州是越人之域,荆州是楚人之域,豫州是武王克商後的周王畿所在,雍州是周之故

[1] 司馬遷講族裔分化,常説子孫或在中國,或在夷狄,他已經知道,華夷之辨,很難一刀切。

[2] 這批墓地是近年最引人注目的發現。清水劉坪墓地,見甘肅省文物考古研究所等:《清水劉坪》,北京:文物出版社,2014年。張家川馬家塬墓地,見早期秦文化聯合考古隊等:《張家川馬家塬戰國墓地2007-2008年發掘簡報》,《文物》2009年第10期,第25-51頁;甘肅省文物考古研究所:《西戎遺珍——馬家塬戰國墓地出土文物》,北京:文物出版社,2014年。漳縣墩坪墓地,見甘肅省文物考古研究所:《甘肅漳縣墩坪墓地2014年發掘簡報》,《考古》2017年第8期,第34-51頁。

[3] 見寧夏文物考古研究所等編著:《王大户與九龍山——北方青銅文化墓地》,北京:文物出版社,2016年。

[4] 黄陵寨頭河墓地,見陝西省考古研究院等:《陝西省黄陵縣寨頭河戰國戎人墓地發掘簡報》,《考古與文物》2012年第6期,第3-10頁;黄陵史家河墓地,見陝西省考古研究院等:《陝西省黄陵縣史家河墓地發掘簡報》,《考古與文物》2015年第3期,第3-13頁。

[5] 見吴業恒:《河南伊川徐陽發現東周陸渾戎貴族墓葬和車馬坑》,《中國文物報》2015年11月20日008版。

[6] 見山西省考古研究所:《山西横水西周墓發掘簡報》,《文物》2006年第8期,第4-18頁;山西省考古研究所大河口墓地聯合考古隊:《山西翼城縣大河口西周墓地》,《考古》2011年第7期,第9-18頁。

[7] 見北京市文物研究所:《軍都山墓地——玉皇廟》,北京:文物出版社,2007年;北京市文物研究所:《軍都山墓地——胡蘆溝與西梁垙》,北京:文物出版社,2009年。

[8] 河北省文物研究所:《嚳墓——戰國中山國國王之墓》,北京:文物出版社,1996年;河北省文物研究所:《戰國中山國靈壽城——1975-1993年考古發掘報告》,北京:文物出版社,2005年。故郡考古隊:《河北行唐故郡發現鮮虞或早期中山國等北方族群貴族墓地》,《中國文物報》2017年6月6日001版。

土，梁州是巴、蜀之域，夏、商、周和蠻夷戎狄早就混在一起分也分不開。

讀《禹貢》，我們都知道，大禹周行天下，起點是冀州，終點也是冀州。可見冀州很重要。冀州很大，山西是它的西半，河北是它的東半（但冀州不包括黄河故道以東，以東屬兗州），中間只隔一道山，山是太行山。冀州北部有燕山，燕山以西，有恒山、五臺山和管涔山。我説的"太行東西與燕山南北"主要是講京津冀，但既言"東西"，又言"南北"，跟它的鄰居分不開。太行山的西側是山西，燕山的北側是内蒙古和遼西。

周初封建，有所謂"五侯九伯"，"五侯"指齊、魯、晉、衛、燕五大諸侯，"九伯"是其他小一點的諸侯和邦伯。[1] 周人是靠氐羌系和巴蜀系的西戎起家。齊、魯是占領夷地，接收東夷各部。晉是占領夏地，接收夏遺民和狄人。衛、燕是占領商地，接收商遺民和北戎。

新石器考古，蘇秉琦分六大塊。[2] 三代考古，俞偉超分四大族團。[3] 俞先生説的四大族團是夏夷聯盟、商狄聯盟、周戎聯盟、楚越聯盟，每個族團都是夷夏参半。這一總結對我很有啓發。但我想，如果把夏夷聯盟改爲夏狄聯盟，商狄聯盟改爲商夷聯盟，也許更合適。

北方民族南下是經久不息的浪潮

俗話説，樹挪死，人挪活。人是一種流動性很强，適應性很强的動物，一種環境活不下去，他會遠走他鄉，换一種活法。過去，胡焕庸畫過一條中國人口分界綫，現在叫胡焕庸綫。中國的大西北，60%的土地上住着6%的人，不僅水往低處流，人也往低處走，往文明漩渦的中心走。水，上游水少，不是真少，而是流到下游去了。人也如此。

人類學家説，歐亞大陸，東西長，南北短，在世界文明史上，得天獨厚，風水最好。白鳥庫吉有"東西交通、南北對抗"説。[4] 東西交通是同緯度交流，南北對抗是高緯度與低緯度對抗。南北對抗更重要。

研究先秦史，我們看重的是横向關係，眼睛總是盯着陝、甘、寧和晉、冀、魯、豫，即黄河流域，頂多把眼睛往下挪一挪，關注一下長江流域。其實縱向的關係更重要。黄河流域以北有

---

[1] 語出《左傳》僖公四年召康公之命。保尊、保卣提到"殷東國五侯"，見中國社會科學院考古研究所編：《殷周金文集成》（修定增補本），北京：中華書局，2007年，第四册，第3388頁：05415；第五册，第3693頁：06003。這五侯是哪五侯，其説不一。我認爲，不僅周初，這五大諸侯最重要，其他稱侯的國家不能比，而且整個兩周時期，這五大諸侯國也相當重要。魯、衛，東周地位雖下降，但一直延續到戰國晚期。

[2] 蘇秉琦：《中國文明起源新探》，北京：三聯書店，1999年，第33－99頁。

[3] 俞偉超：《早期中國的四大聯盟集團》。

[4] 白鳥庫吉：《東洋史に於ける南北の對立》，《白鳥庫吉全集》第8卷，東京：岩波書店，1970年，第69頁。

東北、内蒙古和新疆,長城地帶以北有蒙古國,以及俄國的西伯利亞和遠東地區。

歐亞大陸西半,中亞走廊和伊朗高原,小亞細亞半島和兩河流域,巴爾幹半島、亞平寧半島和伊比利亞半島,北方民族南下,到處都是經久不息的浪潮。比如希臘,邁錫尼人征服克里特人,多利安人征服邁錫尼人,都是北方民族南下的結果。我們這邊也一樣。

北方民族南下,是多種生態、多種生業互動,特别是農牧互動。中國,西北多草原、沙漠、戈壁,比較荒涼,東南是大河横流的田園沃土,這兩大塊的對抗貫穿整個中國歷史。北方民族南下,不僅多次入主中原,還迫使那裏的老住户"衣冠南渡",推動中國南方的開發。

總之,中國歷史,大有胡氣。[1]

司馬遷的《匈奴列傳》是中國最早的民族志。他講匈奴,不但講人,還講草原和草原上的動物,人和動物屬於同一群落。同樣,漢地的人和植物也屬同一群落。人類靠什麽生活要由環境決定,誰都是靠山吃山,靠水吃水,適合種莊稼就種莊稼,適合養牲口就養牲口,很多都是混合形態或過渡形態。中國,農林牧副漁,五業并舉,爲什麽會以糧爲綱,原因是它産食效率高,養活人口多。狼吃肉,羊吃草,草比肉多。你不能想象,狼和羊一樣多。

我理解,舊之所謂華夏,夏在中,商在東,周在西,它們只是北方民族南下的三支先頭部隊,後續部隊源源不斷。

商代的河北

考古,不但需要扎扎實實、深入細緻的發掘工作,也需要提煉、概括與總結。比如常懷穎的博士論文,還有張渭蓮、段宏振的新著,就是幫我了解河北考古的重要參考書。

張渭蓮、段宏振的《中原與北方之間的文化走廊》一書,"文化走廊",説法很形象。

研究古代交通,我畫過一幅"三縱一横圖"(圖一):

1. 夏道(縱道):大同—太原—沁陽—洛陽—南陽—襄陽—荆州。[2]
2. 商道(縱道):北京—石家莊—安陽—淇縣—鄭州—盤龍城。
3. 周道(横道):寶鷄—咸陽—西安—洛陽—鄭州—商丘—連雲港。[3]
4. 秦直道(縱道):包頭—榆林—咸陽。

---

[1] 魯迅曾説"古人告訴我們唐如何盛,明如何佳,其實唐室大有胡氣,明則無賴兒郎……",見 1933 年 6 月 18 日魯迅致曹聚仁信(330618②),收入《魯迅全集》,北京:人民文學出版社,2005 年,第七卷,第 404 - 406 頁。

[2] 古之所謂夏路,原指洛陽—南陽—襄陽—荆州段。

[3] 古之所謂周道,原指渭河沿綫。

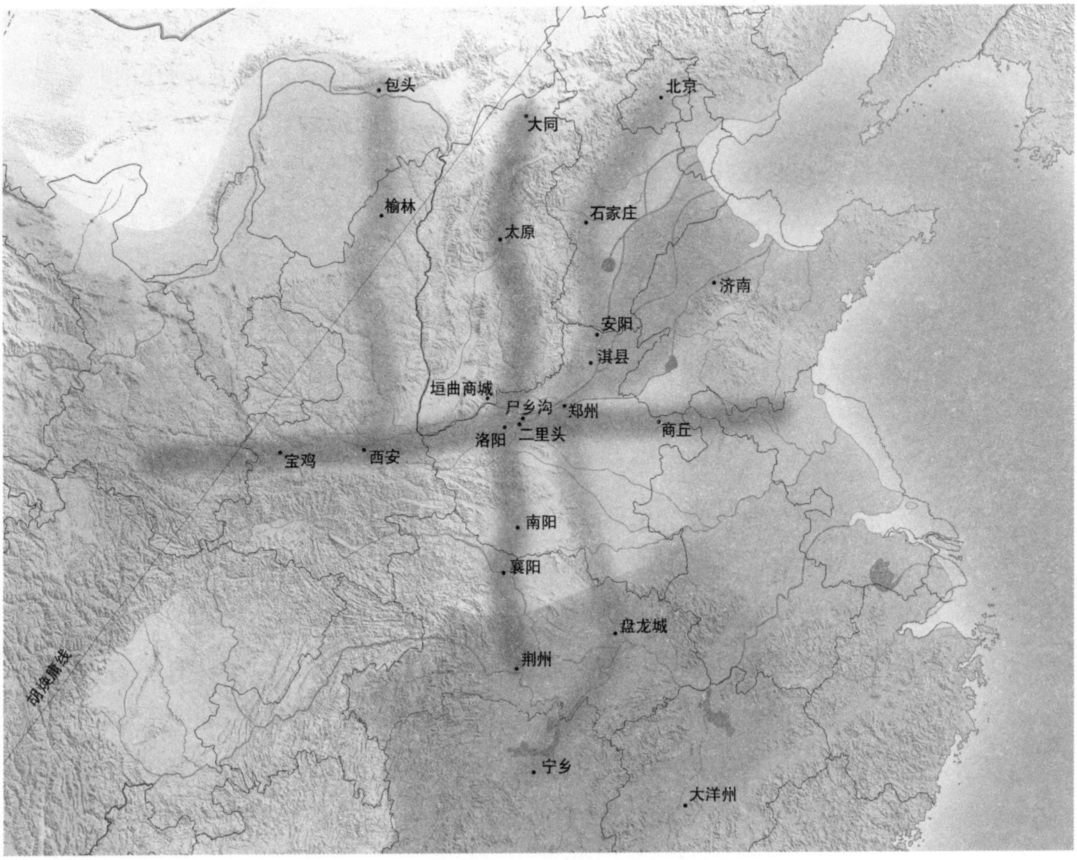

圖一　三縱一橫圖

河北與三代古史中的商史關係最大。[1] 商文化主要沿我説的商道,即今京廣綫的北段向南北擴展。古人説,殷居河内之地。所謂河内,指太行以東,黄河故道以西。冀南豫北是商文化的核心區,正如晉南豫西是夏文化的核心區。

張渭蓮、段宏振的《文化走廊》,其第六章"考古學文化格局變遷的走廊模式"有十二幅示意圖,我稱之爲"河北考古指掌圖"。我對商以來的四幅圖最感興趣。

商人稱都爲亳,與楚人稱都爲郢類似。

古人講先商八遷,[2]從亳出發又回到亳,轉一個圈,回到原地,這與周人自邰遷豳,又自

[1] 參看常懷穎:《夏商時期古冀州之域的考古學研究》;韋心瀅:《殷代商王國政治地理結構研究》;劉緒:《夏商周考古探研》;張渭蓮、段宏振:《中原與北方之間的文化走廊——太行山東麓地區先秦文化的演進格局》。

[2] 先商八遷,見《尚書序》《史記·殷本紀》等古書。王國維考證,契自亳遷蕃是第一遷;昭明自蕃遷砥石又自砥石遷商丘,是第二、第三遷;相土自商丘遷泰山又自泰山復歸商丘,是第四、第五遷;帝芬自商丘遷殷是第六遷;孔甲自殷復歸商丘是第七遷;湯自商丘遷亳是第八遷。參看王國維《説自契至於成湯八遷》,收入《王國維遺書》,上海:上海古籍書店,1981年,第二册:《觀堂集林》卷十二,第1頁正背。

豳遷岐差不多。

商代的亳,北有燕亳,南有《尚書·立政》的三亳,即偃師尸鄉溝的西亳、商丘的北亳和蒙縣的南亳。鄭州商城在一縱一橫兩條幹綫(我所謂商道和周道)的交會點,很重要。二里頭遺址、偃師商城和垣曲商城在其西,商丘、蒙縣在其東,盤龍城在其南。

古人講商都五遷,[1]湯始居亳,從先王居,一直傳到太戊,前後有十個王住在亳。這個亳是哪個亳,一直有争論,似以偃師商城説最有文獻依據。仲丁遷囂(或隞),外壬也住在囂,或猜小雙橋遺址就是囂。河亶甲遷相,或猜洹北商城就是相。祖乙遷邢(在邢臺)復遷庇,我懷疑庇字是底字之誤,相當於河北元氏縣出土西周器銘中的軧,祖辛、沃甲、祖丁、南庚也住在庇。南庚遷奄,陽甲、盤庚也住在奄。奄在曲阜。盤庚遷殷,更不徙都,盤庚以下的商王都住在殷。殷在安陽。

河北地區有很多商代遺址,出土青銅器,如北京平谷劉家河和盧龍閈各莊的發現,磁縣下七垣、武安北窑、藁城臺西和定州北莊子的發現,以及無極、新樂、正定、靈壽等地的發現。[2] 河北南部挨着安陽殷墟和淇縣朝歌。冀南和豫北分不開。

古本《竹書紀年》佚文有一段話:“自盤庚徙殷,至紂之滅,(七)〔二〕百七十三年,更不徙都。紂時稍大其邑,南距朝歌,北據邯鄲及沙丘,皆爲離宫别館。”[3]

殷墟,地點比較明確。邯鄲在冀南,沙丘在平鄉、廣宗一帶,離邢臺比較近。朝歌在什麽地方,恐怕要從《詩經》提到的肥泉和淇水(折脛河)入手,結合《水經注·淇水》的描述,調查一下。

另外,值得注意的是,上博楚簡《容成氏》講文王伐九邦。[4] 簡文所謂九邦,都是武王克商前滅掉的國家,其中有個叫䣓的小國。這個小國會不會就是石邑古城,也值得注意。戰國秦漢時期的石邑古城在今石家莊市鹿泉區。

西周的河北

河北省博物院有八個展廳:石器時代的河北、河北商代文明、慷慨悲歌——燕趙故事、大漢絶唱、戰國雄風——古中山國、名窑名瓷、北朝壁畫、曲陽石雕。商代段主要展藁城臺西和定州北莊子的東西,東周段主要展易縣燕下都,邯鄲趙王城、趙王陵,以及靈壽古城和戰國中山王墓的東西,中間唯獨缺西周段的展廳。其實,西周段的河

[1] 方詩銘、王修齡:《古本竹書紀年輯證》(修訂本),上海:上海古籍出版社,2005年,第21-41頁。
[2] 朱鳳瀚:《中國青銅器綜論》,上海:上海古籍出版社,2009年,中册,第1075-1089頁。
[3] 方詩銘、王修齡:《古本竹書紀年輯證》(修訂本),第31頁。
[4] 馬承源主編:《上海博物館藏戰國楚竹書》(二),上海:上海古籍出版社,2002年,第247-293頁。

北也非常重要。

商代晚期,周爲西伯,在殷人看來,如同西戎,就像東周時期,東方六國看秦國。季歷入事於殷,和鬼侯、鄂侯一樣,都是殷王"以夷制夷"的工具。西周崛起是藉勢於殷,靠伐戎而壯大。古本《竹書紀年》佚文載:

> 武乙即位,居殷。三十四年,周王季來朝,武乙賜地三十里,玉十瑴,馬八疋。/武乙三十五年,周王季伐西落鬼戎,俘二十翟王。/武乙三十五年,周俘狄王。/
>
> 太丁二年,周人伐燕京之戎,周師大敗。/太丁四年,周人伐余無之戎,克之。周王季命爲殷牧師。/太丁七年,周人伐始呼之戎,克之。/(太丁)十一年,周人伐翳徒之戎,捷其三大夫。/文丁殺季歷。/
>
> 帝乙處殷。二年,周人伐商。[1]/

季歷伐五戎,西落鬼戎、燕京之戎、余無之戎、始呼之戎、翳徒之戎,估計都是北方南下威脅殷地的戎狄,其中很多活躍於山西、河北。武王克商後,這類戎狄仍是心腹之患。

西周封建,除虞、芮、虢、鄭、蔡等少數封邑是從陝西搬來還保留周人的舊名,大多襲用原來的國名地名。周人在河北和豫北封了三個諸侯國:燕、邢、衛,如果加上元氏縣發現的軧,[2]就是四個諸侯國。這四個諸侯國都是封在商人的勢力範圍内。

1. 燕

古書有兩個燕,一個是南燕,[3]一個是北燕。[4] 北燕姬姓,出召公奭,周初封於燕亳故地,即今北京市。西周金文稱其君爲燕侯,《春秋》經傳稱其君爲北燕伯。[5] 如《左傳》襄公二十八年:"夏,齊侯、陳侯、蔡侯、北燕伯、杞伯、胡子、沈子、白狄朝于晉,宋之盟故也。"杜預注:"燕國,今薊縣。"他所謂今薊縣指北京廣安門一帶,在殷地的北端。南燕姞姓,在河南新鄉市延津縣,《春秋》經傳只稱燕。如《左傳》隱公五年:"衛人以燕師伐鄭。"杜預注:"南燕國,今東郡燕縣。"他所謂今東郡燕縣即河南延津縣,在殷地的南端。《禮記·樂記》《史記·

[1] 方詩銘、王修齡:《古本竹書紀年輯證》(修訂本),第34-39頁。

[2] 河北省文物管理處:《河北元氏縣西張村的西周遺址和墓葬》,《考古》1979年第1期,第23-26頁。

[3] 見《春秋》桓公十二年、十三年;《左傳》隱公五年,桓公十三年、十八年,莊公十九年、二十年,宣公三年,襄公二十一年、二十八年。

[4] 見《春秋》襄公二十九年,昭公三年、六年和十二年,哀公十五年;《左傳》莊公三十年(省稱燕),襄公二十八年和二十九年,昭公三年、六年、七年(省稱燕)和十二年,哀公五年,定公十年(省稱燕)。

[5] 《史記·燕召公世家》,自召公已下九世至惠侯闕如。召公之後,或稱公,或稱伯。如召伯虎又稱召穆公虎。唐蘭認爲,第一代燕侯即銅器銘文中的召伯父辛。參看氏著:《西周青銅器銘文分代史徵》,北京:中華書局,1986年,第148頁。北燕伯之稱或與此有關。

樂書》説,武王未下車之封,包括封黄帝之後於薊。黄帝十二姓有姞姓。我懷疑,南燕是燕亳故地的土著,姬姓封燕後,被迫南遷,北燕是鳩占鵲巢,爲區别於南燕,所以才叫北燕。姞姓,除南燕,還有密須和偪、鄂等國。密須在甘肅靈臺,偪在山西,都是北方國家。鄂,據湖北隨州葉家山的發現,西周時期在湖北隨州,但商代可能在北方。晉鄂侯所封之地叫鄂,在山西鄉寧縣。

2. 軝

據河北元氏縣軝侯墓地的發現,當在元氏縣,位於鹿泉東南、邢臺西北。我懷疑,軝即祖乙遷邢復遷庇的庇,庇字是底字之訛。軝之稱軝,與它封於泜水流域有關。商代的砥石可能與元氏縣的軝國和鹿泉區的石邑有關。石邑古城和元氏縣只隔着一道封龍山。

3. 邢

據河北邢臺市東先賢商周遺址的發現,[1]以及葛家莊先商遺址和兩周墓地的發現,特别是推測爲邢侯大墓的發現,邢當在邢臺。[2] 邢即祖乙遷邢的邢,西周仍叫邢。或説邢國即邢丘,恐怕不對。邢丘先爲晉邑,後屬魏國,在河南温縣,年代比較晚。

4. 衛

武王克商,三分殷地,曰邶、鄘、衛,設管、蔡、霍三監監視之。邶、鄘、衛的地望有各種説法。我懷疑,衛在黄河故道西,鶴壁、淇縣一帶;邶在衛之北,也在黄河故道西,安陽、林州、湯陰一帶;鄘在黄河故道東,浚縣、滑縣、濮陽一帶;沬司土遙簋記康侯丰遷封於衛,衛侯是初封於康,後遷於衛。衛之所居是晚商的核心區。

東周的河北

燕、軝、邢、衛,南北一條綫,都是傍着太行山的國家,它們的鄰居,北有山戎,西有白狄、赤狄。東周時期,河北境内的很多大事都與戎狄有關。

1. 齊桓公北伐山戎,救燕

燕國西北多山,所受威脅來自山戎。齊在燕南,地勢平坦往來方便,救燕,非齊莫屬。齊桓公北伐山戎,史書記載分兩次。第一次是前 664 和前 663 年,[3]第二次是前 650 年。[4]

---

[1] 河北省文物研究所:《邢臺商周遺址》,北京:文物出版社,2011 年。

[2] 任亞珊等:《1993－1997 年邢臺葛家莊先商遺址、兩周貴族墓地考古工作等主要收穫》,《三代文明研究》(一),北京:科學出版社,1999 年,第 7－25 頁。

[3]《春秋》莊公三十年:"齊人伐山戎。"該年《左傳》:"冬,遇于魯濟,謀山戎也。以其病燕故也。"《春秋》莊公三十一年:"六月,齊侯來獻戎捷。"該年《左傳》:"夏六月,齊侯來獻戎捷,非禮也。凡諸侯有四夷之功,則獻于王,王以警于夷;中國則否。諸侯不相遺俘。"

[4]《春秋》僖公十年:"夏,齊侯、許男伐北戎。"

山戎是什麽戎？恐怕只是山地之戎的泛稱，類似北戎，只是北地之戎的泛稱，不一定能確指其内含。《國語·齊語》説齊桓公"遂北伐山戎，𠜱令支，斬孤竹而南歸"，韋昭注説山戎就是"今之鮮卑"（案：此説未必可信），而令支、孤竹則爲"山戎之與也"，可見山戎與令支、孤竹有關，但仍有區别。令支在河北遷安縣，孤竹在盧龍縣，屬於今秦皇島市，在北京的東邊，可見山戎大概活動於二國以西，北京北部和西部的山區。

2. 齊桓公西攘赤狄，存邢救衛

邢在北，衛在南。伐邢、衛的狄，據清華楚簡《繫年》，是上黨赤狄中的留吁（詳見下文）。他們住在長治地區，估計是從太行八陘的滏口陘和白陘竄出來，直撲這兩個地點。

狄伐邢，見《春秋》莊公三十二年，事在前 662 年冬，緊接在齊桓公第一次北伐山戎之後。齊救邢，見《春秋》閔公元年，事在前 661 年春。[1] 齊師、宋師、曹師遷邢於夷儀，夷儀在山東聊城，位於邢臺東，是向齊、宋、曹靠攏。

狄入衛，滅之，見《春秋》閔公二年和該年《左傳》，事在前 660 年。[2] 齊救衛，見《左傳》閔公二年，也在前 660 年。[3]

衛都三遷，先都曹（前 660 -前 658 年），繼都楚丘（前 658 -前 629 年），後都帝丘（前 629 -前 254 年），主要是從黄河故道西搬到黄河故道東，最後定都帝丘。[4] 曹在河南滑縣白馬城，楚丘在滑縣東北，帝丘在河南濮陽東南，都在黄河故道東。考古發掘證實，帝丘古城在濮陽市五星鄉高城村。[5] 衛也是一步步往東挪，向齊、宋、曹靠攏。

---

[1] 《春秋》僖公元年："齊師、宋師、曹師次於聶北，救邢。夏六月，邢遷於夷儀。齊師、宋師、曹師城邢。"該年《左傳》："諸侯救邢。邢人潰，出奔師。師遂逐狄人，具邢器用而遷之，師無私焉。夏，邢遷於夷儀，諸侯城之，救患也。"

[2] 《春秋》只説"狄入衛"，《左傳》作"冬十二月，狄人伐衛，衛懿公好鶴，鶴有乘軒者。將戰，國人受甲者皆曰：'使鶴！鶴實有禄位，余焉能戰？'公與石祁子玦，與甯莊子矢，使守，曰：'以此贊國，擇利而爲之。'與夫人繡衣，曰：'聽於二子！'渠孔御戎，子伯爲右；黄夷前驅，孔嬰齊殿。及狄人戰於滎澤，衛師敗績，遂滅衛。衛侯不去其旗，是以甚敗。狄人囚史華龍滑與禮孔，以逐衛人。二人曰：'我，大史也，實掌其祭。不先，國不可得也。'乃先之。至，則告守曰：'不可待也。'夜與國人出。狄入衛，遂從之，又敗諸河"。

[3] 《左傳》閔公二年説衛惠公生齊子、戴公、文公、宋桓夫人、許穆夫人，"文公爲衛之多患也，先適齊。及敗，宋桓公逆諸河，衛之遺民男女七百有三十人，益之以共、滕之民爲五千人。立戴公以廬于曹。許穆夫人賦《載馳》。齊侯使公子無虧帥車三百乘、甲士三千人以戍曹。歸公乘馬，祭服五稱，牛、羊、豕、鷄、狗皆三百與門材。歸夫人魚軒，重錦三十兩"。

[4] 遷曹見上引《左傳》。遷楚丘見《春秋》僖公二年："二年春王正月，城楚丘。"該年《左傳》："二年春，諸侯城楚丘而封衛焉。"衛遷楚丘後，邢、狄勾結，爲患於衛。《春秋》僖公二十五年："二十有五年春王正月丙午，衛侯燬滅邢。"該年《左傳》："二十五年春，衛人伐邢，二禮從國子巡城，掖以赴外，殺之。正月丙午，衛侯燬滅邢。"事在前 635 年。衛滅邢後仍有狄患。《春秋》僖公三十一年："狄圍衛。十有二月，衛遷于帝丘。"該年《左傳》："冬，狄圍衛，衛遷于帝丘，卜曰三百年。"事在前 629 年。

[5] 河南省文物考古研究所等：《河南濮陽縣高城遺址發掘簡報》，《考古》2008 年第 3 期，第 18 - 30 頁。

3. 晉滅赤狄,白狄崛起

春秋中期,晉滅赤狄各部:前660年,晉滅東山皋落氏;前594年,晉滅潞氏;前593年,晉滅甲氏、留吁、鐸辰;前588年,晉滅廧咎如。此後,赤狄之聲漸稀。

春秋晚期,赤狄既滅,白狄崛起。其鮮虞部始見《春秋》經傳,爲昭公十二年(前530年),最後一次出現,是哀公六年(前489年)。中山見於《左傳》,只有兩次,一次在定公四年(前506年),一次在哀公三年(前492年),彼此有交叉。兩者是并行關係還是前後關係,仍值得探討。

4. 魏滅中山

戰國早期,范氏、中行氏和知氏先後亡,三晉之中魏最强。前408年,魏伐中山。前406年,魏滅中山。邢、衛之地一度落入魏國的勢力範圍。

5. 趙滅中山

戰國中期,中山桓公復國,徙靈壽。靈壽在今平山縣,控制整個滹沱河流域,成爲趙國北上的最大障礙。前386年,趙從中牟遷都邯鄲,逼近中山。前367年,中山再度滅亡。其後中山再度復國。前294年,趙滅中山,中山徹底滅亡。

戰國時期,燕在冀北,中山在冀中,趙在冀南,魏在豫北。這是基本格局。[1] 燕、趙是河北的一南一北。

北戎

今北京和北京四周,古稱燕地。燕之所以稱燕,大概與燕山、燕水、燕亳、燕京山和燕京之戎有關。

1. **燕山、燕水**,見《山海經·北山經》。《北山經》分三部分:《北山經》《北次二經》《北次三經》。這三部分是從西往東講。《北次三經》講最東一組山,其總名是太行之山,燕山是太行山系偏北偏東的山。[2] 其文曰:"北百二十里,曰燕山,多嬰(燕)石。燕水出焉,東流注于河。"[3]我懷疑,《山海經》的燕山是泛指環繞燕地的山,既包括燕山山脈,也包括北京西山

---

[1] 大體上,北京市到保定市以北是古燕國的勢力範圍,相當西漢的漁陽、上谷、涿郡;保定市南和石家莊是古鮮虞—中山的勢力範圍,相當西漢的中山國、真定國和常山郡;邢臺、邯鄲是古邢國的勢力範圍,戰國屬趙,相當西漢的趙國;安陽、鶴壁、濮陽是古衛國,戰國屬魏,相當西漢的魏國和河内郡。

[2] 太行47山,大體是從西南往東北講,此山是太行第40山,位置在沂山之後,饒山、乾山、倫山和碣石山之前。

[3] 郭璞注:"言石似玉,有符彩嬰帶,所謂燕石者。"郝懿行《爾雅義疏》:"嬰疑燕聲之轉,未必取嬰帶爲義。"案:戰國文字,晏、嬰經常用爲通假字。燕石也叫燕珉,燕珉似玉,即漢白玉,北京市房山區大石窩鎮高莊村出産漢白玉。

(也叫小燕山),但更主要是西面的山。[1] 燕水也是泛指燕地的水,既包括北面的白河和潮河,也包括南面的永定河和拒馬河,但更主要是西面的水。永定河,源頭是山西西北的管涔山,也叫燕京山。燕國的燕,古文字作匽。匽即古偃字。偃是偃卧的意思。燕山,從山海關到居庸關,逶迤一綫,是一道横向的山,然後西接太行山的北段,即北京西山。[2] 北京西山的背後是山西的恒山、五臺山,恒山、五臺山的背後是管涔山。古代兵家有所謂"右倍(背)山陵,前左水澤"(《史記·淮陰侯列傳》引《孫子兵法》佚文)。北京正是依托這樣的地形。

2. **燕亳**,《左傳》昭公九年引詹桓伯語,講武王克商後的東南西北四土,其中提到"肅慎、燕亳,吾北土也"。肅慎在東北,位於燕山以北。燕亳在北京,位於燕山以南。商代常以亳指都邑,這個名字估計是商代留下來的。陳璋方壺以"燕亳邦"稱燕,可見周封召公奭之後於燕亳,仍沿用舊稱。這裏,燕亳與肅慎并列,可見兩者既有聯繫,也有區别。

3. **燕京山**,[3] 見《淮南子·墬形》《水經注·汾水》。酈道元引闞駰《十三州志》,謂"燕京山亦管涔之異名也"。燕京山即山西境内的管涔山,向無異辭。學者指出,商人多以亳稱其都邑,周人多以京稱其都邑,燕京與燕亳可能有關。[4] 但《山海經·北山經》的管涔山屬於《北次二經》,位置在《北次三經》諸山之西,可見燕京山與燕山還不能直接劃等號。

4. **燕京之戎**,以燕京山而得名。古本《竹書紀年》佚文記周季歷(王季)事殷王武乙和太丁(文丁),伐西落鬼戎、燕京之戎、余無之戎、始呼之戎、翳徒之戎,燕京之戎是五戎之一。太丁殺季歷,導致帝乙時周人起兵伐殷。前面已經提到。

古代與燕有關,文獻還提到北戎、山戎、無終戎和代戎。

1. **北戎**,是北地之戎的泛稱,出現最早。《左傳》隱公九年記北戎侵鄭,鄭敗戎師,事在前714年。《左傳》桓公六年、十年、十一年記北戎伐齊,鄭師救齊,大敗戎師,事在前706、702、701年。《春秋》僖公十年記齊、許伐北戎,事在前650年。杜預注以北戎爲山戎。以往,學者多把軍都山一帶的戎人墓地稱爲山戎墓地,并以山戎文化泛指河北北部的類似遺存,現在有些學者主張以典型遺址命名,改稱玉皇廟文化。

2. **山戎**,是山地之戎的泛稱,出現也比較早。《春秋》莊公三十年和《左傳》莊公三十年記齊桓公北伐山戎(《左傳》僖公九年也述及),事在前664年,杜預注以山戎、北戎和無終戎

---

[1] 《山海經》的燕山是太行山的一部分。

[2] 今燕山與太行山以關溝爲界。

[3] 燕京一詞,現在是北京的另一名稱。唐乾元二年(759年),史思明自稱應天皇帝,國號大燕,改范陽爲燕京,多認爲是北京稱燕京之始。但"燕京"這個詞却并不始於唐。

[4] 亳與京字形相近,亳是幫母鐸部字,京是見母陽部字,二者之不同可能屬於方言差異。京有高義。

爲一回事。[1]

3. **無終戎**,有東無終和西無終。《左傳》所記無終戎,主要與晉國有關。《左傳》襄公四年記“無終子嘉父使孟樂如晉,因魏莊子納虎豹之皮,以請和諸戎”,事在前569年;《左傳》昭公元年記晉“毀車以爲行”,“中行穆子敗無終及羣狄于大原”,事在前541年。杜預注以無終爲山戎國名,蓋以無終爲山戎之一支。《漢書·地理志》右北平郡有無終縣,班固注:“故無終子國。”其地在今河北薊縣。杜預以無終爲山戎國名,或與此有關。

4. **代戎**,《史記·趙世家》記趙襄子誘殺代王,興兵平代地。代王城在河北蔚縣。《後漢書·西羌傳》作“趙亦滅代戎”。有一種意見,認爲玉皇廟文化是代戎的遺存,渾源彝器也是代戎的遺物,這很有可能,但代戎是否即無終戎,目前還缺乏證據。[2]

上述諸戎主要分布在燕山南北和長城沿綫,即山海關到大同的通道上,其南北範圍約在北緯39°-41°之間,大體相當漢代的右北平、漁陽、上谷、代、雁門五郡,或宋代的燕雲十六州。這一帶,自古爲北方邊塞。[3] 燕國前置,被諸戎包圍,但從西周初到戰國末,始終存在,不能不説是個奇迹。

白狄

北狄分白狄、赤狄和長狄。長狄在東,[4]與河北關係小;白狄、赤狄在西,與河北關係大。

戎狄南下,河北、山西、陜西、甘肅、寧夏都有份。《史記·匈奴列傳》:“晉文公初立,欲修霸業,乃興師伐逐戎翟,誅子帶,迎内周襄王,居于雒邑。當是之時,秦、晉爲彊國。晉文公攘戎翟,〔戎翟〕居于河内圁、洛之閒,號曰赤翟、白翟。”圁水是陜西的無定河,洛水是陜西的洛水。[5] 其實,白狄、赤狄見於《春秋》經傳,既有活動於晉陜峽谷西側者,也有活動於晉陜峽谷東側者,既有活動於太行山西側者,也有活動於太行山東側者,并不限於圁、洛之閒。過

[1] 此條杜預注,清阮元《十三經注疏》本作“山戎,北狄”。據陳平考證,原文當作“山戎、北戎、無終三名,其實一也”。參看陳平《論歷史上大“山戎”及其有關問題》,收入氏著《燕秦文化研究——陳平學術文集》,北京:北京燕山出版社,2003年,第28-37頁。

[2] 《戰國策·趙策二》:“昔者先君襄主與代交地,城境封之,名曰無窮之門,所以昭後而期遠也。”或説無窮即無終,但趙襄子“兼戎取代,以攘諸胡”,年代偏晚,此門名曰無窮之門,只是取義傳之久遠無窮盡,未必可以證明,代即無終。

[3] 燕雲十六州與今地的關係是:幽州在北京市,薊州在薊縣,瀛州在河間市,莫州在任丘縣,涿州在涿州市,檀州在密雲縣,順州在順義縣,雲州在大同市,儒州在延慶縣,嬀州在懷來縣,武州在張家口市,新州在涿鹿縣,蔚州在蔚縣,應州在應縣,寰州、朔州在朔州市。

[4] 李零《我們的中國》第一編:《茫茫禹迹——中國的兩次大一統》,北京:三聯書店,2016年,第114-115頁。

[5] 李零《我們的中國》第三編:《大地文章——行走與閱讀》,北京:三聯書店,2016年,第199-200頁。

去，學者多認爲，山西的戎狄是從陝西東遷，河北的戎翟又是從山西東遷。白狄姬姓，或有東漸之趨勢，但赤狄未必。赤狄主要在山西。

這裏先講白狄，再講屬於白狄分支的鮮虞、肥、鼓、仇由和中山。

1. 白狄

白狄姬姓。《春秋》僖公三十三年和該年《左傳》記晉人敗狄於箕，郤缺獲白狄子，杜預注："白狄，狄別種也。故西河郡有白部胡。"這是白狄始見於《春秋》經傳，事在前627年。白狄依違秦晉間，前601年曾助晉伐秦（見《春秋》宣公八年和該年《左傳》），前582年又助秦伐晉（見《春秋》成公九年和該年《左傳》）。前578年，晉侯使吕相絶秦，提到"白狄及君同州，君之仇讎，而我昏姻也"（《左傳》成公十三年），可見白狄既有在秦者，也有在晉者。白狄又見《左傳》襄公十八年和二十八年。襄公二十八年是前545年，這以後，只聞鮮虞，不聞白狄。《左傳》昭公元年，祁午謂趙文子曰："子相晉國，以爲盟主，於今七年矣。再合諸侯，三合大夫，服齊、狄，寧東夏。"昭公元年是前541年，可見此時狄人已不再爲患於晉，餘部多已遷往河北。

2. 鮮虞、肥、鼓、仇由

見《春秋》昭公十二年和十四年、定公四年、哀公六年，《左傳》昭公十三年至十五年和二十一年至二十三年，定公三年至五年和十四年，哀公元年、四年和六年，時間在前530－前489年，相當春秋晚期。白狄東遷，分若干部，鮮虞是其中最强的一支，肥、鼓、仇由各有君長。[1] 其活動範圍主要在滹沱河流域，上游有仇由（山西盂縣東北），下游有鮮虞（正定縣新城鋪，也叫伏城驛）、肥（藁城市西南）、鼓（其都曰昔陽，在晉州市西）。其城邑主要分布在石家莊地區，但中人在唐縣都亭鄉，屬保定地區。[2] 這四支白狄，先後滅於晉。晉滅肥，在昭公十二年（前530年）。晉滅鼓，在昭公二十二年（前520年）。鮮虞最後一次出現在魯哀公六年（前489年），其後則未聞。晉滅仇由，見《戰國策》《韓非子》《吕氏春秋》等書，皆曰智伯滅之。此智伯即荀瑶（前506－前453年）。

3. 中山

一般認爲，中山活躍於戰國時期，乃鮮虞之别稱。但此名，《左傳》只提到兩次，一次在定公四年（前506年），一次在哀公三年（前492年），比這兩個年代晚，鮮虞仍在。雖然目前我們還無法斷定，中山就是鮮虞的異名，但中山是白狄東遷之一支，没有問題。中山國史，目前所知，前後分四段。第一段是中山文公前（前506－前？年），惜無可考。第二段是中山文公

[1] 《左傳》昭公十二年："（晉）滅肥，以肥子緜皋歸。"《左傳》昭公十四年："（晉）克鼓而反，不戮一人，以鼓子鳶鞮歸。"《左傳》昭公二十二年："晉之取鼓也，既獻而反鼓子焉。六月，荀吴略東陽，使師僞糴者負甲以息於昔陽之門外，遂襲鼓，滅之，以鼓子鳶鞮歸，使涉佗守之。"其君稱子，同白狄子。

[2] 《左傳》哀公元年："齊侯、衛侯會于乾侯，救范氏也。師及齊師、衛孔圉、鮮虞人伐晉，取棘蒲。"棘蒲在河北趙縣，時屬晉邑。王先謙《鮮虞中山國事表疆域圖説》以棘蒲爲鮮虞邑，不對。

時(前? -前415年)和中山武公時(前415 -前408年)。中山武公居顧,顧在今定州市。前408年,魏滅中山,是這一段的結束。第三段是中山桓公時(前378 -前367年)。中山桓公復國,徙靈壽,靈壽在今平山縣。前367年,中山再度滅亡,是這一段的結束。第四段,中山再度復國,前後有四王: 中山成王(前? -前322年)、中山王譽(前321 -前308年)、中山王妤蛮(前307 -前299年)、中山王尚(前298 -前294年)。前294年,趙滅中山,遷其王於膚施,是中山的徹底滅亡。膚施,舊説漢上郡膚施,在陝西榆林附近(估計在横山縣),太遠,我懷疑是山西五臺縣慮施城。[1] 中山武公居顧,是以定州市爲中心,周圍有苦陘(定州市邢邑鎮)、唐(唐縣)、左人(唐縣西雹水村)、中人(唐縣都亭鄉)、華陽(恒山華陽臺)、鴟之塞(唐縣倒馬關)、曲陽(曲陽縣)、丹丘(曲陽縣西北)等邑,大體在今保定地區的南部。[2] 中山桓公復國,徙靈壽,以平山縣三汲鄉爲中心。其周圍城邑有東垣(石家莊市東北)、寧葭(石家莊市西北)、井陘(井陘縣)、獲鹿(鹿泉區)、樂陽(鹿泉區北)、石邑(鹿泉故邑村)、封龍(石邑南)、行唐(行唐縣故郡村)、無極(無極縣)、房子(高邑縣倉房村)、鄗邑(柏鄉縣固城店村),主要分布在石家莊地區。[3] 扶柳(衡水市扶柳城村)、慮施(山西省五臺縣臺城鎮)也是中山邑。慮施在滹沱河的中游。

趙滅中山,目的是打通北上内蒙古的通道。《史記·趙世家》有一段話,説趙惠文王滅中山,"北地方從,代道大通"。這話什麽意思,當年讀書,不太明白,後來通過跑路,我才知道,司馬遷所説的"代道",就是從河北順平,穿蒲陰、飛狐二陘,走淶源、蔚縣,去大同、托克托和包頭的路。[4]

趙滅中山,中山納入趙國的版圖。山西高平市永録鄉出土十六年寧壽令余慶戈。[5] 銘文作"十六年,寧壽伶(令)余慶,上庫工師弁(卞)进,工固執齊"。"十六年",銘文發表者推測是趙惠文王十六年,若此説可靠,則中山滅僅11年。"工固",與中山王墓出土銅器的"啬

---

[1] 李零:《再説滹沱——趙惠文王遷中山王於膚施考》,收入氏著《我們的中國》第三編《大地文章》,北京: 三聯書店,2016年。

[2] 漢中山國包括盧奴(定州市)、新處(定州市東北)、安險(定州市東南)、苦陘(定州市邢邑鎮)、北新城(徐水縣西南)、北平(滿城縣)、曲逆(順平縣)、唐(唐縣)、望都(望都縣)、陸成(蠡縣)、安國(安平縣),仍以定州市爲中心。

[3]《史記·趙世家》:"十七年,王出九門,爲野臺,以望齊、中山之境。"九門(藁城市九門鄉)、野臺(新樂東北)時屬趙邑,王先謙《鮮虞中山國事表疆域圖説》以九門、野臺爲中山邑,不對。

[4]《史記·趙世家》:"武靈王自號爲主父。主父欲令子主治國,而身胡服將士大夫西北略胡地,而欲從雲中、九原直南襲秦。於是詐自爲使者入秦,秦昭王不知,已而怪其狀甚偉,非人臣之度,使人逐之,而主父馳已脱關矣,審問之,乃主父也。秦人大驚,主父所以入秦者,欲自略地形,因觀秦王之爲人也。惠文王二年,主父行新地,遂出代,西遇樓煩王於西河而致其兵。三年,滅中山,遷其王於膚施,北地方從,代道大通。

[5] 高一峰、張廣善:《高平縣出土"寧壽令戟"考》,《文物季刊》1992年第4期,第69-71轉66頁。

夫孫固”同名，不知是否就是此人，若推測不誤，此人屬於留用人員。[1] 又銘文發表者以爲，“寧壽”是靈壽的通假字，我則懷疑，這一名稱改動不僅僅是换用一個讀音相近的字，恐怕還有特殊含義，用意類似《史記・秦本紀》“魏納陰晉於秦，陰晉更名寧秦”，寧字含有安寧、安定之義。

赤狄

西周封建，晉是封在夏地。叔虞先封唐，後封晉，唐、晉皆屬夏地。夏地不僅住着很多夏遺民，還住着很多戎狄。《左傳》定公四年講叔虞封唐，有段話經常被引用。其文曰：“分唐叔以大路、密須之鼓、闕鞏、沽洗，懷姓九宗，職官五正。命以《唐誥》而封以夏虚，啓以夏政，疆以戎索。”“啓以夏政，疆以戎索”，是説用當地的辦法治理當地人，即以夏人的政令教化人民，用戎狄納貢的辦法規劃土地。其中提到的“懷姓九宗”是懷姓九部，懷姓即媿姓。[2] 媿姓是赤狄之姓。王國維已經指出，媿姓是鬼方之姓，正如姜姓是羌人之姓，允姓是獫狁之姓。[3]

赤狄九部是哪九部？《左傳》没有講，今試爲鈎輯，分析其大概。

1. 馮氏

馮氏見《世本・氏姓篇》。其來源，舊有二説，一説姬姓，一説歸姓。

馮出姬姓説是漢以來的説法。如《説文解字・邑部》：“鄬，姬姓之國，从邑馮聲。”這個加邑旁的馮國，許慎以爲姬姓。《後漢書・馮魴傳》：“馮魴字孝孫，南陽湖陽人也。其先魏之支孫，食菜馮城，因以氏焉。”注引《東觀漢記》：“其先魏之别封曰華侯，華侯孫長卿食菜馮城，因以氏焉。魴父名楊也。”則以馮爲魏之别封。《元和姓纂・東韻》：“周文王第十五子畢公高之後。畢萬封魏，支孫食采於馮，遂氏焉。《世本》又云，姬姓，鄭大夫馮簡子後。《漢書》，秦末馮亭爲上黨守，入趙，其宗族或留潞，或在趙。秦丞相馮去疾、御史大夫馮劫、漢博成侯馮毋擇，并亭之後也。”[4]《廣韻・東韻》：“馮，姓，畢公高之後，食采於馮城，因而命氏，出杜陵及長樂。”也持類似説法。

---

[1] 張守中：《中山王䂪器文字編》，北京：中華書局，1981 年，第 118、122、123、129、131、132、134 頁。

[2] 陳公柔：《説媿氏即懷姓九宗》，收入氏著《先秦兩漢考古學論叢》，北京：文物出版社，2005 年，第 101－107 頁。

[3] 王國維：《鬼方、昆夷、玁狁考》，《觀堂集林》卷十三，第 1 頁正－12 頁背，收入《王國維遺書》，上海：上海古籍書店，1983 年，第二册。

[4] 鄘、蒯二字形近易混。《説文通訓定聲・升部》：“鄬，姬姓之國，从邑馮聲。按：文王之昭畢公高之後畢萬封魏，支孫食采于鄬城，因氏焉。今字作馮。《世本》云‘歸姓’。又按：此字疑即鄘，《漢書・周緤傳》‘封鄘城侯’，《楚漢春秋》作馮城，而《漢書・功臣表》作蒯成，云在長沙。服虔音菅蒯之蒯。《史記索隱》音裴，皆誤也。其地，據張守節引《輿地志》‘蒯成縣，故陳倉縣之故鄉聚名。按畢在今陝西西安府咸陽縣，于地相近。疑《輿地志》得其實。”

馮出歸姓説,見《通志・氏族略》引《世本》和《急就篇》顔師古注。《通志》引《世本》作“歸姓,鄭大夫馮簡子之後”。《急就篇》“馮漢强”,顔師古注作:“馮氏之先本歸姓也。鄭大夫有馮簡子,其後遂爲大族。漢强,意在忠於本朝也。”

這兩種説法,都説根據《世本》,哪種才是原貌?清代學者輯《世本》,王謨本、陳其榮本、張澍本皆持馮出歸姓説,秦嘉謨本也以鄘爲歸姓,雷學淇本、茆泮林本兩存其説。[1]

馮城在什麽地方?《左傳》定公六年:“周儋翩率王子朝之徒因鄭人將以作亂於周,鄭於是乎伐馮、滑、胥靡、負黍、狐人、闕外。”其中提到的馮是春秋晚期的馮,舊説在河南滎陽,屬於鄭地。馮姓的大名人馮簡子就是鄭大夫。

馮氏即鄘氏。秦嘉謨《世本緝補》以鄘氏爲歸姓,所謂歸姓,其實就是媿姓。《穆天子傳》講穆王西征,提到鄘邦、鄘人,其君曰鄘伯。該書卷一説穆王曾受到河宗之子孫鄘伯絮的款待。學者多已指出,鄘與馮通,河宗者,即河伯馮夷,故事中的見面地點大約在河套地區。[2]馮氏奉馮夷爲祖,至今仍是大姓,在全國人口中排第27位。[3]

鄘氏即西周金文中的倗氏。倗仲鼎:“倗仲作畢媿賸(媵)鼎,其萬年寶用。”[4]該銘是倗仲嫁女於畢的鐵證,倗女是媿姓,可見倗是媿姓。

2004-2005年發掘的山西絳縣横水鎮横北村西周大墓,M1的墓主是畢姬,M2的墓主是倗伯,年代在穆王前後。[5] 畢姬是畢公的後代,嫁給倗伯,倗伯媿姓,無疑是赤狄。當時的倗可能就在絳縣附近,鄰近晉都。

這一發現很重要,它證明畢、倗通婚,是姬、媿聯姻,舊説馮出姬姓是誤傳。其實,這是錯把畢公之後的姓當成了馮氏所出。但這一誤傳倒是提醒了我們,魏之稱魏,可能與倗出媿姓,居鬼方之地有關。

我們都知道,三晉中的魏國是畢公的後代,魏之稱魏,是因畢萬參加晉滅霍、魏、耿之役,有功,晉獻公封畢公之後於魏。魏在山西芮城,本來是芮國的都城。我懷疑,芮封芮城之前,

---

[1] 漢宋衷注,清秦嘉謨等注《世本八種》,北京:中華書局,2008年,王謨本,第28頁;陳其榮本,第13頁;秦嘉謨本,第307頁;張澍本,第73頁;雷學淇本,第64頁;茆泮林本,第59頁。

[2] 参看鄭傑文《穆天子傳通釋》,濟南:山東文藝出版社,1992年,第10-11頁。

[3]《元和姓纂》,馮姓僅次於李姓。馮姓見卷一《一東》,有潁川馮姓、上黨馮姓和長樂信都馮姓等。潁川馮姓出上黨馮姓,長樂信都馮姓則是十六國之北燕所出。

[4]《殷周金文集成》(修定增補本)第二册,第1237頁:02462。

[5] 山西省考古研究所《山西横水西周墓發掘簡報》,《文物》2006年第8期,第4-18頁;吉琨璋等《山西横水西周墓地研究三題》,同上,第45-49頁;李學勤《絳縣横北村大墓與鄘國》,《中國文物報》2005年12月30日,第7版;李零《馮伯和畢姬》,收入氏著《待兔軒文存》(説文卷),桂林:廣西師大出版社,2015年,第169-173頁。案:拙文原載《中國文物報》2006年12月8日,第7版,底稿經編輯改動,應以《文存》本爲準。

芮城本來是鬼方氏之後媿姓的地盤,魏字从鬼,可能與媿姓即後來的隗氏有關。[1]

2. 胡氏

胡氏亦見《世本・氏姓篇》,同樣屬於歸姓,也就是媿姓。西周金文,胡作䛐,裘錫圭曾對金文胡氏作專門討論,指出胡爲媿姓,最初可能在河南郾城縣,後徙安徽阜陽市。[2]

3. 潞氏

見《國語・鄭語》和《春秋》經傳。《鄭語》講西周末年,鄭桓公謀於史伯,問"何所可以逃死",史伯提到周之四土,説"北有衛、燕、狄、鮮虞、潞、洛、泉、徐、蒲"。[3] 韋昭注:"狄,北狄也。鮮虞,姬姓在狄者也。潞、洛、泉、徐、蒲,皆赤狄隗姓也。"這串國族名,除衛、燕是周初所封姬姓國,其他皆屬狄人。狄字以下,據韋昭注,鮮虞是白狄,其他是赤狄。赤狄隗姓,即金文中的媿姓,其中就有潞。這是文獻關於潞氏最早的消息。

研究西周早期的潞氏,2007－2011 年發掘的大河口西周墓地是最新綫索。簡報説:"墓地出土的青銅器銘文顯示,'霸'是這處墓地墓主的國族名,'霸伯'是這裏的最高權力擁有者。"但墓地出土銘文,"霸"字有兩種寫法,一種是"霸",一種是"露"(圖二)。最近黄錦前、張新俊寫文章,從文字音韻學的角度解釋這兩種寫法的通假關係,很有説服力。他們認爲,

佳(惟)十又一月,井弔(叔)來
求鹵(鹽),蔑(伐)露白(伯)厤(矜),吏(使)伐
用壽(酬)百井二糧、虎皮
一。露白(伯)拜頣首,對楊(揚)
井弔(叔)休,用乍(作)寶毁(簋),其
萬年子孫其永寶用。

圖二　霸伯簋

[1] 李零:《馮伯和畢姬》。

[2] 裘錫圭:《説䛐簋的兩個地名——"棫林"和"胡"》,《裘錫圭學術文集》3,上海:復旦大學出版社,2012 年,第 33－38 頁。

[3] "潞、洛、泉、徐、蒲",或以"徐""蒲"連讀,讀作徐吾,我是分開讀,詳下。

銅器銘文中作族氏稱謂的“霸”與“格”是一回事,同爲春秋潞國之前身,屬於殷商時期西落鬼戎的支系,西周及春秋早期在今山西省翼城縣一帶,春秋早期以後約在以潞城爲中心的黎城、長治一帶。[1] 此文甚合吾意,除霸、格同一説或許還可討論,我完全同意他們對霸國即潞國的論證。

潞國、潞城之潞,三晉貨幣作露。《説文解字·雨部》既有露字,也有露字。許慎對前者的解釋是“雨零也”,對後者的解釋是“潤澤也”。其實,露就是露字的另一種寫法,而露作潞,也有文獻上的證據。[2] 雖然從表面上看,霸、露二字的讀音好像有點遠,其實完全可以通假。[3] 我認爲,大河口墓地,無論叫“霸國墓地”,還是叫“露國墓地”,其實都是指潞國墓地。

叔虞封唐,賜懷姓九宗,赤狄曾與晉人雜處,肯定住在晉南,其後遭晉國勢力擠壓,才轉徙上黨。東周時期,上黨赤狄潞爲大。

晉滅上黨赤狄,首先是潞。《春秋》宣公十五年:“六月癸卯,晉師滅赤狄潞氏,以潞子嬰兒歸。”事在前594年。該年《左傳》説,晉伐潞國,是因酆舒(潞國的執政大臣)殺了潞子嬰兒的夫人(晉景公的姐姐),并刺傷了潞子嬰兒的眼睛。晉臣伯宗給酆舒定了五條罪狀,第一是“不祀”,第二是“嗜酒”,第三是“棄仲章而奪黎氏地”,第四是“虐我諸姬”,第五是“傷其君目”。黎國本爲商代古國,傳爲帝堯之後,祁姓,武王克商後封的黎侯是姬姓的黎侯,塔坡墓地在山西黎城,就是這個黎侯的墓地,離潞城市的潞河古城遺址很近,屬於换人不换地,還用原來的名字。由於潞國占了黎國的地盤,所以晉滅潞國後,“立黎侯而還”。

4. 洛氏

洛氏也是《鄭語》所説赤狄隗姓之一。《鄭語》洛氏與潞氏并列,顯然不同於潞氏。洛氏是哪一支,有多種可能。首先,《左傳》僖公十一年提到“揚、拒、泉、皋、伊、洛之戎同伐京師”,其中有洛戎;其次,西周銅器有格伯作晉姬簋和格伯簋,格與洛通。[4] 戰國三晉兵器有六年格氏令戈和格氏矛,[5] 格氏是縣名。

---

[1] 黄錦前、張新俊:《説西周金文中的“霸”與“格”——兼論兩周時期霸國的地望》,《考古與文物》2015年第5期,第105－111頁。

[2] 露亦作潞,古書或用爲暴露的露,如《吕氏春秋·不屈》“士民罷潞”、《戰國策·秦策一》“士民潞病於内”,就是用潞爲露。

[3] 霸是幫母鐸部字,或體从吏从各,吏是來母之部字,字通事、使、士,又是生母或崇母之部字,各是見母鐸部字,而潞是來母鐸部字,聲母不同。幫母、見母、來母,乍看聲母好像遠了點,但路从各聲,貉亦作貊或貃,貊是明母鐸部字,貃是幫母鐸部字,辭例足以證明,霸、潞可以通假。這裏,似乎還可補充一點:霸从革聲,革是見母職部字,之、魚二部和職、鐸二部,經常通假,而革、勒相通假與各、路通假是一個道理,如銀雀山漢簡《唐革》就是《唐勒》。

[4] 《殷周金文集成》(修定增補本),第三册,第2140頁:03952;第四册,第2590－2595頁:04262－04265。

[5] 《殷周金文集成》(修定增補本),第七册,第6099頁:11327;第八册,第6291頁:11499。

5. 泉氏

泉氏也是《鄭語》所説赤狄隗姓之一,疑與洛邑附近的翟泉有關。《左傳》僖公十一年提到“揚、拒、泉、皋、伊、洛之戎同伐京師”,其中有泉戎。《春秋》《左傳》僖公二十九年有翟泉,杜預注:“翟泉在洛陽城内大倉西南池水也。”即今河南孟津縣東南平樂鎮翟泉村。下東山皋落氏有皋字,廧咎如亦可讀廧皋如。

6. 徐氏

徐氏也是《鄭語》所説赤狄隗姓之一。上引《竹書紀年》佚文記季歷伐五戎,其中之一是余無之戎,此即徐無之戎,下徐吾氏即出此部。

7. 蒲氏

蒲氏也是《鄭語》所説赤狄隗姓之一。晉公子重耳(後來的晉文公)流亡,先避難於蒲城,即蒲人所居。蒲城在山西隰縣。

8. 東山皋落氏

上引《左傳》僖公十一年“揚、拒、泉、皋、伊、洛之戎”,其中有皋戎,疑即東山皋落氏。東山是地望,皋落是族名。《左傳》閔公二年:“晉侯使大子申生伐東山皋落氏。”杜預注:“赤狄別種也,皋落其氏族。”事在前660年。1986年,河南伊川縣城關鄉出土過一件十一年皋落戈,銘文作“十一年,咎(皋)茖(落)大命(令)少曲旮,工師舒喜,冶午”。[1] 貴州省博物館也有一件類似的戈,銘文作“□□年,上咎(皋)茖(落)大命(令)少曲旮,工師高慦,冶午”。[2] 皋落在何處,舊有二説,一説在山西垣曲縣皋落鎮,見《水經注》卷四《河水》和《元和郡縣志》卷六《垣縣》;一説在山西昔陽縣樂平鎮,見《太平寰宇記》卷五〇《樂平縣》。[3]

9. 廧咎如

晉公子重耳(後來的晉文公)流亡,曾在狄地住過十二年。《左傳》僖公二十三年:“晉公子重耳之及於難也,晉人伐諸蒲城。蒲城人欲戰,重耳不可……遂奔狄。”蒲城在山西隰縣,可能與上引《鄭語》之蒲有關,那一帶可能有不少狄人。重耳奔狄的狄是什麽狄?估計是其母家,即大戎。大戎姬姓,估計是白狄之别種。[4] 同年傳文又云:“狄人伐廧咎如,獲其二女,叔隗、季隗,納諸公子。公子取季隗,生伯儵、叔劉,以叔隗妻趙衰,生盾。”事在前637年。

---

[1] 蔡運章、楊海欽:《十一年皋落戈及其相關問題》,《考古》1991年第5期,第413–416頁。其釋文作“十一年,佫(皋)茖(落)太命(令)少斤＝旮、工帀(師)＝舎(郐)喜,冶午”。

[2] 劉釗:《上皋落戈考釋》,《考古》2005年第6期,第95–96頁。鍾柏生等:《新收殷周青銅器銘文暨器影彙編》,臺北:藝文印書館,2006年,第二册,第1205頁:1782。

[3]《史記·秦本紀》:“孟增幸於周成王,是爲宅皋狼,皋狼生衡父……”宅皋狼亦作蔡皋狼,蓋因所居爲氏名,又爲趙邑名,《漢書·地理志下》西河郡有皋狼縣,在今山西方山縣。皋狼與皋落音近可通。

[4]《左傳》莊公二十八年:“晉獻公娶於賈,無子。烝於齊姜,生秦穆夫人及大子申生。又娶二女於戎。大戎狐姬生重耳,小戎子生夷吾。”杜預注:“大戎,唐叔子孫别在戎狄者。”“小戎,允姓之戎子女也。”

杜預注:“廧咎如,赤狄之别種也。”細讀原文,我認爲,伐廧咎如的狄人即大戎。《春秋》成公三年:“晉郤克、衛孫良夫伐廧咎如。”該年《左傳》:“晉郤克、衛孫良夫伐廧咎如,討赤狄之餘焉。廧咎如潰,上失民也。”事在前588年,晚於晉伐東山皋落氏和晉滅潞國。

廧咎如在什麽地方?《讀史方輿紀要》卷一有一種説法:“或曰在山西太原府境,亦赤狄别種。”這種説法很流行,似乎出於臆度。《太平寰宇記》卷四八:“慈州文城郡,今理吉鄉縣,《禹貢》冀州之域,赤狄廧咎如之國,在春秋時晉之屈邑。”則以爲在山西吉縣。吉縣在隰縣南,近是。又陝西有高奴縣,或與廧咎如有關。

10. 甲氏

上黨赤狄潞爲大,上面已經講過,其次還有甲氏、留吁。《春秋》宣公十六年:“十有六年王正月,晉人滅赤狄甲氏及留吁。”該年《左傳》:“十六年春,晉士會帥師滅赤狄甲氏及留吁、鐸辰。”事在前593年,即晉滅潞國的第二年。楊伯峻引清徐文靖《管城碩記》卷十一,認爲甲氏與侯甲水、侯甲山有關,“甲氏或在屯留北百里内外”。[1]

甲氏疑即戰國涅氏縣。三晉貨幣有“涅氏”布幣。涅氏在山西武鄉縣西故城鎮,城以水名。涅水又名侯甲水,水出祁縣侯甲山(又叫胡甲山或護甲山),當地有侯甲邑。太原到洛陽的大道,即所謂潞澤通衢者,就是傍着這條水,祁縣南和武鄉西乃必經之處。酈道元引劉歆《遂初賦》“越侯甲而長驅”就是指這條道。詳見《水經注・汾水》。侯甲水又簡稱甲水。

涅水出祁縣,傍太岳山,繞武鄉西側,流經武鄉、沁縣間。今涅水北岸有北涅水村,屬武鄉縣;南岸有南涅水村,屬沁縣。公元529年,涅縣改稱陽城縣,即設在南涅水村(水南曰陽)。公元596－605年,陽城縣改稱甲水縣。至今當地仍稱北涅水村和南涅水村爲北甲水村、南甲水村。可見涅水即甲水,涅氏即甲氏。我的家鄉就在古涅氏縣。

11. 留吁

亦屬上黨赤狄。晉人滅留吁,見上引《春秋》經傳。屯留就是晉滅留吁後所設。三晉貨幣有“屯留”布幣。屯留舊城在山西屯留縣東南。清華楚簡《繫年》第四章:“周惠王立十又七年,赤翟王留吁起師伐衛,大敗衛師於睘,幽侯滅焉。翟遂居衛,衛人乃東涉河,遷於曹。焉立戴公申,公子啓方奔齊。”[2]這裏的引文,爲印刷方便,是用寬式,直接以讀法代替原文。“留”原作峁,“吁”原作虐。

古書講狄入衛,《春秋》閔公二年只説“十有二月,狄入衛”,該年《左傳》只説“冬十二月,狄人伐衛”,并未説明是狄人的哪一支。《春秋經傳集解後序》引《竹書紀年》“衛懿公及赤翟戰於洞(泂)澤”,點明是赤狄。清華楚簡《繫年》講得更清楚,這支赤狄是赤狄中的留吁,可補文獻之缺。

---

[1] 楊伯峻:《春秋左傳注》(修訂本),北京:中華書局,1990年,第二册,第767頁。
[2] 李學勤主編:《清華大學藏戰國竹簡》(貳),上海:中西書局,2011年,下册,第144頁。

12. 鐸辰

亦屬上黨赤狄。其滅,見上引《春秋》經傳。《春秋》只提"赤狄甲氏及留吁",未及鐸辰,而《左傳》有之。杜預注:"鐸辰不書,留吁之屬。"楊伯峻説:"若依杜注所云,鐸辰當在今山西省潞城縣、屯留縣附近。"[1]

13. 徐吾氏

徐吾氏,疑即上文徐氏。[2]《春秋》成公元年:"秋,王師敗績於茅戎。"杜預注:"茅戎,戎別種也。"該年《左傳》:"元年春。晉侯使瑕嘉平戎於王,單襄公如晉拜成。劉康公徼戎,將遂伐之。叔服曰:'背盟而欺大國,此必敗。背盟,不祥;欺大國,不義;神人弗助,將何以勝?'不聽。遂伐茅戎。三月癸未,敗績於徐吾氏。"杜預注:"徐吾氏,茅戎之別也。"戰國秦漢有余吾縣,在山西屯留縣西北余吾鎮。西漢時期,徐吾、屯留是兩個縣,東漢才把徐吾并入屯留縣。屯留余吾墓地出土東漢陶文,M199:11 作"屯市",即屯留之市,M205:1 作"余市",即余吾之市。[3]

赤狄與丁零、高車、敕勒、鐵勒、突厥

先秦史,戎狄曾扮演重要角色。《春秋》經傳所見,狄人的活動中心是山西,白狄在晉北,赤狄在晉南。他們不僅與晉國衝突,而且翻越太行山,四面出擊。[4] 讀古書,我們往往以爲它只是跟山西有關,或者跟山西周邊有關。其實,它後面的背景非常深。[5]

中國北方民族分三大系統,通古斯系(肅慎和女真屬於此系)、蒙古系(東胡、鮮卑和契丹、蒙古屬於此系)和突厥系(丁零、高車、敕勒、鐵勒、突厥屬於此系)。很多研究民族史的學者早已指出,赤狄與鬼方、丁零、高車、敕勒、鐵勒、突厥等族有關,赤狄屬於突厥系。[6]

學者經常引用的材料是這幾條:

1.《竹書紀年》:"武乙三十五年,周王季伐西落鬼戎,俘二十翟王(又《汲郡古文》有鬼侯國)。"[7]案:西落鬼戎、鬼侯即鬼方之侯,其王曰翟王。赤狄媿姓,以鬼爲姓。

---

[1] 楊伯峻:《春秋左傳注》(修訂本),第二册,第 767－768 頁。

[2] 徐吾氏蓋出商代的余無之戎。余無之戎得名於余無水,余無水即今圖拉河。

[3] 山西省考古研究所:《屯留余吾墓地》,太原:三晉出版社,2012 年,第 167 頁、172－173 頁。二戳印,原書俱釋"□市"。銘文清晰照片見圖版一三〇。

[4] 晉與赤狄雜處,衝突不斷。赤狄不僅東出太行,滅邢、衛,迫使邢、衛東遷,不斷襲擾齊國,而且南出太行,伐鄭滅温,參與王子帶之亂。

[5] 中國北方民族分通古斯、蒙古、突厥三系。西伯利亞是其後,蒙古高原是其中,黄河流域是其前。

[6] 參看姚薇元:《北朝胡姓考》,北京:中華書局,2007 年,第 308－315 頁。又段連勤:《丁零、高車與鐵勒》《北狄族與中山國》,林幹《突厥史》。案:姚氏把隗氏、翟氏、鮮于歸入高車諸姓。

[7] 方詩銘、王修齡:《古本竹書紀年輯證》(修訂本),第 34 頁。

2.《北史·高車傳》:"高車,蓋古赤狄之餘種也。初號爲狄歷,北方以爲敕勒,諸夏以爲高車丁零。其語略與匈奴同,而時有小異,或云其先匈奴甥也。其種有狄氏、袁紇氏、斛律氏、解批氏、護骨氏、異奇斤氏……高車之族又有十二姓,一曰泣伏利氏,二曰吐盧氏,三曰乙旃氏,四曰大連氏,五曰窟賀氏,六曰達薄氏,七曰阿崘氏,八曰莫允氏,九曰俟分氏,十曰副伏羅氏,十一曰乞袁氏,十二曰右叔沛氏。"案:泣伏利氏即高車李氏,袁紇氏即回紇氏。[1]

3.《北史·鐵勒傳》:"鐵勒之先,匈奴之苗裔也,種類最多。"

4.《晉書·北狄傳》:"北狄以部落爲類,其入居塞者,有屠各種、鮮支種、寇頭種、烏譚種、赤勒種、捍蛭種、黑狼種、赤沙種、鬱鞞種、萎莎種、禿童種、勃蔑種、羌渠種、賀賴種、鍾跂種、大樓種、雍屈種、真樹種、力羯種,凡十九種,皆有部落,不相雜錯。屠各最豪貴,故得爲單于,統領諸種……其四姓有呼延氏、卜氏、蘭氏、喬氏,而呼延氏最貴。"案:赤勒種即敕勒。

5.《周書·突厥傳》:"突厥者,蓋匈奴之別種,姓阿史那氏,別爲部落。後爲鄰國所破,盡滅其族。有一兒,年且十歲,兵人見其小,不忍殺之,乃刖其足,棄草澤中,有牝狼以肉飼之。及長與狼合,遂有孕焉。彼王聞此兒尚在,重遣殺之。使者見狼在側,并欲殺狼,狼遂逃于高昌國之北山。山有洞穴,穴内有平壤茂草。周回數百里,四面俱山。狼匿其中,遂生十男。十男長大,外托妻孕。其後各有一姓,阿史那即其一也。"

以上所見狄歷、丁零、敕勒、鐵勒、突厥,皆 Türk 之譯音。

十六國時期有翟氏丁零建立的翟魏政權。魏晉南北朝時期,除翟氏丁零,還有丁零鮮于氏、丁零洛氏、丁零嚴氏,以及朔方丁零、密雲丁零、中山丁零。[2] 丁零來自北海,即今貝加爾湖,乃突厥之前身。翟氏、馮氏、胡氏,今多以爲漢姓,當初都是胡姓。

白狄、赤狄留下的姓氏

西周有族姓制度,即以帶女字旁的族姓識別族群。這種族姓見於西周金文,主要有 20 個左右。

1. 夏遺民的姓,唐爲嬶姓(古書作祁姓),虞爲姚姓和嬀姓,夏爲姒姓和妘姓(古書作弋姓)。

2. 商遺民的姓爲子姓(金文無女旁,亡)。

3. 周人和與周人聯姻各族的姓,有姬姓、姜姓、姞姓(後世作吉姓)、妊姓(後世作任姓)和姒姓。

4. 東夷之姓,萊夷爲釐姓(金文無女旁),太昊族各支爲媧姓(古書作風姓),少昊族各支

---

[1] 參看姚薇元:《北朝胡姓考》,第 297-300 頁。

[2] 參看段連勤:《丁零、高車與鐵勒》,第 121-127 頁。

爲嬴姓,群舒爲偃姓(後世有晏姓)。

5. 祝融八姓,有妃姓(古書作己姓,亡)、媍姓(古書作妘姓,亡)、�姓(古書作曹姓)和嬭姓(古書作羋姓)。附:嫚姓(古書作曼姓)。

6. 西戎有姜姓之戎(氐羌)和允姓之戎(獫狁)。

7. 北狄之姓,白狄爲姬姓,赤狄爲媿姓(古書作隗姓)。

這些姓,前三種以華夏爲主,後四種以蠻夷戎狄爲主。但前三種,姬姓有姬姓之狄(如鮮虞、中山)、姬姓之戎(如驪戎、大戎),姜姓有姜姓之戎,可見就連西周最重要的兩大姓都是夷夏參半。

狄,古書亦作翟。後世有翟姓。白狄鮮虞,後世有鮮于氏。鮮于氏分南北兩支,北支是漁陽鮮于,南支是閬中鮮于。[1]

兩漢魏晉南北朝,鮮于氏有很多名人,如西漢昭帝時有主歷使者鮮于妄人,東漢有上谷鮮于裒、度遼將軍鮮于輔,等等。[2]

鮮于氏,漢代有"武王封箕子之後於朝鮮"説。如《史記·宋微子世家》《潛夫論·五德志》《風俗通義》佚文(《後漢書·第五倫傳》李賢注引)和《元和姓纂》俱有此説,[3]此説以鮮于爲殷遺。鮮虞可能曾服事於殷,奉殷爲正統,正如明亡,朝鮮仍奉明朝爲正統,未必是真正的殷遺。朝鮮歷史上有箕子朝鮮説,正是來自這類説法。

岑仲勉《元和姓纂四校記》提到"突厥開府儀同三司鮮于遵義",曰"似鮮于之族,猶有出自突厥者"。《十六國春秋·後燕録》有丁零鮮于乞保。《魏書·太祖紀》有丁零鮮于次保,《魏書·世祖紀》有丁零鮮于臺陽。丁零鮮于蓋附於丁零的鮮于氏。

赤狄媿姓,後世作隗氏。隗氏出自赤狄,早期古書,向無異説。宋以來,或説隗姓出於大隗氏。如宋鄧名世《古今姓氏書辯證》卷二四《十四賄》引《姓源韻譜》曰:"天水成紀隗氏,出自大隗之後。"鄧名世已指出其謬。曰:"此誤也。《莊子》言黄帝見大隗於具茨之山,蓋寓言,非有是人,不可以爲據。"又宋羅泌《路史》卷二九《國名紀六》:"歸,夔之封,一曰夔。杜甫所謂夔子國者,後有憑氏。"并以胡、有、何出歸姓。其説亦不經。夔國在秭歸,并非歸姓,而是羋姓,與隗姓或媿姓無關。

媿姓名人有密康公母、晉文公妻(季媿)、趙盾妻(叔媿)、周襄王后(翟后)、秦丞相隗狀(見秦始皇廿六年詔版,《史記·秦始皇本紀》誤爲隗林)、兩漢之際的隗囂。[4]

---

[1] 唐林寶:《元和姓纂》,北京:中華書局,1994年,第一册,第551－554頁。

[2] 參看姚薇元:《北朝胡姓考》,第312－315頁。

[3] 1973年5月天津武清縣高村公社蘭城大隊出土過《漢故鴈門太守鮮于君碑》,銘文云"君諱璜,字伯謙,其先祖出於殷箕子之苗裔",也屬這種説法。見天津市文物管理處:《武清縣發現東漢鮮于璜墓碑》,《文物》1974年第8期,第68－72頁。

[4] 參看姚薇元:《北朝胡姓考》,第308－310頁。

商祖契之母簡狄(有娀氏之女)和楚祖季連之母女嬇(鬼方氏妹)也應爲媿姓。

最近,我同故宫博物院的王軍、任超,北京大學的渠敬東、王銘銘和唐曉峰,還有活字文化的陳軒,一起調查過北京房山區蒲窪鄉蘆子水村。此村與河北淶水縣只一山之隔,風景奇美。當地流行一句話,"天下一個隗,房山蘆子水",這個村子和周圍的很多村子是隗姓聚集地。據2007年統計,北京市隗姓人數爲12 016人,房山全區隗姓人數爲9 744人,而以大石窩、十渡和蒲窪鄉最多。隗家老墳在蘆子水村,當地仍保留着明永樂以來的家族譜系。[1]

我的家鄉是赤狄之鄉,離北京很遠。2015年,我到過丁零駐牧的貝加爾湖,更遠。你能想象,赤狄之後就住在離你不遠的地方嗎?

歷史就在你的腳下。

2017年12月2日爲河北大學燕文化研究所揭牌儀式暨燕文化研究現狀與展望研討會演講,12月25日根據演講PPT改寫於北京藍旗營寓所

補記:問題太大,我只是把有關的文獻材料和文字材料,結合地理,粗略地梳理了一遍,談不上深入研究。文章提到的與戎狄有關的考古發現,很多材料尚未公布。這批墓葬,除隨葬陶器、墓葬形制和頭蹄葬等葬俗外,單就隨葬銅禮器看,與中原諸夏没多大差異。差異主要表現在若干工具、武器、車馬器和小件飾品上。

---

[1] 隗合顯:《隗氏家族——溯源》,北京:國際統一出版社,2008年。

淺論大河口霸伯墓所見青銅禮器“逾制現象”的兩面性

[韓] 沈載勳*

一、大河口青銅器所見的“逾制現象”

繼曲村—天馬晉國墓地之後,對山西絳縣橫水的倗國墓地和翼城縣大河口霸國墓地的考古發掘結果先後於2006年和2011年公諸於世,進一步爲西周時期的諸侯國以及地區政治格局變遷的研究提供了寶貴資料。已有不少專家學者以倗、霸的考古發現爲基礎,對其淵源及與諸侯國晉的地位關係展開了論述。

本文關注被推斷爲霸伯墓的大河口M1和M1017號墓中隨葬青銅禮器所見的“逾制現象”,并與以晉、倗爲代表的西周早中期墓地進行對比,試探上古時期貴族墓所反映的喪葬儀禮和制度,得出一個概括性的總結,以期爲上述問題提供一條新思路。文中將對當時喪葬禮儀進行分析與細談,嘗試對倗國與霸國的政治性質做出較爲明晰的界定。

自2009年開始考古發掘的大河口墓地,距離曲村—天馬正東方向約21公里,距離橫水東北方向達42公里,墓地面積可達4萬平米,墓地年代跨度則爲西周前期至春秋初年。據推測,僅西周墓葬就有1 500餘座,迄今共發掘579座墓葬和24座車馬坑,可見,其發掘規模異常龐大。考古發掘報告僅對M1、M1017和M2002三座墓葬進行具體介紹,[1]報告篇幅不長,但意義却非常之大。

被推斷爲西周中期前段的霸伯墓M1是一座不帶墓道的大型墓,在墓室二層臺之上四壁發現11個壁龕,壁龕内放置漆木器、原始瓷器和陶器等物。墓室内發現如此多的壁龕,爲西周墓考古中鮮見。墓椁之内還發現數量龐大的青銅禮樂器,有鼎24件(方鼎2件),簋9件,鬲7件,觶8件,爵6件,卣4件,尊2件,甗、盤、盉、觚、罍、單耳罐、斗各1件,樂器有銅鐘、鐃、勾鑃各1組共計8件(參考表1)。這些器物基本上遵循周之形制,然而隨葬青銅器(特别是鼎)數量之多,在已發現的西周墓葬中非常罕見。大部分中國學者認爲,西周存在以青銅

---

* 韓國檀國大學教授。

[1] 山西省考古研究所大河口墓地聯合考古隊:《山西翼城縣大河口西周墓地》,《考古》2011年第7期,第9-18頁。

禮樂器隨葬的器用制度,[1]從這一點看,該墓葬顯然是對周之禮制的僭越。

據推測,成墓晚於西周中期後段的另一霸伯墓 M1017 中亦發掘大量青銅器: 有鼎 13 件(其中,小方鼎 5 件),簋 6 件,爵 7 件,豆 4 件,壺、尊和卣各計 3 件等等。雖其數量比 M1 少,但精巧程度毫無遜色。此墓亦與 M1 同,未遵從西周王都之用鼎數量與組合標準。墓中出土的青銅器霸伯簋 50 字銘文,所記霸伯與西周中期王室重臣井叔之關係;長達 116 字的尚(霸伯)盂銘文,則詳記周王遣使臣至霸之聘禮。

大河口出土大量文物(包括青銅器等)引發了專家學者們對霸與鄰近之晉、倗性質的考證。這些研究主要基於三地的喪葬風俗、青銅器銘文和傳世文獻的考釋,重點闡述了與周相異的倗、霸之淵源(歸屬)及其與晉之關係問題。筆者期待,本文對霸伯墓所見青銅器"逾制現象"的淺析,可爲上述問題提供另一條思路。首先,在下一章節中,有必要對先行研究進行梳理。

二、關於倗、霸的淵源和地位之争論

對横水和大河口墓地考古結果的研究主要從兩個方面展開: 一是對倗、霸淵源的説法,即其與戎狄或商朝的關聯問題;二是倗與霸的政治地位,即對兩者是隸屬於晉還是政治獨立之説法。對於第一個問題,學者們主要采用將兩地墓地的葬俗與西周代表性的晉國墓地相比較的方法;對於第二個問題,學者們在對三處墓地的考古學意義和出土文物進行對照的同時,還核查傳世文獻和青銅器銘文的考釋。

其實,就陶器或青銅器的組合而言,三地之差異并不顯著。分占横水與大河口的倗國和霸國在西周開國數十年乃至數百年之後,在物質文明上幾乎爲周所同化。參與横水和大河口墓地考古挖掘工作的謝堯亭根據横水與大河口墓葬的頭向、腰坑等之同多異少,判斷倗霸兩國爲"相同族群的分支";他還根據兩地與曲村—天馬晉國墓地在頭向及其他葬俗之差異,得出倗霸兩國之族群異於晉國之結論。[2]

以謝堯亭爲代表的大部分學者的説法基本傾向於將倗、霸視爲自商代以來居住於山西

[1] 俞偉超、高明:《周代用鼎制度研究》,《北京大學學報》(哲學社會科學版)1978 年第 1 期,第 84－98 頁;1978 年第 2 期,第 84－97 頁;1979 年第 2 期,第 83－96 頁;宋建:《關於西周時期的用鼎制度》,《考古與文物》1983 年第 1 期,第 72－79 頁;王世民:《關於西周春秋高級貴族禮器制度的一些看法》,文物出版社編輯部編:《文物出版社成立三十周年紀念: 文物與考古論集》,北京: 文物出版社,1986 年,第 163 頁;宋建:《晉侯墓地淺論》,上海博物館編:《晉侯墓地出土青銅器國際學術研討會論文集》,上海: 上海書畫出版社,2002 年,第 152－154 頁;曹瑋:《關於晉侯墓隨葬器用制度的思考》,《周原遺址與西周銅器研究》,北京: 科學出版社,2004 年,第 131－140 頁;謝堯亭:《天馬—曲村墓地用鼎簋禮的考察》,《文物世界》2010 年第 3 期。

[2] 謝堯亭:《簡論横水與大河口墓地人群的歸屬問題》,山西省考古研究所編:《有實其積: 紀念山西省考古研究所六十華誕文集》,太原: 山西人民出版社,2012 年,第 375 頁。

一代的戎狄之後裔。此類説法,究其根底就源於《左傳·定公四年》所記“分唐叔以懷姓九宗”。[1] 王國維曾視“懷姓”與春秋時期居住於晉西南的諸狄部族“隗姓”同,提出懷姓九宗乃甲骨卜辭中鬼方後裔之説法,[2]并得到廣泛學者之認同,至今尚無異論。大部分學者根據傳世青銅器倗仲鼎(《集成》2462)銘文所記“倗仲作畢媿媵鼎”,將倗國亦視爲“媿(隗)姓”一宗,提出“倗霸兩國爲狄人分支”之説;王國維還提出“懷(＊gruul)”/“隗(＊ŋguulʔ)”/“鬼(＊kulʔ)”/“媿(＊kruls)”四字之上古音均屬微2部,互爲通假字[3]的説法。據漢語音韻學理論,王國維的説法也有其合理的一面。但是,從時間跨度層面來看,不顧商至春秋戰國長達五六百年的時間,僅根據上古音系之類同而提出將史籍資料(“懷”和“隗”)與出土文獻(“鬼”和“媿”)上的不同族群一概聯繫起來的嘗試未免過於大膽,然而却很少有人指出這問題,令人惋惜。[4]

正如在天馬—曲村晉墓考古資料中尋找與北方民族的緊密聯繫那樣,[5]將晉西南之倗霸兩國與戎狄聯繫起來的思維慣式,還延續到對横水與大河口墓地的研究之中。多數學者指出,大河口M1號墓出土的青銅單耳罐和横水M1、M2003號墓出土的陶製三足瓮等文物具有北方特色,從而推測倗霸兩國乃甲骨卜辭中所記分據陜北與晉西北的商之敵對勢力——𢀛方或土方之後裔。[6]

此類墓葬出土文物中,具有北方特色的爲數并不多。譬如三足瓮,僅出現於晉侯墓地M113、M92號墓内;在曲村墓地出土陶器中僅約占0.72%而已;[7]在大河口和横水古墓中則不足1%。[8] 由此,我們根據在晉國墓地所出土器物中的一些北方因素,只能解釋西周時

---

[1] 楊伯峻:《春秋左傳注》,北京:中華書局,1981年,第1536－1539頁。

[2] 王國維:《鬼方昆夷玁狁考》,《觀堂集林》二,北京:中華書局,1959年,第590頁。

[3] 鄭張尚芳:《上古音系》,上海:上海教育出版社,2013年,第355、344、343頁。

[4] 一個典型的例子就是,被認爲是晉獻公之妾的驪姬,就是驪氏首領之女,在獻公征伐驪戎後被納爲妾。(楊伯峻:《春秋左傳注》,第239頁)。從驪姬之名中可以推測驪戎爲姬姓,但是將出身戎族的驪姬作爲出現於西周金文中姬姓周族的後裔,就有失偏頗。可見,從商到春秋戰國時期數百年間,在姓的選擇借用上存在相當複雜曲折的過程。僅以出土文獻和史籍資料中出現的某些文字具有音韻學的相似性爲由,就推斷其爲同一族系的方式難免武斷。

[5] 商彤流:《從晉侯墓地M113出土的青銅雙耳罐看晉文化與羌戎的關係》,《晉侯墓地出土青銅器國際學術研討會論文集》,第371－373頁;張童心:《晉與戎狄——由M113出土的青銅三足瓮所想到的》,《晉侯墓地出土青銅器國際學術研討會論文集》,第377－378頁。

[6] 李建生:《新發現異姓封國研究》,《有實其積:紀念山西省考古研究所六十華誕文集》,第396－397、402頁。

[7] 陳芳妹:《晉侯墓地青銅器所見性别研究的新綫索》,《晉侯墓地出土青銅器國際學術研討會論文集》,第160頁。

[8] 李建生:《新發現異姓封國研究》,第396頁。筆者也於2012年7月12日在侯馬工作站閲覽横水墓地陶器出土資料,大部分都是典型的西周陶器鬲。

期晉與北方族群之間存在諸如通婚的有限交流,[1]難以進一步探討更深層的問題。與此同理,亦不得僅憑借横水與大河口的部分出土文物,推斷倗霸兩國淵源爲戎狄。

從横水和大河口中尋找西周之前的商文明之特徵的嘗試反而顯得更自然些。大部分學者對於將墓主頭向朝西、有腰坑、俯身葬(横水)、殉人(横水)和殉狗等葬俗視爲商之遺習并無異議。[2] 兩地出土的多數青銅器銘文所記日干名,以及在酒器早已開始消失的西周中期後段,大河口青銅禮器組合中仍有較多的酒器(特别是M1017有爵7件,尊、卣各3件和觚1件等)的現象都表明,該墓顯然保持商之遺習。大河口M1號墓中發現編鐃3件,這也是商後期大型墓的普遍現象,但是在西周的墓中幾乎没有發現編鐃的例子。[3]

由此而言,將倗霸兩國視爲克商之前已爲商所同化的晉西南土著勢力的後裔之説法,看似更有重新考量的價值。陳夢家等人通過對商後期甲骨卜辭的研究,發現晉西南地區多數小國與商時友時敵,也印證了上述觀點。[4] 筆者也對商之最後兩代君主帝乙、帝辛時期的黄組卜辭進行研究,提出直到商滅亡之前,汾河中下游地區存在甫、缶、戊、望、微、沚、霍、易、丙等親商傾向的小國。[5]

爲商所同化的這些土著勢力的面貌,從汾河中游的靈石縣旌介村商墓[6]和大河口墓地以北30多公里處的浮山縣橋北墓地[7]的考古發現也可以窺得一斑。旌介村墓葬發掘的青銅禮器組合表現出典型的商朝特徵,腰坑、殉狗等葬俗也與横水、大河口墓葬極其相似,李伯謙就以此爲據,認爲留下旌介村墓葬的族群是"商文化的一個分支",明顯區别於延承戎狄

---

[1] 陳芳妹:《晉侯墓地青銅器所見性别研究的新綫索》,第159－164頁。

[2] 吉琨璋:《西周時期的晉南政治格局——從晉、倗、霸説起》,《有實其積: 紀念山西省考古研究所六十華誕文集》,第388頁;謝堯亭:《簡論横水與大河口墓地人群的歸屬問題》,《有實其積: 紀念山西省考古研究所六十華誕文集》,第377－388頁;韓巍:《横水、大河口西周墓地若干問題的探討》,上海博物館編:《兩周封國論衡: 陝西韓城出土芮國文物暨周代封國考古學研究國際學術研討會論文集》,上海: 上海古籍出版社,2014年,第388－406頁;田偉:《試論絳縣横水、翼城大河口墓地的性質》,《中國國家博物館刊》2012年第5期,第11頁。

[3] 張明東:《商周墓葬比較研究》,北京大學博士學位論文,2005年,第132－136頁。

[4] 陳夢家:《殷墟卜辭綜述》,北京: 科學出版社,1956年,第269－300頁;張亞初:《殷墟都城與山西方國考》,《古文字研究》第10輯,北京: 中華書局,1983年,第395－403頁;林小安:《殷武丁臣屬征伐與行祭考》,《甲骨文與殷商史》第2輯,上海: 上海古籍出版社,1986年,第227－268頁;馬保春:《晉國歷史地理研究》,北京: 文物出版社,2007年,第76－109頁;孫亞冰、林歡:《商代地理與方國》,北京: 中國社會科學出版社,2010年,第259－363頁。

[5] Jae-hoon Shim, "The Political Geography of Shanxi on the Eve of the Zhou Conquest of Shang: An Alternative Interpretation of the Establishment of Jin", *T'oung Pao* 88.2 (2002): 8－19;沈載勳:《從商末周初山西省的政治地理再談晉國的封建》,《古代文明研究通訊》第26輯,2005年,第34－36頁。

[6] 山西省考古研究所:《靈石旌介商墓》,北京: 科學出版社,2006年。

[7] 橋北考古隊:《山西浮山橋北商周墓》,《古代文明》第5卷,北京: 文物出版社,2006年,第347－394頁。

(鬼方)文化的晉西北(或陝東北)李家崖文化。[1] 橋北墓地中發現帶一個墓道的5座大型墓,儘管已經被盜一空,但墓道中有車馬和馬夫的痕迹,還有腰坑,殉狗、殉人等葬俗,也不難推測墓主應該是經歷商文明洗禮的周邊勢力之首領。特别值得一提的是,發現於同一墓地的西周時代墓葬異常簡陋,難望商墓之項背,暗示了當地勢力於克商之後所經歷的驟然變化。

從橋北墓地中可釋讀出克商前後之巨變,亦與筆者曾提過的"封侯於晉之目的在於控制當地殘存親商勢力"之説[2]一脉相通。周公滅唐(昜)後,封成王之弟叔虞於晉,叔虞成爲晉之開國始祖,然對唐之確切位置,仍存諸多争議而已。從2007年公開的覴公簋銘文"王命昜(唐)伯侯於晉"可知,至第二代統治者燮父,方受王命在曲村—天馬一帶"侯於晉"。[3] 因此,韓巍認爲横水和大河口墓地之年代上限與晉侯墓地中年代最早的晉侯夫人墓M113/M114接近,由此提出,原在唐國附近的倗霸兩國於晉國遷至曲村—天馬之時,亦遷進附近地區之説。[4] 關於横水和大河口之成墓年代,看似學界基本也基本没有異議。

上述觀點與本章擬論述的横水、大河口墓地考古研究之第二個主要争論點,"晉和倗、霸的政治地位"問題也有着密切的關聯。目前,學界主流觀點認爲,倗霸兩國係"懷姓九宗"。據韓巍之推斷,倗霸兩國原爲"懷姓九宗"的一支,而在叔虞分封於唐時賜給晉國後,隨燮父之搬遷,遷到其附近地區。韓巍之説法所默認的前提,就是以横水、大河口與晉國都邑相近爲依據,將倗與霸視爲晉國的組成部分之一,爲晉之采邑[5]或附庸,[6]視兩者爲臣屬關係(如晉之卿大夫)。横水、大河口墓地規模不及晉侯墓的考古發現,也爲此提供依據。

儘管如此,帶一個墓道的横水M1、M2、M1011號墓也屬大型墓,絶不遜於晉侯墓,而且文中已强調過的大河口M1、M1017號墓隨葬青銅禮器超越晉侯墓級别的現象,亦與上述見解相抵觸。更何况多位學者已關注到,大河口出土尚盂和霸伯簋等銘文所示,霸伯與周王及井叔等王室貴族有密切關係,其他銘文亦示霸與燕、芮等姬姓諸侯國關係密切,這都證明霸之政治獨立性。[7] 至於倗,M1號墓出土倗伯簋銘文亦記倗伯與王室重臣益公有緊密往來。據稱,正式考古報告尚未公開的横水出土青銅器中,有一銘文記述倗與王室通婚,以及倗與

[1] 李伯謙:《從靈石旌介商墓的發現看晉陝高原青銅文化的歸屬》,《中國青銅文化結構體系研究》,北京:科學出版社,1998年,第167-184頁。

[2] Jae-hoon Shim, "The Political Geography of Shanxi on the Eve of the Zhou Conquest of Shang", pp.19-25;沈載勳:《從商末周初山西省的政治地理再談晉國的封建》,第37-38頁。

[3] 朱鳳瀚:《覴公簋與唐伯侯於晉》,《考古》2007年第3期,第64-69頁。

[4] 韓巍:《横水、大河口西周墓地若干問題的探討》,第378頁。

[5] 張天恩:《考古所見晉南西周國族初探》,《晉文化論壇論文集》,太原:三晉出版社,2011年,第7-8頁;田偉:《試論絳縣横水、翼城大河口墓地的性質》,第6-11頁。

[6] 吉琨璋:《西周時期的晉南政治格局——從晉、倗、霸説起》,第388頁。

[7] 黄錦前:《金文所見霸國對外關係考察》,《兩周封國論衡:陝西韓城出土芮國文物暨周代封國考古學研究國際學術研討會論文集》,第417-438頁。

芮伯、魯侯、蔡侯、太保之關係。[1]

持“懷姓九宗説”的吉琨璋和韓巍没有否認倗、霸具有一定程度的政治獨立性,而謝堯亭和李建生則將其視爲接受周王直接統治的、獨立的異姓封國,[2]由此陷入如何界定晉和倗霸兩國地位高下的兩難境地。上述相對立的兩種觀點看似各有優缺點:“懷姓九宗説”等强調倗、霸隸屬於晉的研究,對於其墓葬中有逾周制的青銅禮樂器缺乏邏輯説明;同樣,認爲倗、霸爲異姓封國,是獨立政治體的見解亦只突出越禮,却没有將越禮置於整個西周或者至少晉西南政治勢力喪葬儀禮的大框架之中去看待。

筆者認爲,上述兩種觀點的關鍵在於横水和大河口的喪葬儀禮,尤其對大河口所見逾周制的青銅禮樂器的正確理解就是解決此問題的鑰匙。下一章節,將從社會等級的角度,對曲村—天馬、横水和大河口墓地出土的大中型墓葬所體現的主要喪葬形制樣態進行對比,以期能爲解決此問題提供新的綫索。

三、晉與倗、霸的喪葬儀禮:大河口墓葬所見“逾制現象”的兩面性

絶大多數研究者都認爲,墓葬的考古發掘資料反映着墓主及其後人的社會地位。然而留下衆多墓葬出土資料的商周時代,究竟存在何種統一的喪葬儀禮規範,就議論紛紛,莫衷一是。譬如,對於隨葬青銅鼎的個數決定墓葬等級的所謂“用鼎制度”,很多學者認爲自西周初期以來該禮制已大致形成,而另外少數學者則認爲,同樣形制的(大小不同)列鼎(或列簋)組合開始出現於穆王時期,即將西周中期或之後視爲用鼎儀禮規範逐漸確立的時期。[3]當然,持後一種觀點的學者亦非否認,西周初期以來墓中隨葬鼎或簋的個數與墓主身份有關。儘管如此,正如林澐所指出的,[4]由於言及用鼎制度的《三禮》記録内容有所片面甚至互相矛盾,以及考古學資料并不完整等原因,試圖將周代用鼎制度體系化都難以擺脱推測和

[1] M2022出土的青銅卣上有“對揚王休”的銘文。M2158中發現的盤、盉上有暗示王姊與墓主倗伯通婚的銘文,此外,還發現了魯侯鼎、芮伯作倗姬簋、太保鬲等。謝堯亭:《簡論横水與大河口墓地人群的歸屬問題》,第377-378、383頁。

[2] 謝堯亭:《簡論横水與大河口墓地人群的歸屬問題》,第376-380頁;李建生:《新發現異姓封國研究》,第392-394頁。

[3] 鄒衡、徐自强:《整理後記》,郭寶鈞:《商周青銅器綜合研究》,北京:文物出版社,1981年,第207-209頁;王飛:《用鼎制度興衰異議》,《文博》1986年第6期,第29-33頁;曹瑋:《從青銅器的演化試論西周前後期之交的禮制變化》,《周秦文化研究》,西安:陝西人民出版社,1998年,第443-456頁;杜迺松:《論列鼎制度》,《吉金文字與青銅文化論集》,北京:紫禁城出版社,2003年,第276-282頁;Jessica Rawson, “Late Western Zhou: A Break in the Shang Bronze Tradition”, *Early China* 11-12 (1985-1987): 290-291; Lothar von Falkenhausen, *Chinese Society in the Age of Confucius (1000-250 BC): The Archaeological Evidence*, Los Angeles: Cotsen Institute of Archaeology, 2006, pp.49-52.

[4] 林澐:《周代用鼎制度商榷》,《林澐學術文集》,北京:中國大百科全書出版社,1998年,第192-206頁。

假説的性質。

因此,梳理山西晉系墓葬的宋玲平,對於周代墓葬制度的相關考古研究,提出以下幾項看法:一是,正如林澐所指出的,僅靠目前可用資料就難以弄清周代用鼎制度的全貌;二是,鼎之用途仍不清楚,難以確定客觀標準;三是,目前多將列鼎的數量作爲判定墓葬等級的標準,然亦在列鼎出現之前,可將個別鼎的數量作爲判斷標準;四是,僅靠用鼎來判斷,可能有失偏頗,應當綜合考察墓之形制,規模,棺槨制度,用玉、用圭制度,殉車、殉人和殉牲制度等要素。[1] 張明東對商周墓葬制度進行綜合比較分析,他也認識到用鼎制度不完善的問題,并認爲一直以來用來判斷墓主地位的多個要素中,有無墓道、墓葬形制和墓室規模乃是最没有異議的標識。[2] 古今中外,隨葬品的内容、葬俗規格應與墓之規模成正比,墓之規模則體現墓主之社會地位和權威。

然而,在判斷西周墓葬等級的分類標準并未確定,而且西周中後期列鼎制度尚未成熟的情況下,是否會存在根據墓主社會地位來決定喪葬禮儀的統一標準呢?在本章中,將以前述墓葬等級標識爲基礎,收集儘可能多的與大河口 M1 和 M1017 號墓年代相似,且位於半徑 50 公里以内的晉國墓地和橫水墓地中的大中型墓葬資料,對三個政治勢力的喪葬儀禮進行比較分析。目前,判别墓地屬於中型以上的標準也不明朗,本文只將隨葬品中有 2 件以上青銅鼎的墓列入分析對象之内,當然這樣的分類會有争議的。本文借鑒宋玲平和張明東的先行研究,主要以墓之形制、墓室規模、棺槨的數量、有無殉車和車馬坑、隨葬青銅器的數量和種類等作爲指標進行分析。筆者認爲殉人、殉牲應屬族群固有葬俗,而非身份標識。玉器雖是重要的標識,但因難以劃定標準,將其排除在分析對象之外,而夫婦異穴合葬是西周大墓的常見特徵,這一指標被納入研究對象。[3]

本文通過上述方法,重新梳理晉西南三個政治勢力的墓葬資料,重新對西周後期列鼎制出現之前是否存在能够判定墓葬等級的統一性指標進行考證,并考查這些指標與青銅禮器的數量有何關聯,進而將結果與同時期其他遺址所呈現的普遍情形進行對比,由此闡明大河口 M1 和 M1017 號墓之僭越現象在西周早中期喪葬儀禮規範中的意義所在。

本章節所關注的大河口 M1 和 M1017 號墓的年代分别爲西周前期和中期,或更具體而言,中期前段(昭王—穆王)和中期中後段(恭王—孝王)。大河口考古報告中,另一貴族墓 M2002 所出土的 2 件鼎爲垂腹,依此推測,其成墓時期應當晚於 M1,爲西周中期。婦人墓 M2 之隨葬品中有西周後期鮮見的盉,以及西周中期方始出現的甬鐘 1 件,由此推斷,兩座墓

---

[1] 宋玲平:《晉系墓葬制度研究》,北京:科學出版社,2006 年,第 10 頁。
[2] 張明東:《商周墓葬比較研究》,第 38－43 頁。
[3] Falkenhausen, *Chinese Society in the Age of Confucius*, p.121.

之年代相當接近。[1] 從M2出土甗之銘文(唯正月初吉,霸伯作寶甗,其永用)可知,該器爲霸伯所鑄,因此無法排除該墓是霸伯夫人墓的可能性。M1034和M1033號墓分别出土青銅鼎3件和1件,雖其考古報告没有發現能推斷其年代之綫索,但因爲大河口墓葬標本有限,本文亦將其作爲分析對象。[2]

晉侯墓地中,與大河口M1時期相近的墓有:該墓地年代最早的西周早中期(昭王/穆王)之M114和M113晉侯與婦人墓;其次是M13和M9兩座夫婦合葬墓。可惜,M114已被盗,只能通過婦人墓推測其面貌;M9和M13號墓則雖未被盗,但尚無詳盡的考古報告,亦可了解大致情况而已。晉侯墓地中,與大河口M1017年代相近的,即西周中期後段的墓悉數被盗,只能確認其形制和部分墓室規模,故而筆者將列鼎開始出現的西周後期前段的M91/M92也列入比較對象之中。[3]

至於晉之貴族所葬的曲村墓地資料,宋玲平基於《天馬—曲村》考古報告,[4]對其進行相當清晰的研究整理,[5]筆者將其論文與考古報告相對比,在三個時期中屬於Ⅰ-Ⅱ期(西周中期)的8座中型墓(M6081, M6210, M6195/M6197, M6069, M6231[6]/M6080, M6214)也歸入研究標本,這些墓葬考古發掘情况完好,信息較爲確鑿完整。

對於横水墓地,則主要參考M1、M2號墓葬的考古發掘簡報和謝堯亭的博士學位論文中所明示的信息。[7] 謝堯亭將共計204座墓葬作爲分析對象,分成三個時期,年代比較確鑿,屬於Ⅰ期、Ⅱ期、Ⅲ期的,分别有53座、67座和38座。隨葬青銅器的墓葬中Ⅰ期有7座,全部都隨葬1件鼎,等級較高的墓葬主要屬於Ⅱ期和Ⅲ期。[8] 韓巍參觀收藏於侯馬工作站的横水墓地出土文物,而他研究報告内容也帶給我們類似的印象。具體言之,隨葬銅器的横水墓基本没有成墓於西周初期的,銅器爲數亦少,其中年代最早的墓葬與西周前期中段的晉侯墓地中年代最早的M113/M114號墓相近,且大部分隨葬銅器的墓葬集中於西周中期穆王至恭懿王之年代,基本没有年代靠後的墓葬。[9] 因此,筆者選擇年代至西周中期爲止、隨葬鼎

[1] 韓巍:《横水、大河口西周墓地若干問題的探討》,第371-372頁。

[2] 大河口的資料參考山西省考古研究所大河口墓地聯合考古隊所著的《山西翼城縣大河口西周墓地》,第9-18頁。

[3] 參考宋玲平:《晉系墓葬制度研究》,第66-67頁附表1a和第80頁的附表6。

[4] 北京大學考古學系商周組、山西省考古研究所編著,鄒衡主編:《天馬—曲村(1980-1989)》,北京:科學出版社,2000年,第335-445頁中對隨葬鼎3件以上的墓葬進行另行歸類整理。

[5] 參考宋玲平:《晉系墓葬制度研究》,第69-70頁的附表2a和第81頁的附表8。

[6] 宋玲平將M6231歸爲西周後期(第71頁),但該墓是M6080的合葬墓,將其歸爲西周中期的墓葬比較妥當。

[7] 山西省考古研究所等:《山西絳縣横水西周墓發掘簡報》,《文物》2006年第8期,第4-18頁;謝堯亭:《晉南地區西周墓葬的分析與比較》,吉林大學博士學位論文,2010年,第86-130頁。

[8] 謝堯亭:《晉南地區西周墓葬的分析與比較》,第106頁。

[9] 韓巍:《横水、大河口西周墓地若干問題的探討》,第370頁。

2件以上的9座墓(M2158、M2165、M1、M2、M1006、M1011、M2022、M2113、M2056)作爲分析對象。筆者在展開具體論述之前先要指出,横水墓地的M1和M2號墓有相當詳盡的考古發掘簡報,而謝堯亭的博士論文所論述的其他墓葬只有比較簡略的信息。

如前所述,晉國墓地中,北趙統治者(晉侯和其夫人)墓地和曲村貴族、平民墓地是分開的,這與君主(倗伯、霸伯)、貴族及平民都葬於一地的横水和大河口墓地截然不同。因此,部分學者指出,横水和大河口墓地略呈家族墓地之特徵,[1]然而迄今爲止已發現的西周墓地中,貴族墓葬獨立成區的例子,除了晉侯墓地意外,僅有被推測爲周公家族墓或西周王陵的周公廟墓(2004年挖掘)一例,而且琉璃河燕國墓地、辛村衛國墓地等其他諸侯國墓地與張家坡井氏家族墓地相同,王族、貴族和平民都葬於同一墓域之内。故而張明東認爲獨立的王侯陵墓才是直系大宗建成的特殊墓域,并指出家族墓爲商周墓地之特點而非《周禮》、《春官》所言公墓和邦墓之説。[2] 這反映着諸侯國或地域政治勢力、王畿的顯赫貴族等西周個别政治集團以血族爲基本單位構成,横水和大河口墓地呈現家族墓之特徵,與其説是該墓地獨有現象,還不如説是當時墓地所呈現的普遍情形。

綜上所述,作爲分析對象的墓葬的主要指標整理如次,見表一。除了前述墓室面積、棺槨數、有無墓道和殉車、車馬坑等,本表還列出隨葬青銅禮樂器之清單,而且考慮到墓葬規模是決定其等級的鐵定指標之一,以墓室之面積大小爲序,對曲村—天馬、横水、大河口的主要墓葬進行排列。得益於此,表一可一目了然地顯示,墓的規模大小和隨葬青銅禮器數量之間的相關關係。表中最左列的墓編號前所標的北、横、大和曲字分别指:北趙晉侯墓地、横水墓地、大河口墓地和曲村晉貴族墓地。

在對表一所列出的指標進行詳述之前,先有必要回顧一下張明東的研究。

他對截止到2000年中期之前發掘的多數西周主要墓葬資料進行比較分析,并將其歸爲如下5個等級:[3]

第一等級:帶有四條墓道的墓葬(周公廟);[4]

第二等級:帶有兩條墓道或一條墓道的墓葬,墓室面積爲20－100 m^2,有重棺、青銅禮樂器組合、殉車、車馬坑(諸侯級别:辛村衛侯墓、北趙晉侯墓等);

第三等級:無墓道的長方形竪穴土坑墓,墓室面積爲10－50 m^2,有3鼎2簋的食器、酒器、水器等隨葬組合(王室大臣和諸侯國的卿大夫級别:扶風莊李的M9、曲村M6081等);

---

[1] 謝堯亭:《簡論横水與大河口墓地人群的歸屬問題》,第374－375頁。

[2] 張明東:《商周墓葬比較研究》,第53頁。

[3] 張明東:《商周墓葬比較研究》,第39－40頁。

[4] 對於周公廟墓地,承認存在有異議的餘地,但仍將帶4條墓道的10座墓歸爲第一等級。

表一　晉、倗、霸墓的等級指標與隨葬青銅器明細

墓號(*女性墓)	面積(m²)[1]墓口/墓底	墓道	棺/槨	殉車	車馬坑	食器									酒器														水器			樂器				合計
						鼎	簋	鬲	甗	盨	盆	豆	盂	鋪	爵	觚	角	尊	卣	觶	斝	方彝	觥	壺	罍	罐	甕	斗	盤	盉	匜	鐘	鏡	鐸	鈴	
北 M114 盜	23.7/37.4	1	1/1	4	有	2	1									1		2	1	1									1							9?
北 M91	21.8/35	1	1/2	2	有	7	5	2	1				1	1	2			1	1					2					1		1	7				32
北 M92*	25.3/29	1	1/2	無	(有)[2]	2				2														2					1	1						8
北 M33 盜	24.8/24.8	1	不詳	5	有	2	1		1										1					1												6?
北 M9	22.7/?[3]	1	1/1	7	有	8	6											1		1	1									1		4				22?
北 M6 盜	?/?	1	1/1	無	有																															
橫 M2158	19/?	無	不詳	(有)[4]	有[5]	8	2		1							1		4	1	1				2					1	2						24
橫 M1*	?/23.7	1	1/2	(有)	(有)	5	5	1	1				1							1				2					2	2		5				25
橫 M2	16.2/23.4	1	1/2	(有)	有	3	1		1						1	1		1	1										1	1		5				16
大 M1017	**17/?**	**無**	不詳	**無**	**有**	**13**	**6**	**1**	**1**	**2**	**2**	**4**	**1**		**7**	**3**		**3**	**3**	**2**	**1**			**1**				**1**	**1**	**1**		**3**			**2**	**58**
橫 M1011	9-17/?	1	不詳	無	有	3	2		1						2	1		1	1					1								7				19
北 M113*	13.4/21.84	1	1/1	無	(有)	8	6		1						2	1		1	1	3				1		1	1		1	1						28
北 M13*	?/?	1	1/1	無	(有)	5	4		1	1										1				1					1							14
大 M1	**13.7/17.4**	**無**	**1/1**	**無**	**有**	**24**	**9**	**7**	**1**						**6**	**1**		**2**	**4**	**8**					**1**	**1**		**1**	**1**	**1**		**3**	**3**	**2**		**75**
北 M32 盜*	13/16.5	1	1/1	無	(有)																															

[1] 墓室面積取的是墓口和墓底面積的平均值,在數據缺失時,以筆者的判斷爲準。對墓室面積的正確判斷,多需考慮墓室的深度,但是考古發掘報告中相關信息缺失的情況比較普遍,因此,本文没有考慮墓室的深度。

[2] 與 M114/M113 合葬墓一樣,所有晉侯/夫人墓的東邊都有一座車馬坑。標爲(有)的都是夫人墓。

[3] 劉緒:《晉文化》,北京:文物出版社,2007 年,第 175 頁。

[4] 橫水墓地中隨葬鼎 3 件以上的男性墓和隨葬鼎 5 件以上的女性墓中都有殉車(謝堯亭:《晉南地區西周墓葬的分析與比較》,第 121 頁),因此可以認爲本表分析對象中,隨葬 3 件鼎以上的幾乎所有墓都有殉車。

[5] 據傳橫水墓地中發現了 21 座車馬坑,但没有確實的報告。謝堯亭發現 8 組夫婦合葬墓都有車馬坑,而且還有只隨葬 1 鼎和陶器的 1 座墓中也有車馬坑的情況,因此,他推測隨葬 3 件鼎以上的男性墓基本上都有車馬坑(謝堯亭:《晉南地區西周墓葬的分析與比較》,第 123 頁)。

續表

墓號（*女性墓）	面積（m^2）墓口/墓底	墓道	棺/槨	殉車	車馬坑	食器									酒器														水器			樂器				合計
						鼎	簋	鬲	甗	盨	盆	豆	盂	鋪	爵	觚	角	尊	卣	觶	斝	方彝	觥	壺	罍	罐	甕	斗	盤	盉	匜	鐘	鐃	鐸	鈴	
北 M7 盗*	?/?	1	1/1	無	（有）																															
曲 M6081	12.7/14.1	無	1/1	無	無	4	2		1						1			1	1	1									1							12
曲 M6231	11.3/13.4	無	1/1	無	有	2	2	2	1						1			1	1	1				1												12
大 M2*	**8.7/14.6**	**無**	**1/2**	**無**	**不詳**[1]	**3**	**1**		**1**		**1**																		**1**	**1**		**1**				**9**
曲 M6195	10.6/12	無	1/1	無	有	3	2	1	1																											7
曲 M6210	10.6/9.8	無	1/1	無	有	3	2	1	1						1			1	1	1																11
橫 M2165	9－17/?	無	不詳	（有）	有	4	8	3																					1	1						17
橫 M1006	9－17/?	無	不詳	（有）	有	3	4		1						2	1		1	1	1		1	1	1								1				18
橫 M2022	9－17/?	無	不詳	（有）	有	3	1		1						1	1		1	1	1			1	1								1				13
曲 M6080*	8.6/10.4	無	1/1	無	（有）	2	2	1																												5
大 M2002	**4.6/10.8**	**無**	**1/1**	**無**	**不詳**	**3**	**3**	**2**	**1**																				**1**	**1**						**11**
曲 M6197*	7.1/7.3	無	1/1	無	（有）	2	2	2																												6
曲 M6214*	7.3/7.1	無	1/1	無	無	2	2	1	1									1	1	1																9
橫 M2113	7－8/?	無	不詳	無	不詳	2	2																													4
橫 M2056	7－8/?	無	不詳	無	不詳	2	1																													3
曲 M6069*	6.4/?	無	1/1	無	無	3	1	1	1										1	1																8
大 M1034	**4.83/5.9**	**無**	**1/1**	**無**	**不詳**	**3**	**2**																													5
大 M1033*	**4.64/5.4**	**無**	**1/1**	**無**	**不詳**	**1**	**1**																													2
大 M1	**13.7/17.4**	**無**	**1/1**	**無**	**有**	**24**	**9**	**7**	**1**						**6**	**1**		**2**	**4**	**8**					**1**	**1**		**1**	**1**	**1**		**3**	**3**	**2**		**75**
長子口	59.7/45.36	2	1/2	無	不詳	22	3	2	2						8	8	2	5	6	5	3		3	2	2			4	1	1		6				85

[1] 大河口墓地也發現了 24 座車馬坑，相當多大中型墓的東側設有車馬坑（山西省考古研究所大河口墓地聯合考古隊：《山西翼城縣大河口西周墓地》，第 10 頁），但是没有更明確的報告。

第四等級：墓葬的面積爲 4－10 m^2，有成套禮器，以鼎簋爲主，少數爲 3 鼎 2 簋，基本更少(中小貴族)；

第五等級：墓室面積爲 4 m^2 以下，青銅禮器數量較少，以陶器爲主(低等貴族及平民)。

以上述劃分爲參考，將張明東未所列爲研究範圍的横水和大河口墓地的案例，按表 1 的順序與晉墓葬進行比較考察：首先，雖然 M1017 的墓底面積未詳，但是表 1 着重强調的大河口 M1 和 M1017 號墓之墓室面積，大致看似比横水大型墓葬横 M2158、横 M1、横 M2 略小或者相近。該規模跟張明東所歸入第二等級之晉侯墓(表 1 的北 M114、北 M91、北 M33、北 M9 等)相比，規模確實要小，[1]和比第二等級低一等級[2]之婦人墓(表 1 中的北 M113、北 M32 等)不相上下，然其仍大於張明東所歸爲第三等級之曲村晉國貴族墓(表 1 中的曲 M6081、曲 M6210、曲 M6231 等)。綜上，僅就墓室面積而言，大河口 M1 和 M1017 號墓難以劃入張明東所劃分的第二等級或第三等級，而是介於兩者之間。

横水最大規模的 M2158 墓葬不帶墓道，但被推斷爲倗伯及其夫人墓的 M2、M1011 和 M1 各帶 1 條墓道。大部分學者都將有無墓道作爲衡量商周墓葬等級的重要指標，因此，横 M1、横 M2 和横 M1011，雖墓室規模較小，但還可被歸爲張明東所劃分之第二等級。而且，此三墓葬不僅都爲重棺，有殉車和車馬坑，還有成套的青銅禮樂器，充分滿足第二等級的標準。這些墓葬大致是夫婦合葬墓，此亦與晉侯墓地相似。横水墓地中，看似等級略低於上述墓葬的横 M2165、[3]横 M1106 和横 M2022，從墓室規模(9－17 m^2)和青銅禮器組合(食器、酒器和水器)而言，與曲 M6081、曲 M6210、M6231 號墓相同，大致與張明東所劃分之第三等級條件相符合；横 M2113、横 M2056 則與曲 M6197、曲 M6214 一同歸入張明東所劃分之第四等級。

綜上所述，横水墓地墓葬等級與晉國墓地相同，與張明東以多數西周墓葬爲例而劃分的分類體系相當吻合。譬如，有 8 鼎和大量青銅器却不帶墓道的大型墓横 M2158 如何劃分[4]等，例外者也有之，而且青銅器的具體數量和組合亦不盡相同。此外，倗伯(横 M2 和横 M1011)及婦人墓(横 M1)的墓室規模和青銅器數量等主要指標不超乎晉侯墓葬之現象也值得關注。儘管如此，墓室規模和青銅器數量大致成正比，而且曲 M6081、曲 M6195、

[1] 晉侯墓地中比 M91 要晚的晉侯墓 M1(27.8/32.4 m^2)和 M8(25.2/37.2 m^2)、M64(36.3/34 m^2)、M93(32.1/34.6 m^2)的墓室規模要比大 M1 和大 M1017 的規模大得多。

[2] 張明東將夫人墓歸爲第二等級。但是，對晉侯墓地各種墓葬進行比較分析的其他研究人員都認爲晉侯和夫人墓存在等級的差異(曹瑋：《關於晉侯墓隧葬器用制度的思考》，第 136－138 頁；宋建：《晉侯墓地淺論》，第 154 頁；Falkenhausen, *Chinese Society in the Age of Confucius*, pp.122－123；謝堯亭：《晉國早期上層社會等級的考察》，《文物世界》2008 年第 1 期，第 15 頁)。

[3] 横 M2165 出土了鼎 4 件、簋 8 件，超過張明東劃分的第 3 等級的標準，但是没有發現一件隨葬酒器。

[4] 在 M2158 的正式考古報告尚未公開的情况下，難以做出判斷。

曲 M6080、横 M1、横 M1011 和横 M1006 等墓葬之隨葬青銅鼎和簋呈現西周中期開始出現的列鼎制現狀[1]等,種種證據都表明其類似程度較之等級標準差異而言,還是更爲凸出。

依此推論,西周早中期毗鄰的晉倗兩國有可能共同遵從上述墓葬規範,换言之,兩地存在相同喪葬儀禮的可能性也不可排除在外。此"共享規範"即便與多數學者所説"儀禮改革"[2]——隨着西周後期青銅禮器標準(列鼎制)的完善而開始成熟的天下統一儀禮規範之類不同,但至少作爲一種區域性規範而存在的可能性還是不低的。

然而大河口的兩個大型墓葬,除了前述墓室面積以外,還在其他方面也與晉侯及倗伯墓存在相當大的區别。尤其是大 M1、大 M1017 號墓都不帶墓道,而墓道是商周墓葬等級的重要指標之一。雖然無法確認大 M1017 號墓是否爲重棺,[3]但大 M1 確實是單棺。兩處墓均無夫婦合葬之痕迹。綜上,大河口墓與晉侯墓及横水倗伯墓不同,顯然不够張明東所劃分的第二等級墓葬條件。若張明東將此兩墓列爲研究對象,則其被歸爲第三等級的可能性很大。儘管如此,兩處墓葬之隨葬青銅禮樂器數量遠多於第二等級的問題,應當不可忽略。

值得注意的是,除了大 M1 和大 M1017,大河口的其他墓葬與曲村和横水第三等級以下的墓葬大同小異。表 1 所列的大 M2 和大 M2002,其墓室規模和青銅禮器組合大致與張明東所劃分的第三等級標準相符合,大 M1034 和大 M1033 則合乎第四等級。除此之外,還有類似的現象,大 M1 及大 M1017 兩座大型墓基本没有呈現列鼎制之迹象,而從大 M2001 及大 M1034 出土 3 鼎 2 簋中可窺其迹象。[4]

迄今爲止,大河口資料尚未完全公開,應當持審慎態度,但筆者還是認爲,霸國所遵照的是不同於晉倗兩國的、另一套喪葬儀禮的觀點,難以立足。同理,分别隨葬 24 件和 13 件鼎的大 M1 和大 M1017 所體現的青銅禮樂器數量和組合,亦當從此喪葬禮儀之框架内得以理解。至於可與大 M1 相提并論的、年代亦相似的晉侯墓北 M114,雖其已被盗,但從其夫人墓北 M113 隨葬 8 鼎 6 簋之情形可知,北 M114 也至少隨葬 8 鼎以上。而且,隨後的其他晉侯墓幾乎都隨葬 7 鼎 6 簋或 5 鼎 4 簋,晉侯墓地之始祖 M114 理應埋葬比之更多的青銅禮器。儘管如此,其總數遠少於大 M1 或大 M1017。

從隨葬青銅禮樂器的角度而言,至今爲止發掘的西周墓中,可與大 M1 相媲美的只有

[1] 宋玲平:《晉系墓葬制度研究》,第 69 頁;李建生:《新發現異姓封國研究》,第 393 - 394 頁。

[2] Falkenhausen, *Chinese Society in the Age of Confucius*, pp.43 - 52、p.64.

[3] 但,下面的大 M2 采用的是重棺。前面提到該墓可能是霸伯的夫人墓,雖然無法確認其與大 M1017 的相關性,但是,如果有關聯的話,那麽目前正在等待實驗室作業的大 M1017 的槨室,其内安置的也是重棺的可能性很大。

[4] 李建生:《新發現異姓封國研究》,第 393 - 394 頁。

1997年發掘的河南省鹿邑大清宫長子口墓葬。[1] 此墓墓主被推斷爲宋氏始祖微子啓,成墓於西周初期,呈中字型,是帶有兩條墓道的大型墓,墓中發現多達85件的青銅禮樂器(參考表1最下行與大M1的比較),與大M1的82件相當接近。具體而言,青銅鼎就有22件(包括方鼎9件),商的典型組合爵和觚各有8件,商墓典型隨葬樂器編鐃也有兩套共計6件。其隨葬品内容之豐富,數量之多,堪比商都安陽出土墓葬的規模。[2] 據參與長子口考古發掘的研究者表示,該墓所出土的青銅器中没有發現西周成王以後的器形,[3]李峰還從與宜侯夨簋非常相似的簋和鬲、卣等器物中發現,直到西周前期中段出土文物的特徵。[4]

據推測,長子口墓葬建成時期早於大M1一兩代,隨葬青銅器非常豐富,與之不相伯仲,這爲我們所理解大河口的逾制現象提供重要綫索:首先,長子口的青銅禮樂器之厚葬在西周墓葬中極爲罕見。正如大部分學者之共識,若此當屬商朝墓葬風俗之繼承,則與之不相上下的大河口兩座墓之厚葬亦當從相同歷史脉絡中得以理解。至今爲止所發掘的西周墓葬中,隨葬器物的數量僅次於上述兩座墓葬的,是在陝西省寶鷄茹家莊發掘的西周中期㢑伯墓M1乙,其中有鼎8件(方鼎3件)和簋5件等,共計青銅禮樂器42件。[5] 未被盗墓的晉侯墓隨葬器物總數也只不過在30－35件之間,還不及大M1和長子口墓的一半。由此可見,大M1所有逾周制的遺物在西周貴族墓葬儀禮之中何等罕見。而且,長子口禮器組合中酒器占多數,而大河口兩座墓葬之隨葬禮器雖比長子口更偏周式[6]却亦"不適時宜"地以酒器爲重(特别是在酒器開始消失的西周中後期墓葬大M1017上更加明顯)。綜上,其特徵似當從繼承商式喪葬禮儀的歷史脉絡中理解,别無他法。

另一方面,長子口墓葬的其他指標——如帶兩個墓道和大規模墓室(59.7/45.36 m^2)、重槨[7]重棺等遠高於大河口的墓葬,使得大河口的越禮現象更爲凸顯,同時,其内面之局限也

[1] 河南省文物考古研究所等編:《鹿邑太清宫長子口墓》,鄭州:中州古籍出版社,2000年。最近湖北省隨州葉家山發現了一座大型墓M111,經推斷爲西周前期的曾侯墓,墓中出土了包括20件鼎和12件簋在内的大量青銅禮樂器(湖北省文物考古研究所等:《隨州葉家山西周墓地第二次考古發掘的主要收穫》,《江漢考古》2013年第3期,第3－6頁;湖北省博物館等:《隨州葉家山——西周早期曾國墓地》,北京:文物出版社,2013年)。但具體報告尚未公布。

[2] Li Feng, *Landscape and Power in Early China: The Crisis and Fall of the Western Zhou, 1045－771 B.C.*, Cambridge: Cambridge University Press, 2006, p.75.

[3] 河南省文物考古研究所等編:《鹿邑太清宫長子口墓》,第208頁。

[4] Li Feng, *Landscape and Power in Early China*, p.76.

[5] 茹家莊M1號墓是一座大型墓,有一條墓道,墓室規模可達44.1 m^2。見盧連成、胡智生:《寶鷄㢑國墓地》,北京:文物出版社,1988年,第271－309頁。

[6] 大M1的禮器組合中重視食器,有簋9件、鬲7件等;酒器中具有商組合特色的觚的數量顯著減少;大M1017中隨葬周的典型器物盨和豆等,相關表徵很多。

[7] 長子口墓爲單槨,但墓室呈亞字形,規劃成幾個部分。河南省文物考古研究所等編:《鹿邑太清宫長子口墓》,第10－11頁。

展露無餘。換言之,長子口墓之規模和厚葬因合乎商周交替之際投降於周之商王室最高貴族身份而顯得十分自然,而大M1和大M1017之厚葬與墓之規模及形制却顯得極不相稱,此亦當可被理解爲,某一强大政治勢力首領之"儀禮僭稱"而已。

然而我們進一步深入推導的話,能否透過這種不相稱的表象中看得到,曾爲商所同化的某政治勢力首領之後裔在被納入周天子之麾下,即使經過幾代之後,仍懷有保留本族傳統習俗和自主性的熱切願望呢?再進一步,其規模與厚葬之不相稱能否被理解爲是,這種熱切願望與現實基礎之間所妥協的產物呢?霸國兩代首領及其後人是不是在墓的形制和規模上采用比自己的地位低一級的標準,從而想要抵消青銅禮器厚葬之越禮呢?又或者在墓葬的建造過程中,顯露於外的規模外觀無法違反周禮儀規範,而只能從其内部安置異常華麗的壁龕,以大量青銅禮器隨葬來追求某種"獨立自主之感"呢?如此龐大之青銅器——至少在兩處墓葬建成之時,若霸没有强大政治和經濟實力,則無法做到的。

大M1和大M1017的考古資料中所體現的"不相稱"和"兩面性",能够化解前面所提到的各路學者對倗、霸和晉之政治地位所提出的"附屬"和"獨立"之争。至少上述兩代霸伯,以及建造該墓的後裔之時,霸具有相當强大的政治獨立性,以至於能在青銅禮器隨葬中違反周儀禮規範。另一方面,兩處墓葬形制和規模不得不遵從西周規範(或者采用低於其身份的等級)的情勢則顯示,當時霸國很可能處在維持其獨立自主的同時亦當接受晉或周王室監管的局面中。

從某種角度而言,考古學資料所體現的霸國之兩面性,有可能是商周更替以後,地區政治勢力逐漸融入周朝統治的普遍情况。當然霸國是其中比較强大的,與其他勢力之間可能存在差異。從横水和大河口墓地喪葬儀禮的差異之中可發現,相鄰的兩個政治勢力體現同中有異的發展軌迹——僅就喪葬禮儀而言,倗大致順從周,而霸國却呈追求一定"自主性"之迹象,以此推論,當時在周王室統治之下,晉西南以及天下的整個政治勢力爲周所同化的過程也會不盡相同的。

因此,對於倗、霸究竟是晉的采邑或附庸,是懷姓九宗亦或是周的異姓封國等主張只能陷入"從屬"或"獨立"兩者擇一、非此即彼的選擇,以這種傳統的概念來理解難免陷入没有解答的争論之中。反而趙伯雄和松井嘉德等以西周金文爲基礎所提出的"散在於周邦之天下的萬邦或他邦"之説法,[1]對於理解倗霸兩國性質,似是更爲合理的選擇。至少在西周早中期的一段時期,位於晉國周邊的倗霸兩國是保持政治獨立性的地區政治勢力。西周中期的乖伯簋中乖之首領乖伯自稱"他邦",倗霸很有可能是與其類似的政治勢力。因此,倗伯和霸

---

[1] 趙伯雄:《周代國家形態研究》,長沙:湖南教育出版社,1990年,第13-40頁;松井嘉德:《周代國制の研究》,東京:汲古書院,2002年,第30-31頁;金正烈:《邦君과 諸侯: 金文 資料를 通해본 西周 國家의 支配體制》,《東洋史學研究》第106輯,2009年,第5-28頁。

伯的"伯"字,不僅是指家族序列中的長子,亦當理解爲"邦伯",即地區政治勢力之首領。

以此而言,晉侯的作用也更爲明確: 是對此類小邦進行近距離偵查管理。大部分學者所推算的晉與倗、霸的距離是没有考慮當時路情的直綫距離,僅此,它們之間的距離顯然遠高於我們所想象的範圍。尤其是曲村—天馬和横水之間横亘着紫金山,即便在交通發達的今天,最短路徑也超過 70 公里。據晉侯蘇編鐘銘文所記,西周後期周王和晉侯遠征魯西地區平定夷族時,每日行軍約 10 公里,[1] 以此推算,西周時期晉倗之單程距離應需兩三天。從目前的路情而言,曲村—天馬至大河口也相隔 30 多公里,西周時期估計需要一兩天。考慮到當時的人口密度很低,晉被周封爲侯,并受命協調和管理周圍政治勢力,也是相當自然的事情。其他封國也亦當分封於多數政治勢力所密集的地區。

周克商而得天下之後,倗、霸等位於晉西南地區的小邦在一段時間保持政治獨立性,最終被隸屬於"周邦"之諸侯晉。[2] 直到西周後期,M1 和 M1017 等隨葬豐富的墓在大河口墓地中消失,其墓地顯然呈現衰退迹象,[3] 此時霸國亦當納入周邦體系之中。

綜上所述,本文對晉西南地區的横水和大河口西周墓地考古發掘後學者們所提出的多個問題進行考證。這兩處遺址分屬於倗和霸,其性質是隸屬於周的封國晉還是相對政治獨立,存在着非此即彼的説法。本文與此不同,以大河口墓地的兩處大型墓葬(M1 和 M1017)所展現的喪葬儀禮之"不相稱"以及"僭越"現象,考查地區政治勢力(霸)所具有的兩面性,進而從這種兩面性中,窺得爲商所同化的土著政治勢力在經歷商周更替後,逐漸納入周之天下的過程。

---

[1] Jaehoon Shim, "The 'Jinhou Su *Bianzhong*' Inscription and Its Significance", *Early China* 22 (1997): 56; Li Feng, *Landscape and Power in Early China*, p.65.

[2] 在西周的銘文中,没有發現晉自稱邦的例子,春秋時期的晉姜鼎(《集成》2826)和晉公盆(《集成》10342)、國差罈(《集成》10361)的銘文中則自稱"晉邦"。

[3] 謝堯亭:《簡論横水與大河口墓地人群的歸屬問題》,第 378 頁。

“燕翮”考

馮　時*

1974年12月,陕西扶風强家村出土虢季家族銅器窖藏,其中四件具銘銅器爲師訊鼎、師望鼎、即簋和師丞鐘,乃虢季氏祖孫四世所作之器。四世相承爲大師或師,其位或崇及三公,或司掌禮樂。其中之即簋銘記即司掌樂事,兹聊爲考證。

即簋銘文釋寫於下:

> 隹(唯)王三月初吉庚申,王才(在)康宫,各(格)大室。定伯入右即,王乎(呼)命女(汝):赤市朱黄(衡),玄衣黹屯(純),緣(鑾)旂。曰:嗣(司)琱宫人虦(燕)旛(翮),用事。即敢對揚天子不(丕)顯休,用乍(作)朕文考幽叔寶段,其萬年子子孫孫永寶用。

器乃即爲其文考大師望所作之祭器,大師望謚“幽”,其爲師訊之子。即則爲師丞鐘銘之皇考德叔。知此家族於周廷世代爲師。

大師位列三公,其以德輔王。師訊鼎銘稱恭王頌師訊“汝克盡乃身,臣朕皇考穆王,用乃孔德,遜純乃用心,引正乃辟安德,惠余小子肇淑先王德”,知其盡心事君,匡正穆王,德養恭王。然古之德教不徒空言,而以禮樂爲先,故大師亦掌禮樂。《論語·八佾》:“子語魯太師樂。”《孟子·梁惠王下》:“召大師曰:‘爲我作君臣相説之樂。’”《周禮·春官·大師》:“大師掌六律六同,以合陰陽之聲。”《荀子·樂論》:“使夷俗邪音不敢亂雅,太師之事也。”知大師所掌是爲德樂,以輔德教。准此制度,則即簋銘文“司琱宫人虦旛”之“虦旛”當讀爲“燕翮”,其係房中樂舞,爲師氏所掌。

“琱宫”又見於庚嬴鼎,其銘云:

> 隹(唯)廿又二年四月既望己酉,王客(宿)琱宫,衣(卒)事,丁巳,王蔑庚嬴(嬴)歷,易(錫)祼璋、貝十朋。對王休,用乍(作)寶鼎。

---

* 中國社會科學院學部委員。

此爲穆王二十二年器,另件庚嬴卣作於此前,其銘云:

> 隹(唯)王十月既望辰才(在)己丑,王逄(格)于庚嬴(嬴)宫,王穠(蔑)庚嬴(嬴)曆,易(錫)貝十朋,又丹一桁(杆)。庚嬴(嬴)對揚王休,用乍(作)氒(厥)文姑寶隮彝,其子子孫孫邁(萬)年永寶用。

此亦穆王世器。庚嬴揚王休,不稱辟君,知不爲時王嬪妃,當爲先王遺妃,[1]或即昭王妃,穆王時則充爲女史女御,故得賜彤管。[2] 其爲文姑作器,文姑或即康王之后。以此觀之,則穆王二十二年之庚嬴已爲女史或女御。

庚嬴鼎銘"王宿琱宫,卒事",當言嬪妃侍御事,故"卒事"意即燕事已畢。銘文"宿"本从"宀""咎"聲,讀爲"宿"。古音"咎"在幽部,"宿"在覺部,對轉可通。《説文・宀部》:"宿,止也。"《玉篇・宀部》:"宿,夜止也。"《楚辭・七諫・初放》:"當道宿。"王逸《章句》:"夜止曰宿。"是知"王宿琱宫"即言周王夜息於琱宫,然"宿"字不作甲骨文、金文習見之从"宀""佰"聲之字,而从"咎"得聲,或有謂王於琱宫久居不去之義。《尚書・無逸》:"舊勞于外。"《史記・魯周公世家》"舊"作"久"。《淮南子・氾論》:"不必循舊。"高誘《注》:"舊或作咎也。"是"咎"、"久"互通之證,故"窨"作爲"宿"字之異構,似有久宿之義。《小爾雅・廣詁》:"宿,久也。"《爾雅・釋訓》:"有客宿宿,言再宿也。"郝懿行《義疏》:"宿者,久也,言留止於此時久也。"《儀禮・特牲饋食禮》:"乃宿尸。"胡培翬《正義》:"宿之爲久宿。"《漢書・韓安國傳》:"孝文寤於兵之不可宿。"師古《注》:"宿,久留也。"鼎銘所記自王宿琱宫至賞賜庚嬴共計九日,知宿豫當不少於八日,是周王久留琱宫之明證。

古之御事乃由女史、女御所掌,庚嬴當其職,故得賞賜。《詩・鄘風・静女》毛《傳》:"古者后夫人必有女史彤管之法,史不記過,其罪殺之。后妃群妾,以禮御於君所,女史書其日月,授之以環以進退之。生子月辰,則以金環退之。當御者以銀環進之,著於左手;既御,著於右手。事無小大,記以成法。"《釋名・釋首飾》:"以丹注面曰的。的,灼也。此本天子諸侯群妾當以次第御,其有月事者,止而不御,重以口説,故注此丹於面,灼然爲識,女史見之,則不書其名於第録也。"畢沅《疏證》:"《周禮・九嬪》注説群妃御見之法,卑者宜先,尊者宜後。月事,《漢律》所謂姅變。"《説文・女部》:"姅,婦人汙也。从女,半聲。《漢律》曰:見姅變不得侍祠。"知燕御事由女史所掌。《周禮・天官・女御》:"女御掌御敘于王之燕寢。"鄭玄《注》:"言掌御敘,防上之專妬者。于王之燕寢,則王不就后宫息。"知燕御事又由女御司掌。

---

[1] 馮時:《周廷的遺妃》(未刊稿)。

[2] 郭沫若:《釋丹杵》,《殷周青銅器銘文研究》,北京:科學出版社,1961年;韓雪:《金文女史彤管考》(未刊稿)。

《周禮・天官・敘官》鄭玄《注》:“(女御),《昏義》所謂御妻。御猶進也,侍也。女史,女奴曉書者,是以掌王后禮之職事。”孫詒讓《正義》疑鄭説女史出於女奴恐未允,甚是。又云:“《昏義》御妻在九嬪、世婦之下,與此女御差次正相當,故知女御即御妻也。御妻又謂之妻。《曲禮》云:‘天子有妻有妾。’鄭彼注云:‘妻,八十一御妻,《周禮》謂之女御,以其御次於王之燕寢。’是也。”此説則未盡確實。今據銘文,知周之女史、女御實皆由先王之遺妃充任,而不爲時王之御妻。遵序倫理,先王之遺妃不可御王,否則爲報烝,故由其充爲女史、女御,但掌時王妃嬪依尊卑更迭御侍於王而已。

“琱宫”,雕畫之宫。《説文・玉部》:“琱,治玉也。从玉,周聲。”段玉裁《注》:“經傳以雕、彫爲琱。”《漢書・貢禹傳》:“牆塗而不琱。”師古《注》:“琱字與彫同。彫,畫也。”《左傳・宣公二年》:“厚斂以彫牆。”杜預《集解》:“彫,畫也。”僞《古文尚書・五子之歌》:“峻宇彫牆。”僞孔《傳》:“彫,飾畫。”蔡沈《集傳》:“彫,繪飾也。”《文選・張平子東京賦》:“下彫輦於東廂。”薛綜《注》:“彫,謂有彫飾也。”李善《注》引孔安國《尚書傳》曰:“彫,刻鏤也。”《周禮・春官・司几筵》:“右彫几。”孫詒讓《正義》:“彫者,漆而刻畫爲文。”《詩・大雅・行葦》:“敦弓既堅。”毛《傳》:“敦弓,畫弓也。”孔穎達《正義》:“敦與彫古今之異,彫是畫飾之義。”《荀子・大略》作“天子彫弓”,楊倞《注》:“彫,謂彫畫爲文飾。”《國語・晉語三》:“穆公衡彫戈出見使者。”韋昭《注》:“彫,鏤也。”金文恒見“戈琱戓歇必彤沙”,應即《晉語》之“彫戈”,爲於戈援彫飾之戈。[1] 故周之琱宫應即彫梁畫棟之宫,其爲周王嬪妃之居所,乃六宫之屬。

嬪妃御侍於王當居燕寢,女御掌“御敘於王之燕寢”是也。胡培翬《儀禮正義》:“王六寢,其一爲正寢,治事之處,而所居恒在於燕寢。后夫人以下分居六宫。其有當御者,則就於王之燕寢。此古者王后居寢之制也。”孫詒讓《周禮正義》:“《詩・召南・小星》孔疏引《尚書大傳》云:‘古者后夫人將侍君前,息燭後,舉燭至於房中,釋朝服,襲燕服,然後入御於君。鷄鳴,大師奏鷄鳴於階下。然後夫人鳴佩玉於房中,告去。’《列女傳・周宣姜后傳》説后夫人御於君之禮同。《後漢書・明帝紀》李注引《韓詩章句》亦云:‘人君退朝,入於私宫,后妃御見,去留有度。應門擊柝,鼓人上堂,退反宴處,體安志明。’并后妃御見就王燕寢之證。”然庚嬴鼎銘文不言御於燕寢,反曰周王“宿琱宫”,知其時之御事不在燕寢,而在嬪妃之宫。此穆王肆心之又一例也。

琱宫既爲嬪妃之居所,則即簋銘之“琱宫人”顯即於琱宫所居之妃嬪。學者或以此“宫人”爲官名,[2] 不可據。

《易・剥》:“貫魚以宫人寵,無不利。”《象》曰:“以宫人寵,終無尤也。”馬王堆帛書本作“貫魚食宫人寵,無不利”。高亨《周易古經今注》:“宫人,宫中妃妾之屬也。君使用宫人如貫

[1] 郭沫若:《殷周青銅器銘文研究》,北京:科學出版社,1961年,第171－185頁。
[2] 馬承源主編:《商周青銅器銘文選》第三卷,北京:文物出版社,1988年,第169頁。

魚,輪流當夕,則宫人無怨言,雖寵之亦無不利。”尚秉和《周易尚氏學》:“以宫人寵者,《周禮·九嬪》注云女御八十一人當九夕,世婦二十七人當三夕,三夫人當一夕,是天子之宫人進御,每夜九人或三夕,故曰貫魚以宫人寵。言宫人之寵御,以次而進,若貫魚也。即五率群陰以承陽,魚貫而進也。”古習以魚隱喻性事,今本“以”於帛書本作“食”,而古以食魚正謂合歡或結配,其事遍見於文獻及民俗,學者早有深論。[1] 剥卦坤下艮上,一陽臨五陰,正象群妃魚貫而御王。故據爻辭,知簋銘“琱宫人”必指周王之嬪妃。

制度既明,則即簋銘文之“虤旛”自應讀爲“燕翿”。古音“虤”聲在疑紐,“燕”聲在影紐,牙喉不分,韻并在元部,叠韻可通,讀音極近。“旛”字从“㫃”“稻”聲,“稻”本作“稻”,“禾”、“米”表意相同,通用不别,故金文多借“旛”爲“稻”字,如史免簠銘“用盛稻粱”,伯公父簠銘“用盛糕稻糯粱”,𨛫召簠銘“用實稻粱”,諸“稻”字俱作“旛”。字於觴姬簋及旞嫼簋蓋銘則作“旞”,从“滔”得聲,而“稻”、“滔”皆从“舀”聲。故以音、義求之,从“㫃”之“旛”、“旞”當爲“翿”之本字。《儀禮·鄉射禮》:“韜上二尋。”鄭玄《注》:“今文韜爲翿”。“旛”、“旞”、“韜”并从“舀”聲,與“翿”互通,是爲明證。知“燕翿”即爲燕樂之舞。

《説文·羽部》:“翿,翳也,所以舞也。从羽,𣪊聲。《詩》曰:左執翿。”段玉裁《注》:“《釋言》曰:‘翢,纛也。’‘纛,翳也。’《王風》毛《傳》曰:‘翿,纛也,翳也。’翳、翢、翿同字。毛《傳》本《釋言》,‘翳也’之上當本有‘纛’字。此熠、燿,粦也;粦,熒火也之例也。《陳風》《傳》則約之云:‘翿,翳也。’許本之。許無纛字者,無每部,亦無縣部,無所入也。《王風》《音義》曰:‘纛,俗作纛。’《爾雅音義》曰:‘纛字又作纛。’《五經音義》曰:‘纛作纛譌,《開成石經》、《周禮》、《爾雅》正作纛,今本《爾雅音義》譌舛,葉林宗鈔本不誤。’纛从縣每會意,與緐从糸每會意同。从每者,如艸之盛也。淺人改从毒,謂爲諧聲耳。郭注《爾雅》云:‘今之羽葆幢,舞者所以自蔽翳。’《王風》‘左執翿’,《陳風》‘值其鷺羽’、‘值其鷺翿’,《傳》云:‘值,持也。鷺鳥之羽可以爲翳。’翌字下云:‘樂舞,以羽翻自翳其首。’皆謂舞也。射則用翿旌,見《鄉射禮》;喪則天子鄉師執纛御匶,諸侯匠人執翿御匶。《周禮注》作‘執翿’,《雜記》作‘執羽葆’。然則翿也、纛也、羽葆也,異名而同實也。漢羽葆幢以犛牛尾爲之,在乘輿左騑馬頭上,或云在衡。”翿屬旌志,故字本从“㫃”以表意。其或以羽,或以犛牛尾爲之。郝懿行《爾雅義疏》引孫炎云:“纛,舞者所持羽也。經典無正體。”今知字本作“旛”、“旞”是也。

《太平御覽》卷三三九引《太白陰經》:“古者天子六軍,諸侯三軍。今天子十二,諸侯六軍,故纛有六以主之。”《新唐書·百官志四下》:“節度使掌總軍旅,……賜雙旌雙節,行則建節,樹六纛。”皆以纛爲大旗,用於儀仗、樂舞或軍旅。《史記·項羽本紀》:“紀信乘黄屋車,傅左纛。”《漢書·高帝紀》作“紀信乃乘王車,黄屋左纛。”師古《注》:“李斐曰:‘天子車以黄繒

[1] 聞一多:《説魚》,《聞一多全集》第一册“神話與詩”,北京:生活·讀書·新知三聯書店,1982年。

爲蓋裏。纛,毛羽幢也,在乘輿車衡左方上注之。'蔡邕曰:'以犛牛尾爲之,如斗,或在騑頭,或在衡。'應劭曰:'雉尾爲之,在左驂,當鑣上。'"師古以應説非是。

《説文·羽部》又有"翌"字。文云:"翌,樂舞,以羽翿自翳其首,以祀星辰也。从羽,王聲。讀若皇。"段玉裁《注》:"翿同翳,翳猶覆也。《周禮·舞師》云:'教皇舞,帥而舞旱暵之事。'《注》:'鄭司農云:翌舞,蒙羽舞。書或爲皇,或爲義。'《樂師》云:'有皇舞。'《注》:'故書皇作翌。鄭司農云:翌舞者,以羽冒覆頭上,衣飾翡翠之羽。翌讀爲皇。書亦或爲皇。'按大鄭從故書作翌,後鄭則從今書作皇,云'雜五采如鳳皇色,持以舞'。許同大鄭,惟不云衣飾翡翠羽,又不同經文舞旱暵之事,而云祀星辰耳。蓋本賈侍中《周官解故》。"翌舞祀星,或禳旱暵,與此宫人之舞不同,當與簋銘之燕翿無涉。

簋銘"燕翿"意即周廷后宫燕舞之翿,其樂舞由師氏所掌。《詩·王風·君子陽陽》云:

君子陽陽,左執簧,右招我由房。其樂只且!
君子陶陶,左執翿,右招我由敖。其樂只且!

毛《傳》:"簧,笙也。由,用也。國君有房中之樂。翿,纛也,翳也。"鄭玄《箋》:"君子禄仕在樂官,左手持笙,右手招我,欲使我從之于房中,俱在樂官也。翳,舞者所持,謂羽舞也。君子左手持羽,右手招我,欲使我從之于燕舞之位,亦俱在樂官也。"孔穎達《正義》引李巡曰:"翿,舞者所持纛也。"引孫炎曰:"纛,舞者所持羽也。"胡承珙《毛詩後箋》:"由房者,房中對廟朝言之,人君燕息時所作之樂,非廟朝之樂,故曰房中。字訓翳,是人相蔽翳,非舞者持以自蔽翳之羽葆幢也。"馬瑞辰《毛詩傳箋通釋》破毛、鄭之説,其云:"敖疑當讀爲《驁夏》之驁。《周官·鍾師》'奏《九夏》',其九爲《驁夏》。杜子春曰:'公出入奏《驁夏》。'《驁夏》亦單稱《驁》,《大射儀》'公入《驁》'是也。'由敖'即奏《驁》耳。惟房中之樂古未有單稱'房'者,以'由房'爲用房則不辭。謹案下章'由敖'《釋文》:'敖,五刀反,遊也。'蓋讀敖爲敖游之敖,與《小雅》'嘉賓式燕以敖'《傳》訓敖爲遊正同。足利古本作'由遨',與《釋文》合。由、遨古同聲通用,《文選》阮嗣宗《詠懷》詩'素質遊商聲',沈約《注》:'遊字應作由,古人字類無定也。'又潘岳《射雉賦》'恐吾游之晏起',而唐吕温有《由鹿賦》,由即遊也。皆由、遊通用之證。'由敖'猶遊遨也。'由房'與'由敖'亦當同義,皆謂相招爲遊戲耳。《説文》:'敖,出遊也。從出放。'又贅字注:'敖者,猶放。'房與放古音亦相近,'由房'當讀爲遊放。《楚辭·遠遊》云:'神要眇以淫放。'張平子賦:'卷淫放之遐心。'《廣雅》:'淫,遊也。''淫放'即遊放也。漢武《悼李夫人賦》'燕淫衍而撫楹兮','淫衍'即遊衍也,義并與'淫放'同。似亦可備一解。"馬氏駁房中之樂説,不可據。毛《序》云:"閔周也。君子遭亂,相招爲禄仕,全身遠害而已。"故胡氏以燕樂對廟朝爲説,而《驁》則非燕樂也。

周代樂舞有房中之樂,由后妃諷誦,故名。《儀禮·燕禮記》:"若與四方之賓燕,……遂合鄉樂,若舞則《勺》。……有房中之樂。”鄭玄《注》:“四方之賓,謂來聘者也。鄉樂,《周南》、《召南》六篇。《勺》、《頌》篇,告成大武之樂歌也。弦歌《周南》、《召南》之詩,而不用鐘磬之節也。謂之房中者,后、夫人之所諷誦,以事其君子。”《周禮·春官·磬師》:“教縵樂、燕樂之鐘磬。”鄭玄《注》:“燕樂,房中之樂,所謂陰聲也。”賈公彦《疏》:“云‘燕樂房中之樂’者,此即《關雎》二《南》也。謂之房中者,房中謂婦人后妃,以風喻君子之詩,故謂之房中之樂。”孫詒讓《正義》:“燕樂用二《南》,即鄉樂,亦即房中之樂。蓋鄉人用之謂之鄉樂;后、夫人用之謂之房中之樂。王之燕居用之謂之燕樂。名異而實同。”孫説可從。今據金文可知,此燕翿乃宫人所爲,即鄭玄所謂之陰聲。故房中之樂乃后、夫人及后宫嬪妃之樂,器主即作爲師氏,實掌此事。

燕翿爲宫人之樂,事亦見於《詩·陳風·宛丘》,詩云:“坎其擊鼓,宛丘之下。無冬無夏,值其鷺羽。坎其擊缶,宛丘之道。無冬無夏,值其鷺翿。”毛《傳》:“值,持也。鷺鳥之羽,可以爲翳。翿,翳也。”鄭玄《箋》:“翳,舞者所持以指麾。”《漢書·地理志下》:“陳本太昊之虚,周武王封舜后嬀滿于陳,是爲胡公,妻以元女大姬。婦人尊貴,好祭祀,用史巫,故其俗巫鬼。《陳詩》曰:‘坎其擊鼓,宛丘之下。無冬無夏,值其鷺羽。’又曰:‘東門之枌,宛丘之栩。子仲之子,婆娑其下。’此其風也。吴札聞《陳》之歌,曰:‘國亡主,其能久乎!’”師古《注》:“值,立也。鷺鳥之羽以爲翿,立之而舞,以事神也。……言政由婦人,不以君爲主也。”《漢書·匡衡傳》疏曰:“陳夫人好巫而民淫祀。”《漢書·人表》:“太姬武王女。”張晏曰:“太姬巫怪,好祭鬼神。陳人化之,國多淫祀。”皆以翿舞爲后夫人所爲之,與金文燕翿爲宫人所爲無異。

綜上所考,明即繼師氏之職以爲官,其掌后宫房中之樂,時稱“燕翿”。此師氏理樂以教德,或以樂輔德,其觀念爲後世儒家所稟持,[1]思想一脉相承。

2017年10月5日據舊札寫訖於尚樸堂

---

[1] 馮時:《論〈詩〉德與〈詩〉樂——讀〈子羔·孔子詩論〉章札記之三》,《上博館藏戰國楚竹書研究續編》,上海:上海書店出版社,2004年。

小臣缶鼎與晚商㠱族族居地*

陳　絜**

商周甲骨、金文所見㠱族，乃當時最爲著名的族群組織之一，在商周尤其是在晚商的歷史舞臺上，異常活躍，對土方、𢀛方與人方的戰爭中均能看到該族的蹤迹，是商王朝對外戰争的重要依靠力量。該族所鑄青銅禮器數量頗豐，且多長銘，但銅禮器的出土地點却廣布各地，涉及甘肅靈臺，[1]陝西岐山、扶風、西安市、長安與麟遊，[2]河南安陽與鹿邑，[3]山東長清與費縣，[4]北京琉璃河[5]等，還有河南洛陽據傳亦有㠱族器出土。當然，最爲重要的非長清興復河所出莫屬。倘若要討論晚商㠱族族居地問題，濟南長清應該是首先要考慮的一個地點。因爲長清所出的器物非常單純，悉屬㠱族所有，數量較多，且器物組合相對完整，銘文本身又比較重要，尤其是其中作爲複合氏名有機組成部分的地名符號"禺"字，可以與晚商小臣缶鼎"王賜小臣缶湡積五年"家族重要歷史事件相聯繫，具有相當明確的地理指向作用。何景成曾指出㠱族族居地是在河南、山東一帶。[6] 族群活動範圍被大大縮小，無疑是一個極好的意見。而嚴志斌進一步指出，當與東土人方毗鄰，[7]竊以爲其説更可信。具體而言，似應在山東濟南一帶，今以小臣缶鼎銘文所涉及的湡地地望爲切入點，試補充討論如下。

一、小臣缶鼎與湡地地望

北京故宫博物院所藏小臣缶方鼎（圖一·1），通高29.6、口長22.5 cm，柱足，立耳，口沿

---

* 本文爲教育部人文社科項目"殷墟田獵卜辭綜合研究"（13YJA770006）與國家社科基金重點項目"西周金文地名集證"（14AZD112）的階段性成果。

** 南開大學歷史學院、出土文獻與中國古代文明協同創新中心教授。

[1] 甘肅博物館文物組：《靈臺白草坡西周墓》，《文物》1972年第12期；甘肅博物館文物隊：《甘肅靈臺白草坡西周墓》，《考古學報》1977年第2期。

[2] 尹盛平：《西周微氏家族青銅器群研究》，北京：文物出版社，1992年；王長啓：《西安市文物中心收藏的商周青銅器》，《考古與文物》1990年第5期；陳賢芳：《父癸尊與子尊》，《文物》1986年第1期；麟遊縣博物館：《陝西省麟游縣出土商周青銅器》，《考古》1990年第10期。

[3] 安陽市文物工作隊：《1983－1986年安陽劉家莊殷代墓葬發掘報告》，《華夏考古》1997年第2期；河南省文物考古研究所等：《鹿邑太清宫長子口墓》，鄭州：中州古籍出版社，2000年。

[4] 山東博物館：《山東長清出土的青銅器》，《文物》1964年第4期；程長新、曲得龍、姜東方：《北京揀選一組二十八件商代帶銘銅器》，《文物》1982年第9期。

[5] 北京市文物研究所：《琉璃河西周燕國墓地（1973－1977）》，北京：文物出版社，1995年。

[6] 何景成：《商末周初的㠱族研究》，《考古》2008年第11期。

[7] 嚴志斌：《商代青銅器銘文研究》，上海：上海古籍出版社，2017年，第320頁。

方折,器身外壁以獸面紋爲主紋飾,口沿下飾鳥紋一周,足飾蕉葉紋,器身與鼎足基本等高,是比較典型的晚商器物。於器内壁鑄銘文4行22字,曰:

王易(錫)小臣缶湡責(積)五年,用作享大子乙家祀尊。𦅫。父乙。

(《集成》2653,圖一·2)

1. 小臣缶鼎(《資料庫》02653)[1]

2. 小臣缶鼎銘文(《集成》2653)

圖一　小臣缶鼎及其銘文

責,可讀作"積"。《説文》:"積,聚也。"段注云:"禾與粟皆得稱積。"故所謂"湡積五年",就是指湡地所産的五年糧草。商代"大子"類似於周人所講的"大宗",𦅫就是"大子乙家"的族氏名號,可見小臣缶就是隸屬於𦅫族的"小子"之家的首領,時任商王之小臣,故稱"小臣缶"。整篇銘文大意是説,商王賞賜給小臣缶湡地所産的五年的禾米薪芻,於是器主缶鑄造方鼎一件,以示紀念,同時以備在大子乙家祭祀父乙之需。就其字面意義而言,這篇銘文并無難解之處,可關注的是"湡積五年"之賜,將某地數年的收成作爲賜品,於商周銘文相對罕見。而"湡"地地望,也是一個可以思考的問題,直接牽涉聚訟已久的晚商𦅫族的活動區域與族居地,在某種意義上講,似乎更爲關鍵。

小臣缶鼎銘所載之湡地,亦見於日本蘆屋某氏所藏西周早期器易(?)尹卣(《集成》

[1]《資料庫》爲《殷周金文暨青銅器資料庫》簡稱,下同。

5368),其銘文有曰:“易(?)尹肇家于(?)渪,用作父己彝。亞若。”李學勤先生將這兩篇銘文結合在一起,認爲金文“渪”地即《説文》所記之“渪水”,發源於“趙國襄國之西山”,也即今河北邢臺沙河市南的沙河。[1] 這是筆者所見關於渪地地望最早的討論,很有開拓意義。而宋鎮豪先生則以爲似與東方“嵎夷”相關,[2]有啓示作用。事實上,要考證小臣缶鼎銘文渪地具體所在,更似應該將之與濟南長清所出青銅器相聯繫,并進一步結合甲骨資料與《春秋》經傳文字作相應的推斷。

衆所周知,山東濟南長清曾出土相當數量的㠱族青銅器,包括㠱族及其分支族器各若干。由這批器物可知,作爲㠱族分支的族,其族居地一定是在今山東濟南一帶。而當時由山東省博物館徵繳入藏的㠱諸器,其内容與小臣缶鼎銘文密切相關。其中的二鼎(《集成》2111、2112,圖二・1)、一卣(《集成》5201,圖二・2)銘文相同,曰:“㠱。祖辛。禺。亞。”而罍銘(《集成》9806,圖二・3)無“亞”字,其餘悉同。過去我們對銘文中“禺”字的含義與來歷不甚清楚,但若把它與小臣缶鼎銘聯繫起來考慮,或許可以得出一個全新的認識。商周時期,居邑等地名及其附近的山川河流,取名往往相同,唯於具體用字上可能有一定的變化,或从山、或从阜、或从水、或从邑,使用時則往往混同無别。相關的例子非常之多,如嶅之於䍜、蔪之於蘄、虘之於虘、僃之於備(箙)、隵之於虘、沁之於心、㑥之於矢、滴之於商、濼之於樂、淩之於夌、灉之於雍、澫之於萬、湞之於壴、洃之於矢、潢之於黄、灑之於西、瀊之於鼅等等,不勝枚舉。鍾柏生嘗説甲骨中“从水偏旁之地名……不是臨水之地,便是水名”,[3]此説在商周古文字資料中應該是可以通用的。長清㠱族器中的“禺”,與同爲㠱族器的小臣缶鼎中的“渪”,所指恐怕也没有太大區别。筆者認爲,作爲複合族氏銘文有機組成部分的“禺”字,一定是由地名“渪”轉化而來的。也就是説,因爲此前有小臣缶受商王“渪積五年”之賜,所以才會出現㠱之族鑄器附贅地名成分“禺”,從而形成由㠱(母族名)、禺(地名)、亞(分族名)三部分組成的形式比較複雜的複合族氏銘文。藉此可以作一大膽的推測,即入職商王朝的小臣缶,殆爲㠱之族的始祖。又,兩件㠱方鼎器壁下部圓鼓外凸(圖三・1),腹部形制頗似山東濟陽劉臺子逄國墓地 M6 所出商周之際的逄方鼎(圖三・2),故其年代大致亦是在商末周初,稍晚於小臣缶鼎。從器物早晚關係判斷,基本也能支撑族名附贅成分“禺”源自小臣缶受賜“渪積五年”之推論。晚商㠱族族居地我們留待下文再予討論,而目前可以確定的是,作爲㠱之分族的,必定是活動在今山東濟南長清一帶。既然商王將渪地所産的五年内

[1] 李學勤:《〈中日歐美澳紐所見所拓所摹金文彙編〉選釋》,載《古文字研究論文集》(《四川大學學報叢刊》第十輯),成都:四川人民出版社,1982 年,第 41 頁。又收録於氏著《新出青銅器研究》(增訂版),北京:人民美術出版社,2016 年,第 252 頁。

[2] 宋鎮豪:《甲骨文中反映的農業禮俗》,《紀念殷墟甲骨文發現一百周年國際學術研討會論文集》,北京:社會科學文獻出版社,2003 年,第 363－364 頁。

[3] 鍾柏生:《殷商卜辭地理論叢》,臺北:藝文印書館,1989 年,第 71 頁。

1. 鼎銘(《集成》2111)　　2. 卣銘(《集成》5201)　　3. 罍銘(《集成》9806)

圖二　濟南長清所出[illegible]氏分族器銘文

1. [illegible][illegible]方鼎,《資料庫》02111　　2. 逢方鼎(M6：22),《資料庫》NA1162

圖三　[illegible][illegible]方鼎與逢方鼎

的農作物賞賜給了小臣缶，依照一般情理推斷，渪（禺）地恐怕離長清不能太過遥遠。河北邢臺沙河與山東濟南長清一帶，其直綫距離大致有250公里，實際路程當然會更遠一些，故金文渪地尤其是小臣缶鼎銘中的渪即《説文》渪水的説法，似乎可以再斟酌。

按晚商卜辭有"冎（鄘）、谷、禺"（《合集》36960，黄組），"雚、渪"（《屯南》2212，無名組；《合補》11281，黄組），"洛（矢）、雚、渪"（《英藏》2563、《合集》36968，黄組）之地名，即如著名的商鄙三邑"、雷、季（？）"（《合補》11232、《英藏》2525，黄組），是一種在地理位置上相互鄰近的多個地名的聯稱形式。其中"洛（矢）、雚、渪"最值得關注，因爲商末征人方過程中商紂曾遊歷此地，如：

> 丙［戌［23］王卜，在］雍［貞：今日步于澭］，亡災。
>
> 庚寅［27］王卜，在澭次貞：𠫑林方，亡災。
>
> 壬辰［29］王卜，在澭貞：其逖于洛（矢）雚渪次，往來亡災。
>
> 甲午［31］王卜，在澭次貞：今日步于𩫖（㲉，讀"郈"），亡災。在十月二，十祀彡。
>
> ……
>
> 丁［酉［34］王卜，在絴］次［貞］：今日……往來亡災。在正月。
>
> 己亥［36］王卜，在絴次貞：今日步于淒（麥），亡災。（《英藏》2563，黄組）

這裏面所涉及的地名如雍、澭、𩫖（郈）、絴與麥，以及方國名林方等，均坐落在今山東境内的東土範圍内，所以，距離澭地最多一天行程的"洛（矢）、雚、渪"，必然也是東土地名。其中的洛即卜辭習見之矢地，主要見諸黄組田獵卜辭，如據《合集》36641記載，商王戊寅日"田矢"，庚辰日又在召地遊獵，説明矢地去汶淄源頭地帶的召地最多兩天行程。《春秋》經傳對讙地的記載較多，如《春秋經》桓三年："九月，齊侯送姜氏于讙"，"公會齊侯于讙"。《春秋經》定公十年："齊人來歸鄆、讙、龜陰田。"《春秋經》哀八年："夏，齊人取讙及闡。"杜注云："讙，魯地。濟北蛇丘縣西有下讙亭。"[1]可見汶水下游北岸一帶有一讙地，今屬山東肥城。按讙字以雚爲諧聲偏旁，從音理上講，讀雚爲讙自無窒礙。若以日行40公里的速度計，從讙到今汶淄源頭地帶，大概就是兩天的行程。同樣，據《春秋經》記載，魯都曲阜北鄙有成地，爲魯國季氏采邑，而成邑附近則有一遇地，如襄公十五年經文有云："夏，齊侯伐我北鄙，圍成。公救成，至遇。"杜注："遇，魯邑。"按魯國成邑在今山東寧陽縣境内，位於汶水下游中段南岸地帶，遇地當在成邑附近，可能就在寧陽與肥城交界地帶，與前述讙地密邇。按遇字从辵禺聲，渪字亦从禺得聲，故禺、渪、遇三字可通。卜辭"雚"、"渪"聯辭，恰恰與文獻讙、遇於地理位置臨

[1] 杜預注，孔穎達疏：《春秋左傳正義》，阮元校刻：《十三經注疏》第6册，臺北：藝文印書館，2007年，第103頁。

近之情况吻合,所以“藋湡”似當讀作“讙遇”。

這就是説,卜辭中的禺或湡地,就是見諸文獻記載的春秋時期的魯邑遇。[1] 從汶水下游中段沿岸到今濟南長清,也就區區數十公里,一兩天之内便可到達,商王將遇地五年的收成賞賜給居住於濟南長清一帶的小臣缶,其合理性似遠大於湡在河北邢臺沙河之舊説。如此處理的好處還在於,甲骨、金文與文獻的各種綫索無絲毫抵牾,同時也能得到濟南長清出土大批巽族器的考古材料之佐驗。

二、關於晚商巽族族居地的討論

商末之時,巽之族活躍在山東濟南長清一帶,當毋庸置疑。此外,巽族另有一分支曰巽虘,據傳山東費縣曾出一大批晚商時期的屬於該分族的青銅器,有關方選撿出28件,以禮器爲主,[2]器物組合尤其是酒器組合比較完整,説明今山東境内於當時至少已分布有巽族的兩個分支。這是大家都比較熟悉的情况。此外,巽族還有一個分支曰巽棘,相關銅器銘文主要有:

(1) 巽(棘)。嬰作祖辛彝。(觶,《集成》6481,圖四·1)

(2) 亞(朿=棘)。無嬰作父丁彝。(卣,《集成》5309,圖四·2)

(3) 亞(朿=棘)。竅(子?)作父癸寶尊彝。巽。(卣,《集成》5360,圖四·3)

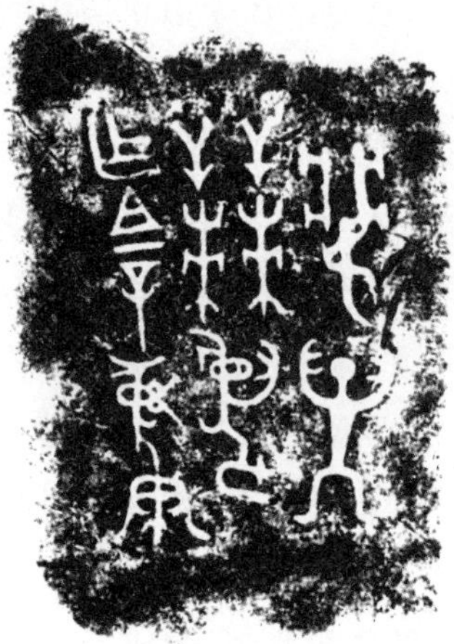

1. 嬰觶銘文拓本

2. 無嬰卣銘文拓本

3. 竅卣銘文拓本

圖四　巽棘分族銅器銘文

[1] 宋鎮豪先生據《合集》36531指出,卜辭“湡”地即《尚書·堯典》“嵎夷”,甚有啓發意義。參氏著《甲骨文中反映的農業禮俗》,《紀念殷墟甲骨文發現一百周年國際學術研討會論文集》,北京:社會科學文獻出版社,2003年,第364頁。

[2] 程長新、曲得龍、姜東方:《北京撿選一組二十八件商代帶銘銅器》,《文物》1982年第9期。

很顯然,這三篇銘文當出自同一家族。首先,器一、器三均屬㠱族;其次,器二、器三均鑄"亞□"族氏銘文,所以,器二即是省鑄了母族族名"㠱";其三,器一的器主爲"嬰"、器二器主爲"無嬰",殆屬名號的省稱與全稱,或者説,"無"字僅爲名號中的發語詞。由此似可認定,器一"□"字與器二、器三之"□"字,實質相同,唯寫法有繁簡之别耳。

按"□"字學界通常徑釋作"朿",并未在字形上作過多解釋。不過,結合"□"字可知,"□"字似應分析爲从來(麥)、从矢,乃表麥芒之義的會意字,與《説文》所講的"朿,木芒也"異常契合,唯矢杆、矢尾與"來"字下部筆畫合用,或者説來字借用了矢字的下部筆畫。"□"字下部所从之雙"□",從形構上看似乎更接近《説文》所收的小篆"□(朿)",不過這是古文字中"來"、"朿"多有混淆的結果,實際上還是應該視爲"來"字,所以"□"當隸釋爲"棘"。西周晚期的周棘生簋(《集成》3915)"棘"字作"□",可以讓我們比較清晰地體察到"□"、"□"、"□"三者間的内在關係,以及表麥芒、木芒之義的"朿"字其本身的一個發展變化的邏輯過程,即□→□→□→□。[1] 一般認爲,棘乃帶刺叢生的小灌木,其詞義顯然亦是由"朿"字衍生而來的。上引三器所代表的㠱族之分支應該如何定名,當然可能會存在"㠱朿"、"㠱棘"之分歧。但考慮到商周古文字往往繁簡無别,而朿、棘二字在詞義上又有相通之處,設若稱之爲"㠱棘"之族,竊以爲離事實亦不會過遠。

衆所周知,春秋時期泰山以南、汶水以北的"汶陽之田"内便有一棘地,如《春秋經》成公三年:"秋,叔孫僑如帥師圍棘。"而同年《左傳》則云:"秋,叔孫僑如圍棘,取汶陽之田,棘不服,故圍之。"杜注:"棘,汶陽田之邑,在濟北蛇丘縣。"而《水經注·汶水》記載,汶水下游有汶河支流溝水流經棘地,所交代的相對位置比較清楚,其文曰:"汶水又西,溝水注之,水出東北馬山,西南流逕棘亭南。《春秋》成公三年經書:'秋,叔孫僑如帥師圍棘。'《左傳》曰:'取汶陽之田,棘不服,圍之。'南去汶水八十里。又西南流逕遂城東。《地理志》曰:'蛇丘遂鄉,故遂國也。'"[2]由此可知,棘地大致就在今肥城與泰安間。[3] 前文已述,濟南長清有㠱氏分族□,那麽,作爲㠱氏的另一個分支"㠱棘",别族後遷徙至距長清不遠的棘地,恐怕也是合乎常理的。讀□、□爲棘而非朿,也應該能够説通。

這就是説,目前所知的㠱族的三個亞族,於殷商末期均活動在今山東省境内,這一點是基本可以確定的。但作爲母族的㠱,其族居地究竟何在?一直是學界關注與討論的問題。史樹青先生曾提出㠱爲人方族群的意見,[4]儘管其依據或許可以再討論,但大的方位殆無

---

[1] 戰國陳發戈(《資料庫》NA1032)"朿(刺)"字从矢从來而作"□",尚保留該字的早期形構。但也有學者釋□爲"棗"并讀作"造",就文義而言似亦通。若然,則"□/□"可能有"朿"、"棘"、"棗"三個讀音,屬一形多讀,究其根源則在於三字均具芒刺之義。

[2] 酈道元著,陳橋驛校證:《水經注校證》,北京:中華書局,2007年,第583頁。

[3] 另《左傳》昭公十年有子山"反棘"之記載,其地在臨淄偏西。與甲骨、金文所見之棘,亦當有所關聯。

[4] 史樹青:《無敄鼎的發現及其意義》,《文物》1985年第1期。

可疑,應該加以重視。

史先生主張人方族群説的主要依據,是兩件與"無敄"有關的青銅器的銘文,即:

1. 王宜人方無敄,咸,王賞作册般貝,用作父己尊。來册。(作册般甗,《集成》944,商末)

2. 無敄用作文父甲寶尊彝。㠱。(無敄鼎,《集成》2432,商周之際)

史先生認爲,無敄鼎的器主就是作册般甗銘中的"人方無敄"。這一認識,孤立地看當然可以自成一説。不過,晚商時期㠱族本身就與人方爲敵,曾多次遣兵征討人方各部,例如:

1. 乙巳,子令小子𧊒先以人于堇,子光賞𧊒貝二朋,曰:"貝唯蔑汝曆。"𧊒用作母辛彝。在十月,月唯子曰令望人方𩁹。㠱。母辛。(小子𧊒卣,《集成》5417,圖五·1)

2. 癸巳,㚸賞小子□貝十朋,在𣎳𠂤,唯㚸令伐人方𩁹、𡡞,□用作文父丁尊彝,在十月四。㠱。(小子□簋,《集成》4135,舊稱"小子𩁹簋",圖五·2)

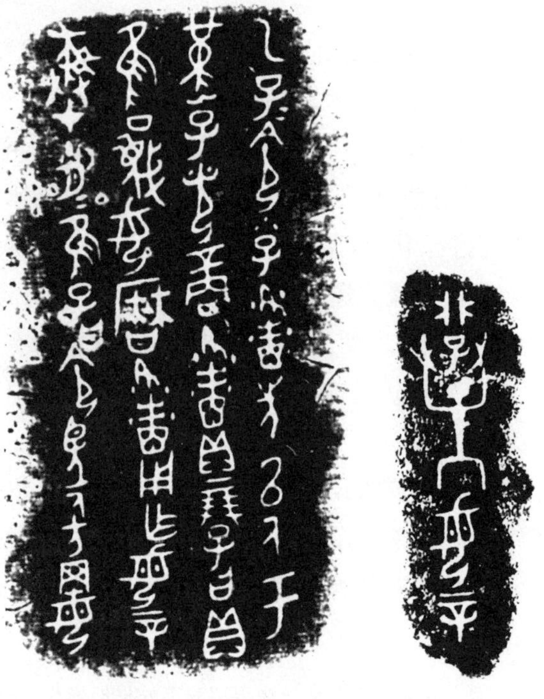

1. 小子𧊒卣銘文拓本,《集成》5417

2. 小子□簋摹本[1]

圖五

[1] 摹本爲田秋棉所作。

殷商時期的“人方”,是一種頗類似於“東夷”、“南夷”、“南淮夷”之名的泛稱,主要是指殷墟以東區域内的、以今山東省爲主體的、除殷人勢力控制外的地區。上引資料説明,㠱族首領曾於某年十月命令相關人員偵視人方𡨦族,又在某年十四月於今肥城、泰安間的溝水一帶下令征討人方的𡨦、㔝(祊)二部。可見,㠱族本身應該是殷商之友邦,并不屬於“人方”集團。所以,將㠱族的無敄直接等同於作册般甗銘中商王征討對象“人方無敄”,恐怕需要再考慮。

其實,目前所刊布的金文資料中,以“無敄”爲名諱者至少還有一例,即:

無敄作父乙寶尊彝。(無敄簋,《集成》3664,西周早期)

銘文有日名“父乙”,符合商遺或商文化區的特徵。但遺憾的是,器銘并未標識相應的族氏銘文,與商末㠱族之無敄是否屬同一個人,實難判斷。名號用字相同,或誠屬巧合。有鑒於此,我們似可認定,㠱族之無敄與“人方無敄”所指恐怕不是同一個人,有湊巧之可能。當然,若從當時戰爭記功的方式看,又不能排除相互間或存在一定的内在聯繫。

衆所周知,商周時期記録功績的方式多種多樣,如在敵方首領的人頭骨上刻寫文字,[1]或者鑄造相應的銅像并記録事由,[2]還有一種方式就是見諸文獻記載的用敵酋的名號爲子孫命名。按《左傳》文公十一年記魯國“叔孫僑如”取名之緣起,曰:

冬十月,甲午,敗狄于鹹,獲長狄僑如。富父終甥摏其喉,以戈殺之,埋其首於子駒之門,以命宣伯。

宣伯即魯大夫叔孫僑如,因其父莊叔在“鹹之役”中抓獲長狄酋首僑如,故爲宣伯取名曰“僑如”,以示克敵之功。不僅如此,莊叔三子的命名,均與此次戰役有關。如《左傳》襄公三十年記晉國師曠追述七十三年前“魯叔仲惠伯會郤成子于承匡之歲”之舊事,曰:

狄伐魯,叔孫莊叔於是乎敗狄于鹹,獲長狄僑如,及虺也、豹也,而皆以名其子。

這就是説,莊叔三子叔孫僑如、叔孫虺與叔孫豹,其取名直接源自其父捕獲長狄酋首僑如、虺

---

[1] 如《合集》38758云:“……[人]方伯……祖乙伐……”這版人頭骨刻辭殘片,即是商人使用所征服之敵對方首領獻祭先王的實物證據。

[2] 晉侯銅人(《資料庫》NB1216)則是以鑄造敵酋之像并鑄刻銘文以記功。其銘文作:“唯五月,淮夷伐格,晉侯搏戎,獲厥君家師,侯揚王于兹。”學者指出,晉侯銅人所表現的應即俘獲淮夷國君的形象。參蘇芳淑、李零:《介紹一件有銘的“晉侯銅人”》,上海博物館編《晉侯墓地出土青銅器國際學術研討會論文集》,上海:上海書畫出版社,2002年,第411–420頁。

及豹有關。類似的取名習俗亦見於晉國,如《左傳》桓公二年:

> 初,晉穆侯之夫人姜氏以條之役生太子,命之曰"仇"。其弟以千畝之戰生,命之曰"成師"。

"仇"即晉文公,"成師"即曲沃桓叔,其私名的獲取亦均與西周末年的重要戰事相關。

前述無敄鼎爲分襠鬲鼎,此類形制的鬲鼎主要流行時間是在商周之際,而西周早期最爲盛行,[1]故無敄鼎的年代似應晚於商末作册般甗、小子𧧘卣與小子□簋(即舊稱"小子罥簋")諸器,這是首先需要關注的。進一步參考文獻所載晉、魯貴族子嗣取名之習俗,似可論定:𡚸族"無敄"之名,其來歷或許與商末有商勢力征討"人方無敄"的戰事相牽涉。[2] 這一思路可能比𡚸族本屬人方部族之説稍加合理。

晚商時期𡚸族的各個分支悉盤踞東土,而𡚸族本身也主要在東方活動,相關證據除了前引小子𧧘卣與小子□簋,尚有小子𦊆鼎,其辭曰:

> 乙亥,子錫小子𦊆王賞貝,在𩁹次。𦊆用作父己寶尊。𡚸。(《集成》2648,晚商,圖六·1)

該器銘文是説𡚸族族長在𩁹地賞給"小子𦊆"來自商王所賜的貝若干,於是𦊆作祭祀父己之器,以示紀念。衆所周知,𩁹乃晚商王室田獵區中的主要田獵地之一,[3]同時商王爲了抵禦人方的侵擾,曾占卜是否在𩁹地增添防守力量,[4]據推測,大致地望當在泰山以南的汶水上游一帶。[5] 可以進一步補充的有關𩁹地地望的新綫索,還有晚商時期的棼犬罍(《集成》9821,舊稱"王罍"或"王古罍"),棼犬卣(《資料庫》NB1171、NB1395,亦稱"王卣")組器。這三件器物均鑄有相同銘文11字,曰:"王由攸田,棼犬作父丁尊。瀼(𩁹)。"(圖六·2)其中比較特别的地方是"棼犬"之下有一"〓"符,筆者認爲把它看作合文符或許更契合文意。[6] "王古攸田"似指商王在攸地田獵。"棼犬"即設置在棼地的犬官。最後的族氏銘文爲"瀼",

[1] 朱鳳瀚:《中國青銅器綜論》,上海:上海古籍出版社,2009年,第103－105頁。

[2] 這一點此前劉桓先生業已指明,參氏著《無敄鼎、般盤銘文新釋》,《文史》2003年第2期。

[3] 參《合集》10991、29352、37600諸辭。

[4] 參無名組卜辭《合集》28012。

[5] 陳絜:《清華簡〈繫年〉第二十章地名補正》,《清華簡〈繫年〉與古史新探》,上海:中西書局,2016年,第107－115頁。

[6] 裘錫圭先生認爲當讀作"王由攸田棼,棼犬作父丁尊",即視"〓"爲重文符,似亦通。參氏著《棼器探研》,《古文字研究》第24輯,北京:中華書局,2002年,第172－182頁。

1. 小子𦅫鼎銘文拓本,《集成》2648

2. 㯇犬卣銘文拓本,(《資料庫》NB1171)

圖六

也即卜辭習見之“襄”地,説明器主㯇犬來自襄族。這種表現方式,頗似大家熟悉的卜辭中的“成犬敢”、“盂犬㽙”、“畫犬中”,“犬”前之地爲任職地點,“犬”後之字則屬相關人員的私名,同時也可以代表所自出的族群與居地,即所謂人名、地名與族名三位一體。一般説來,犬官的任職地點與其族居地往往鄰近。這是田獵活動的特殊性造成的,需要犬官對田獵點的地理環境、道路交通相當熟悉,田獵點周邊的土著自然是犬官的最佳人選。所以襄、㯇二地在空間上應該是比較接近的,且距離商王田獵地攸同樣不會太遠。

按攸地即攸侯所掌控的領邑,在今山東萊蕪境内。[1] 㯇地同樣亦屬晚商王室田獵地之一,如據《合集》33547 記載,商王丁亥日田喪、戊子日田㯇、辛卯日又田喪、壬辰日田向,其中喪、向二地是“泰山田獵區”中最爲習見的田獵點,故㯇地也一定是在泰山周邊。喪地位於魯北,大致在今山東章丘東南方向;[2] 㯇地距喪僅爲一日行程,即 40 公里左右。可見㯇地位

[1] 李學勤:《商代夷方的名號和地望》,《中國史研究》2006 年第 4 期。

[2] 陳絜、趙慶淼:《“泰山田獵區”與晚商東土地理》,《歷史研究》2015 年第 5 期。陳絜:《商周東土開發與象之南遷不復》,《歷史研究》2016 年第 5 期。

於淄、汶源頭地帶的可能性較大,距離萊蕪攸地已是很近。這也符合襄地在汶水上游地帶的推測。由此可見,晚商冀族首領曾在汶水上游地帶出沒。而由"王賞貝"一詞推斷,當時冀族首領應該是帶領包括小子𦉢在内的一干族衆,陪同商王在東土行巡遊田獵之事。

就以上所舉的小子𩰫卣、小子□簋及小子𦉢鼎諸器銘文看,晚商冀族的活動蹤迹主要還是在東土。當然,以小臣缶爲始祖的"冀"一支,在別族之前顯然也是代表冀族的,長清興復河出土的家族禮器中還含有不少僅標單一族名"冀"的銅器,就是很好的佐證。所以筆者認爲,至少在帝乙、帝辛時期,冀族的族居地一定是在東土。這與嚴志斌先生之主張是一致的。[1]

其實,就商周家族的一般形態而言,視冀族爲東土族群,可能也是相對合理的。隨着口衆的增多,族體内各成員在血緣關係上的日漸疏遠,群族分衍成爲必然。若無自然或政治上的重大變故,分衍所造成的空間上的擴散是相對有限的,新産生的族體通常不會去母族過遠。這在先秦文獻中也是有所記載的。例如據《尚書・多士》,周公在新營建的"新邑洛"告誡遷徙而至的殷遺:倘若大家能够心悦誠服地順從有周,爲新王朝奔走用事,便能保全自身性命,且"尚有爾土","宅爾宅,繼爾居,爾厥有幹有年于兹洛,爾小子乃興,從爾遷"。這就是説,具有一定經濟獨立性的"小子"之家,也可以隨族長一并遷徙至"新邑洛"。由此可見,晚商小子之家與族長家庭(金文一般稱"子"或"大子")之間的關係還非常强固,至少在包括居邑在内的活動空間上還是一致的,[2]所以周人才會説"爾小子乃興,從爾遷",保存殷遺固有的家族結構,以示對歸順之民的籠絡。又如《左傳》定公四年追述周初封建,其中賜民一項有:分魯國以"殷民六族:條氏、徐氏、蕭氏、索氏、長勺氏、尾勺氏,使帥其宗氏,輯其分族,將其類醜,以法則周公","宗氏"就是包括"小子室家"在内的大宗,"分族"就是已經獨立的支族,"類醜"是指附屬於貴族家族的、供貴族役使的依附民。從中亦可見,分支族氏一般還是團聚在宗氏的周邊,在相對有限的範圍内"聚族而居",棄母族而遠播的情况可能還是比較罕見。

冀族雖被今人稱爲商周雄族,其家族規模相對龐大,組織結構也比較複雜,既有依附性極强的"小子"之家,也有在經濟、祭祀、居邑甚至軍事等方面更具獨立性的像冀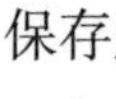、冀虘、冀棘之類的亞族,但冀氏畢竟是一個未見文獻記載的小族群,依靠其自身力量與自然分衍,不可能造成空間上横亘數百甚至上千里的拓殖。所以,其分族與家支(或房支)的活動範圍大概可作爲冀族主要活動區域與族居地的一項重要參照,説其是東土舊族,至少符合商末的實情。

[1] 嚴志斌:《商代青銅器銘文研究》,上海:上海古籍出版社,2017年,第317-322頁。

[2] 按商周時期"子"之公室與"小子室家"構成"宗氏",是宗族組織的核心。此問題筆者另有《"諸侯大亞"、"小子室家"與商周親族組織結構》一文作專門討論,此暫不贅。

而從卜辭記載看,武丁時期㠱族便已活躍在東土,例如:

(1) 弗令畢盖三百射。
貞:令畢盖三百射。
貞:叀𡚬(㠱)令盖射。
勿隹𡚬(㠱)令盖。
癸巳卜,㱿貞:令畢盖射。
癸巳卜,㱿貞:叀𡚬(㠱)令盖射。(《合集》5770,賓組)

(2) 貞:王往斿。
貞:𡚬(㠱)以巫。
……以巫。
……[畢]以三百射。
貞:勿令畢以三百射。(《合集》5769,賓組)

上引兩版卜辭儘管不屬於同文或成套卜辭,但其内容是相互關聯的,甚至可能是爲同一次戰役而所作的占卜,所述内容主要是選卜由畢或㠱率領三百"盖射"征戰。這裏面涉及兩個地名,即斿與盖。其中斿地乃泰山田獵區内的重要田獵點,常與著名的喪、䨣、牢等田獵點組成固定的地名組,[1]必在泰山周邊無疑。而盖地則與永、索相牽涉,例如:

(1) 戊辰卜,賓貞:令永裒田于盖。(《合集》9476,賓組)
(2) ……永裒田于盖。(《合集》9477,賓組)
(3) 弜……其……
王叀𠜴(索)犬比,亡災。
王叀盖犬比,亡災。
……犬……災。(《屯南》4584,無名組)

(1)、(2)是占卜命令永在盖地治理農田,通常説來,永應該居住在盖地附近。按黄組征人方卜旬卜辭《合補》11231有"攸侯喜鄙永"之辭,説明萊蕪攸地附近有一小聚落"永"。"令永裒田于盖"的永,或與之有關。例(3)則是占卜究竟由"索犬"還是"盖犬"協助商王田獵,據其中所存在的對貞關係推測,索、盖二地應該相去不遠。索在今山東兗州嵫山區李宫村一

[1] 參《合集》37550、37576、37722等辭。

帶,[1]故盖地所坐落的大致方位是可以想見的。總而言之,盖地似在泰山周邊。我們推測,盖似可讀作禚,也即《春秋經》多次記載的齊魯間的禚地,大致位於今山東濟南一帶。[2] 所以,從《合集》5769、5770 諸辭判斷,䢅應該曾經在東土活動,參與對東方敵對勢力的戰争。[3]

此外,賓組卜辭《合集》5624 有“丁未卜,□貞:盧、𢍰(䢅)……”之殘辭,這裏的盧、䢅二字,人名、地名與族名的可能性均存在。不過卜辭盧地爲東土地名,去喪(山東章丘東南)不遠,如賓組卜辭《合集》10930 有記載曰:“戊申卜,貞:王往于盧,从喪……”該辭大意是講商王將從喪地出發前往盧地。依照王步卜辭的一般規律,出發地與目的地之間往往就是一兩天的行程,所以盧應該在泰山周邊尋找。又歷組卜辭《屯南》2409 有“在盧田”、“在濘(寧)田”之對貞記録。目前看來,寧地應該就在東土。[4] 盧、寧對貞,盧地自然亦在東土,這與盧地近喪完全契合。《左傳》隱公三年:“齊、鄭盟于石門,尋盧之盟也。”杜注:“盧盟在春秋前。盧,齊地,今濟北盧縣故城。”也即今濟南長清西南一帶。卜辭盧地,恐怕就是周代齊國之盧邑。若盧之地望不誤,則見諸《合集》5424 與之并辭聯稱的䢅地或䢅族,亦當在長清周邊尋找。這與長清興復河一帶出土䢅組器、䢅族諸分族及家支活躍於東土等情況也非常契合。由此再去理解“叀𢍰令盖(禚)射”的占卜材料,也就十分合理了。

總之,就目前所見材料而作推斷,從武丁時期到殷商末年,䢅族的主要活動區域一定是在東方,其族居地則在今山東濟南長清一帶。至於其他地方窖穴或墓葬零星所出的䢅族器,於該族族居地等問題的討論而言,基本不具備地理意義上的指向作用。當然,可以注意的是 1985 年殷墟劉家莊北發現的竪穴土坑墓 M9,該墓有二層臺,有腰坑,葬具爲一槨二棺,合葬二人,出土青銅禮器有鼎 3、簋 1、卣 1、斝 1、尊 1、甗 1、觶 2、觚 3、爵 3,其中鼎(劉北 M9 : 70)、爵(劉北 M9 : 54)、觚(劉北 M9 : 36)各一件鑄有“䢅父癸”銘文,似爲成套祭器,其餘均無銘刻。[5] 但我們依然不能據此斷定䢅族爲中原部族,它更像是東土䢅族成員如小臣兒、小臣缶者在王朝短期任職的遺存,這一點何景成《商末周初的舉族研究》一文已明確指出。當然,

---

[1] 郭克煜等:《索氏器的發現及其重要意義》,《文物》1990 年第 7 期。

[2] 按金文鬻()字从鬲、从肉、从匕,者聲,《説文》:“𤎩,鬻或从火。”可見用於蒸煮的器皿可以用“火”字替换。所以,這一“盖”字或許是“羔”字之異構。《春秋經》莊公二年:“夫人姜氏會齊侯于禚。”莊公四年:“公及齊人狩于禚。”禚字从示、羔聲(依段注,當讀作“灼”,古音羔、灼同部),地處齊魯之間。從地望上判斷,與“盖”地比較吻合。

[3] 聶靖芳認爲《合集》5769 中的“巫”或指巫地之人,其居地即《左傳》襄公十八年“齊侯登巫山以望晉師”之巫山,在今平陰東北。是説亦可作參考。詳氏著《殷周舉族研究》,南開大學碩士論文,2018 年,第 13 頁。

[4] 卜辭寧地或與漢初所設的寧陽縣有一定的關係。

[5] 安陽市文物工作隊、安陽市博物館:《安陽殷墟青銅器》,鄭州:中州古籍出版社,1993 年,第 136 頁。

我們也可以理解爲㠱族在王都設有類似於現代駐京辦事處的“朝宿邑”,[1]以加强與王朝的信息溝通。

關於㠱爲東土族群的討論,尚有父癸卣銘(《集成》5172,晚商)可資利用,它所體現的是㠱族與缶族的通婚聯姻。不過因爲缶族還將牽涉所謂的“西土部族”𢀛方、土方等問題,分析考證頭緒繁多。但通過梳理相關材料,我們在此可以明確提出,舊所謂𢀛方、土方爲西方部族之説,其依據并不充分。因爲《合集》6057等“有來艱自西”、“有來艱自北”之類的文字,其主要參照坐標爲著名的“敦”地,[2]而敦地恰恰是商末最爲重要的田獵地之一,大致坐落在淄汶源頭地帶的山東原山附近。[3] 同樣,受到𢀛方、土方等侵擾的古國古族,包括缶、遣等,基本亦活躍在古濟水及以東地區,尤其是當時受遣氏轄制的“田”,[4]顯然就是上面所討論的坐落於今肥城泰安間的棘地。這一系列問題我們留待日後再作專門梳理,敬希讀者諒解。

2017年9月25日初稿

2017年12月2日再訂

2018年9月10日三訂

[1] 安陽殷墟墓地亦出東土史族(即入周後薛國之公族)銅禮器,性質相似。

[2] 參陳夢家:《殷虚卜辭綜述》,北京:中華書局,1988年,第270－272頁;朱鳳瀚:《武丁時期商王國北部與西北部之邊患與政治地理——再讀有關邊患的武丁大版牛胛骨卜辭》,載朱鳳瀚、沈建華主編:《中國國家博物館館藏文物研究叢書·甲骨卷》,上海:上海古籍出版社,2007年,第269－281頁。朱鳳瀚:《由殷墟出土北方式青銅器看商人與北方族群的聯繫》,《考古學報》2013年第1期。

[3] 對此,筆者另有《土方、𢀛方、四邦方與晚商民族問題》一文,此暫不贅。

[4] 魯實先先生讀爲棘,可從。其説參于省吾主編:《甲骨文字詁林》第3册,北京:中華書局,1996年,第2561頁。

三年吴郝令戈考

吴良寶*

新見一件未曾著録的三晉刻銘銅戈(圖一),與《集成》11317 三年負黍[1]令戈、《銘圖》17343 三十一年鄭令戈等形制極近,長援略上揚,援部有脊,胡部三方形穿,内部一穿且三面開刃,内部自援朝内方向刻有 3 行 15 字(其中"工帀"作合文形式):"三年,吴郝𨞌韓瘡、工帀=苛狄、冶慶武戟。"銅戈鑄造地"吴郝"是首次出現的戰國三晉地名。郝本性在考察"鄭韓故城"出土銘文銅戈及其形制後指出,内部不平齊且有刃者爲戟,自銘爲"戟刃",内部平頭、無刃的戈自銘爲"戈刃"。[2] 這件戈自銘"戟"且内部開刃,應該是戟的組成部分,矛刺部分暫缺失。

圖一　三年吴郝令戈

"吴郝"可讀爲"吴房",見於《漢書・地理志》"汝南郡",顔注引孟康曰:"本房子國。楚靈王遷房於楚。吴王闔閭弟夫概奔楚,楚封於此,爲堂谿氏。以封吴,故曰吴房,今吴房城堂谿亭是。"治所在今河南省遂平縣西。從史書記載來看,戰國早中期今遂平、上蔡一帶均屬於

* 吉林大學古籍研究所教授。

[1] 吴振武:《東周兵器銘文考釋五篇》,廣東炎黄文化研究會等編:《容庚先生百年誕辰紀念文集(古文字研究專號)》,廣州:廣東人民出版社,1998 年,第 555 頁。

[2] 郝本性:《新鄭出土戰國銅兵器部分銘文考釋》,中國古文字研究會等編:《古文字研究》第十九輯,北京:中華書局,1992 年,第 115-116 頁。

楚國。不過,這件戈銘的文字、監造制度都是典型的三晉系統,由於吴房不直接見於戰國時期的文獻記載,三年吴郝令戈的具體國別與年代還需要加以討論。

戰國中期以來魏國的南界大致維繫在許、郾、長平、陳一綫。時間屬楚懷王前期的包山楚簡文書中有"葉"(《包山楚簡》第129、130號簡)、"陽翟"(第193號簡)、"陳"(第166號簡)等城,證明了這些城邑在楚威王時期確爲楚地,[1]而上蔡之地更在陳城之南,屬楚自無疑義。《史記・越世家》載齊威王派使者勸説越伐楚,使者云:"韓之攻楚,覆其軍,殺其將,則葉、陽翟危;魏亦覆其軍,殺其將,則陳、上蔡不安。"《史記・楚世家》載,懷王十七年(公元前312年)秦大敗楚於藍田:"韓、魏聞楚之困,乃南襲楚,至於鄧。"這個"鄧"約在今河南漯河市東南。又,《水經注・汝水注》引《史記》云:"楚昭陽伐魏,取郾。"郾在今河南郾城縣南、漯河市近西的汝水南岸地帶,其時應在楚懷王前期。[2] 這些都是上蔡一帶屬魏不能早於魏襄王時的確證。

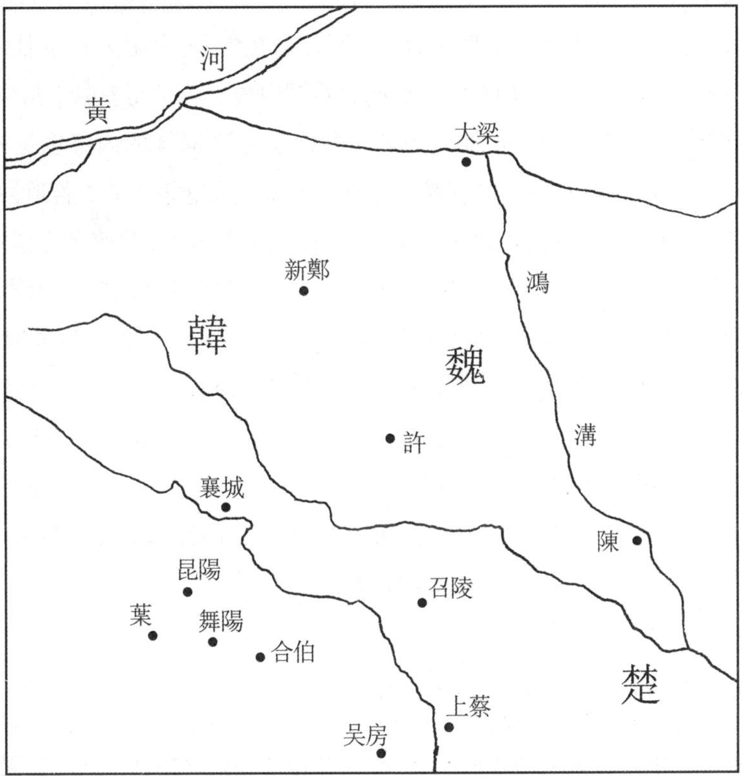

圖二　"吴房"及相關地名示意圖
(底圖采自《中國歷史地圖集》第一册"戰國・韓魏")

[1] 陳偉:《包山楚簡初探》,武漢:武漢大學出版社,1996年,第67頁。
[2] 徐少華:《周代南土歷史地理與文化》,武漢:武漢大學出版社,1994年,第321、322頁。《元和郡縣圖志》、《太平寰宇記》中也有此内容,但不見於今本《史記》。

《水經注·汝水注》引《竹書紀年》云:“魏章率師及鄭師伐楚,取上蔡。”朱右曾《汲冢紀年存真》列於魏惠成王二十四年,云:“此未詳何年事。”王國維《古本竹書紀年輯校》也附於“無年可繫者”。雷學淇《竹書紀年義證》卷三八云:“魏章,魏公族,後仕秦爲庶長,擊楚於丹陽,卒歸於魏而卒,詳見《秦本紀》及《六國年表》。”《史記·魏世家》:“(哀王)九年,與秦王會臨晉,張儀、魏章皆歸於魏。”《索隱》:“章爲魏將,後又相秦。”如果伐楚取上蔡的魏章與敗楚於丹陽的魏章爲同一個人,根據《魏世家》以及《秦本紀》、《樗里子列傳》中有關魏章的零星記載,以及《紀年》記事止於魏襄王二十年,魏國奪取上蔡的時間當在前312年至前299年之間;[1] 再結合垂沙之戰後,韓、魏占領了宛、葉以北的大片楚地來看,上蔡、召陵、舞陽一帶入魏的時間可定在前300年(即魏襄王十九年)左右。

上蔡一帶屬魏之後,楚國也曾試圖奪回。《韓非子·有度》説魏安釐王“睢陽之事,荆軍老而走;蔡、召陵之事,荆軍破”,楊寬認爲都發生在安釐王晚年。[2] 此前的一些記載也説明上蔡一帶一直在魏國境内。《史記·楚世家》所載弋者對楚頃襄王説:“王朝張弓而射魏之大梁之南,加其右臂而徑屬之於韓,則中國之路絶,而上蔡之郡壞矣。”《史記·春申君列傳》載黄歇上書秦昭王説“王施以東山之險,帶以曲河之利,韓必爲關内侯。若是而王以十萬戍鄭,梁氏寒心,許、鄢陵嬰城,而上蔡、召陵不往來也,如此而魏亦關内侯矣”(同樣的内容也見於《戰國策·秦策四》)。《史記·魏世家》載信陵君向安釐王陳述韓亡魏危的道理,説:“若道河外,倍大梁,右上蔡、召陵,與楚兵決於陳郊,秦又不敢……秦葉陽、昆陽與舞陽鄰,聽使者之惡之,隨安陵氏而亡之,繞舞陽之北,以東臨許,南國必危,國無害乎?”這些文獻資料都説明,魏國南疆在舞陽、上蔡一帶,其西面是秦國的葉陽、昆陽,舞陽的北面則有韓國的襄城等地(《集成》11565二十三年襄城令矛、《銘圖》17360六年襄城令戈等兵器證明,這一帶直到戰國末期一直是韓國領土)。[3]

既然上蔡由楚入魏的時間是在韓、魏奪取宛、葉以北大片土地之時,韓國南疆又在襄城一帶,那麼處於上蔡、舞陽之間的吴房最有可能屬魏,由此也可以推斷該戈的鑄造時間“三年”,可能是魏昭王的前293年或者安釐王的前274年。這件吴邡令戈資料表明,吴房應是魏國所置的縣,設縣的時間可以提早到戰國中晚期之際。[4]

---

[1] 陳偉:《楚東國地理研究》,武漢:武漢大學出版社,1992年,第117頁。

[2] 楊寬:《戰國史(增訂本)》,上海:上海人民出版社,1998年,第426頁。

[3] 吴良寶:《戰國晚期韓國疆域變遷新考——以兵器刻銘爲中心》,《中國歷史地理論叢》2012年第1輯,第97頁。

[4] 《集成》12110鄂君啓車節有“栖焚”地名(1983年姚漢源《鄂君啓節釋文》首釋),以往誤釋作“畐焚”,譚其驤《鄂君啓節銘文釋地》依據商承祚“畐可通富”之説進一步提出“富焚疑即春秋時的房國,漢置吴房縣,即今河南遂平縣”(《中華文史論叢》第二輯,北京:中華書局,1962年,第182頁),并將此意見采用在《中國歷史地圖集》第一册“戰國·韓魏”與“戰國·楚越”圖幅中(第35–36頁、第45–46頁)。今按,節銘所謂“畐焚”已是誤釋,又疑爲吴房,音韻上也無通假可能。既知節銘爲“栖焚(柳棼)”,從吴邡令戈來看,柳棼應不在今遂平縣,其地望待考。

湖北江陵九店M411出土的魏國兵器十一年郎令戈(《銘圖》17225),郎地就是見於《左傳·僖公五年》的柏、《戰國策·韓策一》"蘇秦爲楚合縱説韓王"章的"合伯",該戈的鑄造時間是魏昭王十一年(公元前285年)。[1] 三年吴邡令戈、十一年郎令戈等兵器資料以及上引傳世文獻的記載表明,舞陽、合伯、吴房、上蔡一綫正是戰國中晚期的魏國南界(圖二)。現有的歷史地圖集或將上蔡、吴房等地都劃入公元前291年時的楚國版圖,[2]或僅將上蔡劃入公元前280年時魏國的版圖,[3]這些都需要訂正。

另外,個别三晉兵器的鑄造地被推定在楚、魏交界地帶的意見,并不可信。比如《集成》11317－11319號三年𠭯余令戈銘中的"𠭯余",或讀爲"扶予",即《包山楚簡》91號簡的"𠭯與",《水經注·瀙水注》有扶予山,在今河南泌陽市西北,戈銘、包山簡"似乎反映了這一地區'朝秦暮楚'領土更叠的現象",[4]該地處"在韓、魏、楚之間"。[5] 從上面的討論可知,今泌陽一帶在垂沙之戰後仍屬於楚,魏國不可能在此鑄造兵器,該地名仍以釋讀爲"負黍"(在今河南登封市西南)、定爲韓國兵器[6]比較妥當。換句話説,目前還没有韓、魏占據方城以南(今泌陽縣一帶)的出土古文字資料證據。

引書簡稱:

《集成》——《殷周金文集成》

《銘圖》——《商周青銅器銘文暨圖像集成》

---

[1] 吴良寶:《東周兵器銘文四考》,張光裕主編:《第四届國際中國古文字學研討會論文集——新世紀的古文字學與經典詮釋》,香港:香港中文大學中國語言及文學系,2003年,第169、170頁。

[2] 郭沫若:《中國史稿地圖集》,北京:中國地圖出版社,1996年,第21－22頁。

[3] 李曉傑:《中國行政區劃通史·先秦卷》,上海:復旦大學出版社,2009年,第554、561頁。

[4] 何琳儀:《古兵地名雜識》,《考古與文物》1996年第6期,第70頁。

[5] 黄德寬主編:《古文字譜系疏證》第二册,北京:商務印書館,2007年,第1071頁。

[6] 吴振武:《東周兵器銘文考釋五篇》。

周晉盤盉與先秦喪禮中的沐浴

董 珊*

吴鎮烽先生《銘圖》14788、《銘續》30950 著録周晉鎣與周晉盤，是一套西周中期前段的水器。盤底與鎣蓋各有相同的銘文 49 字(其中重文 2)，可釋寫如下：

> 唯九月初吉辛亥，周晉䢔(遭)喪氒(厥)䵼(胡)考辛中(仲)。有曰：䢔(遭)喪氒(厥)䵼(胡)考，不敢視[1]氒(厥)身。鑄寶般(盤)鎣，用享于厺(棄)宗，用匃永福，子子孫孫永寶用。。

銘末的族氏銘文“”，即是器主“周晉”之族氏“周”，這個“周”氏是妘姓，我在不久前發表的一篇小文中已經有解釋，這裏就不多説了。[2]

“䢔喪”，讀爲“遭喪”，意思是居喪。“厥胡考辛仲”是“喪”的後置定語。“䵼考”，讀爲“胡考”，它簋蓋銘文(《銘圖》05384)作：“吾(胡)考”。“胡”的意思是老壽，“胡考”是稱呼高壽而歿的父考。[3]

“遭喪”一詞常見於傳世文獻。《儀禮·聘禮》：“聘遭喪，入竟，則遂也。……遭夫人、世子之喪，君不受，使大夫受于廟。其他如遭君喪。遭喪，將命于大夫，主人長衣練冠而受。”又《左傳》文公六年秋：“季文子將聘于晉，使求遭喪之禮以行。”哀公十五年：“又朝聘有遭喪之禮。”《周禮·秋官司寇》“掌客”職“遭主國之喪”。《禮記·曾子問》：“遭季桓子之喪。”《禮記·間傳》：“遭齊衰之喪。”《風俗通義》第七“遭母喪”。《晏子春秋》“景公路寢臺成逢于何願合葬晏子諫而許”章：“景公成路寢之臺，逢于何遭喪，遇晏子于途。”據上述，“周晉遭喪厥胡考辛仲”句即“周晉遭厥胡考辛仲喪”。

“有曰：䢔喪厥胡考，不敢視厥身”。“有曰”，其下爲引語，《墨子·非儒下》“夫憂妻子以大負累，有曰：所以重親也”用法相同，銘文所引之語應爲當時社會對於“遭喪之禮”的流行

---

* 北京大學考古文博學院、出土文獻與中國古代文明研究協同創新中心教授。

[1] 參看裘錫圭：《甲骨文中的見與視》，《裘錫圭學術文集·甲骨文卷》，上海：復旦大學出版社，2015 年，第 444－448 頁。

[2] 董珊：《試論殷墟卜辭之“周”爲金文中的妘姓之琱》，《中國國家博物館館刊》，2013 年第 7 期。

[3] 參看董珊：《它簋蓋銘文新釋——西周凡國銅器的重新發現》，復旦大學出土文獻與古文字中心《出土文獻與古文字研究》第六輯，上海：上海古籍出版社，2015 年。

説法,“厥胡考”與“厥身”的兩個“厥”字,都指代居喪的孝子。從字面上,這句話可翻譯成:有人説,孝子在居喪期間,不敢察視孝子自己的身體。這句話反映了當時的居喪禮俗觀念,是全銘的重點與難點。下面結合傳世文獻做些解釋。

《墨子·兼愛中》:“視人之身,若視其身。”是説愛别人的身體就像愛自己的身體一樣。察視自己的身體,是因爲愛惜自己的身體,而愛惜自己身體的日常表現,是保持身體潔净整飭。盤盉是一套盥洗器。[1] 結合盤盉的功能和銘文的上下文來理解,“有曰:稟喪厥胡考,不敢視厥身”這句話應該是講居喪的禮俗,表達作器的目的。

古代喪禮中,在居喪期間的親屬,内心的悲戚要形之於外。《禮記·問喪》:“親始死,……夫悲哀在中,故形變於外也。痛疾在心,故口不甘味,身不安美也。”表現悲戚的方式,在上古社會有一套習俗或者規範,在《儀禮》和《禮記》中保留了一些記載。

表現悲哀的一種儀節,是不沐浴。《禮記·雜記下》説:“凡喪,小功以上,非虞、附、練、祥,無沐浴。”鄭玄注:“言不有飾事則不沐浴。”《正義》:“凡居喪之禮,自小功以上恩重哀深,自宜去飾。以沐浴是自飾,故不有此數條祭事,則不自飾。”這是説小功以上的親屬,只有在虞祭、班祔、小祥、大祥時,才能沐浴,在此外的居喪期間都不能沐浴。

因爲服父母之喪最重,所以禮書中也專門談到對居斬衰時沐浴的規定。《禮記·喪服四制》講爲父斬衰三年之禮:“三日而食,三月而沐,期而練,毁不滅性,不以死傷生也。”鄭玄注:“沐,謂將虞之時”。《禮記·喪服四制》:“父母之喪,衰冠繩纓菅屨,三日而食粥,三月而沐,期十三月而練冠,三年而祥。比終兹三節者,仁者可以觀其愛焉,知者可以觀其理焉,强者可以觀其志焉。禮以治之,義以正之,孝子弟弟貞婦,皆可得而察焉。”在這三個月中,孝子的喪服不能去身,在任何時候不能解脱衰絰,《儀禮·喪服》“寢不説絰帶”,絰帶分首絰與腰絰,不解脱衰絰則不能沐浴,不沐浴則不能潔其身。

《禮記·雜記下》:“孔子曰:少連、大連善居喪。三日不怠,三月不解,期悲哀,三年憂。東夷之子也!”鄭玄注:“言其生於夷狄而知禮也。怠,惰也。解,倦也。”《正義》:“三日不怠者,親之初喪三日之内,禮不怠,謂水漿不入口之屬。三月不解者,以其未葬之前,朝奠、夕

---

[1] 參看朱鳳瀚:《中國青銅器綜論》上册,上海:上海古籍出版社,2009年,第295－297頁。張臨生:《説盉與匜——青銅彝器中的水器》,《故宫季刊》十七卷一期。過去的學者或認爲盉是調酒器,或認爲盉是盥洗器,這兩種説法都有許多證據。這種有管狀流的器物常有多種功能,有“盉”與“鎣”兩類自名,其命名方式與强調某一方面的功能有關。《説文》:“盉,調味也。”“盉”的核心詞義是“調和”,調和酒的味道或調和水的温度,都可以稱爲“和”,所以“盉”是共名。《説文》“鎣,讀若銑”,“鎣”作爲盥洗器的盉類器物的專名,其核心詞義可能是“洗”,“洗”的本義是洗足,詞義擴大爲一般的洗滌行爲。承水器也可以稱爲“洗”,《儀禮·士冠禮》“設洗直于東榮”,鄭玄注:“洗,承盥洗者棄水器也。”是“洗”一詞可兼爲盥器與承水器之名。《銘圖》30977著録一件黄子盉:“正咸(弌日)元日癸亥,黄子戍自作湯盉。”“湯盉”是用作燒熱水的盉,其功能與春秋戰國時期流行的小口鼎稱“沐鼎”或“湯鼎”(鄬夫人鼎、彭子射鼎、徐釐尹晉鼎等,見《銘圖》02425、01667、02402)相類似。

奠,及哀至則哭之屬。"《禮記・喪服四制》:"始死,三日不怠,三月不解。期悲哀,三年憂,恩之殺也。"鄭玄注:"不怠,哭不絶聲也。不解,不解衣而居不倦息也。"鄭玄注對上舉兩處"三日不怠,三月不解"的解釋有所不同,并且有意互相牽合。從《喪服四制》的上下文來看,"不怠"應指不飲食,"不解"應指不沐浴。兩處"怠"字可以通假爲"食",例見馬王堆帛書《周易・剥卦》:"六五,貫魚,食宫人籠(寵),無不利。"今本"食"作"以","以"與"怠"同从"以"聲。

之所以要保持三個月不沐浴,據《儀禮・士喪禮記》"死三日而殯,三月而葬,遂卒哭","三月"正當葬時。在士喪禮中,葬日初虞,再虞、三虞皆間隔一日,三虞皆用柔日,三虞之後的第二個剛日卒哭,變凶禮爲吉禮,卒哭之明日舉行班祔之祭。[1] 爲了三虞和班祔這些祭禮,需要齋戒示敬,才可以潔净頭髮和身體。《禮記・内則》:"三日具沐,五日具浴。"古人沐浴的頻率不算特别高,堅持三月不沐浴,大概并不是很難做到。《新唐書》卷一百六十三記載柳公綽"居喪毁慕,三年不澡沐",這算是比較過分,所以被史書記載下來。

對於虞祭和祔祭時沐浴的儀節,也有規定。《儀禮・士虞禮記》:"虞,沐浴,不櫛。"鄭玄注:"沐浴者,將祭,自絜清。不櫛,未在於飾也。唯三年之喪不櫛。期以下,櫛可也。"《儀禮・士虞禮記》又記載祔祭時,"沐浴,櫛,搔翦"。鄭玄注:"彌自飾也。"祔祭與虞祭時沐浴的區别,在於是否"櫛"(梳頭)和"搔翦"(剪指甲和鬍鬚)。由此可見,喪禮中是否沐浴,是表現孝子不自飾,用不愛惜自己身體的方式表達悲哀之情。

《禮記・檀弓下》記載了衛國石祁子的故事:

> 石駘仲卒。無適子,有庶子六人,卜所以爲後者,曰:沐浴佩玉則兆(鄭玄注:言齊[齋]絜則得吉兆)。五人者皆沐浴佩玉。石祁子曰:孰有執親之喪,而沐浴佩玉者乎?不沐浴佩玉(鄭玄注:心正且知禮。《正義》:居親之喪,必哀經憔悴,安有居親之喪,而沐浴佩玉者乎)。石祁子兆。衛人以龜爲有知也。

這是將居喪不沐浴作爲遵守禮節的一個實例。

關於居喪期間是否沐浴,也有些變通的做法。《禮記・曲禮上》:"居喪之禮,毁瘠不形,視聽不衰。"《正義》:"毁瘠,羸瘦也,形,骨露也。居喪乃許羸瘦,不許骨露見也。"接着又説:"居喪之禮,頭有創則沐,身有瘍則浴,有疾則飲酒食肉,疾止復初。不勝喪,乃比於不慈不孝。"《禮記・雜記下》:"孔子曰:身有瘍則浴,首有創則沐,病則飲酒食肉。毁瘠爲病,君子弗爲也。"《孔子家語・曲禮子夏問》:"子夏問于夫子曰:凡喪,小功以上,虞祔練祥之祭,皆

[1] 參看《經義述聞》卷十第五十五至六十葉,"三虞"條及"卒哭他用剛日"條。

沐浴。于三年之喪,子則盡其情矣。子曰:豈徒祭而已哉! 三年之喪,身有瘍則浴,首有瘡則沐,病則飲酒食肉。毁瘠而病,君子不爲也。毁剛死者,君子爲之無子。則祭之沐浴,爲齊潔也,非爲飾也。"因爲居喪的原則是不至於嚴重損害身體,所以允許因病必須的沐浴。《後漢書》卷五五《章帝八王傳》記載濟北孝王劉次:"次九歲喪父,至孝。建和元年,梁太后下詔曰:濟北王次以幼年守藩,躬履孝道,父没哀慟,焦毁過禮,草廬土席,衰杖在身,頭不枇沐,體生瘡腫。諒闇以來二十八月,自諸國有憂,未之聞也。朝廷甚嘉焉。"則是將"頭不枇沐,體生瘡腫"看作至孝的表現。

周晉盤盉是一套水器,其作用應與盥洗沐浴有關。銘文紀日爲"辛亥",周晉胡考的日名爲"辛仲",天干都是"辛"。關於日名的性質,學者已指出日名是卜選得到的葬日天干,也是祭日的天干。周晉盤盉銘文記載的辛亥日在居喪期間,則此日應不會距離葬日太久,辛亥似應即祔祭辛仲於宗廟之日。《儀禮·士虞禮記》:"將旦而祔,則薦。"鄭玄注:"薦謂卒哭之祭。"卒哭之明日即爲祔祭之日。周晉選擇在祔祭之日向宗廟進獻一套盤盉,正是爲了表現自己在居喪期間遵守了關於沐浴的禮俗。

周晉盤盉銘文稱宗廟爲"厺宗","厺"應讀爲"棄"。[1] "棄宗"不見於文獻。周晉之父爲辛仲,不是大宗。"棄宗"是否指周晉這一小宗的自立宗廟,還有待研究。

《銘圖》14782 著録的伯彙盉銘文説:

> 白(伯)彙曰:余小子無薦于公室,享其余自我孝考,作尊盤盉,雩子子孫孫其萬年永保用享。

所謂"享其余自我孝考",應是"余其享[公室]自我孝考"的語序變换。"無薦"跟"享"語義相關,是話語的焦點,因此將謂語動詞"享"前置。伯彙盉銘大概是説,伯彙過去對公室無所貢獻,爲了祔祭他自己的父考,向公室薦享這套盤盉。所謂"公室",是指大宗的宗廟。伯彙盉與周晉盤盉都是在祔祭時向宗廟進獻器物,立意有相似之處。

2017 年 10 月

---

[1] "厺"可以讀爲"棄",見於 2011 年 9 月湖北隨州市曾都區淅河鎮張嘴村義地崗春秋墓地 M6 出土的一組曾公子棄疾器物銘文(《湖北隨州義地崗曾公子去疾墓發掘簡報》,《江漢考古》2012 年第 3 期),又見於清華簡《繫年》117、135 等。

1. 周晉盉器形

2. 周晉盤器形

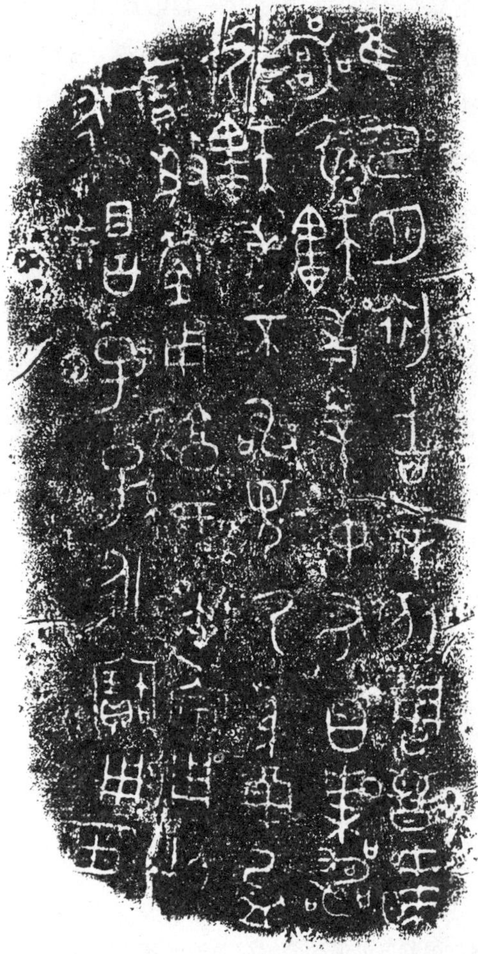

3. 周晉盉銘文拓本

4. 周晉盤銘文拓本

5. 周晉盉銘文照片

大盂鼎與《康誥》體例

張懷通*

《尚書·康誥》的體例，與《酒誥》、《召誥》等周初誥命相比，有一個顯著特點，即文本中有兩個"王若曰"，而且兩個"王若曰"領起的章節在篇幅上極不對稱。第一個"王若曰"領起的章節，由一個"王若曰"和十幾個"王曰"或"又曰"組成，而第二個"王若曰"則只有一節，共二十個字：[1]

王若曰：往哉，封！勿替敬，典聽朕誥，女乃以殷民世享。

對於這一特殊體例，于省吾、陳夢家等學者依據青銅器銘所載西周中後期册命格式，認爲第二個"王若曰"是"王曰"的衍誤，"《康誥》乃一獨立完整的命書"。[2] 如此一來，問題似乎就不存在了。

筆者認爲，二位學者忽略了西周中後期的册命，與《康誥》這一西周早期的誥命，在内容與禮制等方面的分别，從而失掉了一個進入《康誥》文本，以探討其形成途徑的機會。因此，有必要在承認《康誥》現有體例是原初體例的基礎上，對其重新進行考察、論證，并對《康誥》的性質及其製作方式等問題，做出較爲符合實際的解釋。

一、《康誥》第二個"王若曰"的儀式性

《康誥》第二個"王若曰"領起的一節，儘管只有二十個字，但内涵豐富，尤其"勿替敬，典聽朕誥，女乃以殷民世享"一句話，是西周青銅器銘、新出戰國竹簡等資料，所載誥命或册命禮儀中經常出現的類似詞語的已知源頭。由後者所在誥命或册命場景看，這句話具有較强的儀式性。請看下面所舉幾個較爲典型的例證：

---

* 河北師範大學歷史文化學院教授。

[1] 這句話的句讀，學者間有一些差異，筆者采納了楊筠如先生的觀點，見氏著：《尚書覈詁》，西安：陝西人民出版社，1959年，第183頁。請讀者明鑒。

[2] 于省吾：《"王若曰"釋義》，《中國語文》1966年第2期；陳夢家：《王若曰考》，《尚書通論》，石家莊：河北教育出版社，2000年。

(1)《雒誥》:"王曰: ……公勿替刑,四方其世享。"

(2)《封許之命》:"王曰: ……汝亦惟淑章爾慮,祗敬爾猷,以永厚周邦,勿廢朕命,經嗣世享。"[1]

(3) 大盂鼎:"王曰: 盂! 若敬乃政,勿廢朕命。"

(西周早期,《集成》5.2837)[2]

(4) 微繺鼎:"王令微繺總司九陂。繺作朕皇考鬻彝尊鼎,用享孝于朕皇考。……其萬年無疆,繺子子孫永寶用享。"

(西周晚期,《集成》5.2790)

例證(1)的《雒誥》是《尚書·周書》篇章,是傳世文獻,記載的是雒邑建成後成王令周公鎮守成周以經營天下四方的誥命。例證(2)的《封許之命》是清華簡,是出土文獻,記載的是西周初年周王封建吕丁於許立國的誥命。節選的兩篇誥命中的話語,只是個别字詞稍有變化,但核心詞彙,如"世享"等,以及主要思想和語氣,都與《康誥》第二個"王若曰"基本相同。

例證(3)、(4)是青銅器銘。大盂鼎記載的是西周早期康王爲盂"授民授疆土"的誥命,微繺鼎記載的是西周晚期周王册命微繺職掌九陂、微繺爲此作鼎并祈盼子孫永寶用享的史實。節選的大盂鼎的這段話相當於《康誥》"勿替敬,典聽朕誥,女乃以殷民世享"的前半段。替,《爾雅·釋言》"廢也",[3]替、廢可以互訓。微繺鼎所載微繺的祈願之語相當於後半段,是"世享"語義的鋪展,只是講話的主體,由册命的發布者變成了接受者。這一點應當特别强調,因爲它標志着最高統治者的思想及其表達用語,向其他社會階層的推廣。再看兩個這樣的例證:

(5) 祖日庚簋:"祖日庚乃孫作寶簋,用世享孝,其子子孫孫永寶用。"

(西周早期,《集成》7.3991)

(6) 逆鐘:"叔氏若曰: 逆! ……用司于公室,僕庸臣妾,小子室家,毋有不聞知,敬乃夙夜,用屏朕身,勿廢朕命,勿墜乃政。" (西周晚期,《集成》1.60-1.63)

祖日庚簋没有記載册命之類的内容,可能是作者的自作器。其中的"用世享孝",就是"用之

[1] 清華大學出土文獻研究與保護中心編、李學勤主編:《清華大學藏戰國竹簡(伍)》,上海: 中西書局,2015年,第118頁。筆者按: 本文對於出土材料中文字的隸定都采用寬式,請讀者明鑒。

[2] 本文所引青銅器及其銘文的編碼,均采自《殷周金文集成》(北京: 中華書局,1984-1994年),本文統一簡稱《集成》。

[3] 徐朝華:《爾雅今注》,天津: 南開大學出版社,1994年,第95頁。

世享世孝”的省略。“子子孫孫永寶用”,就是“子子孫孫永寶用享”的省略。西周青銅器銘中“永寶用”或“永寶用享”,比比皆是,此處不必贅舉。逆鐘記載的是叔氏對家臣逆的册命,所用詞語與《康誥》、大盂鼎等基本相同,只是側重點有所區别而已,這是因爲西周中後期貴族家族形成了一套模仿王朝的廷禮制度。[1]

無論國王,還是一般貴族;無論誥命,還是册命;無論誥命或册命的發布者,還是接受者;從西周初期到西周晚期,都使用基本相同的詞語,説明這些詞語已經是套話。這些套話基於相同的思想意識,而思想意識則産生於反復表演的儀式化的禮制之中。據陳漢平先生研究,西周時代的册命典禮大約有十多項儀式:周王即位,儐者右受命者入門,受命者北向站立,史官宣讀命書;受命者拜手稽首,受命册佩以出,反入堇章,對揚王休等。[2]《周禮·春官·大宗伯》云:“以九儀之命,正邦國之位:一命受職,再命受服,三命受位,四命受器,五命賜則,六命賜官,七命賜國,八命作牧,九命作伯。”鄭玄注:“每命異儀,貴賤之位乃正。《春秋傳》曰:‘名位不同,禮亦異數。’”[3]古今學者的觀點,可以互相參照,共同印證西周册命典禮儀式的繁複。上舉《雒誥》、《封許之命》、大盂鼎、逆鐘,有的對誥命或册命儀式進行了描寫,有的没有描寫,但既然是誥命或册命,就必然有典禮儀式,則是可以肯定的。至於微欒鼎、祖日庚簋,這些類似詞語出自受命者之口,可視爲對誥命或册命儀式所用詞語的模仿。可見由於與神聖儀式相連,影響已經深入人心,其套話性質更加突出。

套話在書面創作中是最爲忌諱的語言形式,但在口頭傳統和禮制的實行中,却有獨到的藝術價值和使用價值。著名文化學者坦比亞(Tambiah)説:“儀式是文化建構起來的象徵性交流體系。它由模式化、秩序化的言語與行爲序列組成,往往通過多重媒介表達,這些媒介的内容與編排以不同程度的形式主義(傳統性)、套話(刻板僵化)、凝練(融合)、冗贅(重複)爲特徵。”[4]套語與反復表演的儀式相結合,在彼此輔成襯托的同時,也爲禮制生成了無尚的神聖性。

在西周青銅器銘記載的包含了這類套語和儀式的禮制中,册命禮顯然是最爲重要的類别之一。由册命禮在西周時代的發展脉絡看,《康誥》的第二個“王若曰”無疑居於時代的最頂端,這意味着《康誥》的第二個“王若曰”是西周册命禮部分儀節的源頭(册命與誥命的異同下文詳論)。

這種受到後世仿效的禮制,還有“武王禮”、“平禮”等。何尊記載成王“初遷宅(度)于成

---

[1] 朱鳳瀚:《商周家族形態研究》(增訂本),天津:天津古籍出版社,2004年,第320頁。

[2] 陳漢平:《西周册命制度研究》,上海:學林出版社,1986年,第101－130、305－311頁。

[3] 鄭玄注、賈公彦疏、彭林整理:《周禮注疏》,上海:上海古籍出版社,2010年,第674－679頁。

[4] Tambiah, S.J., “A Performative Approach to Ritual”, *Proceedings of the British Academy*, LXV(1979), pp.113－169.筆者按:引文的漢譯,采納了劉倩先生的意見,見[美]柯馬丁著,劉倩譯,楊治宜、梅麗校:《秦始皇石刻——早期中國的文本與儀式》,上海,上海古籍出版社,2015年,第136－137頁。

周”時,曾經“復稟武王禮”,[1]即武王克商後度邑成周、裸祭神明的禮儀;《左傳》襄公二十八年記載晉文公獻戎捷於周襄王時,曾經“用平禮”,即使用當年平王册命晉文侯的禮儀。據此魯鑫先生説:“周王在參與一些重大事件時,其典禮儀節都會被史官詳細記録下來,作爲以後在策劃同類事件時可資借鑒的‘禮’。”[2]魯先生的話很中肯,對於我們認識《康誥》第二個“王若曰”施於後世册命禮的影響有啓示意義。

由源頭順流而下,我們看到的是册命禮在西周時代的逐步規範化、程式化;由流變溯源而上,我們可以確認,《康誥》的第二個“王若曰”具有明顯的册命禮的儀式性。也就是説,《康誥》的這二十個字,脱胎於册命禮,是册命禮的一個重要儀節。

二、《康誥》第二個“王若曰”與康叔封建典禮的關係

既然《康誥》第二個“王若曰”等二十個字,脱胎於册命禮,是册命禮的一個重要儀節,那麽我們就可以在此基礎上,確認其與康叔封建典禮的關係。要做這項工作,必須首先對這句話中的關鍵字詞“以殷民世享”的含義,有準確的理解。

享,由青銅器銘文看,本義應是“獻”。例如: 大盂鼎的“享奔走,畏天威”,[3]唐蘭先生的解釋是“獻出奔走之勞、畏懼天威”。[4] 六年召伯虎簋的“琱生對揚朕宗君其休,用作朕烈祖召公嘗簋,其萬年子孫寶用享于宗”;[5]乖伯簋的“歸夆其萬年,日用享于宗室”。[6] 其中的“享于宗”、“享于宗室”,是獻于宗室的意思。十年陳侯午敦的“陳侯午朝群邦諸侯于齊,諸侯享以吉金”,[7]其中“享以吉金”,是用吉金來獻的意思。至於其他常見的“以享以孝”、“永寶用享”等省略了一些附帶成分的詞彙中的享,也都是獻的意思,這點則完全可以肯定。

商周文獻中享的本義也是獻。例如:《詩經·商頌·殷武》的“莫敢不來享”,鄭玄箋“享,獻也”。[8]《雒誥》的“其敬識百辟享,亦識其有不享。享多儀,儀不及物,惟曰不享。惟不役志于享”,楊筠如注:“享,《釋詁》‘獻也’。此因諸侯來助祭,而行享禮也。”[9]

享的獻義,由於名動相因,可以轉化爲名詞,即貢獻的物品、祭品。比如《左傳》僖公三十一年的“相奪予享”,是所貢獻的物品或祭品的意思。由受貢獻一方引申,享有了享用之義。

---

[1] 西周早期,《集成》11.6014。筆者按: 將宅隸定爲度,采納的是魯鑫先生的意見,見氏著:《何尊與成王度邑》,鄭州: 商周青銅器與金文研究學術研討會論文集,2017年。

[2] 魯鑫:《何尊與成王度邑》,鄭州: 商周青銅器與金文研究學術研討會論文集,2017年。

[3] 西周早期,《集成》5.2837。

[4] 唐蘭:《西周青銅器銘文分代史徵》,上海: 上海古籍出版社,2016年,第184、187頁。

[5] 西周晚期,《集成》8.4293。

[6] 西周晚期,《集成》8.4331。

[7] 戰國晚期,《集成》9.4648。

[8] 鄭玄箋、孔穎達疏:《毛詩正義》,《十三經注疏》,北京: 中華書局,1980年,第627頁。

[9] 楊筠如:《尚書覈詁》,西安: 陝西人民出版社,1959年,第217頁。

在這個意義上,字應當作“饗”。例如《無逸》的“肆中宗之享國,七十有五年”,楊筠如注:“享,《史記》、《漢石經》作饗,古通用字也。”[1]

享的對象,既有去世的祖考,也有在世的兄弟婚媾。例如:微䜌鼎的“䜌作朕皇考𩰫彝尊鼎,䜌用享孝于朕皇考”,[2]這是去逝者。乖伯簋的“歸夆……用作朕皇考武乖幾王尊簋,用好宗廟,享夙夕好朋友雩百諸婚媾”,[3]其中應該包含了在世者。

明確了享的本義是獻,來看《雒誥》中的“四方其世享”。屈萬里先生注“享,進獻”,翻譯爲“天下就會世世代代來進貢給王朝了”。[4] 將享解釋爲進貢,也就是貢獻,符合享的本義,是非常正確的。但對於《康誥》的“以殷民世享”,屈先生却解釋爲“世享,世世祭祀;意即永保其國。康地蓋皆殷遺民,故云乃以殷民世享”。[5] 没有將享的本義是獻的認識貫徹始終,顯然是錯誤的。在錯誤的解釋之上,語義也扞格不通。屈先生的依據,可能是《廣雅》“享,祀也”。[6] 享的本義是獻,對象既有去世者,也有在世者,對於去世祖考的貢獻,當然是祭祀,但祭祀是享的一部分義項,而且是引申義,所以用祭祀解釋享,是以偏概全,以點帶面,必然不確切。至於有些學者將享解釋爲:受、享受、享用、享祀、命祀等,[7]或是引申義,或是解釋者的望文生義,要麽不正確,要麽不是本義,就不討論了。

依據青銅器銘、傳世文獻中“享”的本義,參照《雒誥》的文例,筆者確信,“以殷民世享”,應該解釋爲:用殷民世世代代進貢,或讓殷民世世代代貢獻。

辨析了“享”的本義是獻,理解了“以殷民世享”的意思是讓殷民世世代代貢獻,我們就可以體會到,“王若曰:往哉,封!勿替敬,典聽朕誥,女乃以殷民世享”這句話,實際上承接王對康叔賞賜殷民而來,而對康叔賞賜殷民,是衛國盛大封建典禮的諸多儀式中的一個環節。《左傳》定公四年云:

> 昔武王克商,成王定之,選建明德,以蕃屏周。故周公相王室,以尹天下,於周爲睦。……分康叔以大路、少帛、綪茷、旃旌、大吕,殷民七族,陶氏、施氏、繁氏、錡氏、樊氏、饑氏、終葵氏;封畛土略,自武父以南及圃田之北竟,取於有閻之土以共王

[1] 楊筠如:《尚書覈詁》,西安:陝西人民出版社,1959年,第234頁。
[2] 西周晚期,《集成》5.2790。
[3] 西周晚期,《集成》8.4331。
[4] 王雲五主編、屈萬里注譯:《尚書今注今譯》,北京:新世界出版社,2011年,第107頁。
[5] 王雲五主編、屈萬里注譯:《尚書今注今譯》,北京:新世界出版社,2011年,第88頁。
[6] 錢大昭撰,黄建中、李發舜點校:《廣雅疏義》,北京,中華書局,2016年,第390頁。
[7] 蔡沉撰、王豐先點校:《書集傳》,北京:中華書局,2017年,第150頁;顧頡剛、劉起釪:《尚書校釋譯論》,北京:中華書局,2005年,第1357－1358頁;舒大剛:《〈周易〉、金文“孝享”釋義》,《周易研究》2002年第4期。

職;取於相土之東都以會王之東蒐。聃季授土,陶叔授民。命以《康誥》而封於殷虛,皆啓以商政,疆以周索。……三者皆叔也,而有令德,故昭之以《分物》。

其中的"殷民七族,陶氏、施氏、繁氏、錡氏、樊氏、饑氏、終葵氏",學者認爲就是《康誥》"女乃以殷民世享"中的殷民。[1] 由《左傳》的這段記載我們固然不能完全還原康叔封建典禮,但可以窺見其主要内容:一、賞賜物品;二、賞賜殷民;三、劃定疆界;四、規定對王東巡所盡義務;五、附帶也對聃季和陶叔進行分封;六、發布《康誥》;七、宣布三個封國將要采取的統治政策。

《左傳》的這段記載,出自祝佗之口。祝佗是衛國的大祝,是神職人員,他的話有較高的可信度。同時我們也應該清醒地認識到,祝佗講説衛國封建的史實,是爲了與蔡國争搶在盟會中的位次,因此不必是典禮儀式的原本面貌,也就是説七項内容的先後次序應該依據西周相關禮制進行一些調整。例如:

(7) 宜侯夨簋:王命虞侯夨曰:遷侯于宜。錫𩰫鬯一卣……錫土,……錫在宜王人十又七姓,錫奠七伯,厥盧□又五十夫,錫宜庶人六百又□六夫。

(西周早期,《集成》8.4320)

(8) 大盂鼎:王曰:耐,命汝盂型乃嗣祖南公。王曰:……雩我其遹省先王授民授疆土,錫汝鬯一卣……錫乃祖南公旂……錫汝邦司四伯,人鬲自馭至於庶人六百又五十又九夫。錫夷司王臣十又三伯,人鬲千又五十夫。逐竊遷自厥土。

(西周早期,《集成》5.2837)

(9) 大克鼎:王若曰:克,昔余既令汝出入朕命,今余唯申就乃命,賜汝素芾……賜汝田……賜汝田……賜汝……田……與厥臣妾。賜汝田……賜汝田……賜汝田……賜汝田……賜汝史、小臣、靈龢鼓鐘。賜汝井、微、匔人。總賜汝井人奔于量。

(西周晚期,《集成》5.2836)

這三個例證都記載了西周時代授民授疆土的史實,與《左傳》定公四年記載的康叔封建典禮,無論内容,還是儀式,有較大可比性。雖然三個例證所載内容有一些微小區别,但程序基本一致:第一,王命;第二,賜物品;第三,賜土地;第四,賜人民。[2] 由此可以推知,康叔

[1] 楊筠如:《尚書覈詁》,西安:陝西人民出版社,1959年,第183頁;顧頡剛、劉起釪:《尚書校釋譯論》,北京:中華書局,2005年,第1357頁。

[2] 陳漢平先生説:"西周册命金文在史官宣讀王命之後,記載册命之賞賜物品,其先後次序一般爲:祭酒、冕服服飾、車及車飾、馬及馬飾、旂旗、兵器、土地、臣民、取徵以及其他。"見氏著:《西周册命制度研究》,上海:學林出版社,1986年,第220頁。可供參考。

的封建典禮也應該是一樣的程序：首先，王發布命令、頒布政策；其次，賞賜康叔大路、少帛等物品；再次，賞賜土地，劃定疆界，[1] 規定應盡義務；最後，賞賜殷民七族。在此期間可能還附帶着對聃季和陶叔的授土授民。

如果我們對康叔封建典禮内容的復原不誤，那麽《康誥》第二個"王若曰"中的"女乃以殷民世享"，就是緊接着康叔封建典禮中王對康叔最後一項賞賜"殷民七族"而來。因此，可以較爲肯定地説，《康誥》文本最後具有明顯儀式性的第二個"王若曰"領起的一句話，"往哉，封！勿替敬，典聽朕誥，女乃以殷民世享"，是康叔封建盛大典禮的最後一道程序，最後一個儀節。

三、由第二個"王若曰"看《康誥》的性質

《康誥》的第二個"王若曰"是康叔封建盛大典禮的最後一道程序，最後一個儀節，這意味着占《康誥》絶大部分篇幅的第一個"王若曰"領起的章節，是王封建康叔的誥命，也就是《左傳》定公四年記載的祝佗所講王封建康叔時"命以《康誥》"的《康誥》。

爲了説明這個問題，有必要對一些概念進行初步界定。[2] 首先是"命"，命是王爲侯伯的封建或公卿大夫的任職而宣布的命令。其次是"誥命"，誥命是王圍繞着侯伯封建之命而闡發的政治理論，包括個人的道德修養，治國的方針政策，以及較爲抽象的哲學命題，如天道等。第三是"册命"，册命是王就公卿大夫任職之命而做的告誡勉勵。第四是"命書"，命書兼指王命的文本和誥命、册命的文本。[3]

---

[1] 沬司徒疑簋(西周早期，《集成》7.4059)："王來伐商邑，遂命康侯啚(鄙)于衛。"李學勤先生説："銘中的'啚'讀爲'鄙'，應該解釋爲劃定國土的邊境地區。王在征伐商邑、平定叛亂之後，分封康侯，確定其邊鄙自然是必要的步驟。"(《由清華簡〈繫年〉釋讀沬司徒疑簋》，《夏商周文明研究》，北京：商務印書館，2015年)可以與《左傳》定公四年所載封建康叔的史實互證。

[2] 李山先生説"今所見《康誥》，其屬性却與《酒誥》、《梓材》和《無逸》相近，而與所謂'命書'相去甚遠。説《康誥》非'誥'，就是説它不是'命書'"；"作爲封建的'命書'，必須含有對諸侯所管轄的人民和土地範圍的説明"；"祝佗的談話，依據的就是衛國保存的册封命書，雖也稱'康誥'，却與今傳《尚書·康誥》無關"；"(《康誥》)應該是分封衛邦時，周公對衛國始封君康侯封諄諄切切的囑告"。(《〈康誥〉非"誥"》，《文學遺産》2011年第6期)李先生對於《康誥》性質的認定有可取之處，所用概念較爲混亂，不利於問題的解決。可見辨析相關概念，很有必要。

[3] 西周中期的師虎簋：唯元年六月，既望甲戌，王在杜应，格于大室。井伯入佑師虎，即立中廷，北向。王呼内史吴曰："册命虎。"王若曰："虎，載先王既命乃祖考事，嫡官司左右戲繁荆，今余唯帥型先王命，命汝更乃祖考，嫡官司左右戲繁荆。敬夙夜，勿廢朕命。賜汝赤舄，用事。"(《集成》8.4316)其中的"册命虎"之册，與頌鼎中的受命者頌"受册，佩以出"(西周晚期，《集成》5.2827)之册相同。册是物質形態，上面所載内容是命，其功能類似現在的委任狀。"王若曰"領起的部分，是王就册命而做的告誡勉勵，當然也要提到所任職務的事情，否則誡勉無從講起，其情景類似現在的官員在任命之時或上任之前，領導與之進行的談話。學者往往將"册命虎"與"王若曰"領起的部分混爲一談，認爲册上之命就是"王若曰"的内容，顯然是不妥當的。按照上面的定義，前者應該是命，後者應該是册命；前者是書面形式，後者是口頭形式。當後者被史官記録在册，成爲文本，二者一起存檔之後，後世就籠統地都稱之爲命書了。

這四個概念有一定的兼容性。命是誥命、册命、命書的基礎。誥命雖是政治理論,册命雖是告誡勉勵,但在論述的過程中難免還要出現命的内容。誥命和册命都是命,但在時間上有西周早期與西周中後期的分别,在發布主體上有作爲政治家、思想家的英武之主與作爲守成乃至平庸之君的分别,在形勢上有開國時代的封邦建國與和平時代的程式化官員任免的分别。同時二者又有前後傳承的關係,齊思和先生説:"當西周之世,諸侯之封建,王臣之任命,皆以錫命之典禮舉行之,蓋古者有爵者必有位,有位者必有禄,有禄者必有田,任命與封建,其實一也。"[1]上文説《康誥》的第二個"王若曰"是册命禮的一個儀節,是爲了便於表述而從二者的共同點着眼的。命書是在没有必要對命、誥命、册命進行仔細分辨的前提下對三者的一般性概述,其着眼點是文本,典禮儀式的現場感較弱,事後備查的檔案性較强,比如《左傳》定公四年記載的祝佗所提王對蔡仲發布的"命書",就是府庫中的檔案。最後還需强調,所有命、誥命、册命、命書,無論現場講話,還是檔案文件,都由命而來,且都包含了命,因此又都可以籠統地稱爲"命"。

完成了命、誥命、册命、命書的定義,再來看《康誥》。《康誥》第一個"王若曰"領起的章節,準確地説,應該是誥命,是王封康叔於殷人故地建立衛國而發布的誥命。這是由《康誥》第二個"王若曰"作爲康叔封建典禮的最後一個儀節所推導出來的必然結論。此其一。

其二,《康誥》第二個"王若曰"中有"典聽朕誥"一句話。這個"誥",指的應該就是其前面第一個"王若曰"領起的由十多個"王曰"或"又曰"組成的長篇文誥。其中的話語,既有諄諄告誡,又有熱切期盼,言辭誠懇,語重心長,"典聽朕誥"與之形成鮮明的呼應關係。

其三,《康誥》第二個"王若曰"中有"往哉"一句話。這個"往",是前往的意思,指的應該是康叔就封的事情。因爲既與《左傳》定公四年記載的王對康叔"封畛土略"密切相關,也與第一個"王若曰"的一些詞句,例如"肆女小子封在兹東土";"往敷求于殷先哲王,用保乂民。女丕遠惟商耇成人宅心知訓";"往盡乃心,無康好逸,乃其乂民"等,意思相連,聲氣相通,前後照應。

其四,康叔在殷人故地建立衛國,是西周時代大封建的開始,當時面臨的政治形勢是,東方剛剛平定,新生政權根基未穩,對於殷遺民、殷人同盟,乃至於自家内部的一些兄弟,需要在軍事征服之外再在精神上解除其武裝。時代向攝行王政的周公提出的命題主要有:天命爲什麽從殷人轉向了周人?周家憑什麽做天下的主人?新王朝以什麽方式統治天下?康叔的封建,爲經過三年艱苦征戰、思想已經成熟、正在尋找表達機會的周公,提供了一個回答上述命題的重要場合。[2] 於是藉着封建康叔的典禮,將自己的思想理念、治國方略,昭告天

[1] 齊思和:《周代錫命禮考》,《中國史探研》,石家莊:河北教育出版社,2000年。
[2] 張懷通:《周初天命觀之進展》,《山西檔案》2012年第6期。

下,就是水到渠成了。[1] 所以在這個意義上,《康誥》的第一個"王若曰"是"命",更是"誥",因而稱爲誥命。

其五,王在封建或册命典禮上發表講話,闡發自己的政治思想,在西周時代是常例。例如:

(10) 大盂鼎: 王若曰: 盂! 丕顯文王,受天有大命。在武王嗣文作邦,闢厥慝,撫有四方,畯正厥民。在于御事,𠭁酒無敢𨶹,有柴烝祀無敢醻。故天臨翼子,法保先王,匍有四方。我聞殷墜命,唯殷邊侯甸與殷正百辟,率肆于酒,故喪師。

已! 汝妹辰有大服,余唯即朕小學,汝勿蔽余乃辟一人。今我唯即型禀于文王正德,若文王令二三正。今余唯命汝盂紹榮,敬雍德經,敏朝夕入諫,享奔走,畏天威。……

王曰: 盂,乃紹夾尸司戎,敏勑罰訟,夙夕紹我一人烝四方。

(西周早期,《集成》5.2837)

其中的一些觀念,如文王接受天命、武王伐紂有天下、以殷人酗酒爲鑒、敬畏天威以保王作四方的君主等,既與《康誥》相通,也與《酒誥》、《雒誥》相通,達到了較高的思想水平,因而稱之爲誥命,也未嘗不可。類似的西周青銅器銘還有牧簋、[2] 師訇簋、[3] 毛公鼎等。[4] 由此可見,攝行王政的周公在封建康叔的典禮上發布《康誥》符合常例。而且可以由此推知,這些西周時代青銅器銘所載册命典禮中王發布的"誥命",都是以《康誥》爲源頭。

---

[1] 康叔封建的時間,傳統的説法是在周公攝行王政的第四年,見《尚書大傳》(《叢書集成初編》,北京: 中華書局,1985 年,第 100 頁)。清華簡《繫年》説:"周成王、周公既遷殷民于雒邑,乃追念夏商之亡由,旁設出宗子,以作周厚屏。乃先建衛叔封于庚(康)丘,以侯殷之余民。"(清華大學出土文獻研究與保護中心編、李學勤主編:《清華大學藏戰國竹簡(貳)》,上海: 中西書局,2011 年,第 144 頁)《繫年》將封建康叔定在遷殷遺民於雒邑之後,可以部分地解決《康誥》開頭的四十八個字是屬於《康誥》的問題。蘇軾和陳夢家分别認爲是《雒誥》、《召誥》的脱簡(《書傳》,文淵閣《四庫全書》經部書類,臺灣: 臺灣商務印書館,1983－1986 年,第 54 册,第 593 頁;《王若曰考》,《尚書通論》,石家莊: 河北教育出版社,2000 年)。現在看來,應該重新考慮。再,李學勤先生説:"(《康誥》開頭)紀時的'惟三月哉生魄',據《尚書・召誥》、《雒誥》知道是在成王七年,開始營造成周洛邑之時。"又説:"誥命的具體時間,未必就在三月哉生魄,可能是在稍後的一段期間以内。"(《清華簡〈繫年〉解答封衛疑謎》,《夏商周文明研究》,北京: 商務印書館,2015 年)李先生將封衛之年定得可能過晚了。唐蘭先生依據沬司徒疑簋認爲:"沬司徒送簋……可以證明《作雒》所説'俾康叔宇于殷',是在伐商踐奄後,還没有回到周都。"(《西周青銅器銘文分代史徵》,上海: 上海古籍出版社,2016 年,第 30 頁)唐先生定得可能過早了。筆者認爲,康叔的封建,大約在東征之後,營建雒邑之前。

[2] 西周中期,《集成》8.4343。

[3] 西周晚期,《集成》8.4342。

[4] 西周晚期,《集成》5.2841。

我們説《康誥》的第一個“王若曰”是王封建康叔的誥命，第二個“王若曰”是康叔封建典禮的最後一個儀節，這意味着《康誥》不是康叔封建典禮的全部内容，而只是其中的兩個節目，也就是説《康誥》是從康叔封建典禮檔案材料中節選出來的。[1] 李零先生説“我們應注意的是，《尚書》雖來自古代的文書檔案，但它們變爲古書，變爲後世可以閲讀的材料，其實是選取的結果（不管這種選取是不是由孔子來完成）。它之區别於自己的母體，即原始的文書檔案，主要在於，它更關心的并不是具體的制度或政令，也不是歷史細節本身，而是圍繞重大歷史事件的議論和思想”。[2] 本文揭示的《康誥》成篇途徑，爲李先生的論述提供了一個典型的案例。

依據《左傳》定公四年所載康叔封建的内容，再結合青銅器銘記載的西周册命典禮的過程，我們可以肯定地説，第一個“王若曰”和第二個“王若曰”之間省略了王對康叔封賜物品、土地、人民，以及對聃季和陶叔授土授民的内容。封賜物品、授土授民等儀式的規模和場面必然很宏大，再考慮到頭緒繁雜、制度草創等因素，可以斷定所用時間應該較長。所以封賞儀式完成之後，王爲整個典禮作結而説“往哉，封！勿替敬，典聽朕誥，女乃以殷民世享”時，記録的史官再次標記了“王若曰”。第二個“王若曰”雖然不是誥命的正文，但與誥命前後呼應，所以後人編輯《康誥》時，也將其選入，從而形成包含兩個“王若曰”而且所領篇幅很不對稱的《康誥》文本。這種依據典禮儀式程序來選擇材料、安排結構、製作文章的作法，與《世俘》、《召誥》、《雒誥》、《祭公》等西周文獻完全相同。[3] 由《世俘》的製作時代來推測，《康誥》的選編成文，可能是在西周時代的後期。

---

[1] 封許之命（佚失 1、4 兩支簡）可以成爲本文主張的佐證：“……越在天下，故天勸之亡斁，尚純厥德，膺受大命，駿尹四方。則惟汝吕丁，肇佑文王，毖光厥烈。□司明刑，釐厥猷，祗事上帝。桓桓丕敬，嚴將天命。亦惟汝吕丁，捍輔武王，攼敦殷受，咸成商邑……命汝侯于許。女惟臧耆爾猷，虔恤王家，簡乂四方不格，以勤余一人。賜汝蒼珪……王曰：嗚呼，丁，戒哉！余既監于殷之不若，憯慟在憂，靡念非常。汝亦惟淑章爾慮，祗敬爾猷，以永厚周邦，勿廢朕命，經嗣世享。”（《清華大學藏戰國竹簡（伍）》，上海：中西書局，2015 年，第 118 頁）

朱鳳瀚先生説：“《封許之命》詞語、文風與西周文獻、册命金文非常接近。”（馬楠：《〈清華大學藏戰國竹簡〉（伍）成果發布會在京召開》，清華大學出土文獻研究與保護中心網站，2015 年 4 月 9 日）筆者認爲《康誥》就是這樣的西周文獻。由於個人才情的不同、形勢激發程度的不同，《封許之命》對於政治思想的闡述，顯然没有《康誥》全面深刻，王對吕丁的封賞也與康叔有較大區别，但典禮儀式程序，以及所用詞彙、表露語氣等，則是一樣的。

除此之外，《康誥》可能還有一些場景因素也被省略，參見張懷通：《〈康誥〉的語境》，《沮誦微刊》2016 年 7 月 10 日。

[2] 李零：《論豳公盨發現的意義》，《中國歷史文物》2002 年第 6 期。

[3] 張懷通：《小盂鼎與〈世俘〉新證》，《中國史研究》2008 年第 1 期；張懷通：《〈祭公〉與惇史》，《〈逸周書〉新研》，北京：中華書局，2013 年；張懷通：《〈祭公〉解構》，《〈逸周書〉新研》，北京：中華書局，2013 年；張懷通：《盠方彝、〈祭公〉與〈厚父〉諸篇體例》，《“出土文獻與諸子學研究新境——第四届諸子學”學術研討會論文集》，上海：上海大學，2017 年。

既然第一個"王若曰"是因康叔封建之"命"而发布的"誥",是誥命,第二個"王若曰"是康叔封建典禮的最後一個儀節,而且全篇按照封建典禮儀式程序選材組材,那麽該文以《康誥》命名,意爲封建康叔的誥命,[1]是文題相符,非常貼切。

四、結　論

綜合以上考證,本文的結論是:

1.《康誥》文本中有兩個"王若曰"。第一個"王若曰"由十多個"王曰"或"又曰"領起的章節組成,第二個"王若曰"只有一節二十個字,二者所占《康誥》的篇幅很不對稱。第二個"王若曰"是西周時代册命禮中經常出現的類似話語的源頭。這些話語由於反復演説,已經變成了套話。由這些話語所在誥命或册命典禮看,第二個"王若曰"有明顯的儀式性。

2. 第二個"王若曰"中的"以殷民世享"是讓殷民世世代代貢獻的意思,這表明《康誥》的第二個"王若曰"是承接着王對康叔賞賜殷民而來。康叔封建典禮程序是:王發布命令,賞賜物品、土地、殷民,因此第二個"王若曰"是康叔封建典禮的最後一個儀節。

3. 第二個"王若曰"是最後一個儀節,那麽第一個"王若曰"就應當是封建康叔的誥命。第二個"王若曰"中的"典聽朕誥"、"往哉"與第一個"王若曰"中的一些詞語,前後呼應,也證明第一個"王若曰"是封建康叔的誥命。

4. 由康叔封建典禮程序看,在《康誥》兩個"王若曰"之間應該有封賜土地和人民的内容。由於間隔較長,當史官記録王爲封建典禮作總結的講話,即最後一個儀節時,再次標記了"王若曰"。待《康誥》在西周後期依據禮儀程序,將康叔封建典禮檔案材料選編成文,便形成了包含兩個"王若曰"的文本。這意味着《康誥》是康叔封建典禮儀式的節選。

[1]《康誥》是封建康叔的誥命是傳統的看法,從《左傳》開始,到司馬遷、《尚書序》、杜預,以及當代學者齊思和、劉起釪等,都延續此説。現録齊思和先生的觀點,以窺其概。齊先生説:"'命以康誥'者,謂册命之辭名曰《康誥》也。《康誥》即今《尚書》中之《康誥篇》,周初册命諸侯之錫命,惟此篇僅存,誠研究周初封建制度極重要之資料也。"(《周代錫命禮考》,《中國史探研》,石家莊:河北教育出版社,2000年)對此,筆者深表讚同。然而,唐蘭先生却不這樣看,他説:"《康誥》是踐奄以後周公作的誥,并非封衛侯的命辭,祝佗是引以湊合《伯禽》、《唐誥》和《蔡仲之命》等命辭的。"又説:"沬司徒迭簋……可以證明《作雒》所説'俾康叔宇于殷',是在伐商踐奄後,還没有回到周都。"(《西周青銅器銘文分代史徵》,上海:上海古籍出版社,2016年,第47、30頁)也就是説,《康誥》與衛國的建立無關,不是封建康叔的誥命。筆者認爲,唐先生對於《康誥》是否誥命的理解,依據并不充分。顯然既没有注意《康誥》第一個"王若曰"中囑咐康叔"往盡乃心,無康好逸,乃其乂民"等語是關於封建的話,也没有注意《康誥》第二個"王若曰"的儀式性問題。

賈孫叔子屖盤與賈國、賈季（狐射姑）關係再論

李龍海*

賈孫叔子屖盤於1981年出土於山東諸城都吉臺，與盤同出的還有一鼎，但該鼎資料未見公布，二器現均館藏於山東諸城博物館。由於該盤銘文漫漶不清，學者有把該盤作器者隸定爲"賈子叔子屖"的，[1]也有把作器者隸定爲"賙孫叔子屖"的，[2]但中國文字博物館在介紹館藏"賈伯壺"時，則稱該器名爲"賈孫叔子屖"。細研銘文拓片，筆者以爲作器者應以"賈孫叔子屖"爲確。賈國是位於今山西襄汾的一個姬姓小國，後被晉國所滅。狐射姑，字季，因食邑於賈，故又稱"賈季"。晉襄公時，賈季（狐射姑）奔狄。中國文字博物館在介紹賈伯壺時，認爲賈孫叔子屖盤是賈國的器物，[3]而王宏、權敏先生的大作《賈國青銅器及其重要價值探研》（以下簡稱《探研》）一文認爲賈孫叔子屖當是賈季（狐射姑）的後代，賈孫叔子屖盤就是晉卿狐氏受封於晉室的產物。《探研》并進一步就賈孫叔子屖盤、鼎出土於山東，而提出是否跟賈季（狐射姑）奔狄有關的疑問。[4] 那麽，賈孫叔子屖盤是否真如學者們所指出的那樣，與賈國或賈季（狐射姑）有關係呢？就此相關問題，筆者認爲確有繼續探討的必要。

爲了論述方便，現將賈孫叔子屖銘文隸定如下：

> 賈孫叔子屖爲子孟姜媵盥盤，其萬年眉壽，室家是保，它它（施施）巸巸（熙熙），妻□壽考無期。

《山東金文集成》把該盤製作時間定爲春秋，[5]吴鎮烽先生的《商周青銅器銘文暨圖像集成》（以下簡稱《商周》）把該盤定爲春秋晚期。[6] 古人稱子兼男女，如《詩經·衛風·碩人》

---

* 中原工學院歷史和文化研究中心副教授。

[1] 吴鎮烽：《商周青銅器銘文暨圖像集成》，上海：上海古籍出版社，2012年。

[2] 山東省博物館：《山東金文集成》（下），濟南：齊魯書社，2007年，第674－675頁。

[3] http://www.wzbwg.com/contents/84/2697.html.

[4] 王宏、權敏：《賈國青銅器及其重要價值探研》，《中原文物》2015年第1期。《探研》和馮峰的《鮑子鼎與鮑子鎛》（《中國國家博物館館刊》2014年第7期）亦把該盤作器者隸定爲"賈子叔子屖"。

[5] 山東省博物館：《山東金文集成》（下），濟南：齊魯書社，2007年，第674頁。

[6] 吴鎮烽：《商周青銅器銘文暨圖像集成》14512，上海：上海古籍出版社，2012年。

就稱衛姜是"齊侯之子",《論語·公冶長》載:"子謂公冶長,'可妻也。雖在縲絏之中,非其罪也。'以其子妻之。子謂南容,'邦有道,不廢;邦無道,免于刑戮。'以其兄之子妻之。"[1]孔子把自己和其兄長的女兒分别嫁給了公冶長和南容。《儀禮·喪服》亦載:"子嫁,反在父之室,爲父三年。"[2]由銘文内容可知,該盤是賈孫叔子屖爲其女兒所作的一件媵器,故可證賈孫叔子屖爲姜姓。

圖一　賈孫叔子屖盤

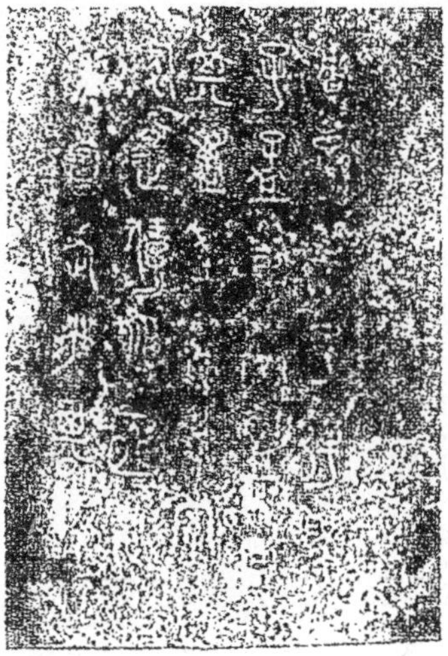

圖二　賈孫叔子屖盤銘文

我們認爲賈孫叔子屖與賈國以及賈季(狐射姑)没有任何關係,主要是基於以下三個方面的證據。

一、賈國和賈季狐射姑均爲姬姓,賈孫叔子屖爲姜姓

《左傳》桓公九年孔穎達疏引《世本》曰:"荀、賈皆姬姓。"楊伯峻注:"賈,姬姓國"。《通志·氏族略二》:"賈氏,伯爵。康王封唐叔虞少子公明於此。"《元和姓纂》卷七載:"賈,唐叔虞少子公明,康于封於賈,後爲晉所滅。"另有傳出土於山西的三件賈伯簋和二件賈伯壺銘文可證。現將賈伯簋銘文隸定如下:

> 隹(唯)王二月既死霸丁亥,賈白(伯)乍(作)𨙸孟姬尊簋,用享用孝,用祈萬壽,其子子孫孫永寶用。

[1] 楊伯峻:《論語譯注》,北京:中華書局,1980年,第42頁。
[2] 鄭玄注:《儀禮·喪服》,中華書局編輯部《漢魏古注十三經》(上),北京:中華書局,1998年,第158頁。

圖三　賈伯簋

圖四　賈伯簋銘文

賈伯壺、簋銘文中只有"壺"和"簋"字不同外,其他銘文相同,應爲同一時間所作。

由銘文格式可知,這是賈伯爲其嫁到𨛭國(氏)的女兒孟姬所作的媵器,所以可以證明傳世文獻記載不誤,賈國確爲姬姓。[1]

另據《國語・晉語四》第十載:"狐氏出自唐叔,狐姬,伯行之子也,實生重耳。"徐元誥集解:"狐氏,重耳外家也,出自唐叔,與晉同族。唐叔之後別在犬戎者。伯行,狐突字。"狐射姑爲狐突之孫,狐偃之子,可知賈季(狐射姑)爲姬姓。這與賈孫叔子屖盤銘文記載的賈孫爲姜姓產生矛盾,爲了調和這一矛盾,《探研》認爲"姜"是賈女的私名,并舉例證明"姜"可作爲美女的普遍稱謂。其實,這種解釋是不符合先秦時期女性稱名特徵的。鄭樵《通志・氏族略序》即指出:"三代以前,姓氏分而爲二,男子稱氏,婦人稱姓。三代之後,姓氏合而爲一。"

---

[1] 賈伯簋銘文中的"𨛭"的族姓文獻無載,由青銅銘文格式來看,除可以理解爲該器是賈伯爲其嫁到𨛭國的女兒所作器,也可理解爲是賈伯爲其妻所作器。王宏、權敏的《探研》一文指出:"與賈伯簋銘文内容相同的賈伯壺的形制、紋飾和天馬—曲村晉侯墓地 M64 晉侯邦父墓出土的 M64:103 銅壺十分接近,區別僅在於 M64:103 爲銜環象鼻耳而賈伯壺爲獸耳,M64:103 腹部的十字絡帶紋之間填充有竊曲紋而賈伯壺没有。"故《探研》把賈伯簋和賈伯壺時代定爲西周宣王世。此觀點可信。西周晚期,同姓不婚的禮制仍然盛行,賈國即爲姬姓,所以把賈伯簋銘文理解爲賈伯爲其嫁到𨛭國的女兒所作器更合理。據學者研究晉侯邦父即爲晉穆侯費王,在位年代在周宣王十七年。

圖五　賈伯壺

圖六　賈伯壺銘文

由兩周媵器銘文的格式來看,賈孫叔子屖盤銘文是符合女子"夫家氏名+排行+父姓"(有時"夫家氏名"和"排行"可以省略,但"父姓"是絶不會省略的)的格式,故"孟姜"之"姜"必爲姓。兩周這類的媵器銘文非常之多,下面從《殷周金文集成》[1](以下簡稱"《集成》")中摘録幾例證之:

① 齊侯盂:齊侯作朕(媵)子仲姜寶盂……(《集成》10318)

② 慶叔匜:慶叔作朕(媵)子孟姜盥匜……(《集成》10280)

③ 番匊生壺:惟廿又六年十月初吉己卯,番匊生鑄賸(媵)壺,用賸(媵)厥元子孟改乖。(《集成》9705)

④ 黄季鼎:黄季作季嬴寶鼎……(《集成》2565)

⑤ 曹公盤:曹公媵孟姬悆盤……(《集成》10144)

⑥ 魯伯愈父匜:魯伯愈父作邾姬年媵盨匜。(《集成》10244)

⑦ 鄧孟壺:鄧孟作監嫚尊壺。(《集成》9622)

由文獻可知,齊爲姜姓,番爲改姓,黄爲嬴姓,曹爲姬姓,魯爲姬姓,鄧爲嫚姓。故齊侯盂銘文中的"姜"、番匊生壺銘文中的"改"、黄季鼎銘文中的"嬴"、曹公盤銘文中的"姬"、魯伯愈父匜銘文中的"姬"與鄧孟壺銘文中的"嫚"只能爲姓。據薛尚功《歷代鐘鼎彝器款識法帖》[2]的記載,慶叔匜出土於宋代淄州淄川縣(今山東省淄博市淄川區),可知是齊器。據《元和姓纂》,慶氏爲"齊公族慶父之後"。另據《左傳》襄公二十八年載,慶舍的女兒盧蒲姜嫁給了盧蒲癸,可知慶氏確爲姜姓,慶叔是慶氏的成員,故慶叔匜銘文中的"孟姜"之"姜"必

[1] 中國社會科學院考古研究所:《殷周金文集成》,北京:中華書局,2007年。
[2] 薛尚功:《歷代鐘鼎彝器款識法帖》,北京:中華書局,1986年,第59頁。

爲姓。賈孫叔子屖盤的出土地山東諸城,春秋後期屬齊。齊國亦有賈氏,據《左傳》襄公三十一年(公元前542年)載:"齊子尾害閭丘嬰,欲殺之,使帥師以伐陽州。我問師故。夏五月,子尾殺閭丘嬰,以説于我師。工僂灑、渻竈、孔虺、賈寅出奔莒。出群公子。"賈孫叔子屖應與賈寅爲同一宗族。

由上舉銘文可證賈子叔子屖盤的"孟姜"之"姜"也只能爲姓,而不會有其他的解釋,且賈孫叔子屖很可能是齊公族的成員。所以,賈孫叔子屖絶不是賈國或賈季狐射姑的後代,他們之間没有任何關係。

二、賈孫叔子屖盤銘文具有海岱青銅銘文的特色

賈孫叔子屖盤具有很明顯的海岱青銅文化特色。這主要表現在該盤的銘文祜辭與銘文字形方面。賈孫叔子屖盤銘文中有"它它(施施)巸巸(熙熙),妻□壽考無期"的祜辭,這是春秋時期海岱地區青銅銘文的特色。[1] 與之具有相類似祜辭銘文的海岱地區青銅器如鮑子鼎(《商周》2404)、齊侯器(《商周》2363,《集成》4645、10159、10283)與慶叔匜(《集成》10280)銘文中均有"它它巸巸,男女無其"之語,公典盤則是"它巸巸,男女無其"。[2] 夆叔器(《集成》10163、10282)爲"它它巸巸,壽考無期",齊侯子仲姜鬲爲"它它巸巸,老壽無期",[3] 曩公壺(《集成》9704)爲"它巸,受福無期"。據馮峰先生考證,公典盤(馮文稱"邿子姜首盤")、夆叔器之時代與齊侯器相近,在春秋中期後段至晚期初。賈孫叔子屖盤形制與齊侯盤、夆叔盤和公典盤相同,"室家是保"亦見於公典盤,時代與三盤相當。[4]

賈孫叔子屖盤銘文字形書體瘦長而工整,筆畫流暢,竪筆長垂迂曲,和齊侯鼎(《商周》2363)、齊侯盤(《商周》14518)、齊侯盂(《商周》6225)的書體特色十分接近,屬於朱鳳瀚師所述的齊金文中的第一類風格。[5] 而現在所見的有關賈國的青銅器,2件賈子伯昃父鬲、3件賈伯簋和2件賈伯壺,年代當屬於周宣王時期,賈子己父匜爲春秋早期晚段。這些銅器一是早於賈孫叔子屖,另外其本身反映出的是强烈的周文化特點。[6]

---

[1] 畢經緯:《海岱地區商周青銅器研究》,陝西師範大學博士學位論文,2013年,第228頁。

[2] 由於學界對該盤的銘文識讀分歧較大,故直接影響了對該盤的正確命名。學界以往多稱名此器爲"邿公典盤"、"邿子姜首盤"或"公典盤"。比較諸説,以稱"公典盤"爲確。參見張俊成:《公典盤銘文補釋》,《考古與文物》2014年第3期。

[3] 曹錦炎:《齊侯子仲姜鬲小考》,《中國考古學會第十五次年會論文集》,北京:文物出版社,2013年,第349－352頁。

[4] 馮峰:《鮑子鼎與鮑子鎛》,《中國國家博物館館刊》2014年第7期。

[5] 朱鳳瀚:《中國青銅器綜論》(上),上海:上海古籍出版社,2009年,第640頁。

[6] 王宏、權敏:《賈國青銅器及其重要價值探研》,《中原文物》2015年第1期。

三、戎狄主要分布在晉國周邊區域

由《左傳》、《國語》、《史記》等文獻可知,戎狄主要分布在晉國境内及其周邊區域,如《左傳》定公四年有載:"分唐叔以大路、密須之鼓、闕鞏、姑冼,懷姓九宗,職官五正。命以《唐誥》,而封于夏墟,啓以夏政,疆以戎索。"《國語·鄭語》亦云:"當成周者……西有虞、虢、晉、隗、霍、楊、魏、芮……"陳公柔先生指出懷姓九宗即"媿國"、"媿姓九宗",與九侯、鬼侯同指一族。[1]《左傳》隱公六年載:"翼九宗五正頃父子嘉父逆晉侯於隨,納諸鄂,晉人謂之鄂侯。"九宗即懷姓九宗。又據《爾雅·釋詁》云:"……正、伯,長也。"可知五正即五長。九宗五正應是管理懷姓九宗的官職。這些"懷姓九宗"戎狄是被周王室分封於晉,被逐步華夏化了。倗氏應即是懷姓九宗之一。在山西絳縣横水墓地出土的有銘青銅器證明此地爲倗國墓地。[2]其中有倗伯爲其妻畢姬所作的多件器皿,傳世的倗仲鼎銘文爲"倗仲作畢媿媵鼎,其萬年永寶用"(《集成2462》),説明媿姓的倗氏與姬姓的畢氏通婚。而在晉的周邊,更是分布有大量的戎狄族群。如《左傳》定公四年載:"晉居深山,戎狄與之爲鄰,而遠於王室。王靈不及,拜戎不暇。"《國語·晉語二》亦云:"戎狄之民實環之。"春秋之世,戎狄分裂,文獻中出現若干戎狄分支,如洪邁在《容齋隨筆》中説:"成周之世,中國之地最狹。……河北真定、中山之境乃鮮虞、肥、鼓國;河東之境有赤狄、甲氏、留吁、鐸辰、潞國;洛陽爲王城,而有楊拒、泉皋、蠻氏、陸渾、伊雒之戎。……"[3]梁啓超亦總結道:"春秋時代,中國民族勢力所及之地,……蓋自陝西之延安,山西之隰州、吉州、潞安、太原,直隸之廣平、順德、正宗、保定、直定、永平,河南之衛輝,皆爲狄也。"[4]據清江永《春秋地理考實》引閻若璩《四書釋地》考證:"交城縣爲狄地,舅犯實生於其地。……今山西太原府交城縣,在府西南一百二十里。"也就是説賈季(狐射姑)的本家大戎狐氏即活動在今太原西南古交市的吕梁山一帶,至今在今古交市與清徐縣還有關於狐氏戎的傳説和遺迹。

山西地區的考古學材料告訴我們,這裏分布着大量的北方青銅文化遺存。[5]如晉南曲沃曲村晉侯墓出土的青銅兔尊,尤帶有北方草原文化的風味。[6]考古工作者依文化屬性把山西上馬墓地出土的陶鬲分爲三大類,其中第二類即以乙種鬲爲主,主要表現出與以黄土高原爲中心的北方地區古代文化的相似性,可統稱爲上馬墓地存在的北方古文化因素。發掘

---

[1] 陳公柔:《説媿氏即懷姓九宗》,《古文字研究》第十六輯,北京:中華書局,1989年,第211－217頁。

[2] 宋建忠、謝堯亭、田建文、吉琨璋:《山西絳縣横水西周墓地》,《考古》2006年第7期。

[3] 洪邁:《容齋隨筆》(上),上海:上海古籍出版社,1978年,第64頁。

[4] 梁啓超:《歷史上中國民族之觀察》,《梁啓超全集》(第十二卷),北京:北京出版社,1999年,第3434頁。

[5] 蔣剛:《山西、陝北及内蒙古中南部夏商西周時期青銅文化的演進》,《中國歷史文物》2008年第5期。

[6] 北京大學考古學系等:《天馬—曲村遺址北趙晉侯墓地第二次發掘》,《文物》1994年第1期。

者曾就此作過一個總結:"西周時期,從已有的材料看,這裏的文化面貌相對簡單,很可能處在一個相對閉塞、不發達的狀態。進入春秋時期,尤其是春秋中期以後,上馬墓地開始呈現出比較複雜的文化面貌,顯然與受到一些外來文化的影響和衝擊有關,表明這裏開始進入開放狀態。同時值得注意的是這時出現了大量的集二種或更多種不同文化特點於一身的中間類型陶鬲。正是這諸多種中間類型陶鬲的出現,顯示出該時期上馬墓地在不同的考古學文化的交流運動中所具有的凝聚力。"[1]另外山西太原金勝村發掘的251號春秋大墓,[2]從墓壙形制和葬具來看,都是大家熟悉的"周制"。但此墓中另一些器物如青銅帳篷頂及其構件等,顯然不是晉文化的産物,這種器物在山西原平、河北平山王墓出土過,一般視爲北方遊牧民族文化的典型器具。狐射姑所屬的大戎狐氏本就是諸戎的一支,所以,公元前621年賈季(狐射姑)所奔之狄只能是晉國周邊的戎狄族群,而最有可能的就是逃奔其本家——大戎狐氏。

趙慶淼先生基於"地名組群"的重疊現象與古史傳説的考察,對商周時期汾河流域和山東地區的族際交流作過深入探討。[3] 那麼汾河流域之地名"賈"與山東地區之地名"賈"是否亦如趙文所論是"族遷地隨"的結果,或者僅是地名的偶合現象,現在材料還不足證。

但正如上述所論,賈孫叔子屖爲姜姓齊國公族的成員,賈孫叔子屖盤銘文中的"孟姜"之"姜"必爲姓。而賈國和賈季(狐射姑)又分别爲姬姓,所以中國文字博物館把賈孫叔子屖盤和賈國聯繫起來,《探研》把賈孫叔子屖盤與狐射姑受封聯繫起來,則是有牽强附會之感,當然也談不上賈季所奔之狄在山東的可能。

---

[1] 山西省考古研究所:《上馬墓地》,北京:文物出版社,1994年,第295-297、299頁。

[2] 山西省考古研究所等:《太原金勝村251號春秋大墓及車馬坑發掘簡報》,《文物》1989年第9期。

[3] 趙慶淼:《商周汾水流域與山東地區的族群交流——基於"地名組群"重疊現象與古史傳説的考察》,《歷史研究》2017年第4期。

克之家族結構與相關問題研究*

韋心瀅**

光緒十五年(1889)以前[1]在陝西扶風法門鎮任家村窖藏集中出土一批有關"克"與"仲義父"的青銅器。1940年2月,任家村又再一次出土有關"梁其"與"善夫吉父"的青銅器。另距任家村窖藏四五公里的北橋村,1972年12月出土了三件"伯吉父"青銅器。[2]在如此小的範圍内分三處埋藏成組青銅器多套,在私家禮器不宜放置他人宅地的情況下,這些埋藏點不僅應與器主具有地緣關係(或爲其居址宗廟所在地周邊),[3]器主彼此之間亦應具某種親緣關係。

從清末至二十世紀七十年代任家村窖藏、北橋村窖藏青銅器陸續被發現以來,便有學者對作器者身份、器物年代、銘文考釋等問題進行研究探討。然時至今日,我們對克所屬家族世系、成員情況、活動年代等問題仍有不甚了解之處。本文試圖在前人研究的基礎上,將任家村窖藏、北橋村窖藏青銅器群,依器主人名分爲"克器組"、"仲義父器組"、"梁其器組"與"吉父器組",綜合探討彼此之間的世系親屬關係以及家族結構等相關問題。

一、克器組的年代

清末任家村窖藏所出克器,即"克器組"中的食器有大克鼎1件、小克鼎一式7件,師克盨一式3件、克盨1件;酒器有伯克壺1件;樂器有克鎛1件、克鐘一式5件,共19件(圖一)。從器物組合來看并不完整,或許受限於窖藏形式且爲非科學發掘出土雙重原因影響所致。[4]

---

* 本文爲上海博物館科研課題"克器及相關問題研究"的階段性成果。

** 現任職於上海博物館青銅器研究部,出土文獻與中國古代文明研究協同創新中心副研究員。

[1] 姜鳴:《重考大克鼎的出土時間》,《文匯報》2001年12月4日;周亞:《關於大克鼎的幾個問題》,《青銅器與金文》第一輯,上海:上海古籍出版社,2017年,第306－308頁。

[2] 出土情況見《陝西扶風縣北橋出土一批西周青銅器》,《文物》1974年第11期。

[3] 據考古發現周原青銅器窖藏附近多有建築遺存。見朱鳳瀚:《商周家族形態研究(增訂版)》,天津:天津古籍出版社,2004年,第375－376頁。

[4] 宋代《考古圖》著録伯克壺得於岐山。從地理位置來看即在周原一帶,與今日任家村窖藏的位置屬同一區域。

食器

1

2

3

4

5

6

7

8

9

10

11

12

酒器

13

樂器

14

樂器

15 16 17 18

圖一 任家村窖藏出土"克器組"青銅禮器組合

1. 大克鼎(上海博物館藏《銘圖》2513) 2. 小克鼎(上海博物館藏《銘圖》2454) 3. 小克鼎(黑川古文化研究所藏《銘圖》2455) 4. 小克鼎(北京故宫博物院藏《銘圖》2456) 5. 小克鼎(天津博物館藏《銘圖》2458) 6. 小克鼎(藤井有鄰館藏《銘圖》2457) 7. 小克鼎(書道博物館藏《銘圖》2459) 8. 小克鼎(南京大學考古與藝術博物館藏《銘圖》2460) 9. 師克盨(北京故宫博物院藏《銘圖》5680) 10. 師克盨(聖路易市某收藏家藏《銘圖》5681) 11. 師克盨蓋(中國國家博物館藏《銘圖》5682) 12. 克盨(芝加哥美術館藏《銘圖》5678) 13. 伯克壺(《銘圖》12440) 14. 克鎛(天津博物館藏《銘圖》15814) 15. 克鐘(藤井有鄰館藏《銘圖》15293) 16. 克鐘(上海博物館藏《銘圖》15294) 17. 克鐘(天津博物館藏《銘圖》15295) 18. 克鐘(上海博物館藏《銘圖》15296)

大克鼎體量巨大,高 93 釐米,方唇立耳、腹部傾垂、腹底圓鼓,三足跟呈蹄形,足上有扉棱。腹部紋飾分成兩部分,上部以三扉棱構成一組以對稱中目竊曲紋組成的簡化獸面,下部周飾波帶紋。從垂腹、腹部不深的特徵來看,其在形制上雖具有西周中期晚段盆形鼎的遺風,但整體形制與腹部上下兩段式紋飾的組合則構成了西周晚期流行鼎型之一,如函皇父鼎、史頌鼎、卌三年逨鼎等;另一種鼎型則是半球形腹,下接三蹄足,如毛公鼎、多友鼎等。

小克鼎一式 7 件,形制、紋飾相同,大小相次,形成一套完整列鼎。小克鼎方唇立耳、腹部傾垂、腹底圓鼓,下接三蹄足,腹部紋飾分成兩部分,上部裝飾簡化獸面的竊曲紋間以六道扉棱,下部周飾波帶紋。大克鼎與小克鼎之最大者尺寸差異較大,是否有另一套屬於大克鼎的列鼎組合,尚不可知。然從兩者形制與紋飾的高度一致性來看,大克鼎與小克鼎的製作年代應相近,且有可能在同一個鑄銅工作坊中製造。

師克盨一式三件(一件器身缺失),大小接近,橢方形,獸首耳,蓋上有矩尺形扉棱,上飾顧龍紋,可却置,蓋扉内飾兩夔紋,蓋沿、口沿裝飾成組竊曲紋,餘飾瓦紋,圈足開有"⌒"形缺口。另克盨的形制與師克盨相仿,惟獸頭耳爲犄角型,竊曲紋有些微差異。

伯克壺於宋代出土,相傳得於岐山,現已佚失,所幸《考古圖》描繪記録下圖銘,今日我們尚能揣摩原貌真容。侈口長頸鼓腹，圈足外撇成階，頸部兩側有獸首銜環耳。器腹飾雙身龍紋輔以交纏蟠龍，頸部上端至口沿飾波帶紋。這種作爲器物主紋飾大面積施用的雙身龍紋，亦見於宣王時期的單五父壺(2003MYJ：19，《銘圖》12349)。[1]

克鐘一式5件，篆間飾S形竊曲紋，舞部爲對稱龍紋。形制、紋飾相同，大小相次，2件鐘銘形成完整篇章，末鐘銘文未完，説明克鐘尚有缺失。

整體而言，“克器組”紋樣以波帶紋、竊曲紋爲主，簋、盨蓋頂與腹部使用瓦紋，這些都是西周晚期青銅器的典型紋飾。垂腹粗蹄足鼎、盨，則是西周晚期流行的新器型。

大、小克鼎銘文雖未記年，但可與形制相似的卌三年逨鼎做比較。卌三年逨鼎銘記“隹卌又三年六月既生霸丁亥，王才(在)周康穆宫”，爲四要素俱全的銘文，在金文曆譜中與宣王四十三年(前785年)年曆六月甲申朔四日丁亥合。[2] 又伯克壺銘記“十六年七月既生霸乙未”，與宣王十六年(前812年)年曆七月辛卯朔五日乙未合；克鐘、克鎛銘記“隹十又六年九月初吉庚寅，王才周康剌(厲)宫”，與宣王十六年(前812年)年曆九月庚寅朔合。且王所在“周康剌(厲)宫”，即周康宫内的厲王廟，可知時王當爲宣王。

綜上，無論是從青銅器形制紋飾來看或是利用四要素俱全銘文檢視金文曆譜，“克器組”的年代皆當歸屬於宣王時期。[3]

二、克之曾祖

大克鼎銘首段以克自述先祖服事於王之功績，次段爲王再命於克，相關銘文如下：

克曰：穆穆朕文祖師華父，恖(聰)㝵氒(厥)心，宖(宇)静于猷，盄(淑)悊(哲)氒德，䚄(肆)克龏(恭)保氒辟龏(恭)王，諫辥王家，叀(惠)于萬民，頙(柔)遠能㺇(邇)。䚄克□于皇天，琷于上下，㝵(得)屯(純)亡敃(愍)，易釐無彊，永念于氒孫辟天子，天子明𪫺(哲)，顯孝于申(神)，巠(經)念氒聖保且(祖)師華父，勱克王服(服)，出内(納)王令。多易寶休，不(丕)顯天子，天子其萬年無彊，保辥周邦，畯尹四方。

王才(在)宗周，旦，王各(格)穆廟，即立，𤔲季右善夫克，入門，立中廷，北卿(嚮)，

[1] 單五父即逨，見陝西省考古研究所、寶鷄市考古工作隊、眉縣文化館楊家村聯合考古隊：《陝西眉縣楊家村西周青銅器窖藏發掘簡報》，《文物》2003年第6期，第37頁。

[2] 曆表采用張培瑜先生所著《三千五百年曆日天象》。參見張培瑜：《三千五百年曆日天象》，鄭州：大象出版社，1997年。

[3] 克器組的年代學界有不同的看法，如孝王説與厲王説。請參看馬承源主編：《商周青銅器銘文選·三》，北京：文物出版社，1990年，第215－217頁；唐蘭：《唐蘭先生金文論集》，北京：紫禁城出版社，1995年，第338頁；郭沫若：《兩周金文辭大系圖録考釋》下，上海：上海書店出版社，1999年，第122頁；李朝遠：《眉縣新出逨盤與大克鼎的時代》，《青銅器學步集》，北京：文物出版社，2007年。

王乎(呼)尹氏册令譱夫。王若曰:克,昔余既令(命)女(汝)出内(納)朕令,今余唯醽豪乃令,易女(汝)叔(素)市(韍)、參冋(絅)、芇悤(悤),易(錫)女(汝)田于埜……

器主自白追憶歌頌先祖功德,以"某曰"的銘文格式尚見於逑盤、師望鼎、𤼈簋、禹鼎、訇鼎等。由銘文得知,克之文祖師華父效力於恭王,個性謙遜、寧静不争,具有美好的德行,其輔佐王室有功,使得遠近百姓受惠。而克再次被王授予"出納王令"的權力與職責,是由於師華父同樣曾爲先王出納王令,表現良好,得到王的信任。因此克將今日自己能獲得時王的册封賞賜,歸功於師華父在天之靈的庇蔭。

小克鼎銘中亦見克擔任比較重大的出納王令工作,即王派克將命令傳達至成周。其内容肯定是非常重要的情報,必需是王十分信賴之人才能勝任。克將獲周王青睞,擔此重責大任,歸功於"皇祖釐季"之被澤,其銘文如下:

隹王二十又三年九月,王才(在)宗周,王命譱(善)夫克舍(捨)令于成周,遹正八自之年,克乍(作)朕皇且(祖)釐季寶宗彝。克其日用䵼,朕辟魯休,用匄康勵、屯(純)右(佑)釁(眉)壽(壽)、永令霝冬(終),邁(萬)年無疆,克其子子孫孫永寶用。

從大克鼎與小克鼎銘文描述來看,克提及"文祖師華父"與"皇祖釐季"的場合,都與克能够行使"出納王令"的權力有關,顯示文祖師華父與皇祖釐季可能爲同人。

"文祖"、"皇祖"是遠祖還是近祖的稱謂呢?在西周金文中,"祖"前所冠之"文"、"皇"皆是溢美之稱,可用於上兩代及其以上之先祖,亦可用於父考,如下所列:

(1)叔向父禹簋:司朕皇考,肈帥井(型)先文且(祖)……乍(作)朕皇且(祖)幽大叔隣段。(《銘圖》5273)

(2)𤼈鐘:高祖辛公、文祖乙公、皇考丁公。(《銘圖》15592)

(3)逑盤:皇高祖單公、皇高祖公叔、皇高祖新室仲、皇高祖惠仲盠父、皇高祖零伯、皇亞祖懿仲、皇考恭叔。(《銘圖》14543)

(4)訇鼎:皇高祖師婁、亞祖師夆、亞祖師𡪞、亞祖師僕、王父師彪、皇考師孝。(《銘圖》2439)

(5)曩簋:皇祖益公、文公、武伯,皇考龏伯。(《銘圖》5151)

故克在小克鼎中所稱"皇祖釐季"與大克鼎中所稱"文祖師華父"則未必指上兩代之祖(祖父),而是指曾祖。前已述師華父活動年代在恭王,而克在宣王,兩者之間相距懿、孝、夷、厲四個王世。《夏商周斷代工程》西周金文曆譜所得懿、孝、夷三世共22年,厲王37年,共和

14 年,共 73 年;[1] 李峰先生則是提出懿王 27 年、孝王 7 年、夷王 8 年、厲王 16 年、共和 14 年,共 72 年的説法;[2] 朱鳳瀚先生以新出金文修正所得懿王 20 年、孝王 3 年、夷王 7 年。[3] 以平均 30 年爲一世代來算,師華父與克之間尚有兩代的時間差距,師華父的輩分應爲克之曾祖。

大克鼎與小克鼎皆是克十分感念師華父而作祭器,爲曾祖及其以上祖先作器之例,尚見㝨簋、師寏鐘、師臾鐘與南公乎鐘,銘文如下:

> 㝨乍(作)皇且(祖)益公、文公、武白(伯),皇考龏(恭)白(伯)𪔁彝。㝨其洍洍,萬年無彊,霝冬(終)霝令,其子子孫永寶用亯于宗室。 (《銘圖》5151)
>
> 師寏自乍(作)朕皇且(祖)大公、章公、䢅公、魯中(仲)、害白(伯)、孝公,朕剌考……□龢鐘,用喜侃(侃)寿(前)韡永命義孫子…… (《銘圖》15266)
>
> 師臾肇乍(作)朕剌(烈)且(祖)虢季寬公、幽叔,朕皇考德叔大醬(林)鐘。用喜侃寿(前)文人,用旟屯(純)魚(魯)永令,用匄釁(眉)耋(壽)無彊。師臾其萬年永寶用亯。 (《銘圖》15350)
>
> 𤔲土南宫乎乍(作)大鑄(林)蠶(協)鐘,兹鐘名曰無昊。先且(祖)南公、亞且(祖)公仲必父之家,天子其萬年釁(眉)耆(壽),畯永保四方,配皇天。乎拜手䭫首,𢼄(敢)對䵼(揚)天子不(丕)顯魯休,用乍(作)朕皇且(祖)南公、亞且(祖)公仲…… (《銘圖》15495)

綜上得知,克之曾祖是師華父,又稱釐季,官職爲師,華是私名或爲字號,謚號作釐、排行爲季,爲恭王時人。

"釐季"之稱亦見於西周中期晚段的無㠱簋,銘文如下:

> 隹十又三年正月初吉壬寅,王征南夷,王易(錫)無㠱馬四匹。無㠱拜手䭫(稽)首曰:敢對䵼(揚)天子魯休令。無㠱用乍(作)朕皇且(祖)釐季障𣪕,無㠱其萬年子孫永寶用。(《銘圖》5245)

無㠱簋斂口、腹部中鼓,下接圈足外撇成階,兩獸首附耳銜環,蓋上有圈足捉手,通體飾瓦紋。

---

[1] 夏商周斷代工程專家組:《夏商周斷代工程 1996－2000 年階段成果報告·簡本》,北京:世界圖書出版公司北京公司,2000 年,第 36－37 頁。

[2] Li Feng, *Landscape and Power in Early China: The Crisis and Fall of the Western Zhou, 1045－771BC*, Cambridge University Press, 2006.

[3] 朱鳳瀚:《關於西周金文歷日的新資料》,《故宫博物院院刊》2014 年第 6 期,第 24 頁。

此種器型與西周中期晚段師詢簋、師虎簋、即簋相似(圖二)。[1] 無曩的活動年代應在懿王時期,而克所稱之釐季是恭王時人,兩者應是同名不同時代,是彼此毫無關係之人。[2]

圖二　與無曩簋形制相似器型的比較圖

1. 無曩簋(上海博物館藏《銘圖》5245)　2. 師詢簋(下落不明《銘圖》5402)　3. 師虎簋(上海博物館藏《銘圖》5371)　4. 即簋(陝西歷史博物館藏《銘圖》5290)

三、克上兩代之祖與父考

除了小克鼎銘提到"皇祖釐季"外,克鐘銘中尚提到"皇且(祖)考白(伯)",銘文如下:

隹十又六年九月初吉庚寅,王才周康剌(厲)宫,王乎(呼)士曶召克,王親(親)令克,遹(遹)涇東至于京自,易克佃車馬乘,克不叡(敢)彖(惰),專奠王令,克叡(敢)對\u9edb(揚)天子休,用乍(作)鮇皇且(祖)考白(伯)寶\u9f4a(林)鐘,用匃屯(純)叚永令,克其萬年子子孫孫永寶。(《銘圖》15814)

[1] 師詢簋中擔任右者爲益公,師虎簋中擔任右者爲井伯,即簋中擔任右者爲定伯。益公活動時間在西周中期前段至後段;井伯活動時間與益公同;三者不出西周中期,説明此種瓦紋周飾全身的簋,下限應在西周中期晚段。

[2] 馬承源先生認爲無曩和克兩人爲同宗兄弟。參見馬承源主編:《商周青銅器銘文選·三》,北京:文物出版社,1990年,第212頁。

在此,克又稱其祖爲"考伯"。[1] "考"在此有兩種可能性:一作謚號,考爲溪母幽部,孝爲曉母幽部,溪母爲牙音,曉母爲喉音,上古牙、喉音近,故考可讀作"孝"。金文中孝、考時常通假,"用享孝"常寫作"用享考",如豐兮夷簋(《銘圖》4964)、伯上父鼎(《銘圖》2211)等。"文考"常寫作"文孝",如曶鼎(《銘圖》2515)、孝簋(《銘圖》30441)等。又《詩・小雅・湛露》:"在宋載考。"鄭玄箋:"考謂成也。"伯爲排行。二是考作氏名,伯爲宗族長之意。[2] "釐季"與"考伯"兩者謚號不同、排行亦有異,不可能爲同人。

"皇祖考伯"所指何人?前已述"皇祖"的稱謂適用於祖父及其以上祖先,而一般爲父、祖作祭器者占禮器製作的絶大多數。克鎛銘文格式未如大克鼎那樣追述先祖師華父行績,只是敘述"王親令克遹涇東至于京自,易克佃車馬乘",克感謝王的賞賜,因此作皇祖考伯寶林鐘,以玆永志。青銅器中一般爲祖作祭器之例,多是爲近祖,即祖父,且前已述曾祖爲師華父,故此處的"皇祖考伯"似非曾祖以上之祖,而應視作上兩代之祖。

傳宋代出土於岐山的伯克壺,銘文提到"用乍(作)朕穆考後中(仲)隮章"。克稱其父考爲"後中(仲)","後"作謚號,通"厚","後"與"厚"上古音同爲匣母侯部,有寬容誠懇之意。

由上知,克的祖父爲考伯,父考爲後仲。前已述曾祖師華父是恭王時人、克是宣王時人,懿孝夷積年約在 22 年至 42 年,厲王(加上共和)積年約在 30 年至 51 年,則考伯活動年代應約在懿孝夷時期,後仲則約在厲王時期。

四、克之官職與在家族中的地位

家族結構是家族組織中由人們的不同分化與聚聯所形成的關係整體。西周由於實行世卿世祿制度,得知克曾擔任過的官職以及在家族中的地位,對於了解直系血親成員相關信息具有關鍵性意義,并能進一步完善克家族結構的整體認識。有關克自身的信息,能從不同時期克所作器銘中獲知。縱觀"克器組"銘文,克曾經分别擁有兩個官職,一爲師職,一爲善夫。"師克"的稱法見於師克盨銘,銘文如下:

> 王若曰:師克,不(丕)顯文武,雁(膺)受大令,匍有(佑)四方。勳繇隹乃先且(祖)考又(有)爵(勳)于周邦,干(捍)害(禦)王身,乍(作)爪牙。王曰:克,余隹巠乃先且(祖)考,克黔(令)臣先王。昔余既令女(汝),今余隹醽豪乃令,令女(汝)敃(更)乃且(祖)考,䌛嗣左右虎臣。易女(汝)鬯(秬)鬯一卣,赤市、五黄、赤舄、牙

[1] 此處的"考"無法視作一般銘文常見的"皇祖考",若是、斷句則變成"用作朕皇祖考,白(伯)寶劃(林)鐘",在金文中未見有"白(伯)寶劃(林)鐘"的用法,且語意不通,故"考"應不能作爲父考稱謂對待。

[2] 郭沫若言"或説考伯乃皇祖之字"。參見郭沫若:《兩周金文辭大系銘文考釋》,上海:上海書店出版社,1999 年,第 113 頁。

> 㡀、駒車、桒較、朱虢、囪靳、虎冟、熏裹、畫轉、畫轉(輻)、金甬,朱旂,馬四匹、攸勒,索(素)戉(鉞)。敬夙夕勿灋朕令。克叡(敢)對䫴(揚)天子不(丕)顯魯休,用乍(作)旅盨(盨)。克其邁年子子孫孫永寶用。(《銘圖》5680)

但從“昔余既令女(汝),今余隹醽𠦪乃令,令女(汝)𢼊(更)乃且(祖)考,䍙嗣左右虎臣”來看,在此之前克即已擔任師職,這次的册命是對前命的再次認證,命克賡續父祖之職,并“嗣左右虎臣”。可惜的是師克盨銘未記録年月,無法提供擔任師職的時間點。克鐘銘雖未提及克的官職,但從所記事件的性質、記年,提供了可供參考的信息。

> 隹十又六年九月初吉庚寅,王才(在)周康剌(厲)宫。王乎(呼)士曶召克,王親令克,遹涇東至于京𠂤。……

《爾雅·釋詁上》:“遹,循也”。周王親自命令克沿涇水東邊到京𠂤進行巡察,這種帶有捍衛意味的舉動,當屬於師職的任務範疇。

“善夫克”的稱法見於克盨、大克鼎、小克鼎與𠭰比盨。克所做有記年器中,克盨記年爲“十又八年十又二月”,小克鼎記年爲“廿又三年九月”,大克鼎雖無記年,然前已述其形制紋飾與小克鼎如出一轍,僅大小有别,故製作年代應相近。𠭰比盨銘中提及擔任𠭰比右者爲善夫克,記年爲“廿又五年七月”。由上知,克由師職轉變成善夫的時間應在宣王十六年九月以後至十八年十二月之前。

克除了曾任“師”、“嗣左右虎臣”以及“善夫”官職外,尚見周王册命克“出納王令(命)”的權能。“出納王令(命)”的内涵即是傳遞王的命令,而此項權能的賦予與使用,多見於西周晚期的銘文中。一般常見的“出納王令(命)”即王呼某人召某,[1]某人的官職多爲善夫、師、𢉩(達盨蓋《銘圖》5661、作册吴盉《銘圖》14797)、士(克鐘《銘圖》15292)與虢叔(㾓鼎《銘圖》2369),可知“出納王令(命)”不是一種官職,而是某種特殊任務的加賦。由於這種任務具有代表王的神聖性,必須是深受周王信賴之人,故多委派王的近臣或親信擔任。由此可知,西周晚期除了固定官職具有相應的職責與任務外,尚有周王因事制宜的“加權”政策,以彈性處理日益規範化的世官制度。

克在家族中的地位,可由伯克壺銘探知,銘文如下:

> 隹十又六年七月既生霸乙未,白(伯)大師易白(伯)克僕卅夫,白(伯)克叡(敢)對䫴(揚)天右王白(伯)友,用乍(作)朕穆考後中(仲)𨻰章。克用匄𥟂(眉)老無彊,克克其子子孫孫永寶用亯(享)。　(《銘圖》12440)

[1] 周亞先生列舉了諸多出納王命的例子,請參閲周亞:《關於大克鼎的幾個問題》,《青銅器與金文》第一輯,上海:上海古籍出版社,2017年,第315-317頁。

克自稱“伯克”,“伯+私名”的用法尚見於伯穌鼎、伯害盉,銘文如下:

白(伯)⿰鼎禾(穌)乍(作)⿱召鬻(召)白(伯)父辛寶隣鼎。　　(《銘圖》1900)

白(伯)害(憲)乍(作)⿱召鬻(召)白(伯)父辛寶隣彝。　　(《銘圖》14752)

伯穌、伯害都能爲召伯父辛作器,兩人爲兄弟,但皆稱伯,説明伯穌可能是在畿内的召氏本支或分支宗子,故可稱伯,伯害爲已獨立分宗的大保氏(見害鼎《銘圖》2386),自亦可稱伯。[1] 因此,伯克的“伯”所指應是宗族之長,而非輩分排行。由上知,克在家族中的地位是擔任一宗之長。

五、“仲義父器組”所見仲義父之所指

與“克器組”同窖藏共出的“仲義父器組”包括仲義父鼎一式 5 件、仲義父作新客鼎一式 5 件、仲義父盨一式 2 件與仲義父鑘一式 2 件,一共 14 件(圖三)。

食器

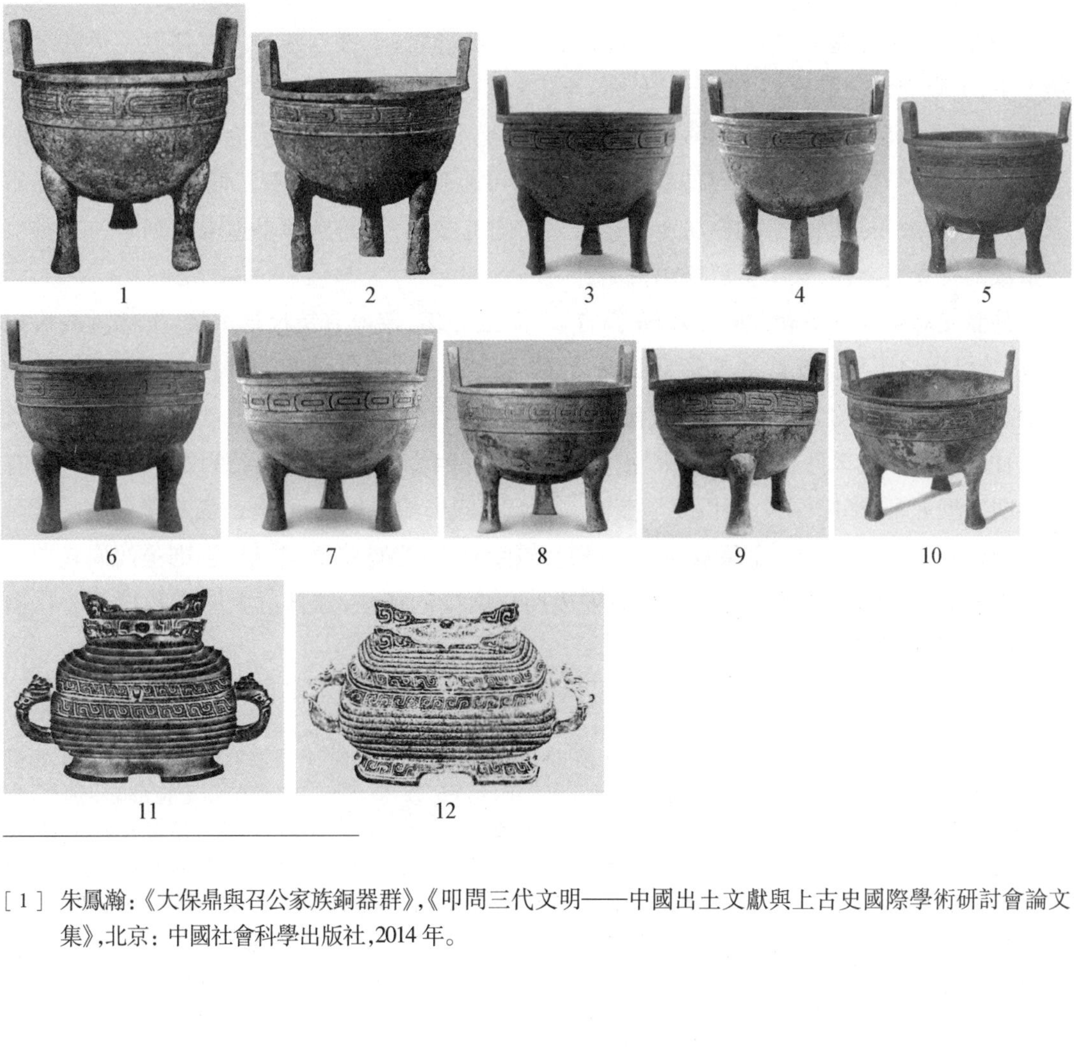

[1] 朱鳳瀚:《大保鼎與召公家族銅器群》,《叩問三代文明——中國出土文獻與上古史國際學術研討會論文集》,北京:中國社會科學出版社,2014 年。

酒器

13

14

圖三　清末任家村窖藏"仲義父器組"青銅禮器組合

1. 仲義父鼎(北京故宫博物院藏,《銘圖》1634)　2. 仲義父鼎(上海博物館藏,《銘圖》1632)　3. 仲義父鼎(上海博物館藏,《銘圖》1636)　4. 仲義父鼎(上海博物館藏,《銘圖》1633)　5. 仲義父鼎(北京故宫博物院藏,《銘圖》1635)　6. 仲義父作新客鼎(上海博物館藏,《銘圖》2114)　7. 仲義父作新客鼎(上海博物館藏,《銘圖》2113)　8. 仲義父作新客鼎(北京故宫博物院藏,《銘圖》2115)　9. 仲義父作新客鼎(紐約魏格氏藏,《銘圖》2116)　10. 仲義父作新客鼎(下落不明,《銘圖》2117)　11. 仲義父盨(下落不明,《銘圖》5552)　12. 仲義父盨(下落不明,《銘圖》5553)　13. 仲義父鑐(上海博物館藏,《銘圖》14000)　14. 仲義父鑐(上海博物館藏,《銘圖》13999)

仲義父鼎與仲義父作新客鼎皆爲立耳折沿、半球形腹,下接三蹄足。腹部以一道弦紋分隔上下,上腹周飾一道重環紋,下腹素面。雖爲兩套列鼎,若忽視銘文不同,僅從器物的形制、紋飾來看的話,會認爲是一套列鼎。這一方面是由於兩組器年代接近,故有相同的形制、紋飾,同時也不排斥仲義父鼎與仲義父作新客鼎可能是由相同的鑄造工匠(或其家族)在本家族内製造,或委托同一鑄銅作坊所製造出來的同批器物,目的應即是追求陳列時一字排開所造成的視覺震撼性,又不至於僭越禮制。

仲義父盨兩件皆呈橢方形,兩犄角獸首耳,圈足外侈,蓋上有矩尺形扉棱,上飾雲紋可以却置,蓋沿與口沿周飾簡化的 S 形竊曲紋,餘飾瓦紋。一件圈足爲素面,開有長方形缺口,一件圈足上同飾簡化的 S 形竊曲紋,開有"⌒"形缺口。

仲義父鑐一式 2 件,細頸寬肩,口沿外侈,口下有四小環,口上有蓋,蓋頂爲環鈕,肩上有兩卷曲的獸形耳,平底深腹、假圈足。蓋沿、肩沿、上腹與圈足周飾重環紋,腹部遍飾垂鱗紋。

"仲義父器組"紋樣以重環紋、竊曲紋與垂鱗紋爲主;半球形腹鼎、盨、鑐則是西周晚期流行的新器型。青銅器紋樣從具象繁複轉變成簡化素樸的風格,這種巨大的轉變標志著作器者身處"禮制改革"之後。[1]

[1] 羅泰認爲西周晚期禮制改革發生在約公元前 850 年,即厲王在位期間,參見羅泰著,吴長青、張莉、彭鵬等譯:《宗子維城》,上海:上海古籍出版社,2017 年,第 66、72 頁。羅森認爲在公元前 880 年前後,見傑西卡・羅森:《祖先與永恒——傑西卡・羅森中國考古藝術文集》,北京:生活・讀書・新知三聯書店,2011 年,第 38 頁。曹瑋認爲恭懿孝時期前後禮制發生變化,反映在西周青銅禮器形制、紋飾、組合的變化,見曹瑋:《從青銅器的演化試論西周前後期之交的禮制變化》,《周原遺址與西周銅器研究》,北京:科學出版社,2004 年,第 91－106 頁。

"仲義父器組"中作器者"仲義父"所指爲何？仲義父鼎、仲義父𦉜銘文如下：

中(仲)義父乍(作)𤔲鼎。(《銘圖》1632－1638)

中(仲)義父乍(作)旅𦉜,其萬年子子孫孫永寶用。(《銘圖》13999－14000)

"仲義父"所指對象有兩種可能性,一是克之父考—後中(仲);一即是克。[1] 筆者傾向於仲義父是克,其理由有二：

(1)"克器組"的紋飾屬於簡化抽象類型,如重環紋、竊曲紋等,雖是西周晚期常見紋飾,但在厲王時期的青銅器紋飾多少會遺存前期風格,如垂冠鳳鳥紋、顧龍紋等,[2] 然"克器組"14 件青銅器中未見一件具有前期風格,顯示"仲義父器組"年代約屬於宣王時期,而克是宣王時人。

(2)仲義父鼎與仲義父作新客鼎皆呈半球形腹,是西周晚期晚段流行的新樣式,銘文雖未記年,但同屬於此類且具記年的鼎有頌鼎、吴虎鼎、趞鼎、史伯碩父鼎等,可用金文曆譜推知其屬王世。頌鼎銘記"隹三年五月既死霸甲戌",合宣王三年(前 825 年)年曆五月戊申朔廿七日甲戌;吴虎鼎銘記"隹十又八年十又三月既生霸丙戌",合宣王十八年(前 810 年)年曆十三月丁丑朔十日丙戌;趞鼎銘記"隹十又九年四月既望辛卯",合宣王十九年(前 809 年)年曆四月甲戌朔十八日辛卯;史伯碩父鼎銘記"隹六年八月初吉己巳",合幽王六年(前 776 年)年曆八月辛酉朔九日己巳。半球形腹鼎的流行時期多在宣王以後,則仲義父應爲宣王時人,與前所論克活動時代同,這也是仲義父即克之證據。

綜上述,克又稱仲義父,仲爲輩分親稱,義父爲其字。

六、關於華氏的由來

仲義父作新客鼎與仲義父盨,銘末皆標志"華",表示其屬華氏。銘文如下：

中(仲)義父乍(作)新𡪞(客)寶鼎,其子子孫孫永寶用。𠌶(華)。
(《銘圖》2113)

中(仲)義父乍(作)旅盨,其永寶用。𠌶(華)。 (《銘圖》5552)

---

[1] 李學勤：《青銅器與周原遺址》,《新出青銅器研究(增訂版)》,北京：人民美術出版社,2016 年,第 195 頁。

[2] 1964 年長安張家坡東北西周墓出土的壺,頸部飾長尾鳳鳥紋,參見中國科學院考古研究所灃西考古隊：《陝西長安張家坡西周墓清理簡報》,《考古》1965 年第 9 期。師𣪕簋(《銘圖》5363)腹部與方座上飾大鳥紋,依據金文曆譜師𣪕簋記年合厲王元年。𤸫盨口沿下飾垂冠鳳鳥紋,依據金文曆譜𤸫盨記年合厲王四年。

《尚書·金縢》:"惟朕小子其新迎。"僞孔傳引馬融注"新"作"親"。《禮記·曲禮》上:"聞子有客。"孔穎達疏:"客者,鄉黨僚友之屬也。""新客"可釋作"親客",可見仲義父作新客鼎應是宴饗親近族人與僚屬所用。仲義父盨銘中的"旅盨"顯示此器是供外出攜帶之用。克在宴請族友僚屬與旅行在外的場合時,特别使用標注了己身所出之氏的器具,説明西周晚期貴族彼此之間特别看重其所屬之世家大族。

克所屬的華氏由來爲何?曾祖師華父的字號"華",應是華氏氏名的濫觴。《春秋公羊傳》莊公十五年:"孫以王父字爲氏也。"《禮記·曲禮下》:"祭王父曰皇祖考,王母曰皇祖妣。"孔穎達疏:"王父,祖父也。"説明周人獨立分宗時有采用祖父的字號作爲新氏名的傳統,若嚴格按孫以王父字爲氏,則分宗另立華氏有可能是在後仲一代,但亦不排除到克這一代才從大宗獨立分出。故克雖排行爲仲,却因擔任小宗宗族長之故,亦能稱伯。

七、梁其、吉父器組所見與克之關係

(一)"梁其器組"諸器型分析

任家村出土的"梁其器組"包括梁其鼎一式3件,善夫梁其簋一式5件(國博藏未發表器型《銘圖》5164),梁其盨一式3件,梁其壺一式2件,梁其鐘一式6件(下落不明《銘圖》15522),一共19件(圖四)。

食器

1　2　3　4　5　6　7　8　9　10

酒器

11　　12

樂器

13　　14　　15　　16　　17

圖四　1940年任家村窖藏"梁其器組"青銅禮器組合

1. 梁其鼎（陝西歷史博物館藏《銘圖》2414）　2. 梁其鼎（陝西歷史博物館藏《銘圖》2415）　3. 梁其鼎（下落不明《銘圖》2416）　4. 善夫梁其簋（上海博物館藏《銘圖》5161）　5. 善夫梁其簋（華盛頓弗利爾美術館藏《銘圖》5162）　6. 善夫梁其簋（澳大利亞觀寶氏藏《銘圖》5163）　7. 善夫梁其簋（上海博物館藏《銘圖》5165）　8. 梁其盨（上海博物館藏《銘圖》5651）　9. 梁其盨（上海博物館藏《銘圖》5652）　10. 梁其盨（中國文字博物館藏《銘圖》5653）　11. 梁其壺（舊金山亞洲藝術博物館藏《銘圖》12421）　12. 梁其壺（陝西歷史博物館藏《銘圖》12420）　13. 梁其鐘（上海博物館藏《銘圖》15523）　14. 梁其鐘（上海博物館藏《銘圖》15524）　15. 梁其鐘（巴黎吉美博物館藏《銘圖》15525）　16. 梁其鐘（上海博物館藏《銘圖》15526）　17. 梁其鐘（南京市博物館藏《銘圖》15527）

梁其鼎一式3件，形制相同、大小相次。立耳折沿、半球形腹，下接三蹄足，腹部以一道弦紋分隔上下，上腹周飾一道重環紋，下腹素面。其形制、紋飾與仲義父鼎、仲義父作新客鼎如出一轍，甚至大小是彼此錯落，能夠穿插排列（圖五），極有可能三套列鼎是在同一個鑄銅作坊定製。

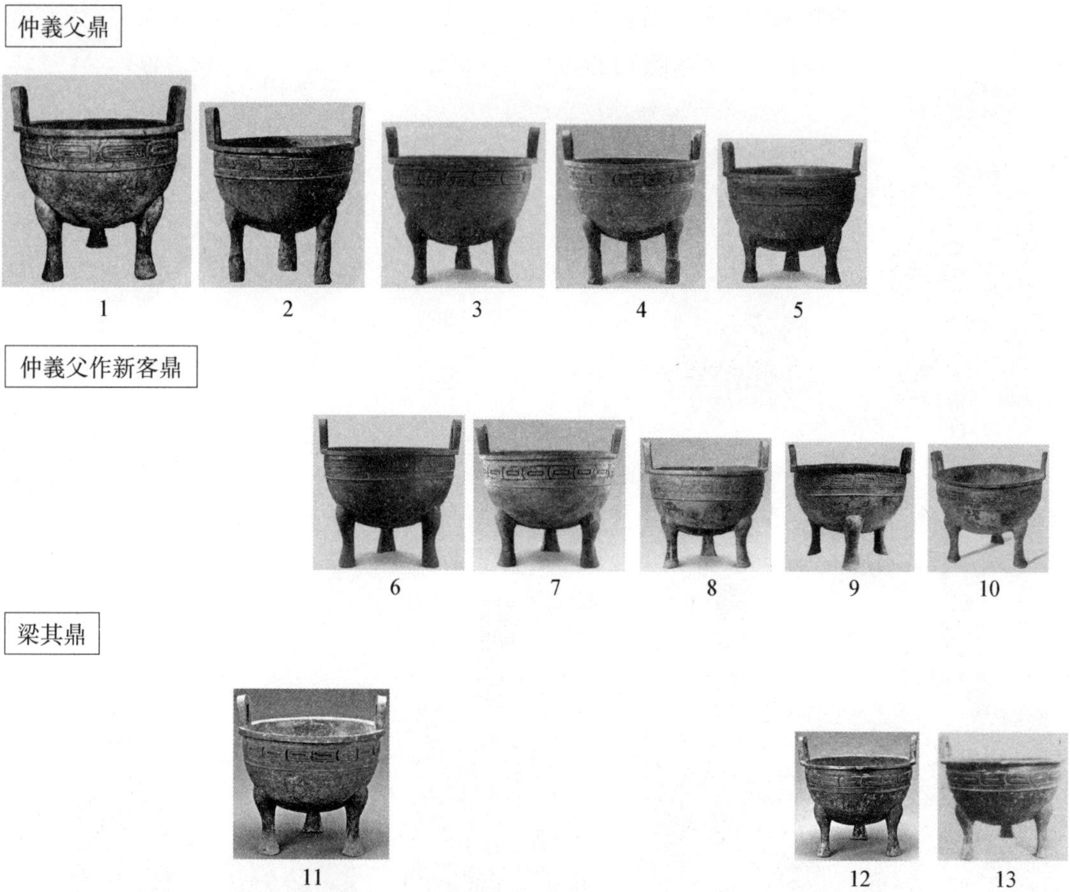

圖五　仲義父鼎、仲義父作新客鼎與梁其鼎形制、大小比較圖

1. 仲義父鼎(H：49.8,《銘圖》1634)　2. 仲義父鼎(H：45.5,《銘圖》1632)　3. 仲義父鼎(H：39.6,《銘圖》1636)　4. 仲義父鼎(H：39.3,《銘圖》1633)　5. 仲義父鼎(H：35.6,《銘圖》1635)　6. 仲義父作新客鼎(H38.9,《銘圖》2114)　7. 仲義父作新客鼎(H38.4,《銘圖》2113)　8. 仲義父作新客鼎(H：31.8,《銘圖》2115)　9. 仲義父作新客鼎(H：31.2,《銘圖》2116)　10. 仲義父作新客鼎*(《銘圖》2117)　11. 梁其鼎(H：44,《銘圖》2414)　12. 梁其鼎(H：31,《銘圖》2415)　13. 梁其鼎*(《銘圖》2416)　　注:標*者下落不明,故未知尺寸

善夫梁其簋一式5件,形制相同、大小接近。斂口鼓腹,蓋上有圈足形捉手,兩犄角獸首耳,耳下有小珥,圈足外撇,下接三小獸足。蓋沿與口沿周飾中目竊曲紋,圈足飾變形獸面竊曲紋,餘飾瓦紋。

梁其盨一式3件,形制相同、大小接近。體呈橢方形,兩犄角獸首耳,圈足外侈,前後開有長方形缺口,蓋上有矩尺形扉棱,上飾雲紋可以却置,蓋沿與口沿、圈足周飾單目竊曲紋,餘飾瓦紋。

梁其壺一式2件,形制相同,尺寸一大一小。截平面呈橢方形,長頸鼓腹,頸兩側有象鼻獸首銜環耳,口沿内折,平蓋,蓋上作卧牛捉手,蓋沿飾鏤空波帶紋,壺身以絡帶紋爲主,餘飾以中目竊曲紋。與梁其壺形制相近者有曲沃北趙晉侯墓地 M64 出土約西周晚期晚段的壺

(M64：103)。[1] 壺頸兩側象鼻獸首銜環耳的形式流行於西周晚期至春秋早期，如宣王時期的單五父壺(2003MYJ：19,《銘圖》12349)、[2]春秋早期的晉侯家父壺(M93：31,《銘圖》12356)。[3] 壺蓋上有鏤空立體波帶紋造型者，尚見於北趙晉侯墓地 M8 出土的晉侯斷壺(M8：25,《銘圖》12396)，其時代約屬於宣王時期，[4]以及京山縣蘇家壟出土春秋早期的曾仲斿父壺(《銘圖》12285)。[5] 西周晚期至春秋早期青銅禮器組合中壺多成對或作四件相配出現，且形制相同、大小接近。[6] 但梁其壺一高 51 釐米，一高 35.6 釐米，尺寸差距較大，疑似應有兩套壺。

梁其鐘爲甬鐘，兩階式枚，篆部飾 S 形顧龍紋，舞部飾簡化變形獸面紋，旋部飾中目竊曲紋，鼓部飾相背卷龍紋。

以上，"梁其器組"以重環紋、波帶紋、竊曲紋爲主，簋、盨蓋頂與腹部使用瓦紋，壺蓋上立體透雕的波帶紋則流行於西周晚期晚段至春秋早期。半球形腹蹄足鼎、圈足下接三小蹄足的瓦紋簋、象鼻獸首銜環耳橢方腹壺以及瓦紋盨這些雖都是西周晚期流行的新器型，然壺蓋上鏤空波帶紋的特殊造型，顯示其年代上限應在宣王時期。而鼎、簋、盨、壺的食酒器組合，反映出西周晚期貴族實際生活中使用銅禮器的重要器用形式。

(二)"吉父器組"諸器型分析

"吉父器組"包括 1940 年任家村出土且與梁其器組共出的"善夫吉父器組"，以及 1972 年北橋村出土的"伯吉父器組"，任家村與北橋村兩地相距僅 4－5 公里。"善夫吉父器組"有善夫吉父鼎 1 件、吉父鼎 1 件，善夫吉父鬲一式 10 件(下落不明《銘圖》2974)，善夫吉父簠 1 件，善夫吉父鐳一式 2 件，善夫吉父盂 1 件，共 16 件。"伯吉父器組"有伯吉父鼎 1 件、

---

[1] 北趙晉侯墓地 M64 墓主爲晉侯邦父，可能即晉穆侯，同墓出土楚公逆編鐘，楚公逆即熊咢，爲宣王時人，則 M64 的年代應在宣王之後。見北京大學考古學系、山西省考古研究所：《天馬—曲村遺址北趙晉侯墓地第四次發掘》,《文物》1994 年第 8 期，第 26 頁。

[2] 單五父即逨，見陝西省考古研究所、寶鷄市考古工作隊、眉縣文化館楊家村聯合考古隊：《陝西眉縣楊家村西周青銅器窖藏發掘簡報》,《文物》2003 年第 6 期，第 37 頁。

[3] 北趙晉侯墓地 M93 墓主可能爲晉文侯，見北京大學考古學系、山西省考古研究所：《天馬—曲村遺址北趙晉侯墓地第五次發掘》,《文物》1995 年第 7 期，第 37 頁。

[4] M8 墓主的身份可能是晉獻侯或晉穆侯，年代範圍相當於宣王之世(宣王 16 年至 43 年)。見北京大學考古學系、山西省考古研究所：《天馬—曲村遺址北趙晉侯墓地第二次發掘》,《文物》1994 年第 1 期，第 17、23、26、37 頁。

[5] 湖北省博物館：《湖北京山發現曾國銅器》,《文物》1972 年第 2 期，第 49 頁。

[6] 如黿君慶壺一式六件(2 件一組、4 件一組)，分兩組尺寸。一組爲東江小邾國 M2 出土的一式兩件黿君慶壺(M2：1)；另一組是中貿聖佳拍賣公司購回流散海外的一式四件大小相同的黿君慶壺。參見棗莊市博物館、棗莊市文物管理辦公室：《棗莊市東江周代墓葬發掘報告》,《海岱考古》第 4 輯，北京：科學出版社，2011 年，第 152 頁；棗莊市政協臺港澳僑民族宗教委員會、棗莊市博物館編：《小邾國遺珍》，北京：中國文史出版社，2006 年，第 83－91 頁。

伯吉父簋1件、伯吉父匜1件(下落不明《銘圖》14930,未見器型),共3件(圖六)。

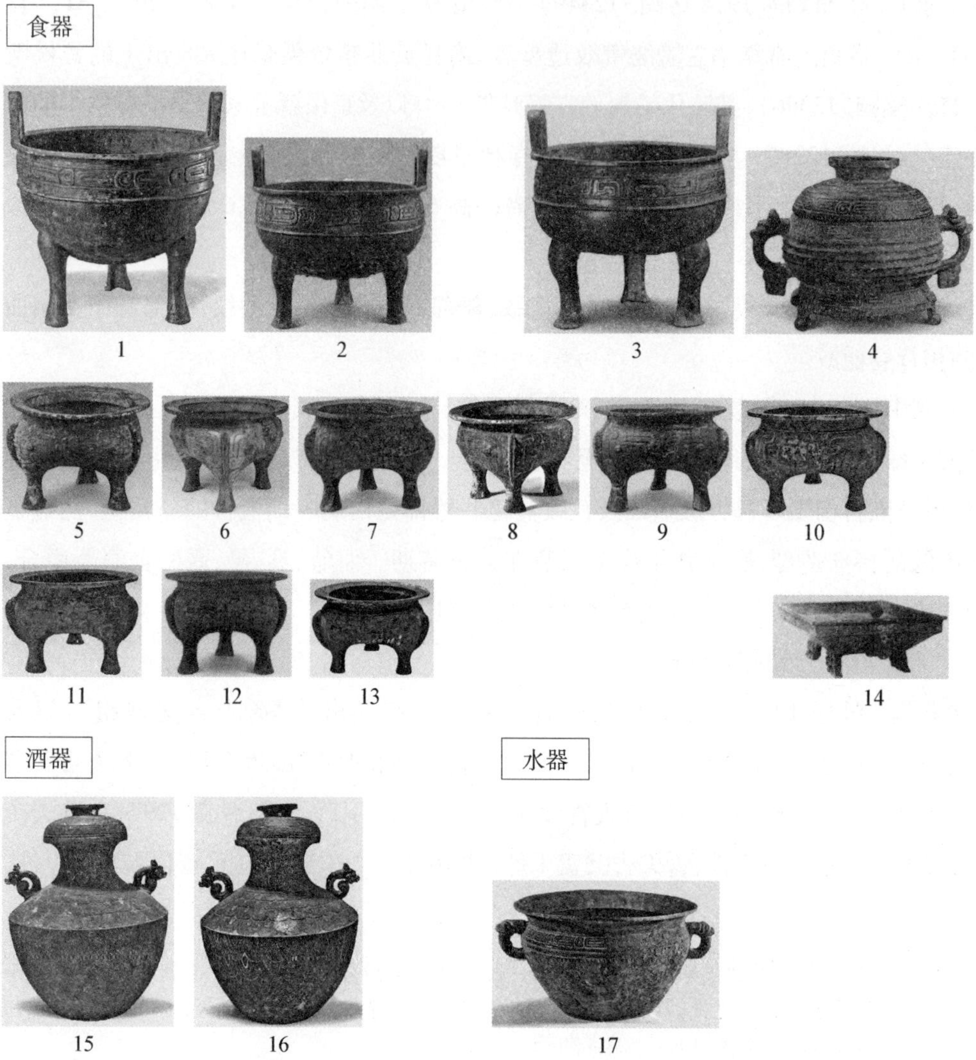

圖六 1940年任家村窖藏與1972年北橋村"吉父器組"青銅禮器組合

1. 善夫吉父鼎(西安博物院藏《銘圖》2078) 2. 吉父鼎(上海博物館藏《銘圖》2054) 3. 伯吉父鼎(扶風縣博物館藏《銘圖》2250) 4. 伯吉父簋(扶風縣博物館藏《銘圖》4999) 5. 善夫吉父鬲(陝西歷史博物館藏《銘圖》2967) 6. 善夫吉父鬲(首都博物館藏《銘圖》2973) 7. 善夫吉父鬲(河南博物院藏《銘圖》2969) 8. 善夫吉父鬲(陝西歷史博物館藏《銘圖》2966) 9. 善夫吉父鬲(濟南市博物館藏《銘圖》2968) 10. 善夫吉父鬲(中國文字博物館藏《銘圖》2971) 11. 善夫吉父鬲(中國文字博物館藏《銘圖》2972) 12. 善夫吉父鬲(四川博物院藏《銘圖》30259) 13. 善夫吉父鬲(中國文字博物館藏《銘圖》2970) 14. 善夫吉父簠(臺北某私人收藏家藏《銘圖》5823) 15. 善夫吉父𬭚(中國文字博物館藏《銘圖》13994) 16. 善夫吉父𬭚(中國文字博物館藏《銘圖》13995) 17. 善夫吉父盂(陝西歷史博物館藏《銘圖》6223)

善夫吉父鼎與吉父鼎皆爲立耳、折沿、半球形腹,下接三蹄足,腹部以一道凸弦紋分隔上下,上腹周飾一道重環紋,下腹素面。

伯吉父鼎爲立耳、折沿、圜底,腹壁近直,下接三蹄足,腹部以一道凸弦紋分隔上下,上腹周飾 S 形竊曲紋,下腹素面。

伯吉父簋斂口鼓腹,蓋上有圈足狀捉手,兩犄角獸首耳,耳下有小珥,圈足外撇,下接三小獸足,與善夫梁其簋形制相同。蓋沿、口沿與圈足周飾重環紋,餘飾瓦紋。

善夫吉父鬲一式 10 件,一件下落不明。寬口沿平折、束頸聯襠,三蹄形足跟,腹足部有扉棱,器身裝飾對稱卷鼻凸目獸面紋。

善夫吉父簠器蓋已佚,直口折沿,斜壁内收,下接四矩形足,兩長邊各有一獸首鋬,口沿裝飾重環紋,此簠形制少見,十分特别。

善夫吉父盂形制類似陶盂,如張家坡墓地 M193 出土的陶盂(M193 : 32)。[1] 侈口束頸、圓肩斂腹,兩側有獸首半環形耳,肩上周飾重環紋,腹部素面。

善夫吉父鐳爲凹底斂腹、細頸斜肩,肩上兩側各有卷曲的獸形耳,口沿下有小環鈕,口上承蓋,蓋上有圈足狀捉手。頸部飾波帶紋,肩部與腹部滿飾垂鱗紋。

原出土尚有伯吉父匜,已佚失,未留下器貌。

整體而言,"吉父器組"紋樣以重環紋、竊曲紋、波帶紋爲主,簋蓋頂與腹部使用瓦紋,鐳的肩、腹部飾垂鱗紋,這些都是西周晚期常見的青銅器紋飾。簠、鐳、匜爲西周晚期出現的新器型,而仿陶銅盂的形式,亦是西周晚期流行的器型。

(三) 梁其與吉父

"梁其器組"與"善夫吉父器組"同出於任家村窖藏,"梁其器組"的作器者梁其與"吉父器組"的作器者吉父有何關係? 北橋村出土的"伯吉父器組",作器者自稱爲"伯吉父";任家村出土的"善夫吉父器組",作器者自稱爲"善夫吉父"。兩者皆稱"吉父",則"伯吉父"與"吉父"關係爲何? 從以下所論可證梁其、吉父與伯吉父應是同一人:

其一,"梁其"可讀作"良期",與"吉父"意義相應,[2]則"吉父"可能爲梁其的字號。

其二,梁其的官職爲善夫,見於善夫梁其簋,銘文如下:

> 譱夫汈(梁)其乍(作)朕皇考惠中(仲)、皇母惠妣隮殷,用追亯孝,用匄釁(眉)耇(壽),釁(眉)耇(壽)無彊,百字(子)千孫,子子孫永寶用亯。(《銘圖》5161)

[1] 中國社會科學院考古研究所:《張家坡西周墓地》,北京:中國大百科全書出版社,1999 年,第 115－116、368 頁。

[2] 李學勤:《青銅器與周原遺址》,《新出青銅器研究(增訂版)》,北京:人民美術出版社,2016 年,第 196 頁。

而吉父的官職亦爲善夫,見於善夫吉父鼎、善夫吉父盂、善夫吉父簠、善夫吉父鑷等,銘文如下:

譱夫吉父乍(作)鼎,其萬年子子孫孫永寶用。(《銘圖》2078)
譱夫吉父乍(作)盂,其萬年子子孫孫永寶用。(《銘圖》6223)
譱夫吉父乍(作)旅匿(簠),其萬年永寶。(《銘圖》5823)
譱父吉父乍(作)旅鑷,其子子孫孫永寶用。(《銘圖》13994)

前已述梁其器組的年代上限在宣王時期,吉父器組在西周晚期,兩組器物的年代約屬同時,且同坑共出,兩人的官職又皆是善夫,故梁其與吉父很可能爲同一人。

其三,從伯吉父匜銘中可見其妻爲京姬,銘文如下:

白(伯)吉父乍(作)京姬也(匜),其子子孫孫永寶用。(《銘圖》14930)

而善夫吉父鬲銘中亦見善夫吉父稱其妻爲京姬,銘文如下:

譱(膳)夫吉父乍(作)京姬隮鬲,其子子孫孫永寶用。(《銘圖》2966)

由上,"伯吉父"與"善夫吉父"配偶皆是京姬,也是兩人爲同一人之證。吉父排行爲伯,官職爲善夫,又前已論"善夫吉父"與"善夫梁其"是同一人,則三種不同的稱呼所指皆爲同一人。梁其爲其名,吉父爲其字,伯爲其排行。

(四) 梁其與克的關係

"梁其器組"、"吉父器組"與"克器組"同出於任家村相距很近的地方,以周原窖藏青銅器所在地點多應在自家宗廟或是領地居所附近來看,[1]梁其與克似有親屬關係。善夫梁其簋的銘文透露出梁其已故雙親的信息,銘文如下:

譱(善)夫沕(梁)其乍(作)朕皇考惠中(仲)、皇母惠𡚱隮𣪘,用追亯孝,用匄釁(眉)耆(壽),釁(眉)耆(壽)無彊,百字(子)千孫,子子孫永寶用亯(享)。(《銘圖》5161)

---

[1] 據考古發現周原青銅器窖藏附近多有建築遺存。見朱鳳瀚:《商周家族形態研究(增訂版)》,天津:天津古籍出版社,2004年,第375–376頁。

梁其稱父考爲惠仲,惠爲謚號,仲爲排行,排行爲仲者有克之父(後仲)與克(仲義父)。梁其之父應爲克即仲義父,其理由有二:一是從師克盨的銘文來看,克之父、祖皆爲師職,梁其官職爲善夫,且克之父已稱後仲,不應再稱惠仲,故梁其不可能是克之兄弟,應是承襲克之世官;二是從梁其鼎的銘文與器型來看,銘文顯示梁其鼎是梁其爲祖考所作祭器,然形制紋飾却與克(即仲義父)所作的仲義父鼎、仲義父作新客鼎無别,且三套鼎大小尺寸可按序排列,顯示梁其與克的活動時間有所重叠。梁其爲紀念祖考,可能是選擇了過去父親定製銅鼎的鑄銅作坊再次打造銅鼎。

又從善夫梁其簋銘得知,梁其之母爲惠妀,惠是襲用夫之謚號,父姓爲妀。

梁其盨銘中梁其又自稱爲“伯梁其”,銘文如下:

> <u>白(伯)沵(梁)其</u>乍(作)旅須(盨),用亯用孝,用匃𩕢(眉)壽(壽)多福,畯臣天子,萬年唯亟,子子孫孫永寶用。(《銘圖》5652)

“伯梁其”的“伯”與“伯克”的用法同,代表宗族長之意。前已述伯梁其又可稱伯吉父,顯示梁其不僅承襲其父善夫官職,亦因排行爲伯而接掌家族宗子的地位。

梁其除了擔任“善夫”一職外,還曾身“邦君、大正”,梁其鐘銘曰:

> 辟天子,天子肩事<u>梁其身邦君、大正</u>,用天子寵,蔑梁其曆。梁其敢(敢)對天子不(丕)顯休𩛥(揚),用乍(作)朕皇且(祖)考龢鐘(鐘),梁其……(《銘圖》15526)

“肩事”的“肩”尚見於師訊鼎與遹甗,于豪亮先生認爲“肩”讀爲“夷”,爲語助詞,[1]師訊鼎銘“白(伯)大師肩𨞙臣皇辟”的“肩𨞙”讀作“夷任”,整句之大意爲訊所以能事皇辟是由於伯大師的推薦。[2] 遹甗銘“師雄父肩史(事)遹事(使)于㝬侯”的“肩事”即“夷使”,整句大意爲師雄父讓遹出使於㝬侯。

“邦君”一詞亦見於五祀衛鼎、静簋、義盉蓋、豆閉簋與文盨銘,“邦君”爲畿内擁有封土的封君,[3]如井邦。“大正”指正長,此處應指王朝執政大臣。周王任梁其爲“邦

---

[1] 于豪亮:《陝西省扶風縣强家村出土虢季家族銅器銘文考釋》,《古文字研究》第9輯,北京:中華書局,1984年,第259頁;李學勤:《師訊鼎剩義》,《新出青銅器研究(增訂版)》,北京:人民美術出版社,2016年,第81頁。

[2] 𨞙,疑從甚聲之字,在此讀爲任。參見裘錫圭:《説“[illegible][illegible]白大師武”》,《考古》1978年第5期,第318頁。

[3] 朱鳳瀚:《商周家族形態研究(增訂本)》,天津:天津古籍出版社,2004年,第346頁;任偉:《西周金文與文獻中的“邦君”及相關問題》,《中原文物》1999年第4期。

君”與“大正”,即賦予擁有田民的封君身份,又任命擔任王朝正長,顯示周王對梁其的厚愛與信任。

綜上,梁其爲克之長子,字吉父,官職爲善夫、大正,身份爲畿内邦君。可稱作善夫梁其、善夫吉父、伯吉父、伯梁其。其妻是京姬,從西周同姓不婚的慣例來看,梁其非姬姓,亦表示克之家族非姬姓。

八、華氏其他成員與華氏世系

從仲義父作新客鼎的銘文來看,很可能在克之父考後仲或至遲到克時已獨立分宗稱華氏。承上知華氏到西周晚期時已發展爲一個規模較大的家族,所作器成員除了上述克及其子梁其以外,應尚有他人。現將其他華氏成員所作器分述如下:

(一) 華季□盨

華季□盨體呈橢方形,腹部接兩獸首半環形耳,圈足有“⌒”形缺口,通體飾瓦紋,失蓋。[1] 整體造型與紋飾與西周晚期的諫季獻盨十分相似,形制亦接近師克盨(圖七),爲西周晚期典型風格。華季□盨銘如下:

𠌶(華)季□乍(作)寶𣪘,其萬年子子孫孫永寶用。(《銘圖》5596)

作器者爲華氏、排行季、私名作□之人。目前西周晚期銘文所見華氏應與克之家族有關,若華氏在後仲時從大宗分出,則華季□或爲克之胞弟;若是克時才分宗立氏的話,則華季□可能是梁其之弟。

1 2 3

圖七 華季□盨形制比較圖

1. 華季□盨(現藏臺北故宫博物院《銘圖》5596) 2. 諫季獻盨(現藏臺北故宫博物院《銘圖》5597) 3. 師克盨(聖路易市某私人收藏《銘圖》5681)

---

[1] 原承德避暑山莊舊藏,現藏於臺北故宫博物院,著録於《武英殿彝器圖録》。見容庚:《武英殿彝器圖録》,北京:哈佛燕京學社,1934年。

（二）仲姞鬲

仲姞鬲一式十三件，形制相同、大小接近。[1] 敞口折沿、束頸聯襠，與足對應的腹部有突起的扉棱，三蹄足，中腹飾兩道弦紋，通體周飾直綫紋，其形制和紋飾與長安張家坡窖藏出土的西周晚期伯庸父鬲近似（圖八），[2]然伯庸父鬲近似柱足，仲姞鬲蹄足足跟較寬大，説明仲姞鬲時代略晚於伯庸父鬲，約可在幽王時期。仲姞鬲銘如下：

中（仲）姞乍（作）羞鬲，華　（《銘圖》2746）

此爲嫁至華氏之姞姓且排行爲仲的女子所作鬲，故克應亦非姞姓。

1　　2

圖八　仲姞鬲與伯庸父鬲形制比較圖

1. 仲姞鬲（現藏泉屋博古館《銘圖》2746）　2. 伯庸父鬲（現藏陝西歷史博物館《銘圖》2835）

綜上所論，可將上文所分析的克所屬華氏家族世系關係小結如下：克之曾祖是師華父，又稱盩季，爲恭王時人；克又稱仲義父，爲宣王時人；則克之祖父考伯可能爲懿孝夷時人，克之父後仲應活躍於厲王世；克之子梁其又稱吉父，爲幽王時人。華氏成員華季可能活躍於宣幽時期，或爲克之胞弟，或是梁其之弟。仲姞之夫應爲幽王時的華氏成員。另從克、梁其、華某所娶妘姓、姬姓、姞姓女爲妻來看，華氏非妘姓、姬姓、姞姓。克所屬華氏家族世系關係可表示如下：

---

［1］仲姞鬲現分藏於上海博物館3件（《銘圖》2748、2749、2758）、北京故宫博物院4件（《銘圖》2753、2754、2755、2756）、日本泉屋博古館1件（《銘圖》2746）、波士頓美術博物館1件（《銘圖》2750）、湖南省博物館1件（《銘圖》2751）、開封市博物館1件（《銘圖》2752），原藏於盛昱1件（《銘圖》2757），下落不明1件（《銘圖》2747）。

［2］中國科學院考古研究所：《長安張家坡西周銅器群》，北京：文物出版社，1965年，第165頁、圖版壹；郭沫若：《長安縣張家坡銅器群銘文彙釋》，《考古學報》1962年第1期。

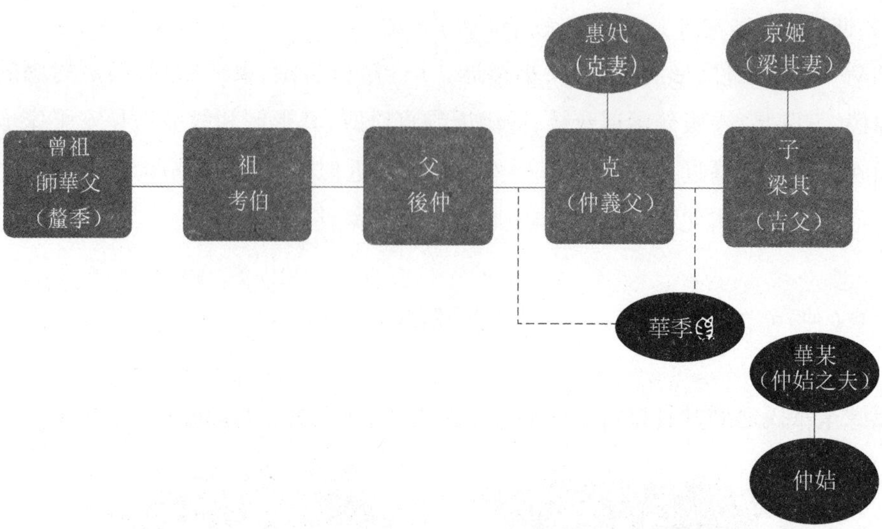

注：方框爲克的直系親屬，橢圓框爲華氏成員，虚綫表示可能的旁系關係。

九、克與大宗成員之間的關係

師華父爲師職，克亦曾擔任師職，考伯與後仲官職雖未明確述諸銘文，但從師克盨銘"王曰：……令女(汝)更乃且(祖)考"的情況來看，可以推知考伯、後仲官職亦應爲師。克出身於貴族世家，先承襲其父師職，後晉升爲善夫，其子梁其亦承襲其父善夫一職，説明周王對克之家族的信任與重視。

前述在克父後仲時或至遲到克這一代已獨立分宗，以華爲氏。克作爲獨立分家的小宗，與本家大宗之間的關係爲何？此可由伯克壺的銘文得知(圖九)，壺銘曰：

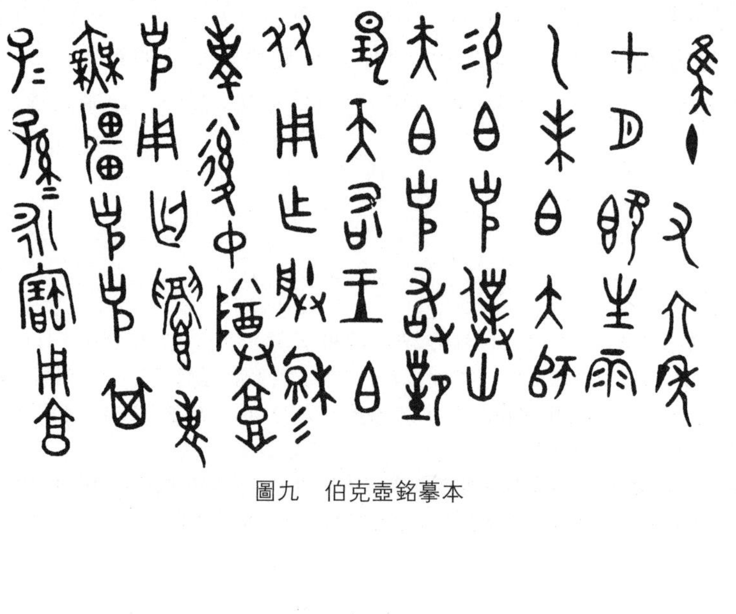

圖九　伯克壺銘摹本

隹十又六年七月既生霸乙未，白(伯)大師易(錫)白(伯)克僕卅夫，白(伯)克敢(敢)對䚄(揚)天右王白(伯)友，用乍(作)朕穆考後中(仲)隮𡨄(壺)。克用匄釁(眉)老無彊，克克其子子孫孫永寶用亯。 (《銘圖》12440)

宣王十六年七月，克尚擔任師職。銘文提及"白(伯)大師易(錫)白(伯)克僕卅夫"，"大師"一詞亦見於傳世文獻中，惟漢代以後多寫作"太師"。《詩經·節南山》："尹氏大師，維周之氐。"《詩經·常武》："赫赫明明、王命卿士，南仲大祖、大師皇父。"目前金文所見"大師"一職，多集中在西周中期至春秋早期，對比文獻記載，西周早期究竟有無大師官職的設立，尚有待新材料的出現。此處"伯大師"之稱，或有學者認爲即"伯氏大師"；或認爲大師前冠以伯、仲，大師之職有兩人；或認爲伯大師、仲大師的伯仲之稱是相對於本家族内的地位而言。[1]檢驗出現伯大師、仲大師器銘，多爲自作器或爲夫人作器，少見他稱，惟伯克壺銘與師𩛥鼎、柞鐘銘除外。

爲釐清伯克壺銘中伯克與伯大師之間的關係，筆者先從宗法關係脉絡較爲清晰的師𩛥鼎銘談起。師𩛥鼎銘中𩛥屢次提及伯大師，如"𩛥搼(拜)韻(稽)首，休白(伯)大師肩𦙍臣皇辟"，[2]其義爲感謝伯大師推薦𩛥臣事先王(即穆王)，且從王賞賜𩛥"大師金雁(膺)、攸(鋚)勒"來看，應該是鼓勵𩛥亦擔任師職；"𩛥穫曆，白(伯)大師不(丕)自乍(作)小子夙夕尃由先且(祖)剌(烈)德"，其義爲伯大師大力幫助𩛥日夜遵行先祖德行，"小子"是𩛥的謙稱，[3]也可視爲𩛥是伯大師小宗之意；"𩛥䢅(敢)𢘓(釐)王，卑(俾)天子萬年，[illegible][illegible]白(伯)大師武"，其義爲𩛥祝福王能够萬年無疆，并且遵循伯大師的行績。綜上引銘文内容分析得知，伯大師和𩛥之間絶非單純長官與下屬的關係，𩛥崇敬仰慕伯大師，伯大師亦不遺餘力地推舉照顧𩛥，讓𩛥亦能擔任師職，可見伯大師有可能是𩛥同祖不同父的長兄，即從兄長，也有可能伯大師和𩛥皆是虢季易父之子，即同父兄弟。[4] 無論兩人是從兄弟或是胞兄弟，伯大師和𩛥皆是具有親緣關係的同家族之人。

由上可知，作器者在大師官職前加伯仲等親屬輩分稱呼時，作器者與該大師有親屬關

---

[1] 白川静：《金文通釋》卷三下，神户：白鶴美術館，1971年，第529頁；張亞初、劉雨：《西周金文官制研究》，北京：中華書局，1986年，第3頁；李學勤：《師𩛥鼎剩義》，《新出青銅器研究(增訂版)》，北京：人民美術出版社，2016年，第82頁；王治國：《金文所見西周王朝官制研究》，北京大學博士學位論文，2013年，第120頁。

[2] 𦙍，疑從甚聲之字，在此讀爲任。參見裘錫圭：《説"[illegible][illegible]白大師武"》，《考古》1978年第5期。

[3] 于豪亮：《陝西省扶風縣强家村出土虢季家族銅器銘文考釋》，《于豪亮學術文存》，北京：中華書局，1985年，第14頁。

[4] 于豪亮：《陝西省扶風縣强家村出土虢季家族銅器銘文考釋》，《于豪亮學術文存》，北京：中華書局，1985年，第12－13頁；韓巍：《周原强家西周銅器群世系問題辨析》，《中國歷史文物》2007年第3期。

係,换言之即“親屬輩分+官職”的稱謂,稱名者與被稱者具親緣關係。

關於柞鐘銘中柞與仲大師的關係,亦可由柞鐘銘文來證明。柞鐘一套八件,從銘文曆日得知當屬幽王時器。[1] 銘文記“中(仲)大師右柞,柞易(錫)載、朱黄(衡)、䜌(鑾),嗣五邑佃人事。柞捧(拜)手,䵼(對)䚄(揚)中(仲)大師休,用乍(作)大鐂(林)鐘”。此篇銘文格式十分特别,首先是仲大師作爲柞的右者,同時又是柞的賞賜者,從柞拜手對揚仲大師休的描述推斷,仲大師并非代表王或轉達王的意思,否則文末柞隻字未感謝王是很失禮的行爲,且柞從頭到尾皆稱“仲大師”,是强調其與大師的親屬聯繫,因此柞和仲大師之間應是家臣與小宗的雙重關係。

綜上所論,伯大師應是克之本家大宗在王朝擔任大師職位者,伯克一支實爲此宗族内之小宗,但作爲分宗之長亦能稱“伯”。伯大師將原本隸屬自己的三十名僕轉贈給克,“僕”泛指擔任戰鬥守衛性質工作的人。[2] 伯大師的賞賜具有雙重意義,於私是貴族的家族長賞賜小宗;於公是高級職官賞賜下屬官吏。從克對揚之辭“天右王伯友”來看,似乎以家族内賞賜爲主,王伯前的“天右(佑)”爲修飾語,王伯友即指伯大師與其諸兄弟,克萬分感念大宗對自己的關愛與照顧,不僅對揚賞賜者本人連帶大宗諸兄弟均一并致忱。還有另外一種説法是將“天右王伯友”釋成“天君皇伯休”,[3]“天君”意指君上,“皇伯”的“皇”是美稱用以修飾伯大師。無論是哪一種釋法,都不影響伯大師與伯克爲本家大宗和分支小宗的關係。

克所在之華氏家族與從出之本家皆擔任王朝師職。擔任師職的克,不僅受華氏先祖庇蔭獲得周王信賴,又受大宗伯大師的關照,可見小宗雖自本家分出,但依舊與大宗保持密切關係,大宗不僅掌控家族事務大權,亦在政治仕途上提攜宗族成員,藉以鞏固繁盛自家在王朝的地位。

十、結　　語

本文將不同時期任家村窖藏出土的“克器組”、“仲義父器組”、“梁其器組”、“吉父器組”與相距很近的北橋村窖藏出土的“伯吉父器組”,以埋藏地緣性與作器者關係爲出發點,藉由青銅器器型學、紋樣學的對比,輔以金文曆譜的計算方法,確定器組所屬王世,繼而利用銘文内容的深入解讀,定位克直系五代的世系,勾勒出克所屬華氏在西周晚期的發展情況和與本家大宗之間的關係。現將本文研究所得主要觀點歸納如下:

---

[1] 夏商周斷代工程專家組:《夏商周斷代工程 1996－2000 年階段成果報告・簡本》,北京:世界圖書出版社北京公司,2000 年,第 35 頁。

[2] 裘錫圭:《釋僕庸》,《裘錫圭學術文集》第 5 卷,上海:復旦大學出版社,2012 年。

[3] 見馬承源主編:《商周青銅器銘文選・三》,北京:文物出版社,1990 年,第 218 頁。“右”與“君”寫法有别,然伯克壺爲傳世摹本,有可能將君誤寫成右。

（1）克又稱仲義父，爲宣王時人。克在王朝先任師職兼嗣左右虎臣，後任善夫并能出納王令、擔任右者。在家族中擔任華氏宗族長，稱作伯克。

（2）克之曾祖師華父，又稱釐季，爲恭王時人。在王朝擔任師職，并能出納王令。

（3）克之祖父考伯，爲懿孝夷時人；克之父考爲後仲，爲厲王時人，兩人從銘文内容推斷應在王朝擔任師職。

（4）克之子梁其，又稱吉父，爲幽王時人。梁其先繼承父職在王朝任善夫，後任王朝正長身兼畿内邦君。因爲長子，故能承襲華氏宗族長，稱作伯梁其、伯吉父。

（5）從大宗分出另立華氏的時間應是在克之父考後仲一代或在克時，華氏的由來是采用師華父之字爲氏。

（6）從華季盨銘和仲姞鬲銘得知除克直系親屬外的其他華氏成員活動情況，顯示西周晚期華氏已發展成一個較大規模的家族。

（7）華氏與姬姓、姞姓、妘姓女子通婚，説明華氏屬非姬姓貴族家族。

（8）“伯大師”、“仲大師”爲“親屬輩分+官職”的稱謂，稱名者與被稱名者具親緣關係。

（9）宣、幽時期華氏在王朝享有較高的地位與權力，且在西周晚期金文中出現頻率高於本家大宗。克能出納王令、擔任右者，梁其甚至任王朝執政大臣身兼邦君，此種現象顯示後起分出的小宗有時在政治地位上會超越大宗，體現了西周世族地位并非全由宗法關係決定。

（10）克所屬貴族世家，歷經師華父、考伯、後仲數代服事先王、苦心經營，宣幽時期成爲活躍於王朝的世家大族。然進入春秋時期之後，似未再見華氏成員所作器物。顯示華氏家族勢力在東遷洛邑後衰落不振，漸漸從西周世家大族的輝煌榮光中消逝隱退。

曾祖師華父、祖父考伯、父考後仲三代爲師；克襲任師職，後爲善夫并能出納王令；梁其承襲善夫一職，後受天子寵，任大正兼邦君。師華父至後仲官職固定，克與梁其官職有所異動，并擁有特殊權能。從五代人的政治仕途來看，可知西周晚期世卿世禄制度鬆動崩壞，官職世襲雖仍存在，却可因周王個人愛惡決定官位升降、給予特權。

正因此種傳統政治秩序平衡的破壞，迫使世家大族爲穩固自身政治地位與維護家族利益，大宗與小宗之間結黨抱團，宗族内部凝聚意識逐漸增强。西周晚期“伯大師”、“仲大師”此種“親屬輩分+官職”的稱謂，正是在强調宗族本位氛圍的環境下應運而生的産物。

透過克所屬家族親屬世系關係與家族結構個案研究，所反映出宗族本位意識的增强、世官制度的鬆動崩壞等問題，都使我們對西周晚期的政治制度、宗法制度、家族組織等固有觀點産生新的反思與認識。

西周王朝對畿外諸侯的軍事領導機制

[韓] 李裕杓*

一、導　論

西周時期的"侯",原來是由周王所封的防禦邊域地區的軍事長官。[1] 他們在邊域的封地扎根,其職位代代世襲,原來職官的性質,慢慢轉變爲"封建君主"的性質。與此同時,周王的權威越來越微弱。在周王與諸侯之間的關係上,因王權變弱而"侯"變强,還是因"侯"變强而王權變弱,難以判斷其因果關係。可以肯定的是,這兩種變化,不是單獨發生的,而是像咬合着的齒輪一樣,有聯動關係,筆者認爲這是最合理的解釋。

西周時期的記載當中尚未見由"侯"主動發動的對外征伐戰,一般情況下都是"侯"配合周王進行軍事行動。這是很有趣的現象,這可證明在西周時期,周王對諸侯的控制還是很有效的。在如此有效的控制裏面,有周王對諸侯的牽制手段的運用。春秋時期的王權那麽微弱,和失去了對他們的控制機制有關。當時的混亂局面,連諸侯也管不好自己的卿大夫。《論語・八佾》曰:"孔子謂季氏,八佾舞于庭,是可忍,孰不可忍也。"[2] 八佾舞是天子的禮數,季氏敢在庭用八佾奏樂舞蹈,因此孔子批評他。這個時期是所謂"禮崩樂壞"的時期,禮樂與戰争的主管者周天子的權威已經有名無實了。《北堂書鈔》引《紀年》曰:"晉侯築宫而美,康王使讓之。"[3] 晉侯新築的宫殿過於壯觀,所以康王派人譴責他。《竹書紀年》是戰國時期魏國的史書,魏國出於晉國,也許這裏有爲晉國隱諱之語,但此條史料告知西周早期周工對諸侯的確有所牽制。此外,西周史料當中,與此類似的記載不少,所以本文要討論西周時期周王對諸侯的控制手段。討論這個問題,有助於深入研究周王如何有效地運作軍事領導機制。

二、周王對諸侯立儲的介入

西周時期的諸侯具有在周王朝的邊域藩屏王朝的軍事長官性質。[4] 與此同時,他們還

---

* 東北亞歷史財團研究委員。

[1] 朱鳳瀚:《關於西周封國君主稱謂的幾點認識》,收入陝西省考古研究院、上海博物館編:《兩周封國論衡——陝西韓城出土芮國文物暨周代封國考古學研究國際學術研討會論文集》,上海:上海古籍出版社,2014 年。

[2]《論語注疏》卷三,《十三經注疏》附校勘記,上海:上海古籍出版社,1997 年,第 2465 頁。

[3] 方詩銘、王修齡:《古本竹書紀年輯證》(修訂本),上海:上海古籍出版社,2005 年,第 44 頁。

[4] 朱鳳瀚:《關於西周封國君主稱謂的幾點認識》。

具有代代世襲的封建領主的性質。數代過後,諸侯因其封建領主的性質,與周王的關係會逐漸疏遠。因此周王爲了鞏固諸侯的藩屏作用,會在諸侯繼承方面進行干涉。《國語》中有一個代表性的例子:

魯武公以括與戲見王,王立戲,樊仲山父諫曰:"不可立也! 不順必犯,犯王命必誅,故出令不可不順也。令之不行,政之不立。行而不順,民將棄上。夫下事上,少事長,所以爲順也。今天子立諸侯而建其少,是教逆也。若魯從之,而諸侯效之,王命將有所壅。若不從而誅之,是自誅王命也。是事也,誅亦失,不誅亦失。天子其圖之。"王卒立之。魯侯歸而卒。及魯人殺懿公而立伯御。[1]

魯武公帶自己的兒子"括"和"戲"朝見宣王。其中"括"應該是長子,依周朝的禮制,長子繼承父業是理所當然的。但是宣王青睞"戲",要立"戲"爲魯國之儲君,樊仲山父勸諫阻止他,然而宣王不聽,終於立"戲"爲魯國的繼承者。應該注意的是,樊仲山父的勸諫理由是立"戲"爲儲君是違背禮法的,將要導致其國的混亂,而并非不讓周王干預諸侯之事。樊仲山父的這段話是否屬實則不能確定,但這段故事整理而成的時候,整理者也許對周王干預諸侯之事并没有反對意見。恰恰相反,諸侯國之間的矛盾需要由周王親自解决,如《公羊傳》認爲齊哀公因紀侯之讒言而受死,如果當時有"明天子",則紀侯肯定已經被處死了。[2]

周王介入諸侯繼承問題,大體可分爲兩種方式:一是積極性介入:二是消極性介入。如上所舉係第一種情况。此外,與齊哀公相關的問題,也值得一提。《齊太公世家》曰:

哀公時,紀侯譖之周,周烹哀公而立其弟静,是爲胡公。[3]

周夷王烹殺齊哀公之後,將哀公之弟"静"立爲齊侯。不過,齊國在此後數十年,不斷出現侯位繼承問題。[4] 夷王藉此機會威懾諸侯來增强自己的領導力,但邊域的軍事重鎮,却

[1] 徐元誥撰,王樹民、沈長雲點校:《國語集解》(修訂本),北京:中華書局,2002年,第22－23頁。

[2] 《春秋》莊公四年:"紀侯大去其國。"其《傳》曰:"大去者何? 滅也。孰滅之? 齊滅之。曷爲不言齊滅之? 爲襄公諱也。《春秋》爲賢諱。何賢乎襄公? 復讎也。何讎爾? 遠祖也。哀公亨乎周,紀侯譖之。以襄公之爲於此焉者,事祖禰之心盡矣。盡者何? ……今紀無罪,此非怒與? 曰:非也。古者有明天子,則紀侯必誅,必無紀者。紀侯之不誅,至今有紀者,猶無明天子也。……有明天子,則襄公得爲若行乎? 曰:不得也。不得則襄公曷爲爲之? 上無天子,下無方伯,緣恩疾者可也。"(《春秋公羊傳注疏》卷六,第2226頁)

[3] 《史記》卷三二《齊太公世家》,北京:中華書局,1959年,第1481頁。

[4] 《史記》卷三二《齊太公世家》,第1481－1483頁。

進入混亂狀態。推定爲夷王時器的五年師旋簋銘文(《集成》4216)中的"王曰：師旋令(命)女(汝)羞追于齊(齊)",在如此背景下,可以理解爲周王派兵救援在内亂或被異族所侵的齊國。夷王立齊胡公是殺諸侯後新立諸侯之例,大體上也可稱爲積極性介入,表明夷王絶無滅齊之意。

在文獻中還可以找到類似的例子,如《史記·管蔡世家》:

> 管叔、蔡叔疑周公之爲不利於成王,乃挾武庚以作亂。周公旦承成王命伐誅武庚,殺管叔,而放蔡叔,遷之,與車十乘,徒七十人從。……蔡叔度既遷而死。其子曰胡,胡乃改行,率德馴善。周公聞之,而舉胡以爲魯卿士,魯國治。於是周公言於成王,復封胡於蔡,以奉蔡叔之祀,是爲蔡仲。[1]

周公平定三監之亂後,殺管叔,流放蔡叔。蔡叔死後,其子胡"率德馴善",能够遵循祖德修善,周公提拔他爲魯國的卿士。因他把魯國治理得很好,故周公向成王推薦他,恢復蔡國,續蔡叔之祀。這可看作對諸侯的册封,使他得到祭祀蔡叔的權利,也帶有繼承蔡叔之業的性質。類似的情況,在西周銅器銘文中還有鄂侯的例子。

先看禹鼎銘文(《集成》2833)的相關内容。因鄂侯馭方的反叛,周王發怒而命令西六師、殷八師:"劚(撲)伐噩(鄂)侯馭方,勿遺壽幼。"不過他們"弗克伐噩(鄂)",未能徹底剿滅噩侯。"雩(雩)禹㠯(以)武公徒馭(馭)至于噩(鄂),𦎫(敦)伐噩(鄂)",所以武公的私屬"禹"率領武公的私兵出征,最後禹"隻(獲)氒(厥)君馭(馭)方",獲擒噩侯而立了大功。

周王的"無遺壽幼"這句話,有將噩侯家族全部屠滅之意。噩侯反叛以失敗告終,宣王將申遷到謝地(今河南南陽一帶)而掌控南國。[2] 這很容易使人認爲噩國已經滅亡了。

最近河南省南陽市夏響鋪所發現的西周晚期至春秋早期的噩國墓地,給我們提供了很重要的信息。[3] 此墓群中的M1出土了帶有"噩侯夫人"銘文的銅鼎、銅簋、銅鬲等;初步認定爲夫妻異穴合葬的M5、M6也分别出土了刻有"鄂姜"、"噩侯"銘文的銅器;被認定爲夫妻異穴合葬的M19、M20也分别出土了帶有"噩侯"、"噩姜"銘文的銅器。經初步判斷,墓葬群的時代應爲西周晚期偏晚到春秋早期,[4] 就是噩侯馭方之後的噩國墓地。從此得知,雖然

[1] 《史記》卷三五《管蔡世家》,第1565頁。

[2] 《毛詩正義》卷一八之三《大雅·崧高》,第566頁:"王命申伯,式是南邦。"

[3] 2012年4月以來的第一期工作當中已經清理了20座墓葬(崔本信、王偉:《南水北調中綫工程南陽夏響鋪鄂國貴族墓地發掘成果》,《中國文物報》2013年1月4日第8版)。

[4] 崔本信、王偉:《南水北調中綫工程南陽夏響鋪鄂國貴族墓地發掘成果》,《中國文物報》2013年1月4日第8版。

噩侯馭方反叛失敗而被擒，噩國還是繼續存在的。[1] 噩侯馭方之後的噩侯族氏，尚未確定，只能從齊胡公、蔡仲之例推測，應該是周王親自任命的諸侯。

我們接着看一下周王對諸侯繼承問題的消極性介入。這并非周王直接任命諸侯後嗣，而主要是諸侯即位在先，周王承認在後的"嗣封"的例子。[2] 在《春秋》中即可找到其例：

《春秋》文公元年："天王使毛伯來錫公命。"

《春秋》成公八年："秋，七月，天子使召伯來錫公命。"

圖一 燕侯旨鼎銘文

文公元年之例，杜預注曰："諸侯即位，天子賜以命圭合瑞爲信。"[3] 成公八年之例，杜預曰："諸侯即位，天子賜以命圭，與之合瑞。八年乃來，緩也。"杜氏認爲諸侯即位，天子以命圭賜給他。孔穎達的解釋更加詳細，曰："諸侯即位，禮必朝王，明當即位即賜之命。令八年乃來，是緩也。"[4] 孔氏認爲諸侯即位後，必須朝見周王，接受周王之賜命，筆者認爲這就是"嗣封"。但是已經找不到春秋時期新即位的諸侯朝見天子之例，只能見到天子派朝廷大臣賜命之例。與此相反，西周時期的銅器銘文中，可以找到新即位的諸侯朝見周王受命之例：

燕侯旨鼎(《集成》2628)：匽(燕)侯旨初見(視)事于宗周。王賞旨貝廿朋，用作又姒寶尊彝。

伯晨鼎(《集成》2816)：隹(唯)王八月，辰才(在)丙午，王命𩏂厌(侯)白

[1] 尚未發表正式考古報告，但筆者初步推測，噩國的勢力應該不如以前噩侯馭方時那麼强大。宣王把申侯遷封到謝地，試圖讓南國安寧的同時，應該還有控制南土諸侯的目的。噩國也應該受到申侯的牽制。

[2] 劉雨先生把諸侯的册封分爲"封建"、"嗣封"、"遷封"三類。張秀華分爲"初封"、"嗣封"、"改封"，與劉先生相類(劉雨：《西周金文中的"周禮"》，侯仁之、周一良主編：《燕京學報》新三期，北京：北京大學出版社，1997 年，第 72－78 頁；張秀華：《西周金文六種禮制研究》，吉林大學博士學位論文，2010 年，第 125－144 頁)。

[3]《春秋左傳正義》卷一八，第 1836 頁。

[4]《春秋左傳正義》卷一八，第 1904 頁。

(伯)晨曰：㚸(嗣)乃且(祖)考厌(侯)于䡖,易(錫)女(汝)秬鬯一卣,幺(玄)衮衣、幽夫(韍)、赤舃、駒車、畫呻(紳)、䡈(幬)爻(較)、虎幃(幃)、冟(冪)衽里幽、攸(鋚)勒、㫃(旂)五㫃(旂)、彤(彤弓)、彤(彤矢)、㫃(旅)弓、㫃(旅)矢、□戈、綄(皋)胄,用殊(夙)夜事,勿灋(廢)朕(朕)令(命),䢅(振)拜(拜)䭫(稽)首,敢(敢)對(對)䫏(揚)王休,用乍(作)朕(朕)文考瀕公宫隮(尊)鼎,子孫甘(其)萬年永寶用。

先看西周早期,燕侯旨鼎銘文疑爲康王時期。燕侯旨是西周早期的一代燕侯,[1]學界已經認可燕國的始封君是燕侯克,燕侯旨很可能是他的繼承人。[2] 這篇銘文中關鍵的是"見(視)事于宗周","見",《爾雅・釋詁下》:"覯,見也。"《周禮・春官・大宗伯》"秋見曰覲",賈公彦疏曰:"覲之言勤也,欲其勤王之事。"[3]這與"見事"應該無異。即這篇銘文講的是燕侯旨嗣封之後,第一次入朝覲見周王之事。但銘文賞賜很簡略,只記載"貝廿朋"而已。

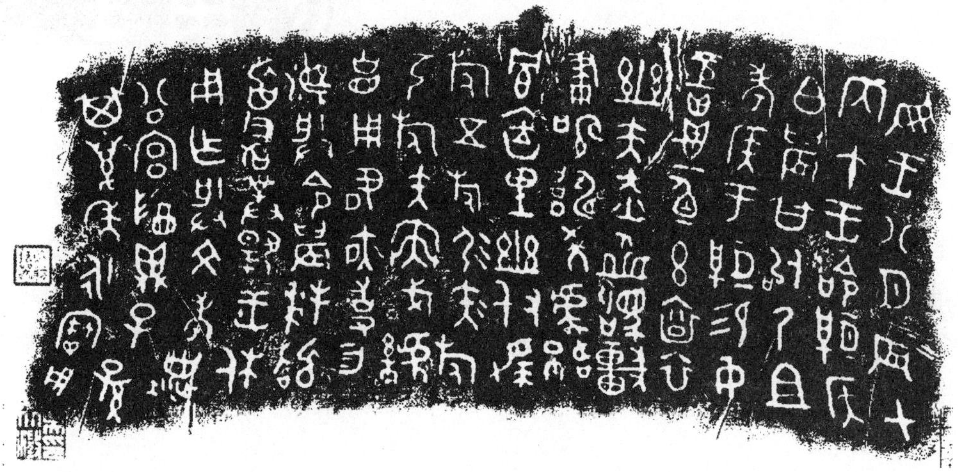

圖二　伯晨鼎銘文

西周晚期伯晨鼎銘文所載的情況與此相類。但不同的是其所講的内容很詳細,賞賜的數量也很多。這篇銘文是周王册封伯晨"嗣乃祖考侯于䡖",繼承父祖擔任䡖侯的内容。"䡖",或釋爲"韓"。對此郭沫若先生曾説:"蓋因誤認右旁爲亘,故以形聲相近之字爲比附,

[1] 參見唐蘭:《西周青銅器銘文分代史徵》,北京:中華書局,1988年,第148－149頁(下文簡稱爲"史徵")。

[2] 1986年北京房山區琉璃河鎮燕侯墓地所出的克罍(《近出》987)、克盉銘文(《近出》942)曰:"王曰,"大(太)俘(保),隹(唯)乃明乃心,亯(享)玗(于)乃辟,余大對乃亯(享),令克厌(侯)玗(于)匽(燕)……"

[3]《爾雅注疏》卷二,第2575頁;《周禮注疏》卷一八,第759頁。

毫無根據。”[1]本文從之。不過，目前爲止尚未清楚其地望，暫擱在此，待考。對這些繫於“嗣封”之例的銅器銘文，劉雨先生曾説：“此時諸侯的嗣封仍須得到周王的承認，并舉行過大封典禮。這種嗣封在受到王的禮器、兵器及車馬命服的頒賞之後才算正式確認。”[2]這樣看來，“嗣封”帶有較强的形式性。但是，换個角度考慮這個問題，雖然帶有形式性，而如果周王有對該諸侯的不滿，或想要牽制他，可以行使拒絶册封而公開剥奪其諸侯的權力。[3] 即“嗣封”也可被周王利用而對諸侯進行牽制。

三、從引簋銘文看周王對諸侯的軍事控制

在 2010 年今山東陳莊高青發現的所謂“引簋”銘文（圖三），[4]給我們提供了很重要的史實：

> 隹（唯）正月壬申，王各（格）于龏（龔）大（太）室。王若曰：“引，余既命女（汝）更乃𣪕（祖）䢅𤔲（司）齊𠂤（師），余唯𤔲（申）命女（汝）。易（賜）女（汝）彤（彤弓）一、矨（彤矢）百、馬亖（四）匹，□乃御毋（毋）敗（敗）□。”……（《銘圖》5299）

圖三　引簋器（左）、銘文（右）

---

［1］郭沫若：《兩周金文辭大系圖録考釋》，北京：科學出版社，1957 年，第 116 頁。

［2］劉雨：《西周金文中的“周禮”》，第 21 頁。

［3］周夷王的烹殺齊哀公，也許與此有關。

［4］作器者“[illegible]”，朱鳳瀚先生指出此字似不从“弓”，則其字讀爲“引”有所不妥。但學術界廣泛釋爲“引”，本文暫從之。參見李學勤等：《山東高青縣陳莊西周遺址筆談》（朱鳳瀚文），《考古》2011 年第 2 期，第 25 頁。

"引,余既命女(汝)更乃旻(祖)𦥑𤔲(司)齊自(師)",周王册命他繼承祖父掌管齊師,并賜給他"彤弓一、彤矢百、馬四匹"。其中令人關注的是彤弓和彤矢。銅器銘文中少見彤弓和彤矢的賞賜,其例子可歸納於如下兩種:對戰功的賞賜、封侯賞賜。

比如,虢季子白帶兵却退獫狁而有功,周王賜給他"乘馬"、"弓、彤矢"(虢季子白盤銘文,《集成》10173)。"乘馬"就是"四匹馬","弓彤矢"應該是彤弓、彤矢,但未記載數量。賜彤弓、彤矢,在典籍中亦有記載,如晉文侯在周王東遷時護駕有功,接受周王之賜:"王曰:父義和!其歸視爾師,寧爾邦。用賚爾秬鬯一卣;彤弓一,彤矢百;盧弓一,盧矢百;馬四匹。"[1]這就是對護駕有功而受賜彤弓、彤矢的例子。封建諸侯之事,也可見賞賜彤弓、彤矢的情況。如虞侯夨受周王之命遷封於宜,并受賜於周王,其中有"彤(彤)弓一、矢(彤)矢百、旅弓十、旅矢千"(宜侯夨簋銘文,《集成》4320)。伯晨繼承祖考受命爲諸侯,并受到不少賞賜,其中也有"彤(彤弓)、彤(彤矢)、㫃(旅)弓、㫃(旅)矢"(伯晨鼎銘文,《集成》2816)。此外,應侯視工不知什麽原因也被周王賞賜彤弓、彤矢:[2]"王各(格)于康宫,焚(榮)白(伯)内(入)右雁(應)侯見(視)工,易(賜)彤(彤弓)一、彤(彤矢)百、馬三(四)匹。"(應侯視工鐘銘文,《集成》107－108)。

從此可知,作爲賞賜品的"彤弓"、"彤矢",其級别相當高,[3]尤其是册封諸侯之時賜予"彤弓"和"彤矢"更是如此。與此相比,對"引"的册命賞賜的規模也毫不遜色。該銘文中只記載"彤弓、彤矢、四匹馬",也不能排除還有接受其他賞賜的可能性。[4] 那麽"引"是否可看作一代齊侯?筆者認爲不能輕易斷定。如果引是諸侯,則應該屬於"嗣封"之例,一般情況下,"嗣封"之時用"侯于'某'"的術語,尚未見到"司'某'師"的術語。除此之外,"始封"、"遷封"也是如此。[5] 所以暫不能確認"引"爲"齊侯",那麽如何去理解引所掌管的"齊師"?

首先看一下西周銅器銘文所見的"地名+師"(或"地名+自")結構的名詞。這種結構的名詞指的是軍事組織或者地名,將有關銘文資料列表於此:

---

[1]《尚書正義》卷二〇《文侯之命》,第254頁。

[2] 應侯視工鼎(《近二》323)、應侯視工簋銘文(《首陽》114頁)中記載應侯承周王之命征伐"南夷毛"的戰役,何景成認爲應侯視工鐘銘文所見的賞賜典禮是針對這次戰功的(何景成:《應侯視工青銅器研究》,收入朱鳳瀚主編:《新出金文與西周歷史》,上海:上海古籍出版社,2011年,第228頁)。

[3] 此外,小盂鼎銘文(《集成》2839)所見的"王令(命)賞盂,□□□□□,弓一、矢百",方浚益疑爲彤弓、彤矢(轉引自周寶宏:《西周青銅重器銘文集釋》,天津:天津古籍出版社,2007年,第414頁)。

[4] 青銅器銘文帶着很强的紀念性,不過按載體的大小、工匠的能力,可鑄造的字數有所限制。考慮到這一點,不難而知,目前所見的銅器銘文中,不少内容已經被省略了。

[5] 封建之例:克罍(《近出》987)、覠公簋銘文(《銘圖》4954)等;遷封之例:宜侯夨簋、麥方尊(《集成》6015)等。

表一　西周金文所見"某師"型名詞的例子

時期	名稱	地點	師旅	銘文及著録	名稱	地點	師旅	銘文及著録	名稱	地點	師旅	銘文及著録
早期	𩁹自	○[1]		利簋《集成》4131	成自	○		小臣單觶《集成》6512	吕自		○	吕師戈《集成》10955
	朽自	○		册𡨦鼎《集成》2504	盩自	○		旅鼎《集成》2728	𥂴自		○	𥂴師寢戈《集成》11012
	衛自		○	衛師鍚盾飾《集成》11838 衛師鍚泡《集成》11858	鄂自		○	中甗《集成》949 静方鼎《集成》357	豢自	○		小臣謰簋《集成》4238
	炎自	○		召卣《集成》5416	曾自		○	静方鼎《集成》357	牧自	○		小臣謰簋《集成》4238
	豐師		○	豐師當盧《近二》981	鄂自次	○		中甗《集成》949	寒自	○		中方鼎《集成》2785
中期	𩰬師	○		善鼎《集成》2820	[illegible]自	○		静簋《集成》4273 戜方鼎《集成》2789	周師	○		免簋《集成》4240 𤞷盤《近二》836
	𢾛自	○		趞簋《集成》4266 静簋《集成》4273								
	𦕼自	○		静簋《集成》4273	古自	○		录卣《集成》5420 稽卣《集成》5411 遇甗《集成》948 臤尊《集成》6008	周師 录宮	○		師𩛥簋蓋《集成》4277 諫簋《集成》4285 瘨盨甲《集成》4462 宰獸簋《近出》490 師晨鼎《集成》2817
	成自		○	競卣《集成》5425								
	商自	○		穆公簋蓋《集成》4191								
	齊自		○	史密簋《近出》489	周師 司馬宮	○		師瘨簋蓋 《集成》4283	周師 量宮	○		師𩠪簋《集成》4251
		○		引簋《銘圖》5299								
晚期	齊自	○		妊小簋《集成》4123	京自	○ ○		多友鼎《集成》2835 克鐘《集成》204－205	楊自[2]	○		卌二年逨鼎《近二》328
	齊币		○	師寰簋《集成》4313								
	永師 天宮	○		融比盨《集成》4466								

[1] 圓圈表示屬於地點還是師旅。

[2] "楊師"在銘文中不見其詞，不過按商艷濤先生的研究，這篇銘文中的"厥師"很可能指的是"楊師"，本文從之（參見商艷濤：《西周軍事銘文研究》，廣州：華南理工大學出版社，2013年，第43－44頁）。

從中可以發現有趣的問題。

第一,一個名詞既用作軍事組織之稱,也用作地名之例:"成自",在小臣單觶銘文中"王後臤(反)克商,在成自",用作地名,不過在競卣銘文中"隹(唯)白(伯)屖父㠯(以)成自(師)即東",用作軍事組織。"齊自"的例子更加複雜。其在史密簋、師寰簋銘文中用作軍事組織之稱,不過在引簋銘文中引所掌管的對象,既可認爲是軍事組織,也可認爲是地名。引掌管齊師,是爲了率領齊師進行軍事活動,不過他的職責不僅限於軍事活動,也包括齊師相關的種種行政業務。這種情況還從妊小簋銘文中可見,"白(伯)莽(艿)父事(使)䎛𩁹(櫝)尹人于齊自(師),妊小從䎛"䎛所擔任的"𩁹(櫝)尹人"的職務,也不限於師旅之内的業務,還包括在其駐扎地所需要的諸項業務。

第二,"䙴師(豳自)"。根據以往的研究成果,"䙴(豳)"即"豳",即今陝西彬縣一帶。[1] 静簋銘文曰:"雩(雩)八月初吉庚寅,王㠯(以)吴朿、吕犅(犅)卿(佮)豳(豳)、蓋自(師)、邦君射于大池。"是説在某王八月,王率領吴朿、吕犅(犅)卿(佮)豳(豳)、蓋自(師)、邦君等在大池舉行射禮。對於"豳自",孫作雲先生指出了"某+自"型地名的軍事作用而認爲即"豳師",這個地區在軍事上十分重要,既適於農耕,也適於放牧,乃遊牧部族和農耕部族的必争之地,所以周王以重兵駐防這個地區。[2] 正如陳夢家先生所云,"卜辭金文某自之自乃是師戎所在",[3]學界普遍接受他的觀點。于凱先生在此基礎上,亦進一步論證了"某+自"型地區的"軍事功能區"性質。[4] 其中最使人注意的是,他提出的"軍事功能區"屬於"周王直轄區"的看法。這些軍事功能區,主要分布在王朝的東部和西部,[5]在以宗周和成周爲中心的軍事防禦體系上,這是很重要的布局。[6]

有學者曾論證,静簋銘文所見之"豳自",是六師的駐屯地之一,[7]也有認爲小臣謎簋銘文中的"豪自"、"牧自",與殷八師的駐屯地有關。[8] 不過,在"某+自"型地區中,除了這些六師、八師的駐屯地之外,還有其他性質的地區。如于凱先生所説的"軍事功能區"。諸侯向

---

[1] 劉雨:《豳公考》,《第四届國際中國古文字學研討會論文集》,香港:香港中文大學中國語言及文學系,2003年,第97－106頁。此外,李學勤先生將"䙴"釋爲"遂",具備一説(參見李學勤:《論䙴公盨及其重要意義》,《中國歷史文物》2002年第6期)。

[2] 孫作雲:《説豳在西周時代爲北方軍事重鎮——兼論軍監》,《河南師範大學學報》1983年第1期,第35頁。

[3] 陳夢家:《西周銅器斷代》,北京:中華書局,2004年,第10頁。

[4] 于凱:《西周金文中的"自"和西周的軍事功能區》,《史學集刊》2004年第3期。

[5] 商艷濤對"某師"型地名進行詳細的清理,這個過程中提出這種地名主要分布於王朝的東部和西部(參見商艷濤:《西周軍事銘文研究》,第35－45頁)。

[6] 羅琨、張永山:《夏商西周軍事史》,北京:軍事科學出版社,1998年,第285－313頁。

[7] 《史徵》,第360頁。

[8] 《史徵》,第240頁。

來被認爲是帶有高度獨立性的封君。對此朱鳳瀚先生强調了其在邊域地區作爲斥侯、防禦外敵的軍事職官性質。[1] 諸"侯"受封的地區是當時的交通通道和軍事重鎮。他們再次履行藩屏周王朝的軍事性任務。如此看來,諸侯轄區跟作爲軍事功能區的"某+𠂤"有着相通之處。

至於持有同一地名的"侯"和"𠂤"的并存,是很有趣的史實。比如"齊侯"和"齊𠂤"、"噩侯"和"噩𠂤"等。此外,在個别研究成果上,四十二年逨鼎銘文中的"(楊)𠂤"也和"楊侯"聯繫起來。[2] 其關鍵應在於如何解釋"𠂤"和"侯"的關係。

再回頭考察一下,如上所舉的引簋銘文的情況。從引所擔任職官的世襲性和其賞賜品的高級性,可見其地位很高,但他不一定會是一代齊侯。如果他不是齊侯,只是掌管"齊𠂤"的長官,則其"齊師"指的是"軍隊"還是周王直接控制的"軍事功能區"? 筆者認爲後者的可能性不是很大。王朝已經設置了"侯",没有再設置軍事功能區的必要。在西周中晚期之際,發生了齊哀公被周夷王烹殺的特殊情況,[3]所以不能完全排除再設置軍事功能區"齊𠂤"的可能性。[4] 引簋在學界公認爲西周中期偏晚之器,引是繼祖父之業而擔任齊𠂤的職務,則他的家族開始擔任此職應早於齊哀公被烹殺之前,因此可以排除後者的可能性。如此的話,將"齊𠂤"視爲齊國軍隊是最爲合理的。

周王既册封諸侯,又册命王臣作爲侯所在地之軍事長官的原因,應該是爲了有效地牽制諸侯。如此的例子,在傳世文獻中也可見。春秋時期,輔佐齊桓公稱霸的管仲,朝見周王之時,周王將要賞賜他,此時管仲對周王説:"管仲辭曰:'臣賤有司也,有天子之二守國、高在。'"杜預注:"國子、高子,天子所命,爲齊守臣,皆上卿也。"[5]齊國的高氏、國氏是當時受命於天子的齊國卿士,《周禮》稱爲"命卿"。命卿的主要任務也在於軍事方面,《周禮・夏官・司馬》:"軍將皆命卿。"[6]命卿制度是否在西周時期已經存在,還不能完全肯定,但可以謹慎地説,西周時期已經出現類似"命卿"用來牽制諸侯的手段。

引簋所出土的陳莊遺址,應該是齊國軍隊的駐扎地。[7] 所以此地也可以叫做"齊𠂤",

---

[1] 朱鳳瀚:《關於西周封國君主稱謂的幾點認識》,《西周封國論衡——陝西韓城出土芮國文物暨周代封國考古學研究國際學術研討會論文集》,上海:上海古籍出版社,2014年。

[2] 商艷濤:《西周軍事銘文研究》,第35-45頁。

[3] 《史記》卷三二《齊太公世家》,第1481頁:"哀公時,紀侯譖之周,周烹哀公而立其弟静,是爲胡公。"

[4] 參見李學勤等:《山東高青縣陳莊西周遺址筆談》(李學勤文),《考古》2011年第2期,第22-23頁。

[5] 《春秋左傳正義》卷一三,僖公十二年,第1802頁。

[6] 《周禮注疏》卷二八,第830頁;《禮記正義》卷一一《王制》,第1325頁:"大國三卿皆命於天子……次國三卿,二卿命於天子,一卿命於其君……小國二卿,命於其君。"

[7] 陳莊遺址的性質方面,學界意見紛紜,其可歸納於如下三類:一是都邑説;二是齊國的封邑説;三是軍事城堡説。先看都邑説,陳莊城址東西、南北只有180米長,如果是都城,跟其他遺址比起來,其規模過小,不像齊國的都城。再看齊國封邑説,在這裏又出土了"豐啓"的器物,所以或認爲這是"豐(轉下頁)

引所擔任的職責,就是跟“齊自”有關的種種事務。“齊自”是齊國的軍隊,駐扎於齊侯所管的地區,是由齊侯所管人民而組成的軍事組織。不過其長官竟然由天子直接受册命。對此,朱鳳瀚先生認爲這件銅器對認識西周時期周王與諸侯之間的關係十分重要,從“更乃祖䝨司齊自”之語看,西周王朝在穆王時期至少已經開始對異姓齊國進行强制性控制。[1]

西周早期昭王時期的中甗、静方鼎銘文中也可見到“某自”和“某侯”的例子。這兩篇銘文所載的是昭王在南征之前,命中、静巡視南征路綫及安排行宫的内容。據此可以推測昭王的南征路綫,具有很重要的史料價值。[2] 其南征的過程中經過稱作“曾噩自”、“噩自次”的地區。“噩自次”的結構是“噩自+次”,“噩自”有兩種含義,一是噩國的軍隊,二是其師旅的駐屯地;“次”指的是軍事駐屯地,[3]則“噩自”應該指的是噩國的軍隊。即“噩自次”是噩國軍隊的駐屯地。那麼噩軍駐屯在何處?筆者認爲從静方鼎銘文中可以找到其綫索。静方鼎銘文中的“曾噩自”,在近年發現的湖北隨州安居鎮羊子山的噩國銅器群[4]和隨州西河鎮葉家山曾侯墓地中被陸續發現,[5]告知我們西周早期的噩國和曾國位於今隨州一帶,這是中原到江漢流域的必經之地,即所謂“隨棗走廊”的南段,可見其戰略意義上的重要性。静方鼎銘文曰:“王才(在)成周大(太)室,令(命)静曰:卑(俾)女(汝)𤔲(司)才(在)㽙(曾)噩(鄂)自(師)。”周王命静掌管“在曾噩師”,“在曾噩師”應指在曾地駐扎的“噩師”。中甗銘文中的“噩自次”,應該指曾地。有趣的是,周王派臣掌管諸侯的軍隊,與引簋銘文的“齊自”的情況相通。而且這“齊”、“噩”皆爲異姓的侯國,據此我們可以推測,周王向各諸侯國派駐軍事長官的政策,也許是對異姓諸侯普遍實施的政策。就其施行時間而言,中甗、静方鼎係昭王時期,所以其制定應該不晚於昭王時期。

總而言之,殷周交替之際,周邦受到其他異姓族群的軍事支持。特别在婚姻方面采取族外婚政策,有效地得到嬀姓、姜姓、姞姓等族群的軍事支持。周王朝建立後進行封建的時候,異姓邦國也受到册封,其中一些異姓族群,受封爲“侯”,在地方的軍事重鎮履行防禦外敵的

(接上頁)呇”的封邑,但是這也缺乏直接根據,而且如果是封邑,則引爲何非受命於齊侯而受命於周王的問題也不能解釋。所以筆者比較傾向於軍事城堡説(均參見李學勤等:《山東高青縣陳莊西周遺址筆談》,《考古》2011 年第 2 期;許宏:《先秦城市考古學研究》,北京:北京燕山出版社,2000 年,第 61－70 頁;王樹明:《山東省高青縣陳莊西周城址周人設防薄姑説——也談齊都營丘的地望與姜姓豐國》,《管子學刊》2010 年第 4 期;魏成敏:《陳莊西周城與齊國早期都城》,《管子學刊》2010 年第 3 期;[韓]沈載勳:《西周史의 새로운 發見——山東省高青縣 西周城址와 引簋銘文(西周史的新發現——山東省高青縣西周城址與引簋銘文)》,(韓)《史學志》第 43 卷,2012 年)。

[1] 李學勤等:《山東高青縣陳莊西周遺址筆談》(朱鳳瀚文),《考古》2011 年第 2 期,第 24－25 頁。

[2] 李裕杓:《新出銅器銘文所見昭王南征》,收入朱鳳瀚主編:《新出金文與西周歷史》,上海:上海古籍出版社,2011 年,第 278－282 頁。

[3]《春秋公羊傳注疏》卷六,莊公三年,第 2226 頁:“公次于郎。”何休注:“次者,兵舍止之名。”

[4] 張昌平:《論隨州羊子山新出噩國青銅器》,《文物》2011 年第 11 期。

[5] 黄鳳春、陳樹祥、凡國棟:《湖北隨州葉家山新出西周曾國銅器及相關問題》,《文物》2011 年第 11 期。

藩屏義務。他們剛受封之時,應該與周王室有很密切的關係,不過久而久之,"侯"的勢力越來越强大,與周王室的關係越來越疏遠,這樣的話,讓異姓諸侯爲周王朝藩屏的政策終究會得到失敗的結果。所以對周王朝來説,需要建立長期控制異姓諸侯的方案。諸侯國的軍事長官由周王親自册命,也許是爲了牽制諸侯勢力膨脹的布局。

四、西周時期的聯姻政策及其影響

《禮記·大傳》曰:"其庶姓别於上。而戚單於下。昏姻可以通乎。繫之以姓而弗别,綴之以食而弗殊,雖百世而昏姻不通者,周道然也。"[1]《論語》、《左傳》等傳世文獻,數見强調"同姓不婚"的原則。那麼周人爲何回避同姓通婚? 弗洛伊德(Sigmund Freud)説:"我們發現,幾乎在所有存在着圖騰現象的地方,也同時存在着這樣一條規律: 信仰同一圖騰的氏族成員之間禁止發生性關係,并進而禁止通婚。這就是'族外婚'。"[2]周人的族外婚,難道也是因爲圖騰的原因? 雖然有的學者試圖用圖騰來解釋姓氏,[3]但是周人采取"同姓不婚"原則的原因,并非如此簡單。我們從此出發談一下周人的同姓不婚,然後看看周人的聯姻政策,最後進一步思考其影響。

(一) 周族的同姓不婚政策

《論語·述而》有如下的情節:

> 陳司敗問:"昭公知禮乎?"孔子曰:"知禮。"孔子退,揖巫馬期而進之,曰:"吾聞君子不黨,君子亦黨乎? 君取於吴爲同姓,謂之吴孟子。君而知禮,孰不知禮?"巫馬期以告。子曰:"丘也幸,苟有過,人必知之。"[4]

魯昭公娶了吴國之女爲夫人,而吴國與魯國是同姓國,同姓通婚是違背禮法的行爲,所以稱吴夫人爲"吴孟子"。在此情況下陳司敗問孔子,昭公是否知道禮法,孔子回答爲"知禮"。孔子不會不知道昭公娶吴孟子是違背禮法的事,但是爲了替昭公隱諱,恐怕是故意如此回答。

據《魏書·高祖紀》:"夏殷不嫌一姓之婚,周制始絶同姓之娶。"[5]記載這條史料的時代認爲夏商可以同姓通婚,但周人堅持同姓不婚原則。《禮記·大傳》也有相關的句子:"雖

[1]《禮記正義》卷三四,第1507頁。
[2] [奥] 弗洛伊德著,趙立瑋譯:《圖騰與禁忌》,上海: 上海人民出版社,2005年,第9頁。
[3] 李玄伯:《中國古代圖騰制度及政權的逐漸集中》,收入《中國古代社會新研》,上海: 開明書店,1948年。
[4]《論語注疏》卷七,第2483頁。
[5]《魏書》卷七上《高祖紀》,北京: 中華書局,1974年,第153頁。

百世而婚姻不通者,周道然也。"[1]周人采取同姓不婚原則,有種種原因,其中值得注意的是《左傳》的記載"男女同姓,其生不蕃",[2]這條信息在《國語・晉語》爲"同姓不婚,惡不殖也",[3]即同姓男女結婚的話,其子孫"不蕃"、"不殖"。這句話,既關注宗族的優生,也强調族集團的繁殖和昌盛。

就宗族優生而言,值得注意的是《左傳》昭公元年的一句話,"内官不及同姓,其生不殖,美先盡矣,則相生疾",意思是説同姓結婚而生的孩子,在優生學的角度看體質衰弱,容易得病。高兵先生曾據民族調查進行統計,得出通婚範圍更小,畸形人占比例會更高的結論。[4] 他據此推測説:"周人在氏族社會就形成的同姓不婚規則,也應是周族實施近親婚配時,在與異族長期的交往、鬥争中經歷了許多慘敗、死亡後所總結制定的婚姻法則。"[5]筆者認爲他的觀點有道理。

就宗族的繁殖和昌盛而言,值得注意的是"男女同姓,其生不蕃"的孔疏,其曰:"禮取妻不取同姓,辟違禮而取。故其生子不能蕃息昌盛也。"[6]即當時認爲族外婚有助於宗族的繁殖與昌盛。從優生學的觀點看,族外婚的推行,可以減少嬰兒畸形死亡率,更多的孩子會長大成人,族内人口也會增長。然後通過與其他族集團的聯姻,會減少族之間的武力衝突,反而共同協力而形成武裝聯盟。發源於西北地區的周族當初并非擁有那麽强的武裝力量,[7]而往往因受到周圍族群的逼迫而不斷地遷徙。[8] 爲了對抗這種威脅,很自然地爲尋找幫手

[1]《禮記正義》卷三四,第1507頁。

[2]《春秋左傳正義》卷一五,僖公二三年,第1815頁。

[3] 徐元誥撰:《國語集解》(修訂本),第330頁。

[4] 高兵:《周代婚姻制度研究》,吉林大學博士學位論文,2004年,第27－29頁。

[5] 高兵:《周代婚姻制度研究》,第28－29頁。

[6]《春秋左傳正義》卷一五,僖公二三年,第1815頁。

[7]《毛詩正義》卷十七之二《大雅・生民》,第530頁:"即有邰家室。"毛傳曰:"邰,姜嫄之國也。堯見天因邰而生后稷。"《史記》卷四《周本紀》,第112頁:"封棄于邰,號曰后稷,别姓姬氏。后稷之興,在陶唐虞夏之際。"即周族起源於邰地。對於邰地的地望,學術界争論不休。錢穆先生在《周初地理考》中的考證把與周族起源有關的地名都定在山西境内,據此主張周族起源於山西,後來王克林、王玉哲等贊同錢氏之説;徐錫臺、尹盛平等主張邰地應在今陝西境内,他們認爲先周文化可能是以客省莊二期文化爲基礎并接受一些齊家文化的因素;此外,胡謙盈根據先周文化的分布狀況加以考察,認爲目前已知的周人最早的居住和活動地區,是在涇河上游流域,主張周族興起於涇河上游(參見錢穆:《周初地理考》,《燕京學報》1931年第10期;王克林:《試論齊家文化與晉南龍山文化的關係——兼論先周文化的淵源》,《史前研究》1983年第2期;王玉哲:《先周族最早來源於山西》,《中華文史論叢》1963年第3期;徐錫臺:《早周文化的特點及其淵源的探索》,《文物》1979年第10期;尹盛平:《先周文化與周族起源》,《華夏文明》(2),北京:北京大學出版社,1990年;胡謙盈:《淺談先周文化分布與傳説中的周都》,《華夏文明》(2),北京:北京大學出版社,1990年)。

[8]《史記》卷四《周本紀》,第113－114頁:"公叔祖類卒,子古公亶父立。古公亶父復修后稷、公劉之業,積德行義,國人皆戴之。薰育戎狄攻之,欲得財物,予之。已復攻,欲得地與民。……乃與私屬遂去豳,度漆、沮,逾梁山,止於岐下。豳人舉國扶老携弱,盡復歸古公於岐下。及他旁國聞古公仁,亦多歸之。於是古公乃貶戎狄之俗,而營築城郭室屋,而邑别居之。"

而跟異姓族聯姻,通過此種的軍事聯盟,一步一步地發展起來。那麽周人跟哪些姓族聯盟?我們繼續討論這個問題。

（二）周王室與異姓諸侯之間的通婚

《左傳》宣公三年:“姬、姞耦,其子孫必蕃。姞,吉人也,后稷元妃。”杜預注:“姞姓之女爲后稷妃,周是以興,故曰‘吉人’。”[1]從此發現周人早就跟異姓族聯姻的綫索。到了殷周之際,周人還是堅持着族外婚原則。首先,古公亶父跟姜姓女聯姻,[2]其子季歷跟任姓女結婚,[3]其子文王娶了姒姓女。[4] 周人的婚姻外交,即作爲其核心的姬姓族同相鄰的姜姓、姞姓和東方的任姓、姒姓等形成通婚聯盟,對周族逐鹿中原,無疑起了不容忽視的作用。[5]朱鳳瀚先生對此説:“周族自形成之時即與其他姓族組成民族共同體,以姬姓族爲核心所建立起來的西周王朝統治下的社會,更可以説是一個典型的多民族雜居共處的社會。”[6]因此,周王朝建立後册封同姓的同時,還册封了姜姓之齊、姒姓之杞、嬀姓之陳等諸侯,這些異姓封國在與姬姓通婚中,繼續發展下去。

那些異姓封國當中值得注意的是與周王室通婚的勢力。西周王朝也始終堅持“同姓不婚”政策,不斷迎娶了異姓封國之女。據劉啓益、謝乃和先生的研究,[7]繼武王即位的成王之后妃爲“王姒”,康王的后妃爲“王姜”,昭王的后妃爲“王祁”,[8]穆王的后妃爲“王俎姜”,共王的后妃,劉先生當初認爲是“王爲(嬀)”,後來取消自己的觀點,[9]懿王的后妃爲“王伯姜”,孝王的后妃,劉先生疑爲“王京”,夷王的后妃爲“王姞”,厲王娶於申國爲“申姜”,宣王疑娶於齊國爲“齊姜”,幽王先娶於申國爲“申姜”,後來再娶“褒姒”。

其中,也可見先周時期已經與周人通婚的姒姓、任姓、姞姓所出的王后。這可旁證,這些友邦姓族,除了個别的例子外,大體上在周王朝建立後,也在與周王朝聯姻的背景下,繼續發展下來了。其中凸顯出來的是“姜姓”族。從古公亶父的“太姜”、武王的“邑姜”起,就顯示

[1]《春秋左傳正義》卷二一,第1869頁。

[2]《毛詩正義》卷一六之二《大雅・緜》,第510頁:“古公亶父,來朝走馬,率西水滸,至于岐下。爰及美女,聿來胥宇。”

[3]《毛詩正義》卷一六之三《大雅・思齊》,第516頁:“思齊大任,文王之母。”《大雅・大明》,第507頁:“摯仲氏任,自彼殷商,來嫁于周,曰嬪于京。乃及王季,維德之行。太任有身,生此文王。”

[4]《史記》卷三五《管蔡世家》,第1563頁:“武王同母兄弟十人,母曰太姒,文王正妃也。”

[5]段連勤:《先周的婚姻外交與周民族的崛起》,《西北大學學報》1989年第4期,第47頁。

[6]朱鳳瀚:《商周家族形態研究》(增訂本),天津:天津古籍出版社,2004年,第227頁。

[7]劉啓益:《西周金文中所見的周王后妃》,《考古與文物》1980年第4期;謝乃和:《金文中所見西周王后事迹考》,《華夏考古》2008年第3期。

[8]謝乃和先生認爲堆叔簋銘文(《集成》3950)所見的“王員”、王妊作簋銘文(《集成》3344)中的“王妊”也是昭王之后妃,具備一説。(謝乃和:《金文中所見西周王后事迹考》,《華夏考古》2008年第3期,第146－147頁)

[9]劉啓益:《西周紀年》,廣州:廣東教育出版社,2002年,第268－270頁。

出姬姜隔代通婚的情况,其間有祁姓、姞姓后妃。按照這樣的規律來看,宣王妃應該娶於非姜姓族中,但是仍然從姜姓中娶后妃,疑爲齊國之女"齊姜",幽王也先娶了申國的姜姓女。可見西周時期姬姓與姜姓間密切的紐帶關係,在這種條件下,姜姓的勢力亦日益膨脹。[1]相反,其他異姓封國,在發展的過程中,因種種原因,遇到一些挫折,不能維持與姬姓的紐帶關係。比如,"姒姓"的杞,據史料他們丢棄了周朝的禮法而接受夷族之禮,被稱爲"杞夷",[2]其與周王朝的紐帶關係,徹底崩潰了;"太任"、"王任"的任姓國,在當時未能形成强大的勢力;"王姞"的姞姓噩國,在西周晚期夷厲時期,擁有很强大的勢力,不過在噩侯馭方反叛失敗後,再不能振作起來了。也許這些是姜姓得以獨自發展的原因之一。

至於幽王的后妃,宣王爲幽王娶了申國的姜姓女,不過幽王即位後,自作主張娶了"褒姒",也許是爲了牽制姜姓申國的舉動,但是終不能克服姜姓的勢力而導致國破身亡的結果。換個角度來看,這也可以證明當時與異姓族聯姻(尤其是姬姜聯姻)的重要性。幽王的失敗應因爲廢棄姬姜聯姻的緣故。從此可以看到聯姻就是個一把雙刃劍,可爲國家發揮積極作用,也可引起負面的效果。下文將接着討論這個問題。

（三）聯姻的正、負作用

周王的后妃中,可以確知其出身的,武王后"邑姜"爲齊太公之女,[3]夷王后"王姞"爲噩侯之女,[4]厲王后"申姜"爲申伯之女,[5]幽王后的"申姜"爲申侯之女。此外,據《列女傳》宣王的后妃是齊侯之女"齊姜"。[6] 申侯、齊侯、噩侯,皆是西周歷史上舉足輕重的諸侯:衆所周知,姜姓齊國因齊太公輔佐文王、武王之功,受到周王的倚重,被封於東方,多次配合周王進行軍事活動;姞姓噩國,在西周晚期夷厲時期,是南方很顯赫的强國;姜姓申國在西方扮演着周王朝與西戎之間的調解者角色,其分族在宣王時期遷封於南方的謝,把南土、南國穩固起來,可證明其在當時擁有很强的勢力。周王通過聯姻可以控制他們,擴張而穩定自己的版圖。

不過,現實并非那麽理想。厲王時期噩侯馭方率領東夷、南淮夷而反叛,讓周王朝陷入

[1] 雖然夷王烹殺了姜姓齊國的諸侯,不過他還是爲了兒子娶了姜姓申國之女。

[2] 見於史密簋銘文(《近出》489)。《春秋》僖公二三年"冬,十有一月,杞子卒",《左傳》曰:"十一月,杞成公卒。書曰'子',杞夷也。"《春秋》僖公二七年"春,杞子來朝",《左傳》曰:"二十七年,春,杞桓公來朝。用夷禮,故曰'子'。"(《春秋左傳正義》卷一五,第1814－1815頁;卷一六,第1823頁)

[3] 《史記》卷三九《晋世家》,第1635頁,集解引服虔曰:"邑姜,武王后,齊太公女也。"

[4] 噩侯簋銘文(《集成》3928－3930)曰:"噩侯乍(作)王姞媵簋,王姞其萬年子子孫永寶。"

[5] 《毛詩正義》卷一八之三《大雅・崧高》,第567頁:"往近王舅,南土是保。"毛傳曰:"申伯,宣王之舅也。"此外,1974年山西省周至縣出土一件銅簋,銘曰"王作姜氏尊簋",陝西眉縣出土"王作中姜"鼎,"姜氏"、"仲姜",應該指厲王妃申姜。(參見王世民:《王作姜氏簋》,《文物》1999年第9期;劉懷君:《眉縣出土"王作仲姜"寶鼎》,《考古與文物》1982年第2期)

[6] 劉向:《列女傳》卷二,"周宣姜"條,瀋陽:遼寧教育出版社,1998年,第14頁。

混亂狀態；幽王廢申姜而娶褒姒，廢太子宜臼奔於申，申國與犬戎聯手起兵，[1]對西周的滅亡起了決定性作用。即對周王來説，這些“外戚”一方面可以當周王朝的幫手，另一方面也是能够顛覆王朝的潛在的敵人。

先討論一下聯姻的積極作用。

第一，周王朝通過聯姻，可以培養家族認同意識。周王稱異姓諸侯爲“伯舅”、“叔舅”等的習慣由此而生。《左傳》僖公九年，齊桓公在葵丘主持會盟之時，周襄王：“使宰孔賜齊侯胙，曰：‘天子有事於文武，使孔賜伯舅胙。’”[2]《儀禮·覲禮》記載天子稱：“同姓大國，則曰伯父，其異姓，則曰伯舅。同姓小邦，則曰叔父，其異姓小邦，則曰叔舅。”[3]

第二，通過相互軍事交流，達成雙贏。西周金文中可見齊國配合周王進行做戰之例，如史密簋銘文（《近出》489）：“師俗率齊逘（率）齊自（師）、述（遂）人左，□伐長必。”周王朝也曾爲齊國助陣，如五年師旋簋銘文（《集成》4216）：“王曰：師旋，令（命）女（汝）羞追于紼（齊）。”齊國在夷王時期，因爲紀國的讒言而齊哀公被殺，此後齊國陷入爲混亂狀態，一時振作不起，因而周王派兵救援齊國。經過共和到宣王時期，齊國才逐漸穩定下來，宣王娶了齊侯之女，派中山父幫助齊國築城。[4] 齊侯也配合周王出兵征伐淮夷，如師寰簋銘文（《集成》4313）：“王若曰：師寰！……今余肇令（命）女（汝）逘（率）齊帀（師）、曩、贅（萊）、僰屃，左右虎臣，正（征）淮尸（夷）。”如此的交流當中，周王和齊侯取得了雙贏的結果，齊國得到國內外的穩定，周王獲得了東土、東國的平靜。

第三，周王不能直接控制的邊域地區，往往由外戚來掌控。對此可以舉姜姓齊侯、姞姓噩侯、姜姓申侯之例。

其一，姜姓齊國。《左傳》僖公四年載管仲對楚國宣戰而説：“昔召康公，命我先君大公，曰：‘五侯九伯，女實征之，以夾輔周室。’賜我先君履，東至於海，西至於河，南至於穆陵，北至於無棣。”[5]這應該是成王封齊侯之時的誥命命辭。[6] “五侯九伯”，杜注“五等諸侯，九州

---

[1] 李學勤主編：《清華大學藏戰國竹簡》（貳）《繫年》，上海：中西書局，2011年，第138頁：“王與伯盤逐平王，平王走西申。幽王起師，回（圍）平王于西申，申人弗畀。曾（繒）人乃降西戎，以攻幽王，幽王及伯盤乃滅，周乃亡。”《左傳》昭公二六年正義引《汲冢書紀年》云：“平王奔西申，而立伯盤以爲大子。”（方詩銘、王修齡撰：《古本竹書紀年輯證》（修訂本），第62頁）《史記》卷四《周本紀》，第149頁：“申侯怒，與繒、西夷犬戎攻幽王。……遂殺幽王驪山下，虜褒姒，盡取周賂而去。”

[2] 《春秋左傳正義》卷一三，第1800頁。

[3] 《儀禮注疏》卷二七《覲禮》，第1092頁。

[4] 《毛詩正義》卷一八之三《大雅·烝民》，第569頁：“王命仲山甫，城彼東方。”毛傳曰：“東方，齊也。”

[5] 《春秋左傳正義》卷一二，第1792頁。

[6] 晁福林：《試論西周分封制的若干問題》，收入陝西歷史博物館編：《西周史論文集》（下），西安：陝西人民教育出版社，1993年，第748頁。

之伯,皆得征討其罪",但應該注意的是西周早期尚未具備系統性的五等爵制,[1]因此杜説不能成立。"五侯九伯",也許是五個諸侯和九個邦伯,也許是泛指東方諸侯、諸邦君之語。[2] 無論如何,我們從此可以得知,周王朝册封齊侯的目的,在於使齊國替周王掌控周王難以直接控制的東方邊域地區,起到周王朝藩屏的作用。他所掌管的地理範圍,應該是"東至於海,西至於河,南至於穆陵,北至於無棣","海"該爲黄海,"河"應指黄河,"穆陵"也許跟今山東濰坊市臨朐縣大關鎮和臨沂市沂水縣馬站鎮交界處的穆陵關有關,"無棣"很可能是今山東濱州市的無棣縣。這個地區包括今山東省的東部沿海地區,其中部泰山以北,大體上與後來築造的齊長城以北地區相吻合。

其二,可以舉姞姓噩侯之例。如上所述,夷王后爲姞姓噩侯之女。夷厲時期前段,噩侯的勢力範圍很廣泛。先看㝬鐘銘文(《集成》260):

> 王肇遹眚(省)文武堇(勤)彊(疆)土,南或(國)𠬝孳(孳)敢臽(陷)處我土,王辜(敦)伐甘(其)至,戦(撲)伐氒(厥)都,𠬝孳(孳)廼遣閒來逆卲(昭)王,南尸(夷)東尸(夷)㚔(俱)見,廿又六邦。……

周王親自巡狩南國而征伐𠬝孳後,接受東夷、南夷二十六邦的朝見。據噩侯馭方鼎銘文(《集成》2810)"王南征,伐角、遹,唯還自征,才(在)坏(坯)……"的記載可知,在㝬鐘所記的一次征戰結束後,[3]周王班師的路上,會見噩侯馭方,可見當時周王與噩侯之間的友好關係。不過,他們之間的關係不能長久,禹鼎銘文(《集成》2833)曰"烏(嗚)虖(呼)哀哉!用天降大喪于下或(國),亦唯噩(鄂)医(侯)馭方,衒(率)南淮尸(夷)、東尸(夷)廣伐南或(國)、東或(國),至于歷内",從此可知,噩侯馭方率領東夷、南淮夷揭起了反旗。我們應該要注意這三篇銘文之間的連接環節。

㝬鐘:周王、南國𠬝孳、東夷、南夷

---

[1] 朱鳳瀚:《關於西周封國君主稱謂的幾點認識》,《兩周封國論衡——陝西韓城出土芮國文物暨周代封國考古學研究國際學術研討會論文集》,上海:上海古籍出版社,2014年。

[2] 對此可提黄盛璋先生的看法。黄盛璋先生曾對"五侯九伯"進行了詳細的研究,并指出"五侯"爲薄姑、徐、奄、熊、盈五國,"九伯"爲淮夷諸國。即黄先生認爲"五侯"是五個諸侯國,將"九伯"認爲是無數的夷族邦國(黄盛璋:《保卣銘的時代與史實》,《考古學報》1957年第3期,第56-57頁)。筆者認爲,其對"九伯"的看法是卓見,但是這"五侯"爲"薄姑"等五個邦國,筆者則認爲可再商討。因爲這五個邦國(或集團),都是成王東征之後,有的被滅亡,有的向南遷徙,用不着讓齊國來掌管,更何況魯國册封於"奄"的故地。

[3] 㝬鐘與噩侯馭方鼎的關係,請參見李裕杓:《西周時期淮夷名稱考論》,《中國歷史地理論叢》2015年第3期。

噩侯馭方鼎：周王、噩侯馭方、角、遹、坯

禹鼎：周王、噩侯馭方、南淮夷、東夷

㝬鐘與禹鼎銘文都有"南淮夷"、"東夷"。"南夷"與"南淮夷"是對同一集團的兩個不同稱法，這兩者之間存在時代性特徵，"南夷"主要用於西周中期到晚期夷厲時期，"南淮夷"主要用於西周晚期。[1] 這三篇銘文的内容，有什麽樣的相互關係？周王得到南夷、東夷的服從之後，跟噩侯馭方會見；而噩侯馭方即率領南淮夷、東夷反叛，這是否純屬偶然？筆者覺得其間一定有關聯。周王雖然得到南夷、東夷的服從，但是并不能直接控制他們，一定要找可以信賴的幫手來監管他們。如果可以做一推斷，則筆者認爲其能够信賴的幫手就是噩侯馭方。[2]

這種看法是從如下幾條史事所推斷出來：1. 噩侯係周王的外戚，而且他是南方的强者，其封地的交通也很方便，所以其監管南夷、東夷，并非很難的事情；2. 後來噩侯反叛的時候，能够率領南淮夷、東夷，應該是與其監管他們的職責有關；3. 通過《詩經・大雅・江漢》等詩篇可知當時淮夷已出没在江漢一帶，[3] 他們能够在這個地區出現，也許跟噩侯關係密切相關。噩侯反叛失敗後，他們仍在這一帶出没，到了宣王早期的遠征之後，這一帶才平静下來了。

其三，看姜姓申國。申原在王朝的西土。孝王時期，申侯與犬丘大駱通婚，[4] 其女生了大駱之嫡子"成"。大駱另有一個庶子稱"非子"，他是"好馬及蓄，善養息之"之人，以此得到孝王的青睞，孝王將立非子爲大駱之儲君。申侯對此有所不滿，因此對孝王説，"申駱重婚，西戎皆服，所以爲王"，因爲申侯與大駱通婚，西戎才會服從周王朝，周王有能够稱王。[5] 由此得知，當時的申侯扮演着周王朝與西戎之間的調解者。然後到了厲王時期，申侯與厲王通婚。不過，因"厲王無道"，西戎竟然入侵王朝，滅了與申侯關係密切的犬丘大駱之族。[6] 由此可見，申侯暫時喪失了調解者的地位。經過國人暴動、共和行政，到了宣王即位後，經過一場挫折的申侯，才慢慢抬起頭來。

---

[1] 請參見李裕杓：《西周時期淮夷名稱考論》，《中國歷史地理論叢》2015 年第 3 期。

[2] 金正烈先生也曾提出過噩侯掌管南淮夷、東夷的可能性。參見[韓] 金正烈《西周의 異姓諸侯 封建에 對하여(對於西周異姓諸侯的封建)》，(韓)《東洋史學研究》第 77 輯，2002 年，第 30 頁。

[3] 對於南淮夷的地望，張昌平謹慎地提出在今湖北羊子山一帶的説法，可備一説。(參見張昌平：《論隨州羊子山新出噩國青銅器》，《文物》2011 年第 11 期，第 89 - 90 頁)

[4] 申侯，在《史記・秦本紀》中稱"侯"，不過《詩經・大雅・崧高》"不顯申伯，王之元舅"中稱"申伯"。西周時期，在西土的"申"是否稱侯？需要再考。在此暫從《秦本紀》稱"申侯"。

[5] 或認爲姜姓申國就是西戎之一支，此可備一説。

[6] 《史記》卷五《秦本紀》，第 178 頁："西戎反王室，滅犬丘大駱之族。"

由兮甲盤銘文(《集成》10174)、《後漢書·西羌傳》可知,宣王早期,經兮甲、秦莊公等人的努力,把玁狁給却退了。宣王四年秦莊公却退西戎(玁狁),五年兮甲却退玁狁,[1]西土基本上穩定下來。在此情況下,宣王開始冀圖東方和南方的穩定。[2] 噩侯馭方反叛失敗後,淮夷繼續在江漢流域出没,宣王派召伯、方叔等大臣却退他們。但是周王朝的實力,已經不能完全控制這些東夷和南淮夷,需要既有實力又可信賴的幫手替周王安撫南方地區。此時宣王也找外戚托付這個任務。《詩經·大雅·崧高》"不顯申伯,王之元舅",可知宣王的母親是申伯之女。"亹亹申伯,王纘之事。于邑于謝,南國是式",宣王將申伯遷封到"謝"地,其地望爲今河南省南陽市宛城區一帶。[3] "維申及甫,維周之翰",[4]申、甫是周朝的骨幹力量。能够將西土的强國遷封到南方邊域,是在西土的穩定下才可以實行的。

周王可以信賴他們,允許他們有較大的權限,但是這些權限,在周王的領導力變弱的情況下,像飛鏢一樣導致相反效果。尤其到了西周晚期,不斷發生内憂外患,周王的領導力微弱了,這些相反效果也凸顯出來了。比如説,周夷王烹殺齊哀公的事件,對此東漢人宋忠曰:"哀公荒淫田遊,國史作《還詩》以刺之也。"[5]如果此説可信的話,當時齊哀公玩忽職守,而且夷王的權勢也很微弱,爲了扭轉如此的形勢,周王才采取殺"侯"的決策。周王與異姓諸侯有矛盾的時候,這是屬於周王先動手之例。不過,厲王時期的噩侯和幽王時期的申侯,在與周王有矛盾的情況下,先發制人,給周王朝帶來很大的打擊。

當時噩國的崛起,有如下幾種原因。第一,噩國位於交通要道,具備了經濟發展的條件。第二,噩國與周王室通婚,自然而然地得到周王的支持。第三,噩國以經濟條件與王室的支持爲後盾,其軍事實力迅速强大起來。周王征伐南國艮孳後,將南夷、東夷托給他管,頗爲可能。

《史記·秦本紀》有一句"厲王無道,諸侯或叛之",但傳世文獻中找不到其例,只禹鼎銘文(《集成》2833)證實其屬實。據禹鼎銘文,當時周王室的王師戰鬥力已弱,不能平定噩侯,但是周王還可以運用調動貴族的私屬武裝的權力,藉武公的軍隊,才平定了噩侯之亂。但是這也不能完全平定其殘餘勢力。當時作爲噩侯幫手的南淮夷、東夷,繼續在江漢流域出没,西周的南國地區一直不得安寧。到了宣王時期,先却退玁狁,再把目光轉向了南方,"方叔涖

---

[1] 參見《後漢書》卷八七《西羌傳》,第1871頁;兮甲盤銘文(《集成》10174)

[2] 從兮甲盤銘文可知,宣王却退玁狁後,才開始關注淮夷問題,征伐荆楚的方叔是曾經却退過玁狁、身經百戰的老將,這些資料提示周王征伐淮夷、荆楚是征伐玁狁之後的事。

[3] 王應麟撰,張保見校注:《詩地理考校注》,成都:四川大學出版社,2009年,第163-164頁。

[4] "翰",《詩經·大雅·江漢》"文武受命,召公維翰",毛傳:"翰,榦也。"鄭玄箋:"昔文王、武王受命,召康公爲之楨榦之臣。"可知"翰"與"榦"的通假關係。(《毛詩正義》卷一八之三《大雅·崧高》,第565頁;《毛詩正義》卷一八之四《大雅·江漢》,第573頁)

[5]《史記》卷三二《齊太公世家》,第1481頁。

止,其車三千”,大興兵車,命方叔征伐荆楚,[1] 命召公却退淮夷。[2] 征伐、却退成功後,周王爲了南土、南國的穩定,決定將申伯遷封到南方的“謝”地。“謝”就位於今河南省南陽一帶,既有交通的便利,也有經濟上的利益,對周王朝來説是在戰略上不可忽略的地區。因此宣王將可以信賴的申伯遷封到此地,申伯則受命就封到謝地。

值得注意的是相關資料中有“西申”、“南申”的稱謂,[3] 可知申伯就封的時候只帶了部分力量,在西土仍留有申氏族人。申國是姜姓國,而且據史料宣王跟姜姓齊國聯姻,可知當時姜姓在西周王朝有舉足輕重的地位。换句話説,宣王對姜姓的依賴程度很高。如上所述申伯原作爲周王朝與西戎之間調解者的角色,而且南申要掌管南土、南國,因此對周王來説,如果能够有效地控制姜申的勢力,周王朝的西土、南國則會穩定有序。其最好的方法就是聯姻,也許宣王給太子娶了西申之女,宣王期待太子能够與姜申維持友好關係。

不過繼宣王即位的幽王,竟然辜負了先王的期待。幽王與申姜之間有一個兒子宜臼,將他立爲太子。不久,幽王開始寵愛“褒姒”,生了伯服(伯盤)。[4] 到了幽王八年,“立褒姒之子曰伯服,爲太子”,廢了太子宜臼,把伯服作爲儲君,所以宜臼“奔西申”。[5] 幽王的如此抉擇惹起了姜姓申國之怒,導致了姜姓申國聯合吕國、犬戎等進擊宗周,最後幽王被犬戎殺死於驪山之下。

到此爲止,討論了周王朝與異姓諸侯之間的聯姻政策的正面效應和反面效應。首先,跟異姓諸侯通婚,結成了姻親關係,加强相互之間的紐帶感;其次,通過相互軍事交流,加厚相互之間的友好關係;再次,以可信賴的外戚,替周王前去控制邊域的一些邦國,這是聯姻的正面效應。不過,勢力强大的外戚在跟周王室發生了矛盾的情況下,往往帶來出乎意料的結果,正如姞噩的反叛、姜申的内侵等。外戚勢力正像雙刃劍,其關鍵在於周王的領導力。如果周王失去了其領導機制,外戚是對周王最可怕的敵人。從這個角度來看,西周晚期的周王當中,夷王、宣王建立了比較有效的軍事領導機制。相反,厲王、幽王未能很好掌控軍事領導的機制,因而導致了國家的大變亂。

五、小　結

諸侯雖然在邊域地區享有較爲高度的自治權,但是他們畢竟是周王朝的臣屬,因此周王

[1]《毛詩正義》卷一〇之二《小雅·采芑》,第425-426頁。

[2]《毛詩正義》卷一八之四《大雅·江漢》,第573-574頁。

[3]“南申”見於仲爯父簋銘文(《集成》4188、4189):“中(仲)爯父大(太)宰南𩐋(申)氒(厥)𤔲(辭),乍(作)甘(其)皇且(祖)考遟王、監白(伯)隮(尊)𣪘(簋)……”

[4]《史記》卷四《周本紀》,第147頁:“三年,幽王嬖愛褒姒。褒姒生子伯服。”《清華大學藏戰國竹簡》(貳)《繫年》,第138頁:“周幽王取妻于西申,生平王,王或(又)取褒人之女,是褒姒,生伯盤。”

[5]方詩銘、王修齡撰:《古本竹書紀年輯證》(修訂本),第62頁;《清華大學藏戰國竹簡》,第138頁:“王與伯盤逐平王,平王走西申。”

可以直接、間接介入其後嗣問題,有時直接任命諸侯的軍事長官。静方鼎銘文所見,周王命静掌管"在曾噩𠂤",即在曾地的噩國軍隊。是否周王對所有諸侯都采取這樣的控制手段?目前因資料有限,不能輕易下結論。不過,有需要考慮的一點,即這噩、齊皆屬於異姓諸侯。周王任命諸侯的軍事長官,是否爲對異姓諸侯的統治機制?對周王來説,異姓諸侯像是一把雙刃劍。周王的領導力較强的時候,這些異姓諸侯,可作爲周王最信賴的幫手,如周王命齊太公望掌管"五侯九伯",爲了東國的穩定,付出了努力,再如申伯一方面扮演着王朝與西戎(犬戎)之間的調解者角色,另一方面爲王朝南土、南國的穩定,被遷徙到今南陽地區,至於噩侯,本文提出了其擔任管理"南夷"、"東夷"的可能性。但周王的領導力變弱之時,在周王不能控制諸侯的局面下,他們轉變爲對王朝最具威脅的勢力,如姞噩率領"南淮夷"、"東夷"反叛,姜申率領犬戎攻打宗周,殺害幽王,結果導致了西周王朝的滅亡。在這種意義上,可見當時周王對諸侯的領導力,以及其領導機制的順利運作是很重要的。

西周册命禮的朝儀

黄益飛*

册命禮是金文中最爲常見、也是西周時期最爲重要的禮儀之一，在西周政治生活中占有重要的地位。關於册命禮的研究，成果累累。最早系統研究册命禮的是陳夢家先生，陳先生在《西周銅器斷代》(三)[1]中對册命地點、右者、史官進行了系統的梳理。陳先生之後，較爲系統的研究有黄然偉的《殷周青銅器賞賜銘文研究》、[2]陳漢平的《西周册命制度研究》、[3]何樹環的《西周錫命銘文新研》[4]等。册命禮涉及册命朝儀及天子的賞賜、任命和告誡等内容。我們在學者研究的基礎上，對册命朝儀進行考論。

朝儀包括王及群臣之位及相揖之儀，《周禮・夏官・司士》:"正朝儀之位，辨其貴賤之等。王南鄉。三公北面東上，孤東面北上，卿大夫西面北上。王族故士、虎士在路門之右，南面東上。大僕、大右、大僕從者，在路門之左，南面西上。司士擯，孤、卿特揖，大夫以其等旅揖，士旁三揖，王還揖門左，揖門右。"孫詒讓《正義》:"此亦天子治朝之朝位也，與射人所掌朝位同。"《司士》所記乃周天子治朝(正朝)之朝儀。《周禮・秋官・小司寇》及《朝士》又有外朝之朝儀，《小司寇》云:"王南向，三公及州長、百姓北面，群臣西面，群吏東面。"王燕朝之朝位由夏官之屬太僕所掌，其位不詳。

西周金文中關於朝位的記載較多，且集中於册命銘文中，相揖之儀則較罕見。因此，本文主要討論册命的朝位。

一、君 臣 朝 位

册命銘文所記册命禮比較程式化，我們以頌鼎(《集成》2827)爲例。

唯三年五月既死霸甲戌，王在周康卲宫。旦，王各大室，即位。宰引右頌，入門，立中廷(庭)，尹氏受王命書，王呼史虢生册命頌。

* 中國社會科學院考古研究所，《考古學報》責任編輯。

[1] 陳夢家:《西周銅器斷代》(三)，《考古學報》1956年第1期。

[2] 黄然偉:《殷周青銅器賞賜銘文研究》，香港: 龍門書店，1979年。

[3] 陳漢平:《西周册命制度研究》，上海: 學林出版社，1986年。

[4] 何樹環:《西周錫命銘文新研》，臺北: 文津出版社，2007年。

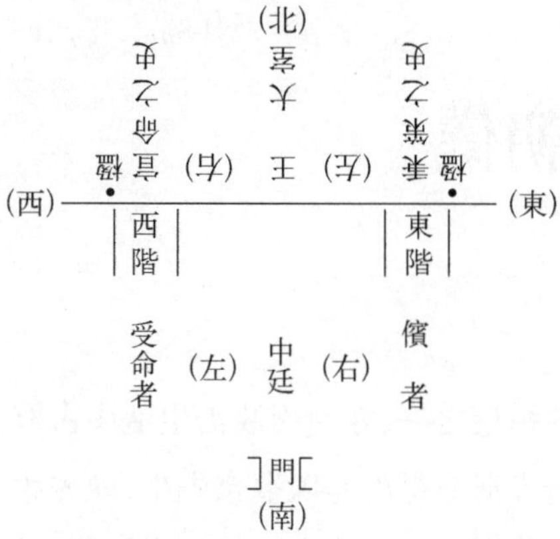

圖一　陳夢家先生所擬册命朝位圖

册命禮銘文所涉的有天子、右者、受命者、秉策史官和宣命史官等五人的朝位,但是實際册命之時參與的百官有司必不在少數,其朝位由於資料缺乏,暫付闕如。

關於册命朝位,陳夢家先生曾結合西周金文和文獻記載,有過深入的討論,并擬有朝位圖(圖一),[1] 學者或從之。[2] 陳先生對於此項研究有開創之功,其説值得重視。陳先生亦曾言道:"孫詒讓一生精治《周禮》,他的考證金文亦多援引《(周)禮》、《儀(禮)》,是我們所應取法的。"[3] 陳先生所言極是,孫氏的治學門徑誠爲治斯學的不二法門。我們在陳先生研究的基礎上,以《周禮》、《儀禮》尤其是《儀禮》中有關朝位的記載,來討論册命朝位。

(一) 天子朝位

從圖上看,陳先生認爲天子的朝位在阼階上、兩楹之間。陳先生所擬天子阼階上、兩楹的朝位既與《聘禮》所記朝聘之時主國君主之位不合,也與《覲禮》所記天子受朝覲時的朝位不合,未知何據。册命與聘禮無涉,暫且不論。《覲禮》乃諸侯覲見天子之儀,所記與册命禮之朝儀最爲接近。

學者已經指出,西周時期的册命多行於宗廟之大室,亦有在宗廟之圖室者,而且在册命時,周王立於堂上户牖之間,南向。[4] 其説可從。《儀禮・覲禮》天子接受諸侯朝覲之時,"天子設斧依於户牖之間",胡培翬《正義》:"古人宫室之制前爲堂,後爲室,室之左右爲東房、西房。房有户而無牖,室則户牖俱有。户在東,牖在西,皆在室之南壁,向堂開之。故堂上以此爲尊位,故設斧依於此。……《士昏禮》:'主人筵于户西。'鄭《注》:'户西是尊者處。'是户西亦即此户牖之間也。"所謂"即位"者,意即在太室南壁户牖之間負斧依而立。《覲禮》云:"天子衮冕負斧依。"鄭玄《注》:"南向而立以俟諸侯見。"胡培翬《正義》:"《曲禮》:'天子當依而立,諸侯北面而見天子曰覲。'《明堂位》:'天子負斧依南向而立。'故知立以見諸侯也。"此天子之朝位也。

《禮記・祭統》又有君降立於阼階之南册命之事,其文云:"故祭之日一獻,君降,立於阼

[1] 陳夢家:《西周銅器斷代(三)》,《考古學報》1956年第1期;《西周銅器斷代》,北京:中華書局,2004年,第411頁。

[2] 陳漢平:《西周册命制度研究》,上海:學林出版社,1986年,第115頁。

[3] 陳夢家:《西周銅器斷代》,北京:中華書局,2004年,第411頁。

[4] 陳漢平:《西周册命制度研究》,上海:學林出版社,1986年,第95－100、101－103頁。《覲禮》的記載與陳夢家先生所説差别甚大,陳漢平既引《覲禮》爲説,又同意陳夢家先生之論,自相矛盾,亦未審何故。

階之南,南鄉,所命北面。史由君右執策命之。再拜稽首,受書以歸,而舍奠于其廟。”此文與上引《儀禮》諸文不合,孔穎達《疏》以爲諸侯册命卿大夫之事,與天子册命群臣不同。陳夢家先生所擬朝位圖,或與這段記載有直接關係。

（二）册命地點

陳先生認爲,册命地點“中廷”位於堂下廷中。這應該是陳先生所擬朝位圖的基礎。

前文已論天子的朝位在堂上太室屋南壁的户牖之間,那麽,“中廷”一定在堂上,而非堂下。廷與庭,常互用不别,然其本意却分别明顯。《説文·广部》:“庭,宫中。”段玉裁《注》:“《廴部》曰:‘廷,中朝也。’朝不屋,故不从广。宫者,室也。室之中曰庭。……凡經有謂堂下爲庭者,如三分庭一在南,正當作廷。”段説甚確。故,凡册命銘文“立中廷”,均須讀作“立中庭”。一則因爲“中廷”在堂上,非不屋之朝。再者,宗廟堂下之廷有碑,其位在堂下廷中北部三分之一處、東西之中。《儀禮·士昏禮》賈公彦《疏》:“碑在堂下,三分庭之一,在北。”是也。若在堂下中廷册命,不便之處頗多,廷中之碑矗立天子面前,君臣頗有阻隔,不便行禮。

（三）右者朝位

右者在西周册命禮中的角色和朝位都頗耐尋味。

首先,右者在此充當擯,準確地説應爲上擯。

其次,右者與受册命者之間的有一定的統屬關係,右者爲受命者之官長。[1] 地道尊右,故而擯導受命者入門之時,位於其右,故稱右者。[2] 由於右者身份較高,進門之時,右者應在右前方,受命者跟隨。

再次,右者不升堂。《周禮·春官·大宗伯》:“王命諸侯,則儐。”鄭玄《注》:“儐者,進之也。……儐者進當命者,延之,命使登。”鄭玄此注約《儀禮·覲禮》而成,《覲禮》諸侯覲見之時,“侯氏坐取圭,升,致命。王受之玉。侯氏降階,東北面再拜稽首,擯者延之曰:‘升!’升成拜,乃出。”鄭玄《注》:“從後詔禮曰延。延,進也。”賈公彦《疏》:“云‘從後詔禮曰延。延,進也’者,以其賓升堂,擯者不升。若《特牲》、《少牢》祝延尸,使升,尸升,祝從升。與此文同,皆是從後詔禮之事。”是也。西周制度應該相同。

册命在西周時期尤其是西周中後期有重要地位,大小臣工受官、受職大抵都要通過册命。因此,一天之内有數人同時接受册命也在情理之中。師晨鼎和師俞簋所記即爲同日册命之事,[3]現將兩銘節録於下。

---

[1] 李學勤:《大盂鼎新論》,《鄭州大學學報(哲學社會科學版)》1985 年第 3 期。

[2] 陳漢平:《西周册命制度研究》,上海:學林出版社,1986 年,第 110、111 頁。

[3] 郭沫若:《兩周金文辭大系圖録考釋》,北京:科學出版社,2002 年,第 115 頁;陳夢家:《西周銅器斷代(六)》,《考古學報》1956 年第 4 期。

唯三年三月初吉甲戌,王在周師录宫。旦,王各大室,即位,司馬共右師晨入門,立中庭,王呼作册尹册命師晨。 師晨鼎《集成》2817

唯三年三月初吉甲戌,在周師录宫,旦,王各大室,即位,司馬共右師俞入門,立中庭,王呼作册内史册命師俞。 師俞簋蓋《集成》4277

銘文顯示,司馬共在甲戌日分别右師晨和師俞接受册命,師晨、師俞二人官爵之尊卑及接受册命的先後順序還需要進一步的討論,但二人應該如諸侯覲見天子一樣,分别登堂接受册命則無可疑。受命者接受册命之後,還有出門,再返入答謝的過程。這一過程中右者的朝位尚難確定。也就是説,右者司馬共在把第一位受命者延進堂上之後到去右第二位受命者接受册命這段時間,其禮位尚需更多的材料進行探討。

(四) 受命者的朝位

受命者的朝位處在一個動態的變化過程中,我們從入門開始討論。

首先,入門之前。在入門之前,受命者應該位於廟門外的次舍中。《儀禮・覲禮》:"諸侯前朝,皆受舍於朝。同姓西面北上,異姓東面北上。"鄭玄《注》:"言諸侯者,明日來朝衆矣。顧其入覲,不得并耳。受舍於朝,受次於文王廟門之外。《聘禮・記》曰:'宗人授次,次以帷。'……分别同姓、異姓,受之將有先後也。"受命者的次舍之位或與《覲禮》所記相類。

其次,入門。《儀禮・聘禮》受命者應該與右者一起從廟門右側入門。《儀禮・覲禮》記諸侯朝覲天子"侯氏入門右,坐奠圭,再拜稽首",鄭玄《注》:"入門而右,執臣道不敢由賓位也。"胡培翬《正義》:"《曲禮》曰:'主人入門而右,客入門而左。'是門左爲賓客位也。又曰:'大夫士出入君門由闑右。'注云:'臣統於君,是門右爲臣道也。'《禮經釋例》曰:'凡以臣禮見者入門右。'……此侯氏入門右,故云執臣道也。"是也。

再次,入門進入堂下廷中,從臺階登堂。《儀禮・覲禮》諸侯朝覲之時從西階(賓階)升,其文曰:"侯氏坐取圭,升致命。"鄭玄《注》:"侯氏坐取圭,則遂左。"賈公彦《疏》:"以經侯氏得擯者告,坐取圭即言升致命,無出門之文,明知遂向門左,從左堂塗,升自西階致命。"西周時期臣工受王册命也應從賓階升堂。

再次,受命者在堂上庭中的位置。受册命者所立之"中庭"究係東西之中抑或南北之中,尚需討論。王國維認爲太室乃明堂中央大室,又以"中廷"指太室之中,南北之中。[1] 宗廟大室與明堂大室固然不同,清儒孫詒讓《周禮正義》、胡培翬《儀禮正義》等論之甚詳,"中廷"亦不是太室之中,但王氏以"中"爲南北之中則可從。禮經中多有關於不屋中廷的記載,可以比況。禮經之中廷者,多爲廷南北之中。《儀禮・聘禮》記歸饔餼於賓之時"米百筥,筥半斛,

[1] 王國維:《明堂寢廟通考》,《觀堂集林》,北京:中華書局,1959年。

設於中庭”。鄭玄《注》:“庭實,固當庭中。言當中庭者,南北之中也。”胡培翬《正義》:“褚氏(寅亮)云:經凡言中庭者,南北之中也。言階間者,東西之中也。《燕禮》、《大射》司正立位及《士喪禮》置重之中庭則在東西之中,又在南北之中,與此中庭同也。”接受册命的臣工的立處“中廷”,當爲南北之中。

最後,受命者出門。受命者出門之後的相關儀節,我們已有討論,[1]兹不贅引。

受命者在中庭接受册命時的朝位應與宣命之史相對。秉策之史與宣命之史所處的位置,涉及的問題比較複雜,下面專門討論。

二、宣命儀注與左右二史

(一)宣命儀注

陳先生又認爲,册命之時“或由王授書於尹氏,或由一史授書於王,而王使别一史讀之”。[2] 此説需要深入討論。

第一種情況見於免簋(《集成》4240),其銘曰:

> 唯十又二月初吉,王在周,昧爽,王各於大廟,井叔右免,即命,王授作册尹書,俾册命免,曰:命汝胥周師司廩。

第二種情況,也僅有數例,移録於下。

> 唯三年五月既死霸甲戌,王在周康昭宫。旦,王各大室,即位。宰引右頌,入門,立中庭,尹氏授王命書,王呼史虢生册命頌。 頌鼎(《集成》2827)
>
> 唯十又九年四月既望辛卯,王在周康昭宫,各於大室,即位,宰訊右趞入門,立中庭,北嚮,史留(籀)授王命書,王呼内史𠭰册賜趞。 趞鼎(《集成》2815)
>
> 唯廿又八年五月既望庚寅,王在周康穆宫。旦,王各大室,即位,宰頵右入門,立中庭,北嚮,史黹授王命書,王呼史減册賜寰。 寰鼎(《集成》2819)
>
> 唯卌又二年五月既生霸乙卯,王在周康穆宫,旦,王各大室,即位,司工散右虞逑,入門,立中庭,北嚮。尹氏授王賚書,王呼史減册賚逑。 四十二年逑鼎[3]
>
> 唯卌又三年六月既生霸丁亥,王在周康宫穆宫,旦,王各周廟,即位,司馬壽右

---

[1] 拙作:《霸伯盂銘文與西周朝聘禮兼論穆王制禮》,《考古學報》2018年第1期。
[2] 陳夢家:《西周銅器斷代》(三),《考古學報》1956年第1期。
[3] 陝西省考古研究院、寶鷄市考古研究所、眉縣文化館:《吉金鑄華章——寶鷄眉縣楊家村單氏青銅器窖藏》,北京:文物出版社,2008年。

虞逨,入門,立中庭,北嚮。史減授王命書,王呼尹氏册命逨。　四十三年逨鼎[1]

大量的册命銘文則僅記"王乎某某"册命。册命在西周政治生活中是非常重要而且常見的典禮,其儀注應該是固定的,但是銘文所記互有詳略,陳先生所説的第二種情況應該是册命儀程最爲完整的記録。

册命之時王之左右有二史,陳夢家先生稱之爲秉策之史和宣命之史。[2] 宣命的完整儀程應該是秉策之史將命書呈於天子,天子再將命書授給宣命之史。"王呼某某"册命,其實就是王將秉策之史呈上的命書授予宣命之史,命其宣讀命辭。

(二) 册命史官與左右二史

我們將上舉第二種情況參與册命的秉策之史和宣命之史列爲下表,以便討論左右二史及相關問題。

器　名	秉策史官	宣命史官	備　注
頌　鼎	尹氏	史虢生	厲王三年
趞　鼎	史籀	史留	宣王十九年
寰　鼎	史黹	史減	宣王二十八年
四十二年逨鼎	尹氏	史減	宣王四十二年
四十三年逨鼎	史減	尹氏	宣王四十三年

秉策之史有尹氏、史某,宣命之史也有史某和尹氏。而且值得注意的是秉策之史和宣命之史可以同時由史某承擔。

尹氏,彝銘又作作册尹氏,乃内史之長。史某,應爲太史。趞鼎之史留即周宣王太史籀,[3] 可爲明證。《説文解字·序》:"及宣王大史籀著大篆十五篇,與古文或異。"是也。大史參與册命,有經可考。《書·顧命》:"大史秉書,由賓階隮,御王册命。"《周禮·春官·大史》:"大會同朝覲,以書協禮事。"孫詒讓《正義》:"《覲禮》賜侯氏車服云:'諸公篋服,加命書於其上,升自西階,東面,大史是右。侯氏升,西面立,大史述命。'《注》云:'讀王命書也。'又云:'大史加書於服上,侯氏受。'蓋亦協禮事之類。……《聘禮》云'史讀書展幣',亦其類。"是也。内史參與册命之事,於經有據。《周禮·春官·内史》:"凡册命諸侯及孤卿大夫,則策命之。"

---

[1] 陝西省考古研究院、寶鷄市考古研究所、眉縣文化館:《吉金鑄華章——寶鷄眉縣楊家村單氏青銅器窖藏》,北京:文物出版社,2008年。

[2] 陳夢家:《西周銅器斷代》(三),《考古學報》1956年第1期;《西周銅器斷代》,第408頁,北京:中華書局,2004年。

[3] 陳佩芬:《繁卣、趞鼎及梁其鐘銘文詮釋》,《上海博物館集刊——建館三十周年特輯》,上海:上海古籍出版社,1983年。

也就是説,秉策之史有大史也有内史,宣命之史也有大史和内史。由寰鼎知,大史甚至可以同時擔任秉策之史和宣命之史。

由彝銘知,至少在册命時左史、右史應該和太史、内史關係密切,《大戴禮記·盛德篇》:"德法者,御民之銜也,吏者轡也,刑者筴也,天子御者,内史、太史左右手也。"所記近是。此秉策之史與宣命之史,分立王之左右,故應即册命的左史、右史。但需要指出的是,所謂左史、右史僅與站位有關,并不能簡單等同於太史或内史。上揭四十二年逨鼎秉策之史和宣命之史又分别充任了四十三年逨鼎的宣命史官和秉策史官,可爲明證。《春秋左傳序》:"周有史官,掌邦國四方之事,達四方之志。"孔穎達《正義》:"《漢書·藝文志》云:'古之王者,世有史官,君舉必書,所以慎言行昭法式也。左史記言,右史記事,事爲《春秋》,言爲《尚書》,帝王靡不同之。'《禮記·玉藻》云:'動則左史書之,言則右史書之。'雖左右所記二文相反,而此二者皆言左史、右史。《周禮》無左右之名,得稱左右者,直是時君之意,處之左右,則史掌之事因爲立名,故《傳》有'左史倚相'。掌記左事,謂之左史,左右非史官之名也。"孔氏以左右非史官之名,左右之得名與所處位置有關,甚有見地。由於左右史不是官名,因此不能機械地與某種史官對應。具體到册命禮,左右史則可與秉策之史與宣命之史互相對應。宣命之史位於天子之右。《周禮·春官·大宗伯》:"王命諸侯,則擯。"鄭玄《注》:"内史由王右以策命之。"賈公彦《疏》:"案《覲禮》天子使公與史就館賜侯氏命服時,史由公右執策命之。又案:《祭統》云:'祭之日,一獻,君降立於阼階之南,南鄉,所命北面,史由君右執策命之,再拜稽首,受書以歸。'天子無降立之事,其餘則同,命諸侯之史,當王右以策命之。"那麽,册命的右史應該就是宣命之史,左史就是秉策之史。執册主動,宣命主言,因此至少在册命之時左史與右史的職司分别爲主動和主言。

既然宣命之史在天子之右,那麽受命者應在中廷偏西,與宣命之史位置相應。

三、結　　論

陳先生關於册命朝位的認識,可能也與《書·顧命》所記成王崩康王受命之事有關,《顧命》云:"大史秉書,由賓階隮,御王册命。"然而康王受命與金文常見的册命之事不同,王國維《顧命考》即云:

> 以禮言之,則大保當在阼階上,西面,大宗居左,大史居右。王在賓階上,東面,大史迎而命之。……彝銘記王命諸臣事,皆王即位,受命者立中庭北向。……此册命用賓主禮者,大保雖攝先王,身本是臣,故於堂上以賓主之禮行之。攝王者禮不全於君,受册若禮不全於臣、不全於子,此賓禮之至精矣。[1]

[1] 王國維:《顧命考》,《觀堂集林》,北京:中華書局,1959年。

將《顧命》所記康王受册命之事與天子册命諸侯之禮相比附,尚需慎重。

根據上文的討論,我們也繪製一幀册命之時的君臣朝位圖(圖二),[1]聊供識者批評。

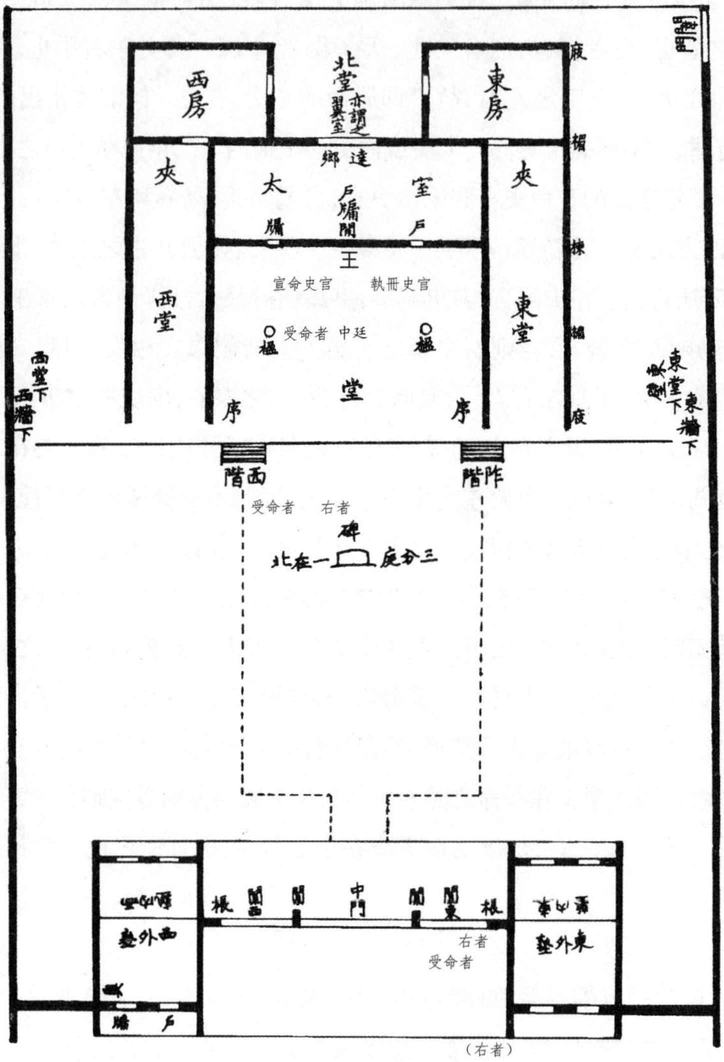

圖二　册命朝位圖

---

[1] 此圖根據黄以周《禮書通故》第四十九卷天子諸侯廟制圖、天子燕寢圖改繪。

從宜侯夨簋看西周“里”的性質

吕全義*

西周金文中有數字加“里”字的詞語，如昭王時期的召圜器(《集成》10360)“事(使)賞畢土方五十里”；此外，西周金文中還有其他含有“里”字的詞語，如令方彝(《集成》9901) 和史頌簋(《集成》4230)之“里君”、𤔲比盨(《集成》4466)之“里尹”、[1]伯晨鼎(《集成》2816)之“亘衱里幽”、[2]䜌簋(《集成》4215)之“成周里人”、九年衛鼎(《集成》2831)之“林里”、十二年大簋蓋(《集成》4298)之“睽里”和“大里”等。學者對西周“里”的性質的判定和產生時代予以反復探索。早在二十世紀三四十年代，即有學者將令方彝、史頌簋與傳世文獻相結合，認爲西周初已出現居民組織“里”，代表學者有吴其昌、李玄伯先生。[3] 郭沫若先生認爲里君“疑是都家公邑之長”，[4]這等於承認西周之“里”爲居民組織。陳夢家先生 1936 年對西周“里”的看法却與上述看法略有不同。陳先生認爲：“里君，舊釋里宰，非；里君當爲《左傳》《國語》之司里，乃百工長也。……竊疑古代以百姓服工役居於城内里中，而司里、里尹、里君者其長耳，故舉其官職曰百工，稱其階級爲百姓也。”[5]陳先生雖主張里君爲百工之長，但認爲成周城内有居民組織“里”，“里”中居民的身份爲“服工役”者，即成周城内之“里”屬於比較特殊的居民組織。1949 年以後，徐中舒、裘錫圭、張政烺、朱鳳瀚、林澐和李零等先生均主張西周之“里”爲居民組織。[6] 此外，張亞初和劉雨先生主張“里君”即《周禮》之“里

---

* 太原師範學院歷史系講師。

[1] 故宫博物院編：《故宫青銅器》，北京：紫禁城出版社，1999 年，第 206 頁；故宫博物院編：《故宫青銅器館》，北京：故宫出版社，2012 年；吴鎮烽：《商周青銅器銘文暨圖像集成》(第 12 册)，上海：上海古籍出版社，2012 年，第 464 頁；不過，此“里尹”在銘文中與西周王朝的中央職官“内史”、“大史”并列，顯然與《禮記・雜記下》之基層地域性居民組織的職官“里尹”有别。

[2] 按，該字在伯晨鼎銘中呈現爲“里”，但讀作“裹外”之“裹”(郭沫若：《兩周金文辭大系考釋》[中]，東京：文求堂書店，1935 年，第 77 頁)。

[3] 吴其昌：《夨彝考釋》，《燕京學報》1931 年第 9 期；李玄伯：《中國古代社會新研》，上海：開明書店，1948 年。

[4] 郭沫若：《金文叢考》，北京：人民出版社，1954 年，第 88 頁，自編頁碼第 77 頁；另見《金文文獻集成》第 25 册，北京：綫裝書局，2005 年，第 367 頁。

[5] 陳夢家：《令彝新釋》，《考古社刊》1936 年第 4 期；參見《金文文獻集成》第 28 册，第 287 頁。

[6] 徐中舒：《試論周代田制及其社會性質——并批判胡適井田辨觀點和方法的錯誤》，《四川大學學報》1955 年第 2 期；裘錫圭：《關於商代的宗族組織與貴族和平民兩個階級的初步研究》，《文史》第十七輯，北京：中華書局，1983 年；張政烺著，朱鳳瀚等整理：《張政烺批注〈兩周金文辭大系考 (轉下頁)

宰”,[1]二位學者因重點考察西周金文中的官制,故未明確指出西周“里”的性質,但主張“里君”即《周禮》之“里宰”實質上就等於認同西周金文之“里”爲地域性居民組織。陳夢家先生1949年以後對自己過去的觀點有所修正,不再提里君爲百工之長,也不再認爲其他學者將“里君”釋爲里宰是錯誤的,其曰:“‘里君’亦見于史頌簋‘……里君百姓……于成周’。《逸周書·嘗麥篇》‘閭率里君’,《管子·小匡篇》‘擇其賢民,使爲里君’。《周語》中及《左傳》襄九之‘司里’,《魯語》上之‘里人’(注云里宰也),《禮記·雜記》之‘里尹’(注云閭胥里宰之屬),可能皆是‘里君’之類。”[2]陳先生如此修正,等於贊同“里”爲地域性居民組織的看法。

圖一 宜侯夨簋(《五省》[3]圖版一一)

就目前而言,儘管一些學者對九年衛鼎銘“林里”之“里”還持有不同意見,[4]大多數學者還認爲召圜器(《集成》10360)銘之“五十里”之“里”屬於長度單位,但總體而言,學界逐漸形成一個共識:西周初已出現了地域性居民組織“里”。

不過,最近在《歷史研究》上刊登了一篇文章,[5]對西周“里”的性質進行了重新討論,不同意西周時期的“里”爲地域性居民組織。這樣,就將地域性居民組織“里”的出現推後到春秋時期了。由此看來,西周時期“里”的性質仍有進一步加以甄別的必要。

學界對以上提到的西周青銅器銘文中的“里”字的隸定均無異議,但對宜侯夨簋(圖一,《集成》4320)“”字的隸定存在分歧。若按一些學者的意見,將該字隸定爲“生”字,讀爲“姓”,宜侯夨簋銘文自然就與地域性居民組織“里”的關係不是很大了。但自宜侯夨簋發現以來,有許多學者主張該字應隸定爲“里”,若如此,宜侯夨簋“易才宜王人□又

(接上頁) 釋〉》,北京:中華書局,2011年;朱鳳瀚:《商周家族形態研究》(增訂本),天津:天津古籍出版社,2004年;林澐:《“百姓”古義新解——兼論中國早期國家的社會基礎》,收入《林澐學術文集》(二),北京:科學出版社,2008年,第275頁;李零:《西周金文中的土地制度》,收入氏著:《待兔軒文存(讀史卷)》,桂林:廣西師範大學出版社,2011年,第103頁。

[1] 張亞初、劉雨:《西周金文官制研究》,北京:中華書局,1986年,第50頁。

[2] 陳夢家:《西周銅器斷代》(上),北京:中華書局,2004年,第39頁。

[3] 五省出土重要文物展覽籌備委員會編:《陝西、江蘇、熱河、安徽、山西五省出土重要文物展覽圖録》,北京:文物出版社,1958年,下文簡稱《五省》。

[4] 例如龐懷清等學者將“林里”解爲“林地”,參見龐懷清、鎮烽、忠如、志儒:《陝西省岐山縣董家村西周銅器窖穴發掘簡報》,《文物》1976年第5期,第33頁。

[5] 沈長雲、李秀亮:《西周時期“里”的性質》,《歷史研究》2011年第4期。

圖二　宜侯夨簋銘拓本(《銘圖》5373)

七里”顯然就是西周已經出現地域性居民組織“里”的非常有力的證據。鑒於宜侯夨簋銘文“”字在研究西周“里”的性質中的重要性,本文對該字的隸定予以辨析,進而明確西周時期“里”的性質。

宜侯夨簋(《集成》4320),學者一般斷爲康王時期,現藏於國家博物館,1954 年出土於江蘇省丹徒縣大港鎮煙墩山(今屬鎮江市丹陽區),[1]銘文位於器底,殘存約 119 字(圖二)。除本文討論之字外,將銘文在前人研究成果的基礎上,按原行款隸定如下:

[1] 大多數學者認爲宜侯夨簋屬於西周前期的周人器物,而馬承源對宜侯夨簋出土之墓葬的時代和該器的時代提出質疑(馬承源:《長江下游土墩墓出土青銅器研究》,收入氏著:《中國青銅器研究》,上海:上海古籍出版社,2002 年,第 465、474 頁)。朱鳳瀚將包括出土宜侯夨簋在內的寧鎮地區的西周土墩墓所出青銅容器分爲三類,并與皖南地區出土的青銅器進行比較,認爲宜侯夨簋這類器物屬於非本地製造的周人器物(朱鳳瀚:《中國青銅器綜論》,上海:上海古籍出版社,2009 年,第 1494－1516 頁)。本文從大多數學者的看法。

隹(惟)四月辰才(在)丁未,王省珷(武)王、

成王伐商圖,征省東或(國)圖。

王立(涖)[1]于宜□□,南鄉(嚮)。王令(命)

虞[2]侯夨曰:"鄭(遷)侯于宜。"易(賜)彃

鬯一卣,商(賞)鬲(瓚)一□,彤(彤)弓一,彤(彤)矢百,

旅弓十,旅矢千。易(賜)土:厥川

三百□,厥山(?)[3]百又□,厥宅邑卅

又五,〔厥〕□百又卅。易(賜)才(在)宜

王人□又七。易(賜)奠七白(伯),

厥盧千[4]又五十夫。易(賜)宜庶人

六百又□六夫,宜侯夨揚

王休,乍(作)虞公、父丁尊彝。

銘文大意是周王在四月丁未這天查看武王、成王伐商的地圖,接着又查看東國地圖,周王親自到宜,令虞侯夨遷於此地,賞賜鬯酒、瓚和弓箭,并賜山川、宅邑和民人。

陳夢家先生一開始將宜侯夨簋中的此字釋爲"牛",[5]其後改釋爲"里",[6]最後又改釋爲"生"。[7] 譚戒甫先生釋此字爲"室"。[8] 目前學界主要存在兩種意見:一種即"生",

[1] 該字隸定有兩種意見。唐蘭、陳夢家、李學勤等釋爲"卜"(唐蘭:《宜侯夨簋考釋》,《考古學報》1956年第2期;另見氏著:《西周青銅器銘文分代史徵》,北京:中華書局,1986年。陳夢家先釋"卜",參《西周銅器斷代》,《考古學報》第九册;後改釋"立",見《西周銅器斷代》[上],北京:中華書局,2004年,第15頁。李學勤:《青銅器與古代史》,臺北:聯經出版事業股份有限公司,2005年,第257頁)。郭沫若、白川静、朱鳳瀚等釋爲"立"(郭沫若:《夨簋銘考釋》,《考古學報》1956年第1期。白川静:《金文通釋》[卷一下],神户:白鶴美術館,1966年,第553頁。朱鳳瀚:《商周家族形態研究》[增訂本],天津:天津古籍出版社,2004年,第249頁),讀爲"涖"。本文采用後一種意見。

[2] 此字之釋有三種意見:一爲"虞",代表性學者爲唐蘭(《宜侯夨簋考釋》,《考古學報》1956年第2期);一爲"虔",代表性學者爲陳夢家(《西周銅器斷代》(上));一爲"虎",代表性學者爲白川静(《金文通釋》卷一下)和朱鳳瀚(《商周家族形態研究》[增訂本],第249頁)。

[3] 李零:《西周金文中的土地制度》,氏著:《待兔軒文存(讀史卷)》,桂林:廣西師範大學出版社,2011年,第103頁。

[4] 此字之補釋從朱鳳瀚説,參見氏著:《商周家族形態研究》(增訂本),第249頁。

[5] 陳夢家:《宜侯夨簋和它的意義》,《文物參考資料》1955年第5期,第63頁。

[6] 陳夢家:《西周銅器斷代》,《考古學報》(第九册),北京:科學出版社,1955年,第165頁。

[7] 陳夢家:《西周銅器斷代》(上),北京:中華書局,2004年,第15頁。

[8] 譚戒甫:《周初夨器銘文綜合研究》,《武漢大學人文科學學報》1956年第1期,第191頁。

讀爲姓;[1]一種即"里"。

造成該字隸定有分歧的原因除了研究者主觀認識上的差異外,還受到客觀因素的制約。首先器物在發掘出後被人爲打碎。[2] 專家對器形修復時,爲拼接碎片,在器外底部加了一個鉛托,致使無法使用 X 光探傷技術來識讀殘字。[3] 另外,器物本身銹蝕非常厲害,各種拓本清晰程度不一。最早公布的拓本是 1955 年《考古學報》第九期圖版捌。這個拓本很不清晰。除了這個拓本以外,就筆者所見似還有以下四種拓本:第一種,《集成》原版、《集成》修訂增補本和《江蘇省出土文物選集》圖 71[4] 使用同一個拓本,效果稍好一些,但不是很清晰;第二種,于省吾《録遺》167、[5]陳夢家《西周銅器斷代》(下)第 575 頁與白川静《金文通釋》系同一個拓本,比《集成》清晰;第三種,《五省》圖版一一比前兩種更加清晰;[6]第四種,李學勤《青銅器與古代史》第 254 頁、王玉哲《中華遠古史》[7]和吴鎮烽《銘圖》5373 所選拓本最爲清晰,且屬於一個拓本。[8]

以往由於受到客觀條件的限制和學者間的認識不一致,造成對該字釋讀的分歧。今天,隨着金文資料的陸續刊布和更多西周青銅器的出土,解決這個問題的材料越來越多,研究的條件和技術手段也大大得到改善,對該字的隸定應該可以得出更爲令人信服的結論。下面擬從字形、辭例、文義三個角度對該字之隸定加以考察。

西周金文中,"里"、"生"二字字形存在明顯區别。下面將西周金文(限於《集成》、《近出》和《二編》。按,《銘圖》亦層檢索,但限於篇幅,未在本文呈現。惟《銘圖續》未及檢索)中有代表性的"里"字和西周前期、中期金文中有代表性的"生"字剪截如下,以資比對分析。

---

[1] 例如,郭沫若:《夨簋銘考釋》,《考古學報》1956 年第 1 期,第 7 頁;唐蘭:《宜侯夨簋考釋》,《考古學報》1956 年第 2 期,第 79 頁;岑仲勉:《"圛侯夨簋"銘試釋》,收入《西周社會制度問題》附録一,上海:新知識出版社,1956 年,第 162 頁;劉啓益:《西周夨國銅器的新發現與有關歷史地理問題》,《考古與文物》1982 年第 2 期,第 44 頁;沈長雲:《〈俎侯夨簋〉銘文與相關歷史問題的重新考察》,《人文雜志》1993 年第 4 期;沈長雲、李秀亮:《論西周時期"里"的性質》,《歷史研究》2011 年第 4 期;《集成》4320;《銘圖》5373。

[2] 張敏:《宜侯夨簋往事》,《東南文化》2000 年第 4 期。

[3] 劉蘭明、王景曙:《一覺三千年,醒來驚世人——國寶級文物宜侯夨簋出土 60 周年特别報導之一》,《鎮江日報》2014 年 6 月 16 日。

[4] 南京博物院等:《江蘇省出土文物選集》,北京:文物出版社,1963 年。

[5] 于省吾編著:《商周金文録遺》,北京:中華書局,1993 年,第 43 頁。

[6] 五省出土重要文物展覽籌備委員會編:《陝西、江蘇、熱河、安徽、山西五省出土重要文物展覽圖録》,北京:文物出版社,1958 年。

[7] 王玉哲:《中華遠古史》,上海:上海人民出版社,2003 年。

[8] 以上宜侯夨簋銘文拓本的第三種和第四種可能是一個拓本經過反復掃描和複印後的面貌。以上拓本情況僅就筆者所見而言,周寶宏對此問題有更加全面的介紹。參周寶宏:《西周青銅重器銘文集釋》,天津:天津古籍出版社,2007 年,第 63－65 頁。

先列“里”字。西周伯晨鼎(《集成》2816)銘之“里”雖讀爲“裏”外之“裏”,[1]但因字形可資比較,亦録入(表一)。

表一　西周金文中的“里”字與宜侯夨簋銘字對照表

類型	統計	器　名	字　形	出　　處	時　代
Ⅰ	1	宜侯夨簋		《五省》圖版一一	康　王
				《集成》4320	
				《銘圖》5373	
	1	令方彝		《集成》9901.1	昭　王
	1	召圜器		《集成》10360	昭　王
	1	九年衛鼎		《集成》2831	共　王
	1	十二年大簋		《集成》4298	西周晚期
	1	𩰫簋		《集成》4215.1	西周晚期
	1	伯晨鼎		《集成》2816	西周中晚期
	8	史頌簋		《集成》4229.1;4229.2;4230;4231;4232.2;4233;4236.1;4236.2	西周晚期
Ⅱ	4	史頌簋		《集成》4232.1;4234;4235.1;4235.2	西周晚期
	1	鬲比盨		《集成》4466	西周晚期

《説文》:“里,居也。從田從土。”從以上西周金文之“里”來看,許慎的認識是正確的。以上西周金文中的“里”字共十八例(不包括宜侯夨簋銘“”字)可以分爲兩種類型。Ⅰ類是“田”之下、所從“土”之從下至上的第二筆横畫作點狀,西周早、中期的“里”均屬此種類型,晚期大多數亦屬此種類型,但已出現新的變化,即出現Ⅱ類。Ⅱ類“里”字下部竪畫上的點已變成一横畫,見於西周晚期的史頌簋和鬲比盨銘,僅見五例。史頌簋銘的“里”字字形,Ⅰ和Ⅱ型都存在,屬於Ⅱ型的“里”字占史頌簋銘“里”字總數的三分之一,屬於Ⅰ型的占三分之二。

西周金文中的“生”字數量龐大,下面將西周早期至中期字形清晰且有代表性的“生”字

[1] 西周金文中與之相近的辭例尚見於:(1) 吴方彝蓋(《集成》9898);(2) 番生簋(《集成》4326);(3) 录伯㦰簋蓋(《集成》4302);(4) 牧簋(《集成》4343);(5) 三年師兑簋(《集成》4318、4319);(6) 毛公鼎(《集成》2841);(7) 師克盨(《集成》4467、4468);(8) 寅簋(《集成》4469)。伯晨鼎銘之“冟(冪)袛里幽”若按表示顔色和質地的詞在前,則變成“袛冟(冪)幽里(裏)”,意即“袛”作面、“幽”作裏的車飾。

分三類列出。凡出自摹本(不包括宋以來的翻刻本)者不録;西周晚期的數量太多,考慮到篇幅問題和可比性不强亦不録(表二)。[1]

表二　西周早中期金文中的“生”字

類型	時代	字形	器　名	出　處	備　注
Ⅰ	早期		士上卣	《集成》5421.2	早期與此相類的見頁下注[2]
	中期		康生豆	《集成》4685	中期與此相類的見頁下注[3]
Ⅱ	早期		伊生簋	《集成》3631	早期與此相類的見頁下注[4]
	中期		城虢遣生簋	《集成》3866	中期與此相類的見頁下注[5]
Ⅲ	早期		西弗生甗	《集成》887	
			小姓卣	《近出》584	
	中期		庚季鼎	《集成》2781	
			史牆盤	《集成》10175	
			敔簋蓋	《近出》483	1982年陝西周至縣出土

Ⅰ類“生”字特點:最下一横畫之上方的竪筆畫上既無點也無横畫。表三爲見於西周早期金文中的“生”字,雖然字之上半部竪畫兩側的筆畫比較特殊,但在竪畫上均無點畫或横畫,故歸入Ⅰ類(表三)。

---

[1] 摹本因存在一定程度的失真,故不録,但出自摹本之“生”字,其字形對本文觀點不構成任何挑戰。

[2] [illegible]父乙簋(《集成》3862);牆作父辛卣(《集成》5361.1和《集成》5361.2);士上卣(《集成》5421.1);士上盉(《集成》9454);作册魖卣(《集成》5432.1和《集成》5432.2);生爵(《近出》790)。

[3] 伯姜鼎(《集成》2791);蔡姞簋(《集成》4198);獻簋(《二編》436);辰在寅簋(《集成》3953);瘨盨(《集成》4462和《集成》4463);周乎卣(《集成》5406.1和《集成》5406.2)。

[4] 壴生鼎:(《集成》2483,西周早期或中期);匍盉:(《近出》943,西周早期);㠱仲壺(器和蓋,《近出》965)。

[5] 公姞鬲(《集成》753);尹姞鬲(《集成》754和《集成》755);七年趞曹鼎(《集成》2783,共王);十五年趞曹鼎(《集成》2784,共王);師奎父鼎(《集成》2813);雁(應)侯簋(《集成》4045);[illegible]簋(《集成》4098);生史簋(《集成》4101);肄簋(《集成》4192.1和《集成》4192.2);𦍒簋(《集成》4195.1和《集成》4595.2);遹簋(《集成》4207);師遽簋蓋(《集成》4214);廿七年衛簋(《集成》4256.1和《集成》4256.2);卯簋蓋(《集成》4327);臤尊(《集成》6008);㠱仲觶(《集成》6511);義盉蓋(《集成》9453);豐卣(《集成》5403.1和《集成》5403.2);免簠(《集成》4626);番菊生壺(《集成》9705);裘衛盉(《集成》9456);齊生魯方彝蓋(《集成》9896);格伯簋(《集成》4262、《集成》4262.2、《集成》4263、《集成》4264.1、《集成》4262.2和《集成》4265);殷簋(《近出》487);殷鼎(《二編》322);亦簋蓋(《二編》435和《二編》434);達盨蓋(《二編》455)。

表三　西周早期金文中特殊的“生”字

類型	時代	器　名	字　形	出　處
Ⅰ	早期	富鼎		《集成》2749
		方彝		《集成》9892.1
				《集成》9892.2
		作册大方鼎		《集成》2758
				《集成》2759
				《集成》2760

Ⅱ類“生”字之特點,最下一横畫之上方的竪筆畫上有點(有的屬於短横畫)。

Ⅲ類“生”字之特點,竪筆畫上最下一横畫之上非點而是横畫。

甲骨文中的“生”字均呈“”形(《合集》249 正),迄今未見殷金文有“生”字。[1] 可見,西周金文中最下一横畫之上方的竪畫上既無點畫又無一横畫的“生”字的構形來源於殷晚期甲骨文。西周早期既出現Ⅱ類寫法的“生”字,亦出現Ⅲ類寫法的“生”字。Ⅲ類寫法在西周早期僅有兩例,即西弗生甗(《集成》887)和小姓卣(《近出》584),其中小姓卣之“生”字與其下之“女”字係合體字。而Ⅱ類寫法在西周早期有五例,即伊生簋(《集成》3631)、壴生鼎(《集成》2483,西周早期或中期)、葡盉(《近出》943)、巽仲壺(器銘:;蓋銘:;《近出》965)。Ⅱ類比Ⅲ類的字例相對多一些。即Ⅲ類“生”字在西周早期比Ⅱ類“生”字更加少見。

結合上面剪截的西周各個時期的“里”字和西周早中期的“生”字字形,得出以下四點認識:

第一,上所討論的“”字與西周前、中期“生”字相比,正如裘錫圭先生所指出,有一個顯著的特點:“此字(按:指本文所討論的‘’字)上部兩側之筆頗長,且有明顯彎度,而西周前期金文‘生’字兩側斜筆大都既直又短,與此截然有别。”[2]

關於裘先生的認識,可以從以下西周金文中以“里”爲聲符的字當中的“里”的構形加以

[1] 王之女觥(《集成》9287),有學者斷爲商代後期器,也有斷爲西周早期器。對該器銘文第二字“”(《集成》9287.1)之釋讀學者之間有分歧。一釋“生”,一釋“屮”。參周寶宏:《商周金文考釋四則》,《古文字研究》(第二十八輯),北京:中華書局,2010 年,第 249－250 頁。

[2] 裘錫圭:《關於商代的宗族組織與貴族和平民兩個階級的初步研究》,原載《文史》第十九輯,北京:中華書局,1983 年;又見《裘錫圭學術文集》(5),上海:復旦大學出版社,2012 年,第 147 頁注釋〔54〕。按:曹錦炎亦有類似看法,參曹錦炎:《關於〈宜侯夨簋〉銘文的幾點看法》,《東南文化》1990 年第 5 期,第 175 頁。

進一步印證。西周金文中有“裏(里)”、“鳌”和“狸”三字從結構上分析是由“里”字與其他偏旁構成。先列“裏(里)”字(表四):

表四　西周金文中的“裏(里)”字

器　名	字　形	出　處	時　代	備　注
吴方彝蓋		《集成》9898.A	西周	拓本
		《集成》9898.B	西周	拓本
录伯𢦚簋蓋		《集成》4302	西周	拓本
番生簋		《集成》4326	西周	拓本
三年師兑簋		《集成》4318	西周	拓本
		《集成》4319	西周	拓本
毛公鼎		《集成》2841	西周	拓本
師克盨		《集成》4467.1	西周	拓本
		《集成》4467.2	西周	拓本
		《集成》4468	西周	拓本
牧簋		《集成》4343	西周	摹本
寅簋		《集成》4469	西周	摹本

次列“鳌”字(表五):

表五　西周金文中的“鳌”字

器　名	字　形	出　處	時　代	備　注
班簋		《集成》4341	西周早期	拓本
鳌鼎		《集成》2067.1	西周早期或中期	拓本
		《集成》2067.2		
㝉鼎		《集成》2755	西周中期	拓本
□作鳌伯簋		《集成》3588	西周中期	拓本
録伯冬戈簋蓋		《集成》4302	西周中期	拓本
無㠱簋		《集成》4225	西周中期	拓本

續表

器　名	字　形	出　處	時　代	備　注
豆閉簋		《集成》4276	西周中期	拓本
師酉簋		《集成》4288.1	西周中期	拓本
		《集成》4288.2		
訇壺蓋		《集成》9728	西周中期	拓本
守宮盤		《集成》10168A	西周中期	拓本
鳌伯鐘		《集成》92	西周中期	拓本
康鼎		《集成》2786	西周中期或晚期	拓本
小克鼎		《集成》2796	西周晚期	拓本
		《集成》2797	西周晚期	拓本
		《集成》2798	西周晚期	拓本
		《集成》2799	西周晚期	拓本
		《集成》2800	西周晚期	拓本
		《集成》2801	西周晚期	拓本
		《集成》2802	西周晚期	拓本
伯大師鳌盨		《集成》4404	西周晚期	拓本

最後附列西周中期的狸作父癸尊之“狸”字：(《集成》5904)。

通過觀察以上剪貼的西周金文中的“裏”、“鳌”與“狸”字的聲符“里”所呈現的結體特徵，正可以印證前邊從獨體字“里”字形成的認識：“里”字上部斜向上的兩筆均呈彎曲向上狀。

第二，宜侯夨簋銘中的“”字不管隸定爲什麽字，其最下一横畫之上的竪畫上是點而非横畫。以此爲出發點，凡是前述Ⅱ類竪畫上有點的“生”字，上半部竪畫兩側之筆畫均作斜向上狀，而且如此構形的“生”字上半部斜向上的兩畫短而直，目前没有發現一例作彎曲向上的，這是其典型特點。而宜侯夨簋銘中該字()上半部斜向上的兩筆呈彎曲狀。僅此一點即可否定此字隸定爲“生”的意見。

第三，仔細觀察，可以看到“”字上部彎曲向上的兩筆之内殘存一横畫，雖然不甚清晰(此横畫在《五省》圖版一一最清晰，見圖五)，但存在。這是前述所有“生”字没有的筆畫。

此横畫即“里”上部“田”字内横畫的殘存，這是該字應當隸定爲“里”的又一條理由。

第四，宜侯夨簋銘文拓本中的“”字之上有銅器拆裂後留下的一道縫，表現在拓本上似乎有一横畫，此拆裂之縫與“里”字最上一横畫重合且向左右延伸，向左穿過了第十行的“夫”字，向右穿過了第八行的第二個“又”字的下部。這既是拼合後的裂縫在椎拓時留在拓本上的痕迹，也應理解爲“里”字最上邊的一横，二者高度吻合。拓本局部剪截如下（圖三和圖五）。

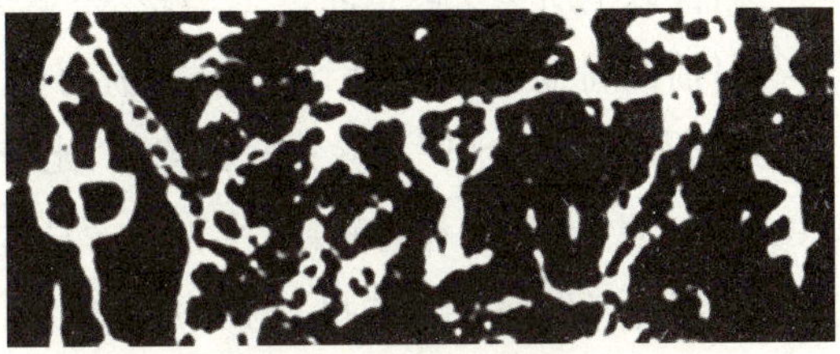

圖三　《銘圖》5373

但是，宜侯夨簋銘文的第二種拓本中，該字最上一横畫在右上部并不存在，拓本局部剪截如下（圖四）。

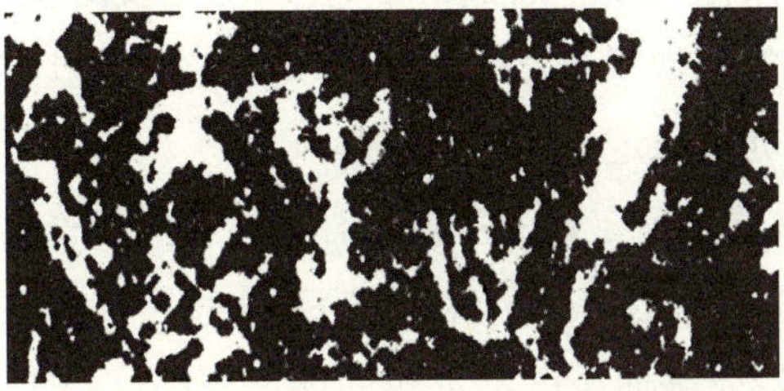

圖四　《金文通釋》卷一下第 532 頁

圖五　《五省》圖版一一

此拓本與上面所説的第二、三個特徵完全符合，惟該字上邊右半部拆裂留下的拓痕并不存在，可能是拼合較爲嚴密。此種情况并不影響結論的得出。而該字最上之拆裂痕迹在《五省》圖版一一中也是很清晰存在的（圖五）。

基於以上對該字字形的四點認識，宜侯夨簋銘文中的“”字當隸定爲“里”。

以上是從字形角度考慮。下面擬利用傳世文獻和金文中關於“生”和“里”二字的材料，從辭例角度看宜侯夨簋銘中該字當釋爲何字。

金文中的“生”字一般讀爲“姓”。迄今所見殷周卜辭、金文中，除“百生（姓）”[1]成語外，未見“生”字前爲數字的辭例。不過，在先秦文獻中有三例。

第一例，《左傳》襄公十年：“昔平王東遷，吾七姓從王。”

第二例，《左傳》襄公十一年：“先王、先公，七姓、十二國之祖，明神殛之，俾失其民，隊命亡氏，踣其國家。”“七姓”，據楊伯峻先生注，指的是參加亳盟的諸侯國共七姓：“晉、魯、衛、曹、滕，姬姓；邾、小邾，曹姓；宋，子姓；齊，姜姓；莒，己姓；杞，姒姓；薛，任姓。”[2]

---

[1] 學界將“百生”之“生”讀爲“姓”，已成共識。金文中其他的“生”之釋參見張亞初：《兩周銘文所見某生考》，《考古與文物》1983 年第 5 期。

[2] 楊伯峻：《春秋左傳注》（修訂本），北京：中華書局，1990 年，第 990 頁。

第三例,《國語·晉語四》:"其同生而異姓者,四母之子別爲十二姓。凡黄帝之子,二十五宗,其得姓者十四人,爲十二姓。"

除了以上三例外,《周禮·秋官·司約》賈疏引用《左傳》舊注解釋定公四年"殷民六族":"殷民,禄父之餘民三十族、六姓也。"[1]

若據以上所引文獻衡之,"七"後一字隸定爲"生"讀爲"姓",也應該是説得過去的。

目前西周金文中可見到"里"字前有數字的辭例,惟召圜器(《集成》10360)銘之"事(使)賞畢土方五十里"。除召圜器銘外,比較早的西周傳世文獻還有兩例,即《詩經·周頌·噫嘻》之"終三十里"和《詩經·小雅·六月》之"於三十里",兩詩的時代一爲西周前期,一爲宣王。據此,該字隸定爲"里"也是可以的。

單就以上舉出的正反兩方面的辭例,還很難判斷此字究竟是該隸定爲"里"字還是"生"字。但是既然以上使用旁證來説明問題時均采用類比的辦法,那麽,用西周金文辭例,即召圜器銘之"五十里"來類比顯然要比使用傳世的西周及其之後的傳世文獻類比更具有説服力。基於這樣的認識,宜侯夨簋銘"七"下之字亦當隸定爲"里"字爲妥。

下面擬再從該字在宜侯夨簋銘中的文義來確定隸定爲哪一個字合適。將修補後的宜侯夨簋銘文拓本所呈現的形態結合傳世文獻來考察究竟隸定爲"生"合適不合適。

銘文第九行"王人"和"又"之間的文字因器殘破而今已不可知,但屬於數字是可以肯定的,論者均無異議。這個數字有多大,李學勤先生曾分析説:

> "王人"兩字和下面"又"字之間,距離較大,相當兩個字位置。當時文字通例,從二十到九十的數字都作合文,二十到四十只占一字位置,本銘"五十"也占一字位置。可能占兩字位置的,只有六十到九十,否則就是更大的數字。由此可知,王人的里數很多,至少有六十七里。[2]

李先生鑒於以上認識,在作宜侯夨簋銘文釋文時,便在"王人"與"又"之間使用省略號。李先生的意思當是"王人"和"又"之間殘缺幾個字是存疑的,至少有兩個字,即"六十"。

我們在此借鑒李先生的分析,但將"里"更换爲一些學者主張的"生(姓)",然後加以考察,看"生(姓)"説是否能立得住脚。

首先與《左傳》定公四年記載周初分封的史實相比較。《左傳》定公四年載衛國祝佗(子魚)説周初曾分魯公殷民六族,條氏、徐氏、蕭氏、索氏、長勺氏、尾勺氏;分康叔殷民七族,陶氏、施氏、繁氏、錡氏、樊氏、饑氏、終葵氏;分唐叔懷姓九宗。子魚的話外之音是説衛國的地

[1] 《周禮·秋官·司約》,(清)阮元校勘:《十三經注疏》,臺北:藝文印書館,2011年,第540頁。
[2] 李學勤:《宜侯夨簋與吴國》,《文物》1985年第7期,第14-15頁。

位在周初就高於蔡國,用周初分封姬姓宗室成員時尚德不尚年,以反駁萇弘提出的“蔡叔,康叔之兄也”。衆所周知,姓先於氏,姓的數量要少於氏;退一步講,將以上《左傳》定公四年的氏均看作姓,則受封者最多得到不過七姓賞賜,而宜侯夨簋銘中的宜侯得到六十七姓的賞賜。再退一步講,不按上引李學勤先生的分析,將“又”字前按殘缺一字處理,依金文辭例,那麽最少是“十又七姓”。[1] 姑以十七姓來比較,也遠遠地超過了對魯公、康叔和唐叔中任何一位的賞賜。以西周的常情論之,賞賜之厚薄與受賜者地位的高低和與周王血緣關係之疏密有關。據此推測,宜侯之地位當遠高出魯公、康叔和唐叔。試想,地位超過魯公、康叔和唐叔的宜侯爲何在史籍中没有留下蛛絲馬迹呢?這是令人詫異的事情。

其次,“百生”一詞在西周金文和傳世先秦文獻中多見。“百”爲虚數,即數量衆多之意。[2] 上引先秦文獻中最多的也就是十二姓。陳絜先生根據傳世的先秦文獻統計出當時的古姓大概在二十九或三十個,[3] 宜侯在徙封時若獲得至少十七姓的周人[4](或者按有些學者認爲的“王人”是商遺民[5])則同樣是不可想象的事情。而且將此字隸定爲“生”,是不是可以得出在宜地的所有王人只有十七姓?還是十七姓僅是在宜王人的一部分?雖不得而知,但有此種可能性。那麽當時整個西周的姓的數量會更多。這也同樣超出了以往學者的認識。故而將此字隸定爲“生”讀爲“姓”并不妥。

經過以上從字形、辭例、文義三個角度辨証,將討論之字隸定爲“生”,讀爲“姓”并不合適。宜侯夨簋自發現迄今六十多個年頭了,大量的商、兩周青銅器銘文和戰國秦漢簡帛重見天日,但仍未發現除“百”以外之數字加“生”字的辭例,故將該殘字隸定爲“里”比隸定爲“生”更加合乎迄今爲止已刊殷周金文之辭例。以金文證金文,最具有説服力。簋銘“易才宜王人□又七里”足以證明“里”作爲地域性居民組織在西周初已經存在了。

---

[1] 郭沫若即認爲“‘王人’下所缺一字當爲十”(郭沫若:《夨簋銘考釋》,《考古學報》1956年第1期,第8頁),唐蘭贊同此説(唐蘭:《宜侯夨簋考釋》,收入《唐蘭先生金文論集》,北京:紫禁城出版社,1995年,第67頁)。

[2] 陳絜:《周代農村基層聚落初探——以西周金文資料爲中心的考察》,朱鳳瀚主編:《新出金文與西周歷史》,上海:上海古籍出版社,2011年,第121頁。

[3] 陳絜:《商周姓氏制度研究》,北京:商務印書館,2007年,第40－41頁。

[4] 裘錫圭、李學勤、朱鳳瀚、曹錦炎等先生持此説(裘錫圭:《關於商代的宗族組織與貴族和平民兩個階級的初步研究》,《文史》第十七輯,北京:中華書局,1983年,又收入《裘錫圭學術文集》(5),上海:復旦大學出版社,2012年,第147頁;李學勤:《宜侯夨簋與吴國》,《文物》1985年第7期,第14頁;朱鳳瀚:《先秦時代的“里”——關於先秦基層地域組織之發展》,收入先秦史學會編:《先秦史研究》,昆明:雲南民族出版社,1987年,第197頁;曹錦炎:《關於〈宜侯夨簋銘文〉的幾點看法》,《東南文化》1990年第5期,第175頁)。

[5] 郭沫若即持此説,參見郭沫若:《夨簋銘考釋》,《考古學報》1956年第1期,第8頁。

兩周時期宋國與諸國的政治聯姻

劉　麗*

據《史記·宋微子世家》記載,武王滅商後,封紂子武庚禄父以續殷祀,後武庚作亂,周公遵承成王令誅殺了武庚,命微子代殷後,奉殷先祀,國於宋。[1] 宋國作爲一個異姓諸侯國,又地處兵家所争之要地,對兩周時期政治局勢變化發展起到了重要作用。顧棟高《春秋大事表》:"顧春秋時宋最喜事,春秋之局變多自宋起。"[2] 研究宋國的政治外交對於我們了解兩周時期政治形勢變化至關重要。政治聯姻作爲兩周時期各國之間進行得最爲頻繁的邦交活動之一,是政治外交較爲直觀的表現形式。通過對政治聯姻的深入解析,不僅能够探究各國政治策略調整以及兩周時期政治形勢的變化發展,還能够發掘地緣性政治聯姻對於兩周政治局勢以及統一多民族國家形成所産生的作用和影響。前人學者對宋國聯姻情況有過研究,但大多非婚姻研究專門之作,且局限於傳世文獻,對出土材關注較少。而且多集中於對春秋時期宋國政治聯姻探討,西周時期情況鮮有涉及。[3] 鑒於此,本文試圖對傳世出土文獻中與宋國婚姻相關的材料進行全面梳理和探討,希望能够加深我們對宋國政治外交的了解,并以此窺探兩周時期政治形勢變化發展。

一、西周時期宋國與諸國的婚姻關係

西周時期宋國的聯姻較早見於季姬方尊(《新收》364),此器據説是1946年冬河南洛陽市老城出土。

唯八月初吉庚辰,君命宰茀錫𠂔季姬畋臣于空桑,氒師夫曰丁,以氒友廿又五家誓;錫氒田,以生馬十又五匹,牛六十又九叙,羊三百又八十又五叙,禾二𪎭(廩)。

---

* 中國社會科學院歷史研究所、出土文獻與中國古代文明研究協同創新中心助理研究員。

[1] 參見《史記》卷三十八《宋微子世家》,北京:中華書局,1982年,第1621頁。

[2] (清)顧棟高:《春秋大事表》卷二十四《春秋宋執政表》,北京:中華書局,1993年,第1843頁。

[3] 李學勤:《論幾件宋國青銅器》,《商丘師專學報(社會科學版)》1985年第1期;蔡鋒:《春秋時期宋國"内婚制"考察》,《河北師範大學學報(哲學社會科學版)》2004年第3期;陳玉蘭:《晉楚争霸時期宋國外交述論》,吉林大學碩士學位論文,2006年;董巧霞:《春秋時期宋國邦交問題研究》,東北師範大學碩士學位論文,2006年;苗永立:《周代宋國史研究》,吉林大學博士學位論文,2008年;紀丹陽:《西周至春秋時期宋國史料輯考》,安徽大學碩士學位論文,2012年。

其對揚王母休,用作寶尊彝,其萬[年子孫]永寶用。

李學勤先生認爲此尊上的饕餮紋極具特色,與此類似的饕餮面,僅見於 1963 年扶風齊家村所出天方尊、方彝。“天方尊、方彝一般定在西周中期前段。形制的突出特點,在於器側的兩耳。方尊有兩耳的,過去只有藏於臺灣故宫博物院的服方尊及 1955 年眉縣李村出土的盠方尊。後者由於 2003 年初眉縣楊家村佐盤的發現,已可確定爲穆王時,前者學者定爲西周中期,并指出字體‘與穆王時的遹簋銘文風格相近’”。他認爲季姬尊是穆王之后把在空桑的佃臣二十五家賞賜給幼女㢨季姬的記録。“㢨當與泲(濟水的濟)有關,可能是後來的濟陽、濟川。《水經·濟水注》載,濟水:‘東逕濟陽縣故城北。圈稱《陳留風俗傳》曰:縣,故宋地也。《竹書紀年》:梁惠成王三十年,城濟陽。漢景帝中六年,封梁孝王子明爲濟川王。應劭曰:濟川,今陳留濟陽縣是也。’其地在今河南蘭考縣東北。如果這一想法不錯,㢨季姬是周王最小的女兒嫁於宋國貴族㢨氏者”。[1] 所言是。

1985 年 3 月河南永城縣陳集鄉出土一件鄭伯匜(《近出》1013):

鄭伯作宋孟姬媵匜,其子子孫孫永寶用之。

此器從形制紋飾看,與上村嶺虢墓 M1601:16 的匜較爲相似,應該屬於西周晚期偏晚或春秋早期。從器銘看,此匜是鄭伯爲嫁往宋國的孟姬所作的媵器。

美籍華人范季融先生首陽齋藏有一件蔡侯鼎(《近出》327):

蔡侯作宋姬媵[鼎,其]萬年子子[孫孫]永寶用享。

此器口微斂,窄沿方唇,口沿上置一對立耳,腹部微鼓,圓底,三條蹄足。頸部飾大小相間的重環紋,腹部飾對稱的卷體龍紋,足根飾獸面紋。從形制和紋飾看,應爲西周晚期偏晚或春秋早期器物。從器銘看,此是蔡侯爲嫁往宋國的宋姬所作媵器。

二、春秋戰國時期宋國與諸國的婚姻關係

上海博物館藏有一件宋𧤸父鬲(《集成》00601),未見該器器影,《集成》斷爲春秋早期器,暫從。

---

[1] 李學勤:《季姬方尊研究》,《文物中的古文明》,北京:商務印書館,2008 年,第 210－215 頁。

宋爨父作豐子媵鬲。

從銘文内容看,此是宋爨父爲嫁到豐的宋國女子所作媵器。依據現有的金文材料,似乎有三個豐。

首先是妊姓,見於 1976 年陝西西安市臨潼區靈口鎮西段村西周銅器窖藏的王盉(《集成》09438):

王作豐妊單寶般盉,其萬年永寶用。

從形制紋飾看,應該爲西周晚期器。一般而言,丈夫爲妻子作器,對妻子的稱謂爲父國(氏)+父姓。此器似是周王爲夫人豐妊單所作的器物。[1]

其次是姞姓,見室叔簋(《新收》1957):

唯王五月,辰在丙戌,室叔作豐姞憨旅簋,豐姞憨用夙夜享孝于諆公,于室叔朋友,兹簋猒皀。亦壽人。子孫其永寶用。

從形制紋飾看,應該是西周中期偏晚器。從銘文内容"豐姞憨用宿夜享孝于諆公,于室叔朋友"看,豐姞應爲室叔夫人。

再次爲姬姓,見大祝追鼎(《新收》1455):

唯卅又二年八月初吉辛子(巳),伯太祝追作豐叔姬齋彝,用祈多福,伯氏其眉壽黄耇萬年,子子孫孫永寶享。

從形制紋飾以及銘文字體看,應該是西周晚期器。從銘文内容"伯氏其眉壽黄耇萬年"來看,此應是伯大祝追爲夫人豐叔姬所作器物。陳槃先生指出《左傳》僖公二十四年:"酆,'文之昭也',則酆固姬姓矣。"孫之騄:"武王既遷鎬京,乃封其弟於豐。"(陳逢衡《竹書紀年集證》二七引)《姓纂一東》、《通志·氏族略》二等,并云文王第十七子。[2] 似乎證明在西周早期就有姬姓的豐存在。

---

[1] 當然還有一種可能,這是周王爲嫁往豐的妊姓女子作的媵器,屬於爲異姓女作器。爲異姓女作媵器的例子雖然不多,但也有幾例。比如魯伯大父系列青銅器(見於《集成》03988、03989、03974)。區分這兩者的關鍵信息在於豐的姓氏。

[2] 陳槃:《春秋大事表列國爵姓及存滅表譔異》,上海:上海古籍出版社,2009 年,第 623 頁。

青銅器中還有豐王銅泡、斧(《集成》11774),然“豐王”或釋爲“豐”,或許與文王、武王有時也合寫爲玟、珷一樣,爲豐王的合寫。劉雨先生認爲此豐王是姬姓,且其王稱寫法與西周早期其他諸王稱複寫的寫法相合,所以不排除其是西周早期某周王别稱的可能性。大概西周早期某周王在豐地作豐公,後即位稱王,因不忘其出身之地,遂别稱豐王。[1] 張政烺《矢王簋蓋跋——評王國維〈古諸侯稱王説〉》指出:“周時稱王者皆異姓之國,處邊遠之地,其與周之關係若即若離,時親時叛,而非周室封建之諸侯。”[2]稱王之豐,或如張先生所言,非周室封建之諸侯。

《左傳》哀公二十四年釁夏言:“周公及武公娶於薛;孝、惠娶於商;自桓以下娶於齊。”[3]而據《左傳》隱公元年記載,我們知魯惠公夫人先後爲孟子、聲子、仲子:

> 惠公元妃孟子,孟子卒,繼室以聲子,生隱公。宋武公生仲子,仲子生而有文在其手,曰爲魯夫人。故仲子歸於我,生桓公而惠公薨,是以隱公立而奉之。[4]

孟子、聲子、仲子是什麽關係,從《史記·魯周公世家》的記載中可以看出一些端倪。孟子是“元妃”,可能爲主嫁女。聲子被稱爲“賤妾”,很有可能是孟子的陪嫁,身份爲姊妹或侄娣則未可知。而仲子則可能低孟子一輩,畢竟仲子本是惠公爲兒子息,也就是後來的魯隱公娶的夫子,因宋女好,奪而自妻之。[5]

宋國與鄭國在春秋時期繼續保持着聯姻,鄭莊公夫人中有一位是宋女,見《左傳》桓公十一年:

> 宋雍氏女於鄭莊公,曰雍姞,生厲公。雍氏宗,有寵於宋莊公,故誘祭仲而執之,曰:“不立突,將死。”亦執厲公而求賂焉。祭仲與宋人盟,以厲公歸而立之。[6]

宋桓公夫人爲衛女,見於《左傳》閔公二年:“初,惠公之即位也,少。齊人使昭伯烝於宣姜,不可,强之。生齊子,戴公,文公,宋桓夫人,許穆夫人。”[7]據《史記·衛康叔世家》知,衛

---

[1] 劉雨:《金文中的王稱》,《故宫博物院院刊》2006年第4期。
[2] 張政烺:《矢王簋蓋跋——評王國維〈古諸侯稱王説〉》,《張政烺文史論集》,北京:中華書局,第712、713頁。
[3] (清)阮元校刻:《十三經注疏》,北京:中華書局,1980年,第2181頁。
[4] (清)阮元校刻:《十三經注疏》,第1712－1713頁。
[5] 參見《史記》卷三十三《魯周公世家》,第1528－1529頁。
[6] (清)阮元校刻:《十三經注疏》,第1756頁。
[7] (清)阮元校刻:《十三經注疏》,第1788頁。

懿公之時,衛國遭翟人侵,不僅衛懿公被殺,衛國更是遭遇了滅國之災。作爲衛國姻親的宋桓公安頓了衛國遺民男女七百三十人,并將共滕之民贈與衛國,爲衛國保存了實力。不僅如此,宋桓公還立戴公以廬於曹。[1] 在衛國存滅之際,宋桓公鼎力相助,與兩國爲姻親關係密不可分。

齊桓公"九合諸侯,一匡天下",成爲名副其實的天下共主。諸國紛紛與之聯姻,宋國便是其中之一。據《左傳》僖公十七年記載,齊桓公有一位夫人爲宋女:

> 齊侯之夫人三:王姬、徐嬴、蔡姬,皆無子。齊侯好内,多内寵。内嬖如夫人者六人:長衛姬生武孟,少衛姬生惠公,鄭姬生孝公,葛嬴生昭公,密姬生懿公,宋華子生公子雍。[2]

宋華子,爲宋國華氏之女,生公子雍。然《左傳》僖公十七年記載:"公與管仲屬孝公於宋襄公,以爲大子。"[3]孝公爲鄭姬所生,然齊桓公屬孝公於宋襄公。據《左傳》僖公十八年記載:"宋襄公以諸侯伐齊,三月,齊人殺無虧。……齊人將立孝公,不勝四公子之徒,遂與宋人戰。夏五月,宋敗齊師於甗,立孝公而還。"[4]可見,宋襄公信守承諾,遵照齊桓公的遺囑,立了孝公爲君。爲何宋襄公未立宋華子所生公子雍爲君呢?這大概是因爲宋襄公有着繼承齊桓公爲諸侯霸主的壯志和野心,爲了取得齊桓公的支持,不惜捨棄公子雍。這種情形大約同於齊惠公。[5]

自魯惠公後,很長一段時間,不再見魯與宋的聯姻。據《春秋》僖公二十五年記載,我們知道魯與宋再次聯姻。

> 宋蕩伯姬來逆婦。[6]

據杜預《注》及孔穎達《疏》,蕩伯姬爲魯女,宋大夫蕩氏妻者。宋有蕩氏,宋桓公生公子蕩,蕩生公孫壽,壽生蕩意諸,意諸後人以蕩爲氏。然嚴蔚、朱俊聲則以蕩伯姬即公子蕩之妻。蕩

---

[1]《史記》卷三十七《衛康叔世家》,第1594頁。
[2](清)阮元校刻:《十三經注疏》,第1809頁。
[3](清)阮元校刻:《十三經注疏》,第1809頁。
[4](清)阮元校刻:《十三經注疏》,第1809頁。
[5]齊惠公并未支持自己外甥爲魯君。孔穎達有言:"惡是齊甥,齊侯許廢惡者,惡以世適嗣立,不受齊恩。宣以非分得國,荷恩必厚。齊侯新立,欲親魯爲援,故許之。"參見(清)阮元校刻:《十三經注疏》,第1861頁。
[6](清)阮元校刻:《十三經注疏》,第1820頁。

伯姬來魯,自爲其子迎妻。[1]

宋襄公夫人是周襄王的姐姐,又稱王姬,見於《左傳》文公八年:"宋襄夫人,襄王之姊也,昭公不禮焉。夫人因戴氏之族,以殺襄公之孫孔叔、公孫鍾離及大司馬公子卬,皆昭公之黨也。"[2]由是可見,襄公夫人掌握着很大的權力。

魯成公八年,魯與宋再次聯姻,魯國嫁女於宋共公。宋共姬是魯宣公之女,成公的妹妹。見《左傳》成公八年:

> 宋華元來聘,聘共姬也。夏,宋公使公孫壽來納幣。[3]

同年,衛人來媵。九年,晉人來媵。十年,齊人來媵。這是史書中唯一一次記載了一國嫁女,三國來媵的事例。而且齊國竟然打破了"同姓則媵,異姓則否"的禮數。[4] 在這次聯姻中,共有四國結成姻家。

齊頃公的夫人聲孟子爲宋女。聲孟子見於《左傳》成公十六年:"齊聲孟子通僑如,使立于高國之閒。"[5]楊伯峻注:"聲孟子,齊靈公之母,宋國女。"[6]據《左傳》襄公十九年記載:"齊侯娶於魯……諸子仲子、戎子。戎子嬖,仲子生牙,屬諸戎子。"杜預注:"諸子、諸妾姓子者,二子皆宋女。"[7]楊伯峻注:"《管子・戒篇》有中婦諸子,房玄齡注云:'中婦諸子,内官之號。'内官者,諸侯、天子姬妾之别名,居宫内,有官階,故云内官。……戎子、仲子,子則是姓。"[8]所言是。此齊侯爲齊靈公。

衛靈公夫人爲南子。據《列女傳》記載:"南子者,宋女,衛靈公之夫人。"[9]南子與靈公子蒯聵有惡,蒯聵欲殺南子,後被發覺,逃至晉國,在趙簡子幫助下攻衛,失敗,入宿而保。後終攻入衛國,即位爲莊公,殺南子。自是以後,衛國一直内亂不斷。衛國也就此衰落了下去。

李學勤先生《棗莊徐樓村宋公鼎與費國》中討論了宋公鼎,銘文作:

> 有殷天乙唐(湯)孫宋公圝作𡚸叔子𩱦鼎,其眉壽萬年,子子孫孫永保用之。

---

[1] 楊伯峻:《春秋左傳注》,北京:中華書局,2008年,第429頁。
[2] (清)阮元校刻:《十三經注疏》,第1846頁。
[3] (清)阮元校刻:《十三經注疏》,第1904頁。
[4] 關於"同姓則媵,異姓則否",出土的有銘青銅器證明了這種禮數其實在當時并未嚴格遵守,異姓相媵的例子也較多。
[5] (清)阮元校刻:《十三經注疏》,第1920頁。
[6] 楊伯峻:《春秋左傳注》,第894頁。
[7] (清)阮元校刻:《十三經注疏》,第1968頁。
[8] 楊伯峻:《春秋左傳注》,第1048頁。
[9] 張敬注譯:《列女傳今注今譯》,臺北:臺灣商務印書館,1994年,第294頁。

李學勤先生指出,“鼎銘的宋公圝,以通假求之,無疑是宋平公的上一代共公。《左傳》記他名固,《史記·宋世家》則説名瑕。‘圝’在金文中多見……1942年楊樹達先生作《毛公鼎跋》,分析‘圝’字从‘㹎’聲,而‘㹎’通‘貉’,故圝當讀爲‘㝥’即‘恪’(楊樹達:《積微居金文説》(增訂本),中華書局1977年版,第13-14頁)。……現在徐樓村鼎銘宋公名‘圝’與‘固’、‘瑕’相通,‘固’古音見母魚部,‘瑕’匣母魚部,‘㹎’匣母鐸部,證明楊樹達先生的釋讀是正確的。鼎銘宋公圝即宋共公,在位於公元前588至前576年,剛好在春秋中期之末,與從器物形制紋飾所作估計一致。……宋乃子姓國,鼎銘‘槑叔子’,是宋共公嫁予槑國的女兒。‘槑’係國名,與這件鼎同出的一件小鼎作器者爲‘槑公’,可能便是叔子的丈夫。‘槑’字以‘𠨘’爲聲,‘𠨘’字見於《説文》,是从‘比’聲的字,所以‘槑’也屬‘比’聲。這個‘槑’國就是文獻裏的費國,位於山東魚臺,與棗莊徐樓村相距不遠。《書·費誓》的‘費’,據《史記集解》本作‘粊’,正是从‘比’聲的字”。[1]

趙平安先生同意宋公圝即宋共公,但是他認爲李先生隸定爲“槑”的字應該釋爲“沗”字爲宜。“沗字从水旁,𢦏聲。……一般認爲,𢦏像戈擊二人之形,是殲字初文。……由於𢦏是鐵的聲符,𢦏鐵音近可通,沗可以看作瀸的異體字。瀸是精母談部字,濫是來母談部字,聲近可通。……濫是從邾分化出來的小國。周滅商後,周武王封曹俠於邾。此後邾國的世系比較清楚,‘五世至夷父顔’。顔生夏父及友,夏父繼夷父顔爲邾君,友封於郳,即小邾。夷父顔死後由其弟叔術爲邾君,不久又讓位給顔之子夏父。叔術出居於濫,爲濫國。因此濫國大約是西周末建立起來的國家。濫的名稱,最早見於《春秋》昭公三十一年:‘冬,黑肱以濫來奔。’杜預注:‘黑肱,邾大夫。濫,東海昌慮縣。不書邾,史闕文。’……楊伯峻云在今山東滕縣(滕州)東南。《續漢書·郡國志三》東海郡,‘昌慮有藍鄉’。劉昭注云:‘杜預曰縣所治,城東北有郳城。郳,小邾國也。’而棗莊市嶧城區徐樓村,在滕縣(今滕州區)東南,正是古書中説的古濫國的地界”。[2]

王恩田先生也贊同宋公圝即宋共公固。但是他認爲衆从戈,从水,比聲。應讀作邳。邳分上邳、下邳。嶧城西北距滕州薛國故城直線距離約35公里,證明許慎和應劭所説邳在魯國薛縣的看法是正確的。上世紀50年代嶧城曾出土兩件邳伯夏子罍,60年後益城又出土了大批邳國銅器。[3]

鄭清森先生贊同趙平安先生觀點,認爲山東棗莊徐樓村M1出土的3件青銅鼎和2件青

---

[1] 李學勤:《棗莊徐樓村宋公鼎與費國》,《史學月刊》2012年第1期。

[2] 趙平安:《宋公圝作沗叔子鼎與濫國》,《中華文史論叢》2013年第3期。

[3] 王恩田:《棗莊嶧城宋公鼎與衆公鼎》,《管子學刊》2013年第1期。

銅鋪是宋共公固嫁其女兒叔子於濫國國公宜脂所作的媵器。[1]

從目前幾位學者的討論來看，這件器物是宋共公爲叔子作的媵器應該問題不大，争議主要在於叔子所適夫家。《文物》2014 年第 1 期刊布了《山東棗莊徐樓東周墓發掘簡報》，[2] 從銅鼎的拓片來看，""字，趙平安先生隸定爲"濺"是正確的，但這個濺到底是哪個國族呢？我們可以看看同出器物。

據考古發掘簡報，有 M1、M2 兩座墓，從出土器物和銘文看，應該是夫妻異穴合葬墓。M2 爲男性墓，應該是濺公。M1 爲女性墓，應該是 M2 號墓主夫人，宋共公之女叔子。棗莊徐樓出土的這些器物紋飾較爲獨特，但從形制上看，與滕州薛國故城 M2、M4 以及海陽嘴子前 M1 號墓出土器物較爲相似（見圖一至圖十四），[3] 而與郳國和小郳國器物共同性較少，當然這可能與時代有關。小郳國目前發現器物大部分是春秋早期器，而此批器物爲春秋中晚期器物。山東某些地方的器物在春秋中期以後才逐漸呈現出鮮明的地方特色，因此不能妄加判斷。濫與薛國相鄰，器物形制相近也有可能。暫存疑。

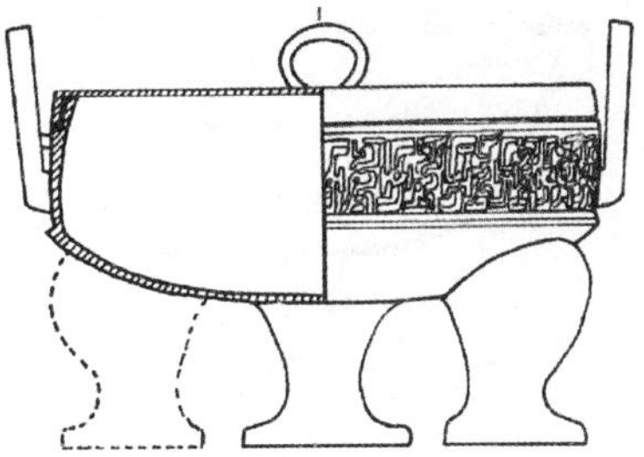

圖一　棗莊徐樓 M1：39

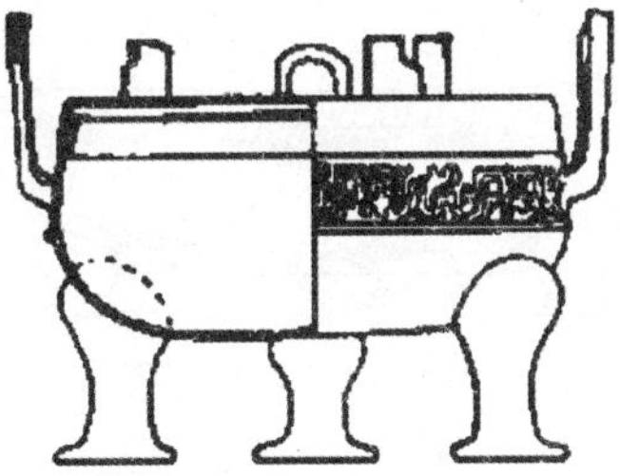

圖二　滕州薛國故城 M4：12

圖三　滕州薛國故城 M2：104

[1] 鄭清森：《山東棗莊徐樓村東周墓出土宋國青銅銘器考——兼論春秋時期濫國》，《四川文物》2017 年第 4 期。

[2] 棗莊市博物館等著：《山東棗莊徐樓東周墓發掘簡報》，《文物》2014 年第 1 期。

[3] 下文圖片引自朱鳳瀚：《中國青銅器綜論》，上海：上海古籍出版社，2009 年，第 1662－1663 頁。

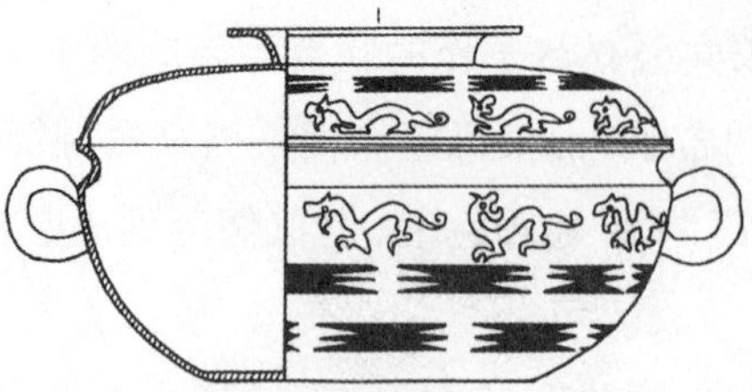

圖四　棗莊徐樓 M1：44

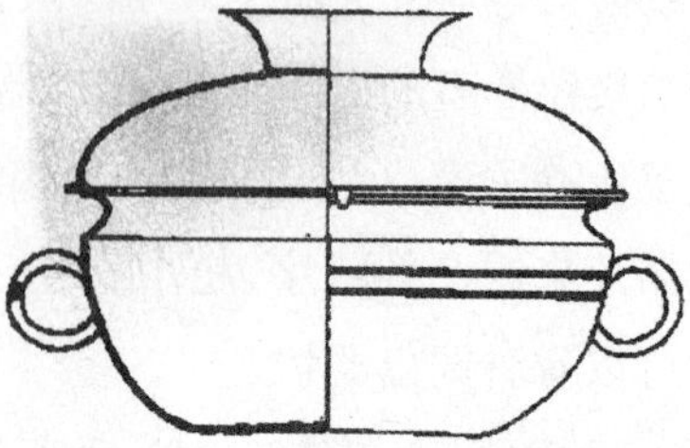

圖五　海陽嘴子前 M1：63

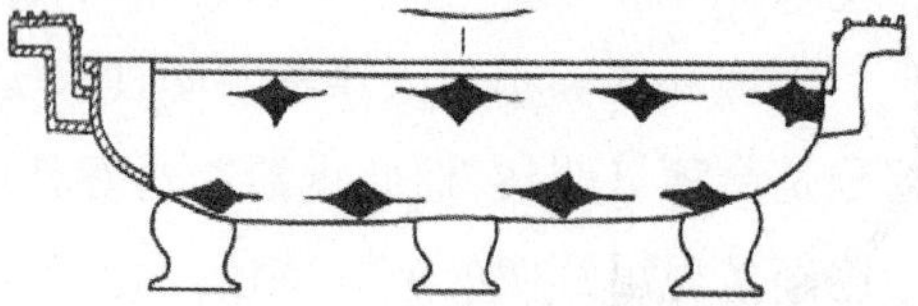

圖六　棗莊徐樓 M：5

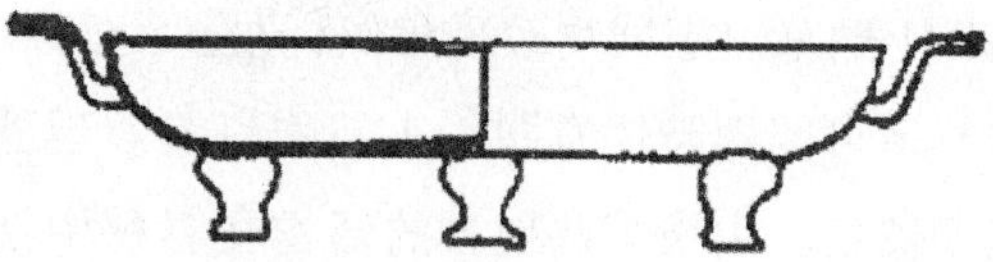

圖七　薛國故城 M4：8

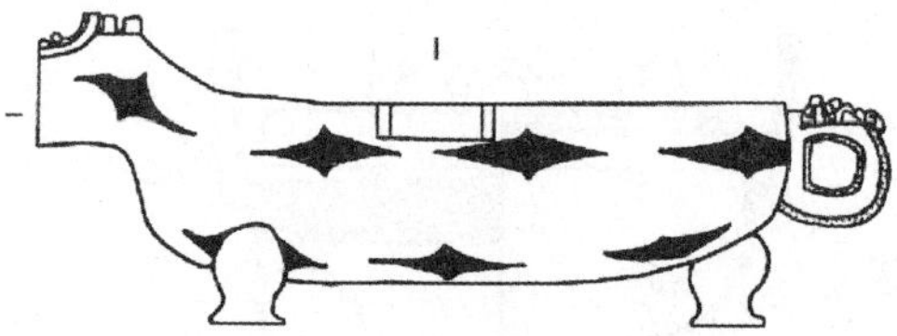

圖八　棗莊徐樓 M1：38

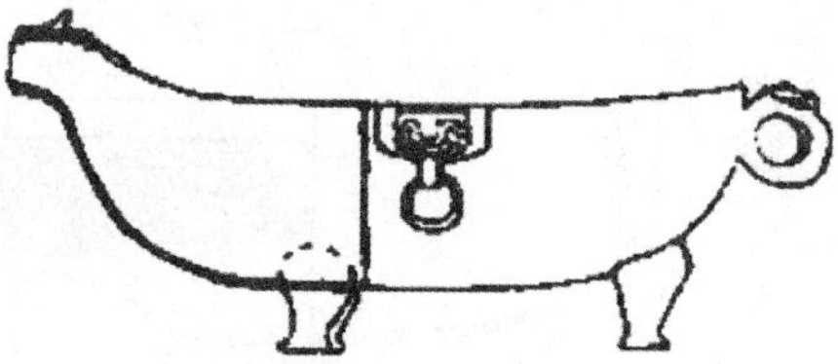

圖九　薛國故城 M2：121

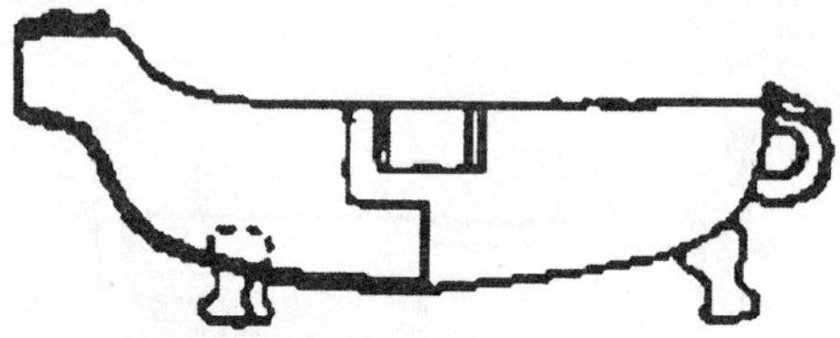

圖十　薛國故城 M4：7

圖十一　棗莊徐樓 M1：7

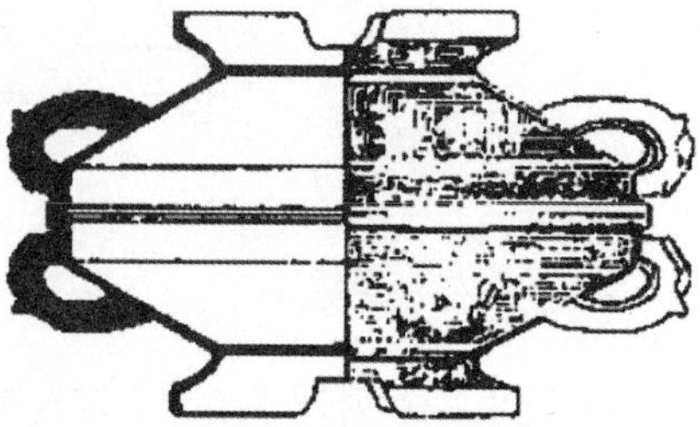

圖十二　薛國故城 M2：118

圖十三　棗陽徐樓 M1：3

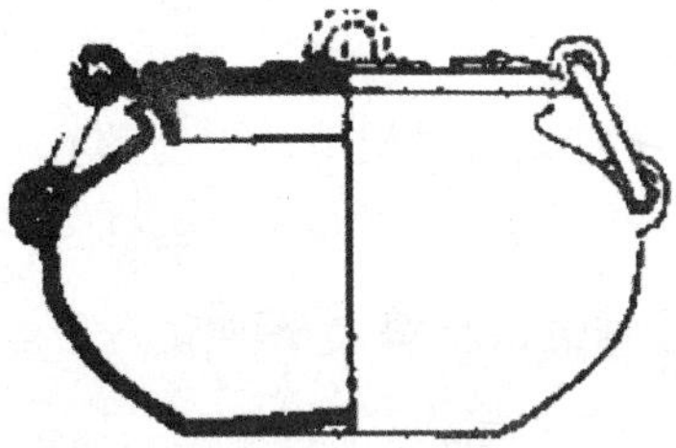

圖十四　薛國故城 M2：20

宋國與鄅國有過聯姻,鄅夫人是向戌之女。正是因爲鄅夫人的緣故,鄅國才得以保存。見《左傳》昭公十九年:

> 鄅夫人,宋向戌之女也,故向寧請師。二月,宋公伐邾,圍蟲,三月取之。乃盡歸鄅俘。[1]

如同衛國一樣,這又是一例典型的因爲姻親關係而存國的事件。如果不是有宋國這樣的姻親大國,鄅國可能就此滅亡了。鄅國與宋國結姻應該是出於繫援於大國以備邊境之虞的考慮。

《左傳》昭公二十五年:"季公若之姊爲小邾夫人,生宋元夫人,生子,以妻季平子。昭子如宋聘,且逆之。公若從,謂曹氏勿與,魯將逐之。曹氏告公,公告樂祁,樂祁曰:'與之,如是,魯君必出。政在季氏三世矣。魯君喪政四公矣。無民而能逞其志者,未之有也。國君是以鎮撫其民。詩曰:"人之云亡,心之憂矣。"魯君失民矣,焉得逞其志?靖以待命猶可,動必憂。'"[2]《左傳》哀公二十三年:"春,宋景曹卒。"[3]杜預注、孔穎達疏據昭公二十五年《傳》及此《傳》,知宋景曹爲宋元公夫人,景公之母。景爲其謚,曹是其姓,爲小邾女,于季桓子爲外祖母,季桓子于景公爲親甥,故下文康子于景公自稱彌甥。[4]

---

[1] (清)阮元校刻:《十三經注疏》,第2087頁。
[2] (清)阮元校刻:《十三經注疏》,第2107頁。
[3] (清)阮元校刻:《十三經注疏》,第2181頁。
[4] 楊伯峻:《春秋左傳注》,第1720頁。

從上述材料可以看出三段婚姻關係,即魯國與小邾國,小邾國與宋國,宋國與魯國。核心人物則爲季公若。而後,果如樂祁所言,昭公出魯。宋元公還專門爲魯君如晉,求内之,然在路上就去世了。

據《左傳》哀公十一年記載,衛大叔疾娶於宋子朝:

冬,衛大叔疾出奔宋。初,疾娶於宋子朝,其娣嬖。[1]

宋國貴族子仲夫人爲杞姒,見《左傳》哀公十七年記載:

初,子仲將以杞姒之子非我爲子。麇曰:"必立伯也,是良材。"子仲怒,弗從。故對曰:"右師則老矣,不識麇也。"[2]

1979年5月河南固始縣侯古堆1號春秋墓出土有一件宋公欒簠(《集成》04589[蓋],《集成》04590[器]):

有殷天乙唐(湯)孫,宋公䜌(欒)作其妹句敔(敔)夫人季子媵簠。

《商周青銅器銘文選》認爲宋公䜌應該是宋景公欒,欒是䜌的假字。《左傳》昭公二十五年:"十一月,宋元公將爲公故如晉。夢大子欒即位於廟,已與平公服而相之。"欒,《史記·宋微子世家》作"頭曼",《漢書·古今人表》作"兜欒"。梁玉繩《史記志疑》謂:"兜、頭古通,欒與曼聲相近。或稱欒,或稱兜欒,呼之有單複耳。"[3]句敔即攻敔,就是吴國。古句、攻同聲。句敔夫人,是宋公欒的妹妹,嫁於吴王爲夫人。宋公欒時吴王爲闔閭。宋、吴聯姻事,史籍未詳。[4]

李學勤先生指出,今固始縣境,從春秋中葉已爲楚令尹孫叔敖封地,其後一直屬楚。墓中器物,如青銅器中的有蓋方豆,漆器中的鎮墓獸、盤龍,都是典型的楚文化遺物,見於較晚的楚墓。因此,這座墓雖出了兩件有銘的宋國青銅器,還應列爲楚墓。侯古堆1號墓的器物接近於壽縣西門蔡墓而稍晚,估計爲戰國前期偏早。[5] 吴國夫人的這兩件簠大約是劫掠來

---

[1] (清)阮元校刻:《十三經注疏》,第2167頁。
[2] (清)阮元校刻:《十三經注疏》,第2180頁。
[3] 上海博物館商周青銅器銘文選編寫組:《商周青銅器銘文選》(四),北京:文物出版社,1990年,第506頁。
[4] 上海博物館商周青銅器銘文選編寫組:《商周青銅器銘文選》(四),第507頁。
[5] 李學勤:《東周與秦代文明》,上海:上海人民出版社,2007年,第98頁。

的。[1] 假如宋景公之妹季子真是闔閭的夫人,[2]她的器物傳到固始一帶還有一種可能。闔閭十年,即公元前505年,闔閭正在楚國,被救楚的秦軍所敗,同時越國也侵伐吴國。闔閭之弟夫概潛回吴國,發動政變,自立爲吴王。闔閭得知後,率兵回國,夫概失敗,逃奔楚國,楚昭王把他封在堂谿。堂谿本來是房子國,因封夫概,稱爲吴房,漢代屬汝南郡,堂谿城在今河南遂平縣西北百里。宋景公簠在這次動亂中流到今河南南部,也是有可能的。[3]

歐潭生先生認爲固始侯古堆春秋1號墓爲吴王太子夫差夫人墓,是吴王夫差當太子時"屯兵守楚"期間的年青夫人。固始侯古堆春秋1號墓是吴墓,而非楚墓。侯古堆大墓中至少揉合了吴、楚、宋三國的文化因素,表現出墓葬文化内涵的複雜性,這正是春秋晚期各諸侯國之間關係複雜性的表現。[4]

王恩田先生認爲此墓應是番子成周夫人之墓。勾吴夫人初嫁於吴,爲吴王僚或吴闔廬之夫人,或因夫死或因離異及其他原因又改嫁於番子成周。因此勾吴夫人係改嫁前的身份,四件有銘銅簠是宋景公嫁妹的媵器,應是宋器。具有吴文化風格的銅盉與一組原始青瓷器和印紋硬陶器係勾吴夫人改嫁前從吴國帶來,應是吴器。[5]

徐少華先生認爲宋景公之妹、勾吴夫人"季子",更可能是闔廬之子,夫差之兄——公子終累的夫人。終累作爲率師取番的主帥,其後可能長期駐守該地,季子作爲夫人隨同在番,後因病而死埋葬於此。其下葬年代當在春秋末年,即公元前480年左右,這是該墓隨葬器物的性質和特徵所决定的。[6]

張聞捷先生認爲侯古堆一號墓應該爲楚墓,其年代在戰國初年吴亡之後,墓中出土的九件銅鼎并非爲一套列鼎,而是由籮口鼎、獸鈕子母口鼎、三環鈕子母口鼎等多套鼎制組合而成,是東周時期十分普遍的禮制變革現象。墓主人的身份等級應在三鼎規格,且主要使用鼎、簠、缶的基本禮器組合,同時從銅器銘文、其他隨葬品和喪葬習俗的角度綜合考慮,墓主人應爲楚國番縣貴族而非吴王夫人季子。銅鐘、銅簠皆是其本家自外掠奪之器。[7]

從上面幾位先生的分析來看,固始侯古堆一號墓有楚墓説,番墓説,吴墓説等幾説。對於墓的時代也有争議,有春秋末年和戰國初年之説。這些對於墓主身份的判斷都至關重要。

---

[1] 李學勤:《東周與秦代文明》,第95頁。

[2] 趙世綱先生也認爲季子是闔閭的夫人。參見《固始侯古堆出土樂器研究》,河南省文物考古研究所編著:《固始侯古堆一號墓》,鄭州:大象出版社,2004年。

[3] 李學勤:《綴古集》,上海:上海古籍出版社,1998年,第129頁。

[4] 歐潭生:《豫南考古新發現的重要意義——兼論吴太子夫差夫人墓》,《中原文物》1981年特刊;《固始侯古堆吴太子夫差夫人墓的吴文化因素》,《中原文物》1991年第4期。

[5] 王恩田:《河南固始"勾吴夫人墓"——兼論番國地理位置及吴伐楚路綫》,《中原文物》1985年第2期。

[6] 徐少華:《固始侯古堆一號墓的年代及其相關問題》,《楚文化研究論集》(第七集),長沙:岳麓書社,2007年。

[7] 張聞捷:《固始侯古堆一號墓的年代與墓主》,《華夏考古》2015年第2期。

目前看來,固始侯古堆一號墓中器物年代不一,有春秋晚期器,也有戰國初期器物,墓的年代應該以年代最晚的器物爲準。墓中銅器風格與組合以及漆木器、鎮墓獸等均與楚國較爲相似,爲楚墓的可能性較大。不過,墓中有具有吴文化風格的一組原始青瓷器和印紋硬陶器也值得注意,其來源可能原因複雜,[1]但因其在墓中不屬於核心器物,不能作爲墓葬族屬的主要判斷依據。明確了固始侯古堆一號墓的族屬與時代,即戰國初期楚墓,則宋公欒簠可能爲掠奪之器或戰亂中流落至此,季子則依據器物銘文以及時代,最有可能是闔廬夫人。

三、從宋國婚姻特點看宋國的對外政治策略

顧棟高《春秋大事表》曾有言:"顧春秋時宋最喜事,春秋之局變多自宋起。當齊桓之伯,宋嘗先諸侯以求盟。桓死而襄繼之,求諸侯于楚,卒至執于盂,傷于泓,楚遂横行不可制,而春秋之局于是乎一變。繼恃其有禮于晉公子,逮公子反國,首先輔晉成伯業,鄭、衛、陳、蔡翕然從服,而春秋之局于是乎再變。最後華元欲合晉、楚,向戌以弭兵爲名,令晉、楚之從交相見,卒至宋、虢之盟,楚先晉,黄池之役,吴先晉,舉中原之勢淩夷而折入于吴、楚,悉向戌爲之禍首,而春秋之局于是乎三變。厥後南里之叛,晉已失伯,而吴、楚帥兵以助叛人,夫非宋自階之厲歟?敘其次第于南北勝復之故,有深感焉,亦春秋升降之一大機也。"[2]顧説有理。春秋之局變多自宋起,宋國確實對兩周時期政治局勢變化發展發揮過重要作用,這點在婚姻關係中表現明顯。

從附録宋國娶入與嫁出情況表來看,目前可見其聯姻對象有周王室、豐、鄭、蔡、宋、衛、魯、齊、晉、杞、小邾、郳、濮、吴等。可見,其婚姻特點與大多數異姓國族相似:第一,婚姻對象絶大部分爲姬姓國,這一方面與周王朝籠絡政策有關,也表明了其作爲異姓諸侯的一種生存之道;第二,聯姻對象基本上是其周邊國族。

從時間上來看,西周時期,宋國與王室、鄭國、蔡國等姬姓國保持着姻親關係。王室自是不必多言,另外兩國也都是姬姓國中實力較强者。鄭國雖然在周宣王時才被封,但是其功勞顯著,周桓公就曾言:"我周之東遷,晉、鄭焉依。"[3]蔡國也是,其在西周晚期是周王朝維持淮水流域統治的重要力量,對王朝南土的經營發揮過重要作用。蔡、鄭兩大强國地處宋國周邊,宋國結其四境之援,對於其統治的穩固無疑有百利而無一害。而對於周王朝而言,以婚姻手段積極籠絡這些異姓諸侯,是維繫其統治的重要手段。這種政治聯姻行爲,不僅體現在王室本身,還包括其分封的諸多姬姓國。這些姬姓諸侯國的政治外交策略,從某種意義上

[1] 固始地區處於吴、楚交戰之地,而且曾經爲吴占領,不排除受吴文化影響的可能。或者是同墓中宋公欒簠等一起掠奪而來也有可能。原因不明。

[2] 顧棟高:《春秋大事表》,第1843頁。

[3] (清)阮元校刻:《十三經注疏》,第1731頁。

説,是周王朝統治策略的地域性擴展。

從春秋早期開始,除了繼續保持與鄭國的婚姻關係,宋國開始向東邊和北邊發展,積極與衛國、魯國、[1]齊國等國結姻。這一方面是因爲春秋早期,繼鄭莊小霸之後,齊、魯也開始在中原諸侯中嶄露頭角,齊僖小霸,緊接着齊桓公"九合諸侯,一匡天下",成爲名副其實的天下共主。宋國積極與這些大國結姻,一方面是形勢所趨,識時務者爲俊傑;另一方面,宋國也想在諸侯中争得一席之地。從文獻記載我們知道,宋襄公是有接替齊桓公成爲諸侯共主的野心的。爲此,他積極參加諸侯事務,緊密跟隨齊桓公。前文我們討論過有關《左傳》僖公十七年記載"公與管仲屬孝公於宋襄公,以爲大子",指出宋襄公爲親齊侯,甚至不惜捨棄自己的親外甥公子雍而擁護孝公爲齊侯。然而不幸的是,宋襄公低估了楚國的强勢,在泓之戰中大敗,并因受傷不久死去。宋國的霸業也就此夭折。而此後楚國横行不可制。這即是顧棟高所謂"春秋之局於是乎一變"。

從春秋中期開始,宋國一方面繼續保持着與衛國以及山東的齊、魯,包括淺、鄅、小邾等小國的聯姻。另一方面,則是積極斡旋於晉楚之間,試圖保留一席之地。與晉國的聯姻,從某種意義上暗示了其對晉國的追從。我們知道,春秋中期以後很長一段時間的歷史,基本上是晉楚兩國的争霸史。宋國雖然不像鄭國、蔡國、陳國那樣夾處兩國之間,但是其地理位置也決定了其是兵家必争之地。爲了在强國争霸中自保,同時也爲自己争得一席之地,提升自己在諸侯中的聲望和地位,宋國組織了兩次弭兵之會,在諸侯中積極調停。然而這種調停畢竟是不符合歷史趨勢的,因此,短暫的和平之後是更加激烈的兼并戰争,宋國在晉楚兩大國之間的處境越來越艱難。特别是吴國興起後,其更是處於三大强國之間。宋、吴的婚姻正是在這種背景之下發生的,一方面是吴國北上争霸所需,另一方面也是宋國試圖藉吴國之力以圖强。然而,宋國最終還是在齊、魏、楚的聯合攻擊下滅國。

作爲周王朝分封的異姓諸侯國之一,宋國與其他異姓諸侯國存有共性,即積極與王室及姬姓諸侯國聯姻,特别是較爲强大的姬姓諸侯國,藉以求得生存。但是宋國又與其他異姓諸侯國略有不同,借用文章開頭顧棟高的話"顧春秋時宋最喜事,春秋之局變多自宋起",宋的"喜事"與其野心有關。鄭莊小霸,宋國與鄭國聯姻。齊桓"九合諸侯,一匡天下",宋國又緊隨其後,爲親齊侯,甚至不惜捨弃自己的外甥而完成齊桓所托。而後晉楚争霸,宋國又與晉國往來密切,多次參與以晉爲首的會盟,爲晉國霸業積極奔走。爲了在强國争霸中自保,同時也爲自己争得一席之地,提升自己在諸侯中的聲望和地位,宋國組織了兩次弭兵之會,在諸侯中積極調停。雖然效果并不明顯,但是却顯示了其欲争諸侯霸主的野心。吴國興起後,宋國又積極與吴國聯姻,希望能够藉助吴國之力以圖强。然可惜的是,宋國雖有野心,却没

[1] 清人高士奇曾這樣評價:"春秋時,魯於列國邦交,自齊、晉兩大國外,惟宋、衛最親。衛,兄弟也;宋,婚姻也。"參見(清)高士奇:《左傳紀事本末·魯與列國通好》,北京:中華書局,1979年,第59頁。

有如同齊、秦等異姓國那樣的實力。所以雖有大小不斷的一系列軍事征戰行爲,然面對真正諸侯霸主時,宋國大多數情況下還是選擇了屈從和追隨,從宋國娶入和嫁出表中可以明顯看出,其聯姻對象多爲實力强大的諸侯國,特别是與其鄰境的諸侯霸主。然即便如此,宋國最終還是未能擺脱滅國的命運。

綜上,從兩周時期宋國與諸國的政治聯姻可以看出,西周時期,宋國聯姻範圍較小,主要是王室及其周邊姬姓國。這與大多數異姓國一樣,表明了異姓諸侯的一種生存之道。從春秋早期開始,宋國開始向東邊和北邊發展,積極與齊、魯、衛等國聯姻。特别是其與齊國的多次聯姻,表明了其争當諸侯霸主的野心。從春秋中期開始,隨着晉楚争霸戰争的激化,爲了在强國争霸中自保,同時也爲自己争得一席之地,宋國積極斡旋於晉楚之間,試圖弭兵。到春秋晚期,吴國興起,宋國試圖藉吴國之力以圖强或是自保,宋吴聯姻正是在這種背景之下發生的。總體而言,宋國的聯姻表現出兩個特點:一是始終與姬姓國包括王室保持着姻親關係;二是與諸侯强國、大國聯姻,特别是諸侯霸主國。前者表明了異姓諸侯的生存之道,後者則展露了其争當諸侯霸主的野心。顧氏所謂春秋之局變多自宋起,正是宋國野心與自保作用下的結果。

附録:宋國娶入、嫁出情況表

表一 宋國娶入情況一覽表

序號	時 間	出嫁者	出嫁國	出嫁者身份	娶入者	娶入者身份	資料出處
1	西周中期	㫃季姬	王室	周王女	㫃氏	貴族	季姬方尊
2	兩周之際	宋孟姬	鄭國				鄭伯匜
3	兩周之際	宋姬	蔡國				蔡侯鼎
4	春秋早期	衛女	衛國	昭伯女	宋桓公	國君	《左傳·閔公二年》
5	春秋早期偏晚	宋蕩伯姬	魯國		蕩氏	貴族	《左傳·僖公二十五年》
6		魯女	魯國				
7	春秋中期	王姬	周王室	周襄王姐姐	宋襄公	國君	《左傳·文公八年》
8	春秋中期	宋共姬	魯國		宋共公	國君	《左傳·成公八年》
9		衛女	衛國				《左傳·成公八年》
10		晉女	晉國				《春秋·成公九年》
11		齊女	齊國				《春秋·成公十年》
12	春秋晚期	宋元夫人	小邾國		宋元公	國君	《左傳·昭公二十五年》
13	春秋晚期	杞姒	杞國		子仲	貴族	《左傳·哀公十八年》

表二　宋國嫁出情況一覽表

序號	時　間	出嫁者	出嫁者身份	娶入者	娶入者身份	娶入國	資料出處
1	西周晚期	宋女		魯孝公	國君	魯國	《左傳・哀公二十四年》
2	兩周之際	豐子				豐	宋釁父鬲
3	春秋早期	孟子	元妃	魯惠公	國君	魯國	《左傳・隱公元年》
4	春秋早期	聲子	繼室				
5	春秋早期	仲子	宋武公女				
6	春秋早期	雍氏女		鄭莊公	國君	鄭國	《左傳・桓公十一年》
7	春秋早期偏晚	宋華子		齊桓公	國君	齊國	《左傳・僖公十七年》
8	春秋中期	聲孟子		齊頃公	國君	齊國	《左傳・成公十六年》
9	春秋中期偏晚	仲子		齊靈公	國君	齊國	《左傳・襄公十九年》
10	春秋中期偏晚	戎子					
11	春期中期偏晚	濮叔子	宋公𣝣女		國君	濮	宋公鼎
12	春秋中期偏晚	南子		衛靈公	國君	衛國	列女傳
13	春秋晚期	郳夫人	向戌之女		國君	郳國	《左傳・昭公十八年》
14	春秋晚期	宋女	宋元公之女	季平子	貴族	魯國	《左傳・昭公二十五年》
15	春秋晚期	宋女	宋子朝之女	衛大叔疾	國君	衛國	《左傳・哀公十一年》
16	春秋晚期	句敔夫人季子	宋公欒妹妹	闔閭	國君	吴國	宋公欒簠

倗伯、霸伯諸器與西周政權結構問題*

張　海**

倗、霸兩個貴族族氏皆不載於史籍。倗氏有倗仲鼎(《商周青銅器銘文暨圖像集成》01961)、[1]倗伯䧹簋(《銘圖》04715)等器傳世。2004年底開始發掘的山西絳縣橫水墓地便是倗氏的族墓地,出土一批青銅器。霸氏則曾有霸伯簋(《銘圖》04296)出土於天馬—曲村晉侯墓地M6197,另有相關的霸姞鼎(《銘圖》01603)、霸姞簋(《銘圖》04329)傳世。與絳縣相鄰的翼城縣,自2007年發現大河口西周墓地,出土有霸伯等器,證明此處爲霸氏的族墓地。關於倗氏、霸氏墓地及其族屬、性質等問題,學界多有具啓發性的討論。[2] 本文在借鑒此前研究成果的基礎上,就二氏墓地及重要銅器銘文提出西周政權結構方面的一些淺見,以兹求教。

一、倗、霸墓葬涉及的問題

倗氏墓地經過兩期發掘,其墓葬所屬年代跨越西周早、中、晚三期,且皆有銘"倗伯"的銅器出土,[3]則西周時期的倗氏宗子似埋葬於此,橫水西周墓爲倗氏的族墓地。

---

* 本文爲國家社會科學基金項目"兩周合葬與社會結構變遷研究"(批准號: 15BZS033)階段性成果;河北大學"一省一校"專項經費項目"商周時期的邊疆研究"(編號: 801260201254)階段性成果。

** 河北大學歷史學院講師。

[1] 吴鎮烽編著:《商周青銅器銘文暨圖像集成》,上海: 上海古籍出版社,2012年,此器號01961。下文皆簡稱《銘圖》。

[2] 牛濟普:《格國、倗國考》,《中原文物》2003年第4期;田建文、宋建忠、吉琨璋:《橫水墓地的發現與晉文化研究》,《中國文物報》2005年12月16日第007版;李學勤:《絳縣橫北村大墓與鄘國》,《中國文物報》2005年12月30日第007版;李零:《馮伯和畢姬》,《中國文物的報》2006年12月8日第007版;韓炳華:《倗國及其相關問題》,《中國文物報》2006年1月27日第007版;宋建忠等:《絳縣橫水西周墓地: 不爲人知的倗國——史籍失載的倗國》,《中國文化遺産》2006年第2期;吉琨璋、宋建忠、田建文:《山西橫水西周墓地研究三題》,《文物》2006年第8期;田偉:《試論絳縣橫水、翼城大河口墓地的性質》,《中國國家博物館館刊》2012年第5期;馮時:《霸國考》,陝西省考古研究院、上海博物館編:《兩周封國論衡——陝西韓城出土芮國文物暨周代封國考古學研究國際學術研討會論文集》,上海: 上海古籍出版社,2014年;韓巍:《橫水、大河口西周墓地若干問題的探討》,陝西省考古研究院、上海博物館編:《兩周封國論衡——陝西韓城出土芮國文物暨周代封國考古學研究國際學術研討會論文集》,上海: 上海古籍出版社,2014年等。

[3] 第一期發掘的倗伯墓屬西周中期,參見山西省考古研究所、運城市文物工作站、絳縣文化局:《山西絳縣橫水西周墓地》,《考古》2006年第7期及山西省考古研究所、運城市文物工作站、絳縣文化局:《山西絳縣橫水西周墓發掘簡報》,《文物》2006年第8期。第二期則揭示有西周早、晚期的倗伯墓葬,參見宋建忠等:《山西絳縣橫北墓地二期考古發掘新收穫》,《中國文物報》2007年9月14日第005版。

倗伯及夫人墓葬中,最具代表性的乃屬西周中期的M1、M2。M1爲倗伯夫人墓,出土有“荒帷”;M2則爲倗伯墓。據其中出土的文物來判斷,此二墓的年代似可推定在西周中期偏晚。[1] 兩座墓葬皆是東西向,夫人爲仰身直肢葬,倗伯則是俯身直肢葬,兩位墓主皆是頭朝西。

M1出土有四件“倗伯作畢姬”器,是此代倗伯之夫人稱“畢姬”。其稱謂是“父氏+(父家)族姓”的組合,則此倗伯夫人出身於姬姓畢氏家族。畢氏的始祖乃畢公高,是周文王諸子之一,其家族爲西周王朝同姓高級貴族。周人的葬式一般是南北向,畢姬在此墓地中是隨夫家之俗,但保留了周人的仰身直肢。而倗伯及其他許多中小墓葬不僅是東西向,墓主還以俯身直肢的方式下葬,這應是倗氏所出之族屬的葬俗。從包括青銅器的陪葬品來看,倗氏貴族已基本周人化,僅在葬俗上的墓穴方向、尸身擺放方式方面保留了自己祖先傳下來的特徵。

M1和M2之間有一個較爲少見的現象,即作爲夫人墓的M1在規模上要比倗伯的M2稍大,且夫人墓的陪葬品規格也要高於其夫倗伯。畢氏乃宗周畿内同姓高等級貴族,其地位在異姓的倗氏貴族之上。畢姬極可能是畢氏宗子之女,地位當比其夫倗伯爲高,故其墓葬在級别上更尊崇一些。按照貴族間的等級而言,畢姬嫁給倗伯乃是“下嫁”,這是西周時期貴族通婚中高等級女性貴族屈尊委身於比自己等級低的男性貴族的現象。

倗氏的等級雖較畢氏爲低,然畢氏能將其女嫁與倗伯,表明遠在今山西絳縣的倗氏是一個比較重要的貴族家族,以致周人需用同姓貴族與之通婚,達到拉攏其人其族以維繫君臣關係、加强其對王朝的忠心的目的。

早先傳世的霸姞兩器及出土於晉侯墓地的霸伯簋,表明西周時期曾有一個霸氏貴族家族。2007年大河口西周墓地的發現,進一步證明了霸氏亦是較有地位的世族。大河口墓地約有墓葬1 500多座,在已發掘的墓葬中,M1、M1017和M2002具有代表性。

M1出土的銅器中,有立耳垂腹帶扉棱柱足圓鼎(M1∶4)及立耳無扉棱柱足圓鼎(M1∶18),銘有“伯作寶尊彝”等字,似是此墓主的自作器,其人應爲一代霸伯。一銅卣(M1∶276－1)銘有“匽(燕)侯旨作姑妹寶尊彝”,又兩銅爵銘有“旨作父辛爵□”,此三器皆爲匽(燕)侯旨所作。卣可能是旨爲其姑妹鑄造的媵器,而其姑妹所嫁之人有可能就是M1的主人,則霸氏與匽(燕)侯家族似存在婚姻關係。兩銅爵是旨爲其父所作祭器,應是M1主人死後,匽(燕)侯以其器賵葬於此。旨爲第二位匽(燕)侯,考慮到西周王朝封建匽(燕)侯的時間以及墓中文物的形制等因素,M1的下葬年代不會早於西周早期偏晚階段。

M1017出土多件銘有“霸伯”字樣的銅器,故此墓主爲一代霸伯無疑。墓中雖有早期風格的銅

[1] 考古報告作者認爲屬穆王時期或略晚,見《山西絳縣橫水西周墓地》、《山西絳縣橫水西周墓發掘簡報》兩文。韓巍先生通過與相關銅器及墓葬的比對,以之屬西周中期偏晚的恭懿時期,見《橫水、大河口西周墓地若干問題的探討》,陝西省考古研究院、上海博物館編:《兩周封國論衡——陝西韓城出土芮國文物暨周代封國考古學研究國際學術研討會論文集》,上海:上海古籍出版社,2014年,第391頁。

器,然絶大多數的形制與銘文字體呈現的是中期的特徵,故其下葬時間應不會早於西周中期偏晚。此墓出土的銘文具有重要的史料價值,下文將結合其他相關材料試析其文所反映的史實。

以目前所公布的材料來看,大河口墓地的年代跨越由西周早期偏晚到兩周之際。[1] 主要貴族墓葬中多有腰坑、殉狗,且方向多爲東西向,這種情况與相鄰近的横水倗伯墓地相同。葬俗的相近,説明倗、霸二氏在族緣上可能有極爲緊密的關係。

倗、霸二氏墓葬除有腰坑、殉狗外,還出土有商式青銅器,銘文中亦有日名,表明其人曾在文化上一度商化。然墓中文物大部分是周式器物,且墓主的葬制、服飾和貴族稱謂(伯、仲、叔、季)等亦顯現出周人的典型特徵,是故此二氏入周後于文化上已逐漸被周人同化。

二、倗伯爯簋反映的王室大臣與地方貴族的關係

倗伯爯簋(《銘圖》05208),2005 年出土於山西絳縣横水西周墓地,[2] 器屬西周中期,其銘文曰:

> 唯廿又三年初吉戊戌,益公蔑倗伯爯曆,右告,令金車、旂。爯拜手稽首,對揚公休,用作剌(烈)考寶隮(尊),爯其萬年永寶用享。

廿又三年,依史籍對西周諸王在位年數之記載與此墓下葬的年代,應是指穆王二十三年。故器屬穆王中晚期,而埋葬於共王世。

益公,因他對倗伯爯"蔑曆",即要考察并賞賜倗伯的事功,故其人應是倗伯爯服務於王朝時的上級,或曰倗伯爯在益公所領導的部門下任事。西周晚期的畢鮮簋(《銘圖》05050)銘有"畢鮮作皇祖益公隮(尊)毁(簋)",是益公似爲畢氏家族成員。其人稱"公",是因爲在王朝任重要職位,[3] 多件西周中期之器出現有"益公",[4] 可見其人在此時於王朝甚爲尊崇,

---

[1] 相關材料請參看謝堯亭:《山西翼城縣大河口西周墓地獲重要發現》,《中國文物報》2008 年 7 月 4 日第 005 版;山西省考古研究所大河口墓地聯合考古隊:《山西翼城縣大河口西周墓地》,《考古》2011 年第 7 期。

[2] 參見《山西絳縣横水西周墓發掘簡報》一文。

[3] 西周貴族被周王任命爲王朝卿士後,則可被尊稱爲"公",參見朱鳳瀚師:《關於西周封國君主稱謂的幾點認識》,陝西省考古研究院、上海博物館編:《兩周封國論衡——陝西韓城出土芮國文物暨周代封國考古學研究國際學術研討會論文集》,上海:上海古籍出版社,2014 年,第 275 - 277 頁。

[4] 有人通過梳理與益公相關的銅器銘文,認爲西周時期至少有兩個益公,一位出自單氏,一位出自畢氏,畢氏之益公主要供職於恭、懿之時,參見楊亞長:《金文所見之益公、穆公與武公考》,《考古與文物》2004 年第 6 期。又韓巍先生據宰獸簋(《銘圖》05376 - 05377)銘文中之"幽仲益姜"的稱謂,以益公及益氏爲姜姓,而畢鮮則可能是益氏後代封於畢地者或其稱畢純就是私名,參見《西周金文世族研究》,北京大學中國語言文學系博士論文,2007 年。

“益”則可能是周王爲之賜加的名號。[1] 又倗伯爯簋出土於橫水墓地 M1 之中，應是 M1 主人畢姬之夫，倗伯爯在益公手下任事，又娶畢氏之女，皆合乎情理。

倗仲鼎(《銘圖》01961)，爲西周中期器，其銘文曰：

倗仲作畢媿賸(媵)鼎，其萬年寶用。

此鼎是倗仲爲畢媿所作媵器。倗仲，是倗氏中次於倗伯的小宗。畢媿乃是此次倗仲氏所嫁之女，夫家爲畢氏，則倗氏出自媿姓之族。

《左傳》定公四年載西周早期建唐叔虞於唐時，賜有“懷姓九宗”。“懷”上古音通“媿”，懷姓即是銅器銘文中的媿姓。[2] 西周中期之肙鼎(《銘圖》02395)銘有“晉侯命肙追于倗”，是倗乃地名，且在晉侯的轄區之内，故倗氏極有可能是“懷姓九宗”之一宗。[3]

肙鼎中的“倗”地，應是倗氏之邑所在，是其一族的聚居地，其地望應在橫水墓地附近。目前的銅器銘文材料，并無有倗氏之宗子具有“邦君”地位的證據，似將其性質定爲晉侯轄下的異姓世家大族爲妥。假使倗爲一邦，也應是類似於《論語·季氏》篇中提到的“顓臾”，乃是附庸於大邦下的小邦。即在西周王朝的地方政區等級上，倗是屬於晉邦的次等邦(或可曰二級邦)，不是王朝中央直轄。

又倗伯爯簋銘文所示，益公爲王室大臣，倗伯作爲晉邦所屬的貴族，亦可在其人手下任事，表明西周時期貴族的從屬并非那麽嚴格按照“王、邦君、臣屬”的體系，也就是説王室大臣可越過邦君任用其轄區内的貴族，中央政權可直接影響地方各邦内部諸貴族的仕途。[4]

三、霸伯簋、尚盂與王朝對地方貴族的管控

霸伯簋(《銘圖》05220)，出土於山西翼城大河口西周墓地，[5] 爲西周中期器，其銘文曰：

---

[1] 西周晚期的元年師旋簋(《銘圖》05331－05334)有“益仲”之稱，是益衍生爲一貴族族氏。

[2] 王國維：《鬼方昆夷玁狁考》，《觀堂集林》(附别集)，北京：中華書局，2004 年，第 589－592 頁；陳公柔：《説媿氏即懷姓九宗》，《先秦兩漢考古學論叢》，北京：文物出版社，2005 年，第 101－108 頁。

[3] 田偉：《試論絳縣橫水、翼城大河口墓地的性質》，《中國國家博物館館刊》2012 年第 5 期；張海：《商周時期的鬼方、媿姓族氏及其華夏化》，《殷都學刊》2015 年第 2 期；韓巍《橫水、大河口西周墓地若干問題的探討》一文。

[4] 《禮記·王制》：“大國三卿，皆命於天子，下大夫五人、上士二十七人；次國三卿，二卿命於天子，一卿命於其君，下大夫五人、上士二十七人；小國二卿，皆命於其君，下大夫五人、上士二十七人。”(《禮記正義》卷十一《王制》第五，第 2869 頁)此記載雖基本上是後人對周代制度的理想性追述，構擬的成分大，但也部分反映了周王能任命各邦屬官的史實。

[5] 參見山西省考古研究所大河口墓地聯合考古隊《山西翼城縣大河口西周墓地》一文。

隹(惟)十又一月,井叔來麥酉(迺),[1]穫(蔑)霸伯泒(曆),事(使)伐,用昌(疇)二百,丹二糧(量),虎皮一。霸伯拜稽首,對揚井叔休,用作寶段(簋),其萬年子子孫孫其永寶用。

此簋出土於M1017,其銘文的具體釋字,已有相關論文,不贅述。[2] 簋銘亦是記載井叔來嘉勉霸伯事功之事。井叔,多出現於傳世銅器銘文之中,西安張家坡西周墓葬M157等也出有相關銅器。井叔氏爲西周時期宗周畿内的世家貴族,雖爲井氏小宗之一,但其人曾在王朝中有較高的地位,爲高等級貴族。

井叔"蔑"霸伯之"曆"與上文益公"蔑"倗伯爯之"曆"的性質相同,皆是在王朝中央的重要高等級貴族對處在邊域地方的貴族的任事和勉勵。霸氏墓地與倗氏墓地相距不遠,亦應在晉侯轄區之内。此代霸伯曾在井叔手下任事,亦是地方次等貴族與中央高等貴族直接發生人事關係之例。

尚盂(又稱霸伯盂、霸伯尚盂,《銘圖》06229),出土於大河口西周墓地M1017,[3]亦爲西周中期器,其銘文曰:

隹(惟)三月,王史(使)白(伯)考蔑尚厤(曆),歸柔芍(鬱)、旁(芳)鬯、臧(漿),尚拜稽首。既稽首,延賓,罯(贊),賓用虎皮爯(稱)毀(饋),用章(璋)奉。翌日,命賓曰:"拜稽首天子蔑,其亡厤,敢敏。"用章(璋)。遣賓,罯(贊),用魚皮兩側毀(饋),用章(璋)先馬。邍(原)毀(饋),用玉。賓出,以朋(俎)或(又)延,白(伯)或(又)邍(原)毀(饋),用玉先車。賓出,白(伯)遣賓于蒿(郊),或(又)舍賓馬。霸白(伯)拜稽首,對揚王休,用作寶盂,孫子子其萬年永寶。[4]

盂銘記載了周王派遣伯考來嘉勉霸伯尚的功績并賜予高級酒類飲品之事。銘文中段記録了霸伯尚接受賞賜以及送走王臣貴賓(即"遣賓")時的禮節。學者多據《周禮》、《禮記》等

[1] "麥迺"二字模糊不清,其釋尚有争議,暫從,本文亦對之存疑。

[2] 黄錦前、張新俊:《霸伯簋銘文小議》,武漢大學簡帛研究中心網站(http://www.bsm.org.cn/show_article.php? id=1470),2011年5月3日;王保成:《翼城大河口霸伯簋試解》,《中原文物》2013年第2期。

[3] 參見山西省考古研究所大河口墓地聯合考古隊《山西翼城縣大河口西周墓地》一文。

[4] 此盂銘文之釋文主要據李學勤先生所釋,見《翼城大河口尚盂銘文試釋》,《文物》2011年第9期。亦另有學者之釋可作參考,黄錦前:《霸伯盂銘文考釋》,《中國國家博物館館刊》2012年第5期以及吴鎮烽先生之《商周青銅器銘文暨圖像集成》第06229號器銘釋文。

認爲此舉與“聘禮”有關。[1]

“三禮”所記周代各種禮儀之事，實乃戰國以後之人對西周之制的想象與規制化，不是對西周史實的真實反映。然其人其事必有依據，亦并非妄加編造。所謂“聘禮”是指周王對所謂“諸侯國”君主遣使聘問的禮儀禮節。這裏雖先承認了兩者的君臣關係，但却把地方各邦視作半獨立的“國家”，儼然與周王在某種程度上具有平等相待資格之意，實則謬也。這種對西周中央與地方關係的看法，究其原因，極是可能受東周初期以後地方大小邦實際成爲軍事政治實體的影響。而周王對王國所屬各邦的“聘”，實是一種中央派員對地方巡視和懷柔安撫的手段。《春秋經》隱公七年：“冬，天王使凡伯來聘。”杜預注曰：“凡伯，周卿士。”[2]此是記載春秋早期周王遣王室大臣凡伯聘問魯邦之事。此時的周王尚有一定威權，對魯邦的聘問是一種上對下的政治行爲。尚盂銘文中，霸伯尚對周王的使者伯考畢恭畢敬，竭盡所能地禮遇，可謂是恪盡臣節。

霸氏，史籍不載。依其墓葬習俗，是氏應與倗氏族屬相近，似亦爲源出鬼方的“懷姓九宗”之一宗，媿姓。[3] 霸氏本是晉侯轄區内的次等貴族，未必有“邦”（即傳統所謂的“諸侯國”）的地位，即使有，也是二級邦，地位要低於晉邦。詩云：“率土之濱，莫非王臣。”是説在周王國之内，無論貴族等級高低、邦之大小，都是周王之臣。周王派遣中央之臣僚到地方嘉勉守土的貴族實是平常之事，説是“聘”，實乃有拔高之嫌。尚盂銘文的出現，説明周王可越過“侯”或無“侯”職的一級邦君來直接命其下屬貴族任事并敘功、賞賜。這表明西周時期，周王的觸手可伸向王國境内的任何地方，牢牢控制着各類邦君及其下屬貴族官員。

四、結　　語

晉侯之下還設有名爲“五正”的職官。《左傳》隱公六年載有“翼九宗五正頃父之子嘉父逆晉侯于隨”，杜預注曰：“五正，五官之長。”[4]則“五正”似爲一統領性長官之職，且專爲管理“懷姓九宗”的事務而設置。此“五正”，應是處理九宗日常政務官署的長官。“五正”下屬的官署，其主要職能或許是管理九宗所掌握的幾項手工業、農業生産、礦産資源等貨殖方面

---

[1] 李學勤：《翼城大河口尚盂銘文試釋》；黄錦前：《霸伯盂銘文考釋》；孫慶偉：《尚盂銘文與周代的聘禮》，北京大學考古文博學院、北京大學中國考古學研究中心編：《考古學研究》（十），北京：科學出版社，2012 年，第 506－514 頁。

[2]《春秋左傳正義》卷四，隱公七年，第 3760 頁。

[3] 持此一觀點的有張天恩、劉緒、田偉、韓巍等。大河口西周墓發掘者認爲其是狄人的一支，是被中原商周文化同化的狄人，見《山西翼城縣大河口西周墓地》一文。馮時先生認爲“霸”應讀“柏”，即文獻記載的“柏國”，姞姓，見《霸國考》，陝西省考古研究院、上海博物館編：《兩周封國論衡——陝西韓城出土芮國文物暨周代封國考古學研究國際學術研討會論文集》，上海：上海古籍出版社，2014 年，第 379－387 頁。

[4]《春秋左傳正義》卷四，隱公六年，第 3759 頁。

的事務。這涉及西周各邦的貨殖經營的問題,也與西周時期的財賦或貢賦制度有關,期待有更多明確的材料出現以説明此等疑難。

西周王朝賜予魯侯的"殷民六族"皆分散在魯侯駐地周圍,[1]其居邑作爲魯邦的屬邑。故"懷姓九宗"的族人在晉邦也應是分散居於晉侯駐地周圍,其居邑爲晉邦的屬邑。倗氏和霸氏未被發現的居邑應就在其墓地附近,都離天馬—曲村遺址不遠,二氏及尚未問世的其他"九宗"之屬不具有"邦"的地位,即使亦可稱"邦",也是從屬於晉邦的次等小邦。

以倗、霸二氏的墓葬規模和陪葬器物,此二氏爲中等偏上之貴族。雖爲異姓,然既能與姬姓高級貴族通婚,又能用事於王朝或王室大臣,是爲西周王朝較重視且恩遇較隆的異姓貴族。

西周王朝的國家結構可大致分爲"王國"、"邦"、"邑"三級,然其實際的政權運作、政權結構并非如此簡單。倗、霸二氏在周王國政治編制上(或曰政治區劃)屬晉邦,晉侯是其上級,他們也應聽命於晉侯。以較傳統之説,他們算作"陪臣",只對自己的上級邦君負責,而不對以周王爲代表的王朝中央負責。然倗伯爯與霸伯簋主人的上級却是身爲王朝重臣的畿内大貴族,而霸伯尚亦可直接爲周王服務。故西周時期的政治運作非常靈活,主要體現出王朝的權力能有效波及地方基層貴族,此時其上級貴族對之無權過問及加及干涉,可以説上級貴族已被"忽略"掉。

西周王朝的政權結構并不鬆散,相反,其内部有將地方各級貴族向中央凝聚的體制與能力。王朝中央通過人事任用、通婚等手段,亦將邦君的重要屬下貴族牢牢控制,造成中央、地方大小貴族具有全王國規模的盤根錯節的裙帶關係,從而能做到對内服各級貴族及外服小大邦的牢固統治,加强中央權力,并有將之集中化的意圖。

---

[1] 陳絜、趙慶淼:《"泰山田獵區"與商末東土地理》,《歷史研究》2015年第5期;陳絜:《〈塱方鼎〉銘與周公東征路綫初探》,《古文字與古代史》第四輯,臺北:中研院歷史語言研究所,2015年,第261-290頁。

西周時期"帝"字内涵的分化

郭晨暉*

西周時期并不用"帝"來稱呼在世的人,亦無"下帝"之謂。"帝"作爲名詞使用,表示的即是天神上帝,是獨一無二的神靈。但是從銅器銘文來看,"帝"字仍會加在稱謂之前,雖不以此爲名詞直接指代在世者,但是却可以作爲形容詞來使用。分析其内涵的分化與演變,有助於更好地理解當時的宗法觀念與人神觀念。

一、"帝考"稱謂的意義

卜辭中的"帝"字除了用作"上帝"的專用名詞之外,還可以作爲廟號的區别字加在日名之前,但是這種情况在西周時期則發生了變化。銅器銘文中"帝"字除了表示天神上帝之外,另一重要用法則是加在祖、考之前,用以體現祖考崇高、光輝的形象,且帶有區分嫡庶的含義。如西周早期的盂方鼎中即有"文帝母日辛"一稱:

盂鬻文帝母日辛尊。(01798)[1]

此鼎於1996年4月出土於湖北蘄春縣達城鄉新屋灣的青銅器窖藏中,其中盂方鼎2件,同出的還有方鼎3件,圓鼎1件。鼎爲長方體,柱足、立耳,下腹略内收,直壁,腹較淺,平底;四角有扉棱。口下飾雲雷紋填地的共首雙身龍,龍體彎曲處添以圓渦紋,每面壁的左右和下部飾三排乳釘,柱足上部飾浮雕牛角獸面。形制和紋飾來看,恰好均處於商晚期至西周早期之間。除此以外,與盂方鼎同窖藏出土的圓鼎,柱足、立耳,中腹,腹深13.2釐米,腹部最大徑19.8釐米,兩者比例數約0.67,但鼎腹部已有傾垂感,此種形制已進入西周早期。

且此鼎與湖北黄陂縣魯臺山M30出土的公大史方鼎(M30:6)形制、紋飾均十分相似,公大史方鼎本身可能進入西周青銅器一期,但是其銘文與公大史簋(M30:1)内容相同,此簋腹部傾垂明顯,已經晚至西周二期,即康昭時期。因此,同出於湖北的盂方鼎,時間上也并不會早到商晚期,而應屬於西周早期。其形制相比於關中地區呈現出一定滯後性的色彩,可

* 深圳大學人文學院歷史系講師。

[1] 下文所引青銅器銘文序號凡未説明出處者,皆引自《商周青銅器銘文暨圖像集成》(簡稱《銘圖》)和《商周青銅器銘文暨圖像集成續編》(簡稱《銘續》)。

能與地域的差異有一定關係。

故此銘所述之“文帝母”并不會是文丁母之意,應類於金文中“帝考”、“啻考”之辭,“帝”與“文”字一同形容母日辛,“帝”字則帶有區分嫡庶的含義,突出的是母辛身份的高貴尊崇、用意與文、皇一樣,主要還是贊頌性的美稱。

又如西周中期的師眉鼎、師眉簋銘文亦寫爲“帝考”:

> 眖乒師眉,廌王爲周客,賜貝五朋,用爲寶器鼎二、簋二,其用享於乒帝考。(02315)

意思是師眉作爲外邦薦於周王的“周客”,受到周王賜予的五朋貝,於是製作兩件鼎兩件簋,用以享孝其“帝考”。

西周晚期的仲師父鼎則寫作:

> 仲師父作季妓姒寶尊鼎,其用享用孝於皇祖、帝考,用賜眉壽無疆,其子子孫孫萬年永寶用享。(02374)

此器是仲師父爲自己的妻子季妓姒所作之器,他們的身份也只是普通的貴族,同樣將自己的先祖稱爲“皇祖、帝考”。

同樣西周晚期的勇叔買簋:

> 勇叔買自作尊簋用追孝於朕皇祖、啻考。(05134)

章叔將簋:

> 章叔將自作尊簋,其用追孝於朕敵考。(05007)

寫作“啻考”、“敵考”,其餘内容則與仲師父鼎的表述一致。可知此時从“帝”之字在形容祖考時都可以通用,并不局限於“啻”一字。這一稱謂指示的都是用享用孝的物件,同時可以與皇祖并列,兩詞結構相似,因此“帝”則與“皇”一樣,都是對祖考的形容。“皇”字一般表示“盛大”、“煊赫”之意,“帝”字亦是類似的對父考的美稱。

然而,給母親稱謂前加上帶有區分“嫡庶”含義的美稱有其意義,對於父親本身而言却并不需要以此來褒獎父親的身份地位,故稱“帝考”以贊頌父親的意義還需進一步探討。《禮記・大傳》云:“庶子不祭,明其宗也。”所謂“明其宗也”,《禮記・喪服小記》鄭玄注:“明其尊宗以爲本也。”孔穎達《正義》謂：“此猶尊宗之義也，庶子、適子俱是人子，并宜供養，而適子蒸、嘗，庶子獨不祭者，正是推本崇適明有所宗，故云‘明其宗也’。”[1]可見，“庶子不祭”是周代宗法制下强調嫡、庶之别的必然要求。《禮記・喪服小記》又把“庶子不祭”表述爲“庶子不祭祖”、“庶子不祭禰”、“庶子不祭殤與無後者”，這是“庶子不祭”的具體表現。鄭玄注：“言不祭祖者，主謂宗子、庶子俱爲適士，得立祖禰廟者也。”可知在祭祖這一問題上，嫡子與庶子有着鮮明的區别，庶子可以作器供予大宗，由他們進行主祭，但自己并不能主祭。可以爲自己的父、祖作器主祭，是嫡子所具有的特殊權力。

因此，師眉、仲師父等人作器時稱亡父爲“帝考”，意在表明作器者擁有主祭受祭者的權力，而這種權力僅爲嫡子所有，故而可以説銅器銘文中在人稱前加以“帝”字形容，旨在强調作器者自身所具有的身份。[2]

二、“啻”字的分化

卜辭中的“帝”字除了表示天神上帝之外，還通爲“禘”，表示“禘祭”的含義，但是到了西周銅器銘文中則通常用“帝”字的分化字“啻”來表示“禘祭”之義涵，如小盂鼎中康王“用牲啻周王、武王、成王”（02516），祭祀了自己的父親、祖父、曾祖。剌鼎則云“王啻，用牡於太室，啻昭王”（02428）、鮮簋類似爲“啻於昭王”（05188），都是穆王祭祀自己的父親昭王。同時期的普通貴族也使用禘祭，物件也是自己的父親，如大簋“用啻於乃考。”（05170）、繁卣“唯九月初吉癸丑，公彡祀，越旬又一日辛亥，公啻彡辛公祀”（13343）等等。也就是説，西周時期“帝”字中表達祭祀的含義已經逐步被“啻”取代，“帝”字本身已經不再承擔作爲動詞的内容。“帝”與“啻”二字間，在詞義上已經有了比較嚴格的區分。

從上舉“禘”的辭例來看，其首先還只是一種祭祀儀式，并不能代表一套完整的祭祀活動。卜辭中的“禘”常表示一套祭祀活動中的一部分儀式，同樣的，從繁卣的内容看亦是如此。繁卣先説“公彡祀”，後面又言“公啻彡辛公祀”，可見此時之“禘”并不像禮書中所言之“禘祭”可以代表一套專門的祭祀活動，而只是祭祀中的一環儀式。這點與商代所云之“禘”較爲一致。

但此時祭祀的物件已經與卜辭之“禘”大相徑庭，卜辭中“禘”的對象以自然神靈爲主，兼及祖先神。而從上舉辭例可以看出，剌鼎、鮮鼎禘昭王，小盂鼎禘文王、武王、成王，大簋和繁卣禘父考大仲和辛公，所祭皆爲十分近世之祖先，不過自己父祖三代。這一方面由於記載銘文的銅器本身就是用以祭祀祖先，故而所見到“禘”使用的物件均爲祖先神，而不及其他神靈。

---

[1] 《禮記正義》卷32《喪服小記》，鄭玄注，孔穎達疏：《禮記正義》，阮元校刻：《十三經注疏（清嘉慶刊本）》，北京：中華書局，2009年，第3240頁。

[2] 陳絜先生已指出西周金文中的“帝”已經具有區分嫡庶的含義，詳見陳絜《應公鼎銘與周代宗法》，《南開學報》（哲學社會科學版）2008年第6期。

因此鄭玄在《周禮・春官・大司樂》"冬日至於地上之圜丘"的注中提出祭祀天神、地祇、人鬼之大祭爲禘,云"此三者皆禘,大祭也。天神則主北辰;地祇則主昆侖,人鬼則主后稷"。[1] 以禘爲各類大祭祀的統稱,未嘗没有道理。從銘文看,西周中期以前之"禘"還是祭祀中的一個環節,自然可以用於對於各類神靈的祭祀之中,且從銘文中對於近世先王的"禘"祭看,也没有任何配享之先王,因此而這一時期"禘"并没有專指《禮記・大傳》"王者禘其祖所自出,以其祖配之"[2]的深刻内涵。

另一方面,從"禘"的主祭者來看,小盂鼎主祭者爲康王,剌鼎、鮮鼎的主祭者爲穆王,大簋和繁卣主祭者則爲普通貴族"大"和"公",也就是説,主祭者并不限於周王,這與《禮記・喪服小記》"禮,不王不禘"[3]的記載相矛盾,由此也可以看出至西周中期所説之"禘"都與禮書中所云之"禘"并不相同,既非王者所特有之祭,亦不祭於始祖。由此亦可知,在西周中期以前,無論是以"帝"表達對亡者的尊稱,還是以"禘"祭祀先祖,其所追述的不過自身以上三代之内的祖先,并未與始祖有特定的聯繫。

三、"珷帝日丁"的内涵

如1989年5月河南平頂山市新華區滍陽鎮北滍村西南滍陽嶺(M8:33)應公鼎則有珷帝日丁一稱:

應公作尊彝,鬻[4]珷帝日丁,子子孫孫永寶。(02105)

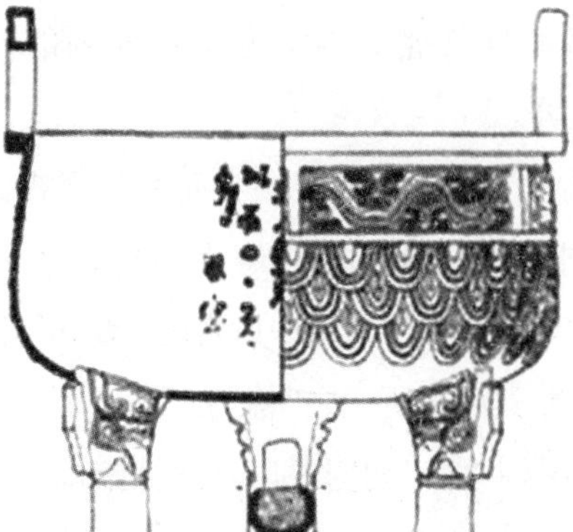

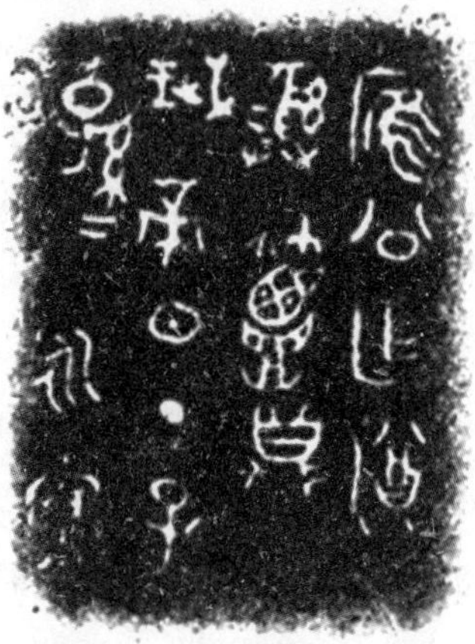

[1] 《周禮注疏》卷22《春官・大司樂》,鄭玄注,賈公彦疏:《周禮注疏》,阮元校刻:《十三經注疏(清嘉慶刊本)》,北京:中華書局,2009年,第1705頁。

[2] 《禮記正義》卷34《大傳》,第3264頁。

[3] 《禮記正義》卷32《喪服小記》,第3242頁。

[4] 鬻爲祭祀動詞,用以表示盛稻粱祭祀之意,詳見陳絜《應公鼎銘與周代宗法》,《南開學報》(哲學社會科學版)2008年第6期。

該鼎爲立耳、蹄足盆鼎，器口微斂，平折沿，立耳，淺腹，腹壁近似於平直，淺圓底近平，左側略有傾垂。三蹄足，足内側微凹。口沿下飾一周波曲紋帶，間以六條等距分布的短扉棱，腹部飾垂鱗紋。形制上介於張家坡西周墓出土的6號鼎[1]與晉侯墓地（M64：130）晉侯邦父鼎[2]之間，紋飾上更近於後者。綜合考慮，應該屬於西周晚期偏早時期，比同墓所出的其他已至兩周之際的銅禮器要略早。這一點，《簡報》作者業已指出，應可信從。因此，此鼎很可能是墓主繼承上一代應公之鼎。

此銘中内容重點在於“珷帝日丁”這一稱謂的理解。首先，它不可能是指天神“上帝”。其次，也不可能解釋爲“嫡”，因爲在武王發之上還有伯邑考，武王并不是以嫡長子身份繼承王位的。同時，周人歷代先王都從未有過直接稱“帝”之例，此稱亦不可能是尊號或者廟號之謂。除此以外，此鼎已至西周晚期，距離武王之時已過去十代左右，此時之應侯并不可能再稱武王爲“父”或“考”，故此“帝”也不能徑直理解爲“嫡父”、“嫡考”之意，其内涵應另有所指。

首先，“珷帝日丁”四個字整體爲一獨立名詞，并不能斷開，鬻則是其對應的謂語動詞，其内容與上舉盂方鼎之“鬻文帝母日辛尊”文句結構相同，因此“珷帝日丁”之稱，與商晚期的“文武帝乙”以及西周早期的“文帝母日辛”極其相似，即是説周武王的日名爲丁。但是，此與上述兩例中存有一重要的差别則在於武王距離此時之應侯世代已遠，已不同於上述例子中稱“帝”者距離主祭者時代十分接近的狀態，同時前文所述銅器銘文中所稱之“帝考”等亦是用於與作器者緊密相關之父輩，以“帝”字表達自己作爲宗子的主祭之權。而此時之“珷帝”與應侯之關係，顯然并不能從這一角度理解。考察武王與應侯之關係，《左傳》僖公二十四年富辰勸諫周襄王要團結兄弟，不要攻打鄭國時云：“管、蔡、郕、霍、魯、衛、毛、聃、郜、雍、曹、滕、畢、原、酆、郇，文之昭也。邘、晉、應、韓，武之穆也。”杜注謂：“四國皆武王子。”《通志》則説得更明白：“應氏，侯爵，武王第四子。”[3]這表明姬姓應國的首任封君應叔是周武王之子。因此，西周晚期的這位應國國君應公才尊稱其始祖爲“珷帝日丁”，意在表明自身的世系是由武王一脉傳承下來的，尊稱武王爲“珷帝”，“帝”字所代表的内涵與上述“帝考”等接近，是以此彰顯作器者自己的身份，體現自身的傳承世系。此種强調出現在西周晚期，則有其特殊的含義。

可以與此器參考的，是穆王時期的班簋：

班拜稽首曰：烏呼，丕杯丮皇公受京宗懿釐，毓文王、王姒聖孫，隥于大服，廣成厥工，文王孫亡弗懷型，亡克競厥烈，班非敢覓，唯作昭考爽，謚曰大政，子子孫孫，

---

［1］中國科學院考古研究所灃西考古隊：《陝西長安張家坡西周墓清理簡報》，《考古》1965年第9期。

［2］北京大學考古學系、陝西省考古研究所：《天馬—曲村北趙晉侯墓地第四次發掘》，《文物》1994年第8期。

［3］鄭樵：《通志》，北京：中華書局，1995年，第50頁。

多世其永寶。(05401)

銘文先記述周王在宗周册命毛伯,接替虢城公之職,輔佐周王,主管繁、蜀、巢三個方國。進而周王又命毛公率領"邦塚君"屬下的部隊征討東國,三年後,毛公平定東國,率軍回朝,向周王述職獻功。可能回朝後不久,毛公就已經去世了,因此銘文的最後是以他的兒子,也就是器主"班"的口吻稱頌於他。"京宗",唐蘭先生認爲就是何尊的"京室"和令方彝的"京宮",乃周王的祖廟。因此,"受京宗懿釐"是指毛公受到祖先保佑。

"毓文王、王姒聖孫"指的就是毛公,因爲毛氏始祖毛叔鄭是文王與太姒之子;這位毛公是穆王的父輩,昭王的同輩,因此他應是文王的玄孫。"班"在追述其父親的功績之前,首先表明毛公是文王、太姒的後裔,表明自身這一系乃是傳自文王,傳承有序。

應公强調自己是武王之後,毛班則强調自己是文王之後,可以看出"文之昭、武之穆、周公之胤"雖然都是姬姓周人,本質上都是太王、王季、文王一系的後人。但是歷經數代的分封,各自之間已經形成了不同的凝聚力,姬姓周人内部自身也依據自己是文王一脉,或是武王一脉有着不同的認同感。因此在述祖時候會着意表明自身是哪一系的後人。這種内部的分化和新的小團體的出現,隨着分封的不斷擴張也在不斷强化,顯然其中源於同一位周王分封出來的氏族内部之間的關係較之於其他從兄弟的氏族會更爲密切。

此種差異的强調在兩周之際則體現得更爲明顯。《國語·鄭語》記載幽王時鄭桓公初爲司徒,問詢於周大史史伯,史伯陳述了許多内容,其中一段爲:

> 公曰:"若周衰,諸姬其誰興?"對曰:"臣聞之,武實昭文之功,文之胙盡,武其嗣乎!武王之子,應、韓不在,其在晉乎!距險而鄰於小,若加之以德,可以大啓。"[1]

韋昭注:"文王子孫,魯、衛是也。祚盡,謂衰也。嗣,繼也。武王子孫當繼之而興。"意思即是鄭桓公已經看到西周末年,王室將衰,故而詢問史伯王室衰微之後,姬姓諸多諸侯中,誰可以興盛起來,其實言外之意即是姬姓諸侯,誰可以代周王而成爲真正的諸侯之長,號令天下。而史伯的回答則十分值得探討,他認爲武王繼承了文王的功業,如今王室衰微,代表着文王之福祚已經衰微,屬於文之昭的魯、衛等諸侯自然也是福禄衰微,不能興盛。而武王繼承了文王的功業,那麽當現在文王一脉都已經衰微的時候,自然也應當由武王一脉繼承王室功業,因此武王的後嗣應當繼承興起。在武王的諸多子嗣中,其興盛不在應、韓,而在晉國。晉國自據天險,鄰國又盡皆弱小,如果能够修德,一定能够興盛。

---

[1]《國語集解》卷16《鄭語》,徐元誥撰,王樹民、沈長雲點校:《國語集解》,北京:中華書局,2002年,第475頁。

在此段論述中,明顯可以看出史伯將姬姓諸侯分成了文、武兩大類,且兩者之間已不再是最初分封之時同心同德的狀態,而有了此消彼長的狀態,文王之後嗣衰微,武王之後則將取而代之。原本分封時緊密的血緣聯繫,在十數代後,已經變得鬆散,故而諸侯根據自己始封君的血緣傳承劃分出了派系。上引僖公二十四年富辰之言,雖是向周王强調"親親"的重要原則,但是在論述各封建諸侯時,仍然突出了文之昭、武之穆、周公之胤這三個不同的群體序列。可見在當時,這種次級群體的劃分已經深入人心,四十多個姬姓諸侯國中,已經根據始封君的血緣傳承劃分爲不同的團體。因而爲了鞏固這一小團體的凝聚力,表明自己的在這種次級群體中的地位,諸侯開始强調自己是文王或武王的子孫。

因此應公鼎銘中的"珷帝",便是應國國君對其始封君所自出的先王之祭稱,加以"帝"字則用以表示應侯此系蓋由武王所繁衍傳承而至,突出了其作爲"武之穆"的地位。這時的"帝"字繼承了"帝考"中的内涵,重點在於表明自身的地位。而被賦予"帝"稱之人,則具有了始祖的意味。

綜上所述,在西周時期,"帝"字的内涵除了指天神上帝之外,還可以加在人稱前後,以此表示嫡庶之世系的區分,着重突出的是敘事者自身的繼承意義。同時這一概念也帶有歷時性的變化。西周早中期多以"帝"修飾近世的先祖,突出自己作爲宗子的地位,西周晚期則開始拓展至始封之祖,以此强調自己受封歸屬群體的特徵。"帝"的使用範圍也從近世的祖先拓展至較遠的先祖。

四、餘　　論

與此同時,始祖的概念在這時開始得到格外的强調。不僅姬姓周人内部因始封祖先的不同形成了若干團體,異姓氏族之間,也被追溯出更爲遥遠却共同的始祖,以此籠絡異姓族群,也使之可以更好地納入到宗法制度之中。其中最爲重要的一則内容即是晉文公重耳的隨從司空季子説的"黄帝二十五子得姓"的傳説。[1]

《國語・晉語四》所載這一段話,楊希枚先生從唐蘭先生之説而發展,提出是注文混入正文,可以讀通:

---

[1] 據楊希枚先生意見,其中底綫標注部分内容是混入正文的注釋内容。"己姓"所指爲黄帝自己之姓,即姬姓,因此注文補充解釋青陽與蒼林(夷鼓)同黄帝之姓爲姬姓。(楊希枚:《〈國語〉黄帝二十五子得姓傳説的分析(上)》,《先秦文化史論集》,北京:中國社會科學出版社,1995年,第216頁)然而即便如此,下文所言十四人,除掉同爲姬姓之二人,剩餘十二人,餘十一姓,則必然還有兩人同姓,與"同姓者二人"不符。故而司馬貞索隱云:"舊解破四爲三,言得姓十三人耳。"(《史記》卷1《五帝本紀》,第9頁)這是一種比較簡單的理解方式,即除了青陽、夷鼓之外,剩下十一人,各爲一姓。如依楊希枚解釋則是"同姓"指同於黄帝自己之姓僅有兩人,餘下十二人中另有兩人同爲一姓,共占十一姓,合爲十二姓。兩種解釋各有其道理,暫時没有更多的材料補充,僅能存疑。

黄帝之子二十五人,其同姓者二人而已。唯青陽與夷鼓皆爲己姓。青陽,方雷氏之甥也。夷鼓,彤魚氏之甥也。其同生而異姓者,四母之子,别爲十二姓。凡黄帝之子二十五宗。其得姓者十四人,爲十二姓。姬、酉、祁、紀、滕、箴、任、荀、僖、姞、儇、依是也。唯青陽與蒼林氏同于黄帝,故皆爲姬姓。同德之難也如是。昔少典娶於有蟜氏,生黄帝、炎帝,黄帝以姬水成,炎帝以姜水成。成而異德,故黄帝爲姬,炎帝爲姜,二帝用師以相濟也,異德之故也。[1]

大致可以理解此段表示黄帝共有四妃,生有二十五子,其中十四人得以傳宗立嗣,故而有姓,餘下十一人并没有傳續下去,故而無姓。有姓的十四人中,其中只有方雷氏之子青陽和彤魚氏之子夷鼓與黄帝同姓,即姬姓。餘下十二人或十一人則分立爲十一姓: 酉、祁、紀、滕、箴、任、荀、僖、姞、儇、依。

值得探討的是此處"得姓"的意義。從下文所述黄帝、炎帝得姓的原因來看,古姓氏的形成并没有與血緣構成必然的聯繫,相反則是由族居地的不同故而産生不同的族群特性,進而有了不同的族屬的識别字號——姓。這種姓族名號與族居地密切相關,也并非人人皆有。將"姓"族與居住地結合探討,便較好理解此之謂姓的問題,一個族群隨着人口的增加,固有的居住地資源無法滿足族群的生存需求,故而族群内部會産生分化,一部分的人員會尋找新的聚居地,形成新的族群,這些到了新的聚居地的人群則會根據居住地的特徵有新的族屬標識,故而有"姓",此"姓"則是成爲有自己獨立領地的族群的標識。黄帝二十五子中十四子得姓,代表的是從依姬水居住的黄帝的後裔中,只有十四族得以傳承繁衍,成爲固定之族群,可以享有自己的"姓",其中兩支繼承了黄帝的領地與姓——"姬姓",餘下則分爲其他姓氏。

這個過程雖然在文獻記述中簡化成爲一代父子之間的事情,但是應該認識到,這種族群的分化與傳承是一個長時段的過程,傳説的表達方式則是將這種長時段中發生的綿長歷史簡化成爲一個父子承接的故事。但是故事的核心能反映出來當時人所認識的古史情況,即姬、酉、祁、紀、滕、箴、任、荀、僖、姞、儇、依這十二姓,雖然現在不同姓,似乎没有血緣聯繫,但是從古史來看,他們都是由黄帝一脉所分化出來的族群,有共同的始祖,彼此之間的關係較之於其他族群應該更爲親密。這種方式是西周中期以後的人用當時習見之分封、嫡庶的觀念來解讀他們的古史傳説,以此將異姓的諸侯等也統一在周人宗法的大背景之下,通過追溯古史形成了相應的血緣關係,則便於不同姓族之間别親疏遠近,定等級尊卑。

因此在此時將黄帝稱爲姬姓周人的始祖,姬姓則是"黄帝"這一脉傳下來的大宗,繼承了"黄帝"之姬姓,而其餘同樣傳自於"黄帝"的異姓群體,在這一層面相對於姬姓周人而言即是

[1]《國語集解》卷4《晉語四》,第335頁。

小宗。比如《左傳》隱公十一年記載：“春，滕侯、薛侯來朝，争長。薛侯曰：‘我先封。’滕侯曰：‘我，周之卜正也；薛，庶姓也，我不可以後之。’”“庶姓”，杜預注“非周之同姓”。如此則庶姓與異姓似乎無别，然而《周禮·秋官·司儀職》謂：“土揖庶姓，時揖異姓，天揖同姓。”鄭玄注：“庶姓，無親者也；異姓，婚姻也。”由此則對庶姓和異姓做出了區分，可以看出在行禮的等級上庶姓次於異姓。陶鴻慶在此基礎上對這兩者的差别做出了很好的解釋，謂：

> 哀公二十四年《傳》，周公及武公娶于薛，薛于魯固爲婚姻也，故滕侯言“庶姓”，公言“異姓”，庶有卑稱，而異存敵體。滕侯意主指斥，公意主平亭。一語之殊，辭氣宛然。左氏修詞精當如此。[1]

意思即是薛與魯有婚姻關係，故而對於魯而言，薛爲“異姓”，兩者之間關係較爲平等，可相匹敵。然而薛對於姬姓之滕而言，并無可謂平等之婚姻關係。薛爲任姓，據司空季子所説，爲黄帝之後，其相對於黄帝之姓的姬姓而言，則是次一等的庶姓，故而爲滕侯斥之以卑稱。因此所謂“庶姓”即是周人依據自己已有之宗法中嫡庶的觀念對姓族之間做出的界别，姬姓爲黄帝之姓，相當於黄帝一脉之大宗，故而其他同出於黄帝的十一姓相對於姬姓而言即是“庶姓”。

因而在這一時期，周人在政治上處理與異姓族群間關係時對古史中始祖的傳説做出了進一步的梳理。周人通過宗法可以將姬姓周人統攝在相應的親疏尊卑的等級次序之中，通過婚姻關係繫連了部分的異姓族群，然而對於剩下的無婚姻關係的異性族群，其等級、地位則并不明朗，亦無法融入既有的宗法關係之中。因此周人將姓族内部的宗法觀念推而廣之，擴展到姓族之外，通過追述共同的始祖，將異姓貴族也安排進了已有的親疏等級之中。同姓的自然最爲親密，等級最高，具有姻親關係如姜姓等則次之，同一始祖，共爲黄帝之血脉的如任姓、姞姓又次之，其餘的自然再次一等。

將不同姓族統歸於一個始祖，劃爲一個更大的族群，應當是西周中晚期至春秋時期的共同選擇。周人有自己的古史追溯與姓族的區分，對南方之所謂戎狄亦有同樣的劃分。祝融八姓即是一典型的代表，[2]李學勤先生根據青銅器銘文材料等，指出史伯的話中“祝融八

[1] 陶鴻慶：《左傳别疏》，北京：中華書局，1963年，第103頁。

[2] 《國語·鄭語》：“祝融亦能昭顯天地之光明，以生柔嘉材者也，其後八姓，於周未有侯伯。佐制物於前代者，昆吾爲夏伯矣，大彭、豕韋爲商伯矣，當周未有。己姓昆吾、蘇、顧、温、董，董姓鬷夷、豢龍，則夏滅之矣。彭姓彭祖、豕韋、諸、稽，則商滅之矣。禿姓，舟人，則周滅之矣。妘姓，鄔、鄶、路、偪陽；曹姓，鄒、莒，皆爲采衛，或在王室，或在夷狄，莫之數也，而又無令聞，必不興矣。斟姓無後。融之興者，其在芈姓乎？芈姓夔、越，不足命也；蠻芈，蠻矣，唯荆實有昭德，若周衰，其必興矣。姜、嬴、荆芈，實與諸姬代相干也。姜，伯夷之後也；嬴，伯翳之後也。韋昭注：伯翳，舜虞官，少皞之後伯益也。伯夷，堯秩宗，炎帝之後，四岳之族。”《國語集解》卷16《鄭語》，第466頁。

姓”之説“反映了一定的歷史事實,絶非出於捏造”。[1] 祝融之後八姓分别爲:已、董、彭、秃、妘、曹、斟、芈也。《大戴禮記·帝系》所述與此類似,然而只有六姓,且不言祝融,并將六姓之前的世系做了進一步的完善,即顓頊——老童——吴回——陸終,由陸終而分化出已、董、彭、妘、曹、芈六姓。此種差異源於楚人不同時期對自身歷史的不同追溯,兹不贅言,但可以看出對於這些姓而言,祝融之族則爲一大的共同體,他們彼此之間則有着更爲緊密的聯繫。這種由始祖而分化出的姓族,與黄帝所分化出的姓族類似,唯一的區别僅在於周人基於嫡庶的觀念,將姬姓視爲黄帝一族下的嫡姓大宗,而對於祝融之族分化出的八姓之間則没有尊卑之差。八姓各有興亡,但是在史伯的論述中,强調的是周室姬姓衰微後,祝融之族中將興盛者爲荆芈一支,類似的,伯夷之後的姜姓,伯翳之後的嬴姓,都將交替侵犯周室諸姬。這種將一姓氏劃歸如一個以始祖爲核心的集團之中,是這一時期追述古史時的普遍情况。

此種情况的出現,應是西周晚期至春秋早期,周人古史系統的進一步擴展的一部分内容。[2]

此種古史系統的不斷擴展構建,并不是一種無中生有的編排,而是對原有傳説的系統化過程。關於各姓的起源、刑罰的來源,乃至上古重要的戰争等,是一種保存在當時人,尤其是史官口耳相傳的見聞之中的資料,并成爲周人文化記憶中的一部分。這種記憶源自曾經存在的真實的歷史,但在文化記憶中基於事實的歷史被轉化爲回憶中的歷史,從而變成了神話。這段歷史被後人講述,是因爲可以以起源時作爲依據對當下進行闡釋,也就是這些傳説、故事雖然帶有敘事性,但是其被傳承和改編的目的并不在於敘事,而在於規範和定型的力量。[3] 核心的目的在於加强族群的共同意識,促成更大範圍的聯盟和相互依存關係。因

[1] 李學勤:《談祝融八姓》,《江漢論壇》1980年第1期,第73頁。

[2] 李鋭先生曾梳理周人古史系統的形成過程,將周人的古史系統劃分爲三個階段,提出周人逐步將祖先的時代提前,最終以黄帝爲祖,形成了一個以炎黄爲中心的複雜的古史系統:其第一階段爲周初,對古史的認識僅限於夏商周三代;第二階段始於成王,至於西周晚期,此一時期在夏之前增加了虞,并將后稷與姜姓之伯夷提早到與禹并列的時間;第三階段則是平王東遷以後,構成以炎黄爲主體的多元系統,可以稱爲炎黄主體型古史系統。其時代序列大體上是黄帝、少皞、顓頊、帝嚳、堯、舜、禹、夏、商、周。西周晚期但當時黄帝和顓頊的親緣關係或許還不太直接,因爲周人關心的主要是他們姬姓是黄帝之子得姓之一。周祖后稷早在第二階段的古史系統中就是和禹并列的三后了。在這個新的古史系統裏,周人更成爲黄帝之後,后稷只是周的祖先序列中的一個人物,不再是始祖了。李鋭:《上古史新研——試論兩周古史系統的四階段變化》,《清華大學學報》(哲學社會科學版)2016年第4期,第99頁。

[3] 關於規範性和定型性,規範性指涉及價值和規範、使集體日常生活順利進行的規則以及社會交往中那些不言自明的規則,教會人們如何判斷是非、傳承着如何找到未來方向的知識,指明了正確的行事道路。定型性包含着關於部落的神話、關於英雄的歌謡以及族譜等内容,實現對自我的定義并校檢認同。通過講述共同擁有的故事,它們傳播了鞏固着集體認同的知識病却促成了集體行動的一致。參見揚·阿斯曼著,金壽福、黄曉晨譯:《文化記憶:早期高級文化中的文字、回憶和政治身份》,北京:北京大學出版社,2015年,第47頁。

此這些關於黄帝、赤帝的世系的追溯,本意并不在於客觀地記載古史傳説,保留過去的歷史記憶,而是以此作用於現實社會,使得姬姓周人不再局限於同姓内部的凝聚,而是將作爲共同體的集體範圍擴大到黄帝之子的十四個姓族之中,又通過姻親關係,將姜姓等姓氏也融入這個共同體之中。

《周禮·大宗伯》屬下的祝宗卜史中,史有大史“大會同、朝覲,以書協禮事”,[1]小史“掌邦國之志,奠系世,辨昭穆”。[2] 在會同、朝覲等重要的社會交往活動中,世系是指導他們進行相應禮儀規範的依據。因此通過具體相應的禮儀儀式,將與集體認同相關的知識傳達給每個參與者,使得彼此之間被固定的長幼尊卑的秩序保持活躍,進而使得集體認同體系保有長久的生命力。古史系統的不斷構建,與禮制的完善繁密緊密相關,互相依存。

因此,在西周晚期至春秋早期這段時期中“帝”字的含義不僅再單獨指稱天神之上帝,亦開始具有表示自己始祖的觀念。而這種内涵的産生,與當時周人整理古史系統,强化集體認同的過程是一致的。“帝”代表的宗法意義與當時的政治社會緊密相連。

[1]《周禮注疏》卷26《春官·大史》,第1765頁。
[2]《周禮注疏》卷26《春官·小史》,第1766頁。

戰國青銅鑄幣新發展芻論

亓民帥*

青銅鑄幣在春秋中晚期出現之後獲得了顯著的變化。在這些變化中,刀幣、布幣、圓錢和銅貝等青銅鑄幣的種類和形制的變化歷來是研究的重點,[1]本文不再贅述。青銅鑄幣在戰國時期還出現了一些新的發展,主要表現在仿鑄他國青銅鑄幣、不同國家鑄造同類型的青銅鑄幣、多國青銅鑄幣的混用以及爲跨國商業貿易而鑄造專門的青銅鑄幣種類等方面,這些新發展多與地區間商業活動的日益頻繁有關。下文結合學界已有成果和相關資料,對這些新發展及其對地區間商業活動的影響略加論述。

一、仿鑄他國青銅鑄幣[2]

戰國時期列國多有仿鑄他國青銅鑄幣的情況,這從各國遺址出土製作他國鑄幣的錢範中可見一斑。現舉例如下;

(一) 河南新鄭鄭韓故城内發現衆多錢範。1983 年在鄭韓故城外廓城(東城)中部城牆大吴樓鑄銅遺址中發現"橈比尚忻"燕尾布範 2 副 4 塊,"四幣當忻"連布範 2 塊。[3]

1992 年在大吴樓鑄銅遺址的南部發掘出""鋭角布面、背陶範 7 件,"涅金"鋭角布面、

---

* 泰山學院歷史學院講師。

[1] 可參看《中國貨幣史》(彭信威著,上海: 上海人民出版社,1965 年)、《中國古代貨幣的起源和發展》(王毓銓著,北京: 中國社會科學出版社,1990 年)、《中國古錢幣》(唐石父主編,上海: 上海古籍出版社,2001 年)、《先秦貨幣通論》(黄錫全著,北京: 紫禁城出版社,2001 年)、《中國東周時期金屬貨幣研究》(吴良寶著,北京: 社會科學文獻出版社,2005 年)等論著中的相關章節。

[2] 吴良寶先生認爲"仿鑄"有廣狹二義: 廣義的仿鑄是指在相鄰國家的影響下,仿照其貨幣形制而鑄行的本國貨幣;狹義的仿鑄則是指完全按照别國貨幣的形式鑄造别國的貨幣,而它本身并不通行這種形式的貨幣(吴良寶:《從考古資料看先秦貨幣中的仿鑄現象(上)》,《安徽錢幣》1998 年第 2 期)。一般來講,廣義應該能够將狹義包含在内,而吴良寶先生所言"仿鑄"之廣、狹二義,實際上是完全兩種不同的含義,前者是本國貨幣,後者是他國貨幣,前者自然不能包含後者。黄錫全先生曾提到兩種對於"仿鑄"的認識: 一種認爲,只有三晉有方足布,它國有者,屬仿鑄;另一種認爲不屬該國流通的貨幣而出在該國并發現有這種貨幣的範具叫仿鑄(見黄錫全:《先秦貨幣通論》,第 171 頁)。這兩種認識即是吴良寶先生所説的廣義和狹義。從學界對於"仿鑄"理解來看,"仿鑄"并没有一個確切的含義,是一個需要被界定的專有名詞。本文所言之"仿鑄"是吴良寶先生所説的狹義"仿鑄",而將其所言之廣義"仿鑄"稱爲"不同國家鑄造同類型的青銅鑄幣"。

[3] 河南省文物研究所:《河南新鄭發現的"枎戔當忻"陶範》,《中國錢幣》1991 年第 2 期。

背陶範 3 件,"閔"圓足布面、背陶範 32 件,"離石"大圓足布陶面範殘塊 1 件。1993 年在城關鄉小高莊村西東周遺址發掘出一錢範坑,出土完整或可復原的"閔"、"離石"大圓足布面、背陶範 184 件(其中 9 塊範塊不明),無文大圓足布殘石範 1 件以及一些圓錢陶範殘塊。1992 年發現的錢範多出於灰坑、井等典型遺迹中,伴出的陶器與 1983 年發現的錢範伴出陶器的器形和形制相同,均爲戰國晚期的典型器物。因此,錢範的時代應爲戰國晚期。1993 年發現的"閔"、"離石"大圓足布陶範、圓錢背範出於新鄭小高莊西東周遺址中,與錢範同坑伴出的陶器也爲戰國晚期的典型器物,故錢範的時代也爲戰國晚期。[1]

1997－1998 年在鄭韓故城東城中部偏南的鄭國祭祀遺址中發掘出特大型平肩空首布背範 1 件,大型空首布範心 26 件,均出在春秋中期的一口長方形井中。"梁正尚百尚寽"橋形布面範 7 塊、背範 18 塊,這批橋足布範的時代,根據地層關係和同出陶器特徵,絶大多數範屬戰國晚期前段,個別屬戰國晚期後段。"[illegible]"鋭角布面範 2 塊,背範 3 塊;"平陽"方足小布面範 1 塊、背範 1 塊;"甘丹"直刀面範 1 件;另有異文橋形布面範 1 塊等。橋形布範、直刀範、方足布範、鋭角布範同出,其年代應該都是戰國晚期。[2]

春秋時期鄭國鑄行空首布,戰國時期韓國鑄行鋭角布,在鄭韓故城發現的空首布範和"[illegible]"鋭角布範、"涅金"鋭角布應該是鄭國和韓國的遺物。但圓足布和"甘丹"直刀是趙國的貨幣,燕尾布和連布是楚國的貨幣,橋形布是魏國貨幣,可見戰國晚期韓國仿鑄了趙國、楚國、魏國的貨幣。

鄭韓故城大吴樓鑄銅遺址是春秋戰國時期鄭、韓兩國的官營鑄銅手工業作坊遺址,出土"閔"、"離石"大圓足布範的小高莊西東周遺址南 0.5 公里處即是韓國的官營鑄鐵作坊。[3] 鄭國祭祀遺址井中出土的空首布範和橋足布範應該是使用後被廢棄的,脱離了原來的使用環境,但從其他兩處遺址的情況來看,這些幣範應該是出自官營手工作坊的。由此可見,韓國的仿鑄行爲是官方所爲。

(二) 河北靈壽故城 5 號遺址出土石範 20 餘件,其中刀幣範 1 件,殘剩刀幣上半節範腔,面文爲"[illegible]";尖足布幣範 1 件。9 號遺址燕"明"刀幣陶範 2 副 4 件,"閔"圓足布石範 1 件。[4] 靈壽故城是戰國時中山國國都,遺址的年代在公元前 380－296 年。[5] 中山國鑄行直刀,而燕"明"刀和尖足布、"閔"圓足布分别是燕國和趙國的貨幣,因此城址中發現的燕

---

[1] 河南省文物考古研究所:《河南新鄭新發現的戰國錢範》,《華夏考古》1994 年第 4 期。

[2] 馬俊才:《新鄭"鄭韓故城"新出土東周錢範》,中國錢幣學會編:《中國錢幣論文集》第 4 輯,北京:中國金融出版社,2002 年,第 78－92 頁。

[3] 河南省文物考古研究所:《河南新鄭新發現的戰國錢範》,《華夏考古》1994 年第 4 期。

[4] 河北省文物研究所:《戰國中山國靈壽城——1975－1993 年考古發掘報告》,北京:文物出版社,2005 年,第 83－84、115 頁。

[5] 河北省文物研究所:《戰國中山國靈壽城——1975－1993 年考古發掘報告》,第 5 頁。

“明”刀範和“閔”圓足布範表明中山國曾經仿鑄燕、趙兩國的貨幣。發掘者認爲5號遺址是官營手工業作坊遺址,9號遺址并非官方手工業作坊遺址,其中出土的布範與民間盜鑄幣的行爲有關。[1] 發掘者對於9號遺址中布範的認識,只是引《史記·貨殖列傳》對中山之人“奸冶”的記載加以比對得出的,但《史記》中的這段記載所描述的并非是戰國時期的中山國,而是漢朝頒布“更令民鑄錢”之後的原中山國地區,因此不能用來説明9號遺址中幣範的性質。曹迎春先生認爲,中山國的仿鑄作坊遺址位於靈壽城“市肆”遺址中大型夯土建築的南端,從位置上看,應在市管理機構控制之下,而中山國對靈壽城的市有着嚴格的管理,即使存在“作巧奸冶”的私人鑄幣行爲,也不應在此鬧市。[2] 這種觀點是正確的,9號遺址也應該是官營手工業作坊。因此,中山國仿鑄貨幣的行爲也是官方行爲。

(三)在燕下都遺址曾采集有尖首刀範1件,“明”刀範3件。考古發掘也發現:郎井村10號作坊遺址出土戰國中期刀範碎塊148塊;郎井村30號作坊遺址出土戰國中期刀範碎塊115塊;郎井村13號作坊遺址出土戰國晚期平首聳肩尖足布範5塊,平首小聳肩方足布範2件,平肩平首方足布範1件,另有殘範2塊。[3] 燕國鑄行刀幣和平首小聳肩方足布,平首聳肩尖足布是趙國的貨幣,平肩平首方足布是三晉地區或東周的貨幣。這説明燕國仿鑄了别國的貨幣。郎井村13號作坊遺址是一處鑄造兵器的作坊遺址,[4] 由於戰國時期兵器鑄造基本都是由國家控制的作坊進行,因此可以判斷燕國的仿鑄行爲是由國家主導的。

以上考古發現分别反映了戰國中晚期韓國、中山國和燕國仿鑄他國貨幣的情况,可見戰國時期由國家主導的仿鑄别國貨幣的現象是十分普遍的。

目前學界對於戰國時期仿鑄現象的研究,主要集中在其仿鑄行爲的具體表現上,對其産生的原因及影響的討論還不充分。有學者在討論鄭韓故城中發現韓國仿鑄趙國貨幣的幣範時,認爲當時韓國與趙國之間商貿往來非常活躍,僅用金銀幣是不够的,韓國直接用趙國信譽好、購買力强的貨幣,可能更爲方便,更有利可圖。[5] 值得注意的是,韓國還仿鑄了楚國的燕尾布和連布,而這兩種鑄幣在楚國的數量也極少,應該不是主要的流通貨幣。因此,可以認爲仿鑄他國貨幣的行爲是商業往來頻繁的結果,却不能説被仿鑄的貨幣信譽好、購買力强。

禹鍾華先生從制度的維護和破壞的角度做了分析,認爲當時貨幣權力已經成爲統治權力的一部分,仿鑄就是對他國主權的侵犯或者是對諸侯王權的侵犯。在此前提下,他認爲當時貨幣的制度化程度已經很高,因此存在貨幣制度化之利,違法而獲鑄幣之利是一個説得通

---

[1] 河北省文物研究所:《戰國中山國靈壽城——1975－1993年考古發掘報告》,第24、39頁。
[2] 曹迎春:《關於中山國考古中幾個問題的新看法》,《文物春秋》2012年第5期。
[3] 石永士、石磊:《燕下都東周貨幣聚珍》,北京:文物出版社,1996年,第286－306頁。
[4] 河北省文化局文物工作隊:《河北易縣燕下都故城勘察和試掘》,《考古學報》1965年第1期。
[5] 河南省文物考古研究所:《河南新鄭新發現的戰國錢範》,《華夏考古》1994年第4期。

的解釋。另外，他還猜測仿鑄可能屬於一國對他國的金融戰的範疇。[1] 從鄭韓故城、靈壽故城和燕下都的仿鑄行爲來看，都發生在戰國時期，這些行爲都是國家行爲，因此以上兩種解釋都有可能。但考慮到當時貨幣發展的水準，以及實施金融戰所需要的貨幣數量，把仿鑄看做是一國對他國進行金融戰的解釋并不妥當，將其理解爲一種獲利行爲比較合適。至於其仿鑄的貨幣是由國家使用，還轉交給民間商人使用，現有的資料還不能加以説明，但從這種行爲是由國家實施看，由國家使用的可能性更大。

戰國時期仿鑄他國貨幣的現象是相關國家商業活動頻繁的産物。仿鑄貨幣可能是國家主導的獲利行爲，其直接後果就是鑄造了他國貨幣，而貨幣最終要在商業活動中被使用，這些鑄造出來的他國貨幣應該是用來購買他國商品的。從這個角度講，仿鑄行爲客觀上促進了各國之間的商業活動。

二、不同國家鑄造同類型的青銅鑄幣

戰國時期還出現了多個國家鑄行同類型青銅鑄幣的現象，比如戰國中晚期趙、魏、韓、燕和東周等國都鑄行方足小布（圖一“東周時期各國方足小布”）。不同國家的方足小布，從形制上看，除了燕國的方足小布的肩微聳、腰微束之外，布首、足、襠都基本一致，就連大小、重量也相似。尤其是三晉地區的方足小布，連其銅含量也大都在65%－75%之間，[2] 除了根據面文加以區分外，幾乎没有其他方法能够理清其國别。

另外，戰國中晚期趙、魏、韓、東周、秦、燕、齊等國都鑄行圜錢。其中三晉和東周鑄行的圜錢爲圜穿，秦國的早期圜錢是圜穿的，後來發展爲方穿，燕、齊等國鑄行的圜錢爲方穿。一般認爲，秦國鑄行圜錢是受三晉地區，尤其是魏國的影響，後來秦國的圜錢發展成爲方穿圜錢，隨着秦國實力的增强，齊國和燕國在其影響下也鑄造了方穿圜錢。

不同國家鑄造同類貨幣，會造成兩個後果。首先，一些國家會出現多種青銅鑄幣并行流通的情形，[3] 如在戰國晚期燕國同時流通刀幣、布幣和圜錢，趙國也同時流通布幣、刀幣和

[1] 禹鍾華：《金融簡史——對金融發生及初步演化的歷史考察》，北京：中國金融出版社，2011 年，第 191 頁。

[2] 周衛榮：《中國古代錢幣合金成分研究》表 2211－3.1《中原方足布的合金成分》，北京：中華書局，2004 年，第 7－8 頁。

[3] 關於多種貨幣共同流通的問題，王毓銓先生最早注意到燕、趙兩地在戰國時期刀貨布錢，將其稱爲“刀布并行”（王毓銓：《中國古代貨幣的起源和發展》，第 111－113 頁）；張弛先生對“刀布并行”問題進行了更爲深入而系統的研究，分析了其分期、成因和意義（張弛：《中國刀幣匯考》，石家莊：河北人民出版社，1997 年，第 143－149 頁）。王、張二先生都没有區分流通的刀、布的國别，實際上燕、趙兩國内部不僅流行本國的刀、布，還流通他國的刀、布，這其實是兩種不同的貨幣發展現象，前者是國家通過鑄造貨幣造成的，後者則是自發的經濟行爲。本文將一個國家鑄行不同種類貨幣的現象稱爲“一國内多種青銅鑄幣并行流通”，而將某地區同時流通不同國家金屬鑄幣的現象稱爲“多國青銅鑄幣的混用”。

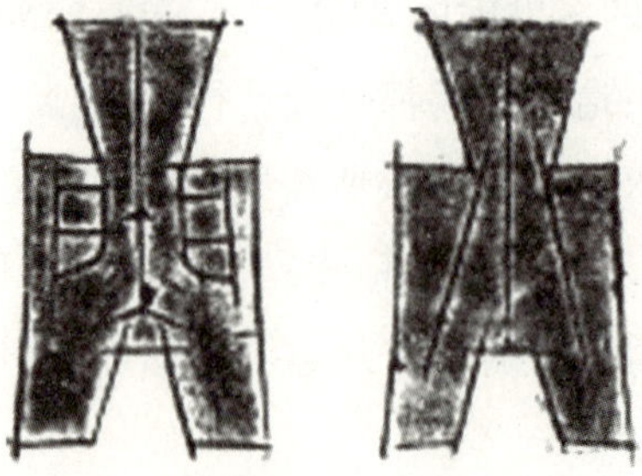

閔(趙國)
《大系》[1]1472

高都(魏國)
《大系》1918

咎奴(韓國)
《大系》1719

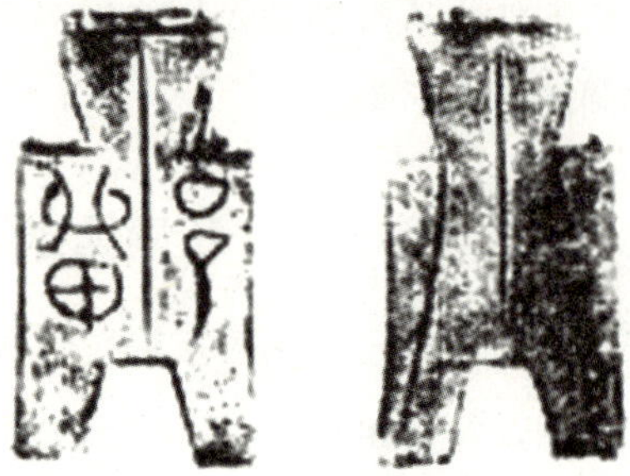

留邑(東周)
《大系》1678

坪陰(燕國)
《大系》1329

圖一　東周時期各國方足小布

圓錢,齊國同時通行刀幣和圓錢。多種鑄幣并行流通,增加了貨幣的多樣性,在某種程度上有利於商業活動的開展。至於同一國内各種鑄幣如何兑换,没有相關資料加以説明。

其次,鑄造同類貨幣的國家之間的商業活動的發展會受到促進。三晉地區和東周地理位置接近,在戰國晚期,他們不僅有方足小布作爲主要的貨幣,還都鑄造了相同形制的圓錢。這些條件有利於一個地區間統一市場的成立。而燕國、齊國和秦國受限於地理位置,圓錢形制、重量的差異,以及燕、齊兩國都不以圓錢爲主要貨幣等諸多因素,并不能像三晉、東周一

[1]《大系》爲汪慶正先生主編《中國歷代貨幣大系1・先秦貨幣》(上海:上海人民出版社,1988年)的簡稱。

樣形成一個地區間統一市場。雖然如此,秦國、燕國和齊國的商業交往肯定也會因爲相同類型貨幣的鑄造而更加緊密。

三、多國青銅鑄幣的混用

戰國時期各國的青銅鑄幣,不僅會在本國流通使用,還會超越國界在他國使用,如1975年山東臨淄齊故城之西的東石橋村出土一批尖首刀,[1]刀幣首刃内凹,刀柄上下寬度一致,應是戰國早期狄人和鮮虞中山鑄行的貨幣,而當時齊國是鑄行齊大刀和圜錢的。這一方面説明尖首刀在兩個地區之間的商業活動中能够使用,另一方面説明當時齊國同時流通多國的青銅鑄幣。不僅如此,一些東周時期的考古遺址中出土了聚集在一起的東周時期不同國家的青銅鑄幣,如内蒙古赤峰市新窩鋪戰國遺址中發現一個陶罐,罐中有燕國"明"刀、小方足布和圜錢,趙國的尖足布和小方足布,魏國小方足布以及秦國"半兩"錢;[2]又如北京朝陽門外一土穴中出土大量戰國貨幣,其中有趙國"甘丹"刀、小方足布和尖足布,燕國"明"刀以及魏國、韓國的小方足布。[3] 這些考古發現説明了當時存在多國鑄幣混用的情况。

那不同國家的青銅鑄幣混用的情况下,如何進行兑换,或者如何在某個國家評估另一個國家鑄幣的價值呢? 截首刀的相關情况可以對此進行説明。截首刀是首部被截去的尖首刀,鑄行時間在戰國早期偏早階段。截首刀主要發現于山東地區,黄錫全先生認爲是狄人與齊國貿易等方面的原因流入山東地區的。[4] 吴良寶先生分析了截首刀的銅含量,也分析了與截首刀未被剪首之前同形制的尖首刀的銅含量,發現兩者銅含量基本相同,進而認爲截首刀被截去刀首是爲了交易中貨幣銅含量與其他尖首刀持平的需要。[5] 這反映了當時人是根據貨幣所含銅的多少來評估其價值的。因此,有理由相信不同國家青銅鑄幣之間的兑换也是根據其所含銅的多少,青銅鑄幣的價值大小取決於其主要鑄造材料銅的含量。

雖然各國鑄幣的含銅量不一,甚至同一國家的鑄幣含銅量也不同,各國鑄幣在兑换時較爲繁瑣,但多國青銅鑄幣的混用避免了因鑄幣形態不一而造成的貨幣壁壘,[6]從而有效促進不同國家之間商業貿易的發展。尤其是對於無法掌握大量黄金的中小商人來説,減輕了

---

[1] 朱活:《談山東臨淄齊故城出土的尖首刀化——兼論有關尖首刀化的幾個問題》,《考古與文物》1980年第3期。

[2] 項春松:《内蒙古赤峰地區發現的戰國錢幣》,《考古》1984年第2期。

[3] 北京市文物工作隊:《北京朝陽門外出土的戰國貨幣》,《文物》1962年第5期。

[4] 黄錫全:《先秦貨幣通論》,第276頁。

[5] 吴良寶:《中國東周時期金屬貨幣研究》,第93頁。

[6] 張弛:《中國刀幣匯考》,第149頁。這是張弛先生對於東周時期"刀布并行"意義的闡述,張先生所言之"刀布并行"實際上包含了"一國内多種青銅鑄幣并行流通"和"多國青銅鑄幣的混用"兩種貨幣現象,本文認爲這段話闡述的是後者的意義。

他們在跨越國界的商業活動中以實物進行交易所要承擔的運輸成本。[1]

四、爲跨國商業貿易而專門鑄造的青銅鑄幣種類

戰國時期還出現了爲商業貿易而專門鑄造青銅鑄幣種類的現象,其中最爲人熟知的是齊"明"刀和趙國直刀。

齊"明"刀是齊國鑄行的面文爲"明"字的刀幣,其背面多有"莒冶"的字樣,應該是在齊國的莒鑄造的。李學勤先生認爲齊"明"刀的鑄造,大約是爲了開闢與燕國的貿易,所以其面文和合金配比都模仿燕幣,燕國境内出土齊"明"刀的地點,如河北滄縣,天津寶坻、静海,都濱於渤海,也反映出這個信息。[2] 李學勤先生的看法是可信的。除了李先生提到的幾個地方外,齊"明"刀還在今山東濟南、青州、淄博、牟平、昌邑、肥城、掖縣,河南洛陽等地有所發現。這些地方大部分都屬於燕國和齊國,可見兩國有商業交往的區域十分廣泛。

戰國時期中山國和趙國都鑄造了直刀,一般認爲趙國是受中山國的影響。吴良寶先生認爲,由於商業交易的需要,趙國才鑄行了直刀,[3]其意見可從。目前發現的趙國直刀上的面文有"甘丹""甘丹刀""白人""白刀""成""王刀""閔""言昜""言""言昜親刀""言刀""言邠"等。其中的"閔"即藺;"甘丹"即邯鄲;"白人"即柏人;"言昜",裘錫圭先生釋爲"圁陽",讀作"圜陽"。[4] 成、王目前尚不知道是何地,但應該與邯鄲等一樣是戰國時期趙國地名。可見當時趙國的很多地方和中山國有着緊密的商業往來。

齊"明"刀和趙直刀都是爲與他國進行貿易而鑄造的貨幣,此類貨幣的鑄行必然會促進相鄰國家之間商業貿易的發展。

五、小　　結

戰國時期,青銅鑄幣的新發展與地區間商業活動息息相關: 仿鑄他國貨幣的行爲應該是政府所爲,其目的應該是通過鑄造他國貨幣來購買他國的商品,仿鑄行爲從客觀上促進了各國之間的商業活動;不同國家鑄造同類型青銅鑄幣的背景是地區間商業活動緊密聯繫,同類型青銅鑄幣的産生又會促進地區間統一市場的形成和發展;多國青銅鑄幣的混用,有利於各

[1] 黄金是貴金屬,購買力强,且便於攜帶、儲藏和分割,解決了跨國、跨區域的大規模商業活動中的媒介問題。由於戰國時期諸侯割據,没有一個全國統一的政府,也没有一個全國統一的貨幣制度,黄金只是在事實上而不是在法律上成爲全國通行的貨幣(傅築夫:《中國封建社會經濟史(第一卷)》,北京:人民出版社,1981年,第315頁)。當時黄金大多掌握在權貴和大商人之手。

[2] 李學勤:《重論博山刀》,中國錢幣學會編:《中國錢幣論文集》第3輯,北京:中國金融出版社,1998年,第85頁。

[3] 吴良寶:《中國東周時期金屬貨幣研究》,第110頁。

[4] 裘錫圭:《戰國貨幣考(十二篇)》,《裘錫圭學術文集》第三卷《金文及其他古文字卷》,上海:復旦大學出版社,2012年,第221–222頁。

國商人突破鑄幣形態不一而造成的貨幣壁壘,從而在不同的國家從事商業活動;東周時期爲與他國的商業貿易鑄造新的貨幣種類情況,表明了兩國間格外緊密的貿易關係,而貨幣的鑄行自然也會將這種關係進一步强化。總之,以上諸種戰國時期青銅鑄幣的新發展促進了地區間商業活動的繁榮。

釋曾國文字中的“𠧧”字

——兼談隨州葉家山西周墓地青銅器銘文中的“犺”字*

黄鳳春**

在曾國文字中有一個从“卜”从“日”的字,原字形作“”,和“”。根據字形,我們認爲應可隸定爲“𠧧”和“”。“”字 2013 年見之於隨州文峰塔 M61 出土的一件青銅缶上,全句銘文爲“曾尹䖳之辻缶”(圖一)。字也見於同一墓中所出的一件銅匜上,銘文爲“曾尹䖳之枓(斗)”,通過比較,兩字實應爲一字。

圖一

由於“”字是第一次所見的一個新字形。作爲發掘者,我們在報導這批材料時,因當時同墓的材料并没有全部去銹,影響了我們對該墓銘文的對讀。再加上出版社催稿,没有過多的時間思考,在發表這一批資料時將其釋作“旨(?)”。[1] 不過,在“旨”後附有一個問號,説明我們將這個字釋爲“旨”并没有充足的證據和太大的把握。

我們最初之所以把“”字釋爲“旨”字,是因爲通過比對已見有的一些“旨”字的字形與“”字有相近的一面,特别是與秦系及齊系的“旨”字更爲接近。試看各國一些“旨”字的寫法:

秦:陜西 730　雲夢・日乙 243

楚:通考 74 越王者旨矛　越王者旨於賜鐘　郭店・尊德 26

上博八・李 1　上博一・緇 17　上博二・從甲 9

清華一・程寤 5　清華三・祝辭 2　清華五・湯丘 15

* [基金項目] 本文爲國家社會科學基金重大課題《隨州葉家山西周曾國墓地發掘報告》(項目批准號 14ZDB051)國家社科基金重大招標課題《周代漢淮地區列國青銅器和歷史、地理綜合整理與研究》(項目編號 15ZB032)、國家社會科學基金重點項目《曾國文字整理與研究》(項目編號 11AZS002)階段性成果。

** 湖北省文物考古研究所研究員。

[1] 湖北省文物考古研究所等:《湖北隨州文峰塔東周墓地》,《考古》2014 年第 7 期。

晉：璽匯 3418

齊：陶録 2・168・1　桓臺 41　陶録 2・173・2

圖二

通過上揭字形，與秦和晉系的“旨”有諸多相似的一面。這也是我們最初釋旨的依據。

從銘文詞例上分析，尹當是一個職官名，“𫓯”應是人名，也即墓主名。銘文的意思是説青銅缶爲曾尹𫓯自作的辻(工)缶。後來，經對同墓所出土的一件銅匜去銹後也發現有銘文，銘文爲“曾尹𫓯之料(斗)”，意思是曾尹𫓯自作的銅斗(匜)(圖二)。兩件器物同出一墓，且都爲墓主𫓯之物。兩相比較，顯然，與當是同一個字的不同寫法。

對於字上部象“人”的寫法與同墓所出的“”字比較，可確認前者不能釋爲“人”，也不能釋爲“匕”，只能是“卜”字的一種變體寫法。“卜”字在戰國文字中多見。可作比較。

郭店《緇衣》　燕《貨系》2761　曹魏《三體石經・君奭》

通過比較，將的上部釋作“卜”應有文字學上的依據。只是上的“卜”的上部寫得稍短了點，之所以産生這樣的形體，可能是書寫者考慮到下部還有日字，故將“卜”的竪劃刻意寫短了，以讓位於下面的“日”符的緣故。如果這樣理解，那麽，這個字必定可隸定作“占”，圖二中的字，只不過是將卜的下筆延長了，寫作了“”，但仍可隸定作“占”。

隨州文峰塔東周墓的材料在 2014 年第 7 期《考古》上發表後，也引起了一引起學者的關注和探討，一些學者批評我們將其釋“旨”的錯誤，但將這個字作爲未釋字而放入附録中。[1]

徐在國先生也對該字進行了研究，他也認爲不當釋爲“旨”，應釋爲“臨”，讀爲“工”。還認爲是楚文字中所見古的字進一步簡化，并認定“臨”與“降”通，“降”與从“工”的“虹”和“江”通，得出應釋爲“臨”，讀爲“工”。[2] 儘管徐在國先生將讀爲“工”與文意甚合，但將釋爲“臨”，仍覺未安。現在我們在同一墓中見到字後，覺得徐先生的這一觀

[1] 孫啓燦：《曾國文字編》，吉林大學碩士學位論文，2016 年，第 317 頁。
[2] 徐在國：《談曾國工尹缶中讀爲“工”的字》，未刊稿。

點似乎就難以成立了。

如果我們將與皆隸定爲“占”不誤的話,那麽此字就應該是“卜”字,其下的“日”就應當視作“卜”字的飾筆。其釋文就應當是“曾卜尹蟜之让缶”。卜尹應是蟜的職官。

卜尹作爲職官名見於文獻,楚國曾設置此官,爲協助卜人占卜的官員。又稱“開卜大夫”,掌卜等宗教事務。《左傳·昭公十三年》:“召觀從,〔楚〕王曰:‘唯爾所欲?’對曰:‘臣之先,佐開卜。’乃使爲卜尹。”杜預注:“佐卜人開龜兆。”

將“尹”釋作“卜尹”後,似乎就已可通讀這一銘文了,但對讀同墓出土青銅器銘文,却又帶來了另一問題,那就是,在墓主蟜同批次的隨葬青銅器銘文中既有寫作“卜尹”的,也有寫作“攻尹”的,其主要文辭有如下幾種:

1. 簠上銘文:　曾攻尹蟜之飤匿(瑚)　(M61:3)
2. 簠上銘文:　曾攻尹蟜之飤匿(瑚)　(M61:5)
3. 鼎上銘文:　曾大(攻)尹蟜之飤鼎　(M61:10)
4. 缶上銘文:　曾尹蟜之让(工)缶　(M61:11)
5. 匜上銘文:　曾尹蟜之枓(斗)　(M61:17)

通過以上銘文觀察,卜尹、攻尹應是蟜的職官,但卜尹與攻尹職掌是有區别的。是不是蟜生前既擔任過卜尹,又擔任過攻尹呢?顯然,應不可能。我們認爲卜尹與攻尹應是同一職掌,即卜尹就是工尹,卜字在此存在異讀的可能,應讀爲“攻”字。

卜字屬幫母屋部字,工字屬見母東部字,兩者韻部可陽入對轉,通假應無問題,只是聲母位置較遠。但問題是在傳統文獻中見母與幫母相通的例子比較少見,反倒在出土文獻中可找到二者相通的例子。如:

上博八《命》篇簡4有“屏輔我”之句,屏字作,上半部从同,劉波認爲這種寫法應屬變形音化,[1]屏(幫母耕部)从同(見母耕部)得聲。

上博三《周易》簡22大畜卦爻辭:“九三:良馬逐,利艱貞,曰班(閑)輿衛,利有攸往。”班通閒,班,幫母元部;閒,見母元部。

可見古文字材料中,見母、幫母是可以通假的。因此,我們可以把占直接讀成攻字是没有障礙的。

將占直接讀成“攻”字,還可以串連起我們對楚文字及曾國文字中所見“让”字的新認識。其實,在包山楚簡和曾侯乙簡中,我們都可以見到有“大让尹”這一官名,其中的“让”與文峰

[1] 劉波:《出土楚文獻語音通轉現象整理與研究》,吉林大學博士學位論文,2013年,第230頁。

塔墓地所見的和應是一個字。有關"辻"字,學術界有不同的讀法。包山楚墓整理者將其隸定爲"迅",讀爲"訊"。對於這一官名中的"辻"字的讀法和職掌問題,過去一直未得到解決,特别是楚簡中"辻尹"究竟是一種什麽職官,却鮮有論及。通過文峰塔墓地曾國文字材料,我們認爲,僅"大辻尹"而言可直讀爲"大攻尹",其職掌應是主管百工製造的職官。從包山楚簡而知,"大辻尹"多常與"佶"和"新佶"聯繫,已有學者指出,認爲其職掌可能與工匠之司法處理有關。[1] 陳穎飛博士在細梳了所有帶"辻"職官名後,認爲没有一條與文獻中占卜的"卜尹"有關,不大可能是《左傳》中的"卜尹",[2]這些都是可取的。不過,我們的意見是,在曾侯乙簡和包山簡所見"大辻尹"、"辻尹"及上博簡[3]所見"辻命(令)尹"屬職官外,其他帶辻的文辭不一定都是職官名,但都可一概讀爲"攻"字。如"佶辻"、"佶大辻"、"新佶辻"等,實際上所指的就是從事製造工種的人,也就是説指具體的某個造工和新造工作者,這一推論與辻後大多連綴人名相吻合。"大辻"可能就是指資歷更爲長久、技術更爲高超的工人,"新佶辻"則有可能是指新入職的工作者。

在隨州文峰塔墓地中,"攻"字多見,其中的"工"部寫法較多,主要有如下幾種:

A　B　C　D

其上的A與B的下部爲工,B應可隸定爲"攻",D則可隸定作"敁",可見"工"與"立"已出現了訛混。但仔細觀察,D左邊的"立"的左下部一竪有出頭的現象,似乎又不應當看作"立",似與亢字又有關聯,所以極可能這個字不應隸定作"敁"而應隸定作"攷",讀作見母東部的"攻"字。這樣,我們所常見的認爲从"立"的字,不一定都看作"立"。在古文字中,工、立、土、亢 由於形近,可能都有訛混的現象。

基於以上的認識,我們還可討論一下葉家山西周墓地所見的"犺"字。"犺"字見於葉家山 M111:59 的一件青銅器簋上,其字形有以下兩作:

(M111:67 簋)

1

(M111:59,60 簋)

2

[1] 文炳淳:《包山楚簡所見楚官制研究》,臺灣大學中國文學研究所碩士論文,第111-112頁。

[2] 陳穎飛:《楚官制與世族探討——以幾批出土文獻爲中心》,上海:中西書局,2016年,第174頁。

[3] 馬承源主編:《上海博物館藏戰國楚竹書》(四),《昭王毁室》,上海:上海古籍出版社,2013年。

對於這兩個字,我們認爲應是同一個,釋讀爲“犺”,[1]但我們的這一釋讀遭到了一些學者的反對。認爲此字應釋爲“狃”,即“戾”字。[2] 還有一些學者對這個字也持有懷疑,他們在引用葉家山墓地材料時,或在“犺”,或在狃後都打上一個問號,表明對這個字持有懷疑。作爲發掘者,我們一直堅持釋“犺”,但對這些異説從未作過回應。近來又有學者提出了新的看法,通過字形比較後,認爲與是兄弟兩個人,[3]使得問題更趨複雜化。我們認爲,這兩個字存在區别,不是因爲人的不同,而是兩器存在着作器時間上的差别所致。從考古類型學上分析,M111∶67號簋要早於其他簋,故M111∶67號簋中字與其他簋上的字有區别是很正常的。更不能因此而判定屬兩個不同的人。在曾國文字中,同一人名不同的寫法司空見慣。如果將不同的寫法作如是理解,似必會產生更多歧義。我們認爲,此字釋爲“犺”應無争議。出現字形上的差異,應是訛混所致。在曾國文字中,“亢”可以訛變爲“立”,但“立”不可能寫作“亢”。

前面已經指出,在曾國文字中,一些从“立”的字,不一定都看作“立”。僅葉家山所見字而言,通過與字對讀比較,顯然,字所从的“立”應是“亢”的訛變。所以,將其釋爲“狃”應是錯誤的。

我們仍以曾國文字中的字爲例,如果將其左半部看作“立”的話,字當釋作“竝”顯然竝與“攻”字古音相隔甚遠,怎麽也不能讀作“攻”,只能從工的訛變上去理解。其實,這只是一種自圓其説。我們注意到字的左邊下半部竪筆有出頭的現象,字作“”,顯然是工與亢的訛變。字當釋作“敀”。“亢”是見母陽部字,“工”是見母東部字,二字同屬見母字,古音完全相近。所以將“攻”寫作“敀”不足爲奇。進而,我們可以確認字一定只能釋爲“犺”。

綜上所論,通過對字的釋讀,我們可窺見出先秦曾國文字在同一文字中具有多種不同的寫法,足見曾國文字的複雜性。正是因爲這些不同寫法的共存關係,爲我們解開古文字所藴含的字形多元化内涵提供了捷徑。

---

[1] 湖北省文物考古研究所:《湖北隨州葉家山第二次發掘的主要收穫》,《江漢考古》2013年第3期。

[2] 羅運環:《葉家山曾侯名狃字及亢字考論》,北京大學出土文獻研究所編:《青銅器與金文》第一輯,上海:上海古籍出版社,2017年;宋華强:《葉家山銅器銘文和殷墟甲骨文中的“戾”字》,《古文字研究》第30輯,北京:中華書局,2014年。

[3] 羅運環:《葉家山曾侯名狃字及亢字考論》,北京大學出土文獻研究所編:《青銅器與金文》第一輯,上海:上海古籍出版社,2017年。

𪒠鎛與𪒠鐘分篇與異文考論

李守奎*

𪒠鐘和𪒠鎛出土於淅川下寺10號楚墓，自公布以來，有很多學者進行了深入的研究，釋讀問題已經基本解決。這套鐘鎛系列完整，但銘文或闕或重；文中多異文訛書，但又極有規律，這就產生了編鎛與編鐘是否完整、文本如何形成、銘文爲什麽有闕等一系列問題。本文擬對這些問題進行初步探討。

編鎛八枚，編鐘九枚，這種組合見於春秋楚墓。[1] 鐘、鎛上鑄有内容基本相同的銘文。其中器形較大的三件鎛上各自鑄完整銘文一篇，其餘鐘、鎛皆數器連讀。現存完整銘文六篇，兩篇是銘文的上半篇，另外一篇是混亂組合。這些銘文内容基本相同，文字在80－76字之間，異文多達27處，集中表現爲大鎛上的兩篇銘文與其他各組銘文之間的差異。

一、鐘、鎛銘文分篇

銅器銘文之分篇，一般没有困難，大都是一器一篇，或器蓋同銘，偶爾有器蓋連讀。編鎛與編鐘，因爲大小成套，有的自大到小首尾連讀，如子犯編鐘的長篇銘文。𪒠鎛和𪒠鐘銘文篇幅不很長，大者可以勉强鑄刻一篇完整的銘文，小的就只能數器連讀，合成一篇。這套鐘、鎛的銘文或有闕，或錯亂，不僅給分篇帶來困惑，也讓大家對編鎛與編鐘的數量産生疑惑。𪒠鎛和𪒠鐘的拓片在《淅川下寺春秋楚墓》中全部公布，《近出殷周金文集録》《商周青銅器銘文暨圖像集成》等書皆著録。八鎛九鐘上的銘文根據内容，分出鎛銘五篇，闕下半一篇；鐘銘完整一篇，闕下半一篇，混亂組合一篇。發掘報告器物號碼不能清晰表示鐘的大小與銘文的次第，爲了指稱方便，我們把各篇銘文稱爲鎛銘和鐘銘，把每一鐘和鎛都用數字依次排列，對照表如下：

表一

篇　　數	淅川器號	本文器號
鎛銘1	73	鎛1
鎛銘2	74	鎛2

* 清華大學出土文獻研究與保護中心教授。

[1] 如和尚嶺楚墓M2中出土薳子受編鐘9件、薳子受鎛鐘8件，參見河南省文物考古研究所、南陽市文物考古研究所、淅川縣博物館：《淅川和尚嶺與徐家嶺楚墓》，鄭州：大象出版社，2004年，第46－101頁。

續表

篇　數	淅川器號	本文器號
鎛銘 3	75	鎛 3
鎛銘 4	76－77	鎛 4、鎛 5
鎛銘 5	78－79	鎛 6、鎛 7
鎛銘 6	80(前半部分)	鎛 8
鐘銘 1	66(前半部分)	鐘 1
鐘銘 2	70、67、69	鐘 2、鐘 3、鐘 4
鐘銘 3	68、71、72、83、84(混亂)	鐘 5、鐘 6、鐘 7、鐘 8、鐘 9

以上編鎛與編鐘都是由大到小依次排列,例如編鐘的通高與重量如下表:[1]

	1	2	3	4	5	6	7	8	9
編鐘	66	70	67	69	68	71	72	83	84
通高	16.6	15.9	14.65	13.4	12.9	12.25	10.4	9.67	9.6
重量	0.85	0.75	0.65	0.63	0.48	0.4	0.34	0.27	0.24

鎛 1 鑄 77 字,闕一"男"字。[2] 鎛 2 完整,有 78 字。二鎛行款一致,文字構形相同,但文字的間架結構不完全相同,是分别製範鑄成。這兩篇在所有的銘文中構成單獨的一組,銘文自右向左旋轉着讀,行款非常特殊,我們稱之爲鎛一組。下面按照鎛 2 的行款釋文如下,爲了分析異文,結構不同的字作了嚴格隸定。

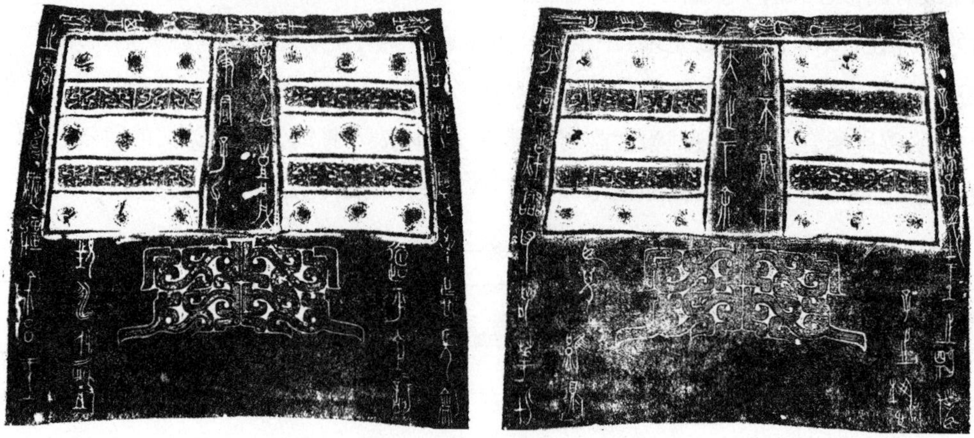

(鎛 1)

[1] 河南省文物研究所等:《淅川下寺春秋楚墓》,北京:文物出版社,1991 年,第 288 頁。
[2] 整理報告(第 258 頁)認爲闕"其"字,誤。

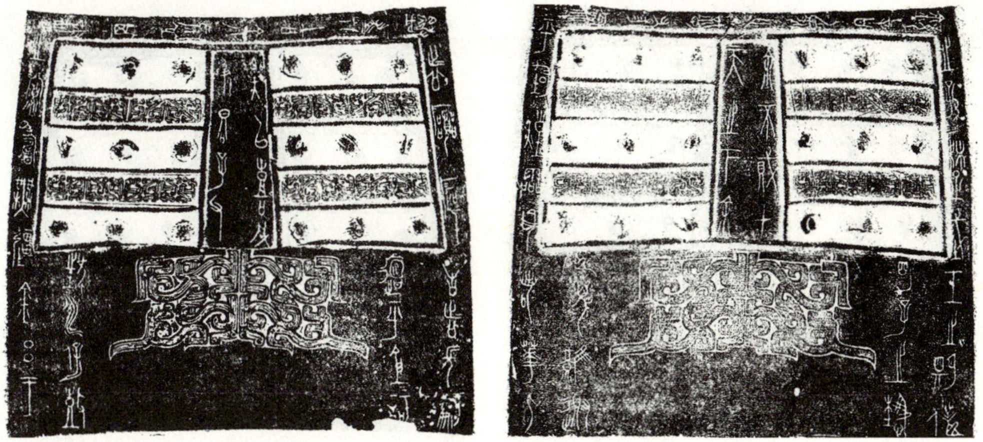

（鎛2）

𪒠睪(擇)吉金，鋻(鑄)其詖(正面頂)鐘，音贏(贏)心(小)戠𥊾(湯)，龢(背面頂)

平均煌，霝色若華，匕(批)(背左欒)者礹硜(磬)，至者長籥(竽)，(正右欒)

遺(會)奏倉倉(鏘鏘)，訶(歌)(正右鼓)

樂吕(以)喜，凡及君子父(正鉦部)

蜺(兄)。永保鼓(正左鼓)

之，釁(彌)壽無疆。金(余)吕王(正左欒)

之孫，楚城王之盟僕(僕)，(背右欒)

男(男)子之埶，(背右鼓)

余不貣(忒)，才(在)

天之下，余(背鉦)

臣兒難遐(得)。(背)

八枚鎛中第三枚器形也比較大，鉦較寬，銘文位置及行款與前兩枚大鎛差異很大，銘文差異也十分明顯，鎛3銘拓和隸定如下：

𪒠睪(擇)吉金，鋻(鑄)

其反鐘，其音

贏(贏)少(小)鼑(則)湯，龢(鉦)

平均誂，霝

色若華，𪗀(批)

者礹硜(磬)，至(吹)者(左鼓)

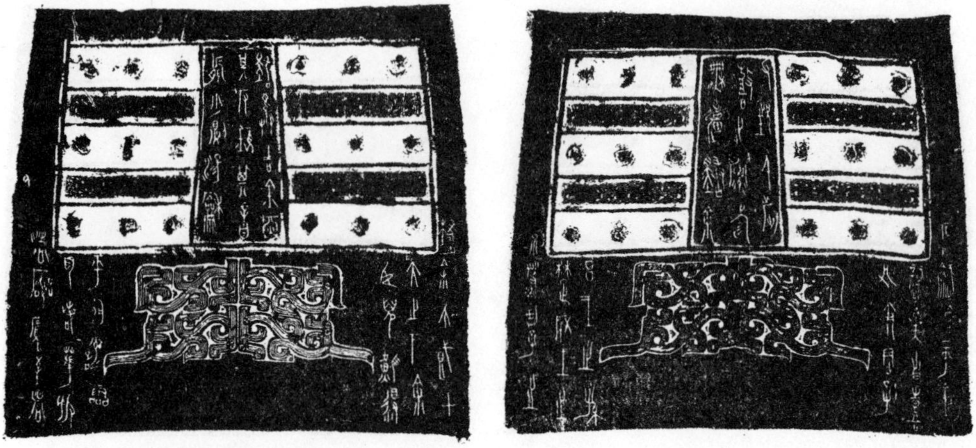

(鎛3)

長釪(竽),澮(會)平〈奏〉倉倉(鏘鏘),
謌(歌)樂自喜,
凡𠬝(及)君子(背右鼓)
父𡝒(兄),千歲
鼓(鼓)之,釁(彌)壽
無韁(疆)。
𪒠余(背鉦)
吕王之孫,
楚成王之
盟(盟)僕(僕),男子之(背左鼓)
埶(臬),余不貣(忒),才(在)
天之下,余
臣兒難退(得)。(正右鼓)

其他鎛上銘文的文字構形及用字情況都與鎛三相同,我們稱之爲鎛二組。

編鐘九枚,最大的一枚上刻銘文的前半,其後闕如;中間三枚構成一篇完整的銘文,內容、用字、文字構形都與鎛二組相近;餘下五枚,銘文或闕或重,似不成篇,但文字構形和使用情況與鎛二組皆屬於同類。以文字構形與字體爲標準,可以把全部銘文分爲兩組,下文的異體字表可以看得很清楚。這套編鐘一共應該由多少枚鐘構成?這九枚編鐘上是幾篇銘文?前四枚是一篇半,没有問題,後五枚釋文如下。與完整的鐘銘比較,“〔 〕”表示所闕的內容,“【 】”中的字表示多出來的部分。

𪒠睪(擇)

吉金,(68正鉦)
鑄(鑄)其
反鐘,(68左鼓)
〔其〕音贏(贏)
少(小)鼽(則)(68背右鼓)
湯,龢平(68背鉦)
均誂,霝色(68背左鼓)
若華,䃾(批)者(68正右鼓)
礹硾(磬),(71正鉦)
至(吹)者(71正左鼓)
長簫(竽),(71反右鼓)
逾(會)平〈奏〉(71反鉦)
倉倉(鏘鏘),謌(歌)(71反左鼓)
樂自(71正右鼓)
〔喜,凡及(及)君子父兄(兄),千歲鼓(鼓)之,釁(彌)〕
壽無(72正鉦)
疆(疆)。𪒠(72正左鼓)
余吕王(72背右鼓)
之孫,(72背鉦)
楚成(72背左鼓)
王之盟(盟)
〔僕(僕),男子之(背左鼓)埶(臬),余不貣(忒),才(在)天之〕
【之孫(83鉦)
楚(83左鼓)】
下,余(84正鉦)
臣(84左鼓)
兒(84背右鼓)
難退(得)。(84背鉦)

從用字上看,屬於第二組銘文無疑,但與鎛銘3、鐘銘2等完整的銘文相比,有明顯的差異,顯著的有如下三處:

第一,71與72之間奪"喜凡及君子父兄千歲鼓之釁"12字,71號有12字(又合文1),72號有14字,所闕十二字占大約一個鐘的位置。

第二,在 72 與 83 之間,闕"僕男子之埶余不貣才天之"11 字,位於其前的 72 號鐘 14 字,位於其後的 83 號鐘只有三字,11 字至少占據一個鐘的位置。

第三,83 號"僅鉦部及背面左鼓上有銘文,原應爲五字,正面鉦部二字被鏟去,現只有三字"。[1] "之孫楚"應當是"黝余吕王之孫,楚成王之盟僕"句中的三個字,這個句子在 72 號鐘中已經出現。這就有兩種可能:一是兩套編鐘的混搭,這三個字是另外一篇銘文的一部分;二是衍文,是同一篇銘文的錯亂。

從銘文的完整性上看,68、71、72、83、84 五枚鐘不相連屬,有闕有重,很難算作一篇銘文。這就出現三個問題:一是這五枚鐘的銘文包含幾篇銘文?二是這五枚中之間是否還闕兩枚?第三是是否存在另外一套編鐘,且其中一枚羼入?我贊同這是一篇混亂的銘文,形成混亂的原因如下:

第一,楚系編鐘,以九枚一套爲常,例如楚大師鄧子辥編鐘、楚蒍子受編鐘、蔡侯紳編鐘等皆是。

第二,受編鐘的形制與文字容量的限制。

編鐘大小依次排列,有其定制,既受制於禮制,又受制於音樂,不能隨意增減。黝鐘九枚,很難恰好容下兩篇或三篇銘文,所以就根據器的形制對銘文有所增減。

第三,銘文的裝飾作用。

銘文不僅有記事的作用,還有裝飾的功能。對於黝鎛與黝鐘來説,完整的六篇銘文已經很好地完成了其記事功能。對於 68、71、72、83、84 這五枚相次的小鐘來説,已經容不下一篇完整的銘文,只需要有首有尾,中間就任意增減,造鐘者關心的不是銘文内容的完整性,文字只是必要的裝飾,其錯亂是有意或不得已而爲。

古人鑄器,從一開始就根據銘文安排樂器的數量與大小,會根據實際需要對銘文有所增減,只有上半篇,没有下半篇或錯亂也就不難理解。

綜上,黝鎛與黝鐘是完整的兩套樂器,配合使用,[2] 其銘文共有九篇,其中六篇完整,兩篇闕其下半,一篇錯亂。

二、鐘、鎛異文

通過比較可知,黝之八鎛九鐘,可以分爲兩組,第一組鎛銘兩篇,行款特殊,銘文 78 字;第二組完整的鎛銘 80 字,鎛銘 3、鎛銘 4、鎛銘 5、鎛銘 6 與九枚鐘的用字高度吻合,可以算作第二組。兩組銘文形成明顯差異,在用字方面内部差異則很小,如果不計上文所談鐘銘 3 中的脱與衍,共計 21 處,先按照銘文的順序列表如下:

---

[1] 河南省文物研究所等:《淅川下寺春秋楚墓》,北京:文物出版社,1991 年,第 282 頁。

[2] 趙世綱:《淅川下寺春秋楚墓出土編鐘的音高與音律》,《淅川下寺春秋楚墓》,北京:文物出版社,1991 年,第 419 頁。

異文＼鎛鐘	第一組				第二組							
	鎛銘 1		鎛銘 2		鎛銘 3		鎛銘 4		鎛銘 5		鐘銘 2	
(1) 飯	飯		飯		反		□		反		反	
(2) 鐘							□					
(3) 其	□		□		其		其		其		其	
(4) 小	尐		尐		少		小		少		少	
(5) 鼒/則	鼒		鼒		鼎刂		鼎刂		鼎刂		鼎刂	
(6) 湯	旟		旟		湯		湯		湯		湯	
(7) 煌	煌		煌		詤		詤		詤		詤	
(8) 批	朼		匕		昽		昽		昽		昽	
(9) 磾	磾		磾		磾		臺		臺		磾	
(10) 舌	至		舌		至		至		舌		至	
(11) 歌	訶		訶		謌		謌		謌		謌	
(12) 以/自	㠯		㠯		自		自		自		自	
(13) 及	及		及		仌		及		人		及	
(14) 永保/千歲	永保		永保		千歲		千歲		千歲		千歲	
(15) 黝/黝	□		□		黝		黝		黝		黝	
(16) 余	金		金		余		余		余		□	
(17) 成	城		城		成		城		成			
(18) 盟	咒		咒		呪		呪		呪		呪	
(19) 男	□		男		男		男		男		男	
(20) 難	鄞		鄞		難		難		難		難	
(21) 埶	埶		埶		埶		埶		埶		埶	
(22) 忒	貣		貣		貣		貣		貣		貣	

上述異文,可以概括爲如下幾類:

(一) 用詞不同

1. "以"與"自"

第一組"歌樂以喜","用匽以喜"見於王孫誥鐘,是當時的成語。第二組"歌樂自喜"比較罕見。"以""自"用詞不同,文意也不盡相同。鐘、鎛在不同的時期,功用不同,西周用於祭祀,春秋時期王孫誥之類的貴族"用匽以喜,以樂楚王、諸侯、嘉賓及我父兄",而此鐘銘爲"歌樂自喜,凡及君子父兄",可見其地位較之王孫誥甚是卑下,臣服楚王,請的客人也只能以"君子"泛稱,是實際情況的真實反映。

2. "永保"與"千歲"

第一組是"永保鼓之"。"永保鼓之"是當時的成語。當時流行的是"萬年無期,永保鼓之"(王孫誥鐘)。第二組之"千歲鼓之"在銘辭中僅見於此處。

這種異文,源自不同的文本使用不同的詞語,與訛脱無關。

(二) 文辭之有無

第一組"音贏少戠湯",第二組"其音贏少則湯",句首多一"其"字;第一組"金(余)吕王之孫",第二組"黝余吕王之孫",在第一人稱前面再加上同位語器主名。

"其"與"黝"的有無并不影響文義的理解,這是不同文本在不影響文義的前提下表達的任意性。

(三) 構字部件不同之通用字。通用字包括假借字、異體字等。

1. 鈑、反

第一組作"鑄其鈑鐘",第二組作"鑄其反鐘"。"反鐘"讀爲"編鐘","鈑"是編鐘之"編"的專字。

2. 戠、則

第一組作"音贏少戠湯",第二組作"其音贏少則湯",戠是章母職部,則是精母職部,二字應當是音近通假,戠讀爲則。

3. 煌、詵

第一組作"龢平均煌",第二組作"龢平均詵",四例皆同。"煌"與"光"讀音很近,應當都讀爲"喤",形容鐘聲之好。漢張衡《東京賦》:"萬舞奕奕,鐘鼓喤喤。"

4. 匕、𢼸

第一組作"匕者囂磬",第二組作"𢼸者囂磬",四例皆同。張亞初先生認爲"𢼸"即後世的"批"字,[1]李家浩先生認同其説,讀爲"批",訓爲敲擊,[2]很順。

---

[1] 張亞初:《金文新釋》,《第二屆國際中國古文字學研討會論文集》,香港:香港中文大學,1993年,第306頁。

[2] 李家浩:《黝鐘銘文考釋》,《著名中年語言學家自選集·李家浩卷》,合肥:安徽教育出版社,2002年,第74頁。

5. 訶、謌

第一組作"訶樂以喜",第二組作"謌樂自喜",四例皆同。古文字中"訶"與"謌"本是一字,其分化後出。

6. 槷、埶

第一組作"男子之槷",第二組作"男子之埶",四例皆同,皆讀爲"臬",見上引李家浩文。

(四) 訛書

鐘與鎛銘文中多訛書。

1. 至、舌

"至"與"舌"形體只有上部相近,下部完全不同,但第一組與第二組都有混訛。第一組一例作"舌者長竽",另一例則訛成"至者長竽";第二組除了鎛銘 5 作"舌",其他都訛成"至"了。

"舌"讀爲"吹",[1]大概當時也不常見,致使造鐘之工容易致誤。

2. 及

第一組是標準的"及"字;第二組也有寫對的,例如鐘銘 2,但鎛銘 3 訛作"夊",鎛銘 5 訛作"人"。

3. 余、金

"余吕王之孫"之"余",在第一組中寫成了"金",第二組皆正確無誤。像"及""余"這樣的常用字都出現錯誤,要麽就是鑄工完全不認字,要麽就是草率從事,十分不認真。

4. 盟

第一組"𥂗"字所从"示"訛作"丌",第二組"示"旁訛作三垂。

5. 男

銘文"男子之埶",鎛銘 1 在"男"字的位置上空缺,鎛銘 2"田"旁訛作"四(囧)",應當是受"盟"字所从"囧"的類化。鎛銘 1 所闕,疑是修改錯字,刮削而漏補。第二組銘文皆作"男"無誤。

6. 難字左側之所从,第一組中間作○或日形,下部四垂;第二組與戰國之"黄"字幾乎同形。

7. 貣所从之"弋",鎛二訛作"戈"。

兩組銘文在字體上也存在明顯差異。所謂字體差異是指確知爲同一個字的前提下,文字書寫所表現出的表層結構上的差異。如果把字體上細微的差别也算作異文,將不勝其煩。

---

[1] 李家浩:《𪒠鐘銘文考釋》,《著名中年語言學家自選集·李家浩卷》,合肥:安徽教育出版社,2002 年,第 74 頁。

鎛鐘 異文	第一組				第二組							
	鎛銘 1		鎛銘 2		鎛銘 3		鎛銘 4		鎛銘 5		鐘銘 2	
(1) 凡	凡		凡		凡		凡	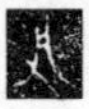	凡		凡	
(2) 鼓	鼓		鼓		敼		敼		敼		敼	
(3) 疆	疆		疆		𤕠		𤕠		𤕠		𤕠	
(4) 僕	僕		僕		僕		僕		僕		僕	
(5) 得	𨔝		𨔝		退		退		退		退	

部件方位不同。

1. 第一組“凡”字之“丿”在右側,第二組皆在左側。

2. 鼓所从的“壴”,第二組皆从喜,作“敼”。

3. 僕字第一組皆省“又”,第二組全部有“又”。

4. 疆字第一組作“疆”,第二組所从“畺”上部有“屮”,四例皆同。

5. 第一組“得”字从“又”持“貝”,所从的“貝”不省形,是左右結構;第二組“貝”與“又”是上下結構,“貝”旁省形。

一篇80字的銘文從用字、構詞上分爲兩種文本,出現如此之多的不同,而兩種文本的内部保持着高度的統一,就連“凡”字一撇的位置,第一組與第二組正好全部相反。這就説明,鑄造者鑄範時分别依據兩個不同的底本。

三、結　　論

學者大都承認,這是同一篇銘文,這是我們討論異文的前提。古書分篇是個很複雜的問題,做過出土古書整理工作會有深刻的體會。我們的常識是文本在傳抄過程中會産生種種變異,忽略了其在産生的時候就會很不相同。𪑵鎛與𪑵鐘的銘文肯定是爲鎛與鐘定制的,由於鐘與鎛是高音與低音配合使用,它們應當是同時完成。

我們可以確定鑄工依托的是兩個不同的文本。這兩個不同的文本如何形成?是把其中的一個作母本,抄寫時按照自己的用字習慣有所更改;還是兩個文本有共同的母本?我們無法判斷。假定其中一個是底本,另外一個則按照自己的書寫習慣進行了“轉寫”,在文本形成階段就表現出巨大的差異。

編鐘與編鎛銘文受器形的制約,小號的鐘或鎛銘文主要起裝飾作用,不求銘文之完整,有些銘文從一開始就不完整,有開頭和結尾,中間隨意增減。

異文形成的原因很複雜,可以做如下的概括:

第一,源自不同的文本。

當時的文字書寫差異相當大。

第二,抄寫或刻寫所致。

銘文中把"余"訛作"金",把"及"訛作"夊""人"應當是鑄工所致,不會是底本錯誤。另外,像"貣"字,兩組中只有個别發生訛變,説明也是鑄工所致。

現在學者經常討論古書的形成與傳抄過程,苦於材料有限。瓛鐘、鎛銘文是在很短時間内完成的,同一篇銘文在刻、鑄過程中就出現如此多的差異,我們可以想見一篇西周文獻流傳至戰國楚地,流傳到漢代會經過多少次轉寫和巨變。

最後談一下我對瓛身份的猜測。瓛很可能是滅國後殘存的吕王後裔。有如下幾個特點:(一)鐘、鎛形制很小,與王孫誥鐘相去甚遠;(二)編鐘製作草率,銘文多訛書、鐘銘多錯亂;(三)言辭甚卑,自稱"臣兒"。此時的吕國很可能已經不復存在,其後裔經濟能力很有限,但還不能放棄作鑄樂器的氣派,但種種衰敗之相顯露無遺,銘文中出現如此多的錯誤,很可能是能工巧匠已經流失所致。從總體上看,説是吕王後裔入楚之作比較可信,我贊同其爲楚器。

文章蒙陳雙新先生指正,深致謝意!

参考文獻:

1. 趙世綱:《淅川下寺春秋楚墓青銅器銘文考索》,《淅川下寺春秋楚墓》,北京:文物出版社,1991 年,第 361 - 367 頁。
2. 張亞初:《金文新釋》,《第二屆國際中國古文字學研討會論文集》,香港:香港問學社有限公司,1993 年,第 303 - 309 頁。
3. 劉彬徽:《楚系青銅器研究》,武漢:湖北教育出版社,1995 年,第 318 - 319 頁。
4. 李零:《再論淅川下寺楚墓——讀〈淅川下寺楚墓〉》,《文物》1996 年第 1 期,第 50、59 頁注 24、25、26。
5. 李家浩:《瓛鐘銘文考釋》,《北大中文研究》(創刊號),北京:北京大學出版社,1998 年,第 249 - 263 頁。收入《著名中年語言學家自選集・李家浩卷》,合肥:安徽教育出版社,2002 年,第 64 - 81 頁。
6. 馮勝君:《瓛鐘銘文解釋》,《吉林大學古籍整理研究所建所十五週年紀年文集》,長春:吉林大學出版社,1998 年,第 40 - 45 頁。
7. 陳雙新:《瓛鐘銘文補議》,《古文字研究》(第二十四輯),北京:中華書局,2002 年,第 258 - 266 頁。
8. 陳偉:《同盟中的諸侯——關於瓛鐘銘文的一些推測》,簡帛網,2005 年 11 月 2 日,http://www.bsm.org.cn/show_article.php? id=30。原載於《九州學林》2005 年春季第一卷。後收入《燕説集》,北京:商務印書館,2011 年,第 125 - 135 頁。
9. 鄒芙都:《楚系銘文綜合研究》,成都:巴蜀書社,2007 年,第 53 - 56 頁。
10. 黄錦前:《楚系銅器銘文研究》,安徽大學博士學位論文,2009 年,第 76 頁。
11. 李天虹:《楚國銅器與竹簡文字研究》,武漢:湖北教育出版社,2012 年,第 72 - 84 頁。

農卣新釋

董　珊*

農卣是傳世銅器,原藏清宫,後歸潘祖蔭、李山農,現藏英國倫敦大英博物館。[1] 蓋上、圈足和器頸均飾鳥紋帶,頸的前後增飾浮雕犧首,腹飾大鳳鳥,均以雲雷紋填地。從器形看,該器約屬西周中期前段穆王世。[2]

蓋内鑄銘文 3 字,器内底鑄銘文 48 字:

唯正月甲午,王在隱应,王窺(徵)令(命)白(伯)趏(趏)曰:"母(毋)卑(俾)晨(農)弋(特)。"事(使)氒(厥)㕛(友)妻晨(農),廼畬(廩)氒(厥)䀠(帑—奴)、氒(厥)小子、小大事(吏)母(毋)又(有)田。晨(農)三拜稽首,敢對陽(揚)王休從(寵)(器銘),作寶彝(蓋銘)。

此器與蓋銘文字體有一定的差異,文例相接有些突然,因器、蓋同銘"作寶彝"的西周早期卣也有數件(05039、05038、05037、05036、05034),又《三代》13.42.4、《奇觚》6.15.2、《彙編》140 皆單獨著録農卣之蓋,所以我曾懷疑農卣的器、蓋可能并非原配。不過,從器形、紋飾上看却没什麽問題。今暫按原配處理。其中疑點有待研究。

"隱应""隱"字似从尊从糸,地名。

"窺"字从"丞"聲,可讀爲"徵",《左傳》哀公四年:"蔡昭侯將如吴,諸大夫恐其又遷也,承,公孫翩逐而射之。"杜預注:"承音懲,蓋楚言。""承(懲)"即懲於前所遷事,故阻止蔡昭侯去吴國。卣銘"窺(徵)"訓爲招,"窺(徵)令(命)"與卯簋蓋(《集成》04327)"榮伯乎(呼)令(命)卯曰:……"之"呼命"同義。

---

* 北京大學考古文博學院、出土文獻與中國古代文明研究協同創新中心教授。

[1] 《西清》15.13。《集成》05424。《銘圖》13329。

[2] 楊樹達:《積微居金文説》卷五"農卣跋",北京:科學出版社,1952 年,第 125 頁;陳夢家:《西周銅器斷代》(未完稿,僅存釋文),北京:中華書局,2004 年,第 343 頁;唐蘭:《西周青銅器銘文分代史徵》附件一,僅存釋文,有全形拓,上海:上海古籍出版社,2015 年,第 443 頁;張亞初:《解放後出土的若干西周銅器銘文補釋》,文化部文物局古文獻研究室:《出土文獻研究》,北京:文物出版社,1985 年,第 114－115 頁;張經:《西周土地關係研究》,其釋文據張亞初,北京:中國大百科全書出版社,2006 年,第 113 頁。

“伯矯”，見1974年12月陝西寶鷄市渭濱區茹家莊1號西周墓（M1乙.15）出土的伯矯橢方鼎（《集成》02185）[1]“伯矯作旅尊鼎”，也是西周中期前段穆王器。現藏寶鷄青銅器博物館。

“母（毋）卑（俾）𣇒（農）弋（特）”。“弋（特）”是孤獨介特。“事（使）氒（厥）𠬝（友）妻𣇒（農）”，伯矯使他的僚友嫁女給農。銘文中的“厥”都指代伯矯。

“廼啬（廩/稟）氒（厥）孥（帑—奴）、氒（厥）小子、小大事（吏）母（毋）又（有）田”。“啬”讀爲“廩/稟”，意思是廩食。“廩/稟”是表“給予”義的動詞，可加雙賓語，但其直接賓語“食”常被省去，銘文中“厥奴”、“厥小子、小大吏毋有田”是三種身份的人，作“啬（廩/稟）”的間接賓語。

“奴”是奴隸。《周禮·秋官司寇》“司厲”職：“其奴，男子入于罪隸，女子入于舂槀。”鄭玄注：“鄭司農云：謂坐爲盜賊而爲奴者，輸於罪隸、舂人、槀人之官也。由是觀之，今之爲奴婢，古之罪人也。故《書》曰：予則奴戮汝，《論語》曰：箕子爲之奴，罪隸之奴也。故《春秋傳》曰：裴豹，隸也，著於丹書，請焚丹書，我殺督戎。恥爲奴，欲焚其籍也。玄謂：從坐而没入官者，男女同名。”

“小子”是與伯矯同族的小宗子弟。“小大事（吏）”是泛指屬於伯矯管理的大小官吏，詞亦見𠑇匜（《集成》10285）“自今余敢夒（擾）乃小大史（吏）”，“小大吏”猶群吏。“毋有田”是“厥小子、小大吏”的後置定語。

此次廩食的對象，都是無田者。奴隸必然無田，因此列在首位。小子與小大吏中，有一部分是無田的，因此需要“毋有田”來限定。器主農應在“厥小子、小大吏毋有田”之列，同受廩食，故記此事。

不過，廩食應是日常之事，何必要記在卣銘呢？從上下文看，這次廩食應是來自周王的一次例外的頒贈。《周禮·地官司徒》“廩人”職：“掌九穀之數，以待國之匪頒、賙賵、稍食。”鄭玄注：“匪讀爲分。分頒，謂委人之職諸委積也。賙賵，謂王所賜予，給好用之式也。稍食，禄廩。”所謂“給好用之式”，見於《周禮·天官冢宰》“大宰”職“九式”之“九曰好用之式”，鄭玄注：“好用，燕好所賜予。”又“内饔”職“凡王之好賜肉脩”鄭玄注：“好賜，王所善而賜也。”孫詒讓《周禮正義》：“謂王燕閒與諸侯及親貴諸臣爲恩好，而有賜予。”（中華書局校點本，第一册，103頁，1987年）

“三拜稽首”，詞見《左傳》僖公十五年。

“休從”讀“休寵”，詞亦見再簋“再對揚王不（丕）顯休宐（寵）”，[2]參看陳劍先生《釋

[1] 《集成》02185。
[2] 保利藝術博物館藏再簋，西周中期前段（穆王世）。《保利藏金》75，《銘圖》05233。

"琮"及相關諸字》一文。[1] 但陳文未及此例。

綜上所述,銘文記載周王讓伯䧅賜農妻室,又稟食伯䧅所管理的奴隸,以及無田地的小子和群吏,農又得賜。所以農感謝周王的休寵,做了這件卣以爲紀念。農的身份,僅是伯䧅手下一名無田地的僚屬,他因爲何事而聞名於周天子,就不得而知了。

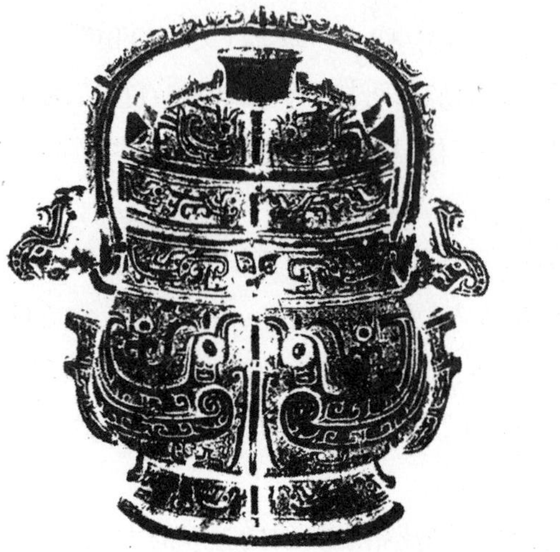

[1] 陳劍:《釋"琮"及相關諸字》,收入陳劍《甲骨金文考釋論集》,北京:綫裝書局,2007年。

銘文所述兩事,在金文中都屬少見。賜妻室之事,有縣改簋(《集成》04269)。[1] 銘文中"稟厥奴、厥小子、小大吏毋有田"是金文中罕見的稟食底層的資料。《禮記・王制》:"諸侯之下士視上農夫,禄足以代其耕也。"《禮記・中庸》:"日省月試,既(餼)稟稱事,所以勸百工也。"鄭玄注:"既讀爲餼,餼稟,稍食也。"[2] 禄田者食租税,無田者則有稟食,否則無以自養。

[1] 王精松:《縣改簋銘文考釋》,北京大學震旦古代文明研究中心編:《古代文明研究通訊》總第72期,第80-83頁,2017年。

[2] 參看閻步克:《品位與職位:秦漢魏晉南北朝官階制度研究》,北京:中華書局,2009年,第134-139頁。

商周金文中"庚"字形體上的時代標記*

陳英傑**

青銅器分期斷代的方法和手段有多種,比如考古學的、器形學的,以及利用科技手段對銅器進行年代測定和化學成分分析等。由於不少銅器上面有銘文,我們可以藉助銘文所記録的年代和歷史事件以及語言、文字方面的特徵,對銅器的年代進行推定。這些方法是互相輔助、互相補足的,銅器年代的準確判定,要綜合利用各種手段和方法。利用文字形體和書寫特點以推斷銅器的相對年代,被證明是可行的。[1] 但這種研究也面臨着諸多困難。[2] 我們曾撰文指出,研究西周金文文字構形、書寫特點時,還應當注意地域和族屬的不同,[3] 也曾試點性地考察過商周金文中的一些字。[4]

無論是對於斷代綫索的探求,還是對於文字學理論的建構,個體漢字形體流變的研究都是一個重要基礎。本文寫作意圖有三: 一、通過個體漢字形體演變的梳理,探求漢字形體分型的方法;二、字形分型過程中,探求漢字形體上所反映出的時代特徵,爲銅器分期斷代提供文字學上的依據;三、觀察個體漢字是如何發展演變的,在歷時的發展過程中,哪些因素在影響着文字形體的變化。文字系統的演變會有一些總的趨勢和規律,研究者對此已有很多論

---

* 本文爲國家社科基金青年項目"兩周金文作器用途銘辭綜合整理與研究"(12CYY034)的階段性成果。

** 首都師範大學文學院、出土文獻與中國古代文明研究協同創新中心教授。

[1] 相關研究可參: 張振林:《試論銅器銘文形式上的時代標記》,《古文字研究》第5輯,北京: 中華書局,1981年;張懋鎔:《金文字形書體與二十世紀的西周銅器斷代研究》,《古文字研究》第26輯,北京: 中華書局,2006年;劉華夏:《金文字體與銅器斷代》,《考古學報》2010年第1期;劉志基:《西周金文"貝"之字體再研究——兼論斷代分期視角的青銅器銘文字體研究的"字體"界定問題》,《中國文字研究》第24輯,上海: 上海書店出版社,2016年;王帥:《從"寶"、"隮"二字看西周金文字體的時空特徵》,鄒芙都主編:《商周青銅器與先秦史研究論叢》,北京: 科學出版社,2017年,等等。

[2] 嚴志斌在編纂《商金文編》時,曾對商代青銅器銘文的字體進行了全面的梳理排隊,試圖利用銘文字體的年代變化特徵,將所有商代青銅器銘文都納入一分期體系,但除少數文字字形有年代性的軌迹可尋之外,大部分無法進行更細緻的年代區分。參《商金文編》"後記",北京: 中國社會科學出版社,2016年。

[3] 陳英傑:《西周金文形態特徵及其相關問題》,《中國書法》2016年第10期;《西周金文形態特徵研究三論》,《商周青銅器與先秦史研究論叢》,北京: 科學出版社,2017年;《商周文字形義系統對比研究淺探》,《華學》第12輯,廣州: 中山大學出版社,2017年。

[4] 如陳英傑:《商周金文異體字研究: 以"旅"字爲例》,"出土文獻與先秦經史國際學術研討會"論文,2015年10月16–17日,香港·香港大學;《談金文中一種長期被誤釋的象形"甗"字——兼論"鬲"、"甗"的形體結構》,《簡帛》第7輯,上海: 上海古籍出版社,2012年。

述。由於每一個漢字個體在結體上存在着客觀的差異,因此每一個漢字個體發展演變的途徑和演變需求是有個體特徵的。這種個體特徵,由於會呈現出歷時的階段性差異,因此便有了輔助青銅器斷代的價值。而科學的文字學理論的建構,無疑是建立在每一個漢字個體特徵歸納的基礎之上的。同時,文字演變過程又是十分複雜的,有繁化、簡化、訛變、類化、同化、異化、音化、分化、復古、存古、規整化、草率化等種種現象,研究者要在複雜的變化當中,提取字形演變的主要的、核心的特徵。

本文試着對商周金文中的“庚”字及相關文字資料進行梳理,對文字形體作分型的探索。一個字各異體字形的數量分布不同,分型的方法和分出的型式種類也就不同。有一定使用頻率的字形可以分型,而對於使用頻率極低、字形特徵缺乏斷代學意義或文字學價值者,則附入所從演變的類型下面。本文的分型也試圖反映文字形體演變上的譜系關係。

一

商周金文中,“庚”字主要用於日名和干支,少量用爲氏名和人名,其他用法則罕見。作日名多見於商、西周早期金文,用於干支多見於西周中、晚期以及東周金文。

金文中一般用法(日名、干支)的“庚”字已經離開其初形有一定的距離,其原始構形保留在用爲族名的“庸”中。族名“庸”和“庸册”較爲多見。“庸”字較爲原始的、具有代表性的寫法作(婦聿卣蓋銘,《集成》5099 商代晚期),寫法穩定,變異不大;次常見寫法作(庸册父癸鼎,《集成》1897 商代晚期),該類寫法有較多異寫。表二的 A 型“庚”,字形上與族名之“庸”有明顯聯繫。最能體現這種聯繫的如子父庚卣(《集成》4969 商代晚期)“庚”字作(蓋)、(器)。[1] 族名文字具有保守性和抗演變性,但也不是鐵板一塊,出現了個别與一般的“庚”字一樣的演變形態(頂部),如(庸四筒器,《銘續》1378 商代晚期)、(庸册父庚角,《近出》902 商代晚期);有一些則與一般的“庚”字演變路徑不同,如(庸册鼎,《集成》1355 商代晚期),(庸父辛簋,《集成》3208 西周早期),頂部作一横。族名文字多用肥筆和塊狀圖形,字形中間的“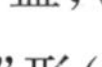”形(少數填實作,也有的鈎廓),在族名文字中是最穩定的,也最具象化,而在一般的“庚”字中,這一部分的變異是最大的。由於中間這一部分的穩定,族名文字的變異方式跟一般的“庚”字就有了差别,有自身的演變序列。商金中的日名之“庚”(表二 A 型),還有一些保留這種具象寫法的例子,具有明顯的時代特徵。族名之“庸”與日名和干支之“庚”同時出現時,字形差異明顯。

表一所反映的字形譜系關係,如下圖:

[1] 此爲修復後的字形。

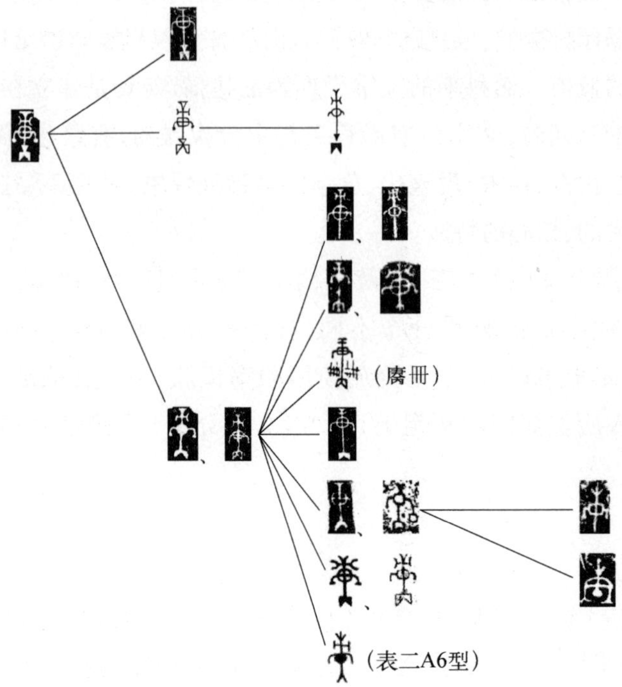

由表二 A6 型(父庚觚,《集成》6816 商代晚期)看,族名"𢊁"可以用爲日名之"庚",但一般情况下,二者使用習慣不同。

大多數字都有常規的寫法和演變趨勢,但書手也會構造個别非常規字形,[1] 如𢊁册宁父丁觶(《集成》6445 西周早期,銘作)的(一般釋爲"庚"或"𢊁")和家戈父庚卣(《集成》5082 商代晚期)的、。

二

我們把商、西周金文中的日名和干支之"庚"分爲九個類型:

A 型(17 例),圖繪化,如(子父庚卣,《集成》4969),(父庚爵,《集成》7948 商代晚期)。該型基本見於商金,有個别可能晚到西周早期。

B 型(97 例),該類確立的依據是字形下部的對稱形態,其書寫順序可能是:→→→。[2] 該型内部的分式依據字形上部的形態變化。

B1 型(10 例),代表字形如、(陸册父庚卣,《集成》5081 商代晚期),(子刀父庚

[1] 參劉志基:《西周金文"貝"之字體再研究——兼論斷代分期視角的青銅器銘文字體研究的"字體"界定問題》,《中國文字研究》第 24 輯,上海:上海書店出版社,2016 年。

[2] 這種擬構主要是爲了字形分型分式的方便理解。

卣,《集成》5080 商代晚期或西周早期)。該式字形的主要特徵是頂部作寫實(或鈎廓)的倒三角形,中間作橫“工”字形或月牙鏟形。

B2 型(7 例),代表字形如(子刀父庚卣,《集成》5080),(冀父庚壺,《集成》4967 商代晚期)。該式跟 B1 型相比,在於字形中間部分的變化,作開口向上的弧形筆畫,或呈“凵”形、“丫”形。(亞登兄日庚觚,《集成》7271 商代晚期)寫法僅此一見,歸入 B2 型變體。子刀父庚卣器、蓋分别使用了 B1、B2 兩種寫法,這説明 B1、B2 行用於同時代。

B3 型(7 例),代表字形如(商卣,《集成》5404 西周早期)。該式跟 B1 型相比,在於字形上部呈“丫”杈形。

B4 型(13 例),代表字形如(麐册父庚乍吾鼎,《新收》1564 商代晚期)。該式跟 B3 型相比,在於字形中間部分寫作一橫畫。該式寫法下延進入了西周中期,但跟早期風格不同,時代早的綫條多雄壯剛勁,西周早期後段開始偏柔婉。商卣蓋、器分别使用了 B3 和 B4 兩種寫法,這説明 B3、B4 行用於同時代。

B5 型(3 例),代表字形如,竪筆向上出頭。

B6 型(5 例),代表字形如,竪筆向上出頭,中間寫作一横畫。戩父庚卣(《集成》4970 西周早期)蓋、器分别使用了 B1 和 B6 二型寫法,這説明 B1、B6 行用於同時代。可看作該式的變體,則已屬訛體,下部从収。

B5 和 B6 的情形類同於 B3 和 B4。

B7 型(52 例),代表字形如(大祖日己戈,《集成》11401 商代晚期),(史獸鼎,《集成》2778 西周早期)。該式的特徵是字形上部爲 B2 中間筆畫和 B3 頂部寫法的結合,是商、西周比較通行的一類寫法。

C 型(80 例),代表字形如(寢魚簋,《銘圖》4253 商代晚期),(曶尊,《集成》5931 西周早期),(師虎簋,《集成》4316 西周中期),(兮甲盤,《集成》10174 西周晚期)。變體作(父庚爵,《集成》9056 商代晚期),[1](魚父庚罍,《集成》9791 西周早期),(豚卣,《集成》5365 西周中期),都只有個别用例。該式下部也是對稱的,但跟 B 型運筆順序有異: 口→冂→用。從演變源流看,這種寫法與庚字的原始寫法最接近,只是不像原始寫法那樣,“田”形兩邊筆畫先伸出再折而下延,而是内收外伸筆畫,沿“田”形兩邊垂下,而導致與 B7 型非常相似。但大多數字形的運筆情况還是比較容易看出來的。該式是西周中、晚期的常見寫法。

D 型(39 例),代表字形如(殼甗,《集成》882 西周早期),(習簋,《銘續》437 西周中

[1] 這種冂作尖頂的寫法另參 H3。

期),(鄭虢仲簋,《集成》4024 西周晚期)。該式的特徵就是下部打破 B、C 型的對稱構形,這種改造是爲了書寫的便捷,其運筆順序可能是:。這類寫法基本見於西周中、晚期,具有較明顯的時代特點。

E 型,該型下部結體跟 B 型相同,差別在於內只有一横。根據上部特徵,又分爲四式:E1 型(5 例),如;E2 型(9 例),如;E3 型(3 例),如;E4 型(4 例),如,基本都見於商和西周早期。𢦏父庚爵(《集成》8585 西周早期),𢦏父庚爵(《集成》8586),𢦏父庚觚(《集成》9601)分别使用了 B1、B4 和 E2,這説明三者行用於同時代。父庚觶(《銘續》715 西周早期)蓋、器分别使用了 E2 和 B7 型寫法。

F 型(6 例),作、,見於商和西周早期。

G 型(6 例),作,見於商和西周早期。

H 型(10 例),H1 型、H2 型見於商金,H3 型見於商和西周早期。見於西周中期,可看作 H3 的變體。

I 型作,僅見於商金家戈父庚卣(《集成》5082)。

總結以上九種類型的時代分布如下表:

商	西周早期	西周中、晚期	備　注
A C 型附 2 H1、H2 I	C 型附 3		A 型個别可能晚到西周早期
B1、B2、B3、B4、B5、B6;B7(30 例)		B7(22 例)	B4、B5 個别晚至西周中期
C(21 例)		C(中期 41 例,晚期 13 例)	C 型附 1 計入西周中期
		D	D 個别早到西周早期
E			個别晚到西周中期
F			
G			
H3			

通過上文總結可以看出,商、西周早期文字系統比較複雜,異體繁多,而西周中晚期只有三種通行寫法,按其由多到少的使用頻率,分别爲:C(54 例,),D(39 例,),B7(22 例,)。B7 和 C 二型也是甲骨文中的主流寫法,而不見 D 型。"康"字所从的"庚"旁則多數寫作 C 型,與單字之"庚"的演變趨勢不同。而且,由於有另外筆畫的制約,"康"字個别會簡寫成(頌鼎,《集成》2828 西周晚期),(此簋,《集成》4309 西周晚期)。

表二所反映的字形譜系關係，如下面二圖：

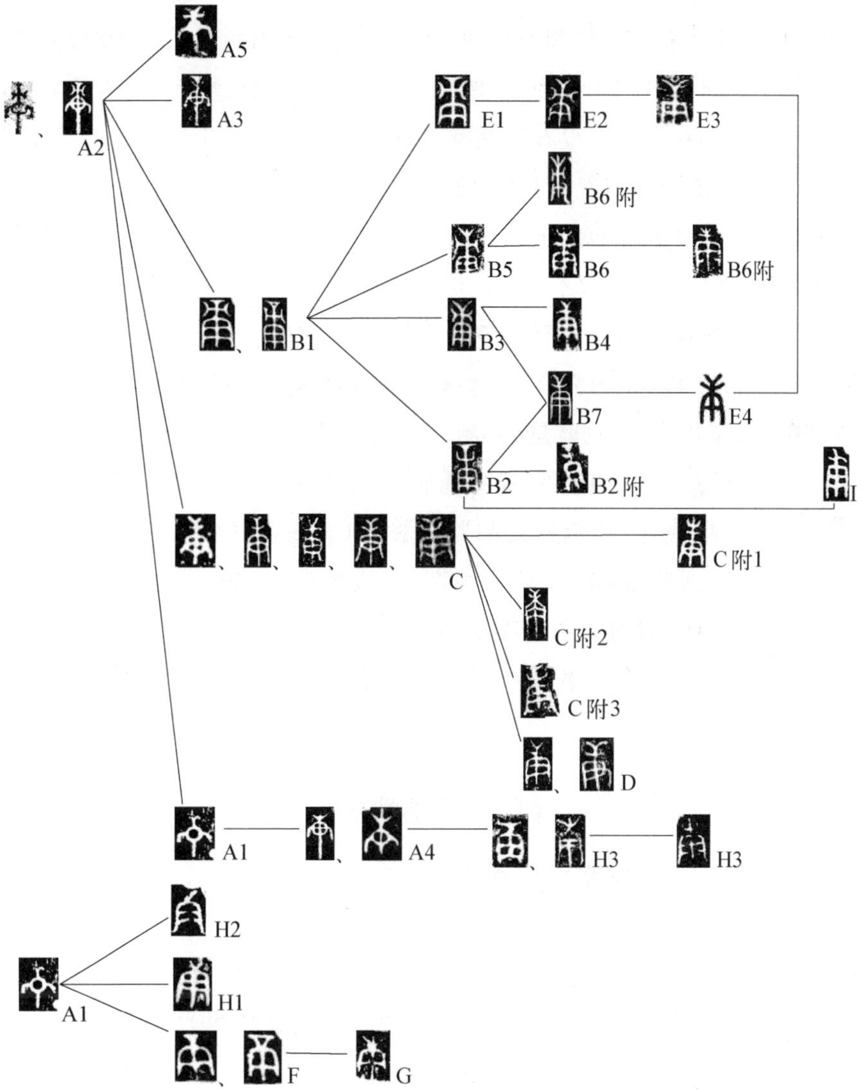

三

東周時期，仍然在極力維護"庚"字下部結體對稱的寫法，但以表二的 C 型多見（表三的 B 型）。也就是説，在西周中晚期代表着"庚"字一個主要演變方向的 D 型寫法，在東周金文中并没有被繼續傳承，反倒爲秦隸（，睡虎地秦簡）所繼承，并逐步演變爲現在楷書的"庚"。所以，表二中 B7、C 二型代表着正體寫法，D 則是俗體，結果是俗體決定了發展的最終方向。東周金文有繼承西周金文結體和書寫風格的，但就多數而言，書寫風格到了東周有一個明顯的轉變，缺少了商、西周金文結體上的嚴謹、凝重，而給人一種少拘束的流宕感。這個時期産生了一類竪筆加點的寫法,多見於南方的楚、曾、徐、吴等國,戰國楚簡繼承了這種寫法,如、等。至於寫作、,當是借“康”爲“庚”,且有訛寫的因素。

商末、西周早期是文字異體繁劇的時期,文字形體呈現出複雜的演變路徑,周人要在其中進行選擇。到了西周中期,文字系統才進入穩定使用期。就“庚”字而言,由於金文作爲當時的正體文字,西周時期,俗體還没有對文字系統造成整體性的影響,文字的形體結構没有什麽變異,綫條的運筆風格雖隨着書手的不同呈現出一定的差異,但基本上都遵循着約定俗成的規範。東周金文雖繼承了西周金文的通行寫法,但求變、求新、求異是這個時期的時代特徵,文字結體風格展現出與西周不一樣的形貌。

最後説一下保侃母簋(《集成》3743、3744 西周早期)中的“(宫)”(3744 作)。若把其釋爲“庚”,在數百例“庚”字中只有 H3 型有 2 例寫法與之相近,但差異也比較明顯,下部筆畫内斂,下部筆畫外侈,也就是説,無一例“庚”與之寫法完全相同,而且釋爲“庚”,“庚宫”辭例僅見。而金文中,“南”字有一種訛體與之寫法相近同,且有多例,如(吴王姬鼎,《集成》2600 西周晚期。“南宫史叔”),(無曩簋蓋,《集成》4228 西周晚期。“南夷”),(翏生盨蓋銘,《集成》4461 西周晚期。“南淮夷”),(兮甲盤,《集成》10174 西周晚期。“南淮夷”),(射南簠蓋,《集成》4479 西周晚期)。保侃母簋中應釋爲“南宫”,字形、文例都很順適。庚姬鬲(《集成》637－640 西周中期)的所謂“庚”作、,也應該是“南”字。

【引書簡稱情况】

1. 中國社會科學院考古研究所:《殷周金文集成》(全 18 册),北京:中華書局,1984－1994 年。簡稱《集成》。

2. 劉雨、盧岩:《近出殷周金文集録》,北京:中華書局,2004 年。簡稱《近出》。

3. 鍾柏生、陳昭容、黄銘崇、袁國華:《新收殷周青銅器銘文暨器影彙編》,臺北:藝文印書館,2006 年。簡稱《新收》。

4. 吴鎮烽:《商周青銅器銘文暨圖像集成》,上海:上海古籍出版社,2012 年。簡稱《銘圖》。

5. 吴鎮烽:《商周青銅器銘文暨圖像集成續編》,上海:上海古籍出版社,2016 年。簡稱《銘續》。

【附　表】

表一　用於族名的“庸”及“庚”[1]

字　形	器　物	出　處	時　代	備　　注
一、庸族[2]				
A 型(13 例)				
蓋、器	婦聿卣	集成 5099	商	
	庸爵	集成 7670	商	
	庸瓿	集成 9947	商	
	庸尊	新收 1584	商	
	庸兄癸爵	集成 8742	商或西周早期	
	庸鼎	集成 987	商	
()	庸觚	銘圖 9089	商	鈎廓
蓋、器	庸壺	銘圖 11961	西周早期	銘：庸，作母己彝
	庸父己甗	集成 816	西周早期	陝西扶風縣法門鎮楊家堡(F七四 711)
	庸父辛尊	集成 5660	西周早期	銘在圈足内，上部筆畫不顯
A 型附				
	庸父辛簋	集成 3208	西周早期	乃上述寫法的簡體
B 型(11 例)				
B1 型				
蓋、器	庿卣	集成 5353	商	
	庸卣	銘圖 12555	商	北京漢唐閣藏
	庸觚	新收 1576	商	
	庸爵	新收 1569	商	

[1] 銘可疑或泐甚者不録。

[2] 庸父戊簋(《集成》3190 西周早前)，出自遼寧喀左縣平房子鎮山灣子村窖藏，銘泐，從殘畫看，似可歸入 A 型。

續表

字 形	器 物	出 處	時 代	備 注
B2 型				
	㢑鼎	集成 988	商	宋人摹本
	㢑父乙爵	集成 8412	商	銘在鋬内,上部筆畫不顯
B3 型				
	㢑四筒器	銘續 1378	商	王文昶《青銅器辨僞三百例》344 頁圖 257
B4 型				
	㢑父乙壺	集成 4935	西周早期	甘肅靈臺縣白草坡西周墓葬(M1)
B5 型				
	㢑父戊爵	集成 8525	西周早期	銘在柱上。兩側筆畫不顯
B6 型				
()	年庚父己觶	集成 6498	西周早期	
C 型(2 例)				
	㢑父丁鼎	近出 205	商	或釋"父庚"二字
	㢑觚	集成 6721	商	
二、庚玃族(6 例)				
()	庚玃父乙爵	集成 8865	商	1982 年河南安陽市小屯西地墓葬(M1)
()	庚玃父乙觶	集成 6381	商	與上同出
()	庚玃父丁鼎	集成 1855	商	與上同出
()	庚玃觶	集成 6183	商	與上同出
()	庚玃馬父乙簋	集成 3418	商	與上同出
(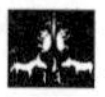)	庚玃馬父乙觚	集成 7263	商	與上同出
三、㢑册族(29 例)				
A 型(24 例)				
	㢑册爵	集成 8256	商	銘在鋬内。河北正定縣新城鋪鎮出土

續表

字形	器物	出處	時代	備注
	𪓐册觚	集成 6994	商	出土同上
	𪓐册觚	銘圖 9426	商	與《集成》6994 可能是一器
	𪓐册斝	集成 9198	商	《銘續》741 與此爲一器
	𪓐册觶	新收 1859	商	
	𪓐册爵	集成 8255	商	銘泐
	𪓐册父丁鼎	近出 264	商	
	𪓐册父丁爵	銘圖 8320	商	與《集成》8883 𪓐册父丙爵一器,《銘圖》失察。釋“丙”可從
	宰椃角	集成 9105	商	“庚申”字作
	幾庚册觚	集成 7177	商	
	婦觶	集成 6428	商	
	𪓐册父庚疋觚	集成 7266	商	“父庚”字作
	𪓐册父庚疋壺	集成 9549	商或西周早期	“父庚”字作
	𪓐册父庚疋吾鼎	新收 1564	商	“父庚”字
	姨鼎	集成 2578	商	“父庚”字。陜西扶風縣法門鎮任家村
	𪓐册父丁爵	集成 8907	商	銘在鋬内,上部筆畫不顯
	𪓐册父乙觶	集成 6380	商	
()	𪓐册父乙爵	銘續 659	西周早期	臺北震榮堂收藏
	敄𥨝戠簋	集成 3746	西周早期	
	叡壺	集成 9577	西周早期	
	𩰫觶	近出 675	西周早期	寶鷄市渭濱區竹園溝西周墓葬(M7)

續表

字 形	器 物	出 處	時 代	備 注
()	廙册父乙盉	銘圖 14687	西周早期	私藏
	豐盉	銘續 970	西周早期	銘文呆板
A 型附				
	廙册觚	近出 738	商	
B 型(5 例)				
B1 型				
	廙册父癸鼎	集成 1897	商	
	廙册父乙觚	集成 7277	商	
B2 型				
	廙册父庚角	近出 902	商	“父庚”字作。私藏
B3 型				
	廙册父乙爵	集成 8875	商	河南安陽出土。銘在鋬内,下部筆畫不顯。姑附 B 型
B4 型				
	廙册鼎	集成 1355	商	摹本
C 型(1 例)				
()	廙册宁父丁觶	集成 6445	西周早期	
四、其他(前三例可能是族氏名)				
	庚壴父癸爵	集成 8972	商	銘在鋬内,上部筆畫不顯
	庚爵	集成 7669	商或西周早期	銘一字
	庚觚	集成 6722	商	銘一字
	襄庚爵	集成 9047	西周早期	人名。銘泐

表二　商、西周金文中的“庚”(主要作日名和干支)

字　形	器　物	出　處	時　代	備　　注
A 型(17 例)				
A1 型(5 例)				
	庚子爵	集成 8049	商或西周早期	日名
	户庚爵	集成 8048	商或西周早期	日名
	户庚觚	集成 6838	商	日名
	父庚觶	集成 6294	商	
()	子父庚觚	集成 7138	商	
A2 型(5 例)				
()	子父庚卣	集成 4969	商	蓋銘,稍泐。器作
()	戈庚斝	集成 9187	商	日名
	葡父庚鼎	集成 1625	商	
()	父庚斝	集成 9169	商	
	夆父庚鼎	集成 1626	商或西周早期	
A3 型(1 例)				
	子父庚卣	集成 4969	商	器銘。蓋作
A4 型(4 例)				
	父庚鼎	集成 1628	商	
	父庚爵	集成 7948	商	
	郢鬲	集成 741	商	庚寅
	息庚爵	近出 823	商	日名。河南羅山縣蟒張鄉後李村商代墓

續表

字 形	器 物	出 處	時 代	備 注
A5 型(1 例)				
	萬庚爵	集成 8050	商	日名
A6 型(1 例)				
	父庚觚	集成 6816	商	宋人摹本
B 型(97 例)				
B1 型(10 例)				
	𥂴祖庚父辛鼎	集成 1996	商	
蓋、器	陸册父庚卣	集成 5081	商	
	山祖庚觚	集成 7081	商	
器	子刀父庚卣	集成 5080	商或西周早期	蓋作
	䣄鼎	集成 2037	西周早期	父庚。山東滕縣洪緒鎮金莊西周墓出土
[1]	剌鼎	集成 2436	西周早期	父庚
	𣪘父庚卣	集成 4970	西周早期	蓋銘。器銘作
	㦰父庚爵	集成 8585	商或西周早期	《集成》8586 同銘作,9601 作
	㦰父庚觶	集成 6293	商或西周早期	
B2 型(7 例)				
	𢍰父庚壺	集成 4967	商	
蓋	子刀父庚卣	集成 5080	商或西周早期	器作

[1] 1984－1989 年山西曲沃縣曲村西周墓葬(M6105)所出子鼎(《新收》930 西周早期)"父庚"字蝕泐,從殘筆看,也是這類寫法。

續表

字 形	器 物	出 處	時 代	備 注
	旅鼎	集成 2728	西周早期後段	庚申。族徽。山東黃縣萊陰出土
蓋、器	父庚卣	近出 572	西周早期	西安市長安區馬王鎮
	卣	集成 5213	西周早期	父庚。遼寧淩源縣海島子營村銅器窖藏
B2 型附				
	亞登兄日庚觚	集成 7271	商	
B3 型(7 例)				
	八冊父庚觚	近出 752	商	
	陵鼎	近出 292	西周早期	父庚。1991－1992 年山西曲沃縣曲村鎮北趙村晉侯墓地
	子㑌簋	集成 10575	西周早期	父庚
	父庚觶	集成 6123	西周早期	
	㠱壺	銘圖 12214	西周早期	婦日庚。私藏
	史祖庚卣蓋	集成 4895	西周早期	
	商卣(蓋銘)	集成 5404	西周早期前段	庚姬。㠱族。1976 年陝西扶風縣莊白村 1 號銅器窖藏
B4 型(13 例)				
	𢉩册父庚疋吾鼎	新收 1564	商	册族
	𢦏父庚爵	集成 8586	商或西周早期	《集成》8585 同銘作
	商卣(器銘)	集成 5404	西周早期前段	庚姬。㠱族。1976 年陝西扶風縣莊白村 1 號銅器窖藏
	商尊	集成 5997	西周早期前段	庚姬。出土同上

續表

字形	器物	出處	時代	備注
	乃子卣	集成 5306	西周早期	父庚
	虎父庚鼎	集成 1629	西周早期	
	執徙爵	集成 9058	西周早期	父庚。徐宗幹於嘉慶二十五年(1820 年)購於任城(今山東濟寧市)
	堇鼎	集成 2703	西周早期前段	庚申。北京房山縣琉璃河鎮黄土坡 M253
	冉祖庚爵	集成 8342	西周早期	
	静鼎	近出 357	西周早期後段	庚申
()	𢾊甗	銘圖 3363	西周早期後段	庚申。山西曲沃縣曲村鎮北趙村晉侯墓地(M114)
	具鼎	集成 2128	西周中期前段	父庚
	戜簋	集成 3865	西周中期	祖庚。族
B5 型(3 例)				
	祖庚爵	集成 7861	商或西周早期	
	仲甗	銘續 268	西周早期	祖庚。臺北震榮堂藏
	簋	近出 432	西周中期前段	祖庚。河南洛陽北窰村龐家溝西周墓地
B6 型(3 例)				
	戠父庚卣	集成 4970	西周早期	器銘。蓋銘作
	戠父庚鼎	集成 1630	西周早期	
	中觶(蓋銘)	集成 6514	西周早期	用爲“唐”。器銘作。宋代湖北安州出土
B6 型附(2 例)				
	旬父庚觥	集成 9277	西周早期	傳 1928 年河南出土

續表

字形	器物	出處	時代	備注
	羊父庚鼎	集成 1627	商或西周早期	
B7 型(52 例)				
	父庚卣(蓋銘)	銘圖 13141	商	私藏。器銘有族名和"父丁"
	庚斧	集成 11759	商	銎部鑄銘 1 字。附此
	嫝鼎	集成 2578	商	父庚。冊族。陝西扶風縣法門鎮任家村
	簋	銘圖 4580	商	妣庚。安陽殷墟鐵西路商代墓葬(M4)
	黿父庚角	集成 8589	商	
	腐冊父庚角	近出 902	商	冊族。私藏
	腐冊父庚疋觚	集成 7266	商	冊族
	大祖日己戈	集成 11401	商	祖日庚。器出易州,或云保定
蓋、器	犅伯誸卣	新收 1588	商	庚寅
	保父庚簋	銘圖 3986	商	河南安陽市文峰區郭家莊市水利局院内商代墓葬(M67)
	作父庚觶	集成 6295	西周早期	分期據《集成》。《通鑒》:西周中期
器	父庚觶	銘續 715	西周早期	蓋作。蓋、器文字兩種風格。現藏香港御雅居
	庚姬簋	集成 10576	西周早期	人名。巽族
	保侒母簋	集成 10580	西周早期	庚姜,人名
	庚嬴鼎	集成 2748	西周早前	人名。清代摹本
()	㬎盉	銘圖 14735	西周早期	祖庚。私藏。"㬎"字與他字風格、時代不合,疑後刻或僞刻

續表

字　形	器　物	出　處	時　代	備　　注
	史父庚鼎	集成 1624	西周早期	
	史獸鼎	集成 2778	西周早期	父庚
	衛簋	集成 3612	西周早期	父庚
	父庚觶	集成 6124	西周早期	
	作祖庚尊	集成 5605	西周早期	
	作祖庚尊	集成 5606	西周早期	
	祖庚爵	銘續 605	西周早期	二字。河南汝陽縣
蓋、器	弓父庚壺	集成 4968	西周早期後段	分期據《通鑒》
	中方鼎	集成 2785	西周早期	庚寅。《金石録》:"重和戊戌(1118 年)安州孝感縣民耕地得之。"
	高卣蓋	集成 5431	西周早期	庚申。宋代著録。有族徽
	獻簋	集成 4205	西周早期	庚寅。《夢郼》云:"近出保安。"(今河北省涿鹿縣)
	史妣庚觶	新收 834	西周早期	陝西寶鷄市渭濱區石壩河鄉西周墓(M1)
	聞尊	銘圖 11810	西周中期前段	庚午。摹本
、	㦰方鼎	集成 2824	西周中期前段	文母日庚。陝西扶風縣法門鎮莊白村西周墓葬
蓋、器	㦰簋	集成 4322	西周中期前段	同上
	冉父庚鼎	銘續 52	西周中期前段	河南平頂山市滍陽鎮應國墓地
	柞伯鼎	近出 486	西周中期前段	庚申。出土同上
	晉侯對鼎	近出 350	西周晚期	庚寅。山西曲沃縣北趙村晉侯墓地

續表

字　形	器　物	出　處	時　代	備　　注
蓋、器	晉侯對盨	近出 503	西周晚期	庚寅。出土同上
蓋、器	晉侯對盨	近出 504	西周晚期	庚寅。出土同上
	晉侯對盨	近出 505	西周晚期	器銘作。出土同上
蓋、器	晉侯對盨	近出 506	西周晚期	庚寅
	伯義父盨	銘續 471	西周晚期	庚午。私藏
	戴叔朕鼎	集成 2690	西周晚期	庚申。《集成》：春秋早期。2691 作、2692 作，三器三種風格
	伯吕父盨	新收 1459	西周晚期	庚戌
、、	克鐘	集成 204、206、208	西周晚期	庚寅。岐山縣法門寺任村。"康"作
	逆鐘	集成 60	西周晚期	庚申。陝西永壽縣店頭鎮好畤河村
C 型(80 例)				
蓋、器	子作婦媰卣	集成 5375	商	母庚
	朋五夆父庚罍	集成 9808	商	遼寧喀左縣坤都營子鄉小波汰溝
	宰椃角	集成 9105	商	庚申。册族
	隻婦父庚卣蓋	集成 5083	商	
	𠭯父庚爵	集成 8587	商	清代著録
	寢魚簋	銘圖 4253	商	父庚
	祖庚爵	集成 7860	商	河南臨汝縣楊樓公社李樓村
	剌鼎	集成 2127	商或西周早期	父庚。《通鑒》：西周中期前段

續表

字形	器物	出處	時代	備注
	榮仲鼎	新收 1567	西周早期後段	庚寅。史族。《通鑒》2413 著録一件同銘鼎,私藏,傳山東出土
	能爵	集成 9059	西周早期	父庚
	作父庚尊	集成 5832	西周早期	上部筆畫泐
	曶尊	集成 5931	通鑒: 西周早期後段/集成: 西周中期	文考日庚。陝西扶風縣法門鎮雲塘村西周墓(M13)
	彈叔尊	集成 5958	西周早期	父庚。彈是族氏名,叔是私名
	彈叔方彝(蓋銘)	集成 9889	西周早期	父庚。與《集成》5958 尊同銘
	彈叔方彝(器銘)	集成 9889	西周早期	父庚。與《集成》5958 尊同銘
	䰙鬑鼎	集成 2729	西周早期後段	庚寅
	魚父庚尊	集成 5801	西周早期	
	魚父庚尊	集成 5833	西周早期	
	獸尊	集成 5902	西周早期	父庚。弓族
	簋	集成 3516	西周早期	父庚
	衛簋甲	銘圖 5368	西周中期前段	庚寅。"康"作
蓋、器	衛簋乙	銘圖 5369	西周中期前段	庚寅。"康"作
	衛簋丙	銘續 462	西周中期前段	庚寅。"康"作
	祖日庚簋	集成 3991	西周中期前段	族
	祖日庚簋	集成 3992	西周中期前段	族

續表

字　形	器　物	出　處	時　代	備　　注
	伯姜鼎	集成 2791	西周中期前段	庚申。"卲伯日庚"字作。陝西西安市長安區花園村 17 號西周墓
	五祀衛鼎	集成 2832	西周中期前段	庚戌。陝西岐山縣京當鄉董家村 1 號西周銅器窖藏
	九年衛鼎	集成 2831	西周中期前段	庚辰。出土同上
	录伯㦰簋蓋	集成 4302	西周中期	庚寅
	師虎簋	集成 4316	西周中期後段	剌考日庚
	伯姜鼎	集成 2791	西周中期前段	卲伯日庚。"庚申"字作。陝西西安市長安區花園村 17 號西周墓
	夔簋	集成 4046	西周中期	庚午
、、	晉侯斷簋	新收 865、866、867	西周中期	庚午。山西曲沃縣北趙村晉侯墓地
、、、	賢簋	集成 4104、4105、銘圖 5069、5071	西周中期	庚午。河南出土
	親簋	銘圖 5362	西周中期前段	庚寅
	即簋	集成 4250	西周中期後段	庚申。陝西扶風縣法門鎮强家村西周銅器窖藏
蓋、器	諫簋	集成 4285	西周中期	庚寅。傳陝西扶風出土,一說武功縣出土。《集成》:西周晚期
、	揚簋	集成 4294、4295	西周中期	庚寅。《集成》:西周晚期
	就覭甗	新收 701	西周中期前段	文考日庚。西安市長安區馬王鎮張家坡西周墓(M253)
	師趛鬲	集成 745	西周中期	庚寅。《集成》2713 鼎同銘,或疑僞,庚作

續表

字形	器物	出處	時代	備注
蓋 器	庚贏卣	集成 5426	西周中期前段	字形結體,兩種風格
蓋、器	周乎卣	集成 5406	西周中期前段	文考庚仲
	走簋	集成 4244	西周中期	庚寅。《集成》:西周晚期
	師訽簋	集成 4342	西周中期後段	庚寅
	曾仲大父蛕簋	集成 4204、4203	西周晚期	庚申。湖北隨縣均川鎮熊家老灣
	寰鼎	集成 2819	西周晚期	庚寅。"康"作
	㝨簋	集成 4202	西周晚期	庚午。《集成》:西周早期
	兮甲盤	集成 10174	西周晚期	庚寅
	幾父壺	集成 9721	西周晚期	庚午。陝西扶風縣法門鎮齊家村西周銅器窖藏。9722 作
	善夫山鼎	集成 2825	西周晚期	庚戌。陝西永壽縣店頭鎮好畤河村
蓋、器	善夫克盨	集成 4465	西周晚期	庚寅。陝西扶風縣法門鎮任村窖藏。"康"作、
	寰盤	集成 10172	西周晚期	庚寅。"康"作
	伯鮮甗	集成 940	西周晚期	庚午。1933 年陝西扶風縣法門鎮上康村西周銅器窖藏
	齊叔姬盤	集成 10142	西周晚期	孟庚,作器對象
	晉侯對鋪	新收 857	西周晚期	庚寅。山西曲沃縣北趙村晉侯墓地
C 型附 1				
	豚卣	集成 5365	西周中期前段	父庚

續表

字　形	器　物	出　處	時　代	備　　注
	瘨鼎	集成 2742	西周中期後段	庚午。宋代著録
C 型附 2				
	父庚爵	集成 9056、9057	商	河南安陽市殷都區大司空村商代墓葬
	父庚觚	集成 7281、7282	商	出土同上
C 型附 3				
	魚父庚罍	集成 9791	西周早期	遼寧省喀左縣山嘴子鎮海島營子村馬廠溝小轉山子
D 型(39 例)				
	殺簋	集成 3517	西周早期	父庚
	殺甗	集成 882	西周早期	父庚
器、蓋	作册魖卣	集成 5432	西周早期	庚午。洛陽附近出土
	師奎父鼎	集成 2813	西周中期	庚寅。關中出土
	晙尊	銘續 783	西周中期前段	文考日庚。私藏
	虎簋蓋甲	新收 633	西周中期	文考日庚。陝西丹鳳縣西河鄉山溝村
	虎簋蓋乙	新收 1874	西周中期	文考日庚。與上同銘,但文字、行款較草率
	静簋	集成 4273	西周中期前段	庚寅
	季姬方尊	新收 364	西周中期前段	庚辰。傳 1946 年冬河南洛陽市老城出土
蓋、器	王臣簋	集成 4268	西周中期後段	庚寅。陝西澄城縣城關鎮南串業村西周墓
	戚簋	銘續 450	西周中期後段	庚寅
	[illegible]簋	銘續 437	西周中期後段	庚午

續表

字形	器物	出處	時代	備注
	欒伯盤	集成 10167	西周中期後段	庚申。湖北浠水縣竹瓦鎮朱店村
	晉侯斷壺	新收 868、869	西周中期	庚午。山西曲沃縣北趙村晉侯墓地
	晉侯喜父皿	近出 1060	西周中期	庚寅。山西曲沃縣北趙村晉侯墓地
	晉侯喜父盤	近出 1006	西周中期	庚寅。山西曲沃縣北趙村晉侯墓地
	弭叔盨蓋	集成 4430	西周晚期	庚寅
	伯𢑚父簋	銘圖 5276、5277	西周晚期	庚午。5276 爲反書
	𣪕伯盤	集成 10149	西周晚期	庚午
	伯鮮鼎	集成 2663、2664、2665、2666	西周晚期	庚午。1933 年陝西扶風縣法門鎮上康村西周銅器窖藏。《集成》940 伯鮮甗作
蓋、器	鄭虢仲簋	集成 4024	西周晚期	庚戌
	鄭虢仲簋	集成 4026	西周晚期	庚戌
	鄭虢仲簋	集成 4025	西周晚期	器銘。該銘作
蓋、器	吴彩父簋	集成 3980	西周晚期	皇祖考庚孟
蓋、器	吴彩父簋	集成 3981	西周晚期	皇祖考庚孟
	吴彩父簋蓋	集成 3982	西周晚期	皇祖考庚孟
	宴簋(器銘)	集成 4118	西周晚期	庚寅。蓋銘作
	宴簋(蓋銘)	集成 4119	西周晚期	器銘泐
	晉侯蘇鐘	近出 45	西周晚期	庚寅。山西曲沃縣北趙村晉侯墓地

續表

字　形	器　物	出　處	時　代	備　　注
E 型(21 例)				
E1 型(5 例)				
	父庚方彝	集成 9867	商	
	巽父庚觚	集成 7137	商	
	萬父庚鼎	銘續 51	商	私藏
	旃祖辛父庚方彝	銘圖 13522	商	
	黿母庚爵	集成 8740	西周早期	
E2 型(9 例)				
	戏父庚觚	銘圖 9601	商或西周早期	
蓋	父庚觶	銘續 715	西周早期	器作。蓋、器文字兩種風格。現藏香港御雅居
	黿父庚爵	集成 8588	西周早期	
	弓衛父庚爵	集成 8939	西周早期	
	父庚觚	集成 7139	西周早期	
	戠父庚尊	集成 5653	西周早期	
	祖庚爵	集成 8341	商或西周早期	銘在鋬内,下部筆畫不顯
	父庚爵	集成 8591	商或西周早期	銘在鋬内,下部筆畫不顯
	父庚爵	銘圖 7224	商	銘在鋬内,下部筆畫不顯
E3 型(3 例)				
	庚爵	集成 8047	商或西周早期	

續表

字 形	器 物	出 處	時 代	備 注
	庚爵	銘圖 7530	商或西周早期	
	父庚爵	銘圖 7617	西周早期	銘“父庚”二字,在鋬内,下部筆畫受限。陝西扶風縣法門鎮齊家村村東西周墓(91FQM5)
E4 型(4 例)				
()	鬟父庚觚	銘圖 9603	商	
	寢蔑鼎	集成 2710	商	庚午。宋代著録。《三代》4.11 拓本作
	豐鼎	集成 2625	商	銘云:“王賞宗庚豊貝二朋。”下部筆畫泐
	㝬姬簋	集成 3978	西周中期	父庚
F 型(6 例)				
	子父庚爵	集成 8584	商	
	戈母庚爵	銘圖 10347	商	
	羊庚爵	集成 8051	商	日名
	父庚祖辛鼎	集成 2363、2364	商或西周早期	
	父庚祖辛簋	集成 3683	商或西周早期	與上同銘
G 型(6 例)				
	叀庚父丁爵	集成 8915	商	山東鄒縣小西韋村。拓片“丁”字不顯。姑附入日名之庚
	祖庚爵	集成 7859	商	
	父庚爵	集成 7949	商或西周早期	
	乙父庚爵	集成 8590	商或西周早期	

續表

字　形	器　物	出　處	時　代	備　　注
	父庚爵	集成 7950	商或西周早期	
	作父庚甗	集成 881	西周早期	
H 型(10 例)				
H1 型(3 例)				
	子父庚觶	集成 6292	商	
	史父庚鼎	集成 1623	商	
	庚觥蓋	集成 9264	商	《近出》753 觚也有字,其“父”字或釋庚,姑附此
H2 型(2 例)				
	亞得父庚鼎	集成 1880	商	
	亞得父庚鼎	新收 271	商	傳出河南安陽
H3 型(5 例)				
	耳銜天父庚爵	集成 9074	商	銘在鋬内,上部筆畫不顯
	屰父庚鼎	近出 234	商	私藏。《銘圖》19774 祖庚柄形器(石質)出土於河南安陽市殷都區後崗村(M3),“庚”作
	曼□父庚爵	集成 8940	商或西周早期	銘草率
	冊父庚尊	集成 5744	商或西周早期	
	史殞爵	近出 912	西周中期前段	父庚。河南洛陽市北窰村龐家溝西周墓地(采 014)
I 型(2 例)				
蓋、器	家戈父庚卣	集成 5082	商	

表三　春秋戰國金文中的"庚"(主要作干支,少數用於人名及其他辭例)

字　形	器　物	出　處	時　代	備　　注
A 型(13 例)				
A1 型(6 例)				
	蔡公子壺	集成 9701	春秋早期	庚午
蓋、器	夆子選簠	銘圖 5890	春秋早期	庚午。私藏。《銘圖》5891 同銘
	叔朕簠	集成 4620、4621	春秋早期	庚午
	曾子原魯簠	集成 4573	春秋晚期	庚申。湖北隨縣涓陽公社鰱魚嘴
A2 型(2 例)				
	曾仲壼簋	銘圖 5029[1]	春秋中期	庚申。器銘。蓋銘作,上下筆畫均有蝕泐。私藏
	曾仲壼簋	銘圖 5030	春秋中期	庚申。器銘
A3 型(1 例)				
	曾仲壼簠	銘圖 5931	春秋中期	庚申
A4 型(1 例)				
	曾侯與鐘	銘續 1032	春秋晚期	庚午。摹本。湖北隨州文峰塔曾國墓地
A5 型(3 例)				
	楚子睷簠	集成 4575、4576、4577	戰國早期	庚申
B 型(49 例)				
B1 型(34 例)				
	華母鎁	集成 9638	春秋早期	庚午。筆畫方折
	曾伯霥簠	集成 4631、4632	春秋早期	庚午

[1]《銘圖》5031 曾仲壼簋寫法同。

續表

字　形	器　物	出　處	時　代	備　　注
	塞公孫䄅父匜	集成 10276	春秋早期	庚午。湖北枝江縣百里洲王家崗
	楚大師鄧辥慎鐘	銘圖 15511－15514、15516、15518	春秋早期	庚午
	楚大師鄧辥慎鎛	銘續 1045	春秋早期	庚午。摹本作,誤
	登鐸	銘續 1048	春秋早期	庚午。摹本。湖北襄陽市團山鎮余崗村沈崗西春秋墓
	邛仲之孫伯戔盆	集成 10341	春秋早期	庚午。《考古圖》:"得於河内太行石室中。"
	楚嬴盤	集成 10148	春秋早期	庚午
	楚嬴匜	集成 10273	春秋早期	庚午
	叔液鼎	集成 2669	春秋早期	庚申。宋代著録
	庚兒鼎	集成 2715、2716	春秋中期	庚兒,人名。山西侯馬市上馬村春秋墓
	黄韋俞父盤	集成 10146	春秋晚期	庚申
	蔡侯𪒠歌鐘	集成 210	春秋晚期	初吉孟庚。摹作。安徽壽縣春秋蔡侯墓
	蔡侯𪒠歌鐘	集成 211	春秋晚期	同上
	蔡侯𪒠歌鐘	集成 217	春秋晚期	同上
	蔡侯𪒠歌鐘	集成 218	春秋晚期	同上
	哀成叔鼎	集成 2782	春秋晚期	庚午。河南洛陽市玻璃廠 439 號西周墓
	沇兒鎛	集成 203	春秋晚期	徐王庚,人名。器出荆州
	敬事天王鐘	集成 75	春秋晚期前段	庚申。河南淅川縣倉房鎮下寺春秋墓

續表

字　形	器　物	出　處	時　代	備　　注
	敬事天王鐘	集成 78	春秋晚期前段	庚申。出土同上
	王子午鼎	集成 2811,近出 361、362	春秋晚期前段	令尹子庚。河南淅川縣下寺春秋墓
	垣上官鼎	集成 2242	戰國晚期	用爲"容"
B1 型附				
	徐醓尹征鉞	集成 425	春秋早前	日在庚。江西高安縣
蓋、器	徐釐尹朁鼎	集成 2766	戰國早期	吉日初庚。浙江紹興市鑒湖鎮坡塘村獅子山西麓 306 號墓
B2 型(15 例)				
	吴王光鐘	集成 223、224.1、224.45	春秋晚期	吉日初庚。銘泐,此用摹本。安徽壽縣西門内春秋蔡侯墓
	鍾離公鈦鼓座	集成 429	春秋晚期	庚午。安徽舒城縣孔集鎮九里墩村春秋墓
	公敐父鎛	銘圖 15815	春秋晚期	庚午。私藏
	公敐父鎛	銘圖 15818	春秋晚期	庚午。海外購回,藏上海博物館
	庚壺	集成 9733	春秋晚期	人名。摹本作
()	配兒句鑃	集成 427	春秋晚期	庚午。浙江紹興市越城區狗頭山南麓
B2 型附 1				
	庚都司馬鐓	集成 11909	戰國	用爲"唐"
B2 型附 2				
	昭王之即簋	銘續 515、516	春秋晚期	吉日唯庚。私藏
	昭王之即缶	銘續 909	春秋晚期	吉日唯庚。私藏
B2 型附 3				
蓋、器	昭王之即鼎	銘續 224	春秋晚期	吉日唯庚。私藏

續表

字　形	器　物	出　處	時　代	備　　注
C 型(12 例)				
	浮公之孫公父宅匜	集成 10278	春秋早期	庚午
	子季嬴青盆	集成 10339	春秋	庚午
	敬事天王鐘	集成 73、76、80	春秋晚期前段	庚申。河南淅川縣倉房鎮下寺春秋墓
	仲子平鐘	集成 173、174、180	春秋晚期	庚午。山東莒南縣大店鎮二號墓
	司馬楙鎛	銘圖 15767	戰國早期	庚午。山東滕州市姜屯鎮莊里西村
蓋、器	鄲孝子鼎	集成 2574	戰國中期	庚寅
C 型附 1				
	曾仲㙜鼎	銘圖 2254	春秋中期	庚申。私藏
D 型(4 例)				
	申文王之孫州桒簠	銘圖 5943	春秋晚期	庚午。據傳 2002 年出自河南靠近安徽之處
	𠭯巢鎛	新收 1277	春秋晚期	庚午。江蘇邳州市九女墩 2 號春秋墓
()	吴王光鑒	集成 10298	春秋晚期	吉日初庚。安徽壽縣春秋蔡侯墓
()	吴王光鑒	集成 10299	春秋晚期	同上
E 型(7 例)				
	曾侯宏鼎	銘圖 2219、銘續 187	春秋早期	庚申。《銘續》187 出湖北隨州市義地崗曾國墓地。《銘圖》2219、2220 爲私藏
	曾侯宏鼎	銘續 185、186	春秋早期	庚申。中國國家博物館藏
	曾侯宏簋	銘圖 4975、4976	春秋早期	庚申。私藏
	曾侯宏壺	銘圖 12390	春秋早期	庚申。私藏。《銘續》942 盤流失海外

新出昔鷄簋與甲骨文“害”字考釋*

何景成**

張天恩先生主編的《陝西金文集成》一書，收録了一套主要由“昔鷄”所作的青銅器。據該書備注，2014 年下半年，周原考古隊在鳳雛建築遺址南側的賀家村北進行考古發掘，發現墓葬 25 座，其中 M11 保存完整，出土青銅器有鼎、簋、尊、卣、斝、觚、爵、觶等 16 件，其中 10 件有銘文。[1]《陝西金文集成》正式公布了這批有銘青銅器，特别引人矚目的是昔鷄簋。昔鷄簋有兩件，年代爲西周早期，銘文相同(《陝西金文集成》0028、0029，圖一)，原釋文作：

王姒乎昔奚(鷄)[2]遣(會)芳姞于韓，韓侯賓用貝、馬。敢揚王休，用乍(作)隮(尊)彝。

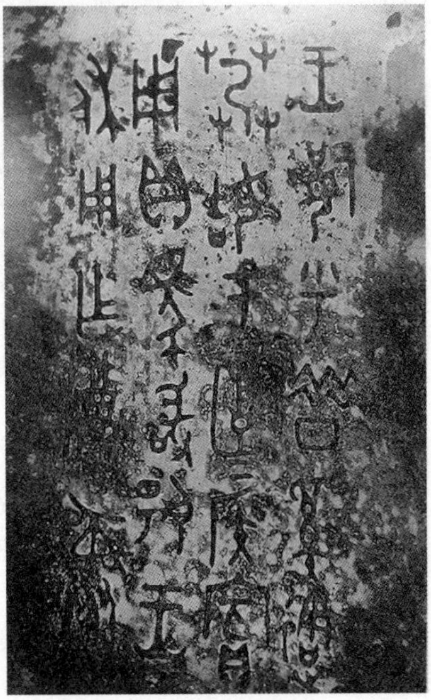

圖一　昔鷄簋銘文

表一　古文字字形(一)

A	B	
	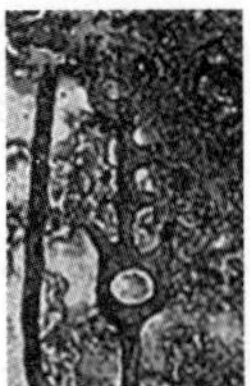	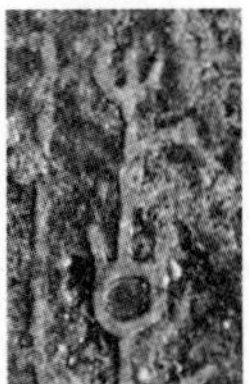
0028	0028	0029

* 本文爲教育部、國家語委甲骨文研究與應用專項科研項目的階段性成果(項目號：YWZ－J002)。

** 吉林大學古籍研究所、出土文獻與中國古代文明研究協同創新中心教授。

[1] 張天恩主編：《陝西金文集成》，西安：三秦出版社，2016 年，第一册，第 46－61 頁。

[2]《陝西金文集成》備注：據同出昔鷄尊銘文，將銘文“奚”釋“鷄”。

此銘文中釋爲“遣”和“韓”的字形(原篆見表一：A、B)，均係首次出現，而A字的字形和用法，更與甲骨文中常見的，舊釋爲“途”之字相合(字形見表二，下文用“△”表示)，爲該字的釋讀提供了新的字形和辭例。甲骨學界對所謂“途”字的釋讀，存在較大的争議。本文擬依據這一新資料，重新考察這個問題。

甲骨文△字，形體有一定差異。我們參考李宗焜《甲骨文字編》所作分類，[1]列表如下：

表二 △字形體分類

類 型	字形(出處)
1	(06033正) (06043正) (32901) (屯1066)
2	(06030) (06667) (06046) (06049) (06056)
3	(00067) (00916正) (06029) (06032正) (17055) (00068) (00647)
4	(32229) (32897) (32899) (32900)
5	(6978)

該字在甲骨卜辭中的用法，主要分爲以下四種類型：

甲、△+方國

1. 貞：令望乘眔舆△貘[2]方。十一月
……舆其△貘方，告于大甲，十一月。
……舆其△貘方，告于丁，十一月。
……舆其△貘方，告于祖乙，十一月。 (《合集》6667，賓三)
2. 丁未，貞：王令卯△产方。 (《合集》32229，歷二；32897同文，歷二)
3. 庚辰，貞：令望乘△产方。 (《合集》32899，歷二)
4. ……令…………△。 (《合集》6978，黄組)

[1] 李宗焜：《甲骨文字編》，北京：中華書局，2012年，上册，第300－301頁。
[2] 此字舊多釋爲“虎”，亦有主張釋爲“象”，我們認爲應釋爲“貘”。參看何景成：《釋甲骨文、金文中的“貘”》，未刊稿。

乙、△+人物

5. 貞: 王弜往△衆人。 (《合集》67 正,典賓)

6. 貞: 王△衆人。 (《合集》68,典賓)

7. 叀令△子畫。 (《合集》32770,歷二)

8. 令△子畫。 (《屯》134)

9. 庚子,貞: 王畢△子畫。 (《合集》32773,歷二)

10. 庚子,貞: 王令畢△子畫。 (《屯》1115)

11. 壬申卜,争,貞: 叀疋令△……肇…… (《合集》6044,賓三)

12. 貞: 弜令冓△伒。 (《合集》6045,賓出)

13. 貞: 叀陕令△毕,八月。 (《合集》6047,賓出)

14. ……戌卜,賓,貞: 令稱△……

……卜,賓貞: 令甾△毕。 (《合集》6049,賓三)

15. 貞: 叀陕令△毕。

癸酉卜,賓,貞: 令稱△毕。 (《合集》6050,賓三)

16. 乙未卜,賓,貞: 令永△子央于南。

癸巳卜,賓,貞: 令伐△畢師。 (《合集》6051,賓三)

17. 貞: 叀令△啓于并。 (《合集》6055,賓出)

18. 戊寅卜,賓,貞: 令訁△啓于并。 (《合集》6056,賓三)

19. 乙酉,貞: 王令疋△亞侯又。 (《合集》32911,歷二)

20. 貞: 弜乎△沚。 (《合集》6034 正,典賓)

21. 貞: 乎㜑△子姷來。

貞: 弜乎㜑△子姷來。 (《合集》10579,典賓)

22. ……師般△子規。 (《合集》32900,歷二)

……王令師般△子。 (《合集》32901,歷二)

丙、△+首

23. 甲戌卜,㱿貞: 翌乙亥王△首,亡囚。 (《合集》6032 正,典賓)

24. 貞: 翌庚辰王往△首。 (《合集》6033 反,典賓)

25. 貞: 翌庚申我伐易日,庚申明陰,王來△首雨。 (《合集》6037 正,典賓)

26. 己丑卜,古,貞: 王△首,亡耂(害)。 (《合集》916 正,典賓)

丁、其他

27. 貞：翌乙酉往△，若。 （《合集》6477反，典賓）

28. 貞：△，其㞢（有）災。 （《合集》6040，典賓）

29. 王占曰：△，若，兹鬼在阩在廳。 （《合集》7153正，典賓）

30. 丙午卜，㱿，貞：乎師往視㞢師。王……曰：惟老惟人△冓若……卜惟其匃二旬㞢（又）八日向壬…師夕死龕。 （《合集》17055正）

此字的釋讀，一直吸引着研究者的注意。于省吾先生曾提出釋“𡍮”的説法，認爲其用法有兩種：一爲“道途”之“途”；一爲屠戮伐滅之義，讀爲“屠”。[1] 這一釋讀意見得到一些學者的認同，[2]但并未收入于先生後來刊定的甲骨文字考釋集《甲骨文字釋林》中，[3]應該是放棄舊説。裘錫圭先生認爲，被△者竟是跟商王關係很密切的貴族。看來，“△”很可能是表示“迎”“會”一類意義的動詞，讀爲“屠”不一定妥當。[4]

後來，越來越多研究者對這一文字的釋讀提出新的意見，湯餘惠先生認爲該字應分析作从止从害。其率先從字形上作細緻分析，將“△”所从之形體與“余”相區分，謂：

> 以往的甲骨學者都以爲字上从“余”，由前舉作一體看，不能説絶無依據。但必須看到，象這樣字上完全與“余”相同的例子是極少的，在全部七八十例裏僅見二三例而已，跟習見繁出的、等形根本無法相比。所以我們有理由認爲後者乃是此字的基本結體，而前者不過是後者的省變。作爲第一人稱代詞使用的“余”，卜辭無慮數百見，十九作形，絶無作、等形者，暗示我們這應該是兩個不同的字。

湯餘惠先生認爲“△”字殆从止、害聲。其在卜辭中的用法，主要有：1.“△首”與“△某方”之“△”，當讀爲“割”，“割某方”意謂攻伐翦滅某方。2.“△衆人”之“△”讀爲“憲”，憲之言宣也，有宣召、訓誡之義；“△子某”“令/乎某△某”之“△”，讀爲“憲”，可解爲傳宣。[5]

趙平安先生亦通過字形比較，指出釋“途”的説法，是把所謂“途”非常態的寫法和“余”

[1] 于省吾：《釋𡍮》，《雙劍誃殷契駢枝三編》，1944年，二三葉，收入“于省吾著作集”之《雙劍誃殷契駢枝·雙劍誃殷契駢枝續編·雙劍誃殷契駢枝三編》，北京：中華書局，2009年，第285頁。

[2] 參看于省吾主編：《甲骨文字詁林》，北京：中華書局，1996年，第859－861頁。

[3] 于省吾：《甲骨文字釋林》，北京：中華書局，1979年。

[4] 裘錫圭：《關於商代的宗族組織與貴族和平民兩個階級的初步研究》，《文史》第十七輯，北京：中華書局，1983年。收入裘錫圭：《古代文史研究新探》，南京：江蘇古籍出版社，1992年，第326頁。

[5] 湯餘惠：《釋》，《吉林大學社會科學學報》1992年第2期。

字常態寫法作比較,并以此爲根據來考釋的,其證據十分脆弱。另外,將所謂“途”讀爲“屠”的讀法也是存在問題的,從情理上講,所謂“途”的對象往往是殷王室的親眷、重臣、領地諸侯,對這類人群,殷王室絶無大規模屠戮之理。根據楚簡等文字資料,趙先生將此字釋爲“達”,提出卜辭中有些“達”,讀爲“撻伐”之撻,如上舉辭 1－3;而卜辭中絶大多數達讀如字,當“致”講,表示“讓……來”或“讓……去”的意思,如上舉“△”卜辭用法中的乙類。[1]

劉桓先生認爲,“△”字諸形以“”形較爲習見,應從其入手釋讀此字,關於字,何琳儀先生認爲即“害”字,象矛頭之形。因此應隸定爲“害”,害、曷音義相近,此字其實就是“遏”字。在卜辭中,此字用法主要有三: 一是用作遏止之遏,如上舉甲類辭例。二是用遏爲到達義,如上舉乙類辭例。辭 10 是貞問商王是否命畢到達字晝那裏,有與之會合之意。三是用爲割。遳即遏,本从害聲,可通割。如上舉“△首”的辭例。[2]

朱鳳瀚先生撰文認爲,對於趙平安先生釋“達”的説法,需要再斟酌的是,從甲骨文此字,到屬於戰國時期郭店楚簡中的楚系文字,有相當一段時間,其間字形發展途徑似尚不甚清楚。朱先生提出此字應分析爲从止害聲,讀爲“會”,意指會面或會迎。[3]

宋華强先生認爲,從字形來看,“害”字固然可以寫作从“”,但是没有从“”“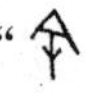”等形的,這是把“△”釋爲从“害”的問題。何琳儀、魏宜輝先生都指出,楚系“達”字的形體,是把西周金文“達”字所从聲旁的下部簡化爲省形符號“＝”所成,楚系“達”字恐怕不能溯源到甲骨文的,二者應該没有關係。宋先生提出“”可能就是“尖(鐵)”這個詞的表意初文。卜辭中“△某方”之“△”疑當讀爲“協”,“協某方”大概就是跟某方媾和或結好之意。“△某人”之“△”亦當讀爲“協”,指協同某人。“△首”之“△”當讀爲“獵”,“獵首”指獵取祭祀用的首級。卜辭“△衆人”之“△”疑當讀爲“箴”,指上級對下級的訓誥。[4]

可見,對於“△”字的釋讀,學界存在釋爲“途”“遳”“達”“協”等多種説法。這些説法的差異,主要是對“△”字去掉辵形後所餘形體的認識。昔鷄簋的“A”字,爲我們提供了新的判斷依據。從字形來看,“A”較“△”多一口形。從用法上看,昔鷄簋“A”字用法爲“呼某人 A 某人于某地”,與辭 16、18 一致。“A”與“△”應該是同一個詞的不同寫法,這説明“△”字可加“口”形。無名組卜辭有表三: 1－3 諸字,研究者指出黄組卜辭的表三: 4 之字,與表三:

[1] 趙平安:《“達”字兩系説——兼釋甲骨文所謂“途”和齊金文中所謂“造”字》,《中國文字》新廿七期,臺北: 藝文印書館,2001 年。收入趙平安:《新出簡帛與古文字古文獻研究》,北京: 商務印書館,2009 年,第 77－89 頁。

[2] 劉桓:《釋甲骨文“遳、遏”》,《古文字研究》第二十七輯,北京: 中華書局,2008 年,第 96－99 頁。

[3] 朱鳳瀚:《再論殷墟卜辭中的“衆”》,《古文字與古代史》第二輯,臺北: 中研院歷史語言研究所,2009 年。

[4] 宋華强:《楚文字資料中所謂“箴尹”之“箴”的文字學考察》,《古文字研究》第 29 輯,北京: 中華書局,2012 年,第 603－615 頁。

1－3 諸字爲同一字。[1] 後者加“口”形的情況與 A 一致。

湯餘惠等先生從字形的出現頻率判斷，“△”的常規寫法是表一：3 類形體，作从“”形。金文“A”的形體支持這一判斷，一般認爲，金文是更爲莊重的字體。“△”所从的“”可簡化作、、、、等形。是在的基礎上簡省短横而成，是將的横筆换成交匯的兩斜筆。這種現象在其他古文字中也存在，如金文中的“食”字所从之“亼”，其短横亦可作交匯的斜筆。[2] 、兩形是在、的基礎上累加飾筆。這種寫法，主要出現在歷類卜辭中，是將“亼”形中的短横省略。無名組和歷組的“食”所从之“亼”，也存在省略短横的現象。[3] 表三：11 所示族氏銘文又可作表三：12 形，説明金文“”形也可寫作“”，這與甲骨文“”亦可作“”，是相一致的。

從表三：4 的字形來看，“△”所从的“”在殷墟晚期時已經出現了加“口”的寫法(該字屬黄類卜辭)。這和金文“A”所从的“”下累加“口”形是一致的，對“△”字考釋應該從“A”這類形體出發。

表三　古文字字形(二)

1. 	2. 	3. 	4. 
合集 27791	屯 4462	合集 29371	合集 37439
5. 	6. 	7. 	8. 
合集 31790	合集 33572	合集 06717	合集 05712
9. 	10. 	11. 	12. 
合集 13889	邢侯簋(集成 4241)	集成 9793	《陝西金文集成》6・0633

“A”字的構形説明，在對“△”字的釋讀意見中，釋“逭”的説法是較有説服力的。將“”當釋爲“害”，已經得到較多學者的認同，既使不認同將“△”釋爲“逭”的研究者，如宋華强先生，也認爲“從字形來看，‘害’字固然可以寫作从‘’”。持釋“逭”意見的研究者，已經論述了“”與“害”之間的字形聯繫，下面根據“A”這一新形體，論述如下。

“A”字作从“”从“口”，兩者上下分離。無助鼎(集成 2814)“用害眉壽”之“害”，亦作上下分離形(表四：12)。表四所列的“□父簋”之字，董蓮池先生編著的《新金文編》，將之歸入“㝬”字下。[4] 這頗有道理，該字右半是作上下結構的“矩”，矩與㝬(胡)古音相近。該字

[1] 参看劉釗主編：《新甲骨文編》(增訂本)，福州：福建人民出版社，2014 年。
[2] 参看容庚：《金文編》，北京：中華書局，1985 年，第 359 頁 0844 號。
[3] 参看劉釗主編：《新甲骨文編》(增訂本)，第 326 頁。
[4] 董蓮池：《新金文編》，北京：作家出版社，2011 年，中册，第 1473 頁。

左旁的“害”字,亦作上下分離形。可見,將“A”釋爲从害,應該是可信的。于省吾先生將表三: 4 的甲骨文字釋爲“萚”,指出邢侯簋作表三: 10 的字,與之同形。[1] 邢侯簋之字去掉“茻”形後的形體,與西周金文的“害”字基本一致(參看表四)。兩者的主要差别是,“害”字的中竪一般有一短横。古文字往往會在竪筆上施加圓點,而圓點往往會演變成短横。我們懷疑“害”字中竪上的短横也是如此演變而成。考慮到“害”从“古”聲(見後文),這種演變可能是有意的“變形音化”。值得注意的是,邢侯簋“萚”字所从“害”字的上半部分,其竪筆右側有一短横,甲骨文“△”字亦有類似現象()。

表四　金文“害”與从“害”之字

1. 	2. 	3. 	4. 	5. 
毛公鼎 2841	害弔簋 3805/3806	師克盨 4467	□父簋 3462	㝬鼎 2063
6. 	7. 	8. 	9. 	10. 
禹甗 0948	師才鼎 2830	录伯簋 4122	冬簋 4322	㝬簋 4317
11. 	12. 			
史墻盤 10175	無助鼎 2814			

由以上分析可知,將 A 釋爲“�”,在字形上的依據是比較充分的。A 即甲骨文“△”字的繁體,可見以往的研究將甲骨文“△”字釋爲“�”,應可信從。

討論完此字形體後,我們進一步考察此字在卜辭和金文中的用法。

研究者均認爲“遳”是個形聲字,這是可信的。研究者或將“遳”讀爲“割”,或讀爲“憲”,或讀爲“遏”,或讀爲“會”。讀爲“遏”或“割”,在辭例的解釋上都存在一定問題,前引研究者文章已經有過分析。讀爲“會”,解釋爲“會面”“會迎”,對“△+方國”或“△+人物”這類辭例比較通順,但對於解釋昔鷄簋銘文和“△首”這類辭例則存在疑問。[2] 將“遳”讀爲“割”“憲”“遏”“會”,都是建立在“害”古音屬月部的基礎上。而近年來對有關“害”的古文字資料研究,則表明“害”字兼具月部與魚部兩個讀音系列。

關於“害”字的古文字資料,裘錫圭、李家浩、[3] 陳秉新、[4] 大西克也、[5] 石小

[1] 于省吾《釋萚》,《甲骨文字釋林》,北京: 中華書局,1979 年,第 405－406 頁。
[2] 從用字習慣看,西周金文資料多用从“迨”之字表示會同之“會”。
[3] 裘錫圭、李家浩:《曾侯乙墓鐘磬銘文釋文説明》,《音樂研究》1981 年第 1 期。
[4] 陳秉新:《害即胡簋之胡本字説》,《考古與文物》1990 年第 1 期。
[5] 大西克也:《論古文字資料中的“害”字及其讀音問題》,《古文字研究》第 24 輯,北京: 中華書局,2002 年,第 303－306 頁。

力、[1]蔡一峰[2]等學者均做過研究。蔡先生文章晚出,對相關討論做了較爲詳細的歸納,兹引(爲摘引方便,原文與原注均有所簡省)如下:

經幾代學者的研究,“害”及从“害”之字在銘文中的用法可歸納爲兩類:[3]

(1) 訓爲大之{介}、乞求或給予之{匄}及疑問代詞{曷}。其中疑問代詞{曷}亦見於出土戰國文獻,以上幾種用法古音均處月部。《詩》和《楚辭》“害”字常見作韻脚,且無一例外與月部字相押,[4]古音學家將“害”歸月部没有問題。另外就筆者所見材料,西周金文“害”尚未有借作傷害之{害}者。

(2) 舒遲之{舒}、[5]周厲王之名{胡}(景成按:字形見表四:10)、地名或國名之{胡}[6](景成按:字形見表四:5、6、8、9)、訓爲大之{胡}(景成按:字形見表四:7)以及捍敔之{敔}(景成按:裘錫圭先生謂:“毛公鼎、師訇簋有‘干吾王身’之語,師克盨作‘干害王身’。”),曾侯乙編鐘“姑洗”之“姑”作“割”或“鈷”亦屬此類,上古皆不出魚部。銅器有一類長方形、斗狀、器蓋同形之器自名頗繁,以(《集成》4498)最常見,或作(《集成》4572)、(《集成》4517－4520)、(《集成》4574、4565)、(《集成》4484)、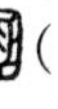(《集成》4580)等,此類器是否即古書之“簠”歷來争議不斷,近年石小力先生已從功用、形態、文獻記載等諸多方面考辨,進一步證實其對應關係,[7]非常可信。史墻盤(《集成》10175)“舒遲”之{舒}作“害”爲獨體字,“害”本身可聲化爲从古、累加“五”聲,種種迹象表明“害”古有魚部音當確鑿無疑,“㝬”、“害”皆是雙聲符字。戰國時代魚部的“害”罕見單獨成字,[8]但用法

[1] 石小力:《簠鋪考辨》,《古文字論壇》第一輯,廣州:中山大學出版社,2015年。

[2] 蔡一峰:《“害”字新證》,爲作者提交吉林大學“出土文獻與中國古代文明研究協同創新中心”研究生春季交流班的會議論文,吉林·長春,2015年5月8－11日。

[3] 原注:釋義參陳初生編纂,曾憲通審校《金文常用字典》,西安:陝西人民出版社,2004年,第745－746、467－468、939－940頁;張世超等撰著:《金文形義通解》,京都:中文出版社,1996年,第1871－1874、1029－1030、2506－2509頁。

[4] 原注:參王力:《詩經韻讀》,上海:上海古籍出版社,1980年;《楚辭韻讀》,上海:上海古籍出版社,1980年。王力先生本人主張“祭月不分”,所以其所稱月部包含祭部在内。

[5] 原注:裘錫圭先生疑可讀“胡夷”之“胡”,亦可參,見《史墻盤銘解釋》,《裘錫圭學術文集》第3卷,上海:復旦大學出版社,2013年,第15頁。

[6] 原注:裘錫圭:《説㦽簋的兩個地名——“棫林”和“胡”》,《裘錫圭學術文集》第3卷,第37－38頁。

[7] 原注:石小力:《簠鋪考辨》,《古文字論壇》第一輯,廣州:中山大學出版社,2015年。

[8] 原注:清華簡一《尹至》簡3和《尹誥》簡2分别有整理者讀爲疑問代詞“胡”的“憲”和“害”二字(李學勤主編:《清華大學藏戰國竹簡(壹)》,上海:中西書局,2010年,第128、133頁),今學者多改讀爲“曷”,甚確,可參陳民鎮:《清華簡〈尹至〉集釋》和《清華簡〈尹誥〉集釋》,復旦網,2011年9月12日。

仍保留在某些專有名詞中,如戰國包山楚簡多見姓氏之{胡}作“𢰥”,[1]清華簡《繫年》簡105、106胡國之{胡}亦如是作,[2]都是承襲金文的用字習慣。

可見,“害”的古音有“月部”和“魚部”兩讀。但是,月部與魚部懸隔,如何調解這一問題呢?大西克也在前引文章中認爲,金文資料中没有肯定可以讀爲月部字的“害”,金文中“害”的種種用法和意義,都可以用魚部讀音來解釋。如史墻盤(《集成》10175)的“害屖”,在王子午鼎、王孫遺者鐘、王孫誥鐘等作“𢰥屖”。李學勤和裘錫圭先生均讀作“胡夷”。叔多父盤(《愙齋》16·13)“受害福”之“害福”,原讀爲“介福”,可改讀爲“胡福”或“遐福”。大簋(《集成》4298-4299)之“䚄章(璋)”之“䚄”,可從郭沫若説讀爲“胡”“嘏”。無叀鼎(《集成》2814)“用割眉壽”,白家父簋(《集成》4156)“用易害眉壽”,其伯盨(《集成》4442-4445)之“割眉壽無疆”。“割”舊多讀爲“匄”,可改讀爲“嘏”,訓爲受福。“割/害眉壽”均爲“受眉壽”之意。井侯簋(《集成》4241)“葊井侯服”之“葊”,原多讀爲“匄”,也因讀爲“嘏”,表授予之意。大西克也先生由此認爲,西周春秋金文中的“害”及相關的字,没有找到必須讀爲祭部的例子。因此推斷“害”字起初只有魚部讀音,它讀作月部是後起的現象。

對於上段所舉問題,争議較大的是對“割/害眉壽”的改讀。蔡一峰認爲,古書恒見“害”通“匄”而讀“匄眉壽”之辭,是比較順暢可靠的。因此蔡先生認爲害字兩種讀音存在先後關係的説法,恐怕難以成立。其認爲害字的兩讀,不必局限於相互承襲關係,它們可能有共同的來源,“害”古應屬閉口韻盍部字,後因某種條件發生音變,導致分化爲月、魚兩讀。

從以上論述可知,“害”字古音存在月部和魚部兩讀問題,兩者之間的關係,我們難作詳考。[3] 將甲骨文“△”和“A”釋爲“�”,進一步的訓讀,則應該考慮,甲骨、金文中以“害”爲聲符的“遈”是屬月部還是魚部。以往的研究者都讀爲月部字,我們認爲,讀爲魚部字是更值得考慮的。

研究者已經指出,確定的辭例中,“害”多讀爲魚部字,如史墻盤的“害屖”對應王子午鼎等器的“𢰥屖”;師克盨“干害王身”,毛公鼎、師詢簋作“干吾王身”,“吾”是魚部字。甲骨文中有表三:7-9所示之字,舊或釋爲“匬”。[4]《新甲骨文編》(增訂本)和《甲骨文字編》(849頁)均將之隸定作“匩”,可從。青銅器中用作器銘的簠,亦作、、等形,與甲骨

[1] 原注:李守奎:《包山楚簡姓氏用字考釋》,《簡帛》第六輯,上海:上海古籍出版社,2011年,第229-230頁。

[2] 原注:李學勤主編:《清華大學藏戰國竹簡(貳)》,上海:中西書局,2011年,第184-185頁。

[3] 吴振武師提出也有可能是一個字形代表兩個不同的詞,如林澐先生所謂“轉注字”,參看林澐:《古文字轉注舉例》,載《林澐學術文集》,北京:中國大百科全書出版社,1998年,第35-43頁。本文所記吴振武師的意見,是2017年4月份,本人在古籍所博士生討論課宣讀此篇文稿時,吴振武師所提出的。

[4] 于省吾主編:《甲骨文字詁林》,北京:中華書局,1996年,第三册,第2193-2194頁。

文“匩”構形基本一致，兩者當是一字。那麽，甲骨文“匩”所从之“害”，是用魚部讀音的。從甲骨文“△”及表三：1－9 諸字來看，它們所从的是可獨立存在的字符，在金文中作“”形。關於這一字符的來源，學界有不同的認識。吴振武師指出，這些形體頗像矛形，吴王夫差矛（《集成》11・11534）銘文作“吴王夫差自作用鍅”，這種矛自名爲“鍅”，即字書中的“䂊”，是一種矛。鍅古音屬影母魚部，䂊屬余母魚部，和魚部的“害”古音相近。[1] 因此，可能是這種自名爲“鍅”的矛之象形。

這説明甲骨文中的“遳”所从之“害”，應該是用魚部讀音。我們認爲，“遳”可讀爲“御”。御古音屬疑母魚部，讀爲魚部字的害以“古”爲聲符，古音屬見母。兩者古音相近，毛公鼎、師詢簋“干五”，即“捍禦”，在師克盨中作“干害”，説明“害”可讀爲“御”。御可訓“迎”。《詩・召南・鵲巢》“百兩御之”，鄭玄箋：“御，迎也。”[2]《小雅・甫田》“以御于田祖”，鄭玄箋：“御，迎。”[3]《禮記・曲禮上》“大夫士必自御之”，鄭玄注：“御當爲訝，訝，迎也。”孔穎達疏：“御，迎也。”[4]《莊子・至樂》“昔者海鳥止於魯郊，魯侯御而觴之于廟”，成玄英疏：“御，迎也。”[5]五祀𤔲鐘（集成 358）：“𤔲其萬年，用畯尹四方，保大命，作疐在下，御大福，其各，唯王五祀。”[6]“御大福”之“御”，亦訓爲迎。[7]

將“遳”讀爲“御”，訓爲迎，大部分辭例均能得到較好的解釋。

昔鷄簋“王姒乎（呼）昔奚（鷄）遳（御）艿姞于韓”，[8]其辭例與辭 16“令永遳（御）子央于南”，辭 19“令𧥢遳（御）啓于并”一致，是講王姒呼令昔鷄往於韓地迎接艿姞。所記之事，可能與迎婦有關。據《春秋》經傳，諸侯娶婦，有派卿迎迓的禮節：

> 然則諸侯娶婦，必使卿出境迎迓，然後爲禮。故桓公三年娶婦，公子翬如齊逆女；宣公元年娶婦，公子遂如齊逆女；成十四年娶婦，叔孫僑如如齊逆女。隱二年，魯伯姬嫁於紀，紀使其卿裂繻來迎，故《傳》云“卿爲君逆”，尤可爲證。[9]

---

[1] 關於吴王夫差矛“鍅”字的釋讀，亦可參看咏章：《釋吴王夫差矛銘文中的器名之字》，《江漢考古》1987 年第 4 期。《廣韻》語韻：“䂊，矛也。”

[2]《十三經注疏》，杭州：浙江古籍出版社，1998 年，第 283 頁。

[3]《十三經注疏》，第 474 頁。

[4]《十三經注疏》，第 1253 頁。

[5] 王先謙：《莊子集解》，北京：中華書局，1987 年，第 152 頁。

[6] 更清晰的圖片資料，參看《陝西金文集成》，第 3 册，0229 號。

[7] 此“御大福”的用法，或提示“用割眉壽”“用易害眉壽”“割眉壽無疆”之類短語中的“割”或“害”，可讀爲“御”，訓爲迎受。

[8] 此字从“乚”从“䇂”，是否當釋爲“韓”，待考。

[9] 楊伯峻：《春秋左傳注》，北京：中華書局，1990 年，第 228 頁。

如果是卿大夫以下娶婦,則親迎。如《左傳》宣公五年“齊高固來逆女,自爲也”。[1] 昔鷄簋記昔鷄受王姒之命往韓地迎接艿姞,可能是爲王室迎婦。銘文“遣(御)”的用法,與《鵲巢》“之子於歸,百兩御之”一致,亦用“御”表示往迎女子。“遣+人物”之類卜辭的中的“遣”,均可讀爲“御”,指迎接某人,有的卜辭會用“于”説明前往何地迎接(“于”也可省略)。

甲骨卜辭“遣(御)貘方”、“遣(御)𠂆方”的用法,應該也是表示“迎”一類的意思。“令望乘眔畀遣(御)貘方”是指王命令望乘眔畀迎貘方。丙類用法中的“遣(御)首”,論者多引用楚公逆鐘加以説明。該鐘銘説:“楚公逆祀厥先高祖、考,夫(大)工(貢)四方首。楚公逆出求人[厥]用祀四方首。”“四方首”指四方的首級、人頭。[2] 卜辭中的“遣(御)首”之“首”,應亦指人頭,“御首”大概是指迎接用於祀典的人頭。

---

[1] 楊伯峻:《春秋左傳注》,第686頁。

[2] 李家浩:《楚公逆鐘銘文補釋》,《出土文獻與中國古代文明——李學勤先生八十壽誕紀念論文集》,上海:中西書局,2016年,第93－98頁。

《大盂鼎銘》“域”字考釋*

崔存明**

現藏於國家博物館的大盂鼎爲西周早期康王時期青銅器,清代道光初年出土於陝西眉縣禮村溝岸中,鼎内壁鑄有銘文 291 字,含合文 5 字。[1] 鼎銘較爲詳細地記載了周王對於作爲累世公卿的大臣盂的垂訓和賞賜。《大盂鼎銘》無論從字數上,還是從其所記載内容的重要性上都堪稱鴻篇巨製,向爲學界所重視,成爲國家博物館鎮館重器之一。《大盂鼎銘》記載的内容大體上可以分爲兩個部分: 前半部分是周王對盂的訓示,通過追溯周王朝的早期歷史與取得天下的經驗,反思商王朝滅亡的教訓,警示盂要以正反兩方面的歷史爲鑒,繼承先祖優良傳統,繼續爲周王朝建功立業;後半部分主要記載周王對盂的賞賜,包括賞賜器物與授民授疆土兩方面。因此,《大盂鼎銘》對於研究商王朝滅亡的歷史教訓、西周早期歷史、西周分封制度的具體内容,以及西周早期不同階層人民的身份地位等諸多方面都具有重要的史料價值。大盂鼎面世以來,學術界在上述諸領域展開了持續的研究,也取得了豐碩的成果。然而迄今爲止,對於《大盂鼎銘》中史料價值特别重要的授民授疆土部分“自氒(厥)土”一句的前三個字的釋讀,尚存諸多歧義,特别是對“”字的釋讀仍未有定論。這從一定程度上影響了對於銘文史料價值的準確把握。本文充分借鑒現有成果,重新疏通鼎銘文義,對“”、“”二字的釋義進行梳理辨正,對於“”字的釋讀進行新的嘗試,以求對準確掌握《大盂鼎銘》略盡綿薄之力,不妥之處,敬請方家指正。

爲了研究方便,現將《大盂鼎銘》授民授疆土部分銘文拓本及釋文移録如下:

銘文拓本:

---

* 本文爲北京印刷學院北印學者培養與資助計劃階段性成果。

** 北京印刷學院社會科學部教授。

[1] 吴鎮烽:《商周青銅器銘文暨圖像集成》(第 5 册),上海: 上海古籍出版社,2012 年,第 443 頁,編號 02514,後引此書簡稱“《銘圖》”;中國社會科學院考古研究所:《殷周金文集成》(修訂增補本·第 2 册),北京: 中華書局,2007 年,第 1517 頁,編號 02837。二書在關於此鼎的出土地點、釋文方面基本相同。

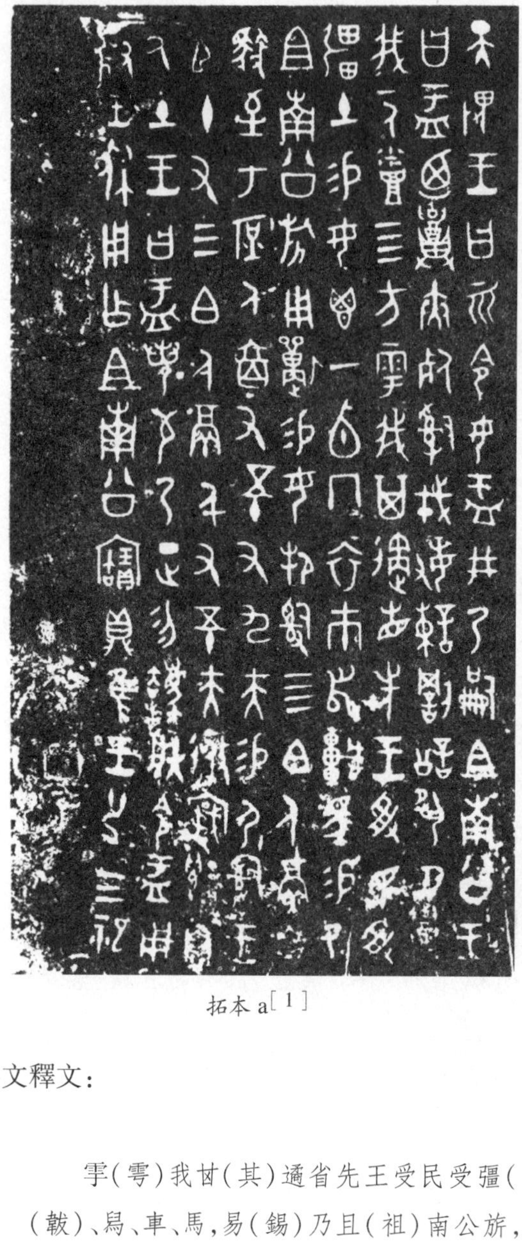

拓本 a[1]

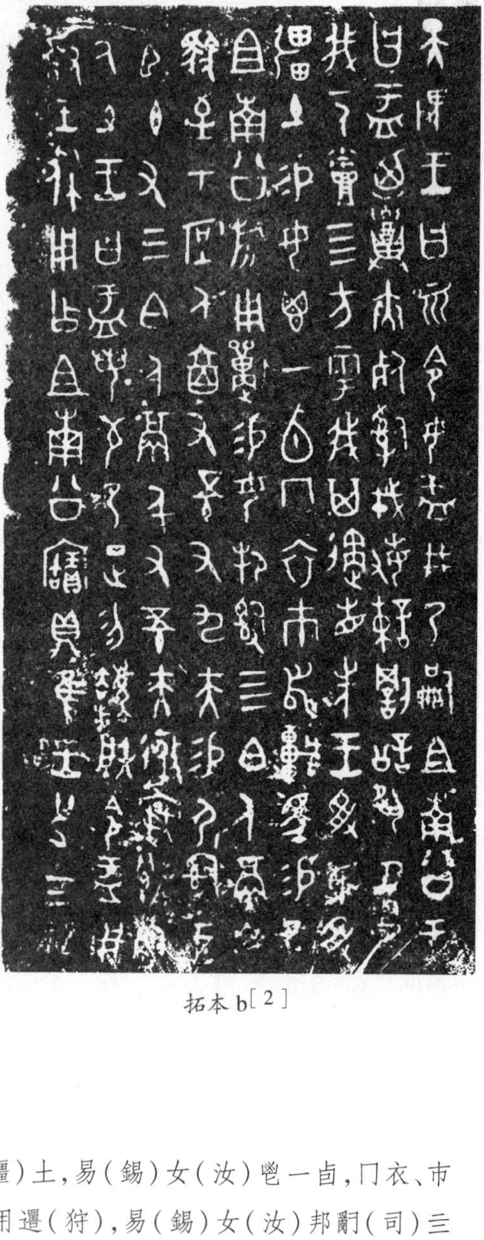

拓本 b[2]

銘文釋文：

雩(雩)我甘(其)遹省先王受民受彊(疆)土,易(錫)女(汝)鬯一卣,冂衣、市(韍)、舄、車、馬,易(錫)乃且(祖)南公旂,用遷(狩),易(錫)女(汝)邦𤔲(司)亖(四)白(伯),人鬲自駿(馭)至于庶人六百又五十又九夫,易(錫)尸(夷)𤔲(司)王臣十又三白(伯),人鬲千又五十夫,遯竊遷自氒(厥)土。[3]

---

[1] 吴鎮烽:《銘圖》(第5册),第444頁。
[2] 吴鎮烽:《銘圖》(第5册),第446頁。
[3] 吴鎮烽:《銘圖》(第5册),第443頁。

如前所述,引文中的"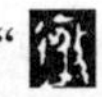"、""、""(即"遫"、"寏"、"遷"[1])三個字一直是《大盂鼎銘》的釋讀難點,經過多位學者的長期努力,""字與""字分别讀爲""("遫")與""("遷")已經基本上達成共識,但是在具體的釋義理解上,由於對鼎銘文義的不同理解,尚存在一定的分歧。相對於上述兩字,處於二者中間的""字則從文字的隸定,到字義的釋讀都還没有達成共識,這個字也成爲《大盂鼎銘》中尚存歧義最多的字之一。因此,本文在整理辨析""("遫")與""("遷")二字釋義基礎上,從形音義三方面對""字做出全面的考釋。

爲了行文方便,除使用原字拓本之外,行文中暫時統一使用《銘圖》的釋文。

一、字辨析

字釋讀先後有三種不同意見:

第一種意見是讀作"極"。王國維首倡,[2]但是没有做出具體釋義。這一觀點雖然不準確,但是其大致方向是對的,其字義亦接近,爲後來學者的進一步努力提供了啓示。

第二種意見是讀作"極"。唐蘭認爲"从'彳','亟'聲,與'極'通……大概是極遠的專字"。[3] 丁山亦較早讀爲"極",但限於對第三個字(即後來釋爲"遷"字者)未能釋出,所以未能有進一步解釋,而且由於其行文重點是討論"人鬲"的身份及封建制度,對此字隸定後即一帶而過。[4] 吴大澂也讀作"極"。[5] 劉翔、陳抗等編著的《商周古文字讀本》認爲:"極,字从彳,當訓'至'之'極'的本字。《詩經·大雅·崧高》:'駿極於天',毛傳上:'極,至也。'"[6]這個訓解在唐蘭先生的基礎上,突出了"至"義,是對唐蘭先生見解的引申與發展。

第三種意見是讀作"遫"。這是較早由李學勤先生做出的釋讀,李先生認爲此字讀爲"遫",并且認爲是"疾、速"之義,他認爲整句話"遫寏遷自氒(厥)土"是"疾速自其原居之地遷來"之意。[7] 李先生的釋讀相對於前兩種觀點,更加前進了一步,但是仍有未到之處:他把這個字當作狀語使用,用來修飾後邊的"遷"字。這樣一來,緊隨其後的"寏"字的解釋就會出現問題。李學勤先生采取了把"寏"字也當作狀語的方法,讀爲"畢",義爲"盡",就與釋

[1] 此處暫時采用《銘圖》的釋文。

[2] 王國維:《王國維遺書》(第六册),上海:上海古籍書店,1983年,《觀堂古今文考釋五卷·盂鼎銘考釋》。

[3] 唐蘭:《西周青銅器銘文分代史徵》(《唐蘭全集》第七册),上海:上海古籍出版社,2015年,第197頁。

[4] 丁山:《甲骨文所見氏族及其制度》,北京:中華書局,1988年,第36頁。

[5]《丁佛言手批愙齋集古録》,天津:天津古籍書店,1990年影印本。轉引自楊振之:《〈大盂鼎銘〉"授民"身份問題——兼論商周時代的社會制度》,《四川師範大學學報》(社會科學版)1995年第2期。

[6] 劉翔、陳抗、陳初生、董琨編著,李學勤審定:《商周古文字讀本》,北京:語文出版社,1989年,第85頁。

[7] 參見李學勤:《大盂鼎新論》,《鄭州大學學報》(哲學社會科學版)1985年第3期。

“�”爲“疾、速”形成同義複合狀語,這樣就使整個句子合乎語法規範。[1] 李先生將此字讀爲“�”,已經預示了這一字表示動作的意蘊,爲後來的研究者逐漸得出準確釋義做出了重要的一步奠基。隨着研究的深入,人們發現李先生把“寴”字看作副詞作狀語存在着一定的問題,也影響了對“遷”字的準確理解。

近年來,越來越多的人傾向於把“”理解爲地名,[2] 人們自然開始把“”(“遷”)當作動詞來理解,就得出了更加合理的解釋。結合整個鼎銘的内容,從上下文的行文邏輯來看,這句話主要是講“王賞賜給盂各類人物,讓這些人從原居住地遷往盂的封地”,所以“”字的準確釋讀應該是釋爲“徑”,讀爲“遷”,義爲“到……(地方)去”。[3]

二、字辨析

字泐蝕嚴重,特别是右邊偏旁漫漶尤甚。正是由於字的高度殘損,一度給學者的識别造成了很大的困難,也因此多了許多曲折。王國維[4]與吴大澂[5]取左側偏旁爲意,讀爲“萬”。隨着近年來研究的深入,王、吴二先生的釋讀,對字形的把握顯然是不够全面的。郭沫若[6]和丁山[7]則擱置未釋。

唐蘭先生則認爲此字“左旁似从‘閔’”,同時又將右邊部分看作“阝”,從而把此字釋爲“鄸”,并認爲此字表示地名。[8] 此後,學者們進一步研究認爲此字應當隸定爲“䢅”,[9]或者是“䢅”。[10] 可見這兩個字形與唐蘭釋出的字形只是在左偏旁的下半部不同,但是不影響對此字整體上的理解。如上引,李學勤先生在論文中徑讀爲“遷”,[11]并没有説明考釋過程。但是,在其審定的《商周古文字讀本》中,則有簡明的説明:“䢅,經籍作‘遷’,遷移。此句之意疑爲:(把上述那些人),從他們原先的駐地遷到寴地。”[12]“䢅”字取左偏旁“舁”之義爲釋

[1] 李學勤:《大盂鼎新論》。
[2] 這一理解有一定的合理性,但是不確切,下文詳述。
[3] 參見楊振之:《〈大盂鼎銘〉“授民”身份問題——兼論商周時代的社會制度》。
[4] 王國維:《王國維遺書》(第六册),《觀堂古今文考釋五卷・盂鼎銘考釋》。
[5] 《丁佛言手批窓齋集古録》。
[6] 參見郭沫若:《奴隸制時代》,北京:人民出版社,1973 年第 2 版,卷首圖版四“《大盂鼎銘》釋文”及第 25 頁“釋文”。
[7] 丁山:《甲骨文所見氏族及其制度》,第 36 頁。
[8] 唐蘭:《西周青銅器銘文分代史徵》(《唐蘭全集》第七册),第 191、197 頁。
[9] 孫稚雛:《盂鼎銘文今譯》,載《第三届國際中國古文字學研討會論文集》,香港:香港中文大學中國文化研究所,1997 年,第 900 頁。
[10] 劉翔、陳抗、陳初生、董琨編著,李學勤審定:《商周古文字讀本》,第 85 頁。
[11] 李學勤:《大盂鼎新論》。
[12] 劉翔、陳抗、陳初生、董琨編著,李學勤審定:《商周古文字讀本》,第 85 頁。

讀根據,段玉裁《説文解字注》:“舁,升高也。升之言登也,此與辵部遷、拪音義同。”[1]

這樣,經過幾代學者的努力,“”字的正確釋讀應該是釋爲“䙴”,讀爲“遷”,義爲“遷徙”。

三、釋

“”字的釋讀目前尚未有定論。就目前研究成果來看,多數人傾向於是地名的專用字。這一觀點最早由唐蘭先生提出,但是他認爲“”字與其後的“”字(如前揭,被他釋爲“鄦”)都是地名,并釋爲“从兩戈相反”的“𡪢”。[2] 唐蘭先生將“”字後邊的“”字也釋爲地名,根據上文研究是有問題的,但是他把“”字釋爲地名,從大的方向上看是正確的,尤其是他認爲“”字“从兩戈相反”是獨具慧眼的,爲後來者準確把握字形打下了很好的基礎,只是在整個字形的隸定上忽略了中間的象形符號“口”。除唐蘭先生之外,對於“”字的釋讀還有若干不同意見:丁山隸定爲“𡨦”,未作釋義;[3]孫稚雛隸定爲“𡫍”,但指出“(義)未詳”;[4]濮茅左隸定爲“𡬠”;[5]《商周古文字讀本》、《銘圖》、《集成》,皆隸定爲“𡫹”。

綜合分析上述各家觀點,細審前面所附“拓本 a”與“拓本 b”,“”字的字形理解當以唐蘭先生的“从兩戈相反”爲正確。這樣看來,唐蘭、孫稚雛與濮茅左先生的隸定基本上接近於實際情況,且三家都認爲兩戈相反的方向是上下顛倒。但是唐蘭先生與孫稚雛先生的一個共同點是:都忽略了兩戈之上的象形符號“口”,目前看來,顯然是不妥的。這樣看來,濮茅左先生的隸定較爲完整。但是,我們根據對兩個拓本的仔細觀察,兩戈應該是左右相反更加接近字形的真實情況,即隸定爲“𡨦”[6]字形。

解决了“”字的隸定問題,我們再來考慮釋義。

在此前的研究中,關於“”字的含義,除了如前揭李學勤先生讀爲“畢”,義爲“盡”,與釋“遯”爲“疾、速”形成同義複合狀語之外,諸家基本上認爲是地名用字。有學者同時認爲是盂的封地,[7]但是都没有給出準確的音義。

在前賢成果基礎上,本文認爲將“”字認定爲與地名有關係的大方向没問題,但是它

[1] 段玉裁:《説文解字注》,上海:上海古籍出版社,1981 年,第 105 頁。
[2] 唐蘭:《西周青銅器銘文分代史徵》(《唐蘭全集》第七册),197 頁。
[3] 丁山:《甲骨文所見氏族及其制度》,第 36 頁。
[4] 孫稚雛:《盂鼎銘文今譯》。
[5] 濮茅左主編:《商周金文》,上海:中西書局,2016 年,第 44 頁。
[6] 此字形亦見於董蓮池編著:《商周金文辭彙釋》(下册),北京:作家出版社,2013 年,第 1681 頁引用丁山著《甲骨文所見氏族及其制度》相關内容時給出的字形。然而,查丁氏原書,其字本作“𡨦”形。
[7] 楊振之:《〈大盂鼎銘〉“授民”身份問題——兼論商周時代的社會制度》。

不是盂的封地,也不是某一個具體地點的地名專用字,而是西周至戰國時期專門用來指稱較高級别之封地的專用名詞。通過對其字形从“或”的分析,我們把此字新釋爲地域之“域”字。[1] 這一釋讀可以從戰國竹簡中得到充分的證實。這是因爲在戰國竹簡中有一個類似的“寚”[2]字,從其構形思路來看,與“寚”字相類,“寚”字可以看作是“寚”字在戰國時期的簡化結果。我們知道,古文字發展進入戰國時期變化非常劇烈,文字繁化、簡化頻繁,所以這種簡化是有其文字發展史背景支持的。另外,銀雀山漢簡中有一個“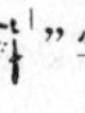”字,經考釋其音義與戰國竹簡的“寚”字相同,而其字形則可以看作是“寚”字的簡化結果。將這兩個字與《大盂鼎銘》的“”字進行排比分析後,就會形成一個相對完整的《大盂鼎銘》“”字簡化軌迹。因此,我們就分别從字形的分析與字義辨析兩個方面對金文“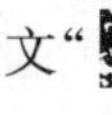”字、戰國竹簡“寚”字與漢簡的“”字進行系統分析研究。

首先來看戰國至漢代竹簡中與“”字相關字形如下:

1. 包山簡

077　083　143　010　124　151[3]

2. 郭店簡

(《緇衣》篇第9簡)[4]

3. 上博簡

(《曹沫之陣》第16簡)[5]

4. 銀雀山漢簡

[6]

---

[1] 近讀凡國棟先生新編著《金文讀本》關於此字注釋曰:“寚,音義不明,或説作地名,也可能讀爲域。”説明凡先生也從某種程度上認識到此字新的考釋方向,只是尚未從音義方面得出全面認識。參見氏編著:《金文讀本》,南京:鳳凰出版社,2017年,第76頁。

[2] “寚”字見於三種戰國簡,分别是:包山簡、上博簡《曹沫之陣》、郭店簡《緇衣》。參見陳偉等著:《楚地出土戰國簡册十四種》之《包山2號墓簡册》,北京:經濟科學出版社,2009年,第9頁,注[18]。

[3] 李守奎、賈連翔、馬楠編著:《包山楚簡文字全編》,上海:上海古籍出版社,2012年,第321頁。

[4] 荆門市博物館:《郭店楚墓竹簡》,北京:文物出版社,1998年,第17頁。

[5] 馬承源主編:《上海博物館藏戰國楚竹書》(四),上海:上海古籍出版社,2004年,第107頁。

[6] 銀雀山漢墓竹簡整理小組:《銀雀山漢墓竹簡》(壹),北京:文物出版社,1985年,第117頁。

各簡的年代：包山簡有明確的墓主下葬年代即"公元前316年楚曆6月25日"；[1]郭店簡下葬年代在"公元前4世紀中期至前3世紀初"；[2]上博簡年代測定爲"戰國晚期"；[3]銀雀山一號、二號漢墓的年代是"漢武帝初年"，而"所出竹書的字體屬於早期隸書，估計是文、景至武帝初期這段時間内抄寫成的"。[4]

三種戰國簡的年代十分接近，基本上在公元前4世紀中期至前3世紀左右，因此字形也十分接近。在幾種戰國竹簡中，包山簡的字形最豐富，爲我們推測字形演變提供了多種素材。在包山簡衆多的字形中，就有繁簡的不同寫法，説明了字形簡化的可能。同時，包山簡與郭店簡、上博簡比較，後兩種明顯有更加簡化的特點。唯一的漢代銀雀山簡則顯示出較爲徹底的字形簡化。這些戰國簡上距大盂鼎的康王二十三年約600年，[5]銀雀山漢簡又上距這些戰國簡200年左右。把這幾種戰國與漢代竹簡中相關的"㦰"、""與《大盂鼎銘》中的""做一個排比，就會得出一個直觀的上下持續800年左右的從《大盂鼎銘》""字經過戰國簡"㦰"字最後到銀雀山漢簡""之間的字形簡化過程序列：

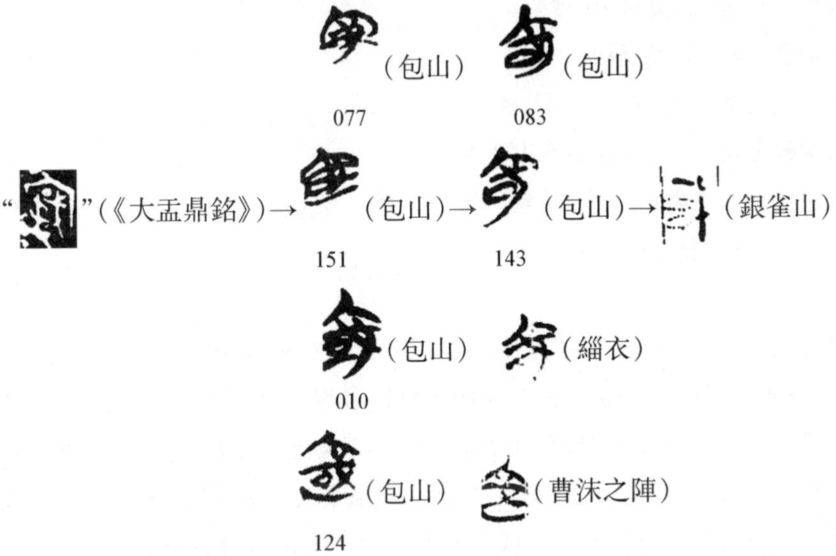

從上列字形演變序列中，我們可以有幾點規律性發現：

(1) 在年代相近的三種戰國簡之中，同一個"㦰"字會有繁簡兩種寫法，表明戰國竹簡中文字簡化現象較爲普遍。

[1] 湖北省荆沙鐵路考古隊：《包山楚簡》，北京：文物出版社，1991年，"序言"第1頁。
[2] 湖北省荆門市博物館：《荆門郭店一號楚墓》，《文物》1997年第7期。
[3] 馬承源主編：《上海博物館藏戰國楚竹書》(一)，上海：上海古籍出版社，2001年，"序"第1頁。
[4] 銀雀山漢墓竹簡整理小組：《銀雀山漢墓竹簡》(壹)，第5頁。
[5] 據中國社會科學院歷史研究所《中國歷史年表》課題組：《中國歷史年表》，北京：中華書局，2013年，康王元年爲公元前1020年。

(2) 即使在《包山楚簡》同一篇簡文中,“𡨦”字寫法也明顯可以分成繁簡兩種寫法,同樣表明戰國竹簡中文字簡化現象較爲普遍。

(3) 銀雀山漢簡與三種戰國簡大約相差200年左右,字形簡化非常徹底。

爲了更加直觀地觀察“”字的簡化過程,我們可以把上面列出的字形演變序列簡化成:“”(𡨦)→“”(𡨦)→(或)。

梳理了字形演變規律之後,我們最後要對“”字的音義進行新的解讀。如前文所述,此前學術界對於“”字的理解基本上認爲是一個地名專用字,也有人認爲是盂的封地用字,但對於具體音義都没有給出準確解釋。正是由於有了上述三種戰國簡及銀雀山漢簡的發現,使我們反推金文“”字的音義有了可能。

我們從對包山簡“𡨦”字考釋的綜合分析入手。爲了便於分析,我們列出包山簡相關簡文,共六條[1]:

1. 郞𡨦之少桃邑(包山簡10號)
2. 章𡨦鄗邑(包山簡77號)
3. 羅之廡𡨦之坙者邑(包山簡83號)
4. 敔𡨦東敔卲戊之笑邑(包山簡124號)
5. 郯𡨦䃂敔鄍君之泉邑人黄欽(包山簡143號)
6. 邛𡨦𣅻邑(包山簡151號)

最早對“𡨦”字做出釋讀的是李零先生。[2] 李零先生在解讀包山簡時將此字讀爲“域”,并没有做出具體的解釋。通過分析上述簡文可以發現,“𡨦”是比“邑”的層次高的地域概念,但是這一概念的準確含義是什麽,學者們在接受李零先生讀爲“域”的基礎上進行了廣泛探索。陳偉認爲:“域在傳世古書中,泛指各種地域範圍。銀雀山漢簡《田法》記云:‘州、鄉以地次受田於野,百人爲區,千人爲域。人不舉域中之田,以地次相……’這裏的區、域分别是指百人和千人受田的範圍。由於受田有定數,所謂區、域就是特定的地域概念。因此,并考慮到簡書中的邑也與授田有關,包山簡中域的含義當與《田法》的域較爲接近。”[3] 陳偉先生從宏觀上認爲“域在傳世古書中,泛指各種地域範圍”是正確的,但是他隨後又將包

[1] 本文所引包山簡的字形,綜合參考了湖北省荆沙鐵路考古隊:《包山楚簡》及陳偉等著:《楚地出土戰國簡册十四種》之《包山2號墓簡册》。

[2] 參見李零:《包山楚簡研究(文書類)》,桂林:廣西師範大學出版社,1998年,第135頁。據載,李零最早曾在1992年“中國古文字研究會第九届學術研討會”上發表這一見解(參見陳偉等著:《楚地出土戰國簡册十四種》,第504頁)。

[3] 陳偉:《包山楚簡所見邑、里、州的初步研究》,《武漢大學學報》(哲學社會科學版)1995年第1期。

山簡中的"域"等同於銀雀山漢簡的"千人受田"規模的地域單位就把這一問題理解變狹窄了。銀雀山漢簡的"域",應該是如他所説的"各種地域範圍"中的一種範圍,并不能完全等同於包山簡中的"域"。有學者在研究包山簡的"邑"之分類時,就發現"邑"的上一級地域單位有多種,其中有一種就是"封君之邑"。[1] 吕全義先生則認爲:"'鄗'、'寚'和部分'或'既然是封君之封地,那麽將其所屬邑與封君之'邑'當歸爲一類爲宜,稱之爲封君封國轄邑(包括封國與封君領有之邑)。"[2]吕全義認爲"寚"是"封君之封地",指出"域"作爲"泛指各種地域範圍"中的又一種重要的地域範圍的可能性,即"域"在某一時期有可能是"封君之地"規模的地域概念。"域"的這一含義應該是符合《大盂鼎銘》中"域"的概念的。特别是學術界對湖北隨州葉家山西周早期墓地出土曾國青銅器銘文,以及隨州文峰塔春秋墓地出土曾國青銅器銘文所載曾國始祖南公的研究都指向了《大盂鼎銘》中的"祖南公",這就説明盂所襲封其祖南公的封地規模一定是等於或接近於封國級的。因此,我們將鼎銘中的域理解爲封國規模的地域單位較爲符合實際。

本文主要通過對包山簡""(寚)字及銀雀山漢簡"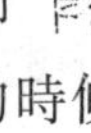"(或)字的分析,反證出《大盂鼎銘》的"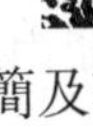"字之音義。但是,本文在進行字形分析的時候又列舉了上博簡《曹沫之陣》第16號簡及郭店簡《緇衣》中與包山簡相同字形的"寚"字,而根據這兩種簡的簡文内容,這二處的"寚"字都應該讀爲"國",而不是讀爲"域",這又怎麽解釋?《説文》:"國,邦也,从囗从或。"[3]又《説文》:"或,邦也,从囗从戈,以守一。一,地也。"[4]段玉裁《説文解字注》:"或、國在周時爲古今字,古文只有或字,既乃複製國字……域……爲後起之俗字。"[5]林義光認爲:"(國)與或同字,以或多用爲語詞,故别製國字。"[6]季旭昇認爲:"(或)爲域國的初文。本義爲區域,邦國爲後起義。"[7]因此,域與國都是最初表示"區域"義的"或"字的後起字,二者可能還是要有規模層次上的區别。陳偉認爲郭店簡《緇衣》篇及上博簡《曹沫之陣》中的國"也許是國野的國,指以某一大邑爲中心的區域",有一定的道理。還有一點也要注意,國與域在最初是表示不同規模的地域概念,随着歷史發展,國字才逐漸演變爲行政區劃意義上的國家之義的專有名詞。

---

[1] 參見黄盛璋:《包山楚簡中若干重要制度發覆與争論未决諸關鍵字解難、决疑》,《湖南考古輯刊》(第6集),1994年;熊賢品:《〈包山楚簡〉所見戰國晚期楚國社會制度研究》,河南大學碩士學位論文,2011年,第11-15頁。

[2] 吕全義:《兩周基層地域性居民組織研究》,北京大學博士學位論文,2016年,第187頁。

[3] 許慎:《説文解字》,北京:中華書局,2013年,第125頁。

[4] 許慎:《説文解字》,第267頁。

[5] 段玉裁:《説文解字注》,第631頁。

[6] 林義光:《文源》,上海:中西書局,2012年,第318頁。

[7] 季旭昇:《説文新證》,福州:福建人民出版社,2010年,第901頁。

綜上,通過對戰國竹簡與銀雀山漢簡及《大盂鼎銘》中“”字相關字的綜合分析,我們把“”字釋讀爲“域”,義爲“相當於封國規模的地域概念”,不是特定地名用字,亦不是盂之封地專用字。此字長期以來未能有全面的考釋。筆者早年研讀《大盂鼎銘》時,曾經通過對上下文隱含的邦、國對舉行文邏輯的梳理,將“”字讀作域,但是未能有充分的論據。近來讀戰國竹簡,偶然發現含有與“”字相關的“宬”字竹簡三種,進一步探求下又有銀雀山漢簡的域字,因草成此文,對“”字的音形義做出全面考釋如上。

四、小　結

1.《大盂鼎銘》中關於授民授疆土部分最後一句“自氒(厥)土”中的“”字有多種釋讀,經過分析與總結前人成果,“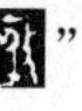”字的準確釋讀應該是釋爲“徑”,讀爲“逕”,義爲“到……(地方)去”。

2. 通過對幾代學者研究成果的辨析,《大盂鼎銘》中關於授民授疆土部分最後一句“自氒(厥)土”中的“”字的正確釋讀應該是釋爲“䙴”,讀爲“遷”,義爲“遷徙”。

3. 在梳理辨正了《大盂鼎銘》中關於授民授疆土部分最後一句“自氒(厥)土”中的“”字、“”字的釋讀後,利用包山簡、郭店簡、上博簡與銀雀山漢簡的相關内容,對尚未有定論的“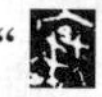”字的形音義進行全面的考釋,認爲“”字釋爲“宬”,讀爲“域”,義爲“相當於封國規模的地域概念”。

《晉公盤》銘文的文字及韻讀問題*

鄧佩玲**

一、引　言

2014年8月，吴鎮烽於復旦網發表《晉公盤與晉公𥂴銘文對讀》一文，公布新見春秋中期《晉公盤》器形及銘文照片。該器淺腹平底，折沿附耳，圈足下連三人形支足，較爲特別的是，盤内底除了鑄有常見的龍紋之外，尚裝飾多隻水禽浮雕，包括水鳥、烏龜、游魚、青蛙等，造型風格與上海博物館藏《子仲姜盤》相當類近。據吴氏描述："這些圓雕動物都能在原處360度轉動，鳥嘴可以啓閉，栩栩如生，頗富生趣。"[1] 2016年，《商周青銅器銘文暨圖像集成續編》出版，收録了《晉公盤》器影與銘文資料，器號爲0952。[2]

新出《晉公盤》内壁刻有銘文七處，每處三行，共184字，内容大致能與傳世《晉公𥂴》相對應。《晉公𥂴》[3]亦稱《周敦》、[4]《周晉公盦壺》、[5]《晉邦盦》、[6]《晉公𨾴𥂴》、[7]《楚邦元女盦壺》、[8]《晉公盆》[9]等，原器已佚，現僅存器全形及銘文拓片。該器最早著録見於清鄒安《周金文存》，之後劉體智《小校經閣金石文字》，《善齋金文拓片餘存》，羅振玉

* 本論文爲香港特别行政區大學資助委員會優配研究金（General Research Fund）資助項目成果之一（RGC Ref No 17631316），謹此致謝。

** 香港大學中文學院助理教授。

[1] 吴鎮烽：《晉公盤與晉公𥂴銘文對讀》，復旦大學出土文獻與古文字研究中心網站刊發文章，網址：http://www.gwz.fudan.edu.cn/old/SrcShow.asp? Src_ID=2297，2014年6月22日。

[2] 吴鎮烽編著：《商周青銅器銘文暨圖像集成續編》，上海：上海古籍出版社，2016年，第308－312頁。

[3] 鄒安《周金文存》及郭沫若《兩周金文辭大系》均稱此器作《晉公𥂴》。（（清）鄒安編著：《周金文存》，臺北：臺聯國風出版社，1978年，第945－948頁；郭沫若：《兩周金文辭大系攷釋》，臺北：大通書局，1971年，第231頁。）方濬益則隸定器名爲《晉公盦》。（（清）方濬益：《綴遺齋彝器考釋》，見劉慶柱、段志洪主編《金文文獻集成》，香港：香港明石文化國際出版有限公司，2004－2005年，第431－432頁）

[4]（清）吴榮光：《筠清館金文》，見劉慶柱、段志洪主編：《金文文獻集成》，第70－72頁。

[5]（清）徐同柏：《從古堂款識學》，見劉慶柱、段志洪主編：《金文文獻集成》，第360－361頁。

[6]（清）吴式芬：《攈古録金文》，見劉慶柱、段志洪主編：《金文文獻集成》，第399－400頁；羅福頤：《三代吉金文存釋文》，香港：問學社，1983年，第18卷，第5頁。

[7] 上海博物館商周青銅器銘文選編寫組：《商周青銅器銘文選》，北京：文物出版社，1986年，第587頁。

[8] 劉體智主編：《小校經閣金石文字：引得本》，臺北：大通書局，1979年，第1793－1794頁。

[9]《殷周金文集成》稱此器爲《晉公盆》。（中國社會科學院考古研究所：《殷周金文集成（修訂增補本）》，北京：中華書局，2015年，第5577頁）

《三代吉金文存》,中國社會科學院《殷周金文集成》等皆著録其拓片,徐同柏《從古堂款識學》、吴榮光《筠清館金石文字》、吴式芬《攈古録金文》、方濬益《綴遺齋彝器考釋》則保留銘文摹本。[1] 由於《集成》所載銘文拓片有所闕漏,缺第五行文字,倘若需要翻查完整拓片,則要參考《周金文存》、《小校經閣金石文字》、《兩周金文辭大系》、《三代吉金文存》、《商周青銅器銘文選》等。

《晉公𥁰》乃晉君遠嫁女兒於楚國時所鑄製的媵器,除了戒勉女兒之辭外,内容尚包括晉君追述先祖顯赫光明的事迹,以及自述謹遵先祖遺訓、保乂王國等。春秋晉君器出土數量不多,此器的發現具有特殊的歷史意義。過去雖然不少學者如楊樹達、[2] 郭沫若、[3] 唐蘭、[4] 李學勤、[5] 謝明文[6] 等均曾就《晉公𥁰》銘文内容作詳細討論,但因部分銘文爲銹所掩,拓本缺字較多,許多内容至今仍然有待進一步探討。《晉公盤》銘文既能與《晉公𥁰》對照,兩者似乎可作互相校補,從此角度來説,《晉公盤》的發現能爲《晉公𥁰》銘文考釋提供至爲重要的參考資料。[7]

二、《晉公盤》的行款字數

過去學者大致認爲《晉公盤》的出現能爲我們對於《晉公𥁰》銘文的理解帶來契機,吴鎮烽曾言:"晉公盤銘文與晉公𥁰基本相同,但繩子往往從細處斷,晉公盤也有一個補丁,恰巧也在晉公𥁰缺字之處,幸好有所錯位,兩銘可互相校補,使許多關鍵問題得以解决。"[8]

---

[1] 有關《晉公𥁰》的流傳與著録情況,詳參雷晉豪:《失傳古物的古物研究:〈晉公盆〉及其方法論意義——兼論中國史上第一個美人計》,《中國考古學(第16號)》,2016年,第197－220頁。

[2] 楊樹達:《晉公𥁰跋》,見《積微居金文説》(《考古學專刊甲種第一號》),北京:中國科學院,1952年,第73－74頁。

[3] 郭沫若:《兩周金文辭大系攷釋》,頁231－232;郭沫若:《韻讀補遺》,《金文叢考》(《郭沫若全集·考古編》),北京:科學出版社,1954年,第157頁。

[4] 唐蘭:《晉公𦉢𥁰考釋》,故宫博物院編《唐蘭先生金文論集》,北京:紫禁城出版社,1995年,第15－16頁。

[5] 李學勤:《晉公𥁰的幾個問題》,文化部文物事業管理局、古文獻研究室編《出土文獻研究》,北京:文物出版社,1985年,第134－137頁。

[6] 謝明文:《晉公𥁰銘文補釋》,復旦大學出土文獻與古文字研究中心編《出土文獻與古文字研究(第五輯)》,上海:上海古籍出版社,2013年,第236－257頁。

[7] 除了吴鎮烽論文之外,張崇禮亦曾撰專文討論《晉公盤》銘文。(張崇禮:《晉公盤銘文補釋》,復旦大學出土文獻與古文字研究中心網站刊發文章,網址:http://www.gwz.fudan.edu.cn/Web/Show/2301,2014年7月3日。)

[8] 吴鎮烽:《晉公盤與晉公𥁰銘文對讀》,復旦大學出土文獻與古文字研究中心網站刊發文章,網址:http://www.gwz.fudan.edu.cn/old/SrcShow.asp?Src_ID=2297,2014年6月22日。

《晉公𥂴》銘文所載"晉公"究竟是晉國哪位國君,古文字學家儘管意見分歧,曾經提出晉襄公、[1]晉平公、[2]晉定公[3]等多種説法,但《晉公𥂴》所屬年代應該介乎春秋早期至中期之間。彭裕商曾經從器銘措辭、器形及紋飾等角度,推測此器年代上限是略早於公元前670年,下限不應晚於公元前600年,屬春秋中期前段器。[4] 有關《晉公𥂴》的銘文風格,朱鳳瀚嘗描述云:

> 器銘布局較散,横不成排,字大小亦不同,但筆畫細勁而多方折,其書體接近於侯馬盟書,所以應屬於當時流行之手寫體,而未經刻意加工。[5]

吴鎮烽嘗對《晉父盤》作詳細考釋,爲便於我們討論,現根據其釋文將《晉公𥂴》及《晉父盤》銘文作出比對。《晉公𥂴》殘泐情況較爲嚴重,新見於《晉父盤》之文字均以方框標示:

	《晉公𥂴》	《晉父盤》
1.	隹(唯)王正月初吉丁亥,	隹(唯)王正月初吉丁亥,
2.	晉公曰:我皇且(祖)⿰昜阝(唐)公,	𣈆(晉)公曰:我皇且(祖)⿰鬲昜(唐)公,
3.	雁(膺)受大令,左右武王,	⿸疒雁(膺)受大命,左右武王,敎(敎—教)
4.	□百緣(蠻),廣嗣四方,至于	⿰畏戈(畏—威)百緣(蠻)廣閼(闢)亖(四)方,至于
5.	大廷,莫不□王。王命⿰昜阝(唐)公,	不(丕)廷,莫〔不〕秉。王命⿰鬲昜(唐)公,
6.	□宅京𠂤(師),□□晉邦,我	建⿸广乇(宅)京𠂤(師),君百乜乍(作)邦。我
7.	剌(烈)考⍁	剌(烈)考憲公,克□亢猷,
8.	彊(疆)武,⍁	彊(疆)武魯宿,龗(靈—令)名不□,
9.	虩=(虩虩)才(在)〔上〕⍁	虩=才(在)〔上〕,台(以)厰(嚴)⿰衤夤(夤) 龏(恭)天命,
10.	召⿰業夫⍁	召⿱業女(乂)躿(朕)身,孔静

[1] 郭沫若:《兩周金文辭大系攷釋》,第158頁。
[2] 李學勤:《晉公𥂴的幾個問題》,第135頁。
[3] 唐蘭:《晉公雒𥂴考釋》,第15頁;楊樹達:《晉公𥂴跋》,第73頁;白川静:《金文通釋》(第35輯),神户:白鶴美術館,1964年,第102頁。
[4] 彭裕商:《晉公𥂴年代再探》,陳偉武主編《古文字論壇(第1輯):曾憲通教授八十慶壽專號》,廣州:中山大學出版社,2015年,第113-117頁。
[5] 朱鳳瀚:《中國青銅器綜論》,上海:上海古籍出版社,2009年,第644頁。

續表

	《晉公盨》	《晉父盤》
11.	晉邦。公曰：余锥今学(小子),敢	䂓(晉)邦。公曰：余锥(唯)今小子,叡(敢)
12.	帥井(型)先王,秉德嬗嬗,咭	帥井(型)先王,秉德䚢(秩)〔秩〕,昚(協)
13.	燮萬邦,諭莫不曰頛	燮萬邦,諒(哀)〔哀〕莫不曰頛(卑)
14.	䪢,余咸畜胤士,乍(作)	䪢(恭),余咸畜胤(俊)士,乍(作)
15.	馮左右,保辪(乂)王國,剬	馮(朋)左右,保辪(乂)王國,剬
16.	暴(?)霖蹑,□攻虩者	匬 䨻屖,台(以) 厰(嚴)虩若
17.	否。乍(作)元女▨	否乍(作)元女 孟姬宗
18.	賸盨四酉,□□□□,	彝般(盤),牆(將) 廣啓邦,
19.	虔龏盟祀,以啚(答)□	虔䢅(恭)盟(盟)祀,卲(昭)啚(答)
20.	皇鄉,咭新百黹。锥今	皇卿(卿),昚(協)訓(順)百黹(職)。锥(雖)今
21.	学(小子),整辪(乂)爾家(?),宗	小子,謷(敕)辪(乂)爾家,宗
22.	婦楚邦,烏(於)卲萬	婦楚邦,烏(於)屌(昭)萬
23.	年,晉邦佳(唯)榦(翰),	年,䂓(晉)邦佳(唯)榦(翰),
24.	永康(康)寶。	永康(康)寶。

《晉公盨》銘文共24行,布局較爲鬆散,文字大小不盡相同,每行字數存在差異。正因布局不規整,我們很難從行款推測銘文缺字的數量。不過,由於《晉公盤》銘文相對完整,故通過兩銘的比較,或許能對《晉公盨》的缺字數目有進一步的了解。以下是藉助兩銘對照後而推測所得的結果：

字數	第1行	第2行	第3行	第4行	第5行	第6行
	8*	8*	9	9	10	10
字數	第7行	第8行	第9行	第10行	第11行	第12行
	8	8	8	6	9*	8*
字數	第13行	第14行	第15行	第16行	第17行	第18行
	8*	7*	8*	7*	7	6
字數	第19行	第20行	第21行	第22行	第23行	第24行
	6	8*	6*	6*	5*	3*

《晉公盨》部分銘文比較清晰,有些字行的具體字數能够肯定,表格中皆以*號標示。大致來説,《晉公盨》銘文殘泐的地方主要集中於兩處,分别是第5行至第10行、第18行至第19行。

而從完整部分的觀察,上半篇銘文的每行字數基本上都是在8字至9字之間,但從第14行開始減少,部分只有7字,而自第21行字數再次遞減,每行字數僅有5字或6字。綜上可見,《晉公𥃝》銘文行款是由密而疏,每行字數逐漸減少。

《晉公𥃝》銘文殘泐,部分字行的字數已難以肯定,但倘若再仔細觀察通過《晉公盤》推測所得的字數,則出現一個頗爲特殊的現象——推測所得結果有些未能與銘文其他能確定字數的部分盡合。例如,銘文第5行及第6行均出現了10字的現象,第10行是6字,這都與上半篇在8至9字之間、第14行開始字距變疏的整體情況不相符。再者,前文曾經指出銘文自第21行才減至6字,但第18行及第19行的推測字數却爲6字,這皆與第21行以前字距較密的情況未能盡合。

三、《晉公盤》銘文的韻讀

除了銘文内容之外,《晉公𥃝》的韻讀問題亦是一向備受學者關注的。器銘雖然銹蝕嚴重,不少字詞難以辨識,但是,徐同柏很早就注意到《晉公𥃝》爲有韻銘文:

> 銘文凡兩章,首章"公、王、方、邦"韻,"命、鑾、廷"韻,"阜、遂"韻,"虩、業"韻,次章"王、邦"韻,"子、士、右、彝、婦"韻,"國、畣、黻"韻,"季、甯"韻。[1]

此外,郭沫若嘗對器銘用韻情況作較詳細的考察,《兩周金文辭大系攷釋》云:

> 本銘雖殘泐過甚,然細審實是有韻之文。"王、方、王、邦、彊、□、上、□、邦、王、邦、豐",陽東合韻。"士、右、國",之韻。"傁、者、女",魚部。"□、㡀",脂部。"容、邦",東韻。"年、輚",真元合韻。[2]

郭氏《韻讀補遺》更清晰標注整篇銘文韻腳所在,惟當中部分分析與《大系攷釋》存有差異,現列出該書所示的韻腳位置及韻部如下:

> 陽東合韻 :王、方、王、邦、上、彊、邦、王、邦、豐
> 之　　部 :士、右、國
> 魚　　部 :傁、者、女
> 幽侯合韻?:酉、□、苒

[1] 徐同柏:《從古堂款識學》,第362頁。
[2] 郭沫若:《兩周金文辭大系攷釋》,第232頁。

東　部　：容、邦

真元合韻　：年、輪

《韻讀補遺》較《大系攷釋》多出"幽侯合韻"，但其後却標志問號(?)，説明"酉、□、苒"三字是否入韻仍然有待確定。

近年來，不少學者曾經討論兩周金文的用韻問題，其中，楊懷源、孫銀瓊標示《晉公盞》韻腳及其位置如下：

A 王、方、王疆、上，陽部 aŋ/aŋ；公、邦、邦，東部 ɔŋ/uŋ。陽東合韻。

B 子、士、右、祀，之部 ə/əg；國、職、職部 ək/ək；酉，幽部 u/əgw。之職幽合韻。

C 王、豐，陽韻 aŋ/aŋ；邦，東部 ɔŋ/uŋ。東陽合韻。

D 迮，鐸部 ak/ak；者、女，魚部 a/ag；卿，陽部 aŋ/aŋ。魚鐸陽通韻。

E 子，之部 ə/əg；寶，幽部 u/əgw。之幽合韻。

F 容、邦，東部 ɔŋ/uŋ。

G 年，真部 en/in；翰，元部 an/an。真元合韻。[1]

從上述資料可知，諸家所標志的《晉公盞》韻腳及韻部皆大同小異。銘文除了數次换韻之外，更出現交韻、抱韻等情況。雖然如此，我們認爲，該銘用韻仍是複雜錯落中有一定規律。根據内容，整篇銘文可以分爲三部分，其用韻亦大概能與此相對應。現將整篇銘文的用韻位置標示如下：[2]

【第一部分】

隹(唯)王正月初吉丁亥，晉公曰：我皇且(祖)𨛫(唐)公(A 東)，雁(膺)受大令，左右武王(A 陽)，□□百緣(蠻)，廣嗣四方(A 陽)，至于大廷，莫不□王(A 陽)。王命𨛫(唐)公(A 陽)，□宅京自(師)，□□晉邦(A 東)，我剌(烈)考▨疆(疆)(A 陽)，武▨，虩＝(虩虩)才(在)[上](A 陽)▨召㸚▨晉邦(A 東)。

A 東陽合韻：公、王、方、王、公、邦、疆、[上]、邦

【第二部分】

公曰：余锥今小子(B 之)，敢帥井(型)先王(A 陽)，秉德嬧嬧，訞燮萬邦(A 東)，諗莫不曰頓豐(恭)(A 東)。余咸畜胤士(B 之)，乍(作)馮左右(B 之)，保辪

[1] 楊懷源、孫銀瓊：《兩周金文用韻考》，北京：人民出版社，2014 年，第 329－330 頁。

[2] 入韻字分部據王力上古音系。

(乂)王國(B 職),�_ANTHROPIC暴(?)靏戕,□攻虩者否(B 之)。

B 之職合韻:子、士、右、國、否

A 東陽合韻:王、邦、龏(恭)

【第三部分】

乍(作)元女☐媵蠤四酉(B 幽),□□□□,虔龏盟祀(B 之),以倉(答)□皇鄉(A 陽),訢新百嵩。雒今小子(B 之),整辪(乂)爾家(?),宗婦楚邦(A 東),烏(於)卲萬年(C 真),晉邦隹(唯)雗(翰)(C 元),永康(康)寶(B 幽)。

B 之幽合韻:酉、祀、子、寶

A 東陽合韻:鄉、邦

C 真元合韻:年、雗(翰)

第一部分是晉君對於先祖光榮事迹的追述與回顧。此部分押韻較有規律,大致是隔句用韻,東陽合韻。第二部分是晉公自述其慎遵先祖遺訓,燮理萬邦,保乂王國。此部分開始出現换韻,第一句用之職韻,但其後换回東陽韻,隨後才再繼續用之職韻,造成交韻的現象。[1] 第三部分述説作器原因,并且記載晉公勉戒女兒之辭。此部分開首仍然繼續與前面韻段押韻,但换之幽合韻,後半部分則兩次换韻,分别用東陽合韻、真元合韻,用韻情況是三個部分中最複雜的。

總括而言,《晉公𥂴》銘文雖然多次换韻,但入韻字大致上可歸納爲三類:

A 東陽合韻

B 之職幽合韻

C 真元合韻

《晉公𥂴》整篇銘文基本上都有用韻,中段開始多次换韻,大抵以 A 東陽合韻及 B 之職幽合韻爲主,C 真元合韻僅見於篇末數句。而且,就用韻疏密度而言,銘文大致是隔句押韻,部分地方更連續兩句押韻,用韻較密,頗有規律。

《晉公𥂴》銘文殘泐嚴重,不少字詞無法辨識。在韻讀問題上,《晉公盤》銘文相對完整,藉助兩銘的比較,或許能够爲銘文用韻情況的探討提供資料。因兩者内容基本相同,不少字

[1] 王力指出:"所謂交韻,就是兩韻交叉進行,單句與單句押韻,雙句與雙句押韻。"(王力:《詩經韻讀》,上海:上海古籍出版社,1980 年,第 70 頁。)但我們這裏所謂的"交韻",只是指"以兩個韻部的字爲韻脚,但韻脚互相交錯",所采用的定義較王力爲廣。(夏征農主編:《大辭海·語言學卷》,上海:上海辭書出版社,2003 年,第 88 頁)

詞能够對應,我們遂以《晉公𥂴》爲基礎,與《晉公盤》銘文作出對照。《晉公𥂴》部分銘文因銹蝕嚴重而無法辨認,不少涉及用韻位置。我們以下將《晉公盤》銘文的韻腳標示如下,而原於《晉公𥂴》銘文殘缺或兩銘文字有所差異之處,皆以方框標示,以供參考:

【第一部分】

隹(唯)王正月初吉丁亥,晉(晉)公曰:我皇且(祖)𩁹(唐)公(A 東),雁(膺)受大命,左右武王(A 陽),殺(殺—教)戢(畏—威)百緣(蠻),廣閗(闢)亖(四)方(A 陽),至于不(丕)廷,莫〔不〕秉[illegible]。王命𩁹(唐)公(A 陽),建宅(宅)京自(師),君百乚乍(作)邦(A 東)。我剌(烈)考憲公(A 東),克□亢猷,彊(疆)武魯宿,霝(靈—令)名不□,虩=才(在)〔上〕(A 陽),台(以)厰(嚴)襀(夤)㢸(恭)天命,召𡙃(乂)䑣(朕)身,孔静晉(晉)邦(A 東)。

A 東陽合韻:公、方、公、邦、公、〔上〕、邦

【第二部分】

公曰:余隹(唯)今小子(B 之),敔(敢)帥井(型)先王(A 陽),秉德嚚(秩)[秩],旹(協)燮萬邦(A 東),諒(哀)[哀]莫不曰頵(卑)龏(恭)(A 東),余咸畜胤(俊)士(B 之),乍(作)馮(朋)左右(B 之),保𨐨(乂)王國(B 職),刜龠霝㞒,台(以)厰(嚴)虩若否(B 之)。

B 之職合韻:子、士、右、國、否

A 東陽合韻:王、邦、恭

【第三部分】

乍(作)元女孟姬宗彝般(盤),𣿅(將)廣啓邦(A 陽),虔㢸(恭)盟(盟)祀(B 之),卲(昭)倉(答)皇卿(卿)(A 陽),旹(協)訓(順)百黹。隹(雖)今小子(B 之),𢽚(敕)𨐨(乂)爾家,宗婦楚邦(A 東),烏(於)𡩜(昭)萬年(C 真),晉(晉)邦隹(唯)𩁹(翰)(C 元),永康(康)寶(B 幽)。

B 之幽合韻:祀、子、寶

A 東陽合韻:邦、卿、邦

C 真元合韻:年、𩁹(翰)

綜上可見,新見於《晉公盤》的文字主要出現於銘文的第一部分。正如前文所言,《晉公𥂴》第

一部分銘文基本上是隔句入韻,東陽合韻,韻腳較密且有規律。然而,《晉公盤》的出現似乎能爲銘文用韻情況帶來不同的理解。我們注意到,原本於《晉公𥂴》銘文中殘泐的部分句子,在《晉公盤》中却不入韻。例如"我剌(烈)考憲公,克□亢猷,彊(疆)武魯宿,靁(靈—令)名不□",除了"我烈考"三字見於《晉公𥂴》之外,其餘皆爲《晉公盤》新見文字,屬於陽部或東部只有"公"字,其餘句子皆不入韻。此外,在"台(以)厰(嚴)㒸(夤)䡈(恭)天命,召㸚(乂)䑣(朕)身,孔静䈪(晉)邦"一段銘文中,"命"爲耕部字,"身"爲真部字,皆無法入韻。由是可見,上述兩段皆是新見於《晉公盤》的文句,但其出現似乎打破了《晉公𥂴》第一部分銘文隔句入韻的基本規律。[1]

四、《晉公盤》銘文字形

雖然《晉公盤》的内容大致能與《晉公𥂴》相對應,但如果仔細考察個别文字的寫法,則發現兩者存在一定的差異,部分更與春秋早期至中期的習見寫法不盡相同,我們將有關例子整理爲附録一,以供參考。

1. "我"

"我"字在《晉公盤》銘文中共出現兩次,分别見於第2行及第5行,《晉公𥂴》字形殘泐不清,甚爲模糊。"我"本爲兵器的象形字,後來假借爲第一人稱代詞,甲骨文書作""(合14248)、""(合12684)、""(合36524)等,金文承繼甲骨文寫法,書作""(《秦公鎛》,《集成》267),""(《曾伯霥簠》,《集成》4631),""(《齊䡅氏鐘》,《集成》142)等,右旁""仍見與"戈"相類近之武器形狀。然而,《晉公盤》"我"字分别書作""及"",字形中已不見右旁類似"戈"的形狀。

2. "皇"

"皇"字見於《晉公盤》銘文第2行。倘若與金文"皇"的習見寫法比較,此字上部""内短劃被省略。不過,在兩周金文中,類似的現象却要下逮春秋晚期金文才出現,如"皇"字於《齊䡅氏鐘》(《集成》142)書作"",《鄘侯少子簋》(《集成》4152)作""。《晉公盤》"皇"字下半部作"",古文字中短劃與圓點雖有相互演變發展的關係,然而,春秋中期或以前的"皇"并未見从""的例子,此類情況最早僅出現於春秋晚期《蔡侯鐘》(《集成》224)""及《王子午鼎》(《集成》2811)""。因此,倘若《晉公盤》年代屬春秋早期至中期之間,銘文""的書寫特徵却與春秋晚期金文較爲接近。

[1] "命"爲耕部字,第一段銘文屬耕部字者尚有"命"、"廷",倘若"東陽耕"合韻,則第一部分銘文的入韻字尚有"命"、"廷"、"命"三字。從此角度而言,第二例仍符合至少隔句入韻的規律。但是,過去學者多認爲此篇爲"東陽"合韻,耕部字不入韻;而且,假如我們判斷爲"東陽耕"合韻,第二部分及第三部分却未見有屬於耕部的入韻字。

3. "雁"

"雁"字見於《晉公盤》銘文第3行,書作"",从"疒"从"隹",此類寫法乃金文首見,與習見之""(《毛公鼎》,《集成》2841),""(《師克盨》,《集成》4467),""等并不相同。事實上,"雁"字較爲晚出,最早僅見於《説文·隹部》小篆"",[1]即今日"鷹"字。

4. "廷"

"廷"字見於《晉公盤》銘文第5行,書作""。"廷"爲金文常用字,本來是从""、"彡"聲的形聲字,"彡"訛作""或"",其後再作"",即从"人"从"土"之"壬"。[2] 值得注意的是,在《晉公盤》"廷"字中,"人"、"土"、"彡"三個部件同時存在,雖然類近寫法見於西周中期《大師虘簋》(《集成》4252)""及《走馬休盤》(《集成》10170)"",但是,或因从"人"从"土"之"(壬)"乃自""所訛變,金文"廷"中之"土"必置於"人"下,從來未見有如""中"人"、"土"分寫的例子。

5. "宅"

"宅"字見於《晉公盤》銘文第6行,書作"",从"广"从"乇",可隸定爲"厇"。至於《晉公盆》"宅"字仍書作"",《晉公盤》以"厇"作"宅"乃金文首見。

6. "憲"

"憲"字見於《晉公盤》銘文第6行,書作"",字上部从"宀"。從《揚簋》(《集成》4294)""及《秦公鎛》(《集成》267)""可知,金文"憲"字上部大致皆从"",即"害",用爲聲符。[3] 从"宀"的寫法乃後來訛變,出現年代較晚,如睡虎地秦簡《秦律十八種》簡193始見有"憲"書作""的例子。

7. "克"

"克"字見於《晉公盤》銘文第7行,書作""。"克"在金文中經常出現,其上部普遍書作類似"古"之"",而《晉公盤》"克"書作"",與習見字形有明顯差異。

8. "魯"

"魯"字見於《晉公盤》銘文第8行,書作"",當中,"魚"、"日"兩個部件雖然仍能辨認,但"魚"的寫法却與金文習見者明顯有别。《魯姬鬲》所見"魯"字所从之"魚"書作"",《魯作愈父鬲》則作"",在兩個偏旁中,魚鰭、魚身等特徵皆清晰可見,但《晉公盤》"魚"字書作"",甚爲潦草,與金文習見寫法不同。

9. "宿"

"宿"字見於《晉公盤》銘文第8行,書作"",从"宀"、"人"、"百"。其實,古文字"宿"

[1] (漢) 許慎撰,(宋) 徐鉉校定:《説文解字(附檢字)》,北京:中華書局,1963年,第76頁。
[2] 陳初生編纂,曾憲通審校:《金文常用字典》,西安:陝西人民出版社,2004年第2版,第209－211頁。
[3] 參黄德寬主編:《古文字譜系疏證》,北京:商務印書館,2007年,第2375頁。

本不从“百”，如《鄒子宿車盆》“宿”字書作“”，會合人於屋内即席休息之意，部件“”乃“席（蓆）”之象形。下逮東漢許慎《説文》，書中所録小篆作“”，[1]仍然不从“百”。从“百”之“宿”出現甚晚，最早見於西漢馬王堆帛書《養生方》113之“（宿）”，漢印亦有“”字。[2]

10. “虢”

《晉公盤》銘文“虢”字出現兩次，分别見於第9行及第16行，右下旁皆有重文符號，可惜的是，《晉公𥃝》兩處“虢”的字劃皆欠清晰，未能對照。《晉公盤》“”右偏旁“虎”雖然大致仍能辨認，但却與金文“虎”之書作“”（《秦公鎛》，《集成》267）及“”（《秦公簋》，《集成》4315）存在明顯差異。

11. “才”

“才”字見於《晉公盤》銘文第9行，書作“”，横劃斷寫且朝左右兩邊傾斜，與金文“才”一般呈“十”字作“”（《散氏盤》，《集成》10176），“”（《秦公鎛》，《集成》267），“”（《秦公簋》，《集成》4315）的寫法顯然不同。

12. “䜌”

“䜌”字見於《晉公盤》銘文第10行，書作“”。雖然銘文照片稍欠清晰，但右部件“業”仍隱約能見。值得注意的是，金文“業”皆書作“䗫”，从二“菐”，未見有从二“業”者，“業”最早見於《説文・丵部》小篆“”，其古文“”更能與金文字形相對應。[3]

13. “胤”

“胤”字見於《晉公盤》銘文第14行，書作“”。在殷周金文中，“胤”字曾出現數次，皆从“八”、“幺”、“肉”，字形有“”（《傳簋》，《集成》4075），“”（《秦公鐘》，《集成》262），“”（《秦公簋》，《集成》4315）等。《晉公盤》“”并不从“肉”，字中“”之寫法與束絲之形接近。

14. “啓”

“啓”字見於《晉公盤》銘文第18行，書作“”。金文“啓”大致皆从“户”、“又”、“口”，與《晉公盤》“”所見構字部件相同。甲骨文“啓”有書作“戸”之例，如“”（合20926）、“”（合13072）、“”（合13116）等，會以手開户之意，乃“啓”之本義，故“啓”中之“口”應該是後來增益的部件。而且，古文“啓”所从“口”皆置於“戸”下，從來未見有如“”中“口”置於“又”上者，此或與“口”屬累增部件相關。

15. “肅”

“肅”字見於《晉公盤》銘文第20行，書作“”。現今學者於“肅”之本義曾經提出多

[1] 許慎撰，徐鉉校定：《説文解字（附檢字）》，第151頁。
[2] 羅福頤編：《漢印文字徵》，北京：文物出版社，1978年，第7卷，第16頁。
[3] 許慎撰，徐鉉校定：《説文解字（附檢字）》，第58頁。

種説法,可能與衣物刺繡的紋飾有關。[1] 甲骨文“黹”書作“”(合5401),“”(合8286)等,金文則有“”(《㝬簋》,《集成》4317),“”(《頌簋》,《集成》4332),“”(《曾伯霥簠》,《集成》4631)等,“黹”由上下兩部分組成,中間有一斜劃或直劃相連。但是,《晉公盤》“”字中上下兩部分之間有多個直筆,與金文習見寫法并不相同。

16. “家”

“家”字見於《晉公盤》銘文第20行,書作“”。在古文字中,“家”大致从“宀”从“豕”,表示家居中飼養牲畜。金文“家”所从之“豕”書作“”(《㝬簋》,《集成》4317),“”(《杕氏壺》,《集成》9715),“”(《令狐君嗣子壺》,《集成》9719)等,乃豎立之猪形,寫法固定,毛髮及尾巴等特徵明顯。但是,“”所从之“豕”書作“”,與習見寫法有明顯差别。

17. “雗(翰)”

“雗”字見於《晉公盤》銘文第23行,書作“”,《晉公𥂴》銘文作“”,古文字學家多釋此字爲“翰”,《詩》有“維翰”一辭,可資印證,“翰”或可解爲藩翰、輔翼之意。[2] 細審《晉公𥂴》“”之字形,“倝”、“隹”兩個部件仍然能够勉强辨認,與《説文・隹部》所收“”(雗)”構形相同,[3]“雗”、“翰”同屬元部字,音近可通。《晉公盤》“”雖然从“倝”,但“隹”却書作“”,明顯有别於“隹”,難以確知象徵何物。

18. “㝩(康)”

《晉公盤》“康”字書作“(㝩)”,从“宀”从“康”,見於銘文末行。“康”爲金文常用詞,本从“庚”从“米”,有虚空之意。[4] 金文中有从“宀”之“康”,如《大克鼎》(《集成》2836)“”及《㝬簋》(《集成》4317)“”,偏旁“宀”之增加并不構成釋讀上的差異。而《晉公盤》所見“”却有别於金文“康”之習見寫法,春秋金文“康”中象徵“米”之四點皆書作“⺀⺀”,然此字所見四點方向完全相反,書作“⺀⺀”,寫法屬金文首見。

19. “寶”

《晉公盤》“寶”字見於銘文末行最後一字,書作“”,字形相當特别,與金文習見“寶”字从“宀”、“玉”、“貝”、“缶”的寫法大相徑庭。“”字不从“貝”而从“”,“”似可隸定爲“呆”,从“呆”之“寶”字爲金文首見。至於《晉公𥂴》“寶”字書作“”,字形明顯从“貝”,與金文習見寫法一致。

---

[1] 參姚孝遂説。(于省吾主編,姚孝遂按語編撰:《甲骨文字詁林》,北京:中華書局,1996年,第2227頁。)

[2] 參楊樹達:《晉公𥂴再跋》,《積微居金文説》(《考古學專刊甲種第一號》),北京:中國科學院,1952年,第74－75頁;李學勤:《晉公𥂴的幾個問題》,第137頁。

[3] 許慎撰,徐鉉校定:《説文解字》,第76頁。

[4] 張光裕:《古文字中之“康”與“㴔”》,《雪齋學術論文二集》,臺北:藝文印書館,2004年,第291－296頁。

五、結　　語

《晉公盤》銘文能與傳世《晉公𥂴》相對照，或許能補苴其不足，故《晉公盤》公布後旋即引起學者的廣泛關注。雖然如此，吴氏資料發布後半年，王恩田在復旦網發表《晉公盤辨僞》一文，從器形風格及鑄造年代兩個角度，就器物的真實性提出質疑：

> 晉公盤的兩個突出特點，與子仲姜盤和晉公𥂴的基本事實之間，顯然存在無法調和的矛盾。有必要認真思考，做出符合情理的解釋。[1]

利用銘文考證器物真僞是青銅器辨僞的重要方法之一，容庚《商周彝器通考》曾經提出鑒定文字真僞之六個方法：

> （一）凡銘文與宋代著録之器相同者，除商器之常見銘辭如“史”、“戈”、“”、“  ”之類間有真者外，其餘多字之器，或銘文同而形狀花紋異之器皆僞。
>
> （二）凡增減改易宋代箸録之銘辭者皆僞。
>
> （三）凡宋代箸録之銘辭，由此類器移於彼類器，或加以删改者皆僞。
>
> （四）凡文句不合於銘辭體例者皆僞。
>
> （五）凡形制與銘辭時代不相合者皆僞。
>
> （六）凡銘辭僅云“作寶彝”者多僞。[2]

從現今所存資料可知，不少僞作銘文乃是在現有著録的基礎上稍作增删修改而成。《晉公盤》既屬刻銘，倘若個别文字寫法殊異，似非奇特現象；然而，通過本文的分析，《晉公盤》銘文字形特殊的情況并不囿限於幾個字詞，而是遍布整篇銘文，部分文字寫法更明顯出現錯誤；而且，加上用韻及字數的考察，益使我們認爲銘文確實仍有不少可再討論的空間。容氏曾經指出僞作彝器可以分爲四大類，分别爲“器與銘俱僞”、“器真而銘僞”、“銘真而補入他器”及“銘真而器僞”。[3]　因此，除了觀察銘文之外，實物摩挲亦是辨僞工作的重要步驟之一，其自述云：“以上所舉諸器，多未經目驗，等於射覆，將以此測余學之所至，非能必中，幸讀者之有

[1] 王恩田：《晉公盤辨僞》，復旦大學出土文獻與古文字研究中心網站刊發文章，網址：http://www.gwz.fudan.edu.cn/old/SrcShow.asp? Src_ID=2457，2015年3月3日。

[2] 容庚：《商周彝器通考》（《燕京學報專號之十七》），臺北：大通書局，1973年，第197－200頁。

[3] 容庚：《商周彝器通考》，第209－223頁。

以教之也。”[1]本文嘗試從韻讀及文字的角度,對《晉公盤》銘文提出初步想法,盼藉此拋磚引玉,并就教於前輩方家。

附録一 《晉公盤》與《晉公盨》字形對照舉隅

	字例	《晉公盤》字形	《晉公盨》字形		金文習見字形
			《集成》	《三代》	
1.	我	第2行			秦公鎛 春秋早 267 曾伯霥簠 春秋早 4631 齊鞷氏鐘 春秋晚 142
		第5行	殘泐	殘泐	
2.	皇	第2行			秦公鎛 春秋早 267 曾伯霥簠 春秋早 4631 齊鞷氏鐘 春秋晚 142 王子午鼎 春秋晚 2811
3.	雁(膺)	第3行	殘泐	殘泐	毛公鼎 西周晚 2841 師克盨 西周晚 4467 秦公鎛 春秋早期 267
4.	廷	第5行	闕		三年師兑簋 西周晚 4318 散氏盤 西周晚 10176 秦公簋 春秋中 4315
5.	宅	第6行			秦公鎛 春秋早 269 秦公簋 春秋中 4315 魯少嗣冠盤 春秋 10154
6.	憲	第7行	殘泐	殘泐	揚簋 西周晚 4294 秦公鎛 春秋早 267
7.	克	第7行	殘泐	殘泐	秦公鎛 春秋早 269 曾伯霥簠 春秋早 4631 隱公克敦 春秋晚 4641
8.	魯	第8行	殘泐	殘泐	魯姬鬲 春秋早 593 魯伯愈父鬲 春秋早 692 秦公簋 春秋中 4315
9.	宿	第8行	殘泐	殘泐	鄀子宿車盆 春秋早 10337 室宿簋 西周中 NA1957
10.	虢	第9行			毛公鼎 西周晚 2841 秦公鎛 春秋早 267 秦公簋 春秋中 4315
		第16行			

[1] 容庚:《商周彝器通考》,第225頁。

續表

	字例	《晉公盤》字形	《晉公𥂴》字形		金文習見字形
			《集成》	《三代》	
11.	才	第9行			散氏盤 西周晚 10176 秦公鎛 春秋早 267 秦公簋 春秋中 4315
12.	䕌	第10行			㦸簋 西周中 4322 仲業簋 西周晚 3783 䄟伯䕌鼎 春秋中 2622 秦公簋 春秋中 4315
13.	胤	第14行			傳簋 西周晚 4075 秦公鐘 春秋早 262 秦公簋 春秋中 4315
14.	啓	第18行	殘泐	殘泐	攸簋 西周早 3906 瘋鐘 西周中 253 中山王譽鼎 戰國晚 2840
15.	𦍒	第20行			㝬簋 西周晚 4317 頌簋 西周晚 4332 曾伯霥簠 春秋早 4631
16.	家	第20行			㝬簋 西周晚 4317 頌壺 西周晚 9731 杕氏壺 春秋晚 9715 令狐君嗣子壺 戰國早 9719
17.	𩍘（翰）	第23行			𩍘㝬父鼎 西周 2205
18.	康（康）	第24行			頌壺 西周晚 9731 秦公鎛 春秋早 269 哀成叔鼎 春秋晚 2782 蔡侯盤 春秋晚 10171 令狐君嗣子壺 戰國早 9720
19.	寶	第24行			伯梀虘簋 西周晚 4094 魯伯俞父簠 春秋早 4568 𪒠鎛 春秋中期 271 𨚕君鉦鋮 春秋晚期 423

《晉公盤》銘文影本：

吴鎮烽編著：《商周青銅器銘文暨圖像集成續編》，上海：上海古籍出版社，2016年，0952。

《晉公盞》銘文拓本：

中國社會科學院考古研究所：《殷周金文集成》,北京：中華書局,2015 年修訂增補本,10342。

羅振玉編：《三代吉金文存》,香港：龍門書店,1968 年,卷 18,第 14 頁。

試談𫚗器中兩例“𧶘”字的讀法*

謝明文**

在目前已經公布的金文中,“𧶘”字共出現四次。商代金文中它見於父己罍(《集成》09788)、父丁鼎(《銘圖》02244)。父己罍銘中用作族名。父丁鼎銘“𧶘”字不清晰,《集成》未收此銘。如果鼎銘不僞,從銘文“……遘于日癸☐日。𧶘”來看,“日”前所殘之字當是“肜”、“翌”、“𧶠”之類,而“𧶘”亦當是族名。西周金文中“𧶘”字見於五祀𫚗鐘(《集成》00358)與𫚗簋(《集成》04317),本文我們準備重點談談𫚗器中這兩例“𧶘”字的讀法。爲了討論的方便,我們先把它們的文例揭示如下:

(1)……前文人韡(融)厚多福,用申圈(固)先王受皇天大魯命,[1]文人陟降$_=$(降,降)余黄𧶘,授余純魯,盜(討)[2]不廷方,𫚗(胡)其萬年,永畯尹四方,保大命,作疐在下,禦大福,其格。唯王五祀。　　五祀𫚗鐘,《集成》00358

(2)……其格前文人,其頻在帝廷陟降,申圈(固)皇帝大魯命,用黔保我家、朕位、𫚗(胡)身,阤阤降余多福、憲𧶘、宇(訏)慕(謨)、遠猷。𫚗(胡)其萬年𩱧(肆)實朕多禦,用禱壽,匄永命,畯在位,作疐在下。唯王十有二祀。　　𫚗簋,《集成》04317

五祀𫚗鐘“文人陟降$_=$(降,降)余黄𧶘”這一句,穆海亭、朱捷元兩位先生釋作“文人陟降,余黄𧶘(烝)”,認爲黄,美也。烝,美也。黄烝同義,“余黄烝”言我光美。[3]《殷周金文集成

---

* 本文受到國家社科基金青年項目“商代金文的全面整理與研究及資料庫建設”(項目編號16CYY031)的資助。

** 復旦大學出土文獻與古文字研究中心、出土文獻與中國古代文明研究協同創新中心副研究員。

[1] “用申固先王受皇天大魯命”其義即“用申固先王所受皇天大魯命”,不少研究者在“先王”後面斷讀,不妥。

[2] 參看蔣玉斌:《釋西周春秋金文中的“討”》,《古文字研究》第29輯,北京:中華書局,2012年,第274-281頁;張富海:《試説“盜”字的來源》,中國文字學會第七屆年會論文,2013年9月21-22日,張文正式發表於《中國文字學報》第6輯,北京:商務印書館,2015年,第101-104頁;張世超:《金文“鑄”、“盜”諸字補説》,《吉林大學古籍研究所建所三十周年紀念論文集》,上海:上海古籍出版社,2014年,第23-25頁。

[3] 穆海亭、朱捷元:《新發現的西周王室重器五祀𫚗鐘考》,《人文雜志》1983年第2期,第118、120頁。

引得》、《殷周金文集成(修訂增補本)》釋作"文人陟降,余黄𡩜(烝)"。[1]《殷周金文集成釋文》釋作"文人陟降降余黄烝"。[2]《青銅器學步集》釋作"文人陟降,余黄登",認爲登即烝字,光與黄音近可通,烝祭時要用上升之火烹煮犧牲,必有光,故可稱"黄烝",并把"文人陟降,余黄登,授余純魯"理解爲"前文人在天之靈降福,我以烝祭的方式隆重接受充滿天地間的嘉美之物與精神"。[3] 李家浩先生釋作"文人陟降,余黄烝"。[4]《西周金文作器用途銘辭研究》釋作"文人陟降₌余黄□"。[5]《赫赫宗周》釋作"文人陟降,降余黄烝",并翻譯爲"先祖文德之人陟降在上帝之廷,我按時祭祀"。[6]《周原出土青銅器》亦徑釋作"文人陟降,降余黄烝"。[7]《銘圖》15583、《陝西金文集成》0229 釋作"文人陟降,降余黄𡩜(烝)"。[8]

㝬簋"陀陀降余多福、富𡩜、宇慕、遠猷"這一句,王慎行先生釋作"阤阤降余多福,憲𡩜宇慕遠猷",憲即憲,據《説文》訓"憲"爲"敏",認爲"憲"有迅速之義,又根據唐蘭先生把甲骨文中的"𡩜"釋作"糦"的意見,讀"𡩜"爲"導","宇慕"讀爲《詩・大雅・抑》"訏謨定命"之"訏謨","憲𡩜宇慕遠猷"意謂"(希望皇祖考和前朝賢臣的在天之靈),迅速導引我宏大而深遠的謀略"。[9] 張政烺先生釋作"阤阤降余多福,憲(宣)𡩜(導)宇(訏)慕(謨)遠猷",讀"憲"爲"宣","𡩜"字的釋讀則與王慎行先生所説相同。[10] 張亞初先生釋作"阤阤降余多福。憲(憲)𡩜(烝)宇,慕(謀)遠猷(謀)",又説:"'憲'(憲)訓表式。'𡩜'(烝)訓衆,引申爲衆多博大。'宇'字廣義講指四垂,即四方四國。'憲𡩜宇'即爲大宇之表式,與《詩・小雅・六月》'萬邦爲憲'同義。'慕'與'謀'音同字通,因資鐘'大慕克成'即'大謀克成'。'猷'字訓'謀'訓'道'。"[11] 何琳儀、黄錫全兩位先生釋作"阤₌降余多福,憲𡩜宇慕遠猷"。[12]《商周青銅器銘文選》釋作"阤阤降余多福憲(憲)烝,宇慕遠猷",又説:"憲烝,隆盛,美善。《禮

[1] 張亞初:《殷周金文集成引得》,北京:中華書局,2001年,第19頁;中國社會科學院考古研究所:《殷周金文集成(修訂增補本)》第1册,北京:中華書局,2007年,第500頁。
[2] 中國社會科學院考古研究所:《殷周金文集成釋文》第1卷,香港:香港中文大學出版社,2001年,第439頁。
[3] 李朝遠:《〈五祀㝬鐘〉新讀》,《青銅器學步集》,北京:文物出版社,2007年,第267－277頁。
[4] 李家浩:《説"貖不廷方"》,《古文字學論稿》,合肥:安徽大學出版社,2008年,第11－17頁。
[5] 陳英傑:《西周金文作器用途銘辭研究》,北京:綫裝書局,2008年,第843頁。
[6] 蔡玫芬等主編:《赫赫宗周:西周文化特展圖録》28號,臺北:故宫博物院,2012年,第62頁。
[7] 曹瑋:《周原出土青銅器》第10卷,成都:巴蜀書社,2005年,第2031頁。
[8] 吴鎮烽:《商周青銅器銘文暨圖像集成》第29卷,上海:上海古籍出版社,2012年,第3頁;張天恩主編:《陝西金文集成》第3卷,西安:三秦出版社,2016年,第10頁。
[9] 王慎行:《㝬簋銘文考釋》,《古文字與殷周文明》,西安:陝西人民教育出版社,1992年,第208、212頁。
[10] 張政烺:《周厲王胡簋釋文》,《古文字研究》第3輯,北京:中華書局,1980年,第113－114頁。
[11] 張亞初:《周厲王所作祭器㝬簋考——兼論與之相關的幾個問題》,《古文字研究》第5輯,北京:中華書局,1981年,第151、157頁。
[12] 何琳儀、黄錫全:《㝬簋考釋六則》,《古文字研究》第7輯,北京:中華書局,1982年,第109頁。

記・中庸》‘憲憲令德’,鄭玄《注》:‘憲憲,興盛之貌。’《廣雅・釋詁》訓烝爲‘美也’。宇慕遠猷,安定國家的遠大謀略和計劃。《詩・大雅・抑》:‘訏謨定名,遠猶辰告。’毛亨《傳》:‘訏,大。謨,謀。猶,道。辰,時也。’”并把這一句譯爲“不斷地賜給我隆盛而美好的許多福佑,和深謀遠慮的智慧”。[1] 陳漢平先生認爲簋銘“㝬”字從米,㝬聲,當釋作“糂”。[2]《殷周金文集成引得》、《殷周金文集成(修訂增補本)》釋作“陀陀降余多福,害(憲)烝宇、慕遠猷”。[3]《殷周金文集成釋文》釋作“陀陀降余多福憲烝宇慕遠猷”。[4] 劉桓先生釋作“陁₌降余多福,害(憲)㝬(糟)宇慕遠猷”,認爲“害(憲)㝬(糟)”是“宇慕遠猷”的修飾詞,“害(憲)”有法度義,“糟”通“覃”,爲深義。“害㝬”就是有法度而又深沉之義。“害㝬宇慕遠猷”就是有法度而又深沉遠大的謀劃。[5]《西周金文作器用途銘辭研究》釋作“陁₌降余多福、害,宇慕遠猷”,認爲“害”當跟“多福”共同作“降”的賓語。[6]《赫赫宗周》釋作“陁陁降余多福憲烝、宇謨遠猷”,并翻譯爲“并賜我衆多的福祉,宣導遠大的謀略”。[7]《周原出土青銅器》釋作“陁陁降余多福害㝬,宇慕遠猷”。[8]《銘圖》05372、《陜西金文集成》0506 釋作“陁陁降余多福,害(憲)㝬(烝)宇慕遠猷”。[9] 王秀麗女士釋作“陀陀降余多福,害(烝)宇慕遠猷”,認爲“害”即“憲”字,訓作興盛。“害”後之字釋讀作“烝”,訓“美”、“盛”。“憲”、“烝”同義連用,有美盛欣榮之義,用以形容“宇慕遠猷”。[10]

五祀𢐗鐘銘文,《青銅器學步集》(彩版四一)、《周原出土青銅器》(第 10 卷,第 2027–2029 頁)、《赫赫宗周》(第 63–64 頁)、《陜西金文集成》(第 3 卷,第 9、11 頁)等書公布了其彩照。[11] 結合幾種彩照以及拓本來看,鐘銘“黄”下一字雖不是很清楚,但其下部作倒三角

---

[1] 馬承源主編:《商周青銅器銘文選》第 3 册,北京:文物出版社,1988 年,第 278–279 頁。

[2] 陳漢平:《金文編訂補》,北京:中國社會科學出版社,1993 年,第 53 頁。

[3] 張亞初:《殷周金文集成引得》,北京:中華書局,2001 年,第 87 頁;中國社會科學院考古研究所:《殷周金文集成(修訂增補本)》第 4 册,北京:中華書局,2007 年,第 2689 頁。

[4] 中國社會科學院考古研究所:《殷周金文集成釋文》第 3 卷,香港:香港中文大學出版社,2001 年,第 448 頁。

[5] 劉桓:《釋糟》,《甲骨徵史》,哈爾濱:黑龍江教育出版社,2002 年,第 406–407 頁。

[6] 陳英傑:《西周金文作器用途銘辭研究》,北京:綫裝書局,2008 年,第 843、846 頁。

[7] 蔡玫芬等主編:《赫赫宗周:西周文化特展圖録》28 號,臺北:故宫博物院,2012 年,第 66 頁。從《赫赫宗周》一書的斷句來看,它是把“憲烝”屬上讀,但從其翻譯來看,却又把“憲烝”屬下讀,且讀法與前文所引張政烺先生讀法相同。

[8] 曹瑋:《周原出土青銅器》第 10 卷,成都:巴蜀書社,2005 年,第 2144 頁。

[9] 吴鎮烽:《商周青銅器銘文暨圖像集成》第 12 卷,上海:上海古籍出版社,2012 年,第 143 頁;張天恩主編:《陜西金文集成》第 5 卷,西安:三秦出版社,2016 年,第 127 頁。

[10] 王秀麗:《金文語詞考釋七則》,《現代語文》(語言研究版)2016 年第 5 期,第 56 頁。

[11] 鐘銘“盜(討)”與“魯”之間,研究者或釋爲“用”字。雖然從文義看,此處如有“用”字,文義似更通暢一些。但從彩照看,“盜(討)”與“魯”之間應該没有字。所謂“用”字應該是研究者根據拓本中“盜”字不清晰的字形,誤把“盜”字左上所從“”形釋作“用”而來。

形,上部似有小點形,這與𪒠簋“”字所從相類。又結合辭例來看,可知舊把鐘銘“黄”下一字與簋銘“”加以認同,這應該是正確的意見,因此鐘銘“黄”下一字亦當隸作“䆃”。從鐘銘彩照看,“降”下有重文符號。“降余黄䆃”與“授余純魯”對文,“䆃”作直接賓語,當是所降授之物,應是名詞,“黄”則是其修飾語。簋銘“害䆃”之“䆃”與鐘銘“黄䆃”之“䆃”所指顯然相同,“害”當與“黄”一樣,亦是修飾語。因此研究者或認爲𪒠簋“害”屬上讀,當跟“多福”共同作“降”的賓語,這應該是正確的,而大多數研究者把“害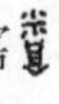”屬下讀,或把“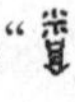”看作“宇慕遠猷”的謂語,或把“”看作“宇慕遠猷”的修飾語,這都是錯誤的。根據以上討論,五祀𪒠鐘、𪒠簋“䆃”字所在之句的斷讀當如我們前文所揭示的那樣。

從前引説法可知,𪒠器“䆃”字舊有“烝/蒸”、“䆃”、“糇”等釋法,其中“烝/蒸”的釋法最爲普遍流行。但金文中確定與“烝/蒸”形有關者,下部所從器形皆作“豆”形,而“䆃”下部所從之形與之有别,可知它絶非“烝/蒸”字。

“䆃”字,習見於殷墟甲骨文,它在甲骨文中主要有兩種用法。[1] 第一種是用作地名,族名金文中的“䆃”族當源於甲骨文中的地名“䆃”。第二種是表示某種農作物,這也是“䆃”在甲骨文最主要的用法。

關於甲骨文中“䆃”字的釋讀,衆説紛紜。舊主要有“酋”、“粟”、“穛”、“䆃”、“秬”、“菽”、“豆”等釋法。[2] 舊説中比較有影響的有唐蘭先生的“䆃(稻)”字説,陳夢家先生的“秬”字説,于省吾先生的“菽與豆”的初文説,賈文、賈加林兩位先生的“穀”字説四種意見,他們都認爲“䆃”字下部就是《説文》“覃”、“厚”二字篆文所從的“𣆪(旱)”字,而“䆃”從“𣆪(旱)”得聲,但結論却完全不同。

唐蘭先生認爲“㫗”是“䥖”(亦作鐔)的初文,本當讀若“覃”,其作厚音者偶變耳。“䆃”象米在㫗中之意,從米㫗聲,即《説文》“䆃”字。又據《儀禮· 士虞禮》注“古文禫或爲導”以及朱駿聲“䆃實與稻同字”説,認爲甲骨文“䆃”當讀如䆃,即指稻。[3]

陳夢家先生認爲“𣆪(旱)”與“厚”同音,“厚”與“巨”古音相近,卜辭中䆃、黍同卜,兩者當屬相近的穀物,䆃應釋作“秬”,即製鬯時不可缺少的主要原料黑黍,但同時表示“秬”的釋法不能肯定。[4]

于省吾先生認爲“䆃”是“菽”與“豆”的初文,䆃字從米𣆪聲,𣆪之音讀同於厚。古韻厚與豆屬侯部,菽屬幽部,侯幽通諧……厚之讀作菽與豆,爲喉舌之轉……䆃是從米𣆪聲的形

[1] 參看姚孝遂主編:《殷墟甲骨刻辭類纂》,北京:中華書局,1989年,第1060-1061頁。
[2] 參看于省吾主編:《甲骨文字詁林》第3册,北京:中華書局,1996年,第2707-2711頁;劉桓:《釋䆃》,《甲骨徵史》,哈爾濱:黑龍江教育出版社,2002年,第406-407頁。
[3] 唐蘭:《殷虚文字記》,北京:中華書局,1981年,第32-34頁。
[4] 陳夢家:《殷虚卜辭綜述》,北京:中華書局,1988年,第527頁。

聲字,也即菽與豆字的初文,借豆爲菽,猶之乎借菽爲䵼。[1]

賈文、賈加林兩位先生認爲“䵼”從米䇂聲,以音推求,應釋爲穀,“穀”即“穀”。“穀”本來是一種糧食作物的專稱,《説文》所謂“百穀之總名”應是後起之義。又把㝬簋“陀陀降余多福宪䵼”之“宪䵼”釋作“害穀”。認爲“穀”前之字是害字失形,“穀”訓“禄”、“善”,與“福”對應。“害”訓“大”,叔多父盤“受害福”之“害福”與“害穀”同例。簋銘“䵼”即“穀”字,應是甲骨文“䵼”釋“穀”的最好佐證。[2] 陳劍先生贊成賈文、賈加林兩位先生關於甲骨文“䵼”字的釋讀,并在古書中找出了一些“穀”用作糧食作物專名的例子,認爲“穀”最早應是專名,後來才變成“百穀之總名”。㝬簋“宪䵼”,陳劍先生也認爲“宪”是“害”字没有鑄好所造成的,下部應是口形,“害”讀爲“介”,訓大。“穀”訓“善”、訓“禄”,此即《詩經・小雅・天保》“天保定爾,俾爾戩穀”之“穀”。[3]

以上四種意見中,前一種的根據是“䇂(𣆪)”讀“覃”音,後面三種的根據是“䇂(𣆪)”讀“厚”音。到底何者正確呢?下面我們就來簡單討論“䵼”字的構形及相關問題。

“覃”字,應該是一個會意字,[4]因此我們不能得出它所從的“䇂(𣆪)”是罈的初文以及“䇂(𣆪)”有“覃”音的結論。關於“厚”的構形,研究者多有討論。[5] 根據金文中“歌柲”之“歌”[6]或偶作“厚”來看,我們認爲金文中的“厚”所從“䇂(𣆪)”形應是聲符或至少兼有表音的作用,“䇂(𣆪)”應有“厚”音。

“覃”字所從的“䇂(𣆪)”與“厚”字所從的“䇂(𣆪)”,它們是否本爲同一個形體,研究者有不同的意見。[7]

金文中“覃”形作“”(亞弁覃父乙簋,《集成》03419)、“”(亞覃父丁爵,《集成》08890)、“”(亞覃父乙卣,《集成》05053)、“”(番生簋蓋“簟”所從“覃”旁,《集成》

[1] 于省吾:《商代的穀類作物》,《東北人民大學人文科學學報》1957年第1期,第94－96頁。

[2] 賈文、賈加林:《甲骨文中農作物“稻”“黍”“來(麳)”“穀”“稷”的考辨》,《殷都學刊》2001年第4期,第7－8頁。

[3] 陳劍:《簡帛學》課程授課内容,2012年5月10日。

[4] 參看張世超等著:《金文形義通解》,東京:中文出版社,1996年,第1382頁;季旭昇:《談覃鹽》,《龍宇純先生七秩晉五壽慶論文集》,臺北:臺灣學生書局,2002年,第255－262頁。

[5] 諸家之説參看林澐:《説厚》,《簡帛》第5輯,上海:上海古籍出版社,2010年,第99－107頁;彭裕商:《釋“厚”》,《出土文獻》第2輯,上海:中西書局,2011年,第137－142頁。王臣簋(《集成》04268)“厚”字從“𩫖(墉)”作“(麈)”,有研究者或據此認爲金文“厚”所從之“䇂(𣆪)”爲“墉”之省(相關意見可參看林澐先生《説厚》、彭裕商先生《釋“厚”》所引諸家之説)。目前已發表金文中,“厚”形多見,而從“𩫖(墉)”者僅此一例,且其時代亦不早,因此王臣簋此例“厚”字應看作變體。此外㾓鐘(《集成》00246)“”、“”同見,亦可説明“厚”所從之“䇂(𣆪)”與“墉”不同。不過由於在金文中,“䇂(𣆪)”形下部已經變得與“𩫖(墉)”形下部比較接近,因此王臣簋(《集成》04268)“厚”應該是把“䇂(𣆪)”换作了與之形近的聲符“𩫖(墉)”。

[6] 金文中“歌”、“懿”、“歀”等字所從的一類特殊“欠”旁作“”,我們懷疑它可能是“喉”的初文。

[7] 參看彭裕商:《釋“厚”》,《出土文獻》第2輯,上海:中西書局,2011年,第137－142頁。

04326)、“”(晉姜鼎,《集成》02826)。“𩫖”字甲骨文作“”、“”、“”,[1] 父己罍(《集成》09788)作“”,麩簋作“”。比較可知,“𩫖”所從“㫗(旱)”與“覃”字所從的“㫗(旱)”應該是同一形體。史牆盤(《集成》10175)“厚”作“”,五年師旋簋甲(《集成》04216)“歡”字作“”,它們所從之“㫗(旱)”與麩簋“𩫖”以及晉姜鼎“覃”所從“㫗(旱)”形相同,它們都應該是在“”所從之“㫗(旱)”的基礎上演變而來的。因此,我們贊成“覃”所從之“㫗(旱)”、“𩫖”所從之“㫗(旱)”、“厚”所從之“㫗(旱)”是同一個形體。[2]

甲骨文中有一個從“豕”(或認爲是“犬”)從“𩫖”的字,作“”、“”等形,按照古漢字字形結構的一般規律,“𩫖”應是聲符。該字異體又常作“”,[3] 即把聲符“𩫖”換作了“㫗(旱)”。據此,我們認爲“𩫖”所從的“㫗(旱)”形應有表音的作用。[4] 又前文已論“𩫖”所

---

[1] 參看李宗焜:《甲骨文字編》下册,北京:中華書局,2012 年,第 1051－1052 頁 3422 號。

[2] 彭裕商先生認爲“覃”字所從的“”與“厚”字所從的“㫗(旱)”不是同一個字,理由主要有兩點:一是前者腹部有以交叉的兩筆代表紋飾,而後者腹部從未見有以交叉筆畫代表紋飾;二是商周文字中,“厚”字均從“㫗(旱)”,從未發現有從“”者(《釋“厚”》,《出土文獻》第 2 輯,上海:中西書局,2011 年,第 137－142 頁)。我們認爲這兩個理由的實質其實是相同的,“覃”字所從的“”與“厚”字所從的“㫗(旱)”之所以有彭先生所説的這種差别,一是由於兩者時代不同,二是由於兩者出現的場合不同。因爲目前所見的“厚”字出現的時代一般較晚,且往往不是作族名,而從“”的“覃”出現的時代一般較早且往往是作族名。時代較晚的“覃”形,如晉姜鼎“覃”字下部、番生簋蓋“簟”所從“覃”旁下部亦没有交叉筆畫代表紋飾。“𩫖”字,甲骨文作“”、“”、“”等形,後兩形亦省去了交叉筆畫,商周金文中的“𩫖”字下部亦没有交叉筆畫。據周代金文中“厚”、“覃”、“𩫖”下部相同來看,我們完全有理由推測“厚”字所從的“㫗(旱)”也應是由“”演變而來。

《合》34123“”、戈厚簋(《集成》03665)“”等字形,一般釋作“厚”。唐蘭先生認爲它們“厂”下部分應該是由作“”類形的“㫗(旱)”演變而來(《殷虚文字記》,第 32 頁),林澐先生認爲應該把這兩形排除在“厚”字外(《説厚》,《簡帛》第 5 輯,上海:上海古籍出版社,2010 年,第 100 頁)。

“㫗”的構形,從古文字資料看,象一種大口狹頸的容器。這種器物,朱芳圃先生認爲是“瓨”(《殷周文字釋叢》,北京:中華書局,1962 年,第 123 頁),彭裕商先生認爲是“缿”(《釋“厚”》,《出土文獻》第 2 輯,上海:中西書局,2011 年,第 139 頁)。侯乃峰先生認爲“瓨”、“缿”聲韻皆近,二者作爲器皿又形制相同,或可認爲二字本來就是由一字分化,故兩説從根本上講是一致的(《由魯國厚氏諸器談金文“厚柲”之義》,《殷都學刊》2014 年第 3 期,第 21－25 頁)。甲骨文中“”類形,楊升南先生認爲象魚筌(又稱爲笱)在水中,即是捕魚的寫照(《商代經濟史》,貴陽:貴州人民出版社,1992 年,第 331 頁)。陳劍先生認爲“瓨”、“缿”、“笱”語音接近,三者應該聯繫起來考慮,“㫗”形可同時對應語言中的“瓨”、“缿”、“笱”(陳劍:《簡帛學》課程授課内容,2012 年 5 月 10 日)。

[3] 參看李宗焜:《甲骨文字編》中册,北京:中華書局,2012 年,第 564 頁 1895 號。“”,舊一般釋作“獋”,即認爲右邊從“覃”。裘錫圭先生在《論“歷組卜辭”的時代》一文的追記中説:“《合》6937 賓組卜辭‘乙酉卜□貞:呼亯比沚伐獋’,與前引《粹》1164[《合》33074]歷、自間組卜辭‘己丑卜貞:亯𠭰沚或伐𤜶受又’,應該是爲同一件事而占卜的。乙酉與己丑只差四天。‘獋’‘𤜶’當是一字異體。賓組卜辭的‘猂’‘獐’也許不應釋爲‘獋’。”(裘錫圭:《論“歷組卜辭”的時代》,《裘錫圭學術文集》第 1 卷“甲骨文卷”,上海:復旦大學出版社,2012 年,第 138－139 頁)我們認爲《合補》6622“”、“”類形可看作“猂”與“𤜶”的中間字形。

[4] 又結合“覃”的構形來看,“𩫖”應該是一個會意皆聲字。

從之“𩫏(㫗)”與“厚”所從之“𩫏(㫗)”是同一個形體,因此“𩫖”的讀音當與“厚”同。從這一點看,上述關於甲骨文“𩫖”字比較有影響的四種意見中,“糰(稻)”字說不合語音。結合語音與文例兩方面來看,“穀”字說優於“秬”字說以及“菽與豆”的初文說。

㝬簋“𩫖”,賈文、賈加林、陳劍三位先生釋讀作訓“善”、訓“禄”的“穀”,雖然文義暢通,但置於五祀㝬鐘“黄𩫖”的辭例中,却不太合適。“𩫏(㫗)”有“厚”音,“厚”與“句”聲字可通,東周竹書文字中“厚”字又常可從“句”聲作,[1]因此“𩫏(㫗)”聲字與“句”聲字音近可通。[2] 結合五祀㝬鐘、㝬簋“𩫖”的文例,我們認爲它們都應該讀作“耇”。

五祀㝬鐘“文人陟降₌(降,降)余黄𩫖,授余純魯”之“黄𩫖”即“黄耇”。“黄耇”一詞,金文中多見。《詩經·小雅·南山有臺》:“樂只君子,遐不黄耇。”毛傳:“黄,黄髮也;耇,老。”逑盤(《銘圖》14543)“前文人嚴在上,翼在下,豐豐縈縈,降逑魯多福、眉壽、綽綰,授余康虞、純佑、通禄、永命、靈終”,其中“降”、“授”對文,這與五祀㝬鐘“降”、“授”對文同例。

㝬簋“陀陀降余多福、𡨄𩫖、宇(訏)慕(謨)、遠猷”之“𡨄𩫖”即“胡耇”。簋銘“𩫖”前一字,彩照作“”(《周原出土青銅器》第10卷,第2144頁),[3]其下部應是“目”之殘而非“口”,因此此字應釋作“𡨄”而非“害”。從偏旁組合來看,伯𢉩甗(《集成》00868)“”與作册吴盉(《銘圖》14797)“”應是一字異體,但前者從“𡨄”聲,後者從“害”聲,可證“𡨄”、“害”音近。曾侯乙墓樂器銘文中“姑洗”之“姑”或從“害”聲,或從“𡨄”聲(𡨄本從害省聲),因此“𡨄”自可用作與“姑”同從“古”聲的“胡”。又金文中“㝵”(從“𡨄”)、“㝬”、“𢓜”等字,孫詒讓、唐蘭、張亞初等先生認爲是一個字,其字在銅器銘文中當讀爲“胡”,[4]這亦可證“𡨄”可用作“胡”。[5]《左傳》僖公二十二年:“雖及胡耇,獲則取之,何有於二毛?”杜預注:“胡耇,元老之稱。”孔穎達疏:“《謚法》:‘保民耆艾曰胡。’胡是老之稱也。《釋詁》云:‘耇,壽也。’”因此“多福、胡耇”其義即逑盤“前文人嚴在上,翼在下,豐豐縈縈,降逑魯多福、眉壽、綽綰”之“魯多福、眉壽”,且兩者同言“降”亦可比較。“宇(訏)慕(謨)遠猷”亦是“降”的賓語,“多”、“𡨄”、“宇”、“遠”當分别是“福”、“𩫖”、“慕”、“猷”的修飾語,“陀陀降余多福、𡨄

[1] 參看白於藍:《戰國秦漢簡帛古書通假字彙纂》(福州:福建人民出版社,2012年)第169頁以及《清華簡(壹)·祭公之顧命》簡13、14、18。

[2] 上文所引楊升南先生、陳劍先生認爲“𩫏”可表示“笱”這種器物,亦可資參考。

[3]《赫赫宗周》(第68頁)、《陝西金文集成》(第5卷,第128－129頁)等書亦公布了簋銘彩照。

[4] 參看唐蘭:《周王㝬鐘考》,《唐蘭先生金文論集》,北京:紫禁城出版社,1995年,第41頁;張亞初:《從古文字談胡、胡國與東胡》,《文博》1992年第1期,第17頁。

[5] 周厲王“胡”,簋銘作“㝬”。“胡耇”之“胡”,簋銘作“𡨄”。這大概與兩者用法有别有關。作爲名詞修飾語的“胡”,一般訓“大”。我們把“𡨄𩫖(耇)”之“𡨄”讀作“胡”,主要是基於古書中有“胡耇”一語。如果不與“胡耇”相聯繫,“𡨄”也可能應讀作與之語音更加接近的、同樣可訓“大”的“介”(《説文》作“乔”)。

章、宇(訏)慕(謨)、遠猷”其義即“(祖先)不斷降賜給我許多的福佑、大壽以及宏大而深遠的謀略”。[1]

金文中“黄耇”之“耇”一般用“耇”字來表示(黄君簋蓋,《集成》04039;勇叔買簋,《集成》04129;師俞簋蓋,《集成》04277;史牆盤,《集成》10175),亦偶用“句”(師器父鼎,《集成》02727)、“枸”(曾侯與鐘,《銘續》1034、1036、1037)、“耂”[2](㝬叔信姬鼎,《集成》02767)等字來表示,㝬器中則用“章”來表示,其用字習慣與金文研究者之前所熟知的用字習慣不同,[3]這將進一步豐富我們對“耇”這個詞的用字習慣的認識。

2016年8月

---

[1] 私人收藏的一套春秋中期的編鐘,銘中有“享我一人,肇章威儀”語,疑其中的“章”似可讀爲“講”或“糾”。如讀作“糾”,則《清華簡(陸)・鄭武夫人規孺子》簡6“老婦亦㼽(將)丩(糾)攸(修)宫中之正(政)”之“糾”的用法可參。

[2] 此字,一般釋讀作“耇”,或認爲應釋讀作“老”(參看陳英傑:《西周金文作器用途銘辭研究》,北京:綫裝書局,2008年,第385頁)。

[3] 類似的例子我們在好幾篇文章中都談到過,參看謝明文:《伯句簋銘文小考》,《中國文字研究》第18輯,上海:上海書店出版社,2013年,第59－62頁;謝明文(原署名謝雨田):《新出登鐸銘文小考》,復旦大學出土文獻與古文字研究中心網站,2013年9月12日(此文正式發表於《中國文字學報》第7輯,北京:商務印書館,2017年,第79－83頁);謝明文:《新出宜脂鼎銘文小考》,《中國文字》新40期,臺北:藝文印書館,2014年,203－208頁。

金文“醢”字小考*

李春桃**

河南省三門峽上村嶺虢國墓地出土一件單叔奐父盨,銘文較爲重要,下面先寫出釋文,再討論相關問題:[1]

> 單叔奐父作孟姞旅盨,用䀇稻穛糯粱,嘉賓用饗,有飤,則萬年無疆,子子孫孫永寶用。[2]

銘文中只有“䀇”爲生僻字,其原篆作形,隸定并無問題。從文意上看,該形當用爲盛、裝一類意思,但究竟如何釋讀,學界意見并不一致。較早研究此銘的劉社剛先生讀爲“盛”。[3] 李清麗先生括注成“侑”。[4] 程燕先生認爲“有”與“盛”讀音不近,劉説難通,而叔邌父甗銘文(《集成》947)[5]中“用鬻稻粱”的“鬻”與盨銘“䀇”字語法位置相似,程先生據此認爲“有”、“巳”二字音近可通,“䀇”、“鬻”都可讀爲“饎”,訓作炊、熟,是强調盨的功用。[6] 張再興先生指出盨、甗二器功用不同,盨是用來盛裝食物的;而甗用來烹炊食物,所以程燕先生觀點不可信。他注意到東周金文中“受”字可以表示盛、容意,如陳璋壺銘文(《銘圖》12411):“受一觳五射。”而“有”屬於之部字;“受”屬於幽部字,上古音中之、幽二部有相通現象,故盨銘“䀇”可讀爲“受”。[7] 按,張先生對程説的評判是比較客觀的,但他提出的新説恐怕也存在問題。上古音之、幽兩部是偶有相通現象,但并非兩韻部所有字都可相通,以該文所討論爲例,“有”、“受”兩聲系字就鮮見通假現象,幾種專門收録通假字的工具書都没有

---

* 本文是國家社科基金項目“出土文獻視野下的先秦青銅器自名、定名、功用研究”(編號:18BYY135)階段性成果。

** 吉林大學古籍研究所教授。

[1] 文中引用古文字材料時,除了與本文相關及特殊用法外,釋文盡量使用寬式,多數直接按破讀之字釋寫。

[2] 銘文著録參吴鎮烽:《殷周青銅器銘文暨圖像集成》,第5655號,上海:上海古籍出版社,2012年。後文再引及此書徑稱《銘圖》。

[3] 劉社剛:《獸叔盨銘文及相關問題》,《中國文物報》,2003年9月19日第七版。

[4] 李清麗:《虢國博物館收藏的一件銅盨》,《文物》2004年第4期。

[5] 中國社會科學院考古研究所編:《殷周金文集成》,北京:中華書局,1984－1994年。本文簡稱《集成》。

[6] 程燕:《獸叔盨新釋》,《古文字研究》第二十九輯,北京:中華書局,2004年。

[7] 張再興:《近年新發表西周金文字形小考》,《中國文字研究》第十五輯,鄭州:大象出版社,2011年。

列出他們相通的例證。從用法上看,“受”字在東周金文中常用作容納之意,但這種用法能否早到西周時期也是不能確定的,所以將盨銘“簋”字讀成“受”恐怕是存在問題的。

我們認爲傳世一件仲叡父盤銘文與上録盨銘相關。仲叡父盤銘文著録於《金文總集》6753 號,[1] 釋文作:

仲叡父作婦姬尊盤,沬粱[2]麥,用𤽄譣仲氏。

此銘《殷周金文集成》一書未録,可能以之爲僞銘。裘錫圭先生指出此説不確,此銘不僞,[3] 其説甚是。從形體上看,銘文中很多形體淵源有自;從風格來看,銘文甚爲古樸,所以盤銘不存在真僞問題。銘文中“譣”字原篆作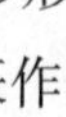,孫詒讓認爲是“飽”字,[4] 現在看來是不可信的。該形處於銘文最後一句,此句疑難字頗多,不易理解,其中裘錫圭先生對該句中形的考釋,對這句話的理解極有幫助。與相類的字在伯喬父簋中作(《集成》3762)、燹公盨中作(《銘圖》5677),孫詒讓將分析成从食、从惪省聲。[5] 而朱駿聲《説文通訓定聲》曾認爲“惪”上部與“首”爲同一個字,裘錫圭先生據此將分析成从首得聲,讀爲“饈”。[6] 按,除了盤銘外,讀“饈”在伯喬父簋、燹公盨銘文中都很通順,故此説是可信的。[7] 那麽“用𤽄譣仲氏饈”一句是介紹此盤的功能,對於珍饈而言,盤類器物最可能的便是用來盛放它,[8] 所以“𤽄”、“譣”之一可能表示盛意。相互聯繫,“譣”从言、从食、又聲,單叔奐父盨銘中“簋”形从食、从皿、有聲,這兩個字語法位置相似,意符都有“食”旁,聲符“又”、“有”讀音又相同,它們關係極爲密切,釋讀時應該將它們聯繫起來一同考慮。鑒於“簋”形中从食、皿表意,从有得聲,我曾懷疑它們是“醢”字。[9] 但對銘文的訓詁無法落實,構形偏旁也不是完全對應,所以這一推測當時還缺少更爲堅實的證據。而近期公布的伯克父甘婁盨銘文爲解決此問題提供了綫索。

---

[1] 嚴一萍:《金文總集》,臺北:藝文印書館,1983 年。

[2] 周忠兵先生將此形分析成从辵、采聲,讀爲“菽”,詳參周忠兵:《金文所見“菽麥”考》,《考古與文物》2016 年第 3 期。

[3] 裘錫圭:《燹公盨銘文考釋》,《中國出土古文獻十講》,上海:復旦大學出版社,2004 年。

[4] 孫詒讓:《古籀餘論》,卷二・一九,《古籀拾遺・古籀餘論》,北京:中華書局,1989 年,第 12 頁。

[5] 孫詒讓:《古籀餘論》,卷二・一九。

[6] 裘錫圭:《燹公盨銘文考釋》61 頁正文及 71 頁補記。

[7] 但此類形體的分析還存在其他可能性,其聲符除了是“首”外,我們曾懷疑其是“夒”的省體,詳參:《夒膚瑚銘文新釋》,《古代文明》2015 年第 4 期。

[8] 陳劍先生指出:“《集成》10112 西周晚期銅器伯碩寡盤自名‘饔盤’,可見盤亦偶可作盛食器(與‘盂’兼爲盛水器與盛食器相類)。”按,陳劍先生觀點可從,此説出自其郵件内容,參上引周忠兵文注釋 1。

[9] 2012 年冬周忠兵先生在吉林大學古文字專業師生討論課上宣讀《金文所見“菽麥”考》一文,討論環節時我曾提出這一意見。

伯克父甘婁盨共兩件，器、蓋均有銘文：

唯伯克父甘婁自作餴硒，用黍稷稻粱，用之征行，其用及百君子宴饗。

銘文中形十分特殊，吴鎮烽先生隸定作"盬"，括注成"盛"。[1] 此説應是據辭例而推測，并没有什麽特殊考慮。田率先生曾對此盨做過全面研究，談到形時，田先生隸定作"叡"，并云：

叡字从"又"得聲，與獸叔奐父盨(5655)銘中"用盬稻穛糯粱"的盬字音近義同，盬从"有"得聲，有、又相通，張再興先生讀爲"受"。《方言》卷六："受，盛也，猶秦晉言容盛也。"《廣雅・釋詁三》："受，盛也。"《漢書・東方朔傳》"所以盛也"，顔師古注："盛，受物也。"與簋、盨、簠等食器一般在講到器物用途時，以"用盛黍稷稻粱"爲習語的情况是相類的。[2]

是田先生將與"盬"聯繫到一起，贊同張再興先生意見，并讀爲"受"。[3] 按，上文已經辨析，讀"受"説并無可靠證據。細審形，下部爲"皿"、右面爲"又"都十分明顯，左上部的形需作討論。聯繫相關形體，不難發現形應是"鹵"旁，只是形體省略了中間的點畫。古文字中"鹵"旁常常省略點畫，如"覃"字小篆作，上部从鹵，在晉姜鼎銘文中作(集成2826)，"簟"字在番生簋蓋銘文中作(集成4326)、應公鼎銘文中作(銘圖2105)，這些形體所从"鹵"旁中間都有點畫。而"覃"字在覃父丁爵中作(集成8890)、覃父乙卣中作(集成5053)，所从"鹵"旁都省略點畫。鈚類器在金文中的自名寫法常从鹵，如在引鈚銘文中作(集成9981)，而在公孫脂父鈚銘文中作(集成9979)，前者所从鹵旁中含有點畫；後者中的點畫省略。伯克父甘婁盨銘中所从的與上引形上部、形右部寫法相同，它們都應該是"鹵"旁的省略。所以，將形隸定成"盬"或"叡"雖是忠於原篆，却没有反映

[1] 吴鎮烽：《商周青銅器銘文暨圖像集成續編》，第二册，上海：上海古籍出版社，2016年，第192－197頁。

[2] 田率：《内史盨與伯克父甘婁盨》，《青銅器與金文》(第一輯)，上海：上海古籍出版社，2017年。

[3] 本文在寫作過程中曾與何景成先生討論，他告訴我上引田率先生文是在2016年5月份"青銅器與金文"學術研討會會議論文基礎上修改而來，并蒙何先生惠賜該論文集。而翻看其會議論文，發現田先生曾將形分析成从盧(鹽字異體)，又聲，也懷疑其是"醢"字。按，田先生文章正式刊出時已删去此段，應該是已放棄此説。同時，我們對形的分析與田先生不同，下文會談到，、"盬"爲同一個字，从"盬"形中"鹵"旁可替换成"食"來看，我們認爲應將該形拆分成从鹵、从皿、又聲，似不宜將左面合看成"鹽"。

出形體的構形偏旁,此字宜直接隸定成“⿰鹵又”。上引田率先生文將其與單叔奐父盨中“⿱⿰食又皿”聯繫到一起是可信的。除此之外,我們上文討論的中戲父盤銘中“⿰言⿰食有”形應該也與此有關,下面將三形及辭例比較如下:

中戲父盤:用眂⿰言⿰食有仲氏饈。

單叔奐父盨:用⿱⿰食又皿稻穛糯粱。

伯克父甘婁盨:用⿰鹵又黍稷稻粱。

上録三形聲符或爲又,或爲有,讀音相同;意符或从食、或从鹵,表意相近。從辭例上看,語法位置相近,它們應該是一個字的不同寫法。結合後兩形中“皿”、“鹵”(或食)、“有”(或又)諸旁,再有它們的位置關係限制,此類字應該釋爲“醢”。《説文》:“(醢),肉醬也。从酉、㐭聲。[1] ,籀文。”以《説文》籀文與“⿰鹵又”相比,只是後者少了意符“艸”,且聲符換成讀音相同的“又”(武威《儀禮》簡中“醢”字或作,亦从又聲),[2]它們應該是同一個字,所以“⿰鹵又”、“⿱⿰食又皿”以及“⿰言⿰食有”都應釋爲“醢”。楚簡及馬王堆帛書中已經出現“醢”字:

包山255　窮達以時9　語叢四10　馬王堆《十六經》[3]

形體从酉、有聲。比較“醢”字諸形,可以發現,楚簡中形體从酉,與《説文》小篆寫法一致;金文中“⿰鹵又”从鹵,與《説文》籀文寫法一致;“⿰言⿰食有”、“⿱⿰食又皿”二形又將意符更換成从食(前者累增“言”旁)。“醢”字之所以有以上不同形體,與製作“醢”的配料相關。《周禮·醢人》:“醢人掌四豆之實。朝事之豆,其實韭菹、醓醢,昌本、麋臡,菁菹、鹿臡,茆菹、麇臡。”鄭玄注:“作醢及臡者,必先膊乾其肉,乃後莝之,雜以粱麴及鹽,漬以美酒,塗置甀中百日則成矣。”是製作醢時需要使用鹽鹵,故“醢”字在籀文和“⿰鹵又”形中从鹵;也需要使用酒,故在小篆和簡帛中从酉;[4]還需要使用粱麴,且醢也屬於食物,所以在“⿰言⿰食有”、“⿱⿰食又皿”二形中可以从食。以此觀之,“醢”字幾類寫法均是有根據的。

“醢”字本指肉醬,這一用法典籍習見,出土文獻中也有出現,如上引包山簡中“醢”字即用此意;同時也引申爲製成肉醬,用作動詞。如《淮南子·説林》:“紂醢梅伯,文王與諸侯構

[1] 大徐本云“从酉、㐭”,而小徐本作“从酉、㐭聲”。按,小徐本可信,今從之。

[2] 詳參漢語大字典字形組編:《秦漢魏晉篆隸字形表》,成都:四川辭書出版社,1985年,第1071頁。

[3] 陳松長編著:《馬王堆簡帛文字編》,北京:文物出版社,2001年,第602頁。

[4] 从酉的“醢”還見於武威漢簡中,詳參漢語大字典字形組編:《秦漢魏晉篆隸字形表》,成都:四川辭書出版社,1985年,第1071頁。

之;桀辜諫者,湯使人哭之。"郭店簡《窮達以時》:"梅伯初醯醢,後名揚。"[1]上録盤銘、盨銘中"醢"字爲動詞,它是否用作製醢意——即以稻粱等製作醢呢?這種可能性是存在的,當然還存在其他可能性。一方面,典籍中用作動詞的"醢",所施加的對象多是人,已經引申爲一種刑罰;另一方面,製作醢雖然需要粱麴,但最核心的材料應該是肉類。鑒於以上兩點,"醢"字的訓詁也可從其他方面考慮。

從辭例上看,簋和瑚兩類器物中銘文存在很多類似辭例,與"醢"字對應者多作"盛":

叔家父作仲姬瑚,用盛稻粱,用速先後諸兄。(集成 4615)
伯紳作寶簋,其朝夕用盛粱、稻、穛。(銘圖 5100)
史免作旅瑚,從王征行,用盛稻粱。(集成 4579)

也偶有寫作"實"者:

邿召作爲其旅瑚,用實稻粱,用飤諸母諸兄。(銘圖 5925)

相互比較,本文所討論之字與盛、實相當,故以往學者將其向盛、容這一方向理解是可從的。我們推測盤、盨銘文中"醢"字就應訓作盛。"醢"字這一用法在典籍中鮮見,但在同樣從有得聲的"宥"、"囿"二字上還可略微看出端倪。"宥"字典籍中常用作寬、赦意,也偶訓作容;"囿"字常用作苑囿、局限意,也偶訓作聚意。"醢"字訓作盛可能屬於假借用法,也可能是由詞義引申而來。古有訓作容器的"盍"字。《説文》:"盍,小甌也。从皿、有聲,盍,盍或从右。"從構形上看,"醢"、"盍"、"盍"應該是從同一個字分化而來。[2] 金祥恒先生曾云:"大羹熟飪,盛於皿曰盍。"[3]他認爲羹飪等食物盛放於器皿便稱之爲"盍",這種解釋對我們的説法很有利,但這只是金先生的一種推測,其文中并未給出關鍵證據。徐鉉等人在"醢"字下有關於"盍"的按語云:"盍,甌器也,所以盛醢。"從《説文》及徐鉉的解釋可知,"盍"、"盍"是一種容器,頗疑"醢"字的盛放意很可能就是從訓作器物的"盍"字引申而來。至於"醢"字這一訓詁在典籍中少見,也不奇怪。出土文獻記載的字詞用法,有時往往能够彌補傳世典籍記載之不足。如"盨"字,《説文》:"盨,櫝盨,負戴器也。"而出土金文材料中"盨"字爲一種食器

---

[1] "醯醢"釋讀是趙平安、孟蓬生先生意見,兩説并參趙平安:《〈窮達以時〉第九號簡考論——兼及先秦兩漢文獻中比干故事的衍變》,《古籍整理研究學刊》2002 年第 2 期。"梅伯"二字原在 14 號簡,"初醯醢,後名揚"原在 9 號簡,兩簡編連意見參陳劍:《郭店簡〈窮達以時〉、〈語叢四〉的幾處簡序調整》,《國際簡帛研究通訊》第二卷第五期,2002 年。
[2] 武威漢簡中"醢"多次出現,常寫作"盍"形。
[3] 金祥恒:《釋𥁰》,《中國文字》第二十四册。

自名,金文資料與傳世典籍關於"盨"的記載并不相同,現代學者根據器物自名,把相關器物定名成"盨",得到普遍認同,這是據出土文獻補充傳世典籍的典型例子。

上文分別討論了單叔奂父盨銘中"盬"字、中叡父盤銘中"譣"字、伯克父甘婁盨銘中"䴚"字,從形體上看,本文認爲它們都應釋成"醢"。這一解釋在字形上證據是比較積極的,至於其訓詁,是根據相關辭例而推定。我們期待將來能够發現更多與此相關的材料,以便能對這一問題進行更爲深入的研究。

伯有父劍考釋*

田 率**

2015年中國國家博物館新入藏了一件東周時期的青銅劍，兩從鑄有銘文36字。在已知的商周時期青銅劍中，銘文字數最多的是蘇州博物館2014年入藏的吴王余昧劍75字，[1]其次是1997年浙江紹興魯迅路出土的壽夢之子劍(18077[2])40字。伯有父劍銘文篇幅排第三。劍銘倒置，布局爲脊兩側兩從各鑄銘兩行，而非常見的各一行，這在劍銘中當屬首例。吴鎮烽先生編著的《商周青銅器銘文暨圖像集成續編》收録了此劍，編號1351，[3]銘文多處被銹掩蓋，不能盡讀。經X-ray探傷攝影，絶大部分的銘文可以辨識，現將資料公布，以供方家研究探討。

一

通長36.3、格長3.8釐米。圓首，莖部横截面略呈菱形，中部較細，近首處漸粗，半中空，近格處有接鑄痕迹，窄格，薄從，劍身中央棱脊突出(圖一)。兩從鑄銘隸定如下(圖二、圖三、圖四、圖五)：

> 隹(唯)東王之孫，子浮君之子，白(伯)有父湨(擇)其吉金，自乍(作)佩鉅，用狄(逖)伐四方，用刎(�、别)牛羊，用卯(禦)于□王之。

劍的形制特徵爲："一"字形格，莖爲圓柱形中空(或半空)，首爲圓盤形，劍身較窄，這類青銅劍流行於春秋晚期至戰國早期。與之器形近似的可舉出洛陽中州路M2719出土的劍

---

* 本文系國家社科基金項目"中國國家博物館新入藏商周青銅器研究"(項目批准號：17BZS128)階段性成果之一。

** 中國國家博物館副研究館員。

[1] 程義、張軍政：《蘇州博物館新入藏吴王余昧劍初探》，《文物》2015年第9期。

[2] 本文所引的青銅器銘文均出自吴鎮烽編著《商周青銅器銘文暨圖像集成》(簡稱《銘圖》)一書(上海：上海古籍出版社，2012年)，以下引用只標該書著録號。

[3] 吴鎮烽：《商周青銅器銘文暨圖像集成續編》(簡稱《銘續》)，上海：上海古籍出版社，2016年，第324頁。

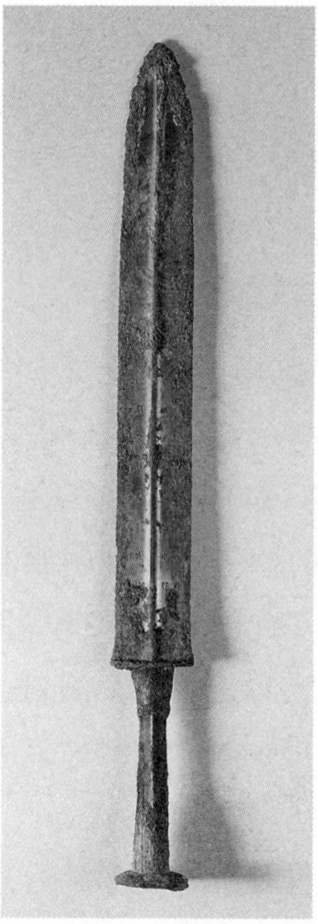

圖一　伯有父劍

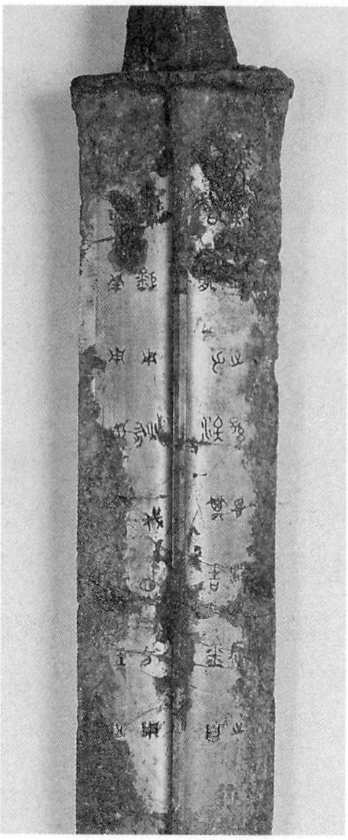

圖二　伯有父劍銘文

圖三　伯有父劍銘文拓本

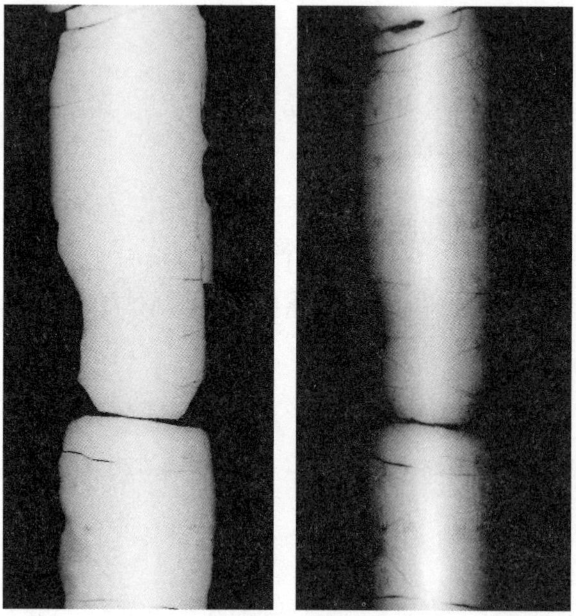

圖四　伯有父劍 X－ray 探傷照片

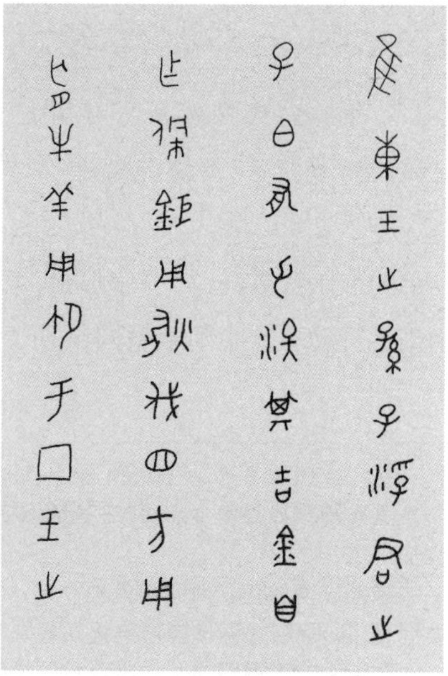

圖五　伯有父劍銘文摹本

(M2719：86)、[1]陝縣後川 M2071 出土的劍(M2071：25)、[2]長沙東郊 M329 出土的劍(M329：2)、[3]慈利官地 M1 出土的劍(M1：11)[4]等。上述諸墓葬的時代集中在戰國早期,可作爲本器斷代的參考依據。

銘文字體細小、俊秀,筆畫拘謹、多短筆且圓曲。與之字體酷肖的是 1979 年隨州季氏梁墓葬出土的曾大工尹季怡戈(17302),此戈的時代在春秋中期。劍銘言"某人之孫,某人之子"是器主自述出身的辭例,在自作器類中比較常見:

1. 鄭莊公之孫,剌疢之子(鄭莊公之孫盧鼎 02408、02409,鄭莊公之孫缶 14095、14096)
2. 殷王之孫,右師之子(庚壺 12453)
3. 徐頓君之孫,利之元子(次尸祭缶 14093)
4. 鄭武公之孫,聖伯之子(良夫盤 14521、良夫匜 15000)
5. 宣王之孫,雍王之子(東姬匜 15002)
6. 徐王旨退之孫,足剌次留之元子(之乘辰鐘 15360)
7. 徐王之孫,尋楚猷之子(遷沭鐘 15520、15521,《銘續》1027;遷邟鎛 15794－15796)
8. 达斯于之孫,兹佫之元子(僕兒鐘 15528、15530)
9. 畢公之孫,郘伯之子(郘黛鐘 15570－15582)
10. 茂厥于之孫,鍾離公柏之季子(季子康鎛 15787－15791)
11. 齊辟鮑叔之孫,躋仲之子(鮑子鎛 15828)
12. 穆侯之子,西宫之孫(曾大工尹季怡戈)
13. □□王之孫,嚣仲之子(伯剌戈 17348)
14. 滕師公之孫,旮叔之子(者兒戈《銘續》1255)

上述列舉諸器十四例,僅例 13 的時代在春秋早期器,例 5、10、11、12 爲春秋中期,例 6 爲戰國早期,其餘皆在春秋晚期。而單稱"某人之孫"或"某人之子"的例子就更多了,大抵集中在春秋時期,也以春秋晚期爲最。

結合上述劍的形制、銘文字體、作器者自述出身的辭例等因素分析,我們認爲這柄劍的

---

[1] 中國科學院考古研究所:《洛陽中州路(西工段)》,北京:科學出版社,1959 年,第 99 頁,圖六七:4。
[2] 中國社會科學院考古研究所:《陝縣東周秦漢墓》,北京:科學出版社,1994 年,第 72 頁,圖五七:2。
[3] 中國科學院考古研究所:《長沙發掘報告》,北京:科學出版社,1957 年,圖版拾伍:5。
[4] 高中曉、袁家榮:《湖南慈利官地戰國墓》,《湖南考古輯刊》第 2 集,長沙:岳麓書社,1984 年。

時代大致在春秋晚期,不晚於戰國初年。

二

"唯東王之孫"之"東王"的解釋。東、申古音相近可以通假,實例頗多,兹不贅述。所以東王可讀爲申王,原地處南陽後被楚國遷至信陽的南申國在春秋時期確曾稱王,如申文王(州桒簠05943)、申王(叔姜簠05897)等,申國之名以"東"借之,這還是首次出現,遍檢兩周時期的申國器物,作爲國、氏名的申皆作䌥、䌥等繁體,從未出現過省形,故還是將"東"按本字讀比較穩妥。

"東王"見於《左傳》昭公二十三年的記載:"八月丁酉,南宫極震。萇弘謂劉文公曰:'君其勉之!先君之力可濟也。周之亡也,其三川震。今西王之大臣亦震,天棄之矣!東王必大克。'"杜預注云:"子朝在王城,故謂西王。敬王居狄泉,在王城之東,故謂東王。"從萇弘與劉文公的對話來看,時人有稱周敬王爲東王的習慣,東王應理解爲周敬王的一種别稱。

周景王去世前的三年,太子壽辭世(《左傳》昭公十五年)。景王欲立庶子王子朝爲儲君,而遭到王朝卿士單穆公、劉獻公及其子劉蚠的反對。魯昭公二十二年夏(前520年),周景王在畋獵時暴斃,單子、劉子遂立王子猛登基,是爲周悼王。同年"王子朝因舊官、百工之喪職秩者與靈、景之族以作亂。……十一月乙酉,王子猛卒……己丑,敬王即位"。這次王位之争,史稱"王子朝之亂",前後持續長達十八年之久。《春秋經》昭公二十三年(前519年)記"天王(敬王)居于狄泉,尹氏立王子朝",《傳》云"甲午,王子朝入于王城"。這一年王子朝攻占了王城,周敬王避居狄泉。

兩周時期,洛邑王城的城址發生過變遷,周敬王所居之狄泉到底位於何處,需要做一簡單説明。《公羊傳》宣公十六年云:"成周者何?東周也。"又昭公二十二年:"王城者何?西周也。"《漢書·地理志》河南郡洛陽條:"周公遷殷民,是爲成周,《春秋》昭公二十二年晉合諸侯于狄泉,以其地大成周之城,居敬王。"又河南條:"故郟鄏地。周武王遷九鼎,周公致太平,營以爲都,是爲王城。"杜預在注《春秋》經傳時也明確指出成周與王城是兩處不同的都城,《左傳》隱公三年鄭國"又取成周之禾",杜注:"成周,洛陽縣。"《春秋經》昭公二十二年"秋,劉子、單子以王猛入于王城",杜注:"王城,郟鄏,今河南縣。"《漢書》、杜注皆是受《公羊傳》記載的影響,這種成周、王城"兩城説"的認識一直延續至清代。唐蘭先生、陳夢家先生在論述令方彝(13548)銘文中的"明公朝至于成周"之"成周"和"用牲于王"之"王"時,仍舊認爲東邊的是成周在洛陽縣,西邊的是王城在河南縣。[1] 但成周、王城"兩城説"日益遭到當今

[1] 唐蘭:《作册令尊及作册令彝銘文考釋》,《唐蘭先生金文論集》,北京:紫禁城出版社,1995年,第11頁;陳夢家:《西周銅器斷代》,北京:中華書局,2004年,第40頁。

學界詰難,成周與王城實爲一座城邑,位於瀍水東、西兩岸,[1]即西周初年周公營建的成周洛邑。平王東遷後在澗河東岸修築了新的都城,仍叫"成周"或"王城"。澗河東岸的東周王城遺址發現的城牆,北垣全長 2 890 米,西垣南北兩端相距約 3 200 米,東垣殘存約 1 000 米,宮殿建築分布在城址偏南或中部,發現了兩組較大的夯土建築遺址,北組建築的四周有夯土圍牆環繞,平面呈長方形,東西長約 344 米,南北寬約 182 米。在今小屯村東、南及瞿家屯一帶發現了大量建築材料,據《國語·周語》"穀(即澗水)洛鬭,將毁王宮"的記載,澗、洛交匯處的高地應是王城宮殿區的遺址。城址西北部有較大的窑廠,南垣附近有大面積的糧倉遺址,城内中心偏西處有冶鐵作坊遺址。20 世紀 50 年代在城址的中部中州路一帶發掘了 260 座東周墓葬,時代從春秋初期至戰國晚期。城東北隅還發掘了大型積石積碳帶墓道的戰國墓。[2]

而周敬王避難的狄泉,位置在東周王城之東,杜預注云:"狄泉,今洛陽城内大倉西南池水也,時在城外。"《國語·周語》韋昭解:"狄泉,成周之城,周墓所在也。"《洛陽伽藍記》卷一載:"太倉西南有翟泉,周回三里,即《春秋》所謂王子虎、晉狐偃盟于翟泉也。"晉元康地道記曰:"城東北隅,周威烈王冢。"20 世紀 20 年代末在金村發現了東周單墓道大墓八座,學界普遍認爲是東周天子墓葬。20 世紀 80 年代在漢魏洛陽故城遺址中部和北部勘探出春秋晚期城址,北部是春秋晚期諸侯爲居敬王築城時新擴建的部分,[3]與《左傳》昭公三十二年"冬十一月,晉魏舒、韓不信如京師,合諸侯之大夫于狄泉,尋盟,且令城成周"的記載相吻合。

從昭公二十三年始至昭公二十六年王子朝"奉周之典籍以奔楚",這三年期間,東周王室一度存在"二王并立"的局面,王子朝占據澗水之濱的王城,周敬王避居於東部瀍水的狄泉,故有東王之稱。上揭"某人之孫,某人之子"之辭例,孫多爲玄孫、遠孫之義,而此劍的時代在春秋晚期,若東王是周敬王的話,其在位 44 年,時間跨度較長。按照周禮男子 20 歲冠字,伯有父當爲周敬王之親孫,比較符合當時的情況。[4]

"子浮君之子"從其稱謂上看,"君"字可以有兩種理解:

---

[1] 李民:《説洛邑、成周與王城》,《鄭州大學學報》1982 年第 1 期;曲英傑:《周都成周考》,《史學集刊》1990 年第 1 期;葉萬松、張劍、李德芳:《西周洛邑城址考》,《華夏考古》1991 年第 2 期;梁雲:《成周與王城考辨》,《考古與文物》2002 年第 5 期;朱鳳瀚:《〈召誥〉、〈洛誥〉、何尊與成周》,《歷史研究》2006 年第 1 期;徐昭峰:《成周與王城考略》,《考古》2007 年第 11 期;魏成敏、孫波:《漢魏洛陽西周城與西周洛邑探索》,《東方考古》第 9 集,北京:科學出版社,2012 年;侯衛東:《論西周晚期成周的位置及營建背景》,《考古》2016 年第 6 期。

[2] 中國社會科學院考古研究所:《中國考古學·兩周卷》,北京:中國社會科學出版社,2004 年,第 230-231 頁。

[3] 中國社會科學院考古研究所洛陽漢魏城隊:《漢魏洛陽故城城垣試掘》,《考古學報》1998 年第 3 期。

[4] 有關春秋、戰國的分野年代有前 481、前 476、前 468、前 453、前 403 年等不同説法,本文將周敬王在位的最後一年(前 476 年)視爲春秋時代的結束。

1. 單純表示尊稱之義。如子□君(子□君鼎 01223,商代晚期)、弃者君(弃者君尊 11729,西周早期)、甚孌君(甚孌君簋 04680,西周早期)。這類稱呼是人名後綴“君”的格式。如果將“子浮君”這一稱謂歸於此類,由於“子某”是東周時期常見的男子之字的形式,故“子浮”則可理解爲器主父親的字。但“君”表示尊稱的用法僅見於商代晚期至西周早期,在東周時期頗爲少見,“名/字+君”作爲人名在春秋時期更是罕有,所以這種解釋於義未安。

2. 表示封君身份的“君”,作爵位、爵稱解。東周時期,各諸侯統下紛紛設置封君。楊寬先生將封君的封號分爲三種類型:A. 以封邑之名爲封號(常例);B. 以功德爲封號(如張儀封五邑而號武信君,吕不韋封洛陽而號文信君,田嬰封於薛而號靖郭君,廉頗封於尉文而號信平君等);C. 只有封號而無封邑(如白起因功封武安君,趙奢因功封馬服君,以色受封的楚宣王男寵安陵君及楚頃襄王男寵鄢陵君、壽陵君等)。[1] 楊先生的劃分内涵存在交叉,實際上封君的性質是可以分爲有封邑和無封邑兩種,而封君的封號也是分爲以封邑爲地名和以功德、行狀概括的兩類,前者最爲常見。

若將“子浮”理解爲封邑的地名,其地望已無從可考。或將“子浮”理解成一種譽稱、美號,亦未嘗不可。子可讀爲孜,見於史牆盤(14541)“柔惠乙祖逨匹厥辟,遠猷腹心,子納粦明”,裘錫圭先生疑讀子爲孜,[2]《説文·攴部》:“孜,汲汲也,從攴子聲。《周書》曰:‘孜孜無怠。’”《書·泰誓下》:“爾其孜孜。”孔傳:“孜孜,勤勉不怠。”而浮可讀爲孚,《説文·爪部》:“孚,一曰信也。”《爾雅·釋詁上》:“孚,信也。”邢昺疏:“謂誠實不欺也。”《詩·大雅·下武》:“永言配命,成王之孚。”鄭箋:“孚,信也。”“子浮”讀爲“孜孚”,表示此人憑其“勤勉誠信”之德行而以周王子的身份受封爲君,至於有無封邑、身世經歷等情況,史料闕如,不得而知。

“伯有父溴其吉金”,器主伯有父,伯爲排行,通常情況下表示宗子身份,有是字,父爲男子之美稱。這類“排行+字+父”的人名格式是周代男性貴族常見的冠字形式,據張再興先生統計在金文中共有 161 例,其中西周時期 149 例,春秋時期 12 例,而春秋晚期僅 1 例。[3] 春秋時期男性貴族的冠字方式基本上以“子某”爲主流。伯有父這種冠字方式仍固守舊章,因循故法,説明器主深受傳統周文化的侵染,與其周室王孫的身份也相符合。溴字從水臭聲,《説文·大部》:“臭,古文以爲澤字。”段玉裁注:“又按澤當作皋。古澤、睪、皋三字相亂。”劉釗先生對睪、臭、皋的形、音演變關係有精當的論述,它們本爲一字。[4] 在這裏溴字讀爲“擇”,“擇其吉金”是春秋時期的金文習語。

---

[1] 楊寬:《戰國史》,上海:上海人民出版社,1998 年,第 268－269 頁。
[2] 裘錫圭:《史墻盤銘解釋》,《文物》1978 年第 3 期。
[3] 張再興:《金文人名“某某父”中排行的計量考察》,《中國文字研究》2008 年第 2 期。
[4] 劉釗:《古文字構形學》(修訂本),福州:福建人民出版社,2011 年,第 181－188 頁。

“自作佩鉅”,商周青銅劍自銘爲“鉅”,當屬首例。劍,上古音在見母談部;鉅,爲群母魚部字。見母、群母旁紐,同爲牙音,而談、魚通轉之例亦頗多,近年孟蓬生先生多有高論,[1]可作參考。鉅與劍通假是能够成立的。劍,《説文・刃部》:“人所帶兵也。”周代貴族男子素有佩劍習俗,《老子》第五十三章:“服文采,帶利劍。”東周時期各地區大中小型墓葬的出土情況表明,劍類兵器一般出於棺内墓主人骨腰間位置,確爲佩帶使用。春秋戰國之際,周文化及諸侯國範圍内出土的青銅圓莖短劍(即匕首),長度多在30釐米以下,而此劍長36.3釐米,形制、規格與圓莖短劍接近,“鉅”可能是這類短劍的特指專稱。

“用狄伐四方,用刜牛羊,用钔于□王之”,這幾句説明了此劍的用途。狄通逖,《説文・辵部》:“逖,遠也。”意爲遠征天下。刜字從肉從刃,作爲偏旁的刃與刀多混用,董珊先生分析了這個字不同形體之間的演變關係,字體大致有四種:[2]

1. (包山簡116)可隸定爲從肉從刀的刚;
2. (燕客問量18816)、(九店簡M56:7)從肉從辛從刀(或從刃),隸爲削或韌;
3. (包山簡146)、(半鎰環權18844),隸爲削;
4. (信陽簡2－010),隸作削。李學勤先生將其讀爲“半”,[3]於義通順。

魏宜輝先生認爲刜是“别(冎)”字之異體,[4]是正確的。從肉與從冎(骨字的古體)作爲表意的偏旁可相通换,且“别”與“半”二字本身在聲韻上通假是没有問題(古音别在幫母月部,半在幫母元部,月、元陽入對轉),而刜字的其他幾種異體,是增加了“辛”(或訛爲二)義符或“八”等表義兼聲符,讀爲“半”。本銘取冎字分解、分剖的本義,《説文・冎部》云:“冎,分解也。”王筠《説文句讀》:“從冎從刀,主蹦辜而言……《淮南子》曰‘宰庖之切割分别也’。”

此句形容劍之鋒利,類似的典例還見於《戰國策・韓策一》“韓卒之劍戟……龍淵、太阿,

---

[1] 孟蓬生:《師寰簋“弗叚組”新解》,復旦大學出土文獻與古文字研究中心網站:(http://www.gwz.fudan.edu.cn/SrcShow.asp? Src_ID=705),2009年2月25日;《楚簡所見舜父之名音釋——談魚通轉例説之二》,《簡帛》第六輯,上海:上海古籍出版社,2011年;《〈孟子〉“接淅而行”音釋——談魚通轉例説之三》,簡帛網(http://www.bsm.org.cn/show_article.php? id=1294),2010年9月6日;《“出言又(有)丨,利(黎)民所訁”音釋——談魚通轉例説之四》,《簡帛》第七輯,上海:上海古籍出版社,2012年;《“法”字古文音釋——談魚通轉例説之五》,《中國文字研究》第十六輯,上海:上海人民出版社,2012年;《上博簡“臧罪”音釋——談魚通轉例説之六》,《古漢語研究的新探索——第十一届全國古代漢語學術研討會論文集》,北京:語文出版社,2014年;《“竜”字音釋——談魚通轉例説之八》,《歷史語言學研究》第七輯,北京:商務印書館,2014年;《“埶”字音釋——談魚通轉例説之九》,《古文字研究》第三十一輯,北京:中華書局,2016年。

[2] 董珊:《楚簡簿記與楚國量制研究》,《簡帛文獻考釋論叢》,上海:上海古籍出版社,2014年,第182－183頁。

[3] 李學勤:《楚簡所見黄金貨幣及其計量》,《中國錢幣論文集》第四輯,北京:中國金融出版社,2002年,第61－64頁。

[4] 魏宜輝:《試析楚系文字中的“别”字》,《東南文化》2009年第6期。

皆陸斷馬牛,水擊鵠雁”、《戰國策·趙策三》“夫吴干之劍,肉試則斷牛馬,金試則截盤匜”等。

“卭于□王之”,“于”後銹失一字,卭是禦的本字,可通“禦”,有抵擋、捍禦之義,見《小爾雅·廣言》:“禦,抗也。”《詩·小雅·常棣》:“兄弟鬩于牆,外禦其務。”儘管缺失一字,但句意大體可揣測爲“抵禦侵害王的一切”。此句與毛公鼎(02518)“以乃族干(捍)吾(敔、禦)王身”、師訇簋(05402)“率以乃友干(捍)菩(敔、禦)王身”、師克盨(05680)“干(捍)害(敔、禦)王身,作爪牙”等詞句意思相近。

三

器主伯有父從血統上看是周王孫,其父是周王室的一位封君。有關周王室封君的情況,以往史料鮮有披露,劍銘可補史闕。東周時期,各諸侯國内封君林立、蔚然成風,封君制度成爲了當時重要的政治組織制度之一。春秋以來,諸侯對宗室成員的分封不曾止息:鄭莊公封同母弟段於京邑,後被剿滅;晉昭侯封叔父成師於曲沃,最終釀成了“曲沃代翼”的結局;楚國封子國於析,封號爲“析君”。戰國以後,隨着兼并戰争的加劇,大國開疆拓土,在新征服的地域裏掀起了封土賜邑的高潮,受封對象的範圍也不僅限於宗室,還有姻親、功臣、幸臣等群體。封君治下有與諸侯中樞相似的職官體系,宗邑下還有小邑,呈現出制度化、層級化。“賜予封邑、授予封號”構成了周代封君制度的根本特徵。

平王東遷以降,王室式微,雖已無能力分封諸侯,但周王在直接控制的王畿範圍内仍能封臣賜邑,甘氏、劉氏、王叔氏、儋氏等新生世族皆出自王室:甘氏爲周惠王之子、周襄王母弟王子帶之後,《世本》:“甘氏出甘昭公,王子帶之後。”《左傳》僖公二十四年:“初,甘昭公有寵於惠后,惠后將立之,未及而卒。昭公奔齊,王復之,又通於隗氏。”杜預注“甘昭公,王子帶也,食邑於甘。河南縣西南有甘水”;劉氏出自周頃王之子,周匡王、周定王之弟,《春秋》宣公十年:“秋,天王(周定王)使王季子來聘。”《左傳》:“秋,劉康公來報聘。”杜預注:“王季子也,其後食采於劉。”《國語·周語中》:“定王八年,使劉康公聘于魯。”韋昭注:“劉,畿内之國。康公,王卿士王季子也。”王叔氏爲周僖王王子虎之後,《國語·周語上》:“襄王使太宰文公及内史興賜晉文公命。”韋昭解:“太宰文公,王卿士王子虎也。”《春秋》文公三年:“夏五月,王子虎卒。”《左傳》爲“王叔文公卒”。王叔文公之子是王叔桓公、之孫是王叔陳生,王叔氏三世而亡;儋氏出於周簡王之子,《左傳》襄公三十年“王儋季卒”,杜預注:“儋季,周靈王弟。”戰國時期王室分封仍存餘波,《史記·周本紀》:“考王封其弟于河南,是爲桓公,以續周公之官職。桓公卒,子威公代立。威公卒,子惠公代立,乃封其少子于鞏以奉王,號東周惠公。”周考王封其弟揭在河南,即西周桓公,形成一個所謂的“西周”,後又分裂出“東周”。由王室分封出的新世族,與封君的關鍵區别在於無“君號”之名,却有封君之實。從子浮君的身份上看,他是未繼王位的周王子,被周敬王封爲君,體現了周王室在領域範圍内仍保持着掌控力。

春秋時期,王室没落衰微是毋庸置疑的事實。春秋初年周鄭交惡,鄭國與周天子不僅出現了交换人質這種踐踏禮制的做法，甚至還發生了鄭將射王中肩的惡性衝突，横掃了周天子的威風。儘管如此，在霸權迭興的春秋時代，周天子在政治舞臺上依然是主角，"尊王"這面鮮明的大旗始終未偃，周王至高無上的權力也非完全褪色，直至三家分晉也要通過周王的册命才具備合法性。

"東王之孫"、"逖伐四方"、"別牛羊"、"禦于□王之"這些辭句不能單純按照程式化的套語來理解，它們背後隱含深意："東王之孫"强調器主的出身源自王室正統，注重宣揚自己作爲周王孫的身份，油生的優越感透露出周王室仍舊是"天下共主"的尊嚴，周王有着無法替代的統治地位；"逖伐四方"申明天子至高無上的軍事指揮權；《禮記・禮器》篇云"太廟之内敬矣……君親割牲，夫人薦酒"、《禮記・樂記》篇亦云"天子袒而割牲"，可見"別牛羊"象徵的是周王主持祭祀、宰割犧牲的權力。這兩句可視爲"國之大事，在祀與戎"的生動注腳，足見器主恪守着"禮樂征伐自天子出"的法統理念；"禦于□王之"着重申述了捍衛王權是臣子須要履行的職責和義務。作爲東周王室的遺物，伯有父劍銘所表達的意願與王孫滿宣布的"周德雖衰，天命未改"口號相比毫不遜色，甚至表現得更加强烈和自信。

攝影：劉化龍

製拓：付萬里

X－ray 探傷攝影：王鑫

青銅樂器銘文套語“元鳴孔煌”析論

孫思雅*

一、前　　言

“元鳴孔煌”是兩周青銅樂器銘文中常見的套語。過去學者對“元鳴孔煌”四字只做單獨的釋讀，而没有注意到詞語與上下文之間的關係，一般把它解釋爲“悠雅的鳴聲非常之美好”，[1]或“鳴聲悠長十分洪亮”。[2] 筆者認爲這種處理方式是不足够的。本文試通過分析“元鳴孔煌”與“龢鐘”、“初吉”的關係特點，來檢驗各家學説的合理性，從而尋繹對套語“元鳴孔煌”的合理解釋。以下先從文例開始。

目前所見含“元鳴孔煌”四字銘文的青銅鐘鎛有如下七套(共二十四件)：[3]

(1) 登鐸：**唯正月初吉庚午，**□子𢍺(登)擇其吉金，**自作龢鐸，**𠁩(中、終)𩏂(翰)𣪘(且)陽(颺)，**元鳴孔鍠(煌)，**以征以行，尃(敷)𦖞(聞)四方。子₌孫₌，永保是尚(常)。

(春秋早期，楚國，《續編》1048)

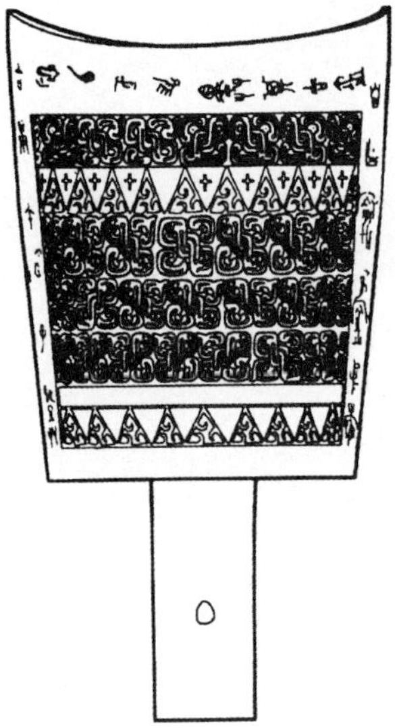

圖 1

---

* 北京大學歷史學系博雅博士後。

[1] 馬承源主編：《商周青銅器銘文選》(4)，北京：文物出版社，1990 年，第 387 頁。

[2] 劉翔：《王孫遺者鐘新釋》，《江漢論壇》1983 年第 8 期，第 76－78 頁。

[3] 在此於每套多件之編鐘編鎛中，僅選取其中一件爲代表。隸定時采用寬式標準。銘文選自吴振鋒：《商周青銅器銘文暨圖像集成》(文中簡稱《銘圖》)及《商周青銅器銘文暨圖像集成續編》“樂器卷”(文中簡稱《銘圖續編》)，上海：上海古籍出版社，2012 年及 2016 年。

(2) 王孫誥鐘：**唯正月初吉丁亥，**王孫真（誥）擇其吉金，**自作龢鐘，**𠁧（中）𣫯（翰）䖒（且）䑃（揚），**元鳴孔諻。**有嚴穆穆，敬事楚王。余不㝹（畏）不𧀺（差），惠于政德，恖（淑）于威（威）義（儀），㢮（弘）𩐴（恭）𠭯（舒）遟，㝹（畏）𢘅（忌）𧾱𧾱，肅𣂼（折、哲）臧（臧）𢦚（禦），䎽（聞）于四國，恭厥盟祀，永受其福。武于戎攻（功），誨猷不飤，闌闌（簡簡）龢鐘，用宴以喜（饎），以樂楚王、諸侯、嘉（嘉）賓及我父兄、諸士。𨗨𨗨（皇皇）𧽤𧽤（熙熙），萬年無期，永保鼓之。（春秋晚期前段，楚國，《集成》15606）

圖 2

(3) 王孫遺者鐘：**唯正月初吉丁亥，**王孫遺𦒿（者）擇其吉金，**自作龢鐘，**𠁧（中）𩐋（翰）䖒（且）䑃（颺），**元鳴孔煌，**用享以孝，于我皇祖文考，用祈眉壽。余㢮𩐴（龔）𠭯（舒）遟，㝹（畏）𢘅（忌）𧾱𧾱，肅𣂼（哲）聖武，惠于政德，恖（淑）于威義（儀），誨𡚱（猷）不（丕）飤，闌闌（簡簡）龢鐘，用宴以喜（饎），用𤔲（樂）嘉賓父兄，及我朋友，余恁台心，征（誕）中余德（值），龢猃（沴）民人，余尃（溥）旬（徇）于國，𨗨𨗨（皇皇）𧽤𧽤（熙熙），萬年無諆（期），枼（世）萬孫子，永保鼓之。

（春秋晚期，楚國，《集成》00261、《銘圖》15632）

圖 3

(4) 徐王子旃鐘: **唯正月初吉元日癸亥,** 郐(徐)王子旃擇其吉金, **自作龢鐘,** 以敬盟祀, 以樂嘉賓, 朋友, 諸賢, 兼以父兄、庶士, 以宴以喜(饎), 𠦪(中)榦(翰)歔(且)諹(颺), **元鳴孔皇(煌)。** 其音警警(悠悠), 䎽(聞)于四方, 韹韹(皇皇)𨐗𨐗(熙熙), 眉壽無諆(期), 子子孫孫, 萬世鼓之。

(春秋晚期, 徐國,《集成》00182、《銘圖》15532)

圖 4

(5) 沇兒鎛(沇兒鐘): **唯正月初吉丁亥,** 郐(徐)王庚之悉(淑)子沇兒擇其吉金, **自作龢鐘,** 𠦪(中、終)榦(翰)歔(且)昜(颺), **元鳴孔皇(煌),** 孔嘉元成, 用盤飲酒, 龢逾(會)百姓, 悉(淑)于畏(威)義(儀), 惠于盟祀。余以宴以喜(饎), 以爍(樂)嘉賓, 及我父兄、庶士, 皝皝趣趣(熙熙), 眉壽無期, 子子孫孫, 永保鼓之。

(春秋晚期, 徐國,《集成》00203、《銘圖》15819)

圖 5

(6) 許子盥自鎛(鄦子盥自鎛): **唯正月初吉丁亥,** 鄦(許)子盥(醬)自, 擇其吉金, **自作龢鐘,** 𠦪(中、終)榦(翰)歔(且)𥙿(颺), **元鳴孔煌(煌),** 穆穆龢鐘, 用宴以喜(饎), 用樂嘉賓、大夫, 及我朋友, 皝皝趣趣(熙熙), 萬年無諆(期), 眉壽毋已, 子子孫孫, 永保鼓之。

(春秋時期, 許國,《集成》00153、《銘圖》15792)

圖 6

(7) 衺兒鎛: **唯正月初吉丁亥,** 衺兒擇其吉金, **自作龢鐘,** 𠁩(中)䡅(翰)䖒(且)鍚(揚), **元鳴孔皇,** 以樂嘉賓,及我庶士。其眉壽無期,永保鼓之。 (春秋時期,《銘圖》15805)

圖 7

鐘鎛銘文上的"元鳴孔煌",馬承源謂"元、皇皆是美辭"。趙世綱認爲"元"有"大"之意。[1] 而"皇",趙誠總結金文的"皇"用意有十四種,其一是:"皇有美意。孔皇,非常洪亮、十分和諧之義。孔爲副詞,皇爲形容詞。"[2] 關於"孔"字,張連航在其《"元鳴孔煌"新解》中認爲"'孔'字在先秦時期,曾與詞根結合,用爲模擬聲音的擬聲詞",并在文中詳細論述了"孔"字的虛化歷程,先是由"孔煌"作爲描繪鐘聲的擬聲詞,逐漸虛化變爲程度副詞表"甚也"、"大也"之義。[3] 最近,沈培兼從"元鳴孔皇"的語法結構進行探討,他認爲"元鳴孔皇"的語法結構是由"元鳴"和"孔皇"兩個并列詞語組成,"鳴"與"皇"一樣,爲形容詞。[4] 可見,學界對"元鳴孔煌"的釋讀,一直多以單字釋義入手。

唯饒宗頤根據1986年甘肅放馬灘天水市發現的戰國晚期秦墓出土的秦簡《日書》及《律書》,聯繫簡文中出現的"中鳴"、"後鳴"與古代以音律配合的時刻制度,對"元鳴、中鳴"做了全新解讀,推其初義或與"音律"有關:

---

[1] 趙世綱:《淅川下寺春秋楚墓青銅器銘文考索》,載《淅川下寺春秋楚墓》,北京: 文物出版社,1991年,第357頁。

[2] 趙誠:《金文的"皇"、"戭"、"敳"》,載《于省吾教授百年誕辰紀念文集》,長春: 吉林大學出版社,1996年,第105-106頁。

[3] 張連航認爲:"孔"古音屬溪母東部字,今擬作K'oŋ音。"皇"是匣母陽部字,今擬作ruaŋ。二字均收"ŋ"聲,且發音相近,與鐘聲敲響後餘音回蕩的情況很相似。見張連航:《"元鳴孔煌"新解》,載《古文字研究》第二十二輯,北京: 中華書局,2000年,第125頁。

[4] 沈培:《新出曾伯霥壺銘的"元屖"與舊著録銅器銘文中相關詞語考釋》,復旦大學出土文獻與古文字研究中心網站(http://www.gwz.fudan.edu.cn/Web/Show/4212),2018年1月23日。

> 殷卜辭既有壺之文,似是觀察漏刻之記載,後人取時刻以入樂,借鷄鳴以配音律,因有**元鳴中鳴**之語,中鳴復稱曰"中翰",則以翰音爲鷄鳴故也。元鳴之詞,沇兒鐘、王孫遺者鐘均見之。中鳴則見於徐國鐘銘,幸中鳴、後鳴二名同於天水秦簡出見,得以推知其初義。以時刻配樂,蓋亦先秦納音術之一例。放馬灘日書云:"天降令(命)乃出大正,間吕六律,皋陶所出,以五音十二聲爲其貞卜。"托始於皋陶,秦人已有此説。[1]

陳雙新後來據此,在其書《兩周青銅樂器銘辭研究》對《沇兒鎛》銘文中的"元鳴孔煌"再做釋讀,認爲"'元鳴孔煌'是春秋時期南方特别是楚國樂器銘文中常見的樂音修飾語"。又質疑:

> 遷邟鐘(甚六鐘)又説"中鳴媞好","中鳴"與"元鳴"有無區别,諸家皆未作解釋。饒宗頤先生聯繫天水秦簡中用於記時的"鷄鳴"、"中鳴"、"後鳴",對它們作了全新的解釋。……此説對"中鳴"、"元鳴"之解釋甚有可能,但以"中鳴"復稱"中翰",把"中"當作實義形容詞,則其後之"且"無著落。是否如此,還有待進一步研究。[2]

陳氏最後對饒氏此説并未給予判斷,僅案"還有待進一步研究"。

縱觀前人對"元鳴孔煌"的釋讀,皆是對"元鳴孔煌"四字的字義、詞意做單獨的理解。而從上引青銅鐘鎛銘文中可以發現,七篇銘文都有共同的結構格式,可以歸納爲四部分:鑄作日期、對樂器特點的描寫、鑄器的目的和作用、禱語。[3]"中翰且揚,元鳴孔煌"皆出現在"對樂器特點的描寫"的固定語境裏。具有"中翰且揚,元鳴孔煌"銘的七套鐘鎛,記載的格式均是"唯正月初吉,××擇其吉金,自乍龢鐘……中翰且揚,元鳴孔煌……"那麽,是否"中翰且揚,元鳴孔煌"的形容只適用在"唯正月初吉……"的"龢鐘"上?筆者認爲"元鳴孔煌"很有可能與"龢鐘"及"正月初吉……"有關。下文即先對"龢鐘"和"初吉"的含義做梳理,再對"中翰且揚,元鳴孔煌"的釋讀做進一步分析,以期爲後續研究提供參考資料。

二、"龢鐘"考

"元鳴孔煌"套語所見之器皆自名爲"龢鐘(也有作龢鎛、龢鐸)",首先我們來探討何謂

[1] 饒宗頤:《論天水秦簡中之"中鳴""後鳴"與古代以音律配合時刻制度》,載《簡牘學研究》第2輯,蘭州:甘肅人民出版社,1998年,第3頁。
[2] 陳雙新:《兩周青銅樂器銘辭研究》,保定:河北大學出版社,2003年,第143頁。
[3] 前文所引七器銘文中,只有第四器的二、三兩部分次序對調。

"龢鐘"。

筆者統計,在迄今所見705件有銘青銅樂器上,有自名爲"龢鐘"之器有59套,其中鐘銘有"龢鐘(龢鎛、龢鐸)"二字者161件(鐘,126件;鎛,34件;鐸,1件),約占全部青銅樂器總數的22.8%。自名"龢鐘"之器最早始見於西周中期,按時代統計,西周中晚期有器42件,春秋時期95件,戰國時期1件。據銘文進一步細分,其中自名爲"寶龢鐘"有6件、"大醬(林)龢鐘"有5件、"寶大亩(林)龢鐘"有1件、"大寶𦇏(協)龢鍾(鐘)"有8件。

關於"龢"或其同源字"和"的研究,不論是其歷史淵源的考察,還是其思想内涵及音樂審美觀的梳理,一直被學界關注而且不乏論述。古文字學家多運用甲骨文、金文字形進行考釋辨析而得出結論,音樂史學家則對古文獻進行梳理并對出土樂器進行測音分析。下面即辨析衆家論説,梳理主要的研究觀點,期爲後續研究有所助益。

"龢",郭沫若《釋龢言》一文云:

知龠則知龢。龢之本義必當爲樂器,由樂聲之諧和始能引出調義,由樂聲之共鳴始能引伸出相應義。亦猶樂字之本爲琴。乃引伸爲音樂之樂與和樂之樂也。引伸之義行而本義轉廢。後人只知有音樂和樂之樂,而不知有琴弦之象,亦僅知有調和應和之和而不知龢之爲何物矣。然龢固樂器名也。[1]

"龠",《説文解字》:"樂之竹管,三孔,以和衆聲也。从品、侖。侖,理也。"[2]郭沫若已辨其誤,認爲"龠"爲象形字,他説:"象形者,象編管之形也。金文之作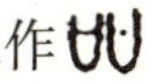若者,實示管頭之空,示此爲編管而非編簡,蓋正與從亼册之侖字有别。"[3]

郭氏提出的"龠爲編管象形"之意見數十年來廣爲古文字學界認同。儘管上世紀80年代後,有少數學者在"龠爲編管説"基礎上提出新的觀點,如王子初的"龠"爲"編管至單管演變説"、唐建垣的"龠"爲"雙管説"、高德祥的"龠"爲單管"口笛説",甚至到1987年河南舞陽賈湖出土九千年前的骨質管樂器等等,在音樂史學領域,關於"龠"的論争一直在進行,尚未有定論。然而却也間接可證,由"龠"旁組成的"龢",至少説明字義與音樂有關。

在陳雙新的《兩周青銅樂器銘辭研究》中,陳氏也認同郭氏"龠爲編管樂器"之説,"龢鐘"即形容鐘聲之和諧:

龠爲編管樂器,各竹管長短有差,但編排有序位置固定,發音必相和諧。因此,

[1] 郭沫若:《甲骨文字研究》,北京:人民出版社,1952年,第46頁。
[2] 許慎:《説文解字》卷三,龠部,北京:中華書局,1985年,第63頁。
[3] 郭沫若:《郭沫若全集·考古編·第一卷·甲骨文字研究》,北京:科學出版社,1982年,第94頁。

> “龢”的本義就是指“同編各竹管所發樂音的和諧”。……“龢”雖本是一個修飾樂音特性的詞語,但在金文及典籍中它更多的不是指鐘聲的和諧,而是指神與人、人與人之間關係的和諧。……鐘鎛自名前大量的用“龢”作修飾語,大概也隱含了這層意思,即以和諧的音樂娛樂賓朋百姓,和合上下,從而緩和各種矛盾,達到統治階級企求的社會穩定、百姓安樂的政治目的。[1]

陳氏認爲自名爲“龢鐘”之“龢”,不僅是表示聲音和諧、修飾音樂性的詞語,同時也帶有企求政治和諧的政治目的。

在音樂史學界及樂器學界關於“龢鐘”的研究,又以不同的角度進行并且有所發現。

黄翔鵬在上世紀八十年代初所作的《新石器和青銅時代的已知音響資料與我國音階發展史問題》一文之第四部分“宫、角、徵、羽結構和西周人的諧和概念”,主要是對西周時期的音階特點進行闡釋。他對西周中期和晚期典型性的兩套編鐘“中義鐘”和“柞鐘”進行測音分析,得出:

> 西周中期到晚期的鐘樂已經建立起了統一制度。……以最大的第一、第二兩鐘構成羽—宫關係,其後則按每兩鐘一組構成角—羽關係成八度地向上翻。[2]

西周中期《中義鐘》測音數據及樂音如下:

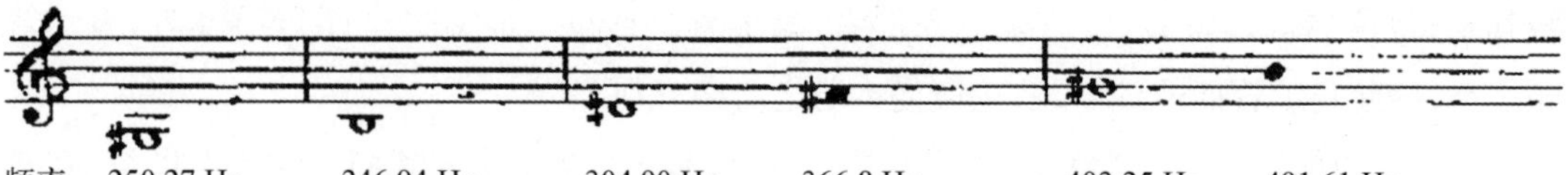

频率:	250.27 Hz	246.94 Hz	304.90 Hz	366.8 Hz	403.25 Hz	491.61 Hz
音分:	—420	—400	285	685	719	10921
	羽	宫	角		羽	

频率:	618.67 Hz	712.99 Hz	827.26 Hz	1010.9 Hz	1244.5 Hz	1488.6 Hz	1646.9 Hz	1961.9 Hz
音分:	14 90	18 07	19 93	23 40	27 00	30 10	31 86	3488
	角		羽		角		羽	

圖 8

[1] 陳雙新:《兩周青銅樂器銘辭研究》,第 183 頁。

[2] 黄翔鵬:《新石器和青銅時代的已知音響資料和我國音階發展史問題》,見氏著:《溯流探源——中國傳統音樂研究》,北京:人民音樂出版社,1993 年,第 24 頁。

西周中晚期《柞鐘》測音數據及樂音如下：

频率：	215.72 Hz	256.24 Hz	322.84 Hz	321.54 Hz	389.74 Hz	431.69 Hz	517.84 Hz
音分：	—334	—36	364	357	690	867	1182
	羽	宫		角		羽	

频率：	647.93 Hz	789.44 Hz	889.71 Hz	1052.6 Hz	1357.1 Hz	1554.5 Hz	1778.3 Hz	2123.4 Hz
音分：	1570	1912	2119	2410	2850	3085	3318	3625
	角		羽		角		羽	

圖 9

截至黄氏發表此文之時間，所有已知測音資料的西周鐘，毫無例外地都和上列兩例相同。可見實際的測音調查，提供了先秦典籍中所没有明確記載的情况，即一鐘雙音。黄氏暫名爲“正鼓音、右鼓音”（今學界稱之爲“正鼓音、側鼓音”）：

> 成套的西周中、晚期編鐘自第三鐘以上的角—羽結構每組兩鐘，除它們的“隧”（亦稱“正鼓”）部音響之外，在隧部與銑邊之間近鐘口處，一般地都可敲擊出比“隧音”高小三度的音響。……而且絶大多數都是傾向於純律的小三度。[1]

顯然，這種“右鼓音”的出現不是出於偶然。黄氏認爲這與西周人“和實生物、同則不繼”、“聲一無聽，物一無文”的觀點有關，且從中也反映出西周人在音樂實踐中已有明確的諧和觀念。所以黄氏認爲：

> “龢鐘”起初應是鐘的一個種屬名稱，後來可能已經失掉了它的本來意義（或已不被普遍認識），至少是在有關文獻中已經僅存其名，而未得其傳。“龢鐘”可能即以共存於同一鐘體之内的、諧和的音程關係而得名……由於這種諧和關係的被認識，看來西周中、晚期已把“龢鐘”的這種特點普遍采用，成了統一的制度。[2]

---

［1］黄翔鵬：《新石器和青銅時代的已知音響資料和我國音階發展史問題》，第 26－27 頁。
［2］黄翔鵬：《新石器和青銅時代的已知音響資料和我國音階發展史問題》，第 29 頁。

黄氏有關雙音鐘的規律和其他音階發展問題的推論,曾引起了學界激烈的討論與争議,最終隨着1978年曾侯乙墓編鐘的出土證實了"一鐘雙音"的客觀存在,爲黄先生的論説提供了堅實的科學證據。

經過以上的梳理,關於"龢鐘"一詞是指鐘聲之和諧,還是由鐘的一個種屬名稱(一鐘雙音)發展而來,我們先來梳理下一鐘雙音的成因與發展。

我國青銅樂鐘獨有的合瓦形結構爲一鐘雙音創造了發生的基質,而一鐘雙音的出現主要是由何原因,從物力、財力、人力角度分析,可以歸爲其二:第一爲了節省財力物力,第二爲了方便人力。

青銅在先秦時期屬於一種非常貴重的合金材料,一般多用於貴族禮器。而對於宫廷樂器的製造,統治者考慮其國家利益也會詢問於臣僚。如周景王曾問樂律於伶州鳩,伶州鳩藉論樂來諷諫景王不要"匱財用,罷民力,以逞淫心"。《國語·周語下》有:

> 二十三年(公元前521年),王將鑄無射,而爲之大林。單穆公曰:"不可。作重幣以絶民資,又鑄大鐘以鮮其繼。若積聚既喪,又鮮其繼,生何以殖……三年之中而有離民之器二焉,國其危哉。"[1]

在人力使用層面,編鐘屬大型打擊樂器,由大小不同的扁圓鐘按照音調高低的次序一字排列,懸挂在一個巨大的鐘架上,侍女需要手持木槌且經常移動腳步來敲打奏樂。一鐘雙音可以減少編鐘的數量進而方便演奏者演奏。

因此,"龢鐘"的一鐘雙音應該是一種有意識的、有規律的樂器樂音構成。雖然商代青銅編鏞已呈現雙音等數種音程,但尚不穩定。[2] 陳荃有在其《中國青銅樂鐘研究》一書中對雙音鐘出現的時間給予了判斷,認爲西周穆王時期是區分規律性雙音鐘的分界綫:

> 西周階段規律性雙音鐘的外部現象,一般是鐘的内腔壁有調音設置或痕迹,外側鼓部位則多飾以鳥紋、夔龍紋爲主的動物紋飾;而内在的關鍵,是鐘的正、側鼓音高要符合一定的規律,音與音之間應具有規律性音程關係,共同組成的音列能够符合某種樂音體系。[3]

---

[1] 上海師範大學古籍整理研究所校點:《國語》,上海:上海古籍出版社,1998年,第122－130頁。

[2] 西周初年編甬鐘測音數據參考《中國音樂文物大系》總編輯部:《中國音樂文物大系》"陝西卷"(鄭州:大象出版社,1999年)、"河南卷"(鄭州:大象出版社,1996年)。

[3] 陳荃有:《中國青銅樂鐘研究》,上海:上海音樂學院出版社,2005年,第45頁。

有關雙音鐘的發展,從古文字學角度也可以看到綫索。西周中期的中義鐘一套八件同銘,皆作"中義乍(作)龢(鐘),其萬年永寶",其中"龢"字皆作从龠从禾之形()。西周晚期以"龢鐘"自名的虢叔旅鐘一套七件,鐘之第一件銘文中的"龢"字从龠从禾,而鐘之第七件銘文中"龢"字作,从"金"(如圖10、11)。[1] 而到了春秋晚期,以"龢鐘"自名的楚國樂器有僕兒鐘四件,其"龢"字作,已改爲"從音从禾"。[2] 通過"龢"字在銘文上書寫的遞變,可以窺見一套青銅樂鐘自身音響性質的發展,"龢"字從"从龠从禾",到"从金从禾",最後到"從音從禾"的字形,似乎反映出"龢"字字義向音樂的趨近。

西周晚期虢叔旅鐘甲:

圖10

(《集成》00238,《圖集》15584)

西周晚期虢叔旅鐘庚:

圖11

(《集成》00244,《圖集》15590)

據筆者觀察,"龢"字除上述有代表性的例子之外,在青銅樂器銘文上皆穩定作从龠从禾()之形。而相對來説,"龢"字在其他青銅器具(非青銅樂器)上,寫法并不固定。如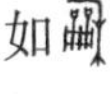(西周早期龢爵)、(春秋中期庚兒鼎)、(邛君壺)等。[3] 這種只出現在鐘銘上的"从音从禾"的"龢"字字形,也間接證明了用在青銅樂鐘銘文上的"龢"字更强調其音樂特性。

通過以上分析可以推測,從樂器自身的歷史發展角度來看,有些鐘自名爲"龢鐘"的最初

[1] 郭沫若:《兩周金文辭大系圖録考釋》(上),上海:上海書店出版社,1999年,第119-124頁。

[2] 容庚編著:《金文編》,北京:中華書局,1985年,第125頁。

[3] 容庚編著:《金文編》,北京:中華書局,1985年,第126頁。

原因可能是,在西周時期一鐘雙音的技術成熟下,編鐘的正鼓音和側鼓音的小三度關係達到純律小三度,并且純律的三度音程在和聲結構中確實比較完滿地達到了共振諧和效果。韓寶强曾爲數百枚雙音編鐘做聲學(acoustics)測音,通過頻譜分析得到:

> 無論敲擊正鼓音還是側鼓音,絶大部分雙音鐘在敲響的一刹那,其正、側鼓都會同時作響,只不過音量比例有所不同。[1]

所以可以推斷,"龢鐘"應是先指樂鐘自身的音樂性質——一鐘雙音(或被定義爲"雙音鐘"),即一鐘之内可發出的和諧的音程關係。而隨着這種鐘樂特點和形制的成熟和廣泛使用,"龢鐘"一詞其"一鐘雙音"的本意逐步消轉,最後擴大到泛指鐘聲的和諧。

三、何謂"初吉"

"元鳴孔煌"所見之器,皆是在"唯王正月初吉……"的紀時條件下。

關於金文中時間及月相詞語的研究,王國維曾在其《生霸死霸考》一文中指出:

> 余覽古器物銘,而得古之所以名日者凡四:曰初吉、曰既生霸、曰既望、曰既死霸。因悟古者蓋分一月之日爲四分:一曰初吉,謂自一日至七八日也;二曰既生霸,謂自八九日以降至十四五日也;三曰既望,謂十五六日以後至二十二三日;四曰既死霸,謂自二十三日以後至于晦也。[2]

這是由王國維首倡的"四分一月"説,即認爲金文中常見的初吉、既生霸、既望、既死霸等是關於月相的用詞,是古曆中同一性質的紀時詞語,順次代表每月之中各爲七八天的四個時段。此説對於整個西周的研究影響巨大,後世亦有不少學者專門就這一問題進行了大量的考釋與論證。

迄今關於西周金文月相詞語的研究主要有兩方面:一是關於月相詞語的含義;二是關於月相所指的時間。這兩個方面交織在一起,各派的研究觀點概括起來可以分爲"分段説"、"定點説"、"點段説"等基本觀點。而關於"初吉"的研究又可細分爲兩類,一是信從王國維"四分之一"説,認爲"初吉"是月相詞語,二是認爲"初吉"并非月相詞語,當屬另一吉日系統。現總結概要如下:

1. "分段説"即上文所提及的由王國維首倡的"四分之一"説,其采納此説的學者爲數不少,有如吴其昌、郭沫若等。

---

[1] 韓寶强:《論鐘律形成過程中的聲學因素》,《天津音樂學院學報(天籟)》2006年第1期,第25頁。
[2] 王國維:《觀堂集林·第一册·生霸死霸考》,北京:中華書局,1961年,第21頁。

2. “定點説”認爲月相詞語分别指月中固定的一天,而不是各指幾天。肇始於西漢末的劉歆,到了董作賓補:“金文乃更有‘初吉’之一名,以代替‘死霸’,是明明易不吉之詞爲吉語也。”董作賓是以“易不吉之詞爲吉語”解釋“初吉”,不認爲“初吉”是月相詞語,“初吉是易不吉爲吉語,都是初一”。[1] 劉啓益在《西周金文中月相詞語的解釋》一文中也認爲月相應是指固定的一天,初吉,即朏的這一天,當爲初二或初三。[2]

3. “點段説”認爲月相詞語把一個月分爲不同的時點和時段。如八十年代中期,陳久金在《西周月名日名考》一文中説:“初吉與月相没有直接關係,它和生霸、死霸、既望等月相名稱毫無關係。”他認爲初吉爲一月中(當時人所選擇的)最初的一個吉日;以既望爲月中固定的一日(時點);又以既生霸爲上半月,既死霸爲下半月(時段)的。[3] 九十年代初,王勝利撰文認爲“‘初吉’一詞僅表示某日爲其所在月份的第一個吉日,它可以處於月中的任何位置”。他認爲,初吉爲一月中的第一個吉日,是根據當時的占卜習俗而確定,其餘三個則爲月相詞語,都是根據對月相的實際觀測來確定,各代表月中的一段時間。[4] 九十年代後期,馮時根據静方彝銘文提出“吉日系統與月相系統并記的事實已明確證明兩套系統是并行使用的”,初吉亦即時人擇取之良辰吉日。[5] 還有學者提出“初吉是初干吉日”,[6]或認爲“初吉即‘大吉’,既可在月首也可在月尾”[7]等等。

隨着近年地下材料的大量出現,也給這個學術界久有争議的老話題帶來了新的論證。1977年陝西岐山鳳雛11號窖穴出土的卜甲中出現了“既日”、“既魄”、“月望”、“既死”等詞,徐錫臺《周原甲骨文綜述》認爲:

> 周原十一號窖穴二十六號卜甲和五十四號卜甲有“既吉”,“既吉”,即已吉之意。……周原甲骨文中的“既日”、“既魄”、“月望”、“既死”説明在周文王時期就已用月相補充殷商的干支與旬的紀日法了。[8]

---

[1] 董作賓認爲定點、月相、異名分爲三組。第一定點:既死霸是月相名,朔是人起的名,初吉是易不吉爲吉語,都是初一。第二定點:既死霸是月相名,朔是人起的名,承大月二日,小月三日。第三定點:既生霸是月相名,望是人起的名,十五日。第四定點:旁生霸,近於生霸之日,是月相名,既望是人起的名,謂已過望日也。載董作賓:《周金文中生霸死霸考》,《臺灣大學考古人類學刊》1952年第1期。

[2] 劉啓益:《西周金文中月相詞語的解釋》,《歷史教學》1979年第6期。

[3] 陳久金:《西周月名日名考》,《自然科學史研究》1985年第4卷第2期,第128頁。

[4] 王勝利:《西周曆法的月首、年首和記日詞語新探》,《自然科學史研究》1990年第9卷第1期,第46頁。

[5] 馮時:《晉侯穌鐘與西周曆法》,《考古學報》1997年第4期,第431–436頁。

[6] 黄盛璋:《釋初吉》,見氏著:《歷史地理與考古論叢》,濟南:齊魯書社,1982年,第309頁。

[7] 劉雨:《金文“初吉”辨析》,《文物》1982年第11期。

[8] 徐錫臺:《周原甲骨文綜述》,西安:三秦出版社,1987年,第140頁。

但徐氏也表示:“它是否就是西周金文中的‘初吉’呢? 尚不敢斷定,有待繼續研究。”[1]據此,李學勤舉近年出現在金文和卜辭中的“既吉”爲例,認爲“既吉”之語,結構與“既生霸”、“既望”、“既死霸”相類,以“吉”爲朔日解之,極爲順適:

> 1965年,武漢市文物商店揀選到一件“曾伯從寵鼎”,銘文共三行:“隹(惟)王十月既/吉,曾白(伯)從寵/自乍(作)寶鼎用。”……1977年,在陝西岐山鳳雛11號窖穴出土的卜甲,辭中三次出現“既吉”(H11:26、H11:48、H11:54),同見的有“既死霸”(H11:55)。鳳雛卜甲可判定的年代,上起周文王,下至昭穆,所以西周前期也有“既吉”之稱。[2]

但李氏并未對爲何西周金文“初吉”衆多,而“既吉”僅有一例如此之少,這一問題做進一步討論。

如今,經更多器物的補正,學界的觀點更多傾向於遵從王國維之思路,認爲“初吉”是月相,但又加以補充。如陶磊認爲初吉爲月首,也爲朔(吉日)。[3] 葉正渤在其《月相和西周金文月相詞語研究》中也認爲初吉和既望是就月亮在天空的相對位置而言的,既生霸和既死霸是就月光的亮度而言的,在本質上,它們都是月相詞語;初吉,周人以初見新月爲吉,一月之始,當漢代日序法的初一也即朔。[4]

綜上所述,雖經幾輩前人之研究,這一世紀難題學界尚未有統一之定論,但“初吉”爲月相爲月首這一觀點已經得到了較多共識。而且,筆者發現,在“元鳴孔煌”出現的七套編鐘鐘銘上,徐王子旃鐘的紀年略有不同:

> 隹(唯)正月初吉元日癸亥,郐(徐)王子旃睪(擇)其吉金,自乍(作)龢鐘……𠁩(中)翰(翰)叡(且)諹(颺),元鳴孔皇(煌)……

比起其他編鐘紀年爲“唯正月初吉+干支”格式,徐王子旃鐘的格式爲“唯正月初吉+元日+干支”。而“元日”,《尚書·舜典》中記載:“正月上日,受終于文祖……月正元日,舜格于文

[1] 徐錫臺:《周原甲骨文綜述》,西安:三秦出版社,1987年,第140頁。
[2] 李學勤:《月吉、初吉、既吉》,見氏著:《夏商周年代學札記》,瀋陽:遼寧大學出版社,1999年,第95-96頁。
[3] 陶磊:《初吉月首説》,《徐州師範大學學報》2002年第3期,第114頁。
[4] 葉正渤:《月相和西周金文月相詞語研究》,《考古與文物》2002年第3期,第77頁。

祖。"《尚書正義》曰:"上日,朔日也……月正,正月。元日,上日也。"[1]可見元日,上日也;上日,朔日也;朔日,即農曆初一。[2] 根據王國維在《生霸死霸考》中指出的"一器之中不容用兩種記日法",那麽,在"唯正月初吉元日……"中,由於"初吉"和"元日"共現於一句中,"元日"是"初一",便排除了"初吉"解釋爲"初一"的可能性,也間接證明了"初吉"爲月相之説。

回到我們對"唯王正月初吉……"的解釋上,正月,"古人紀月通常以序數爲記……作爲歲首的月份叫作正月",[3]初吉,一月四分中,第一段作爲月首,稱之爲初吉。"正月初吉……"即歲首且月首。

四、何謂"元鳴"

經上文梳理可得,"元鳴孔煌"四字皆出現在歲首且月首的龢鐘(雙音鐘)上。[4] 下文即分析"元鳴孔煌"是描寫鐘聲的形容詞,還是如饒宗頤所説與音律有關。放馬灘一號秦墓出土秦簡《日書》及《律書》中有:[5]

宫一,徵三,栩五,商七,角九。 (乙72)

甲 九木 子九水 日出□□水 早食□□□ 林鐘生大簇,大吕七十六□山 (乙76)

乙 九木 丑八金 早食七栩火 入暮,中鳴六 大簇生南吕 大簇七十二參阿 (乙77)

丙 七火 寅七火 暮食六角火 夜半,後鳴五 南吕生姑洗 夾鐘六十八參阿 (乙78)

丁 六火 卯六水 東中五□土 日出日失八 姑洗生應鐘 姑洗六十四陽谷 (乙79)

---

[1] 《十三經注疏》整理委員會整理,李學勤主編:《十三經注疏·尚書正義》,北京:北京大學出版社,1999年,第72頁。

[2] 《禮記·月令》言:"(孟春之月)天子乃以元日祈穀于上帝。"鄭玄注:"元日,謂上辛。郊祭天也。"元日是上辛之日,即正月的第一個辛日。

[3] 王力主編:《古代漢語》(校訂重排版)第三册,北京:中華書局,1999年,第850頁。

[4] 筆者發現,青銅樂器銘文中除"元鳴孔煌"一詞,單"元鳴"二字還出現在春秋晚期蔡國器《蔡侯申歌鐘》(一套五件)及《蔡侯申鎛》(一套四件)上,銘文皆作:"隹(唯)王五月初吉孟庚……自乍(作)訶(歌)鐘,元鳴無碁(期),子孫鼓之。"由銘文中"五月初吉……元鳴無期"可見,"元鳴"二字也有可能用於形容其他月份的"初吉"。因銘文僅有此一例,故尚不敢定論,還有待更多新材料的出現證明。

[5] 何雙全:《天水放馬灘秦簡綜述》,《文物》1989年第2期,第23-31頁。

饒宗頤認爲既有乙簡之"入暮,中鳴"及丙簡之"夜半,後鳴",可推測甲簡之"早食,□□"可能爲"早食,元鳴"。"中鳴的時段是入暮,後鳴的時段是夜半……可見應該有'元鳴','元鳴'即指'鷄初鳴的時候'","借鷄鳴以配音律,因有元鳴中鳴之語,中鳴復稱曰'中翰',則以翰音爲鷄鳴故也"。[1]

饒氏所説不無道理,關於尚無定論的古代十二音律的來源與命名有一説即"制十二筩以聽鳳之鳴",《漢書·律曆志》云:

> 律十有二,陽六爲律,陰六爲吕。律以統氣類物,一曰黄鐘,二曰太族,三曰姑洗,四曰蕤賓,五曰夷則,六曰亡射。吕以旅陽宣氣,一曰林鐘,二曰南吕,三曰應鐘,四曰大吕,五曰夾鐘,六曰中吕。有三統之義焉。其傳曰,黄帝之所作也。黄帝使泠綸自大夏之西,昆侖之陰,取竹之解谷,生其竅厚均者,斷兩節間而吹之,以爲黄鐘之宫。**制十二筩以聽鳳之鳴,其雄鳴爲六,雌鳴亦六,比黄鐘之宫,而皆可以生之,是爲律本。**至治之世,天地之氣合以生風;天地之風氣正,十二律定。[2]

但筆者認爲饒氏所説"元鳴即鷄鳴或爲音律名"有三處尚有存疑。其一,"元鳴"在此簡若指"鷄初鳴的時候",那鷄鳴的時間是指丑時(凌晨1:00－3:00),而"元鳴"前"早食"一詞又同樣是十二時辰之名稱,"早食"又名食時,是古人"朝食(吃早飯)"之時,[3]以地支命名稱之爲辰時(上午7:00－9:00),如此,一句有兩個時間名詞難以解釋。

其二,若"借鷄鳴以配音律",尚不知"元鳴"具體所指何律。簡文中"早食,□□□,林鐘生大簇……大簇生南吕……南吕生姑洗……姑洗生應鐘……",可以完全對應古代中國制定音律時所用的生律法——三分損益法,即黄鐘,參分損一,下生林鐘。參分林鐘益一,上生太族。參分太族損一,下生南吕。參分南吕益一,上生姑洗。參分姑洗損一,下生應鐘。此簡"早食,□□",空缺處若爲"元鳴","元鳴"或應與其後所對應的"林鐘"有關。而從《漢書·律曆志》中對"林鐘"的描述來看,與"夜漏未盡鷄鳴時也"聯繫或牽强:

> 林鐘:林,君也,言陰氣受任,助蕤賓君主種物使長大茂盛也。位於未,在六月。……六月,"坤"之初六,陰氣受任於太陽,繼養化柔,萬物生長,楙之於未,令種

---

[1] 饒宗頤:《論天水秦簡中之"中鳴""後鳴"與古代以音律配合時刻制度》,第2－3頁。
[2] 班固撰:《漢書》卷二十一"律曆志",北京:中華書局,1964年,第958頁。
[3] "食時"一詞早在《禮記》中就有出現,《禮記·坊記》:"故君子仕則不稼,田則不漁,食時不力珍。"又《詩經·鄘風·蝃蝀》"崇朝其雨",毛傳:"崇,終也。從旦至食時爲終朝。"(特指進早餐的時刻)

剛强大,故林鐘爲地統,律長六寸。[1]

其三,若“中鳴復稱爲中翰……中鳴則見於徐國鐘銘”,對鐘銘做語法上的解釋似有不通。下爲饒氏所提之例:

(1) 遷邟鐘(甚六鐘):唯王正月初吉丁亥,舍(徐)王之孫……作鑄龢鐘,我以題以南,**中鳴媞(是)好**,我以樂我心,它它巳巳,子子孫孫,永保用之。

(春秋晚期,徐國,《銘圖》15520)

(2) 隹(唯)正月初吉……自作龢鐘,**中**韓(翰)且旟(颺),元鳴孔煌……

(王孫遺者鐘、允兒鐘)

若把“中韓(翰)且旟(颺)”之“中翰”解釋爲“中鳴”的復稱,“中鳴”或爲音律名,即爲名詞,“旟”爲形容詞,那麽作爲連接詞的“且”便無法解釋(連接詞左右兩邊的詞性要對等)。不如徐中舒曾指出的“中韓(翰)䖒旟”一語“與《詩》‘終風且暴’、‘終温且惠’、‘終窶且貧’、‘終和且平’、‘終善且有’語法相同。中、終音同,故得相通。䖒即且之繁文”之説順適。[2]

因此,筆者認爲,《放馬灘竹簡》爲甘肅省天水市出土的戰國晚期秦國竹簡,時代較晚於套語“元鳴孔煌”所出現的春秋時期(南方地區),二者是否有直接聯繫很難定論。以時刻配樂,先秦納音術確實有之,但將三鳴與音律聯繫,尚未有更多材料補證,故此説多有牽强。

結合前文對“元鳴孔煌”存在的語境條件所做的分析看來,筆者認爲,將“元鳴孔煌”之“元”釋其本意“始也”,似更合乎原意。古書中“元,始也”之例不勝枚舉,如:

《易經·乾卦》:乾,元亨利貞。[3]

《左傳·昭公十二年》:元者,始也,首也。於物爲初始,與人爲頭首。[4]

《吕氏春秋·召類》:元者,吉之始也。[5]

---

[1] 班固撰:《漢書》卷二十一“律曆志”,第959頁。

[2] 徐中舒:《𠫑氏編鐘考釋》,載氏著:《徐中舒歷史論文選輯》,北京:中華書局,1998年,第213-214頁。

[3] 孔穎達《周易正義》引《子夏傳》注:元,始也。《十三經注疏》整理委員會整理,李學勤主編:《十三經注疏·周易正義》,北京:北京大學出版社,1999年,第1頁。

[4] 《十三經注疏》整理委員會整理,李學勤主編:《十三經注疏·春秋左傳正義》,北京:北京大學出版社,1999年,第1499頁。

[5] 吕不韋著,張雙棣等譯注:《吕氏春秋譯注·恃君覽第八·召類》,長春:吉林文史出版社,1987年,第724頁。

而“元”、“初”,皆爲“始也”。《爾雅》開篇《釋詁第一》有:“初、哉、首、基、肇、祖、元、胎、俶、落、權輿,始也。”[1]《説文》:元,始也。從一從兀。[2] 又《説文》:初,始也。從刀從衣。裁衣之始也。[3] 將“元”、“初”、“首”同訓。同理,在鐘銘上的“元鳴”,可以釋爲初鳴、始鳴、首鳴。

青銅樂器銘文中所見的“元鳴”皆出現在有“初吉(月首時段)”爲紀日的“龢鐘”上,因此可以推測,“元鳴”可能是用來形容“初吉(月首時段)”敲在龢鐘上的聲音。古人觀天象初見新月之形,用“初吉”表示月始見,表示月首,是從視覺角度造詞表意。對樂鐘所敲第一音的聲響,用“元鳴”來形容聲始現,即第一敲的鐘響聲,是從聽覺角度配合。[4] 而且,“元鳴孔煌”所見的青銅鐘鎛皆屬春秋時期南方諸國,特别是楚國或徐國之器。[5] 聯繫《韓非子・喻老》記載的楚國國君楚莊王莅政三年無令發,王曰:“雖無飛,飛必沖天;雖無鳴,鳴必驚人。”[6](《史記・滑稽列傳》言:“此鳥不飛則已,一飛沖天;不鳴則已,一鳴驚人。”[7])可見,楚人對視覺與聽覺的同時描述是有迹可循的。

五、“中翰且揚”與“元鳴孔煌”

經筆者進一步觀察,“元鳴孔煌”所出現的七套青銅樂器銘文中,皆有“中翰且揚”在前與之連用,形成固定套語。上文提及徐中舒曾指出的“中鞥(翰)虘旟”一語“與《詩》‘終風且暴’、‘終温且惠’、‘終窶且貧’、‘終和且平’、‘終善且有’語法相同。中、終音同,故得相通。虘即且之繁文”。[8] “終”王引之訓爲“既”。[9] “虘”,郭沫若也認爲此字可假“且”。[10] 連詞“且”左右兩邊的“翰”與“揚”分别形容樂音高亢悠揚和諧。[11] “中鞥(翰)虘旟”即形

[1] 《十三經注疏》整理委員會整理,李學勤主編:《十三經注疏・爾雅注疏》,北京:北京大學出版社,1999年,第8頁。

[2] 許慎:《説文解字》,卷一上,一部,北京:中華書局,1985年,第1頁。

[3] 許慎:《説文解字》,卷四下,刀部,北京:中華書局,1985年,第135頁。

[4] 鳴,《説文》:鳴,鳥聲也。段玉裁注:引申之凡出聲皆曰鳴。《玉篇・口部》:鳴,聲出也。《莊子・雜篇》更有:鳴而當律,言而當法。成玄英疏:鳴,聲也。

[5] 例如,登鐸(春秋早期,楚國)、王孫誥鐘一(春秋晚期前段、楚國)、王孫遺者鐘(春秋晚期,楚國)、徐王子旃鐘(春秋晚期,徐國)、許子盟自鎛(鄦子盟自鎛)(春秋時期,許國)、沇兒鎛(沇兒鐘)(春秋晚期、徐國)。

[6] 張覺等撰:《韓非子譯注》第七卷,上海,上海古籍出版社,2012年,第184頁。

[7] 司馬遷撰:《史記》“滑稽列傳”,北京:中華書局,1963年,第3197頁。

[8] 徐中舒:《厲氏編鐘考釋》,第213–214頁。

[9] 王引之:《毛詩》“終風且暴”條,載氏著:《經義述聞》卷五,南京:江蘇古籍出版社,2000年,第194頁。

[10] 郭沫若:《釋中翰且揚》,載氏著:《郭沫若全集・考古編・第五卷・金文叢考》,北京:科學出版社,2002年,第113–136頁。

[11] 翰,有高也,飛也之意。《説文》:“天鷄赤羽也。從羽倝聲。”段玉裁注:“訓雉肥翰音者。”《周易・中孚》有:“象曰:翰音登於天。”王弼注:“翰,高飛也。”揚,有和也,悠揚也,激揚也之意。《詩經・王風・揚之水》:“揚之水。”朱熹注:“揚,悠揚也,水緩流之貌。”《淮南子・説山》言:“其聲舒揚。”高誘注:“揚,和也。”

容鐘聲高亢且悠揚。

由於"中(終)且揚,元鳴孔煌"兩句固定連用同時出現,筆者進一步大膽推測"中(終)翰且揚,元鳴孔煌"很可能是對應"龢鐘"具備一鐘雙音的音樂特點而作出的描寫,前一句形容它的整體表現,後一句聚焦到形容它的正鼓音(主音)特點。"元鳴"可以解釋爲第一音的鐘響,也可進一步解釋爲敲雙音鐘的主音所發出的聲響,其中,後一解釋很可能是最初用來形容"龢鐘"正鼓音(對應側鼓音)的專門用語。

一如先秦時期有關"元"字詞語:"元后、元首、元子、元龜、元惡、元老、元舅、元戎、元吉、元辰、元妃、元年、元帥、元女、元士、元侯"等。具體來看,元子,爲天子和諸侯的嫡長子。《詩經·魯頌·閟宫》:"王曰叔父,建爾元子,俾侯于魯。"毛注:"元,首。"[1]《尚書·微子之命》:"王若曰:猷,殷王元子。"[2]元老,五官之長。《詩經·小雅·采芑》:"方叔元老,克壯其猶。"毛傳:"元,大也。五官之長,出於諸侯,曰天子之老。"[3]元戎,《詩·小雅·六月》:"元戎十乘,以先啓行。"[4]元帥,爲主將、統帥。《左傳·僖公二十七年》:"(晉文公)作三軍,謀元帥。"[5]等等。將這些詞語歸納爲春秋以來一種"能產性的構詞方式"構成的"元+X"系列詞語可以發現,這些"元+X"形式的詞語,雖然"X"有的是名詞(例如"子"),有的是形容詞(例如"老"),有的是動詞(例如"帥[義同率]"),但"元+X"都是以"定(語)中(心語)關係"構成複合名詞,而且一旦構成名詞之後,都用來指稱序列事物中位於最高序列或最主要的事物。例如"元子"即"長子","元老"即"長老","元帥"即"主帥"。這種序列意義,應當源於它最初字形像人頭的用法,進而"元"字的"始、首"之義引申出來了"長、主"之義。而"元"字的"首"義在"元+X"這樣的結構中,視乎它後面出現的中心語是什麽事物,略有不同的解釋,但始終離不開"首、長、主"等的第一義。這種"元"字的第一義雖然古老,但生命力極强,甚至今天仍然生生不息,現在還保留了"元旦、元宵、元首、元老、元配、元兇"等常用詞,現代語音學可聽的音素"元音"(vowels)很明顯都屬於"元+X"的構詞方式。筆者認爲"元鳴"的屬類更似"元帥","鳴、帥"都由動詞轉化爲名詞,"元帥"意爲主將、統帥。"元鳴"意即主要聲響,或結合雙音鐘的樂音特點解釋爲主音的鐘聲(指隧部附近的鐘聲),亦是行得通的。

再者,任何語言形式都難以避免地有内部結構的多樣性(也就是歧義性)。筆者認爲"元鳴"是"定中"結構,即"主要鐘聲",它和"孔煌"構成主謂的陳述關係,與沈培認爲"元鳴"一

---

[1]《十三經注疏》整理委員會整理,李學勤主編:《十三經注疏·毛詩正義》,北京:北京大學出版社,1999年,第1412頁。

[2]《十三經注疏》整理委員會整理,李學勤主編:《十三經注疏·尚書正義》,第353頁。

[3]《十三經注疏》整理委員會整理,李學勤主編:《十三經注疏·毛詩正義》,第646頁。

[4]《十三經注疏》整理委員會整理,李學勤主編:《十三經注疏·毛詩正義》,第636頁。

[5]《十三經注疏》整理委員會整理,李學勤主編:《十三經注疏·春秋左傳正義》,第501頁。

詞中“元”、“鳴”是“狀中”關係,它跟“孔煌”是兩個并列詞語(嚴格説應該爲并列短語)有所不同。這是因爲“元鳴”是一個同形結構或同形詞(homonym),就像《詩經》體裁“商頌”那樣,可以理解成“商人撰作的頌”、“商人保存的頌”、“關於商人祖先的頌”。[1] 最後,從“元鳴孔煌”之前的“中翰且揚”的語篇功能分析,筆者注意到,“元鳴孔煌”固定和“中翰且揚”一起出現,“中翰且揚”是一種“中……且……”的格式,它的作用是作普遍情況的描寫。它在語篇中的功能,往往用來結束一個話題的描述,或者引起另一個要針對的更爲突出的主題。《詩經》多有“中……且……”這種格式。例如“神之聽之,終和且平”(《小雅・伐木》),“終和且平”已是一章之末。[2] “終風且曀,不日有曀”(《邶風・終風》),“不日有(又)曀”的主語是“不日”,而不是今天或前幾天,這個“不日”是作者强調或針對的對象。[3] 可見“中翰且揚,元鳴孔煌”的“中翰且揚”類似《終風》的例子,是一種鋪墊作用,用來突出“元鳴孔煌”這個話題。在“元鳴孔煌”中,“元鳴”是主語,“孔煌”是謂語,前者是“定中結構”,後者是“狀中結構”。

語言形式在單獨觀察時,做出多種解釋都是有可能的。在參考了音樂學者對“龢鐘”的研究,以及分析了銘文篇章情況和“元鳴”二字的多種結構關係後,筆者認爲“中翰且揚,元鳴孔煌”是春秋時期南方諸國,特别是楚國與徐國,形容在“歲首且月首”所敲“龢鐘”而發出的聲響的用語,是一種描述鐘聲樂音的常見套語。這種套語的語義可能受制於“龢鐘”雙音的特點,由“中(終)翰且揚”先描述鐘聲和諧的整體表現,再由“元鳴孔煌”聚焦形容主音(正鼓音)的美妙聲響,一主一次,互相共鳴輝映。

六、總　　結

“元鳴孔煌”是青銅樂器常見的一個套語,但是過去學者大都是單從詞義角度出發,對字詞做孤立的釋讀,往往忽略了與“龢鐘”的音樂關係及與“初吉”的時間關係。本文根據“元鳴孔煌”所出現的七套編鐘銘文文本,結合樂器的樂音特點、套語的語詞結構、銘文的語篇分析和樂聲的聽覺感受,以一個相對宏觀的角度,對“元鳴孔煌”及相關問題進行研究,得到以下結論:

1. “龢鐘”先是指一種雙音鐘,從物理聲學(acoustics)實驗的測音得知,它具備正鼓音和側鼓音兩個相差小三度音高的樂音,其後詞義才擴大泛指鐘聲的和諧。

2. “元鳴孔煌”是春秋時期南方地區描寫青銅樂器樂音特點的用語。“元鳴孔煌”這個用語和“中翰且揚”固定連用,成爲“龢鐘”銘文上專門的套語。

---

[1] 參閲曾志雄:《〈詩經・商頌〉的年代問題》,《信陽師範學院學報》2013 年第 1 期,第 90－98 頁。
[2] 《十三經注疏》整理委員會整理,李學勤主編:《十三經注疏・毛詩正義》,第 576 頁。
[3] 《十三經注疏》整理委員會整理,李學勤主編:《十三經注疏・毛詩正義》,第 126 頁。

3. 與"元鳴孔煌"套語同時出現於同篇銘文的"初吉",由於與"元日"共現於一句中,排除了它解釋爲"初一"的可能性。

4. 通過分析"初吉"與"龢鐘",推斷"元鳴"應指在"龢鐘"上所敲的第一音鐘響。或可以根據"龢鐘"的樂器特性及與"中翰且揚"的語篇關係,進一步推斷爲描寫敲擊"龢鐘"正鼓音(主音)時所發出的聲響。

以上即本文結合青銅樂器銘文結構中"初吉"、"龢鐘"與"中(終)翰且揚、元鳴孔煌"的關係,對"元鳴孔煌"所做的重新釋讀。"元鳴孔煌"這一青銅樂器銘文中常見的套語,是春秋時期南方諸國樂器銘文的專有用語,也是春秋時期青銅樂器的特點。這個套語在文字描述上一方面反映了先秦樂器工匠製作一鐘雙音的技術水準,一方面也反映了當時音樂家對和聲學理的實踐與欣賞效果上即廣(中翰且揚)而深(元鳴孔煌)向度的追求。

附記:本文外審期間,承楊博博士轉來香港中文大學沈培教授 2018 年 1 月 23 日在復旦大學出土文獻與古文字研究中心網站發表的《新出曾伯霥壺銘的"元屖"與舊著録銅器銘文中相關詞語考釋》,文章後半部分對"元鳴孔煌"的字義及語法結構做了精審的解釋,拜讀之餘,獲益匪淺。惟因彼此取徑不同,所得結論自異,本文已在相關處注明。尚祈前輩專家不吝賜正,并謹向楊博士致謝。

貉子卣真僞之我見

周　亞*

《西清古鑑》(以下簡稱《西清》)15.9 和 15.11 著録有兩件貉子卣(圖一),前者爲貉子卣

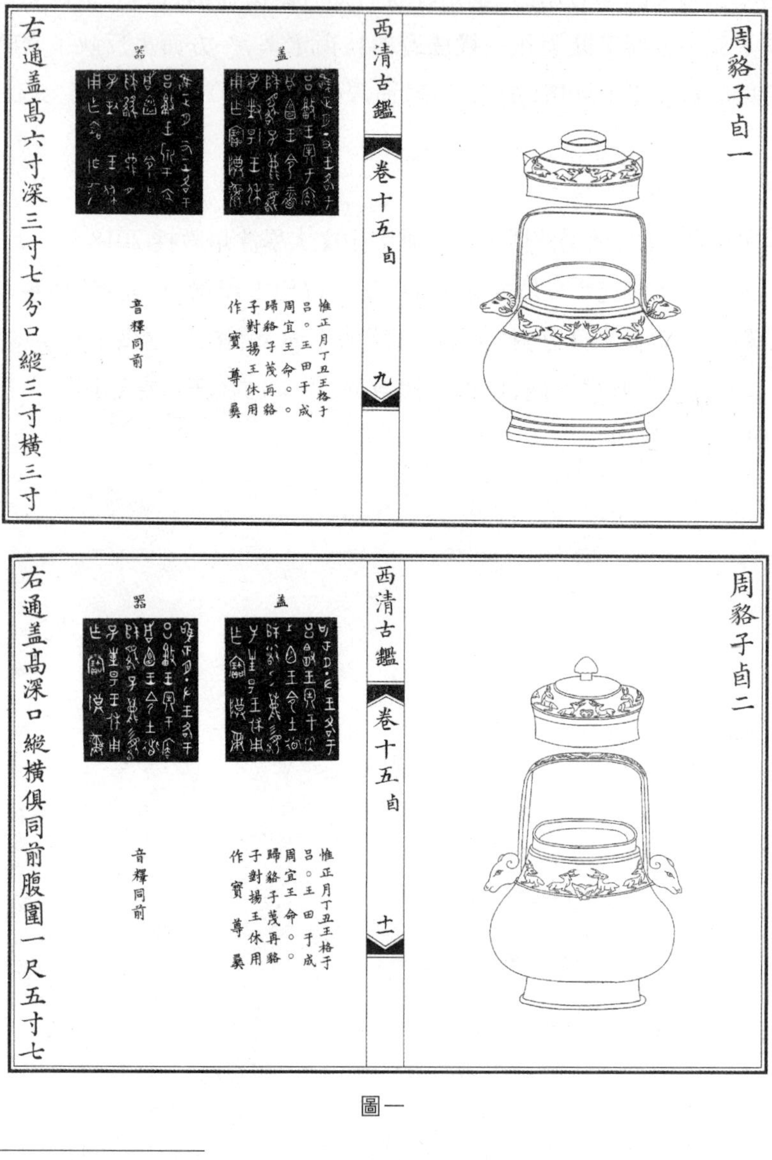

圖一

* 上海博物館研究員。

一,後者爲貉子卣二。據《西清》繪製的圖像和描摹的銘文,兩者的區别在於貉子卣一的蓋兩側有犄角歧出,蓋上是圈形捉手,貉子卣二的蓋兩側無犄角歧出,蓋上是菌形鈕;貉子卣二的器、蓋鹿紋間有一個凸起的獸首,而貉子卣一的鹿紋中没有這個獸首;貉子卣一的銘文最後兩行分别有五個字,而貉子卣二的最後兩行分别是六個字和四個字。

大約在清光緒年間,曾任清朝工部尚書的著名收藏家潘祖蔭得到一件貉子卣。1899 年方濬益在《綴遺齋彝器款識考釋稿本》卷 12.12 貉子卣器銘後題"器載《西清古鑒》,今失蓋,潘伯寅尚書所藏"(圖二),認爲潘祖蔭所藏的貉子卣就是《西清古鑒》之貉子卣一的器身。在同樣是清朝官僚、著名收藏家吴大澂所著的《窸齋集古録》中收録了一張貉子卣的器身銘文拓片,在拓片的邊上有一枚"潘祖蔭珍藏三代法物"印鑒(圖三),這些是最早披露貉子卣一器身下落的信息。這件貉子卣後被李蔭軒所得,1961 年上海博物館由李蔭軒處徵集(圖四)。

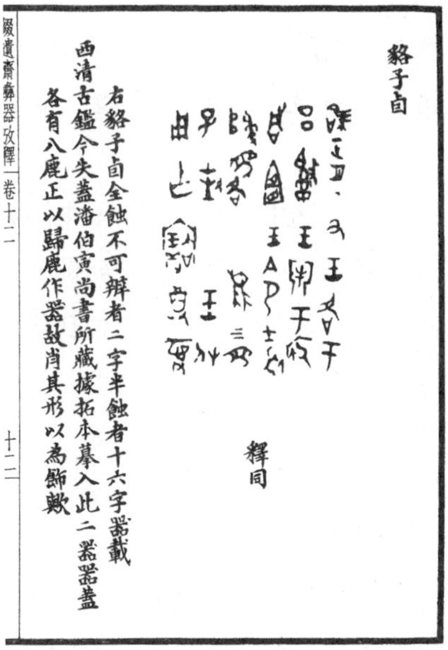
貉子卣

釋同

右貉子卣全蝕不可辨者二字半蝕者十六字器載
西清古鑑今失蓋潘伯寅尚書所藏據拓本摹入此二器器蓋
各有八鹿正以歸鹿作器故肖其形以為飾歟

綴遺齋彝器攷釋 卷十二 十二

圖二

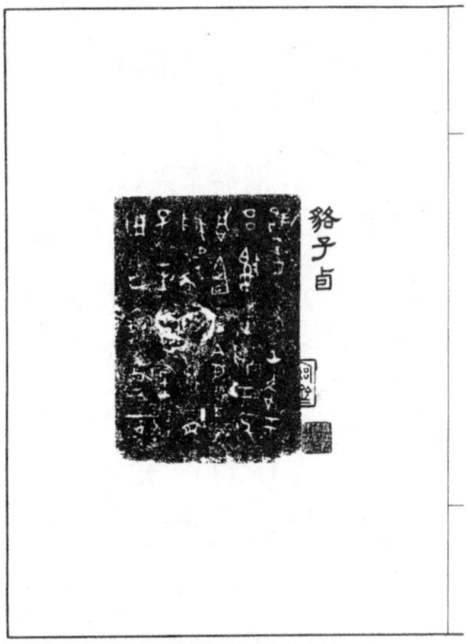

圖三

圖四

圖五

貉子卣一的蓋和貉子卣二的器身流出清宫後爲曾任山東鹽運使和布政使的李宗岱(山農)所得,後被美國收藏家 Alfred F Pillsbury 收藏,現藏美國明尼阿波利斯博物館(圖五)。貉子卣二的蓋則下落不明。

方濬益的《綴遺齋彝器款識考釋稿本》卷 12.12 貉子卣一器銘後題"今失蓋,潘伯寅尚書所藏";卷 12.11 只著録了貉子卣一的蓋銘,題"全器今歸李山農視察"。方濬益顯然没有見過貉子卣原物,他的著録分别是根據潘祖蔭和吴介臣的拓本摹寫,并根據潘祖蔭給他的書信中所謂"貉子卣一器蓋俱完者歸山農,姪所得者失蓋",故將其分爲兩器。雖然方濬益的著録没有問題,但是容易引起誤解,會誤以爲貉子卣一的器在潘祖蔭處,貉子卣二則全器在李山農處。更有甚者是劉承幹的《希古樓金石萃編》,誤將貉子卣一的蓋銘和貉子卣二的蓋銘摹本湊在一起,謂"南海李氏漢石園藏"。

能够將出宫後兩件貉子卣的分合表述得最清楚的是陳夢家,他認爲:"(《綴遺》)其説需更正,原在清宫兩器,第一器……器爲潘氏所得,蓋爲李氏所得。第二器……蓋已失去,器爲李氏所得。李宗岱舊藏,今在美國米里阿波里斯市皮斯百 A.F. Pillsbury 處。其蓋是第一器之蓋,器是第二器之器。"[1]

然而,陳夢家認爲:"潘器李蓋,是西清第一器,字體行款相同,應是真的本來的全器。此器之蓋頂作一圈足形,亦是西周初期形式。第二器的銘文行款不同於第一器,審其刻劃,乃仿第一器而成,而有誤刻。此器之蓋頂作帽形頂,乃是更早的形式。1945 年春,我於皮氏處一再審視原器,定其蓋是第一器之蓋,是真的;其器是第二器之器,乃是僞作。"[2]之後他又一次指出:"前曾數次審驗皮氏所藏器,決定蓋是真的而器是僞的。原來在清宫時,此卣共一對,其中一真(西清 15.9)一僞(西清 15.11)。出宫後,李宗岱得真蓋僞器,即皮氏今所存者;潘祖蔭得真器(西清 15.9),而西清 15.11 之僞蓋,今不知所在。潘器失提梁,與李蓋字體行款相同。李、皮之器及失去的僞蓋,銘文仿刻真器而有訛誤,花紋、形制亦與潘器李、皮蓋稍有不同。"[3]

陳夢家的這個鑒定意見被學界普遍接受,在之後的一些金文著録中,往往只收録一件貉子卣,即《西清》15.9 著録的貉子卣一,且注明器在上海博物館,蓋在美國明尼阿波利斯博物館,比如中國社會科學院考古研究所編的《殷周金文集成》、吴鎮烽先生編著的《商周青銅器銘文暨圖像集成》等。《西清》15.11 著録的貉子卣二在諸多金文著録書中已不見蹤迹。

對陳夢家就貉子卣真僞的這個鑒定意見,我持有不同的看法,提出來供大家討論。

上海博物館藏的貉子卣器身,即所謂《西清古鑒》15.9 的器,也即陳夢家所説的"潘器"

[1] 陳夢家:《西周銅器斷代》上册,北京:中華書局,2004 年,第 122－123 頁。

[2] 陳夢家:《西周銅器斷代》上册,北京:中華書局,2004 年,第 123 頁。

[3] 中國科學院考古研究所:《美帝國主義劫掠的我國殷周銅器集録》,北京:科學出版社,1962 年,第 118 頁。

(以下簡稱上博卣),我認爲存在諸多疑點。首先,從器形來看,這件卣的器身似乎與西周早中期之際的卣很接近,但是却存在一些違和之處。商周時期這種橢圓形青銅卣,一般蓋是母口,器是子口,器蓋相合是蓋沿合於器口之外,所以一般卣的器上會有一段較高的直壁口沿,以承器蓋。子口的外壁與器腹的外壁間會有幾毫米寬的一周平沿,這個平沿的寬度一般就是蓋沿的厚度,這樣當蓋器相扣合後,蓋和器的外壁是幾乎在同一平面上的。如 1963 年河南安陽苗圃北地 172 號墓出土的亞盥卣[1](圖六),1978 年陝西扶風縣齊家村 19 號墓出土的作寶尊彝卣[2](圖七)等等。然而上博卣,表面上看起來似乎也有這麽一段直壁的子口,但它僅高 0.8 毫米,與一般卣形器子口高幾釐米的做法有較大的區别。最主要的是口沿外壁與器腹外壁其實是在同一個弧面上,只是利用了鹿紋上凸起的弦紋給人以錯覺,誤以爲口沿内縮形成子口(參見圖四)。顯然這樣的器口設計,是不可能將器蓋扣合在器子口之外的,這是不符合這種卣形器設計規律的。

圖六

圖七

其次,青銅卣的提梁多數都是在器肩部設兩個半圓形環耳,將提梁套鑄於其中,使之可以或左右,或前後擺動(圖八)。[3] 也有少數是由器肩部鑄出一個粗大的圓形榫,提梁的獸首套鑄於這個圓形榫上,提梁同樣也是可以轉動的(圖九)。[4] 上博卣提梁兩端的獸首做成

---

[1] 中國社會科學院考古研究所:《殷墟青銅器》,北京:文物出版社,1985 年,圖 67;中國青銅器全集編輯委員會:《中國青銅器全集》三,北京:文物出版社,1997 年,圖一二三。

[2] 陝西周原考古隊:《陝西扶風齊家十九號西周墓》,《文物》1979 年第 11 期,第 1 頁;曹瑋:《周原出土青銅器》第八卷,成都:巴蜀書社,2005 年,第 1576 頁。

[3] 1975 年陝西扶風縣召李村一號墓出土伯卣,曹瑋:《周原出土青銅器》第七卷,成都:巴蜀書社,2005 年,第 1324 頁。

[4] 1973 年陝西岐山縣賀家村一號墓出土𠬪卣,曹瑋:《周原出土青銅器》第六卷,成都:巴蜀書社,2005 年,第 1232 頁。

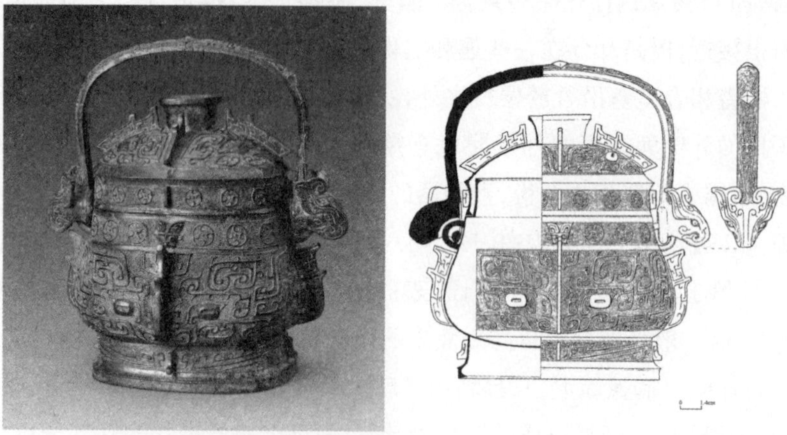

圖八

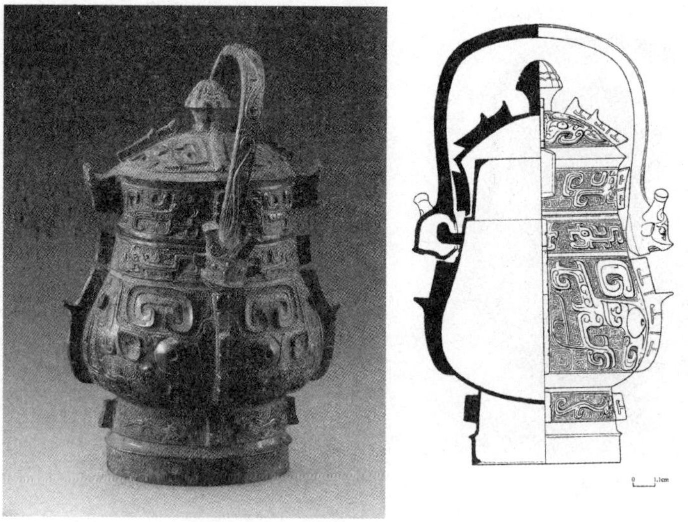

圖九

了彎角羊首形,這種式樣在商周青銅器的提梁兩端似乎從未見過,最爲可疑的是這兩個彎角羊首既没有套鑄於半圓形的環耳上,也没有套鑄於圓形榫上,而是用鉚釘直接鉚在器外壁,這樣兩個羊首緊貼在器身上,部分甚至已嵌入兩道弦紋之中(參見圖四)。如此,提梁就不可能轉動,這就失去了提梁所應有的作用,表明這兩個羊首僅是爲了表示有提梁的存在,而不具實用價值。可能有人會認爲是原來提梁殘缺了,爲了修復,才將其鉚接在卣身上的。我仔細看過上博卣,在器壁應該設提梁的部位,没有發現有殘斷的半圓形環耳的痕迹,也没有發現有殘斷的圓形榫頭的痕迹,這説明這兩個提梁兩端的羊首,不是原來的提梁殘斷後修復鉚接的,而是原來就不存在的。此外,在《西清》的著録中,這件卣是有提梁的,但是我們在這件上博卣的羊首上提梁殘斷處,看不到後斷的痕迹,相反從其斷截面來看,它的銹色與器身銹

圖十

色渾然一體,完全看不出後斷的痕迹,應該是與器身同時做的表面處理,表明上博卣的表面呈色是整器同時完成的,這是整器作僞的一個顯著特點(圖十)。

其三,將上博卣的鹿紋與明尼阿波利斯卣的鹿紋做一比較,可以發現上博卣紋飾的神韻與明尼阿波利斯卣的紋飾相去甚遠,不僅鹿紋上的細部模糊不清,如眼、口的綫條模糊,而且腿足的彎曲部分顯得僵硬不自然,鹿角的製作也比較粗糙(圖十一)。特别值得注意的是在鹿紋的周邊,可以看到明顯的刀刮、刀刻的痕迹,這在明尼阿波利斯卣及其他商周青銅器的紋飾上看不到,也是商周陶範工藝製作的青銅器紋飾上不應該出現的現象。很顯然這是在蠟片上雕刻而成的紋飾,這與商周時期青銅器製作工藝是不相符合的,表明這件卣是用失蠟法製作的(圖十二)。

圖十一

圖十二

其四,上博卣的銘文多字漫漶不清,有幾個字的綫條呈斷斷續續的點狀連接(圖十三),特别是銘文中部有一片修補,經觀察并輔以 X 光片(圖十四),我們可以知道這裏原有一個較大的洞。我懷疑這篇銘文是使用腐蝕法製作的,這種方法製作的銘文不僅會出現筆畫斷斷

圖十三

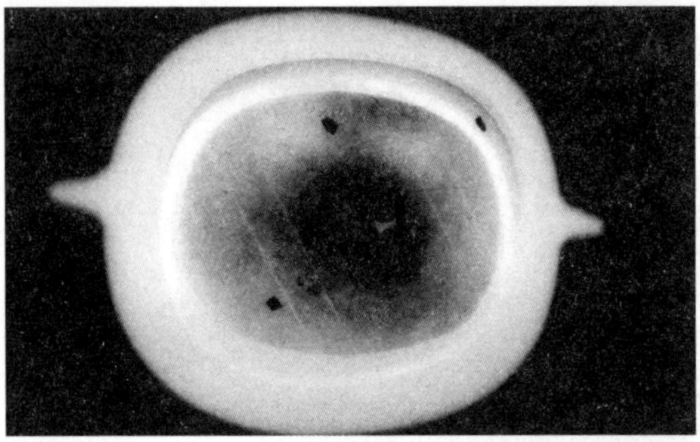

圖十四

續續的現象,也容易由於局部封蠟不嚴密而致腐蝕過度,甚至出現穿底的現象。當然不排除作僞者爲了做到與《西清》15.9 器銘摹本中間有一塊銘文缺失相像而故意所爲。吉林大學古籍研究所的研究生馬立志,他運用崎川隆教授的"銘文重合法",經過將上博貉子卣器身銘文的拓片與明尼阿波利斯貉子卣的器蓋銘文拓片比對,得出了上博貉子卣器身銘文是仿製明尼阿波利斯貉子卣蓋銘文的結論,并由此判斷上博的貉子卣是一件後仿器。[1] 這個結論無疑是正確的。

其五,經仔細觀察,上博卣全器無塊範鑄造的痕迹,不僅没有發現範綫,也看不到任何的墊片。爲此,我們給它拍了 X 光片,證實了這件卣確實没有墊片及合範痕迹的存在。這樣就佐證了我的推斷,這件卣是後人用失蠟法仿製的一件貉子卣。

通過對上博卣從器形、紋飾、銘文及鑄造工藝的特點等方面分析,我們可以確定這件卣是一件贋品,不可能是西周時期的作品。

2016 年 5 月我前往明尼阿波利斯博物館,承柳揚博士的允許和協助,我得以手持該館所藏的貉子卣(即《西清》著録中的貉子卣一的蓋和貉子卣二的器)仔細觀察。我覺得明尼阿波

[1] 2017.10.27 鄭州"商周青銅器與金字研究"學術研討會之後,吉林大學崎川隆教授告知,吉林大學博士生馬立志做過貉子卣銘文的辨僞工作,經崎川隆教授聯繫,馬立志同學將其研究成果《上海博物館藏貉子卣真僞問題小議》發給了我。他的研究結論,和我上博貉子卣是僞作的意見可以説是不謀而合。他的論文將在《中國文字學報》第九輯(2018 年)發表,請參閱。

利斯卣之器和蓋,無論從器形、紋飾和鑄造工藝特徵等方面觀察,都絲毫看不出作僞的痕迹,特別是陳夢家認爲該卣器身是贗品的主要依據,即"第二器的銘文行款不同於第一器,審其刻劃,乃仿第一器而成,而有誤刻"。我認爲該卣器身的銘文確實有數字由於範鑄的原因而有缺筆的現象,行款也確實與蓋銘不同,但這在青銅器銘文中是常見的現象,并不能作爲僞器的證據。我們已證實第一器(貉子卣一)的器身是後仿的,則所謂明尼阿波利斯卣器身銘文"乃仿第一器而成"就根本無法成立。反觀該卣範綫位置符合商周青銅卣鑄造時陶範分範的規律,墊片也都符合商周時期青銅器墊片所處位置的規律,特別是器、蓋銘文中間和周邊墊片的分布。何况在器身銘文周圍我們可以清晰地看到當時嵌入銘文範的痕迹,這就可以非常明確地證明該卣的器銘是範鑄的,不是後來仿刻的(圖十五)。

圖十五

現在我們可以就上博卣和明尼阿波利斯卣做出肯定的鑒定結論:上博卣是一件贗品,而明尼阿波利斯卣無論器、蓋均爲真品。陳夢家的鑒定意見是錯誤的。

在明確了兩件貉子卣的真僞之後,尚有幾個問題需要討論。

(一)上博卣是《西清》15.9著録的貉子卣嗎?

這個問題的提出,是由於存在太多的疑點:1. 從《西清》的綫圖來看,器的口沿有一段較高的直頸子口,這是符合卣形器特徵的,而上博卣没有;2.《西清》的綫圖上,卣的提梁和提梁兩端的獸首與器身的連接符合青銅卣的通常做法,而上博卣是鉚接的;3.《西清》著録的卣有提梁,而上博卣無提梁,且提梁的斷截面呈色不像後斷,所以不會是原來的提梁殘斷了,估計作僞者嫌做需要轉動的提梁工序麻煩,就做成提梁斷了的樣子,以求蒙混過關;4. 一個很重要的證據是,上博卣器口的外徑是縱11.3釐米、横13.9釐米,明尼阿波利斯卣蓋的内徑是縱9.8釐米、横12.8釐米。明尼阿波利斯卣蓋尺寸小於上博卣口的尺寸,所以根本無法將此蓋扣合於上博卣的口沿外。由此可以確證明尼阿波利斯卣的蓋不可能是上博卣的蓋。我認爲

《西清》的作者不可能將兩個尺寸不同的器物，誤爲一器，蓋與器之中必有一件不是清宮舊藏之物。上博卣的口徑尺寸與《西清》的記載也不符合，《西清》記録貉子卣一“口縱三寸，横三寸九分”，按照清代一尺等於現在 32 釐米計算，[1]《西清》貉子卣一的口縱是 9.6 釐米，口横是 12.48 釐米，明顯小於上博卣的口徑，却與明尼阿波利斯卣蓋的内徑尺寸相吻合，表明明尼阿波利斯的卣蓋確實就是《西清》15.9 貉子卣一的蓋。這樣就很顯然上博卣應該不是《西清》15.9 著録那件貉子卣一的器身。

這些證據都表明，上博卣應該不是《西清》15.9 著録的那件貉子卣。我認爲上博卣，最有可能是在潘祖蔭得到該卣之前的一段時間，由廠肆根據《西清》圖像仿製的。當然也不能排除由宫内的工匠仿製的可能。

（二）《西清》著録的兩件貉子卣，其中是否有一件是假的？

這個問題的提出，是因爲在《西清》著録中，兩件貉子卣的尺寸除了腹圍略有區别，其餘完全相同。我們都知道，西周時期的青銅卣，如果是成對的，必定是一個大，一個略小，比如寶鷄竹園溝 M7 西周墓葬出土的一對伯各卣[2]（圖十六）和寶鷄竹園溝 M8 西周墓葬出土的一對作寶尊彝卣[3]（圖十七）。這兩件貉子卣尺寸相同，是不符合當時青銅器制的。

圖十六

圖十七

除了上述兩卣大小相同，與西周青銅器制不符外，《西清》15.9 著録的卣蓋，與《西清》15.11 著録的卣蓋形制也不同，一個是圈形捉手，一個是菌形鈕；一個蓋兩側有犄角歧出，一個没有；一個鹿紋間有突起的獸首，一個没有。這也違背了西周時期一對青銅卣應該形制、

[1] 尺寸的换算，我是請教了著名的中國古代度量衡專家丘光明先生，她告訴我清代的“一尺是十寸，等於現在的 32 釐米”。

[2] 盧連成、胡智生：《寶鷄㢐國墓地》，北京：文物出版社，1988 年，第 103－104 頁，彩版一二.1。

[3] 盧連成、胡智生：《寶鷄㢐國墓地》，北京：文物出版社，1988 年，第 178 頁，彩版八.2。

紋飾、銘文相同的器制。

這些現象的存在,説明很有可能《西清》著録的兩件貉子卣中有一件是後仿的。

然而,明尼阿波利斯博物館藏的貉子卣分别是《西清》15.9 的蓋和《西清》15.11 的器組成,兩者都不假,這又將怎麽解釋?

可以有一種解釋,即:《西清》15.9 和《西清》15.11 著録的卣蓋,在繪製《西清》時放錯了,《西清》15.9 器,應該與《西清》15.11 的蓋爲一器,而這件就是假的,《西清》15.9 的蓋應該和《西清》15.11 的器爲一器,即現藏明尼阿波利斯博物館的那件貉子卣,它是真的。

這個解釋貌似解决了我們的問題,但是請注意,《西清》15.9 卣的器蓋鹿紋間没有一個凸起的獸首,而《西清》15.11 卣的器蓋鹿紋間有一個凸起的獸首。根據青銅器裝飾的一般規律,器蓋的紋飾應該是一致的,出現這樣的現象還是屬於不正常。

看來要徹底解開《西清》著録兩件貉子卣的謎團,尚有待時日,也許只有等《西清》15.11著録的貉子卣蓋出現,所有問題才可以迎刃而解。在此之前,希望需要引用貉子卣資料或銘文的朋友,務必考慮到器形和銘文的真僞問題。

2017 年 2 月 14 日初稿於上海博物館

2017 年 2 月 21 日修改於上海博物館

2017 年 12 月 14 日改定於上海博物館

附記:此文的英文版將由美國芝加哥藝術博物館在 2018 年 2 月舉辦的《吉金鑒古》展的圖録中發表,承汪濤博士同意,中文版可提交給此書。

論鉸接提梁卣中的樞分鑄青銅器

蘇榮譽　岳占偉　柳　揚*

甲骨文和金文中所及的"卣",似爲酒的容量單位,是否後來發展爲容器,并無自名證據。現今所言青銅卣,本爲宋代金石學家定名,可將具有剛性提梁和蓋的容器統括爲卣,歧義雖不少,却無關宏旨。據此,卣的出現可上溯到商早期。1982 年鄭州東關口南向陽回族食品廠窖藏中出土有提梁卣 XSH1∶11(圖 1.1),屬二里崗上層一期。卣腹甚深,截面爲圓形,矮圈足,有蓋和帶狀提梁,一"8"形鏈節一端套蓋的傘形鈕柱,一端鏈接提梁內側的半圓環,提梁端飾獸首。[1] 屬於同時甚至時代略早的黄陂盤龍城李家嘴一號墓出土一件提梁卣 LZM1∶9(圖 1.2),小口長頸、鼓腹、矮圈足,有蓋和索狀提梁,一"8"形鏈節一端連接蓋的橋形鈕,另一端鏈接提梁。[2] 卣至西周中期漸告消失,考古發掘和傳世的樣本數以百計,爲青銅容器的一大類别。

圖 1.1　鄭州商城獸面紋卣(引自《中國青銅器全集》1.136)

圖 1.2　盤龍城李家嘴卣 LZM1∶9(引自《中國青銅器全集》1.137)

* 蘇榮譽: 中國科學院自然科學史研究所教授;岳占偉: 中國社會科學院考古研究所副研究員;柳揚: 美國明尼阿波利斯藝術博物館研究員。

[1] 河南省文物考古研究所:《鄭州商城: 1953－1985 年考古發掘報告》,北京: 文物出版社,2001 年,第 516－519、821－822 頁。

[2] 湖北省文物考古研究所:《盤龍城: 1963－1990 年考古發掘報告》,北京: 文物出版社,2001 年,第 194、198 頁。

1945 年,陳夢家在紐約大都會藝術博物館舉行的美國中國藝術史學會第六次大會上,發表了他對青銅卣的風格研究——《中國青銅器的形制》,將 249 件卣分爲十一個類型二十一個形式,[1]此後編撰的美國藏中國銅器,收録卣 176 件(A556－A632),[2]松丸道雄教授將之依然歸結爲十一型。[3] 陳夢家的風格分析,着眼點在於器形,很少顧及紋飾。對於器形,腹的形態(包括筒形、鴞形和特形),提梁形態、位置以及有無犧首,蓋鈕的形式,扉棱的有無是其分類的要素,殷墟出土器物包括白陶器以及銘文是其斷代的依據。因當時早於安陽的器物知識缺如,殷墟器物的早晚關係還不清楚,故將這些材料幾乎壓縮到商晚期到西周中期前段大約兩百來年範圍内,這樣的分析不免有爲形式而形式的嫌疑。此後的數十年中,張長壽、陳公柔和王世民、岳洪彬、朱鳳瀚、嚴志斌、孫明等,對西周、殷墟,或者整體或者部分的特殊卣進行了形制研究,[4]在陳氏類型的基礎上,搜集了更多材料,且有不同的進展,但研究範式并未有大的突破。

卣腹與提梁的結合表現爲兩種形式,一種是卣肩或頸部對設半圓形環耳與提梁相套,屬鏈接式;另一種是對設短柱形樞爲提梁環所鉸接,爲鉸接式。陳夢家注意到鉸接現象,他的風格分析中,提梁與頸部通過樞(陳文用“突”)鉸接的卣,包含在 Ab、Ca、Da、BD 幾個類型中,年代屬商晚期,但没有將這類卣獨立出來。

事實上,在鉸接卣中,還有一組更爲特殊:其樞分鑄,目前所知僅三件。本文即是對這三件卣的研究,分析它們的風格與工藝,探討它們風格與技術的源流關係。這裏需要説明的是,確認鉸接卣樞的分鑄往往依賴器内壁信息,而考古報告和器物圖録很少反映器内壁情形,有理由相信有更多的樞分鑄的鉸接卣存在,希望本文能引起一些學者的興趣,更仔細著録青銅器并對拙文予以斧正。

---

[1] Ch'en Meng-chia, "Style of Chinese Bronzes", *Archives of the Chinese Art Society of America*, Vol.1 (1945－1946), pp.26－52. 陳夢家:《中國青銅器的形制》,收入《西周銅器斷代》(陳夢家著作集),北京:中華書局,2004 年,第 525－542 頁。所分形式爲 Aa、Ab、Ba、Bb、AB、Ca、Cb、Da、Db、Ada、ADb、BD、E、Fa、Fb、Ga、Gb、Gc、Ha、Hb、Hc。

[2] 中國科學院考古研究所:《美帝國主義劫掠的我國殷周銅器集録》,北京:科學出版社,1962 年,第 792－896 頁。

[3] 陳夢家編:《殷周青銅器分類圖録》下卷,松丸道雄改編,東京:汲古書院,1977 年,第 ii－iii 頁。十一型爲一:初期形式;二:鴞形;三:扉棱,提梁横置;四:扉棱,提梁縱置;五:無器;六:壺形;七:罐形;八:筒形;九:周式,無咀;十:周式,有咀;十一:其他。

[4] 張長壽、陳公柔、王世民:《西周青銅器分期斷代研究》,北京:文物出版社,1999 年,第 121－130 頁;岳洪彬:《殷墟青銅禮器研究》,北京:中國社會科學出版社,2006 年,第 94－101 頁;朱鳳瀚:《中國古代青銅器綜論》,上海:上海古籍出版社,2009 年,第 199－208 頁;岳洪彬、苗霞:《試論商周筒形卣》,《三代考古》(三),北京:科學出版社,2009 年,第 308－321 頁;嚴志斌:《商代青銅器銘文研究》,上海:上海古籍出版社,2013 年,第 54－58 頁;孫明:《商周時期縱置提梁銅卣研究》,《文物》2017 年第 4 期,第 37－43 頁。

一、安陽劉家莊北地卣 H326∶1

2006年和2008年,中國社會科學院考古研究所安陽工作站分兩次發掘了安陽劉家莊北地遺址,揭露面積達七千平方米。僅2008年即發掘了房基近百座、灰坑千餘座、灰溝二十七條、水井三十餘眼及歷代墓葬九百五十餘座,還有銅器窖藏坑一座以及商代道路多條。其中灰坑H326位於Ⅵ區T0401中的房基F22東側,與之同屬一個層位,坑口距地表深1.3米。略呈圓角方形,南北長1.3米、東西寬1.02米,直壁平底,深0.32米。坑内填鬆軟黄灰色土,青銅鼎、斝和卣三件一起擺放在坑底中部,係有意而爲,其形成可能與F22有關,時代屬殷墟偏晚。發掘簡報還指出這類窖藏在以往殷墟發掘中稀見。[1]

圖2.1 卣H326∶1正面(凡未特别注明來源者爲作者自拍)

卣2008ALNH326∶1(以下簡稱卣H326∶1)出自該坑,有提梁有蓋,截面爲橢圓形,提梁縱置。頸部在短軸方向設一對短柱形樞,爲提梁端環所鉸接。腹口出長子口插入蓋中與之扣合(圖2.1)。出土時分襠斝H326∶3殘斷的一個柱帽置於卣腹。卣通高268、口徑136×105、最大腹徑222毫米。

蓋在長軸兩端出翹角,陳夢家認爲是喙,姑稱翹角喙,其兩側有雙陰綫勾勒。蓋面隆鼓,中央有五瓣瓜棱形鈕。蓋面紋飾對稱:四道長條形扉棱沿長、短軸設置,扉棱兩側勾T和I形陰綫。蓋面在長軸方向飾兩組浮雕獸面紋,各自依扉棱對稱展開。縱向的扉棱爲獸面鼻,獸面圓吻抵蓋沿,兩側有足。一對臣字眼不大,眼珠微突且中間有圓凹坑,眼外布小尖耳。額飾雙細陰綫勾的内弧四邊形,上方有冠飾,兩側布一對開口向下的、與獸面分離的C形大角,高約獸面之半,中有隨形的陰綫勾勒。整個獸面紋以細雲雷紋襯地。蓋折沿下出高裙,外飾窄紋帶,前後面各置四勾喙形夔,兩兩一組同向而列,面向翹角,雲雷紋襯地,其他紋帶也是如此。

腹口微斂,平沿,長子口。頸部紋帶的前後面中間,即短軸端設短柱形樞,樞帽爲圓雕犧首,背面平,柱爲提梁端環所鉸接(圖2.2),樞帽遮擋了大部分鉸接。犧首因體量小没能遮住提梁環,猶若獸頭從環鑽出。犧首圓吻,寬鼻頭,臣字眼,一對小尖耳向兩側張開,一對粗短的角向上竪起(圖2.3)。與樞相對的兩側設與蓋相同的短扉棱,紋帶的八隻浮雕夔紋也兩兩成組,均面向扉棱。下腹飾主紋帶與頸部紋帶以窄素帶區隔,紋帶同樣被四道扉棱等分,前後面各飾一浮雕獸面紋。獸面紋的造型與蓋面的近似,所差在腹部獸面紋的耳後,向下出鳥足,向上曲折獸身,

[1] 中國社會科學院考古研究所安陽工作隊:《河南安陽市殷墟劉家莊北地2008年發掘簡報》,《考古》2009年第7期,第24-38頁。

圖 2.2　卣 H326：1 側面

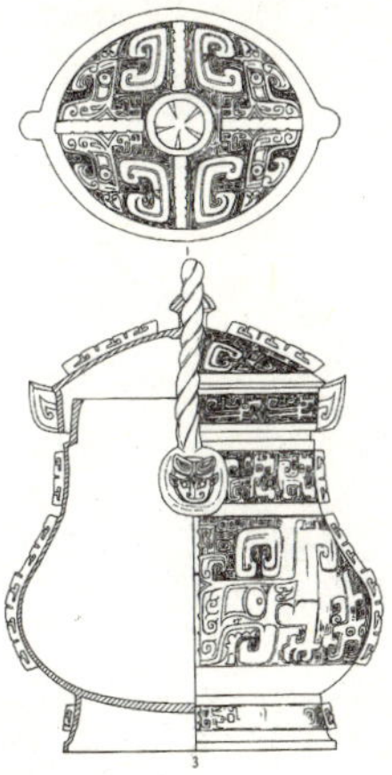

圖 2.3　卣 H326：1 綫圖

獸尾回勾。此外,深咧的嘴露出成排的鯊魚形牙齒,足外側填飾竪立的象鼻夔紋。

下腹弧收出圜底,接矮圈足。圈足紋帶也有四道相應的短扉棱,似有面向中心的夔紋,雲雷紋襯地。底沿平并略向内折。提梁爲索狀,粗細不十分均勻。兩端頭設環,套住頸部的短柱形樞。

卣 H326：1 不僅造型有其獨特之處,鑄造工藝頗有内涵,且重要信息隱藏在器内壁。岳占偉早已給予了關注。[1]

在與樞相應的器内壁,有一圓餅形鉚頭,其上飾渦紋(圖 3.1),表明鉚頭與樞及其犧首一體,屬於一個鑄件(圖 3.2)。鉚頭明顯與卣腹分鑄,且叠壓着卣内壁,説明樞後鑄。由此,可以推知該卣别出心裁的工藝設計：分鑄樞,易於將樞與犧首鑄在一體,而提梁的鑄造難度也大爲降低。

圖 3.1　卣 H326：1 樞在腹内鑄鉚頭

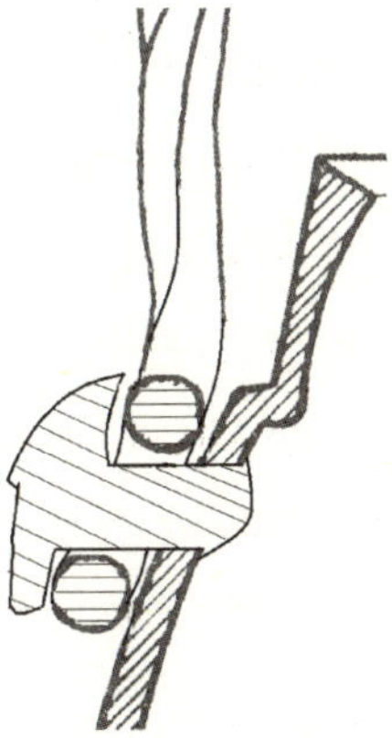

圖 3.2　卣 H326：1 樞分鑄結構

[1] 岳占偉：《殷墟青銅器鑄造的幾個相關問題》,香港：第二屆中國文化研討會"商周青銅器暨鑄造工藝研究",2016 年 11 月 4－5 日。

卣蓋有瓜棱形鈕(圖 4.1),但在蓋内中心,也有一個與蓋分鑄的鉚頭,只是較爲粗糙,没有紋飾(圖 4.2)。同理,鉚頭和蓋鈕一體,是爲了强化後鑄蓋鈕與蓋的連接所做的特别設計。

圖 4.1　卣 H326：1 蓋

圖 4.2　卣 H326：1 蓋内鑄鉚頭

卣 H326：1 具體的鑄造工藝路綫是：在完成造型和工藝設計後,首先鑄卣腹和蓋,并分别在設置樞和鈕處鑄出工藝孔;腹和蓋均沿四道扉棱分型,腹部由四範與腹芯和圈足芯組成鑄型,而蓋則由四範和蓋芯組成鑄型。其次,在蓋上鑄接鈕,在卣腹分别鑄接兩樞。前者往往對開分型,但殷周時期這類鈕多數中空,鑄型中應有泥芯,[1] 而蓋内也有一塊範,可能是鑄工在蓋内隨手翻出,并在中央挖出鑄鉚頭的鑄型,所以形狀不規則;蓋鈕的鑄型由兩對開範、一泥芯和一鉚頭範組成。腹部樞的鑄接略爲複雜,鑄工不僅選擇鑄鉚式的鑄接工藝使樞鑄接牢靠,且求美觀,既使鑄鉚頭形狀規則,還在其上設計了渦紋,樞的鑄鉚頭部分的鑄型就不能隨手挖出,必須以模翻製,而且澆注時各範須定位準確,鉚頭範、樞的對開範和犧首一塊範組成樞鑄型,範雖分置在腹内和腹外,但型腔通過預鑄孔貫通,澆道大概設在犧首周緣某個位置,澆注時,熔化的青銅液體通過澆道進入型腔,流過預鑄孔充滿鉚頭型腔,再充滿樞與犧首型腔。從提梁環尺寸過大的情形看,提梁應當後鑄。

這件卣的造型,若不論鉸接,大體符合陳夢家劃分的 D 型有(扉)棱卣。[2] 陳夢家著録何母斯(The late Mrs. Christian R. Holmes,通譯爲霍姆斯或福爾摩斯,陳夢家譯爲何母斯,爲閲讀陳著便利并便於參考,本文均采用陳氏翻譯,下同)藏卣(圖 5.1,後歸賽克勒[Arthur

---

[1] 如弗利爾所藏出戟卣 30.26 和寶鷄竹園溝卣 BZM8：5－6。見 Rutherforf J. Gettens, *The Freer Chinese Bronzes*, *Vol.II: Technical Studies*, Washington DC.: Smithsonian, 1969, pp.96－97. 蘇榮譽等:《強國墓地青銅器鑄造工藝考察和金屬器物檢測》,見盧連成、胡智生:《寶鷄強國墓地》,北京:文物出版社,1988 年,第 544 頁。

[2] 陳夢家:《中國青銅器的形制》,收入《西周銅器斷代》(陳夢家著作集),北京:中華書局,2004 年,第 531－532 頁。

M. Sackler]收藏[v－192,圖 5.2])、色努奇博物館(Musée Cernuschi)藏衛典簋卣(MC6156,圖 5.3)和泉屋博古館藏卣(彝 58,圖 6.1),[1]它們雖然都失却了提梁,均屬鉸接卣,腹和蓋的造型與卣 H326：1 頗爲接近。

圖 5.1 Holmes 藏卣(引自《美國所藏中國銅器集録》A586)

圖 5.2 Sackler 卣 v－192(引自 *Shang Ritual Bronzes from the Arthur M. Sackler Collection*, p.373)

圖 5.3 Cernuschi 卣 MC6156(引自 *Bronzes Archaiques Chinois au Musée Cenuschi*, p.135)

漣源水洞村出土的一件鉸接卣,類型與卣 H326：1 更爲接近,也是索狀提梁(圖 6.2)。[2]如果説當年陳夢家所言"繩索狀提梁絶無獸頭",[3]是就所掌握材料的歸納,而卣 H326：1 將獸頭設置在樞端,似乎是屈從索狀提梁不設獸頭的"則例",而水洞村這件卣成爲顯著的例外,索狀提梁端確實設有獸頭。另一實例是《西清古鑒》和《攀古樓彝器圖釋》等著録的戊木卣,索狀提梁端有獸首,腹飾四道 G 形透空扉棱,年代在商晚期。唯有《西清古鑒》著録有蓋,且蓋面無蓋沿,紋飾與蓋側連貫(圖 6.3),與水洞村卣一致。[4]

---

[1] 陳夢家:《美國所藏中國銅器集録》,北京:金城出版社重排本,2016 年,A586;Vadime Elisseeff, *Bronzes Archaiques Chinois au Musée Cernuschi*, *Vol.I*, Paris: L'Asiatheque, 1977, pp.134－137; Robert W. Bagley, *Shang Ritual Bronzes from the Arthur M. Sackler Collections*, Washington DC.: The Arthur M. Sackler Foundation, 1987, pp.378－381;泉屋博古館:《泉屋博古:中國古銅器編》,京都:泉屋博古館,2002 年,第 76 頁。

[2] 戴小波:《漣源市出土一件商代銅卣》,《文物》1996 年第 4 期,第 85 頁;陳建明主編:《湖南商周青銅器陳列》,長沙:湖南省博物館,第 26 頁。

[3] 陳夢家:《中國青銅器的形制》,收入《西周銅器斷代》(陳夢家著作集),北京:中華書局,2004 年,第 528 頁。

[4]《西清古鑒》卷十五頁二六,乾隆二十年内府刻本。

圖 6.1　泉屋卣(彝)(引自《泉屋博古：中國古銅器編》76 頁)

圖 6.2　漣源水洞村卣(引自《湖南商周青銅器陳列》26 頁)

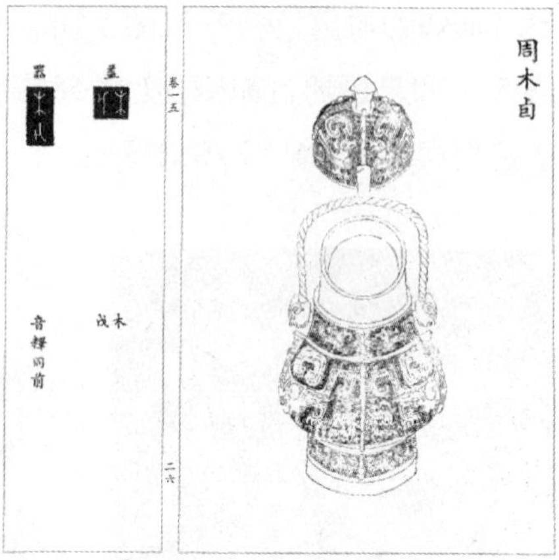

圖 6.3　戊木卣(引自《西清古鑒》卷十五頁二六)

上述這些與卣 H326：1 形態接近的卣中,哪些的樞分鑄,非一一檢驗不能明白。泉屋卣(彝 58)經 CT 掃描,樞屬渾鑄,情形與所同藏的一件筒形鉸接卣(彝 182)一致,[1]或許代表了主流工藝。

二、西雅圖亞洲藝術館藏卣

美國西雅圖亞洲藝術館(The Asian Art Museum)收藏一件卣,提梁和蓋均已失却,然器腹保存良好,截面爲橢圓形,卣腹輪廓爲梨形,通高 368 毫米(圖 7)。[2]

圖 7　西雅圖卣(S6.33)(引自《海外遺珍：青銅器》22 號)

卣腹平沿尖唇,口沿下飾窄紋帶,前後面的中心設板狀短扉棱,扉棱兩側有 I、L、T 陰綫勾勒,其兩邊各布頭向扉棱的兩夔紋,夔勾喙、尖角、大圓眼、腦後飄 C 形纓,尾上翹并回卷,前足前伸,後足垂立,以細密雲雷紋襯地,其餘紋帶同。與扉棱相對的兩側,即長軸端,則各有較寬大向上的翹角喙,高出口沿并保持口沿的完整,即在沿外翹起。

與口沿下紋帶隔一凹弦紋,置頸部紋帶。紋帶的前後面中心,飾無身散列式獸面紋,紋飾的中心設短圓柱形樞,樞設在短軸端,此卣提梁縱置。樞根部兩側爲獸眼,

[1] 泉屋博古館、九州國立博物館:《泉屋透賞:泉屋博古館青銅器透射掃描解析》,北京:科學出版社,2015 年,第 224－225、229－230 頁。

[2] Waugh, Daniel C., "The Arts of China in Seattle", *The Silk Road*, Vol.12 (2014), pp.137－152.

眼珠若細綫勾出的橢圓形,瞳仁相對較大;眼上竪一對尖葉形耳,獸面紋的鼻和嘴不清楚,綫條有些含混。在這獸面紋兩側各布一較大淺浮雕夔紋,而長軸兩端設與口沿下紋帶相同的條狀短扉棱,夔紋頭向扉棱。

腹部沿長短軸端設四道條狀扉棱,形式與口沿下和頸部紋帶扉棱相同,只是在上腹有小突。腹前後面均以扉棱爲鼻對稱布局浮雕散列式有體獸面紋,鼻較寬,頂端冠飾的兩側布開口向下的C形大角,角尖外翹;角下是臣字形大眼,眼珠圓突且中間有圓坑,其外有葉形耳。獸面嘴角深咧,兩側各出露一對尖利獠牙。嘴角外僅有一小橢圓形凸起,含義不明;再外有回彎的足。耳尖外有上竪再回勾的獸身,尾部突出,身下填竪起的夔紋。

圈足上部外撇,窄紋帶有與腹部一致的條狀短扉棱,前後扉棱壓在五官不清的獸面紋上,兩側各有一條相向淺浮雕的張口長身夔紋。圈足下沿有窄直壁矮裙。

未見有關此卣的研究特别是鑄造工藝的研究發表,但扉棱中,垂直的鑄造披縫明顯,口沿下紋帶中間扉棱的披縫,與下邊頸部紋帶獸面紋及其樞上的披縫在同一垂綫,并貫通至腹部和圈足的扉棱,那是同一分型面的遺存,説明卣腹沿扉棱中心四分範。

據張昌平所拍照片,樞與卣頸的結合處,似乎有分鑄迹象(圖 8.1、8.2),卣腹内壁赫然可見分鑄接縫,雖不似劉家莊卣 H326∶1 那樣有鉚頭突起,但内壁分鑄塊顯然大於樞的直徑(圖 8.3),是否在設計上將鑄鉚頭沉入器壁,需要 CT 掃描予以調查。泉屋博古館收藏的丁冉卣(彝72),爲失蓋提梁鉸接筒形卣,CT 掃描發現器頸部兩樞一渾鑄一分鑄,被認爲樞原均渾鑄,但不知什麼原因使樞殘失,再經補鑄。[1] 解釋似乎牽强,具體原因有待深究。

圖 8.1　西雅圖卣樞根部(張昌平惠供)

圖 8.2　西雅圖卣樞根部(張昌平惠供)

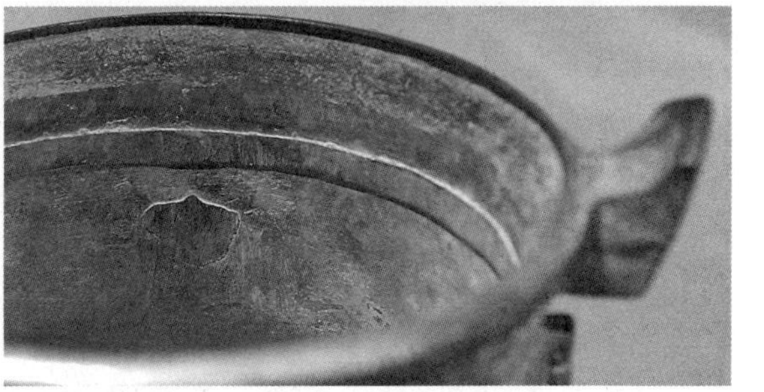

圖 8.3　西雅圖卣内壁樞鑄接痕(張昌平惠供)

[1] 泉屋博古館、九州國立博物館:《泉屋透賞: 泉屋博古館青銅器透射掃描解析》,北京: 科學出版社,2015 年,第 231 - 233 頁。

圖 9　卣(引自《中國青銅器全集》4.165)

這件卣提梁和蓋失却,造型無考,但腹的形式甚爲特别。絶大多數卣子口出在口沿,插入蓋中進行扣合,蓋則多有折沿,下出高裙,裙壁飾紋帶,而卣腹紋飾通常爲頸部、腹部和圈足三周,如武鳴勉嶺出土的卣(圖 9)。此卣在口沿下無子口而飾紋帶,此紋帶的長軸方向設翹角喙,與其他卣的翹角喙設在蓋裙紋帶的長軸端,目的相同但方式異趣。翹腳喙連同紋帶從蓋易移到腹,可推知其蓋爲内插式,即蓋的子口插入器口,若前述二里崗期的卣(參見圖 1.1、1.2),也與西周中期後流行的壺、陳夢家所劃分的 B 形罐形卣相類。[1] 很明顯,此器的造型是對早期帶蓋器的改造和創新,目前所知僅此一例。

三、尧　卣

2016 年香港瀚海秋拍中,有一件提梁卣是一香港藏家的舊藏,蓋内鑄陰銘尧(圖 10.1),姑稱尧卣,定爲晚商器。蓋、提梁俱全,横截面也是橢圓形,提梁縱置,腹口起高子口插入蓋中與之扣合。通高 300、長 100、寬 220 毫米。[2]

圖 10.1　尧卣(引自《香港瀚海 2016 年秋季拍賣會"青銅時代Ⅱ"》168 號)

蓋穹鼓,無蓋沿,中心有蘑菇狀鈕,鈕頭飾四組細綫三角紋。以鈕爲對稱,蓋面在短軸方向飾兩道條形扉棱,爲蓋面兩組獸面紋分界,其兩側具有 I、L、T 形陰綫勾勒。蓋的長軸兩端有翹角喙,爲獸嘴和翹起的鼻頭,兩長翎爲鼻,前端兩側爲深咧的嘴角,中段爲大臣字形眼,眼珠圓鼓,中有坑點凹下;眼外爲樹葉形耳,耳下有曲腿前伸的爪,四趾張開;尾向後伸展、稍回勾。獸面浮雕式,以細密雲雷紋襯地(圖 10.2),其他紋帶亦然。翹角喙與獸面的結構有若鴨嘴獸。

卣腹輪廓近梨形,腹口平,有高子口插入蓋中。頸壁較直,腹鼓。沿長軸設兩道和蓋面相同的長條形扉棱,但在上腹微微出歧,并隨頸、腹部紋帶斷開。頸飾一周紋帶,浮於器表。紋帶的前後面中心,設有短柱形樞,與提梁鉸接。紋帶以樞爲中心,兩側各有兩方向一致的浮雕夔紋,頭向樞。夔

[1] 陳夢家:《中國青銅器的形制》,收入《西周銅器斷代》(陳夢家著作集),北京:中華書局,2004 年,第 529－530 頁。陳氏指出此型形狀像壺但没有指出蓋内插。

[2]《香港瀚海 2016 年秋季拍賣會"青銅時代Ⅱ"》,香港瀚海,2016 年,168 號。

勾喙大眼,眼珠中間有短横綫下凹,額有鰭形角,腦後飄勾形纓,前腿跪而兩趾若鉗環,身軀向後平伸,粗壯尾竪起并向前回勾,後腿若勾。夔身有雲紋勾勒。

圖 10.2 嶢卣蓋(引自《香港瀚海 2016 年秋季拍賣會"青銅時代Ⅱ"》168 號)

頸部紋帶間以素帶過渡,下腹飾浮凸更高的大獸面紋,兩側扉棱程度與紋帶寬度一致。獸面紋的寬鼻頭與上唇一體,抵在紋帶下欄,嘴深咧,兩側各露出一對尖利獠牙。鼻梁若兩個相并的翎,和蓋的獸面紋一致,也在額中有菱形凸起,其上有矮冠。一對飾水波紋的大角向兩側横伸并略向上斜翹,角根圓鈍勾勒螺綫,角稍尖利勾隨形綫。角下淺勾臣字形眼,眼珠大而圓突,中間有圓坑點。眼後側向斜出樹葉形耳,耳外,向上有分離的細 S 形獸身,尾折向外再向下回卷。再下有開口向内的 C 形獸腿,爪大趾張。足外填飾浮雕竪形立夔紋。

下腹回收出圜底接矮圈足,圈足底有矮立裙,底沿近平。圈足紋帶窄,四長條形短扉棱沿長短軸均布,前後扉棱爲中心,兩邊各置方向相同的淺浮雕夔紋,造型和布局與頸部相同。

圖 10.3 嶢卣樞在内壁的鑄鉚頭(引自《香港瀚海 2016 年秋季拍賣會"青銅時代Ⅱ"》168 號)

帶狀提梁内平外凸,飾對稱的浮雕張口長身夔紋。提梁端内側爲環形,與樞鉸接,環外設獸首遮蓋鉸接處。獸首較小,鼻頭略翹,鼻孔清晰,杏眼圓睁,眼珠突出,耳不顯,額中有菱形飾,頭頂一對向上斜竪飾有蛹紋的大角。

拍賣圖録給出了腹内壁特寫,與樞相應的内壁也有一突起的飾渦紋圓鉚頭(圖 10.3)。

這件嶢卣,大體造型屬於陳夢家劃分的 D 形,但細節處却有不同尋常之處。首先是扉棱,蓋、腹各設兩道,蓋設在短軸端而腹設在長軸端,似爲孤例。這樣的設計,或許與所表現的紋飾有關,蓋、腹的獸面紋,鼻均由兩立翎構成,恰與額中的菱形飾及其上面的冠飾構成承托關係,若在此設置扉棱,自然要叠壓翎、菱形飾和冠飾,推測爲圖像完整,前後面不設扉棱。

其次,蓋作穹形也屬别致,絶大多數陳氏 D 型卣,隆蓋有折沿,沿下出高裙,蓋面與裙紋飾獨立。嶢卣無蓋沿,蓋側與蓋面紋飾一體,特别是翘角喙渾然爲獸面一部分,與絶大多數翘角和蓋面紋飾分離截然不同。説明嶢卣的鑄工真正理解翘角喙的含義和構造功能。由此觀之,前述西雅圖卣將翘角設置在口沿下,是或是一種更合理的改造。這樣的蓋形,可見前引漣源水洞村卣(參見圖 6.2),爲不可多得的實例。可見,大多數鑄工對於紋樣不是都能徹底理解的。然而,在通常所説的鴞卣中,器蓋幾乎不設蓋沿而爲穹形,强調造型和紋飾整體性的用意十分明顯,此當别論。

拍賣圖録指出,此卣蓋内銘"兇"爲族徽,已知有三十六件器具,多屬傳世品,年代從晚商至西周中期,説明兇係殷之舊族,遺民在西周仍延續。[1] 兇若是族徽,以兇卣之特殊,説明定制於特别的鑄工。

上述三件卣造型各具特色,均屬孤例。它們的一個共同點在於提梁的樞接,且樞以鑄鉚式鑄接成形。三件梨形輪廓卣的提梁均縱置,各自的特點,簡要概括如下:

卣 H326：1,索狀提梁兩端爲環,遮蓋鉸接的獸首與樞一體,樞與蓋鈕均鑄鉚式後鑄,前者鉚頭飾渦紋,此類卣目前爲僅見。

西雅圖卣蓋與提梁失却,蓋插入器口,翹角喙設在口沿下,目前僅知此一例。

兇卣蓋爲穹式,翹角喙雖也在長軸,但與蓋面紋飾融爲一體,若鴨嘴獸,與其他具有蓋沿的翹角喙卣大不相同,紋飾的整體性更强。另外的特點在於蓋與腹只設兩道扉棱,或者與强調獸面紋的含義有關,也是明確所僅見之例。

四、樞分鑄的鉸接卣的技術淵源、時代和産地

雖然分鑄樞的提梁卣可能還有待發現者,數量當不會太多。這涉及它們的技術淵源、技術轉移、技術認同與選擇等問題。以下略做申論。

1. 鑄鉚式後鑄的工藝淵源

鑄接技術可能出現於二里頭文化晚期,1980 年於河南洛寧出土,收藏在陝西歷史博物館的一件管流爵,屬於二里頭文化晚期。[2] 器腹側斜出長管流,流根有明顯分鑄痕迹,且叠壓在器表,説明流後鑄。

後鑄與補鑄密切相關,盤龍城李家嘴所出斝 LZM1：12 和斝 LZM1：13,其鋬的分鑄均屬補鑄,前者鑄鉚式後鑄,後者當榫接式後鑄,均是對失却的或損壞的鋬的補鑄,後者要早於前者。[3] 發展出的鑄鉚式補鑄是對榫接式的改進,强化了補鑄部分與主體的結合,在分鑄成爲常規工藝後,兩種形式依然并存,而鑄鉚式鑄接則成爲商代南方作坊的一種特殊工藝。盤龍城李家嘴雙耳簋 LZM1：5(圖 11.1),雙耳即是目前所見最早形式的鑄鉚式鑄接實例

[1]《香港瀚海 2016 年秋季拍賣會"青銅時代Ⅱ"》,第 168 號。

[2] 梁彦民主編:《神韻與輝煌:陝西歷史博物館國寶鑒賞·青銅器卷》,西安:三秦出版社,2006 年,第 98 頁;《中國青銅器全集》1.11(第一卷第 11 器,下同),北京:文物出版社,1996 年。

[3] 蘇榮譽、張昌平:《盤龍城青銅器的鑄接工藝研究》,見盤龍城遺址博物院、武漢大學青銅文明研究中心編:《盤龍城與長江文明國際學術研討會論文集》,北京:科學出版社,2016 年,第 118－137 頁。

(圖 11.2),隨即有城固龍頭雙耳簋踵其後,成爲二里崗上層後鑄附件的典型,也表明這兩件簋的緊密關係,若非先後出自一個鑄工,即是師徒之作。

圖 11.1　李家嘴雙耳簋 LZM1：5(引自《泉屋透賞》第 380 頁圖 45)

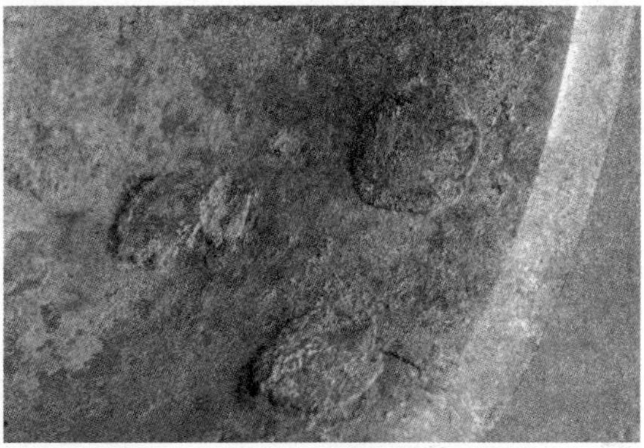

圖 11.2　李家嘴雙耳簋 LZM1：5 鑄鉚頭(引自《泉屋透賞》第 380 頁圖 46)

在中商時期,這一系的鑄工轉而鑄造斝,斝鋬以鑄鉚式後鑄,并且美化鉚頭,飾以渦紋,岐山賀家村所出鳳柱斝爲實證。而弗利爾鳳柱斝與之工藝相同,若非出自一人之手,當是師徒之作;稍晚的泉屋博古館鳳柱斝,可認爲是徒孫所鑄,且南方風格特點更爲突出,應是南方風格鼎盛期的作品,宜定爲中商晚期。上海博物館藏獸面紋斝是鑄鉚式後鑄鋬斝的尾聲,年代或在中商向晚商過渡期,同時的還有國家博物館所藏雙環耳釜,環耳鑄鉚式後鑄。在殷墟早期,鑄鉚式後鑄工藝見於婦好墓甗 M5：767 和偶方彝 M5：791、西北崗 M1004 盂 R1092 和 M1005：4 盂 R1091、花園村盂 M54：169,用於耳的鑄接。[1]

上述梳理可做如下歸納：

(1) 後鑄源於補鑄,鑄鉚式是對榫接式的改進,發明於二里崗上層,最早見於盤龍城；

(2) 開始的鑄鉚式鑄接簋耳,鉚頭平素、形不規則；

(3) 中商鳳柱斝的鑄造,鋬鑄鉚式後鑄,爲美化鑄鉚頭,設計爲圓形并飾渦紋；

(4) 中商向晚商過渡階段,斝和釜的鋬與耳鑄鉚式後鑄,蓋鈕亦有之并延續至商末；

(5) 殷墟早期,甗、偶方彝、盂的耳鑄鉚式後鑄,此工藝延續至殷墟中期鑄造壺或卣的蘑菇形紐,隨即此工藝消失,至春秋晚期再復興。

顯然,鑄鉚式後鑄工藝要歸結爲南方鑄工的一項發明,并有一個從南方向殷墟轉移的過程,蘇榮譽曾提出是武丁時期遷南方鑄工到殷墟,將南方風格器物及鑄鉚式鑄接工藝等帶入

[1] 蘇榮譽：《安陽殷墟青銅技術淵源的商代南方因素——以鑄鉚結構爲案例的初步探討兼及泉屋博古館所藏鳳柱斝的年代和屬性》,見泉屋博古館、九州國立博物館編：《泉屋透賞：泉屋博古館青銅器透射掃描解析》,北京：科學出版社,2015 年,第 352－386 頁。

殷墟,鑄造了一批器物,但此工藝并未流傳下去,殷墟晚期遂告湮滅。[1] 這裏需要特別指出的是岐山賀家村鳳柱斝,其腹部飾扉棱屬此類器最早(圖 12.1),腹内壁不僅有一對飾有渦紋的鑄鉚頭,還有爲鑄接扉棱而設的三道突棱(圖 12.2),表明扉棱先鑄,這也是南方鑄工的一項發明。[2] 説明此斝鑄造於南方作坊,遠徙渭河河谷。[3] 和此斝關係密切的是據説出自湖南石門收藏在湖南博物館的一件卣,高浮雕獸面紋在器内壁相應下凹,蓋鈕、蓋與腹的扉棱均先鑄。[4] 此二器工藝極爲特殊而相同,製作年代都應在中商時期。若此推論成立,石門卣可能是較早的橢圓形截面卣,而鄭州人民公園出土的貫耳壺 C7M9：4,截面也是橢圓,僅頸部和圈足有紋帶,頸部有一對貫耳,[5]年代許與石門卣相差不多。

圖 12.1　岐山賀家村鳳柱斝(引自《中國青銅器全集》4.59)

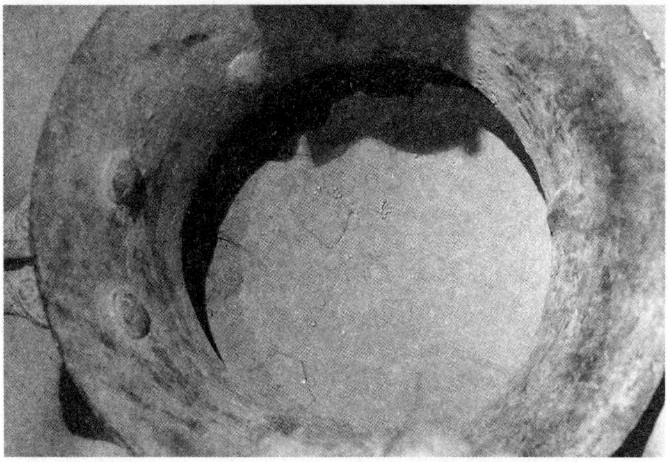

圖 12.2　岐山賀家村鳳柱斝内壁鑄鉚頭(引自《兩周封國論衡》第 555 頁圖 9)

鑄鉚式後鑄工藝,在中商晚期用於鑄接蓋鈕,并一直延續到晚商晚期式微。從器耳和鋬擴展到蓋鈕的鑄鉚式後鑄,演變頗爲複雜,將另行爲文。[6] 此文僅討論鉸接之樞的分鑄。

[1] 蘇榮譽:《安陽殷墟青銅技術淵源的商代南方因素——以鑄鉚結構爲案例的初步探討兼及泉屋博古館所藏鳳柱斝的年代和屬性》,見泉屋博古館、九州國立博物館編:《泉屋透賞: 泉屋博古館青銅器透射掃描解析》,北京: 科學出版社,2015 年,第 352－386 頁。

[2] 蘇榮譽:《岐山出土商鳳柱斝的鑄造工藝分析及其相關問題的探討》,見陝西省考古研究院、上海博物館編:《兩周封國論衡——陝西韓城出土芮國文物暨周代封國考古學研究國際學術研討會論文集》,上海: 上海古籍出版社,2014 年,第 551－563 頁。

[3] Robert W. Bagley, *Shang Ritual Bronzes in the Arthur M. Sackler Collections*, Washington DC.: The Arthur M. Sackler Foundation, 1987, p.34, p.57 n.124.

[4] 蘇榮譽、傅聚良、吴小燕、袁鑫:《石門卣初探》,《湖南省博物館》第十二輯,2016 年,長沙: 岳麓書社,第 46－59 頁。

[5] 河南省文物考古研究所:《鄭州商城: 1953－1985 年考古發掘報告》,北京: 文物出版社,2001 年,第 917 頁。

[6] 蘇榮譽、董韋:《蓋鈕鑄鉚式分鑄的商代青銅器研究》,《中原文物》2008 年第 1 期,第 80－94 頁。

2. 明尼阿波利斯藝術博物館藏方腹卣

二里崗階段出現的提梁器，提梁與器腹俱是鏈接的形式：器腹的半圓環與提梁端環或横梁鏈接，半圓環渾鑄。目前只發現一例屬分鑄者，即明尼阿波利斯藝術博物館（Minneapolis Institute of Art）收藏有一件方腹卣（50.46.106a.b），係皮斯百（Alfred F. Pillsbury，陳夢家譯，通譯爲皮爾斯伯里）的捐贈之一。其通高 364、口徑 74－76、腹寬 117、腹高 77 毫米，重 2.92 kg（圖 13.1、13.2）。[1]

圖 13.1　皮斯百方腹卣（正面）

圖 13.2　皮斯百方腹卣（側面）

該卣圓口，圓蓋穹鼓，口下出子口插入器口内與之扣合。蓋中央設立柱鳥形鈕，鳥喙寬而短，微上翹；面若獸，臣字眼大，但眼珠相對較小，中間有圓坑點；頭頂竪一對大耳，前面較平并有陰綫勾勒，背面較圓鼓。頸短粗，雙翅側張，尾微翹，均飾鱗片。額中向脊至尾貫穿一條雙鈎脊綫，將密集的鱗紋分爲左右兩半。身下較平，一粗壯短柱竪立蓋中央（圖 14.1）。蓋面滿布紋飾，由交錯安置的兩隻蟬和一對鼃組成（蟬朝裏，鼃朝外）。蟬有三角形頭和心形身子，身有重複的心形凸綫紋（如此有六個越來越小的心形設計）。鼃的四足伸出（各有四爪），頭的設計和蟬幾乎一致，身上布滿由粗綫條組成的波浪形鱗紋。蟬和鼃之間由三角和方形回紋填補空白（圖 14.2）。

圖 14.1　皮斯百方腹卣蓋鳥鈕

[1] 陳夢家：《美國所藏中國銅器集録》，北京：金城出版社重排本，2016 年，A596。陳氏指出此器皮斯百的藏號爲 41.1328，尺寸出入較大，通高 327、寬 129×127 毫米，《集録》第 1383 頁。

圖 14.2 皮斯百方腹卣蓋

圖 14.3 皮斯百方腹卣蓋内鑄鉚頭

圖 15.1 皮斯百方腹卣肩部紋飾、犧首與環鈕

器口微侈,平沿無唇,束頸上飾兩周凸弦紋,下接方形肩。肩四面均飾寬約 25 毫米紋帶。前後面的紋帶中央飾浮雕犧首,倒置的 T 綫和雲紋形勾勒,犧首的造型接近蟬紋,附貼在紋帶之上。四角飾平鋪獸面紋,鼻梁即角棱,鼻頭兩側有向内卷勾的鼻翼,眼珠圓突,獸面有較大而寬的冠飾和上翹的大尾,冠飾中間竪立一組羽毛,細雲雷紋襯地,在兩側面的紋帶中間設置半圓環,半徑 12 毫米,用以與提梁端鏈接(圖 15.1)。

方腹四壁紋飾相同,俱是平鋪的散列式無角獸面紋,局部浮雕。鼻居中,鼻頭浮雕,兩側紋綫向内盤卷形成鼻翼。鼻上端接冠飾,過渡處兩側出勾。鼻下爲寬闊的嘴,嘴角上翹,唇飾勾雲紋。鼻兩側爲臣字眼,眼睛不大但眼珠大而圓鼓,眼外側是竪立的、開口向内的 C 形耳。眼寬、眉梢回勾,眉外飾羽刀紋。嘴角外填飾變形夔紋,眼珠圓突。整個紋飾以較細綫勾勒,以細密雲雷紋襯地。眉、眼和耳均甚寬而平素,似乎鑄工有意避免三層花紋。但獸面和夔紋的眼珠及獸面的鼻頭均突起,側視它們頗突出。卣底微外凸,下接圓形截面矮圈足。圈足外飾上下兩排卷雲紋組成的紋帶。

圖 15.2 皮斯百方腹卣提梁内側

帶狀提梁頂部爲拱形,向内弧彎,與束頸的弧度一致,端飾獸頭,獸頭前半爲鯊魚嘴形,張口露出上下兩排尖牙,鼻頭上翹。面上一對臣字大眼,但眼珠爲小圈狀,且不突出,額頭向上斜竪一對大耳,造型與蓋鳥鈕的耳相同。獸頭中空、截面爲槽形,下邊有横梁穿過卣肩的半圓形環耳與之鏈接(圖 15.2)。帶狀提梁外面鼓而内側略凹,外面平鋪細綫菱形紋,内側素面并略粗糙。

提梁内側在蓋面位置設一半圓形環,一條卷曲片狀爬龍的尾勾成環與之連結,而爬獸的另一圓環套住鳥鈕之足,將蓋與提梁鏈接起來(參見圖 14.1、14.2)。爬獸截面爲弧形,與蓋面一致,身飾雙排鱗紋,三角形龍首較厚,口微張露出獠牙,圓眼,眼珠圓突且中間有圓坑。有一對大耳。卣整體設計精緻、講究,裝飾上下一致并相互呼應,紋飾疏密搭配合理,曲率一致。

1952 年高本漢(Bernhard Karlgren,1889 - 1978)編寫皮斯百藏銅器圖録,指出此卣的方腹、肩紋帶均不常見,此器的年代爲殷或周早期,屬混合風格。[1] 但器物本身所包含的不少藝術和技術細節,在那圖録中都没有反映。

首先是鑄造工藝,肩、蓋面和卷曲片龍上的披縫表明(參見圖 14.1),這一器物是泥範塊範法鑄造所成。腹部沿四角分型,肩部四折角可見明確披縫,圈足紋飾帶上有自四角延伸下來的披縫,這樣的一致性可以説明卣體應没有在水準方向分型,是由縱向分型的四塊範,與腹芯和圈足芯組成鑄型澆注的。

仔細觀察,肩部紋帶的前後浮雕犧首,與卣腹有間隙(參見圖 15.1),猶若擱置於紋帶上,具有分鑄特徵。在卣腹内壁,果然在與犧首對應的部位發現突塊如鉚頭(圖 15.3),恰是犧首鑄鉚式後鑄的證據。相應的,雖然與犧首相對的半圓形環耳,在肩部没能發現分鑄痕,但腹内壁有同樣的鉚頭(圖 15.3),説明半圓形環耳也是鑄鉚式後鑄成形,這是迄今所知最早的鏈接卣環耳分鑄,且以鑄鉚式後鑄的工藝形式。

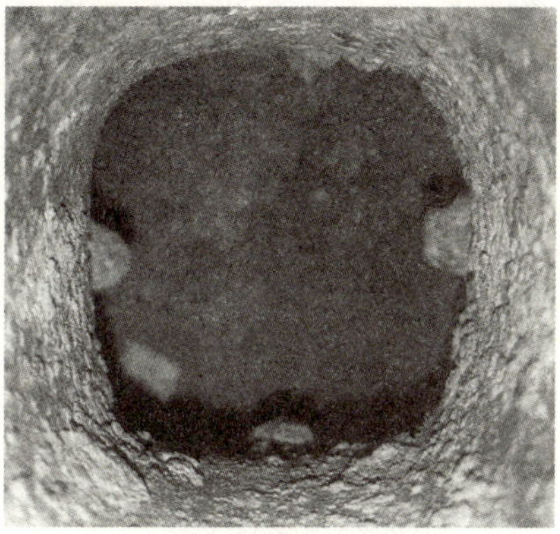

圖 15.3 皮斯百方腹卣腹内壁四鑄鉚頭

在蓋内中央,有同樣的鉚頭(圖 14.3),那是後鑄鳥鈕的遺迹。至於圈足内側壁的突刺,暫且没有很好的解釋,希望將來的 X 光片能提供更多工藝信息。

這件卣的特殊之處頗多。首先是方腹,二里崗時期方鼎是商早期具有特徵性的器物,即大型器的嚆矢,大約在中商晚期,方腹圓口折肩尊開始出現,臺北故宫收藏的一件(JW2353 - 38),具有南方作坊的工藝特徵,應當屬於這一時期。[2] 寧鄉月山鋪出土的四羊方尊可能是方腹、方口形尊中較早的形式,也可上溯到中商時期,殷墟武丁時期的一批方腹方口尊,當是受到南方影響的結果。[3]

---

[1] Bernhard Karlgren, *A Catalogue of the Chinese Bronzes in the Alfred F. Pillsbury Collection*, Minneapolis: The Minneapolis Institute of Arts, 1952, pp.66 - 68.

[2] 蘇榮譽、朱亞蓉:《三星堆出土青銅罍 K2②:159 研究——附論外挂形管狀透空犧首飾罍與尊》,廣漢:"三星堆與世界上古文明暨紀念三星堆祭祀坑發現三十周年國際學術研討會"論文,2016 年 7 月 18 - 19 日。

[3] 蘇榮譽等:《四羊方尊新探》,待刊。

小屯 M331 號墓出土有一件方腹圓口提梁卣 R2066,年代上可能早於殷墟,造型與皮斯百方腹卣頗接近,方腹長頸,隆蓋中心置立鳥鈕,帶狀提梁兩端飾獸頭,肩部有圓雕犧首。所不同的是帶狀提梁中心起扉棱形脊,肩部四角飾圓雕犧首,頸有四道扉棱,而腹部獸面紋有高浮雕外卷的角。發掘報告明確指出出土時鳥鈕脱落,原係鑄接。[1] 但是否以鑄鉚式鑄接,有待深究。然而,李濟和萬家保却忽視了鈕的分鑄,指出"蓋係一次鑄成",失察。但他們却明確指出卣肩部的兩個犧首是分鑄的,且屬先鑄。[2] 究竟犧首屬於先鑄抑或後鑄,也需深究,因爲皮斯百卣肩部兩犧首屬於鑄鉚式後鑄。總之,這兩件方腹卣總體風格接近,差異當與時代、作坊和工匠有關。白鶴美術館收藏的亞吳卣,連同故宫博物院收藏的一件、新干大洋洲出土的一件,[3] 大同小異,早晚有别,將另外爲文探討。需要指出的是,除大洋洲方腹卣外,另三件卣的蓋鈕均是立鳥飾,這是殷墟早期甚或更早的特徵,婦好墓青銅卣 M5：765和 M5：829 即是如此,或者可視爲鳥鈕卣晚期的代表。[4] 而這幾件卣蓋通過鏈節或蟠龍與提梁鏈接,也應是早的形式。

3. 樞分鑄提梁卣

皮斯百方腹卣是目前所見最早的分鑄半圓環鏈接器,且屬鑄鉚式後鑄,其源當承自南方工匠發明的鑄鉚式後鑄工藝,因早期的半圓環耳均渾鑄,獨這件卣半圓環耳分鑄,可以認爲是鑄工的顯能之舉。因卣具長頸,口徑很小,製作芯并定位它,操作頗爲不便。非是鑄工有强烈的表現欲和嫻熟的鑄鉚式後鑄工藝技巧,不會輕試也難以成功。因此,可以推測這是一位南方鑄工的炫技作品。

或許是初試或偶然一試,肩部的犧首僅爲片狀而非圓雕,未予器物華彩。半圓形環耳相對細弱,經數千年銹蝕後竟然殘斷待修(參見圖 15.1),但也暴露出半圓形環耳不够結實。所做的改進即是將環耳改樞、將鏈接改鉸接。這一改變似乎很成功,晚商早期至西周早期有數十件鉸接的卣和壺存世。這些卣或壺幾乎都是橢圓形截面,樞多置於短軸端,即提梁縱置。因爲樞位於卣四分範的分型面上,鑄型十分便易,故絶大多數樞渾鑄成形。對鉸接卣將另行爲文討論。

但鉸接器中,仍有工匠要炫技,將樞分鑄,同樣理由可以認爲是南方遷入鑄工的别出心

[1] 石璋如:《小屯第一本・遺址的發現與發掘・丙編》(中國考古報告集之二),"殷墟墓葬之五: 丙區墓葬・上",臺北: 中研院歷史語言研究所,1980 年,第 70－74 頁。

[2] 李濟、萬家保:《殷墟出土伍拾叁件青銅容器之研究》(古器物研究專刊第五本),臺北: 中研院歷史語言研究所,1972 年,圖版 45。

[3] 中村純一編:《白鶴美術館名品圖録: 白鶴英華》,神户: 白鶴美術館,1978 年,第 14－15 頁;故宫博物院編:《故宫青銅器》,北京: 紫禁城出版社,1999 年,第 82 頁;江西省文物考古研究所等:《新干商代大墓》,北京: 文物出版社,1997 年,第 62、69 頁。

[4] 中國社會科學院考古研究所:《殷墟婦好墓》,北京: 文物出版社,1980 年,第 66－67 頁。

裁,或許與受到地方工藝傳統的壓制有關。西雅圖卣將蓋設計爲内插式,沿用了自二里崗上層以至中商晚期的傳統,和皮斯百方腹卣蓋同樣處理。蓋雖失却結構不明,但翹角喙和蓋造型與紋飾的搭配上,應别有講究。分鑄的楅雖無鉚頭,但端部大於楅截面是明確的,具有鑄鉚式鑄接的功能,由於器壁不厚,這樣作的難度更大,明顯是鑄工提出的新挑戰,給自己設置的新標杆,設計鑄造出這一别具特色器物,其鑄造年代大約在當武丁之末,被北遷的鑄工在安陽已一、二十年。器雖别致,但紋飾風格與前述武鳴勉嶺卣、遂川出土的亞寠卣[1]以及上海博物館藏戉箙卣、[2]弗利爾藝術館藏鳶卣(40.11)[3]和哈佛大學博物館藏文晛父丁卣(43.52.89)等鉸接卣一樣,[4]都是殷墟早期的風格。需要注意到的是,不少卣鑄有銘文,書風和婦好墓青銅器一致。

兇卣的造型和紋飾上均有不同尋常之處,穹式蓋形設翹角喙不僅表現出對所飾獸面紋完整性的準確表達,蓋與腹罕見的設兩道扉棱飾,也足以體現爲準確表現獸面紋的考慮。對紋飾構圖邏輯和準確性的重視,此卣堪稱孤絶。楅的鑄鉚式鑄接嚴密,鉚頭規矩,渦紋規整。

至於卣 H326∶1 造型相對普通,但將獸頭飾置於楅之端屬僅見孤例,後起的鋪首是否以此類嘗試爲嚆矢亦未可知。與兇卣一樣,楅另一端鑄鉚頭的形狀近乎正圓,渦紋規矩,與上海博物館藏斝和弗利爾藏鄉宁方斝的鑄鉚頭[5]頗近。時代也應在殷墟早期,或許也出自南方北遷鑄工之手,或者他們的徒子之手。若按照考古單位和地層,根據所出陶器,考古學家認爲其年代屬殷墟晚期,器物或略早,到殷墟中期,則卣 H326∶1 可能出自南方鑄工徒孫的重孫或玄孫輩。當然,殷墟青銅器的斷代還需在新範式下重新審視。

需要指出的是,雖然北遷鑄工爲殷墟青銅器設計和生産帶來了新的風格、造型、紋飾和工藝技術,包括某些工匠的秘技,造成了殷墟初期青銅藝術和技術的大繁榮,形成了青銅器生産的鼎盛階段,但北遷工匠却受到排斥和壓制,曾經在南方風行一時的高浮雕紋飾内壁相應下凹,技術進步而合理,且省材料,但殷墟并不太接受,只有牛鼎、鹿鼎和一些動物造型器才如彼,大多高浮雕器采取加厚器壁的方式消除較大差異壁厚易在凝固中形成澆不足和熱裂等缺陷,代表性的器物是婦好墓出土的一對司㚸母方壺 M5∶794 和 807,肩部和腹壁甚高浮雕而器内壁平,這一技術選擇清楚地反映了安陽本地鑄工堅持傳統、排斥南方新工藝的情

---

[1]《中國青銅器全集》4.164。

[2]《中國青銅器全集》4.170。

[3] John A. Pope, Rutherford J. Gettens, James Cahill, and Noel Barnard, *The Freer Chinese Bronzes*, volume I, Catalogue, Washington: Smithsonian Institutions, 1967, pp.127－131.

[4] 陳夢家:《美國所藏中國銅器集録》,北京: 金城出版社重排本,2016 年,A585。

[5] 蘇榮譽:《安陽殷墟青銅技術淵源的商代南方因素——以鑄鉚結構爲案例的初步探討兼及泉屋博古館所藏鳳柱斝的年代和屬性》,見泉屋博古館、九州國立博物館編:《泉屋透賞: 泉屋博古館青銅器透射掃描解析》,北京: 科學出版社,2015 年,第 374、378 頁。

形。[1] 這也就不難理解安陽所出南方風格器物很少,南方特有工藝很少得到應用的現象,甚至可以推測南方鑄工在殷墟也很少有學徒繼承他們的工藝和秘技,隨着他們的老去和徒子的消失,南方工藝特點的器物終歸湮滅。[2] 循此推理,殷墟出土的南方風格和工藝濃厚的青銅器,多在殷墟前期,本文討論的三件榀分鑄鉸接器,可作如是觀。至於皮斯百方腹卣,年代當在中商晚期,很可能鑄於南方作坊。

附記:感謝武漢大學張昌平教授,他總是慷慨地將在各地包括海外拍攝的青銅器資料與筆者分享,西雅圖藝術博物館卣内壁表現的榀分鑄現象成爲該文最初思考材料。感謝香港御雅居梁潔梅女士代購瀚海拍賣圖録,感謝法國杜德蘭(Alain Thote)教授惠與賽努奇博物館中國青銅器圖録,感謝加拿大英屬哥倫比亞大學荆志淳教授慷慨提供海外青銅器圖録掃描文件,感謝泉屋博古館、明尼阿波利斯藝術博物館等收藏機構慨允使用它們的圖像。

[1] 蘇榮譽:《婦好墓青銅器與南方影響》,香港:第二屆中國文化研討會“商周青銅器暨鑄造工藝研究”,2016年11月4-5日。

[2] 蘇榮譽:《青銅工藝與青銅器風格、年代和産地——論商末周初的牛首飾青銅四耳簋和出戟式青銅器》,《藝術史研究》第十六輯,廣州:中山大學出版社,第97-143頁。

記亞盉青銅器

張昌平、蔣白浪*

筆者前年在香港見一組私人收藏青銅器,有方壺、卣、觶、爵等器類。這些器物均鑄有相同的徽識銘文"亞",亞字徽中的銘文像以手執匕之形,學者對其有不同的隸定,本文從《集成》釋爲"亞盉"。[1] 相同徽識銘文的青銅器在過去已有所見,本文介紹、搜集這些亞盉青銅器,作爲研究商周之際青銅器和觀察社會群體變化的資料。

一

香港私人收藏的亞盉青銅器并不在同一人之手,其中方壺、觶、爵各一件屬同一藏家(圖1),其他的還有矛2。以下分述之。

圖1　香港私人壺觶爵合影

* 張昌平: 武漢大學歷史學院教授;蔣白浪: 香港承真樓中國文化研究中心研究員。

[1] 中國社會科學院考古研究所:《殷周金文集成》,北京: 中華書局,1984－1994年。此銘屬徽識類,未必可釋讀,其字形與器物自銘的"盉"也不相同。本文從"盉",僅爲便於行文。

1. 方壺。橫截面接近方形,蓋作四面坡狀,平頂上立坡形鈕。器體的侈口納入蓋的子口,曲頸下接稍弧的腹部,頸側立一對貫耳,腹下圈足則較爲斜直。全器飾滿單層花紋,四面紋飾構圖相同。主體紋飾是腹部和蓋面的獸面紋,獸面紋均以中央弧曲的扉棱爲中軸,雙目以上的位置爲内勾的雙角,兩側軀體上翹而後伸出外勾的雙尾。頸部和圈足兩周紋飾接近,均爲長軀夔龍紋,頸部的夔龍紋之上還飾有一周三角形紋。蓋面的獸面紋是倒置的,這是殷墟文化晚期一些卣、罍等器蓋裝飾常見的做法,這樣的設計可能是基於俯視的視角效果。方壺口部長寬分别爲 8.1 和 7.9、圈足長寬分别爲 6.3 和 6.0、通高 17.4 釐米(圖 2)。

圖 2　香港私人壺

器蓋與腹底鑄有相同的徽識銘文"亞盉",均是盉在亞形外框内。

與此方壺相同的器形少見且不易歸類。這類深腹的帶蓋器近似於壺、卣、罍,其大口廣肩的特徵類似於罍,過去在寶鷄竹園溝 M7 出土的一件相似器就被歸爲罍。[1] 方壺頸部兩側的貫耳原應當繫連提梁,許多學者將帶提梁器視爲卣,如林巳奈夫將這種在頸側設環鈕接提梁的器類,按其分類原則都歸入卣。[2] 我們主張以母口承蓋者爲壺,故稱此類器爲方壺。

[1] 盧連成、胡智生:《寶鷄弸國墓地》,北京:文物出版社,1988 年,第 110 頁。
[2] 林巳奈夫:《殷周青銅器綜覽》,京都:吉川弘文館,1984 年,第 262 頁卣 63、第 267 頁卣 101、第 274 頁卣 152。

除了竹園溝 M7 壺之外,鹿邑太清宫 M1 也出土一件類似的方壺(圖 3)。[1] 竹園溝 M7 和太清宫 M1 方壺形制幾乎相同,兩器都帶有提梁,器身素面無紋,可能代表了類似方壺較晚的形態。此類方壺雖然數量不多,但其形制具有高度一致性,承蓋方式均爲子蓋入母口,器體較小,通蓋高都在 17 釐米左右,它們應該是商周之際前後某類特殊功用的器類,可能是在高等級貴族墓葬中獨成一類的。

圖 3 鹿邑太清宫 M1(《太清宫》彩版 55-1)

2. 觶。横截面爲橢圓形。蓋作圓弧形,蓋頂上置菌形鈕,蓋子口伸入器口。器口與圈足底部均做盤口狀,圈足也因此顯得較高。弧壁,最大腹徑靠下。全器滿飾花紋,四條扉棱在蓋頂直至圈足均見。紋飾分爲四周,蓋頂與下腹兩周爲主紋飾區,各裝飾兩組相同的獸面紋。獸面紋臣字形目瞳孔圓凸,雙目上設外卷角,軀尾外卷。另外兩周紋飾在頸部和圈足,各裝飾兩組相同的夔龍紋,其中頸部的夔龍紋之上還有一周三角形紋。圈足外底有與鑄造相關的網格綫。口徑 7.7-6.6、圈足徑 6.5-5.8、口高 14.1、通高 19.4 釐米(圖 4)。

器蓋與腹底鑄有相同的徽識銘文"亞盉",盉在亞形外框内。

觶是殷墟文化晚期不很常見的器類,商末周初稍稍多見。這件亞盉觶器形較爲常見,但 4 條扉棱從器蓋延伸到圈足,則不多見,這種裝飾顯現出豪華的作風。在蓋頂的兩組獸面紋視角與腹部紋飾視角垂直,這也是殷墟文化時期扁體帶蓋器類常見的紋飾布置。

3. 爵。圓體,長流尖尾,横截面爲近半圓的柱已離開流折處,腹側設獸首形鋬,腹部較長,其下接三個刀形足。腹部裝飾一周兩組獸面紋,獸面紋無軀、外卷角,橢方形圓突的瞳孔。下腹外側有一寬度約 2 釐米的不規則形補疤。流角間距 17、通高 21.2 釐米(圖 5)。

與鋬對應的外壁鑄有徽識銘文"亞盉",與其他銘文不同的是,此器盉字在亞形下。

此爵器形、外卷尾獸面紋是殷墟文化晚期爵最爲常見的形制,在不同等級的墓葬中均可見。

4. 矛。2 件。形制相同,圓骹,寬鋒,兩葉較寬且延續至骹口。骹部飾三角形紋。近骹口鑄有徽識銘文"亞盉",盉在亞形外框内(圖 6)。

---

[1] 河南省文物考古研究所、周口市文化局:《鹿邑太清宫長子口墓》,鄭州:中州古籍出版社,2000 年。

圖 4　香港私人觶

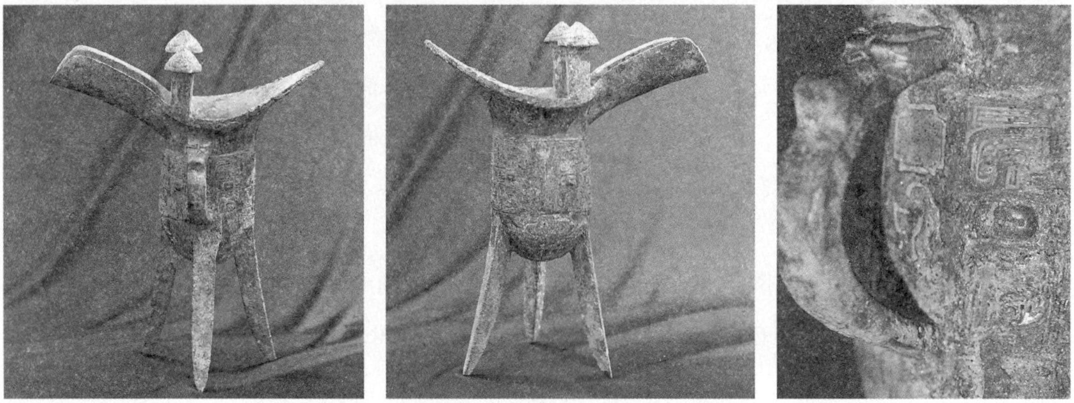

圖 5　香港私人爵

相同形制的矛見於殷墟孝民屯南地 M917(《全集》三,196),可知此矛與之年代相近。

以上 3 件容器的器表都不同程度地附着有埋藏的泥土,手搓泥土爲不起球的粉砂。3 件器物泥土、銹蝕狀況基本相同,推測都出自黄河中下游地區的黄土埋藏環境。

圖 6　香港私人矛

方壺等 4 類青銅器的年代,應該屬於殷墟文化晚期,這一點在上述器類中已有討論。進一步說,方壺、觶在裝飾上,獸面紋與夔龍紋組合的裝飾爲殷墟文化晚期多見。觶的扉棱伸至口沿後再向外延伸、扉棱頂端外凸,爵腹爲長卵形、三足寬扁等,都是殷墟很晚階段的特徵。方壺器形與前述西周早期竹園溝 M7、太清宫 M1 同類器相同,顯示這組器物年代接近商末。這組器物的年代應該也没有晚至西周,因爲方壺器形雖然接近西周時期相似器,但頸側貫耳不是西周同類器那樣的環鈕,而是像晚商如婦好墓婦好壺(《全集》三,88)那樣的貫耳,其上飾獸面。這件方壺全器滿紋,不同於西周同類器的素面,後者也正是西周早期興起樸素裝飾風格的體現。

二

亞盉青銅器過去在考古發現和傳世品中都有所見,搜集到的材料有如下幾例。

1. 1975 年,北京房山琉璃河西周燕國墓地 M251 出土亞盉鼎、盉各一件。[1] M251 出土的青銅禮器包括鼎 6、甗 1、鬲 2、簋 4、爵 2、觶 3、尊 1、卣 1、盤 1、盉 1,其中的一件鼎、一件盉銘文包含有亞盉銘文。M251 是燕國墓地中的大型墓葬,墓主是燕國高等級貴族。

M251∶17 鼎,立耳弧腹三柱足,口下飾一周紋飾,是在 9 個渦紋之間夾飾夔紋。口徑 27.7、高 36 釐米(圖 7)。

鼎腹内壁鑄有銘文 7 字"亞盉作父乙尊彝"(《集成》2248),盉在亞框内,其他銘文在框下。

[1] 北京市文物研究所:《琉璃河西周燕國墓地(1973－1977)》,北京:文物出版社,1995 年。鼎見第 102、117 頁,盉見第 187、194 頁。

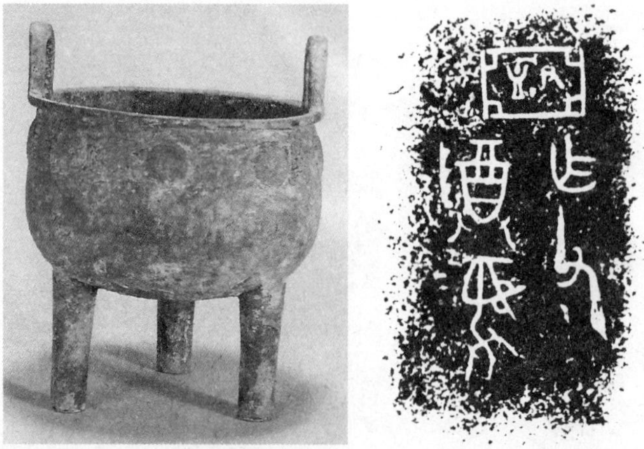

圖 7　琉璃河 M251：17 鼎

M251：1 盉,侈口上承隆蓋,弧腹下接三柱足,腹側設獸首鋬,筒形流在另一側與鋬相對。頸部飾有一周 3 組雲雷紋構圖的獸面紋。口徑 10.5、通高 22 釐米(圖 8)。

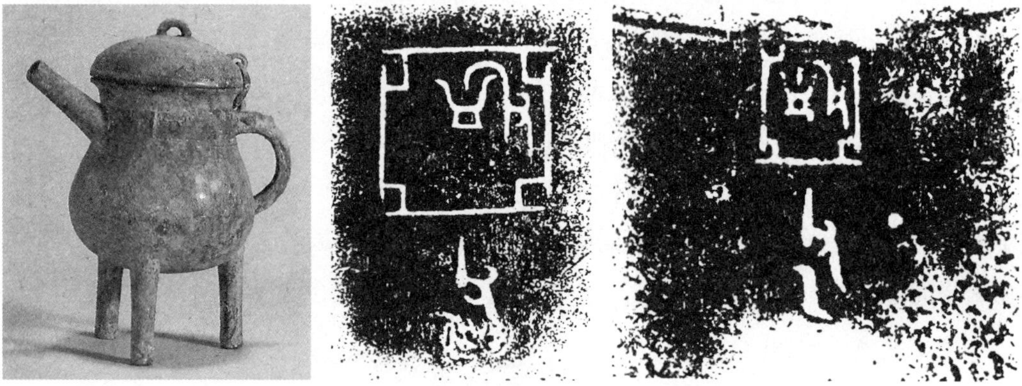

圖 8　琉璃河 M251 盉

蓋内與鋬處的腹外壁鑄有相同的銘文 4 字"亞盉父乙"(《集成》9371),盉在亞框内,父乙在框下。

M251 亞盉鼎爲西周早期常見的器形,特别是凸起的渦紋夾夔紋的做法尤其如此,亞盉鼎圜底柱足,不同於殷墟時期盉多爲分襠,這兩件青銅器的年代可能也屬於西周早期。M251 出土的兩件器銘文都是亞盉爲父乙所作之器,但銘文内容、字體,特别是亞盉銘文構圖都不相同,兩件器物原來并非同組。M251 墓主可能爲伯矩,亞盉可能爲外來青銅器,具體背景已難以判明。西周早期墓葬中,不少銘文分散的青銅器年代可能晚至西周早期,[1] 他們

[1] 張昌平、陳麗新:《葉家山 M107 西周早期曾國墓葬"生器"與"葬器"的配置問題》,北京大學出土文獻研究所:《青銅器與金文(第一輯)》,上海:上海古籍出版社,2017 年,第 340－347 頁。

未必都是滅商的戰利品,M251 這兩件亞盉器,也應該是這種情況。

2. 濟南市博物館收藏一件亞盉父丁簋,[1]應該爲徵集而非發掘品。簋圓體,敞口斜腹,口下一周紋飾以連珠紋爲邊欄,飾 3 個半浮雕獸首,其間夾飾夔紋。口徑 25.5、高 17.5 釐米(圖 9)。器内底部有銘五字,"亞盉父丁隻",各銘都在亞形框内。

圖 9　濟南市博物館簋

簋在西周時期多帶雙耳,無耳簋更多是殷墟文化晚期的形制,亞盉父丁簋 4 字銘文都設在亞形外框内的做法也多見於殷墟文化。不過這件簋腹壁斜直,不似殷墟青銅簋腹壁較直的造型,似乎爲模仿陶簋的器形。

3. 上海博物館收藏一件亞盉父丁甗,[2]甗圓體,口上立一對索狀耳,鬲體分襠,其下三足略作獸蹄形,甑體與鬲體之間設有箅格。甗口下飾一周雲雷紋構圖的獸面紋,鬲體飾三組半浮雕獸面紋。口徑 25.5、高 45.4 釐米(圖 10)。

甗内壁鑄有銘文"亞盉父丁"(《集成》840),盉在亞形框内,父丁在框外。

此甗甑體雲雷紋結構的獸面紋和鬲體半浮雕獸面紋,結合其器形特徵,年代應該在西周早期。

4. 嘉德香港 2016 年春拍上見兩件亞盉爵。[3] 兩件爵爲器形、紋飾、銘文相同的一對,爵高柱遠離流折,長卵形腹。腹部飾兩周紋飾,上周爲 4 組窄帶狀單目夔紋,下腹爲兩組外卷角獸面紋。通高 20.5 釐米(圖 11)。

兩爵與鋬對應的外壁各鑄有銘文"亞盉",盉在亞框内。爵的年代應該在殷墟文化晚期。

---

[1] 于中航:《濟南市博物館藏商周青銅器選粹》,《海岱考古(第一輯)》,濟南:山東大學出版社,1989 年,第 320－324 頁。

[2] 陳佩芬:《夏商周青銅器研究·西周篇上》,上海:上海古籍出版社,2004 年,第 59 頁。

[3] 中國嘉德香港 2016 春季拍賣會:《格物致知——泓燊堂吉金》,2016 年 5 月 30 日。

圖 10　上海博物館亞盉父丁甗

圖 11　嘉德亞盉爵

5. Eskenazi 拍賣行圖録見一件亞盉父丁爵。[1] 爵高柱位於流折處,卵形腹,其上是一周兩組獸面紋,獸面紋輪廓重描,臣字形目,其上設外卷角。通高 21.6 釐米(圖 12)。

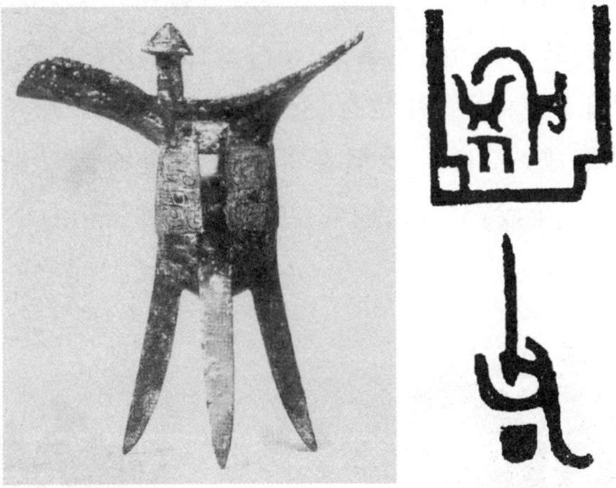

圖 12 Eskenazi 亞盉父丁爵

爵鋬對應的外壁鑄有銘文"亞盉父丁",盉在亞框内,父丁在框下。爵的年代也應該在殷墟文化晚期。

6. 香港御雅居收藏一件圓鼎,[2] 鼎立耳深腹,下接三柱足。鼎腹部滿飾半浮雕"三層花",下腹 3 組獸面紋,口下 3 組、每組 6 個相對的夔龍紋。每組紋飾的中央和之間,各有一條貫通的扉棱,扉棱兩側飾陰綫雲紋。鼎口徑 21、通高 28 釐米(圖 13)。

圖 13 御雅居亞盉鼎

---

[1] Esenazi, *Ancient Chinese Bronze Vessels*, No 34, London, 1977.
[2] 御雅居:《吉金御賞(四):殷商鼎盛——商代青銅器》,2015 年,第 24－31 頁。

鼎内腹壁鑄有銘文“豖亞盉”,豖盉在亞框内。這是亞盉徽識銘文中所見唯一附加的複合形式,應該與亞盉徽識相關。

御雅居鼎是殷墟文化晚期較爲常見且器形與紋飾較爲程式化的器類,形制幾乎完全相同的鼎如哈佛大學收藏的獸面紋鼎(《全集》二,37),西周早期鼎則幾乎不見類似裝飾。

7. 金文著録中,可知舊藏傳世品中也有亞盉青銅器。原藏於陳介祺的亞盉父丁觚,有銘文亞盉父丁(圖 14,《集成》7232),亞框在外。美國紐約何母斯氏(Mrs. Chirstian R. Holmes)藏亞盉尊(圖 15,《集成》5571),亞框在盉外。兩件器物的年代也應該在商末周初,但很難做精確判斷。

圖 14　亞盉父丁觚銘文(《集成》7232)

圖 15　亞盉尊銘文(《集成》5571)

以上傳世品所見亞盉青銅器,屬於殷墟文化晚期和西周早期不同的年代,出土背景上很難觀察到是否屬於同群的屬性,可能性較大的是屬於不同器物群。

“亞”是商末周初常見的徽識銘文,多數學者認爲其代表較高的職官,或者是軍事類職官。亞徽非常多地形成複合徽識銘文,所在的青銅或青銅器群多較重要,暗示亞徽所代表的顯赫背景。本文所及的亞盉形成的徽識銘文,過去未見成群的青銅器。這次香港私人收藏材料結合傳世品,我們可以大體做如下推測: 亞盉出現在晚商高等級青銅器群中,或可能在殷墟之外的某地,代表某個我們尚未認識的地點。和晚商大部分主要徽識青銅器群一樣,亞盉一直延續至西周時期。

西周青銅器演變過程中的“超前”現象

——新出青銅器的啓示

韓　巍*

西周青銅器在演變過程中普遍遵循着“類型學”（Typology）的法則。考古學家首先對青銅器進行分“類”、分“型”和分“式”，然後開展系統的分期研究，推斷出青銅器的“相對年代”，進而結合銘文判斷其“絶對年代”，這一整套研究流程都建立在對青銅器演變的普遍規律和階段性特徵的認識上。然而“特殊性”總是與“普遍性”相伴而生，雖然絶大多數西周青銅器都沿着“正常”的軌迹發展演變，但總是存在少數整體或是局部特徵與其實際年代不符的“反常”特例。我將其概括爲“復古”、“延滯”和“超前”三類現象。[1]

“復古”是指晚期器物有意模仿早期的器類、形制和紋飾風格，但因其不再具有“母本”的實際功能，製作技術也已失傳，故多表現爲專門用於隨葬的粗陋“明器”。兩周之際的高等級墓葬中常見微型“明器化”的尊、卣、方彝、爵、觶等酒器，就屬於典型的“復古”現象。對此學者已多有討論。[2] “延滯”即“延續”和“滯後”，是指某一器類、形制或紋飾雖然不再流行，但還會長時間少量存在，并保持其基本特徵。“延滯”類器物雖然數量不多，但其流傳綫索和工藝傳統始終没有斷絶，製作大多比較精良，而且會與晚期的流行因素相結合而産生新的“混合式”風格，這是其與“復古”類器物的主要區别。[3]

“超前”是指通過新發現的考古材料的證實，某些原先被普遍認爲是較晚才出現的器類、形制和紋飾，其實很早就已經存在。只不過在其後相當長時間内，這些器類、形制和紋飾像是隱匿在地下的“伏流”，未能得到充分發展，甚至基本不見蹤迹，直到較晚時候才突然流行起來。嚴格説來，這種現象并非真正的“超前”，所謂“超前”只是超前於人們過去的認識。

---

* 北京大學中國古代史研究中心、出土文獻與中國古代文明研究協同創新中心副教授。

[1] 張懋鎔近年曾專門討論過這類現象，將其稱爲“西周青銅器演變的非均衡性問題”，具體分爲“紋飾早而形制或銘文晚”、“形制或紋飾早而銘文晚”和“銘文早而形制或紋飾晚”等三類現象。見張懋鎔：《試論西周青銅器演變的非均衡性問題》，《考古學報》2008 年第 3 期；《再論西周青銅器演變的非均衡性問題》，《西部考古》第 12 輯，北京：科學出版社，2016 年。

[2] 參看傑西卡・羅森（Jessica Rawson）：《復古維新——以中國青銅器爲例》，收入《祖先與永恒——傑西卡・羅森中國藝術考古文集》，北京：生活・讀書・新知三聯書店，2011 年，第 128 – 135 頁；李零：《鑠古鑄今——考古發現與復古藝術》，香港：香港中文大學出版社，2005 年，第 25 – 27 頁。

[3] 關於此類現象，我另外撰有《試論西周青銅器演變過程中的“延滯”現象——以侈口圈足簋和大鳥紋爲例》，收入《中國古代的數術、藝術與文化交流——李零先生七十壽誕紀念文集》，浙江大學出版社待刊。

關於西周青銅器演變過程中的“超前”現象,過去所見的材料非常零散,尤其缺乏能够準確斷代的堅實例證。幸運的是,近年新出青銅器爲此提供了有力證據,下面就從器類和形制兩個方面舉例加以分析。

一、器類的“超前”——以早期青銅瑚爲例

“超前”現象表現在器類方面,最爲突出的例證就是粢盛器“瑚”(或稱“簠”)的起源。[1] 瑚的形制特點是器、蓋的大小、形狀和紋飾均相同,呈長方形斗狀,轉角處方折,圈足(捉手)四面中央有缺口,蓋、器側面中央有環形或半環形耳。瑚主要流行於春秋戰國時期,在簋衰落之後成爲重要的粢盛用器。過去考古發現或出土地明確的瑚,其年代最早者不過西周晚期後段(宣幽時期)。例如陝西周原遺址出土西周時期的瑚至少六、七件,且都出在扶風縣境内,包括1933年康家村出土的函交仲瑚(《集成》04497、《銘圖》05788)、[2] 1960年齊家一號窖藏出土的“冶遣”瑚(《集成》04516、《銘圖》05829)、1976年莊白二號窖藏出土的密姒瑚(《集成》04522、《銘圖》05837)、1977年雲塘出土的伯公父瑚(《集成》04628、《集成》05976,圖一)、1981年齊鎮出土的伯嗬父瑚(《集成》04536、《銘圖》05838)等。[3] 這些銅瑚的形制和紋飾非常接近,與春秋早期的瑚相比,其體型顯得較高,圈足外侈不明顯,側面的耳均作圓環形(春秋早期多作半環形);除密姒瑚通體素面較爲罕見外,其餘口沿下皆飾重環紋或横鱗紋,側面飾波帶紋或雙頭夔紋,圈足飾垂鱗紋。其他傳世或歷代著録的西周晚期銅瑚,也都具有類似特點。[4] 山西曲沃北趙晉侯墓地M64出土一件銅瑚(圖二),[5] 是目前西周晚期墓葬出土銅瑚的唯一一例;該器形制與上舉諸瑚接近,但體型顯得較爲低矮,側面的耳爲半環形,其上裝飾獸首;口沿下飾S形竊曲紋(似由S形顧首龍紋蜕化而成),側面飾瓦紋,圈足飾“凹”形竊曲紋,其紋飾在銅瑚中甚爲罕見。M64墓主爲晉侯邦父(即晉穆侯費王),其下葬年代已接近西周末年,故出土的銅瑚具有接近春秋早期的特點。值得注意的是,西周晚期的瑚無論

---

[1] 這種青銅器在宋代以來的金石學中被稱爲“簠”,1980年代高明等學者始提出這類器物的自名應讀爲文獻記載中的“瑚”,但直到近年學界對此仍有不同意見,多數學者仍遵從舊説將其稱爲“簠”。參見朱鳳瀚:《中國青銅器綜論》,上海:上海古籍出版社,2009年,第138－140頁。本文取“瑚”之説。

[2] 本文引用青銅器銘文資料,均直接在器名之後用括號注明出處,形式爲“書名簡稱+器號”。中國社會科學院考古研究所編:《殷周金文集成》,北京:中華書局,1984－1994年,簡稱“《集成》”;吴鎮烽編:《商周青銅器銘文暨圖像集成》,上海:上海古籍出版社,2012年,簡稱“《銘圖》”;吴鎮烽編:《商周青銅器銘文暨圖像集成續編》,上海:上海古籍出版社,2016年,簡稱“《銘圖續》”。凡前後多次引用者,只在第一次出現時注明。引用銘文一律采用寬式釋文,常見字直接寫爲通行字,不作嚴格隸定和括注。

[3] 除以上4器外,尚有無銘文的重環紋瑚(1952年莊白出土)和夔紋瑚(1981年任家村出土)各一件,見曹瑋主編:《周原出土青銅器》,成都:巴蜀書社,2005年,卷10,第2156－2157、2168－2170頁。

[4] 如故宫博物院藏史頌瑚(《集成》04481、《銘圖》05766)、上海博物館藏虢叔瑚(《集成》04515、《銘圖》05813)、北宋《考古圖》著録的弭仲瑚(《集成》04627、《銘圖》05975)等。

[5] 該瑚資料尚未正式發表,但在山西曲沃縣晉國博物館展廳陳列。

圖一　伯公父瑚
(《中國青銅器全集》卷5,第79頁)

圖二　晉侯墓地M64出土銅瑚
(曲沃晉國博物館展品,作者攝)

是出土於窖藏還是墓葬者,大多只出現一件,[1] 尚未形成春秋早期那種標準的偶數組合。

目前所見唯一一例被定於西周中期的瑚,是晚清時期見於著録的免瑚(《集成》04626、《銘圖》05974)。免瑚與免尊(《集成》06006、《銘圖》11805)、免卣(《集成》05418、《銘圖》13330)、免簋(《集成》04240、《銘圖》05268)、免盤(《集成》10161、《銘圖》14515)同爲一人所作,年代多被定在懿王時期。[2] 但免瑚早已失傳,只有銘文拓本著録,未見器形,其形制是否爲"瑚"頗有疑問。[3] 總之,瑚在西周晚期後段開始流行之時,其形制、紋飾已經顯得相當成熟、規範,説明此前已經過長時間的發展。但長期以來,西周中期乃至西周晚期前段瑚的資料幾乎是一片空白,因此瑚這種器類的出現顯得非常突然,其起源問題一直未能解決。

近年陝西寶鷄石鼓山墓地出土大批西周早期的精美青銅器,一度引起轟動。其中M4出土了兩件橢方形器,發掘者認定爲"簠"。[4] 這兩件銅器形制、紋飾相近,而略有差别。器身與器蓋大小、紋飾一致,作弧角長方形,斜壁,器身兩側短邊各有一個半環形附耳,器身之下有長方形圈足。不同之處在於,較大的一件(編號M4∶808,圖三)蓋上的捉手形制與器身下

---

[1] 不少傳世品因蓋、器分散而被著録爲兩器。唯有1974年陝西藍田縣輞川鄉枝家灣村出土兩件仲其父瑚(《集成》04482-4483、《銘圖》05767-5768),其中一件蓋殘(已公布的照片只有器身),另一件蓋、器皆殘(未公布器形),不知是否判斷有誤。另外周原地區出土的瑚,除伯公父瑚外均爲"半器",即僅存器或蓋,這是否與當時瑚的使用方式有關,值得注意。

[2] 參看郭沫若:《兩周金文辭大系圖録考釋》,上海:上海書店出版社,1999年,下册,第89-91、101頁;陳夢家:《西周銅器斷代》,北京:中華書局,2004年,第177-185頁;劉啓益:《西周紀年》,廣州:廣東教育出版社,2002年,第303-304、333頁。

[3] 有學者認爲現藏山東博物館的史免瑚(《集成》04579、《銘圖》05909)與懿王時的"免"器是同一人所作。但陳夢家早已指出:"其字體文例不同於以上諸免器,其花紋亦晚,與免無涉,應不在免組之例。"(《西周銅器斷代》,第184頁)其説甚是。

[4] 陝西省考古研究院等:《陝西寶鷄石鼓山商周墓地M4發掘簡報》,《文物》2016年第1期。

的圈足完全相同,器身長邊一側還有一個懸鈴。而較小的一件(編號 M4：803,圖四)蓋上四角各有一個鉤狀捉手。兩器腹壁中央皆飾直棱紋,直棱紋帶上下各有一周龍紋,龍身細長,大口凸目,腦後有冠,身體中部向上拱起,其下有向前鉤卷的足,龍尾亦向上鉤卷。M4：808的龍紋兩兩相隨成一組,兩組互相對稱,M4：803 的龍紋則是兩兩相對。此二器形制罕見,若將其與常見的青銅器類比,最爲接近的顯然是瑚(簠);二者都是長方形斗狀,器與蓋的形制、大小、紋飾相同,扣合則爲一完整器,分開可各自作爲容器使用。雖然一墓出土兩件,但兩器的形制和大小差異明顯,并非一對,這也與西周晚期銅瑚多單件使用的情況相似。與後來的瑚(簠)相比,此二器形制上的不同之處主要在於：一、轉角處呈圓弧形而非方折;二、圈足壁較直而不外侈,中間亦無缺口;三、耳爲附耳,不是後來的環形或半環形耳,而且僅器身兩側有附耳,器蓋則無耳。另外 M4：808 通高 34.5、口長 45.4、口寬 34.8 釐米,重 12.7 千克,[1] 體量比西周晚期乃至東周時期常見的瑚(簠)要大得多。[2]

圖三　石鼓山 M4 出土銅瑚(M4：808)
(《文物》2016 年第 1 期第 23 頁)

圖四　石鼓山 M4 出土銅瑚(M4：803)
(《文物》2016 年第 1 期第 24 頁)

研究者已經注意到北京故宫博物院收藏的一件銅器與石鼓山 M4 出土的兩件瑚非常相似。[3] 這件銅器原被定名爲“夔紋方器”(圖五),[4] 其形制更接近石鼓山 M4：808,唯器

[1] 此爲上引石鼓山 M4 發掘簡報所載數據,而陝西省考古研究院等編:《周野鹿鳴——寶鷄石鼓山西周貴族墓出土青銅器》(上海：上海書畫出版社 2014 年,第 113 頁)所載數據則爲高 35、口横 51.5、口縱 36 釐米。

[2] 伯公父瑚在西周晚期的瑚中是體量較大的,通高 19.8、口長 28.3、口寬 23 釐米、重 5.75 千克,不及 M4：808 的一半。M4：803 通高 19.5、口長 25.6、寬 18.8 釐米、重 3.9 千克,與後來的瑚比較接近。

[3] 陝西省考古研究院等編:《周野鹿鳴——寶鷄石鼓山西周貴族墓出土青銅器》,第 113 頁;張懋鎔:《青銅簠興起於寶鷄説》,收入《古文字與青銅器論集(第五輯)》,北京：科學出版社,2016 年。

[4] 見故宫博物院編:《故宫青銅器》,北京：紫禁城出版社,1999 年,第 142 頁。案：在石鼓山兩瑚問世以前,杜迺松、胡嘉麟已先後指出這件“夔紋方器”其實就是“簠”,見杜迺松:《夔紋簠》,《故宫博物院院刊》1985 年第 1 期;胡嘉麟:《兩周時期青銅簠研究》,陝西師範大學碩士學位論文,2007 年。

圖五　故宫博物院藏銅瑚
（《故宫青銅器》，第 142 頁）

身兩側沒有附耳，且器蓋略小於器身，其龍紋的形態和組合形式則與 M4：803 相似。其器身口沿下一角有一個殘留的斷茬，張懋鎔指出應是懸鈴的殘迹，[1] 其説甚是。此器通高 37、寬 55.8 釐米，重 17.5 千克，比石鼓山 M4：808更爲巨大。正因其形制特異且僅此一見，故此器長期以來未能引起研究者重視，而且很多人對其可靠性不免心存疑慮。石鼓山 M4 兩件銅瑚的問世，證明了故宫收藏的這件瑚確爲真器，而且很可能也出土於寶鷄地區的西周早期墓葬中。

張懋鎔認爲青銅瑚起源於寶鷄地區，目前看來這種可能性很大。西周晚期出土地點明確的銅瑚，絶大多數出於關中，而且集中於寶鷄東面不遠的周原地區，説明瑚在發展過程中有自西向東擴散的趨勢。關於銅瑚器形的來源，郭寶鈞很早就指出：“簠的前身，仿竹編的筐爲之。故篆文筐字、簠字的邊框，皆象編竹形，《史免簠》、《尹氏簠》并以筐自名。竹編的器，器腹原不深，鑄銅效之，故簠的初制都無直壁，腹不深。”[2] 此誠爲遠見卓識。筐是方形竹編器，可用以盛黍稷。[3] 目前所見三件西周早期的瑚，其方形器身轉角處均作圓弧形，正是模仿竹編之筐的外形。因爲竹篾的彈性，竹編器的轉折處很容易做成圓弧形，而要做成方折之形則比較費工、費料。西周晚期銅瑚的轉角處均呈方折之形，應是適應銅器的合範鑄造工藝而產生的變化，説明其與最初的“祖型”已經有一段距離。另外，西周早期三件瑚的腹壁中央均飾直棱紋帶，這種直棱紋與鼎、簋腹部凸起較高的直棱紋有所不同，其紋飾較平，陰綫之間相隔較寬，在故宫藏瑚上更爲明顯。這種直棱紋很可能是對竹筐側面一條條竹篾的模仿。郭寶鈞關於銅瑚形制源於竹編之筐的看法，現在已得到了更充分的考古證據。[4]

在商周青銅器的發展過程中，模仿其他材質器物的現象始終存在，而且是青銅器創新元素的重要來源。這種模仿不僅包括形制，也包括紋飾，比如西周中晚期銅簋上流行的瓦棱紋就是模仿陶簋的紋飾。從文獻記載看來，兩周時期的日常生活和祭祀活動中使用竹製器皿

[1] 張懋鎔：《青銅簠興起於寶鷄説》。
[2] 郭寶鈞：《商周青銅器群綜合研究》，北京：文物出版社，1981 年，第 137 頁。
[3] 《詩・召南・采蘋》：“于以盛之，維筐及筥。”毛《傳》：“方曰筐，圓曰筥。”《周頌・良耜》：“載筐及筥，其饟伊黍。”鄭《箋》：“筐筥所以盛黍也。”
[4] 張懋鎔認爲簠（瑚）起源於簋，尤其是方座簋，其説恐非。在功能方面，瑚和簋都是粢盛器，但瑚從未見自名爲“簋”者（這一點與盨不同），可見在古人看來瑚和簋有清晰的界綫。從類型學上看，簋（包括方座簋）和瑚有各自獨立的演變序列，不可能向對方轉變。

非常普遍,青銅器模仿竹器十分自然。[1] 寶鷄南面的秦嶺山區盛産竹材,青銅瑚首先出現在這裏與這種地域優勢分不開。值得注意的是,青銅瑚在出現之後并没有擴展開來,而是如流星般轉瞬即逝,乃至在其後百餘年間没有留下任何痕迹,這顯然不能簡單歸因於考古發現的缺環。目前所見西周早期三件銅瑚有密切的親緣關係,應該是寶鷄地區短時間小範圍内"試製"的産品,當時并未産生多大影響。隨着人群和文化的變遷,這種器類很快就被拋棄,但作爲其原型的竹筐仍然在繼續使用。直到西周晚期,人們再次從竹筐吸取靈感,"創造"了青銅瑚(當然也不排除有少數西周早期銅瑚流傳下來成爲"樣本")。當然,這一青銅瑚的"二次起源"説只是在現有材料基礎上提出的假説,還有待今後更多考古發現的驗證。

二、形制的超前——以申鼎和利鼎爲例

與器類的"超前"相比,形制和紋飾的"超前"在西周青銅器中更爲多見,也更爲重要。西周中期後段(相當於恭、懿、孝、夷四王)是西周青銅器"新舊交替"的重要轉折時期,早期的因素還在延續,晚期的因素已經冒頭,因此這一階段的青銅器形制和紋飾尤爲紛繁複雜、難以把握。[2] 鼎和簋是這一階段最常見的器類,其中簋的材料比較豐富,在類型學的譜系中没有大的缺環。但鼎的材料則少得多,尤其是西周中晚期之際的孝夷時期幾乎是一片空白。一方面是由於這一階段考古發現的高等級墓葬和銅器窖藏極少,另一方面是因爲傳世器中缺乏可確定在這一階段的"標準器"。因此,對於西周晚期流行的兩類銅鼎——以毛公鼎爲代表的半球腹圜底鼎和以大、小克鼎爲代表的垂腹平底鼎,目前我們還無法確定它們在西周中期的源頭和演變軌迹。

近年新出青銅器爲探索這一問題提供了新的綫索。其中之一是私人收藏的申鼎(《銘圖》02441,圖六,以下稱爲"申鼎甲"),其形制屬於西周時期比較少見的附耳盂形鼎,侈口方唇,腹部斜收,蹄形足,口沿下飾顧首卷尾呈"W"形的龍紋,龍腹下有小足,腦後有飄帶狀的冠。其銘文曰:

> 唯八月初吉庚寅,王在宗周,斿(游)于比(?)。密叔右䰠(申),䰠(申)賜禾于王五十朿(秭)。䰠(申)拜手稽首,敢對揚皇丕顯天子丕㔻休,用作朕文考氏盂寶尊鼎,子子孫孫其萬年永寶用。

---

[1] 除瑚以外,另一種模仿竹器的青銅器是自名爲"鋪"的淺盤鏤空圈足豆,主要流行於西周晚期至春秋早期(參見朱鳳瀚:《中國青銅器綜論》,第149頁)。早期的"鋪"有些自名爲"筩",如莊白一號窖藏出土的微伯瘐鋪(《集成》04681、《銘圖》06140);以"竹"爲形符,正説明其形制是來源於竹器。銅鋪的圈足大多爲鏤空的波帶紋,也是對竹編工藝的模仿。

[2] 參看韓巍:《由新出青銅器再論"恭王長年説"——兼談西周中期後段青銅器的變化》,浙江大學藝術與考古研究中心編:《浙江大學藝術與考古研究(第二輯)》,杭州:浙江大學出版社,2015年。

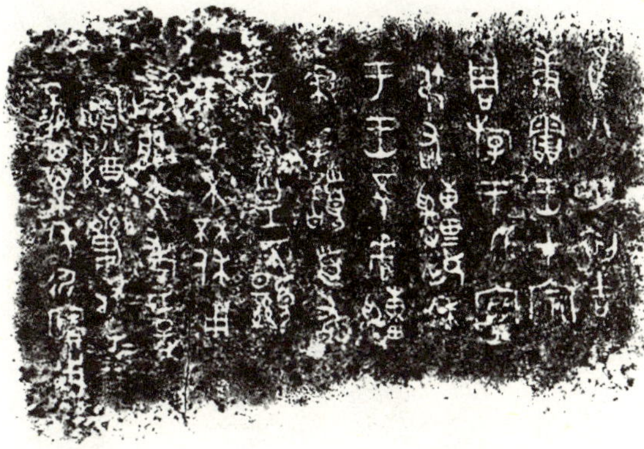

圖六　申鼎甲及其銘文
(《銘圖》第5册,第272－273頁)

申鼎甲銘文敘述周王到“比”地遊玩,[1]賞賜給申“禾五十秭”,從類型上説應該歸入“賞賜銘文”。西周中晚期尤其是穆王以後的賞賜銘文受册命銘文的影響,也形成了比較固定的格式,張懋鎔稱之爲“召賜制度”。[2]“召賜”銘文多采取“王呼某召某,賜某物”的形式,其中擔任呼召任務的人與册命銘文中的“右者”有相似之處。申鼎甲銘文不同於一般“召賜”銘文之處,首先是賞賜物“禾”爲前所未見,其次是“密叔右申”四字——“密叔”在此處的地位和作用應相當於一般“召賜”銘文的呼召者,但在介紹他時却采用了册命銘文“某右某”的形式,顯然是受册命銘文影響所致。從邏輯上説,申鼎甲銘文應該出現於册命銘文流行一段時間之後,[3]可見其年代不會早於恭王。另外,申鼎甲口沿下的W形顧首龍紋主要流行於恭懿時期,飾有這種龍紋的有趞簋(《集成》04266、《銘圖》05304)、曶簋(《銘圖》05217)、羚簋(《銘圖》05258)、同師簋(《集成》03703、《銘圖》04553)、吕服余盤(《集成》10169、《銘圖》14530)等,皆爲恭懿時器。申鼎甲銘文中的“密叔”這個人物,以往見於三十年虎簋蓋(《銘圖》05399－5400)和趞簋銘文。目前多數學者都將虎簋蓋定爲穆王三十年器,趞簋和申鼎甲的年代自然也隨之提前。我則認爲虎簋蓋銘文已是十分成熟的册命銘文,不可能早到穆王中期,故其紀年應爲恭王三十年。[4]因此申鼎甲的年代亦應在恭王前後。

近年新見又有一件私人收藏的申鼎(《銘圖續》0230,圖七,以下稱爲“申鼎乙”),其銘文曰:

[1] 作爲地名的“比”字部分爲銹所掩,字形尚有疑問,張懋鎔釋爲“斥”,字形亦不似。

[2] 張懋鎔:《金文所見西周召賜制度考》,收入《古文字與青銅器論集》,北京:科學出版社,2002年。

[3] 山西絳縣横水西周墓地M1出土的倗伯爯簋(《銘圖》05208)銘文曰:“益公蔑倗伯爯曆,右告,令金車、旂。”其紀年爲恭王二十三年。銘文中的“右告”一語同樣是受册命銘文的影響。

[4] 參看韓巍:《由新出青銅器再論“恭王長年説”——兼談西周中期後段青銅器的變化》,《浙江大學藝術與考古研究(第二輯)》,第287頁。

圖七　申鼎乙及其銘文
(《銘圖續》第 1 册,第 297－299 頁)

唯九月既望庚寅,王在宗周,格于大室。王蔑䣈(申)曆,賜汝玄衣、滰純、戈彤柲琱緱。䣈(申)拜手稽,對揚王休,用作文考氏孟寶尊鼎,子子孫孫其萬年永寶。

申鼎乙器主之名“䣈”,與申鼎甲的“〓”只是同一“申”字的不同寫法。最重要的是申鼎乙銘文的親稱“文考氏孟”與申鼎甲完全相同,“氏”應是申所屬家族的氏名,“孟”爲其先父之排行,由此可確定兩器爲同一人所作。[1] 申鼎乙器形粗壯敦實,立耳,垂腹,圜底,柱足上粗下細,口沿下飾兩兩相背的顧首龍紋。其龍紋的形態比較少見,既不同於申鼎甲的 W 形龍紋,也不同於恭懿時期流行的另一種横 S 形龍紋;龍身曲折如“己”字形,腦後有寬大而分叉的冠,可能是受顧首分尾小鳥紋影響的産物。岐山董家村窖藏出土“裘衛諸器”中,三年衛盉(《集成》09456、《銘圖》14800)的蓋緣和頸部即飾有類似的龍紋,其紀年應爲懿王三年;[2] 申鼎乙的龍紋與衛盉相比更爲粗壯有力,其年代應較衛盉略早。與恭懿時期的同類圓鼎,如師奎父鼎(《集成》02813、《銘圖》02476)、十五年趞曹鼎(《集成》02784、《銘圖》02434)、五祀衛鼎《集成》02832、《銘圖》02497)、九年衛鼎(《集成》02831、《銘圖》02496)等器相比,[3] 申

[1] 申鼎甲的“八月初吉庚寅”與申鼎乙的“九月既望庚寅”不能相容於同一年,兩器的製作可能也隔了一段時間。另外現藏鎮江市博物館的申簋蓋(《集成》04267、《銘圖》05312)銘文稱“皇考孝孟”,與申鼎的“文考氏孟”排行相同,而且其年代也在恭懿時期;但申簋蓋器主之名寫作地支之“申”字,與申鼎器主之名是完全不同的兩個字,應該不是同一人。

[2] 目前多數學者將“裘衛諸器”中的三年衛盉、五祀衛鼎和九年衛鼎定爲恭王器,廿七年衛簋定爲穆王器。我則傾向於李學勤早年的意見(《試論董家村青銅器群》,收入《新出青銅器研究》,北京:文物出版社,1990 年),認爲裘衛諸器除衛簋爲恭王器外,其餘均在懿王時。

[3] 十五年趞曹鼎銘文中出現“龏(恭)王”,按照“王號死謚説”,其作器年代應在懿王初年。

鼎乙的形體更爲厚重，腹部顯得更深，腹壁與器底轉折處的夾角更大，尤其是鼎足爲圓柱形，而恭懿時期圓鼎的三足大多已是半圓柱形，其内側已變爲平面。申鼎乙銘文記載周王先對申進行“蔑曆”，再給予賞賜；這種“蔑曆”與賞賜相結合的銘文多見於穆王前後，恭懿時期數量已經減少。但申鼎乙的賞賜物品“玄衣、滰純、戈彤柲琱㦸”屬於册命銘文中的“命服”，爲普通賞賜銘文所不見，其中“玄衣、滰純”又見於恭王時的三十年虎簋蓋（《銘圖》05399－5400）和召簋（《銘圖》05230、《銘圖續》0446）。可見申鼎乙銘文正處於册命制度形成之初，册命銘文與普通的“蔑曆”、賞賜類銘文界限尚不太清晰的階段。綜合各方面因素，申鼎乙的年代以定於穆恭之際爲宜，可能比申鼎甲略早。

申鼎甲、乙的年代還可得到新見私人藏器伯申簋（《銘圖》05100，圖八）和伯句簋（《銘圖》04989、《銘圖續》0410，圖九）的旁證。伯申簋與申鼎很可能是同一人所作，[1]其銘文曰：

> 伯䵣（申）作寶簋，其朝夕用盛沕（粱）、旛（稻）、糕，其用飤正、御旋（事）、倗（朋）友、尹人，其用匄眉壽萬年。

伯句簋銘文曰：

> 伯句作寶簋，其朝夕用盛旛（稻）、京（粱）、焦（糕），其用享于尹人眔倗（朋）友。

圖八　伯申簋
（《銘圖》第 11 册，第 23 頁）

圖九　伯句簋及其銘文
（《銘圖》第 10 册，第 339 頁）

---

[1] 張懋鎔已指出這一點，見其《伯句簋考證》一文，收入《古文字與青銅器論集（第四輯）》，北京：科學出版社，2014 年。

伯申簋與伯句簋形制、紋飾非常相似，體量亦相差無幾。器形爲直口，器蓋與器身有子母口扣合，蓋面隆起，蓋緣方折，腹壁較直，下腹略傾垂；器身帶兩獸首銜環耳，獸角呈螺旋狀，圈足下接四個圓柱狀小足，[1]足上端飾有獸首；蓋面邊緣及口沿下飾象鼻夔龍紋，龍身已極端簡化，與竊曲紋接近，圈足飾斜三角雲紋。兩器的銘文形式和用語也非常接近，其中表示器物功能的“用盛稻粱糕”一語特別值得注意。類似用語以往多見於春秋時期銅器銘文，器類以瑚爲最多。西周晚期也有少數幾例，如史免瑚的“用盛稻粱”、弭仲瑚的“用盛秫稻糕粱”、伯公父瑚的“用盛糕稻糯粱”等。

伯申簋、伯句簋這種類型的銅簋過去在傳世器中并不多見，[2]但近年出土及流散青銅器中却發現不少：如陝西耀縣丁家溝出土的殷簋(《銘圖》05305－5306)，保利博物館藏再簋(《銘圖》05233)，私人收藏的吕簋(《銘圖》05257)、叔侯父簋(《銘圖》04846)、叔安父簋(《銘圖續》0440)、孝簋(《銘圖續》0441)、叔友簋(《銘圖續》0434－435)等。除再簋的雙耳爲半環形耳外，其餘諸器造型非常接近，均爲獸首銜環耳，圈足下接三或四個柱狀小足，腹部皆爲素面，蓋面邊緣和口沿下飾小鳥紋或夔龍紋、分解狀獸面紋等。這些銅簋的年代大都在恭懿時期，伯申簋、伯句簋當亦不例外。[3]“用盛稻粱”這類用語，以往所見之例没有早於西周晚期的，伯申簋、伯句簋是目前所見年代最早的兩例，但反過來也證明其年代不會早到穆王。因此與伯申簋同爲一人所作的申鼎甲、乙兩器，其年代應以恭王前後最爲合適。

伯申簋與伯句簋的形制、紋飾如出一轍，銘文語句也非常相似，很可能是由同一作坊同批鑄造。作器者伯申和伯句的關係應該非常密切，有可能是同族甚至兄弟。因爲同一小家族的每一代人中，只能有一位稱“伯”的嫡長子，故伯申和伯句不可能是親兄弟，而以堂兄弟的可能性較大。伯申的父親“氏孟”，由其排行爲“孟”，可知是家族中的庶長子。我懷疑“氏孟”這一支在其生前已從大宗别族而出，成爲相對獨立的小宗，故其子伯申可稱“伯”。而伯句的父親應當是“氏”氏的嫡長子，伯句此時已繼承其父爲“氏”氏大宗的宗子。伯申這一支雖然已從大宗分出，但仍與大宗保持密切聯繫，甚至與大宗宗子一同鑄造銅器，這種情況與新出“宗人”諸器非常相似，對於理解西周時期的宗族關係至關重要。[4]

---

[1]《銘圖》所收伯申簋、伯句簋照片僅可見三個小足，但與同類圈三足簋相比，其足與足的間隔明顯較小。我曾於2014年2月在香港御雅居目驗伯句簋，見其確有四個小足。參照倗伯再簋、叔侯父簋等同類四足簋之例，伯申簋應該也是四足。

[2] 如仲競簋(《集成》03783、《銘圖》04679)和北京故宫藏大作大仲簋(《集成》04165、《銘圖》05170)。

[3] 參看韓巍：《由新出青銅器再論“恭王長年説”——兼談西周中期後段青銅器的變化》，《浙江大學藝術與考古研究(第二輯)》，第286頁。

[4] 關於“宗人”諸器，可參考本書所收朱鳳瀚《“宗人”諸器考》一文。另外我撰有《新出“宗人”諸器所反映的西周宗族關係》，將刊於香港嶺南大學編《嶺南學報》复刊第十輯。

張懋鎔等學者將申鼎甲與虎簋蓋等器相聯繫，定申鼎甲爲穆王時器，[1]其主要出發點還是認爲虎簋蓋銘文的“卅年”在西周中期諸王中只能納入穆王紀年。然而如此一來却與申鼎甲明顯較晚的器形特徵産生了矛盾。申鼎甲這樣的附耳盂形蹄足鼎，在穆王時期乃至西周中期後段的出土和傳世銅鼎中都從未見過。與其形態最爲相似的，是現藏臺北故宫博物院的十五年大鼎（《集成》02808、《銘圖》02466，圖十，以下稱爲“大鼎甲”）。[2] 大鼎甲與申鼎甲相比有幾點差異：一、腹部顯得更深；二、唇部較薄，申鼎甲的方唇極厚；三、蹄足的足根更寬大，申鼎甲的三足尚介於柱足與蹄足之間；四、附耳高於口沿更多，其橫截面呈方形，申鼎甲雙耳的橫截面則接近扁圓形；五、口沿下爲兩周弦紋。可見，申鼎甲的年代應該比大鼎甲早，可視爲大鼎甲的“祖型”。與大鼎甲同爲一人所作之器，尚有北京故宫博物院藏十五年大鼎（《集成》02807、《銘圖》02465，圖十一，以下稱爲“大鼎乙”）和中國國家博物館藏十二年大簋蓋（《集成》04298－4299、《銘圖》05344－5345，圖十二）。大鼎乙爲立耳半球腹蹄足鼎，其腹部較深，通體素面，僅口沿下飾兩周弦紋。與其相似之器有南宫柳鼎、多友鼎等，目前多數學者定爲厲王器（詳下文）。大簋蓋中央有圈狀捉手，蓋面邊緣有折棱，蓋面中部飾瓦紋，邊緣飾兩周橫鱗紋。具有類似簋蓋的銅簋，年代多在厲王前後，其蓋面邊緣和口沿下所飾雙層橫鱗紋更是一種極具時代特點的紋飾。其代表如元年師兑簋（《集成》04274－4275、《銘圖》05324－5325）、三年師兑簋（《集成》04318－4319、《銘圖》05374－5375）、七年師兑簋蓋（《銘圖》05302）、叔向父禹簋（《集成》04242、《銘圖》05273）、鄂侯簋（《集成》03928－3929、《銘圖》04828－4829）、應侯視工簋（《銘圖》05311）等，目前學者比較一致地認爲這些銅簋的年代應在厲王至宣王初年。因此大鼎甲亦應爲厲王時器。

圖十　大鼎甲
（《銘圖》第5册，第322頁）

圖十一　大鼎乙
（《銘圖》第5册，第320頁）

圖十二　大簋蓋
（《銘圖》第12册，第77頁）

[1] 張懋鎔：《新見金文與穆王銅器斷代》，《文博》2013年第2期。
[2] 大鼎甲這類附耳盂形鼎即使在西周晚期也非常少見，除大鼎甲外，僅有1981年陝西岐山縣鳳鳴鎮曹家溝出土的周𠭯騬鼎（《集成》02491、《銘圖》01994）。周𠭯騬鼎形制、紋飾與大鼎甲非常接近，唯蹄足不如大鼎發達，其年代可能比大鼎略早。

申鼎甲的問世,讓我們看到大鼎甲這種原先被認爲是西周晚期才出現的附耳盂形鼎,早在西周中期偏晚的恭王時期就已初露端倪,這是銅器形制方面"超前"現象的一個生動例證。反過來,由大鼎甲與申鼎甲形制的相似,也證明申鼎甲的年代不會早到西周中期偏早的穆王時期,這與我們綜合其他各方面因素得出的結論是一致的。

受到申鼎甲的啓發,我聯想到另一件銅鼎,即現藏首都師範大學博物館的利鼎(《集成》02804、《銘圖》02452,圖十三)。利鼎的器形過去罕見著録,直到近年才普遍爲學界所知。其形制爲立耳半球腹蹄足鼎,腹較深,超過半球形,蹄形足,通體素面,僅口沿下飾兩周弦紋。衆所周知,半球腹蹄足鼎是西周晚期銅鼎的主流,著名的毛公鼎(《集成》02841、《銘圖》02518)即其代表。如進一步加以細分,則西周晚期前段(厲王前後)是這類鼎的早期發展階段,數量較少。其代表如大鼎乙(圖十一)、南宫柳鼎(《集成》02805、《銘圖》02463,圖十四)、多友鼎(《集成》02835、《銘圖》02500,圖十五)、師同鼎(《集成》02779、《銘圖》02430,圖十六)等,特點是器腹較深,大多超過半球形,蹄足不够發達。西周晚期後段(宣幽時期)是這類鼎的極盛時期,其演變趨勢是腹部逐漸變淺,蹄足的足根逐漸變得寬大,時代愈晚則愈甚。宣王時期的毛公鼎、此鼎(《集成》02821－2823、《銘圖》02484－2486)、吴虎鼎(《銘圖》02446)、趞鼎(《集成》02815、《銘圖》02470)、善夫山鼎(《集成》02825、《銘圖》02490)等,以及可能屬幽王時期的頌鼎(《集成》02827－2829、《銘圖》02492－2494)、函皇父鼎(《集成》02548、《銘圖》02111)等,都體現出這一規律。利鼎的形制和紋飾都與厲王時期的大鼎乙和多友鼎相似,明顯屬於同類。但利鼎的腹部顯得更深,三足尚介於柱足與蹄足之間,因此其年代應早於大鼎乙等器,可視爲後者的"祖型"。

圖十三　利鼎及其銘文
(《銘圖》第5册,第293－294頁)

圖十四　南宫柳鼎
(《銘圖》第5册,第316頁)

圖十五　多友鼎
(《銘圖》第5册,第392頁)

圖十六　師同鼎
(《銘圖》第5册,第254頁)

過去學者對利鼎的斷代,主要是從其銘文出發:

唯王九月丁亥,王客(格)于般宫。井伯入右利,立中廷,北向。王呼作命内史册命利曰:賜汝赤⊗市、鑾旂,用事。利拜稽首對揚天子丕顯皇休,用作朕文考𣶃伯尊鼎。利其萬年子孫永寶用。

利鼎銘文中的册命地點"般宫"又見於七年趞曹鼎(《集成》02783、《銘圖》02433),後者與十五年趞曹鼎爲一人所作,多被定爲恭王時器。利鼎的器主,學者多認爲即穆公簋蓋(《集成》04191、《銘圖》05206)、師遽方彝(《集成》09897、《銘圖》13544)銘文中的"宰利";穆公簋蓋的年代大約在穆恭之際,師遽方彝多被定爲恭懿時器。利鼎銘文中的右者"井伯",曾在七年趞曹鼎、師奎父鼎、師毛父簋(《集成》04196、《銘圖》05212)、師瘨簋蓋(《集成》04284、《銘圖》05338)、豆閉簋(《集成》04276、《銘圖》05326)、救簋蓋(《集成》04243、《銘圖》05278)、師虎簋(《集成》4316、《銘圖》05371)等器銘文中出現,這些銅器大都被定在恭懿時期。因此過去學者一般將利鼎定爲恭王器。[1] 然而最早公布利鼎器形的侯毅教授認爲,利鼎的形態紋飾明顯是西周晚期的,而非西周中期,故銘文中的"井伯"與西周中期的"井伯"并非一人。[2] 侯毅的看法當然是從考古類型學的普遍規律出發。但是根據本文的研究,既然像申鼎甲那樣的附耳盂形蹄足鼎在恭王時期已經出現,那麽利鼎這樣的立耳半球腹蹄足鼎早到恭王時期也是完全可能的,不必因其形制、紋飾"偏晚"而改定於西周晚期。

[1] 見郭沫若:《兩周金文辭大系圖録考釋》,下册,第79頁;陳夢家:《西周銅器斷代》,第148－149頁;劉啓益:《西周紀年》,第265頁。
[2] 侯毅:《首都師範大學收藏的兩件西周青銅器》,《文物》2006年第12期。

利鼎無疑是青銅器形制發生"超前"現象的又一顯著例證。利鼎所代表的半球腹蹄足鼎,與西周中期常見的垂腹柱足(或半柱足)鼎是兩個完全不同的類型;二者各有其發展序列,後者不可能演變爲前者,半球腹蹄足鼎形制的最初來源還有待更多新材料的揭示。[1]恭王時期是西周中期後段這一轉折期的開端,很多新的器類、形制和紋飾發源於此時,申鼎甲和利鼎正在其中。只不過直到西周晚期偏早的厲王時期,我們才看到申鼎甲和利鼎的後繼形態,在此之前仍存在缺環,因此它們的出現才會顯得突兀而"超前"。恭懿時期,垂腹柱足鼎仍是鼎類的主流,利鼎所代表的半球腹蹄足鼎在前者行將衰落之際出現,隨後與前者平行發展,直到西周晚期前段將前者完全取代。這一過程原先没有任何材料可以説明,現在申鼎甲和利鼎讓我們看到了其開頭部分,期待將來剩餘的缺環會被新的考古材料彌補。

三、結　　語

西周青銅器演變過程中的"超前"現象,看似與類型學的普遍規律不符,但却從另一側面證明了類型學的基本法則:事物的演變總是需要一個過程,晚期的形態往往有其早期的源頭,不可能憑空突然出現。透過"超前"現象,我們認識到青銅器的演變過程中常有一些"隱伏"的綫索。有些器類、形制和紋飾在其産生之初往往局限在小範圍内,没有造成廣泛影響,因此留下的標本很少。但一段時間以後,由於某些未知的原因,人們開始重視這些原先很"小衆"的器類、形制和紋飾,使其迅速流行起來。

青銅器的"復古"、"延滯"和"超前",雖然各有其深層原因,但都對研究者普遍接受的類型學"規律"提出挑戰,促使我們對那種直綫性、匀速發展的簡單類型學思維模式進行反思。[2] 就銅器斷代研究而言,這些現象讓學者目前使用最多的兩種基本方法——根據銘文内容的斷代和根據器物形制、紋飾的分期——産生矛盾。具體到申鼎甲和利鼎的例子,如果僅從考古類型學的"常識"出發而不考慮銘文,就很容易將它們斷定爲西周晚期銅器。本文的意圖絶不是否定考古類型學在銅器斷代研究中的重要價值,而是想提醒研究者,不能只是機械照搬考古學家得出的"普遍規律",還應充分考慮到"特殊情况"發生的概率,全面衡量青銅器的各方面因素(包括銘文、形制、紋飾、組合、同出其他器物以及與之繫聯的銅器群),開展一種"綜合的斷代研究"。

---

[1] 申鼎甲那樣的附耳盂形鼎可能是蹄足鼎吸收銅盂的造型而發展出來的。

[2] 考古類型學起源於生物分類學和進化論。最近幾十年來,層出不窮的新發現早已使古生物學擺脱了綫性漸變進化觀的束縛,認識到生物進化是充滿不確定性的複雜過程。而新考古材料的積累也確實讓考古類型學到了必須進行反思和改進的時候。

附記：本文的最初構想曾在 2016 年 5 月 14－15 日在芝加哥大學舉辦的“銘於吉金：中國古代青銅器及其銘文的新研究”（“Inscribed in Bronze：New Directions in the Study of Ancient Chinese Bronze Vessels and Their Inscriptions”）國際學術研討會上做過報告，題爲《“延滯”與“超前”——西周青銅器演變過程中的特殊現象及其對斷代研究的影響》。

關於自名爲“鬻”的青銅器

［日］崎川隆*

一、問 題 所 在

在以往西周有銘青銅器材料中，以𩰫（或作鬻、䰜等）爲自名的器物一共有如下五件（圖一）：

1. 師趛鬲（《集成》00745）。
2. 琱生鬲（《集成》00744）。
3. 𡐦肇家鬲（《集成》00633）。
4. 師趛鼎（《集成》02713）。
5. 萬諆觶（《集成》06515，又稱杯、尊、觚等）。

1	2	3	4	5
師趛鬲	琱生鬲	𡐦肇家鬲	師趛鼎	萬諆觶
		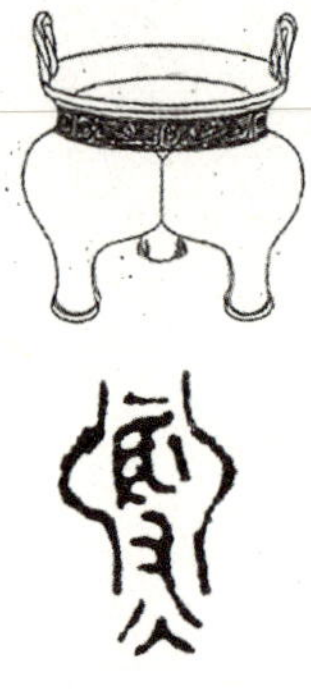		
𩰫	䰜	鬻	𩰫	𩰫

圖一

由於其中的琱生鬲（圖一，2）和𡐦肇家鬲（圖一，3）將𩰫字分别寫成從鬲旁的䰜、鬻等字形，而且這五件器物中前三器（即圖一，1、2、3）的器形均爲鬲形，所以過去多數學者認爲“𩰫”字所

---

* 吉林大學古籍研究所教授。

代表的應是一種鬲形器物,也就是鬲的别稱。[1] 但同時我們很容易注意到:在上列五件器物中的後兩器(即圖一,4、5)則明顯不是鬲形器,而分别是鼎和觶。既然如此,我們不能那麼輕易地將鼻、鬻、赈等字視爲鬲形器物的别稱了。均以鼻(或鬻、赈)爲自名的五件器物在器形上并不一致,我們對這一問題應該如何做出合理的解釋?

關於這一問題,過去也有不少學者提出過各種不同的看法,其中最有系統地展開討論的是張亞初。[2] 張先生對上舉五件器物進行了較全面的討論,進而對師趛鼎和萬諆觶的自名問題提出了如下看法:

> 師趛鼎之鬳即鬻,二字都从辰聲,故相通假。此字《玉篇》訓爲大鼎。師趛器除了這件鼎外,還有鬲和盨等。師趛鬲是一件巨型鬲,重百餘斤,是目前所見最大的一件鬲,現藏故宫博物院。師趛鼎的大小輕重未見記載,估計也應是一件形體較大的器物,所以自名爲鬻(大鼎)。除了鼎自名爲鬳外,琱生鬲、塱肈家鬲、萬諆觶也自稱鬳,鬲之稱鬳可能是因其形體較大,連類相及,也以大鼎之稱自名。觶之稱鬳應爲觗的假借字,《説文》以觗爲觶的異體字。[3]

但是,由於如下兩條原因,我們很難信從張先生的看法:

第一,關於師趛鼎的自名問題,張先生認爲鼎形器之所以自名爲鬲,是因爲"形體較大,連類相及"之故。但我們知道,上列五件器物中,除了師趛鬲以外,其餘四器明顯不是大型器物。因此,張先生所謂"連類相及"的説法其實是難以成立的。[4]

第二,關於萬諆觶的自名問題,包括張先生在内的以往所有研究者似乎都一致認爲此器銘文中作爲自稱出現的鼻字應是觗的假借字,而觗字就是《説文》所云觶字的異體。[5] 可是我們通過對上舉五件器物的觀察可知,這些器物顯然都屬於周系文化的青銅禮器,而且其年

[1] 如張亞初:《殷周青銅鼎器名、用途研究》,《古文字研究》第18輯,北京:中華書局,1992年;何樹環:《青銅器與西周史論集》,臺北:文津出版社,2013年,第117-119頁;謝明文:《談談青銅酒器中所謂三足爵形器的一種别稱》,復旦大學出土文獻與古文字研究中心網站論文,2015年4月1日。

[2] 張亞初:《殷周青銅鼎器名、用途研究》,《古文字研究》第18輯,北京:中華書局,1992年。

[3] 張亞初:《殷周青銅鼎器名、用途研究》,《古文字研究》第18輯,北京:中華書局,1992年,第292頁。

[4] 何樹環在《青銅器與西周史論集》中也有指出這一問題,但他的下一步推論與本文不同,他認爲鬲之所以自名爲鬻,是因爲受到鼎銘的影響。如下文所詳述,本文認爲鼎銘有可能是僞作的。此外,謝明文(《談談青銅酒器中所謂三足爵形器的一種别稱》)也曾經對自名爲鬻的器物做過較深入的討論,指出鬻字有"大鼎"之意,可視爲鬲的别稱。可是,謝先生在相關討論中并未提及師趛鼎、萬諆觶等非鬲形而自名爲鬻的例子。關於萬諆觶銘文中出現的鼻字,謝先生持有與張亞初同樣的看法,可參謝明文:《談談金文中宋人所謂"觶"的自名》,注釋31,復旦大學出土文獻與古文字研究中心網站論文,2014年12月25日。

[5] 陳夢家:《西周銅器斷代》,北京:中華書局,2004年,第127頁,原載《考古學報》1954-1956年。

代也均屬西周中期。那麼,屬於同一時期、同一禮制文化體系中的同形文字,到底能否同時表示在器形、功能上全然不同的兩種器物?我們的看法當然也是否定的。而且,師趛鼎和萬諆觶銘文中所見的彝字,其字形結構基本一致,可隸定爲同一字形。但很奇怪的是,在以往研究中多數學者將字形結構上完全相同的這一字形一邊用"連類相及"的邏輯來讀作"鬲",一邊用"通假"方法來讀作"觚",這種較隨意的解釋方法是難以接受的。此外,《説文》中有關古代禮器定名的説法到底在多大程度上反映出西周禮器名稱的真實情况,這一問題也是值得慎重思考的。

因此,我們難以信從以張先生爲代表的過去學者對師趛鼎和萬諆觶自名問題的解釋,我們相信這一問題其實是從青銅器器形學和銘文辨僞學的角度可以徹底解決的。在下面,我們首先對師趛鼎的自名問題進行討論。

二、師趛鼎的自名問題

師趛鼎(《集成》2713),大小尺寸不詳,淺腹立耳,三足呈柱狀,器身較修長(見圖一)。器腹周圍飾有鳥紋帶,器内壁鑄有5行29字銘文,云:

> 隹九月初吉庚
> 寅,師趛作文考
> 聖公,文母聖姬
> 尊彝,其萬年子
> 孫永寶用☑。

我們通過對此鼎銘文拓本的仔細觀察可以發現,此鼎銘文無論在銘文記載内容上還是字體書寫風格和文字大小、行款布局等細節特徵上,都與師趛鬲(《集成》745)銘文相當接近,甚至兩銘拓本彼此可以完全重合(參看圖二)。在兩件不同器物上出現的銘文在字體、行款的細節上如此完全重合,這種情况在西周青銅器銘文中相當罕見。我們應該如何解釋這一奇異的現象?

衆所周知,在商周青銅器銘文材料中,在不同的器物或同一件器物的器、蓋上鑄有相同内容銘文的情况是比較常見的,例如商代晚期的亞址觚(《新收》198－207,參看圖三)、西周晚期的瘨簋(《集成》04170－04177,參看圖四)、追簋(《集成》04219－04224)、史頌簋(《集成》04229－04236)、善夫梁其簋(《集成》04147－04151)、倗生簋(《集成》04262－04265)、小克鼎(《集成》02796－02802)等,學術界一般將其稱作"同銘器"。而這種同銘器雖其記載内容完全相同,但就其字體大小、文字布局(其中包括字距、行距、各個文字之間的相對位置)、文字傾斜度等細節特徵而言,每一篇銘文都有出入,彼此完全可以重合的情况是非常少見的。例如圖三左所示的"亞址觚"有10件鑄有同樣銘文的標本,但其中没有一對彼此完全可以重合的銘文;

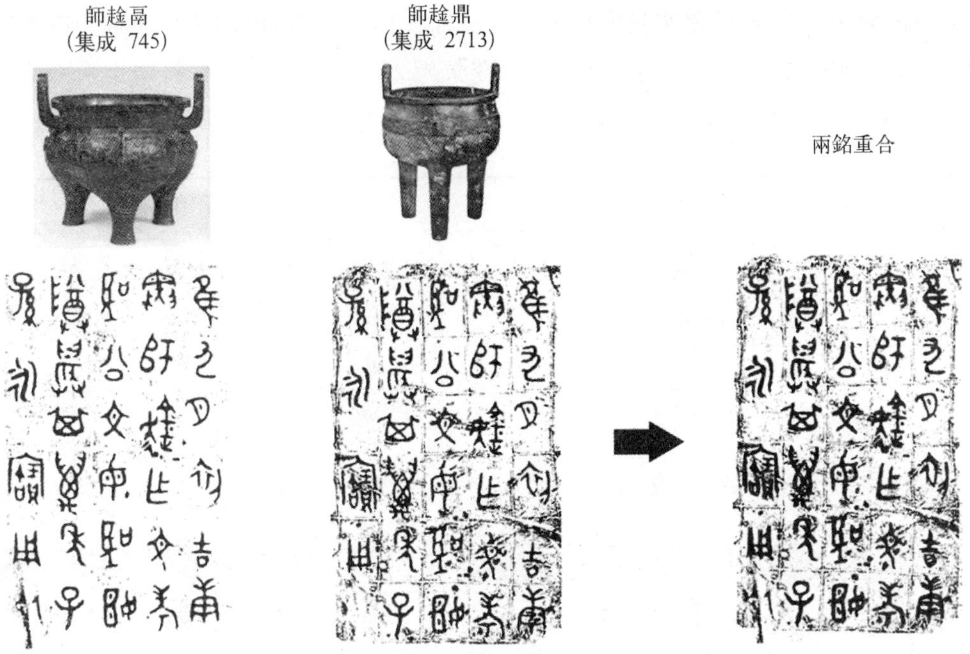

圖二

又,圖三右所示 8 件“瘨簋”的情況也是如此,其器、蓋銘文雖其銘文内容相互完全一致,但通過對每一篇銘文中單字字形的仔細觀察和比較可知,其中没有一對彼此可以完全重合的銘文(參看圖三)。此外,在同一件器物的器銘和蓋銘之間也幾乎看不到可以重合的情況。

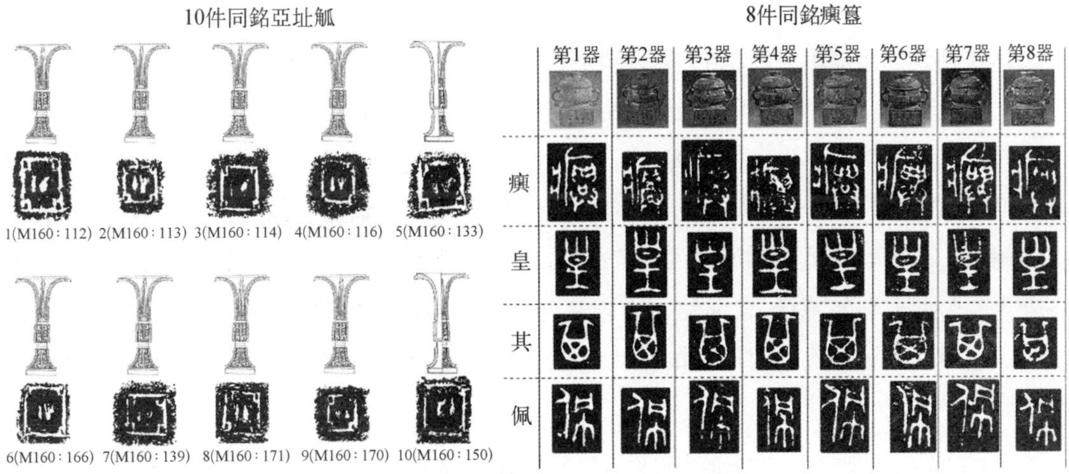

圖三

由此可知,至少就東周之前的金文材料而言,除了真僞有疑問的材料以外,基本没有彼此可以完全重合的銘文。從這一現象我們似乎可以肯定,至少在東周之前的銘文鑄造工藝中,即使當有必要複製多件同樣銘文的時候也不采用以模印爲代表的機械複製方法(即圖四中的“方法 A”),而每一篇銘文是由手工方式一件件獨立地複寫過來的(即圖四中的“方法 B”)。所以,我們反過來可以這麼理解:如果在東周之前的鑄造銘文材料中出現兩篇(或多篇)彼此完全重合的銘文,那麽至少其中一篇(或多篇)應是僞作或重複著録等不原始的材料。

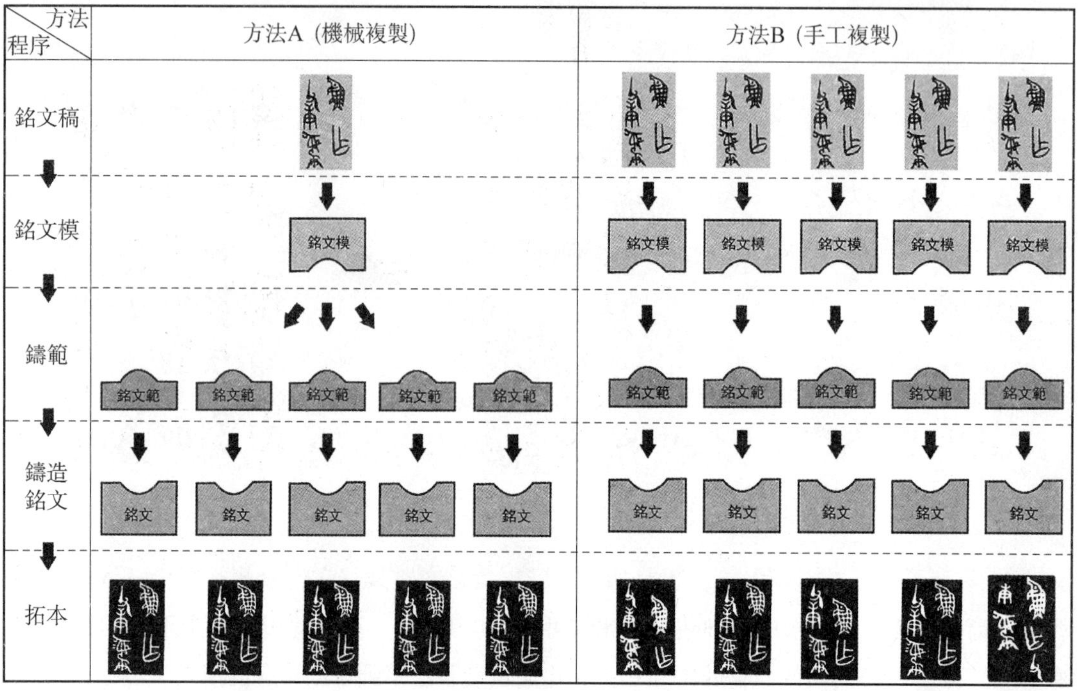

圖四

這就是我們所提出來的“銘文重合辨僞法”的基本思路。[1] 如果這一思路没有錯誤,那麽,如上討論的師趛鼎銘文和師趛鬲銘文到底哪一方是不原始的材料?

我們通過對兩器銘文以往著録情況的調查可知,師趛鬲銘文第一次著録的時間是比師趛鼎要早 80 多年的 1850 年(道光三十年),後來也在各種青銅器著録書中反復被收録過(參文末附圖)。而且,從器物類型學的角度來看,師趛鬲無論在器形上還是紋飾上,都具有西周中期偏晚時期典型的特徵,這與銘文内容、字體上的年代特點完全符合。此外,在師趛鬲銘文的彩色照片上可以看到很清楚的墊片痕迹。因此,我們可以肯定師趛鬲毫無疑問是一件

[1] 參崎川隆:《“銘文重合法”對商周青銅器銘文辨僞研究的有效性——以魚尊及其相關器物銘文考證爲例》,《出土文獻研究視野與方法》第 5 輯,臺北:政治大學中文系,2014 年;又:《婦豖卣銘文拓本的重新整理》,《古文字研究》第 30 輯,北京:中華書局,2014 年。此外,澳大利亞學者 Barnard 先生在上世紀 70 年代早已指出師趛鬲和師趛鼎的銘文内容和書寫風格相當一致的現象,并對後者的真實性提出過疑問。但由於當時經過科學手段發掘出來的材料并不很多,Barnard 先生未能展開進一步的討論。可參 Barnard, Wang Chi-pao, “The Casting of Inscriptions in Chinese Bronzes; with particular reference to those with rilievo guide lines”,《東吴大學中國藝術史集刊》第 6 卷,臺北:東吴大學,1976 年。

西周時期鑄造的原始器物,其銘文也應是真實銘文。如果這一判斷没有錯誤,那麽我們根據“銘文重合辨僞法”的基本原則進而可以推斷,師趛鼎銘文應該就是不原始材料,也就是僞作銘文。師趛鼎器形呈現圓底長柱足,通體較爲修長,但實際上在西周青銅器鼎形器物中根本不存在這種器形。如上所述,從銘文内容來看,此鼎銘年代應是西周中期,但西周中期柱足鼎的器身一般呈現較偏平的横長形,與此鼎器形完全不符。[1] 而且,此鼎紋飾特徵也是相當奇怪,就此種西周中、晚期的鼎形器來講,其紋飾帶一般位於靠近口沿部的器腹上端,但此鼎紋飾帶却位於器腹中部,離口沿部很遠,不符合商周時期鼎形青銅器紋飾的一般情況。[2]

通過以上的討論我們確知師趛鼎銘文確實是一件仿自師趛鬲銘文的不原始材料,其器形也應是近代的僞造。因此,我們可以將這件器物從相關討論中删去。[3]

三、萬諆觶的自名問題

萬諆觶,又稱觚、尊、杯等,原藏清宫,現藏臺北故宫博物院(圖五,1)。此器早在1751年(乾隆十六年)成書的《西清古鑒》中已收録其器形圖像及銘文摹本(圖五,2),後來刊印的《古文審》(3－14)、《貞松續》(中9－2)、《三代》(11－35－4)、《斷代》(86)、《總集》(4874)、《集成》(6515)、《故宫酒器》(32)、《故宫録》(80)、《圖像集成》(10865)等書也分别收録其銘文和器影。

1
高14.4釐米 重1 200克

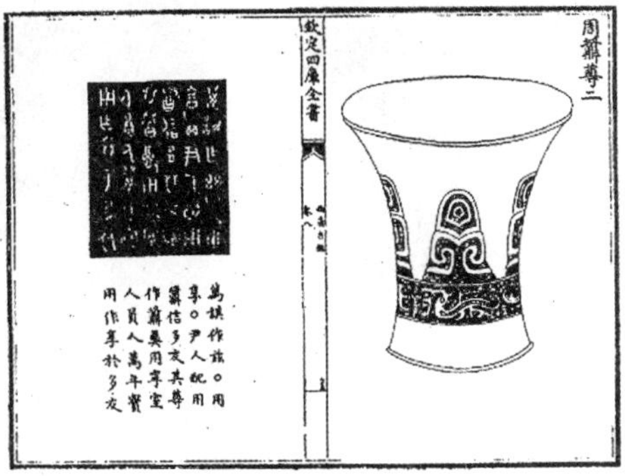

2
《西清古鑑》8－75

圖五

[1] 關於西周時期鼎形器的基本形制和編年問題,可參林巳奈夫:《殷周時代青銅器の研究・殷周青銅器綜覽一》,日本:吉川弘文館,1984年,圖版第21－23頁;張長壽、陳公柔、王世民:《西周青銅器分期斷代研究》,北京:文物出版社,1999年,第258－259頁等。

[2] 容庚先生也很早就注意到這一點,參《商周彝器通考》,北京:哈佛燕京學社,1941年,第294頁。但就此鼎真僞問題,容先生没有展開進一步的討論。

[3] 除了師趛鼎以外,在以往公布過的材料中還有一件僞作師趛鼎,此鼎銘文也與師趛鬲銘文完全可以重合。由於此鼎僞作情形太明顯,歷代金石書從未收録過此器銘文。參陳佩芬:《青銅器辨僞》,《上海博物館集刊》第3期,上海:上海古籍出版社,1986年。

此器器高14.6釐米,腹深11.3釐米,口徑14.8釐米,重量1200克。器身通體呈觚形,束腰,圈足平底。器腹飾有仰葉紋和回首鳥紋。值得注意的是,在《故宫録》的説明中有如下描述:"器身似經修改,紋飾亦似後刻。"[1]器物内壁鑄有6行37字銘文,銘文云:

萬諆作兹彝,用
享□尹人,配用
□酉,侃多友,其則
此□□,用寧室
人,隹人,萬年寶
用作念于多友。

從銘文内容、字體風格以及銘文下層的陽格綫痕迹來看,同時考慮到此銘第一次著録的時間,此銘絶對不是僞作銘文,其年代大概相當於西周中期。

此種器形在以往西周青銅器資料中極爲罕見。由於此器與長安張家坡出土的幾件西周晚期的杯形器物在器形大小上比較接近,個别學者將其視爲一種飲酒器(圖六),[2]但若考

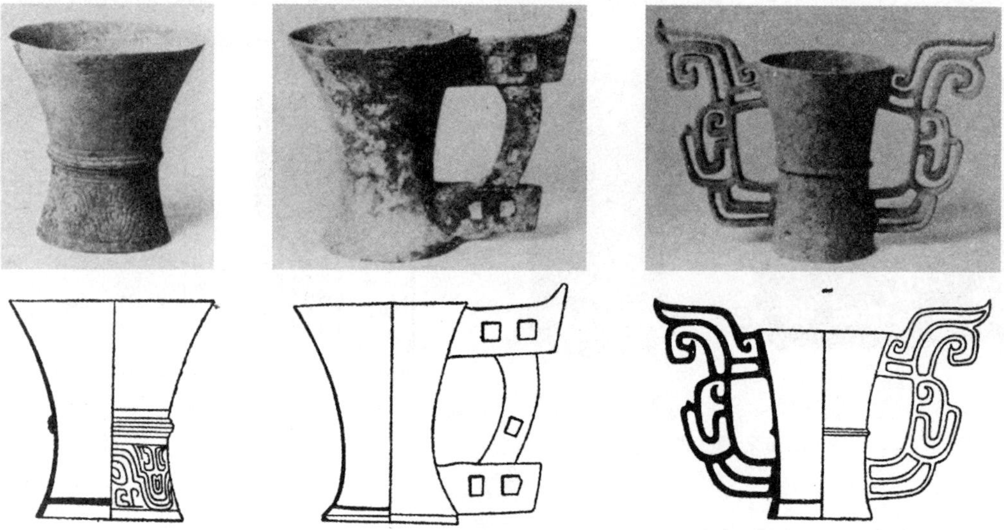

1 長安張家坡窖藏41　2 長安張家坡窖藏42　3 長安張家坡窖藏43

圖六

[1] 游國慶:《故宫西周金文録》,臺北:故宫博物院編輯委員會,2001年,第281頁。
[2] 如:張亞初(1992)、林巳奈夫(1984)、謝明文(2014)等。關於張家坡出土杯形器,可參中國科學院考古研究所:《長安張家坡西周銅器群》,北京:科學出版社,1965年;朱鳳瀚:《中國青銅器綜述》,上海:上海古籍出版社,2009年,第261頁等。

慮到《故宫録》對此器器形、紋飾的看法，結合下文中將要詳細討論的此器“重量過重”的問題，那麽我們很難將其解釋成爲了飲酒目的而製造的觚、杯等器物。

從各種著録中公布的數據可知，此器重量爲 1 200 克。在最早著録此器的《西清古鑒》中也有記録此器重量，云：三十二兩（相當於 1193.6 克），[1] 大致合於新近公布的計量數據。如果這一計量數據没有錯誤，那麽此器重量就令人感到十分驚異。我們通過比較可知，在商周青銅器資料中，在形狀、尺寸上與此器相近器物的重量一般爲 500 至 600 克左右，例如：饕餮紋觚（《泉屋博古》61）器高 18.6 釐米，口徑 12.4 釐米，重量 590 克；父己觶（《集成》6286）器高 13.6 釐米，口徑 7.4 釐米，重量 510 克；遽徙父辛觶（《集成》6318）器高 12.9 釐米，口徑 9.5 釐米，重量 550 克；父辛觶（《集成》6127）器高 15.5 釐米，口徑 8.6 釐米，重量 645 克；父乙觶（《圖像集成》10241）器高 13.2 釐米，口徑 7.3 釐米，重量 300 克。比此器大一點的觚形器也一般不會超過 700 克，平均而言，這些器物的重量是萬諆觶的一半以下。那麽，在器形尺寸上與這些器物相差不遠的萬諆觶爲何只在重量上如此離譜？

關於這一問題，我們曾經懷疑這件器物的圈足似乎不是中空的，而有可能是以某種金屬或範土填補的（如圖七，2）。但後來我們在 2016 年 3 月前往臺北故宫博物院進行調查時，有幸到“器物處”庫房裏親眼看到了此器實物。[2] 通過觀察可知，此器底部其實并非我們所想象的那樣以某種物質填實，而却呈現普通的圜足狀（如圖七，3）。

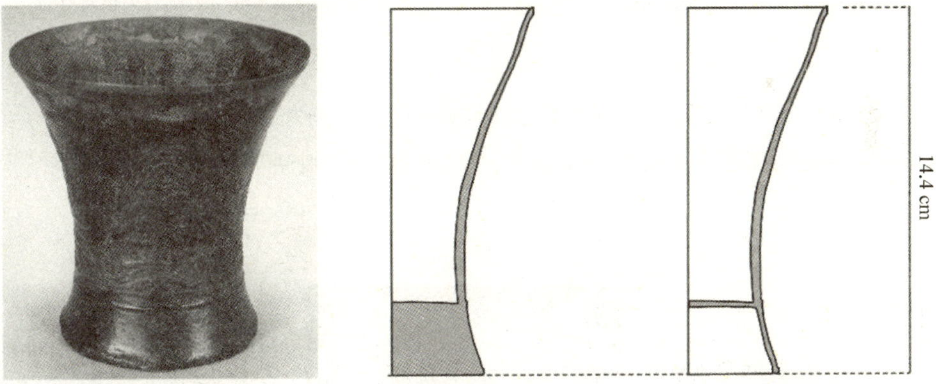

1 萬諆觶　2 當初假設的剖面　3 實際剖面

圖七

雖然如此，我們通過對圜足底部的觀察可知，此器通體以及器底高度與如圖六所示 3 件“杯形器”相差較大，而且口沿形狀也顯得不自然，不能排除經過某種程度上修復或改製的可

［1］清代的一兩爲 37.3 克。

［2］到臺北故宫博物院參觀器物時，承蒙該館張莅研究員以及中研院史語所陳昭容研究員的幫助和指教。在此表示衷心的感謝。

能性。無論如何,爲喝酒目的而設計的杯形器,當然也是越輕越好,根本没有必要鑄成超過1 200克那麽笨重。毫無疑問,超過一公斤的酒杯是不適於實際使用的。因此,我們認爲,此器原來應該不是爲了飲酒用途而設計的器物,而有可能是由原爲某種不同的用途而設計的其他器類改製過來的。

若此,此器原來的器形到底是如何的? 我們認爲萬諆觶原來應該是一件大型鬲形器的足部。我們的根據是如下三點:

第一,萬諆觶在形狀、尺寸上與以師趛鬲爲代表的西周中、晚期大型鬲形器的足部非常接近(圖八)。

1 萬諆觶 器高14.6 cm　2 師趛鬲 器高50.8 cm　3 尹姞鬲 器高34 cm　4 公姞鬲 器高31 cm

圖八

第二,西周中、晚期大型鬲形器的足部往往是中空的(圖九,1、2)。

第三,如師趛鬲那種大型鬲形器的銘文多位於器腹内側偏下處,[1] 足内也完全可以容納較長的銘文(圖九,3)。

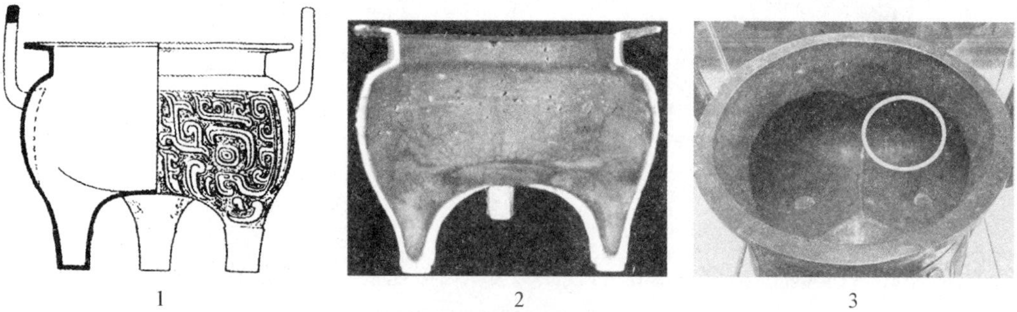

1 晋侯墓地91號墓出土鬲 器高16.6 cm　2 泉屋博古館藏姜姬鬲 器高12.2 cm　3 師趛鬲銘文位置(2017年12月筆者拍攝)

圖九

[1] 關於師趛鬲銘文位置的問題曾承蒙張光裕先生指教,在此表示衷心的感謝。

因此,我們推斷此器有可能是由於某種原因(如出土時器形已有殘缺,或在流傳過程中被破壞等)將大型鬲形器的足部切斷、分割而二次形成的一件改造器物。如果這一推測没有錯誤,那麽萬諆觶的自名問題就迎刃而解:之所以萬諆觶自名爲"鼻",是因爲此器原來就是鬲形器物。

四、結　論

通過以上的討論,我們所取得的結論有如下三點:第一,師趁鼎是僞器僞銘,應從相關問題討論中删去;第二,萬諆觶原始形狀應是鬲形,器名應該改稱"萬諆鬲"或"萬諆鼻";第三,在商周青銅器材料中,自名爲"鼻"的器物其實似乎都是鬲形器,因此,作爲器物自名出現的"鼻"字有可能是一種鬲形器的别稱。

2015年11月25日初稿
2017年12月29日修訂

【引書簡稱】

《古文審》……劉心源:《古文審》(1891年)。
《貞松續》……羅振玉:《貞松堂集古遺文續編》(1934年)。
《貞松圖》……羅振玉:《貞松堂吉金圖》(1935年)。
《三代》……羅振玉:《三代吉金文存》(羅氏百爵齋,1936年序刊)。
《斷代》……陳夢家:《西周銅器斷代》(北京:中華書局,2004年)。
《總集》……嚴一萍:《金文總集》(臺北:藝文印書館,1983年)。
《集成》……中國社會科學院考古研究所編:《殷周金文集成》(北京:中華書局,1984－1994年);修訂增補本(北京:中華書局,2007年)。
《綜覽》……林巳奈夫:《殷周時代青銅器の研究・殷周青銅器綜覽一》(東京:吉川弘文館,1984年)。
《故宫酒器》……臺北故宫博物院:《商周青銅酒器特展圖録》(臺北:故宫博物院,1989年)。
《泉屋博古》……泉屋博古館:《泉屋博古・中國古銅器編》(京都:泉屋博古館,2002年)。
《新收》……鍾柏生、陳昭容、黄銘崇、袁國華:《新收殷周青銅器銘文暨器影彙編》(臺北:藝文印書館,2004年)。
《故宫録》……游國慶:《故宫西周金文録》(臺北:臺北故宫博物院編輯委員會,2001年)。
《圖像集成》……吴鎮烽:《商周青銅器銘文暨圖像集成》(上海:上海古籍出版社,2012年)。

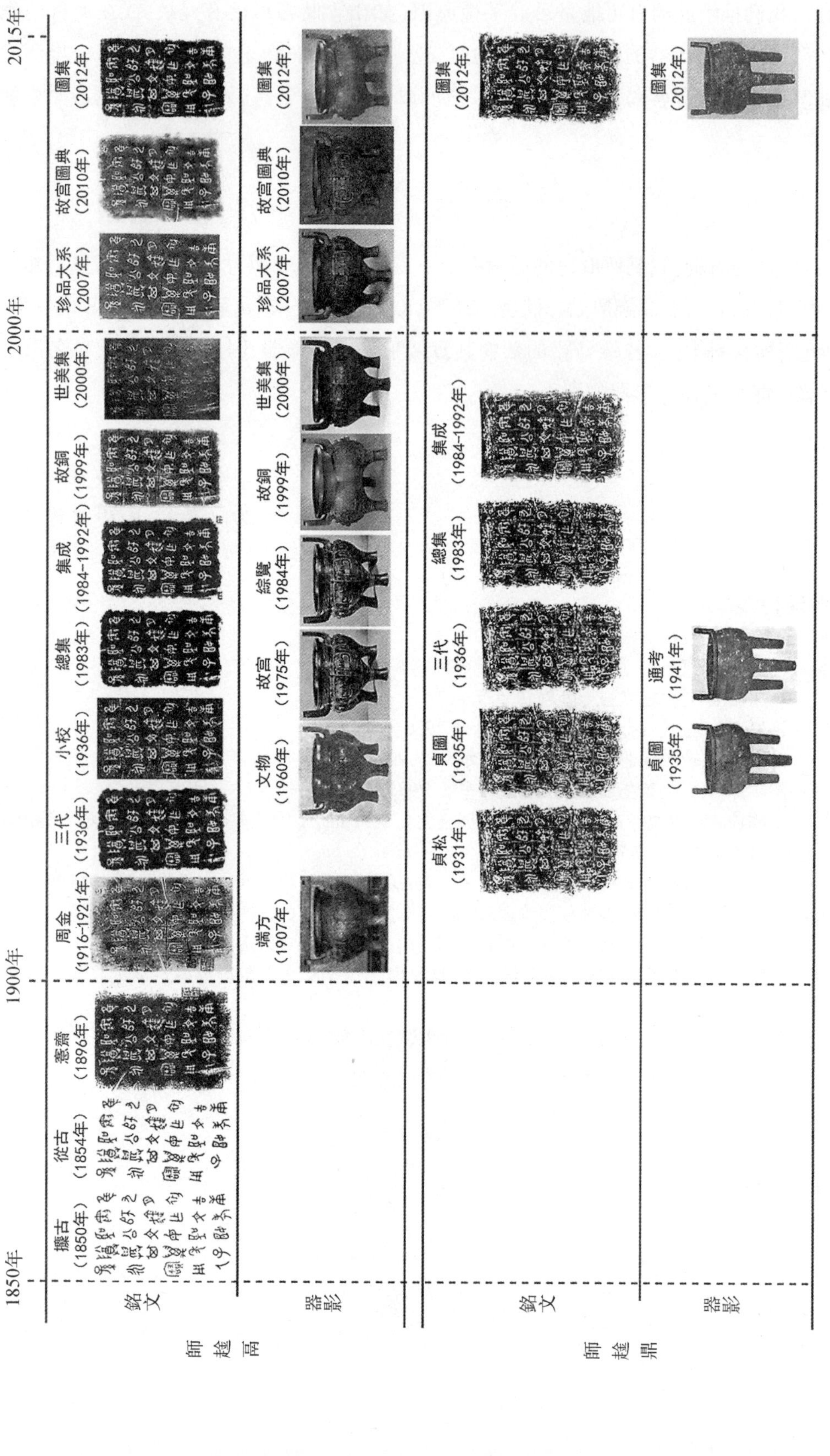
師趛鬲
銘文
器影
擦古（1850年）
從古（1854年）
憲齋（1896年）
周金（1916-1921年）
三代（1936年）
小校（1936年）
總集（1983年）
集成（1984-1992年）
故銅（1999年）
世美集（2000年）
珍品大系（2007年）
故宫圖典（2010年）
圖集（2012年）
端方（1907年）
文物（1960年）
故宫（1975年）
綜覽（1984年）
師趛鼎
貞松（1931年）
貞圖（1935年）
三代（1936年）
總集（1983年）
集成（1984-1992年）
通考（1941年）
1850年
1900年
2000年
2015年

附圖

河南伊川徐陽墓地初步研究

吴業恒*

河南伊川徐陽墓地位於伊河支流順陽河中下游兩岸臺地上，2013年因當地盜墓活動猖獗而被發現，考古人員開展相關工作，經考古調查與發掘，該墓地主體遺存爲東周時期墓葬和車馬坑，包含少量西周和宋代墓葬。本文擬就東周時期墓葬及其陪葬車馬坑反映的文化面貌、葬俗、年代、性質與歸屬等問題略述拙見。

一、墓 地 概 况

徐陽墓地位於洛陽市西南伊川縣鳴臯鎮徐陽村周圍。中心地理坐標爲N34°21′51.69″，E112°13′09.51″，H283.3－291.5米(圖一)。墓葬主要分布在以徐陽村爲中心的順陽河及其支流的兩岸臺地上。墓地周圍爲低山丘陵，西、北部分别爲陸渾西山和鹿蹄山，東部爲伊河西岸開闊谷地。墓地被順陽河及其支流分割爲東、中、西三個區域。自2013年發現并開展工作以來，我們在三個區域共勘探發現墓葬200餘座，車馬坑15座，此外還發現灰坑、燒窑等遺存。據勘探情况，東區、西區墓葬較爲密集，中區墓葬較少。大中型墓葬及陪葬車馬坑均位於東區和西區。考古發掘區域主要在東區和西區。截至目前，三次發掘共清理各時期墓葬50餘座，陪葬車馬坑4座，其中除6座西周墓和4座宋代墓葬外，其餘均爲東周時期墓葬及其陪葬車馬坑。

二、東周時期墓葬及陪葬車馬坑的基本情况

徐陽墓地東周時期墓葬及車馬坑以東西向爲主，極少數南北向。葬具均爲木棺，大型墓葬的葬具爲一棺一槨，中、小型墓葬的葬具均爲單棺。葬式除部分墓葬因盜擾不明外，其餘均爲單人仰身直肢葬，人骨腐朽嚴重，東西向墓葬的頭向以朝東爲主，極少數朝西。南北向墓葬的頭向均朝北。部分墓葬填土中有馬、牛、羊頭蹄或在人骨一側放置未成年家犬。隨葬遺物有陶器、銅器、骨角器、玉器、石器、金器等。大型墓葬均放置在棺槨之間，以銅器爲主，有少量陶器、玉器、金器、石器、水晶飾品等(圖二)。銅器主要有鼎、豆、罍、壺、甗、缶、盤、匜、舟、鬲、戈、車軎轄、編鎛、編鐘等，石器有石磬，陶器有陶罐等，玉器、金器、水晶、骨角器等均

---

* 洛陽市文物考古研究院副研究員。

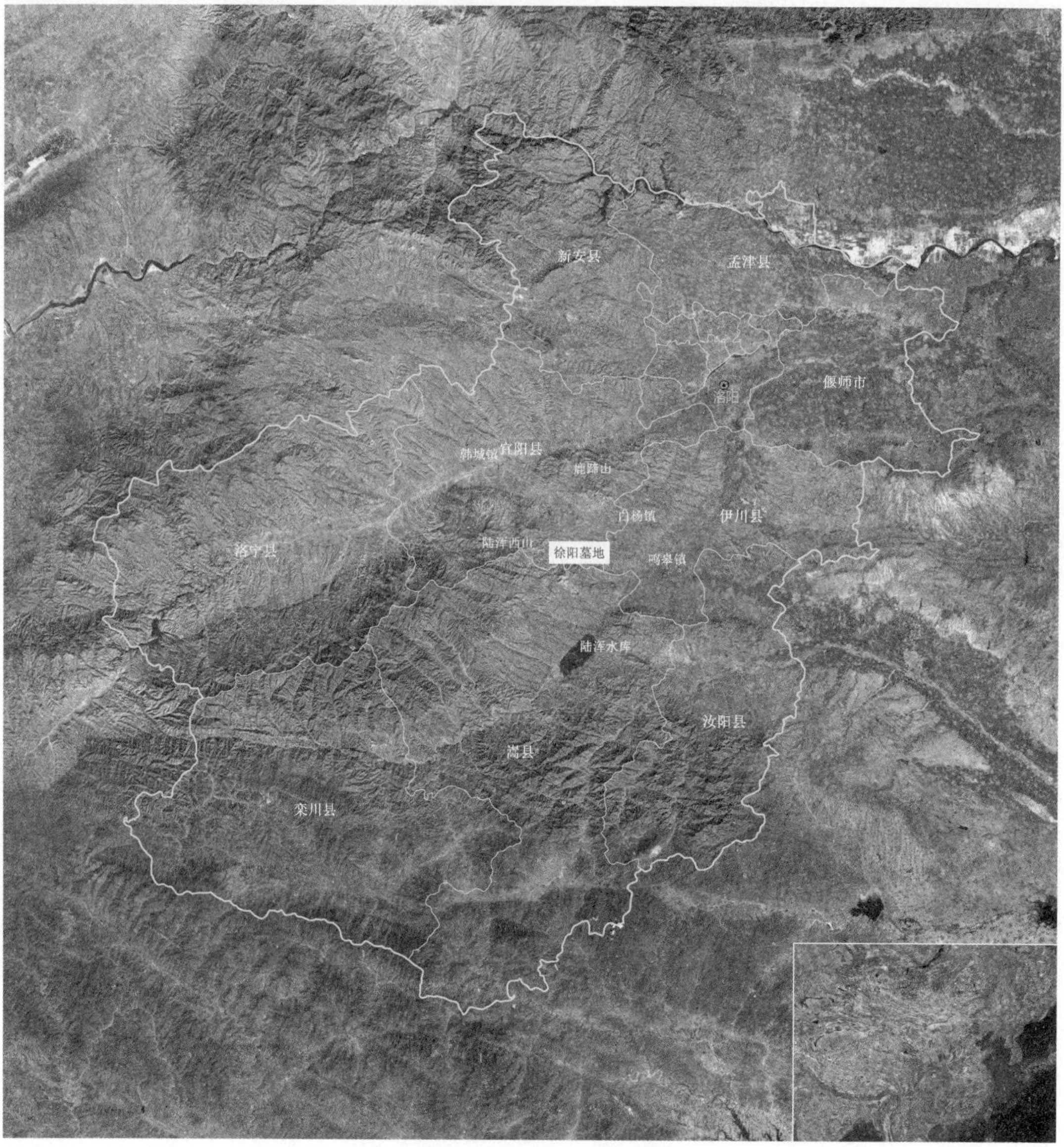

圖一　徐陽墓地位置圖

爲墓主隨身佩飾。中型墓隨葬遺物放置在棺外,以銅器爲主,也有陶器、玉石器等,基本組合爲銅鼎、銅簋、陶罐組合(圖三)。銅器有鼎、簋、鍑、粉盒、勺、環、斧、鏟等日常生活用具,也有矛、戈、鏃等兵器,玉石器有玉環、玉猪、礪石等,陶器僅見陶罐。大型墓葬隨葬的銅鼎内均發現有牛骨、羊骨等。小型墓葬隨葬遺物有陶、銅、骨、石等,或置於壁龕,或置於棺内。隨葬陶器組合以單耳罐、繩紋罐、盆的組合爲主(圖四),鬲、罐、盆組合次之(圖五)。陶器均爲生活用具,有罐、鬲、盆、杯等。骨器極少,僅見骨鏃。普遍有在單耳罐内放置羊骨,陶鬲内放置猪骨的現象。

圖二　西區 M2 遺物分布情況

圖三　中型墓葬隨葬器物組合

圖四　小型墓葬器物組合 1

圖五　小型墓葬器物組合 2

車馬坑均位於與之對應的大中型墓葬西北約 10－20 米。已發現的車馬坑中面積最大的約 90 平方米,最小不足 10 平方米。已清理的 3 座車馬坑均爲東西向,馬頭朝東,都有在車馬坑東北角或北部放置馬、牛、羊頭蹄的殉牲現象。大中型陪葬車馬坑已清理 2 座,均隨葬多輛馬車,車前放置四馬、三馬和二馬或無馬,有的車馬對應明顯,擺放規整,有的車馬擺放淩亂,車馬對應不明顯,主車之後有家犬 1 隻。清理 1 座小型陪葬車馬坑,長 4.3 米,寬 2.3 米,殘深 0.2 米,底見車朽痕殘迹,爲二馬駕車,車後置家犬 1 隻。所有車馬坑内隨葬的馬匹頭部均飾有大量骨貝,部分因擾亂而分布淩亂。車馬飾件有馬銜、馬鑣、腳蹬、當盧、骨管、骨貝等,馬銜、腳蹬、當盧均爲銅質素面。馬鑣有銅質,也有骨質,銅質皆爲素面,骨質馬鑣均飾有蟠螭紋。骨管皆爲圓柱形,中空。骨貝皆裝飾在馬臉部兩側和馬脖等部位。馬車均爲木構單轅,僅見木質朽痕,車横略有彎曲,骨管均在車横附近,車身裝飾極少,局部可見少量朱漆,車輿呈方形、圓形和長方形,車長 3.2 - 3.4 米,車横 1.5 米左右,輪徑 1.4 - 1.46 米,輪距 1.6 - 1.7 米。

三、東周時期墓葬及陪葬車馬坑的葬俗觀察

徐陽墓地東周時期墓葬呈現出的文化面貌與周邊同時期文化面貌差别較大。馬牛羊頭蹄殉牲習俗,主要流行於春秋戰國時期的中國西北長城一綫,普遍認爲是春秋戰國時期中國西北地區戎人或狄人的埋葬習俗,中原地區未見此類葬俗。小型墓葬中流行的單耳罐也具有典型的西北地區戎人文化特徵,而與同時期周邊文化面貌迥異。這是徐陽墓地與周邊同時期文化相比最爲獨特的地方,是徐陽墓地主人物質、精神文化在墓葬中的反映,是其獨有的民族記憶和精神烙印,也是徐陽墓地與周邊其他文化的本質差異。另一方面,從考古發掘情況分析,徐陽墓地所呈現的文化面貌具有明顯被中原文化同化的現象,這種文化同化在大型墓葬中表現得尤爲明顯。已發掘三座大型墓葬,呈東西一條綫分布,東區 M1 位於墓地的最東部,西區 M2 位於墓地的最西部,西區 M6 位於中西部,除東區 M1 被盜擾外,西區兩座大墓保存完好。據東區 M1 采集遺物的分析,東區 M1 時代略早於西區 M6,西區 M6 又略早於西區 M2。西區 M6 隨葬遺物有銅鼎、銅甗、銅壺、銅缶、銅鬲、銅豆、銅戈、銅盤、銅舟、銅匜、玉佩、琮、金器、陶罐等。器型特徵與同時期周王城出土同類遺物相似,不同的地方在於墓主貼身配飾有金耳環、鎏金動物形牌飾等在周邊同時期墓葬中未見發現。西區 M2 隨葬的器物除墓主佩飾外,皆放置在棺槨之間東西兩側。有銅禮器(鼎豆罍壺盤匜舟組合)1 組、編鎛、編鐘、編磬及水晶、瑪瑙等少量隨身佩飾,除墓主隨身配飾,其餘隨葬遺物基本完全符合中原禮制。這是大型墓葬在物質層面被中原化的重要體現。在精神層面上主要體現在陪葬車馬坑中殉牲習俗的變化上。東區 M1 陪葬車馬坑内放置車 6 輛,葬馬 18 匹,其中四馬駕車 2 輛,三馬駕車 2 輛,兩馬駕車 2 輛,一輛車前無馬,車馬坑北部自東向西整齊擺放有馬頭蹄 12 組,牛頭蹄 19 組(因部分被盜擾,實際數量應該更多),羊頭蹄 37 組,在西北角還散亂放置一些牛頭和羊頭(圖六)。西區 M6 陪葬車馬坑位於 M6 西北 20 米,葬馬 13 匹,家犬 1 隻,車 6 輛。其中四馬駕車 1 輛,三馬駕車 3 輛,兩車前無馬。東北角散亂放置大量馬、牛、羊頭蹄(圖七)。西區 M2 陪葬車馬坑位於 M2 西北約 20 米,面積約 30 平方米,該車馬坑未發掘。從已發掘的兩座車馬坑内的車馬、殉牲馬牛羊頭蹄擺放情況看,東區 M1 陪葬車馬坑擺放整齊有序,禮儀性十分明顯,而西區 M6 陪葬車馬坑内車馬及馬牛羊頭蹄擺放已經比較隨意,象徵性的成分大爲增大,顯示出其精神文化受到周文化的强烈影響,本民族信仰及習俗正在逐步減弱,甚至消失。

圖六　東區 M1 陪葬車馬坑

圖七　西區 M6 陪葬車馬坑

四、徐陽墓地東周墓葬的年代研究

徐陽墓地東周墓葬中未發現明確紀年遺物，因此徐陽墓地東周墓葬的絶對年代可以通過墓葬形制及隨葬器物組合特徵來判斷。從墓葬形制分析，徐陽墓地東周時期墓葬均爲長方形豎穴土坑，爲伊洛河流域這一時期典型的墓葬形制。兩周時期，除王侯將相等大型墓葬有墓道以外，其餘中小型墓葬均爲長方形豎穴土坑。徐陽墓地東周時期大型墓葬出土銅禮器的組合、形制及紋飾特徵等都與洛陽中州路春秋中晚期銅器墓（二期、三期）相同。銅器紋飾流行蟠螭紋、蟠虺紋。部分小型墓中鼎豆壺盤的組合與東周王城遺址春秋中晚期墓葬的組合基本相同，器物形制也基本相同。此外徐陽墓地中小型東周墓葬流行陶單耳罐、繩紋罐、盆組合和銅鼎、銅簋、陶罐組合隨葬，伴出銅鍑、帶鈎、鏟、鎛、戈、矛、鏃、礪石等生活用品和車載兵器。陶器組合以及伴出銅石器等與春秋時期中國西北地區戎人墓中出土遺物相同或相似。這些迹象表明，徐陽墓地東周時期墓葬年代應爲春秋中晚期。

五、徐陽墓地東周墓葬墓主的體質特徵及食性分析

徐陽墓地東周時期墓葬人骨保存極差，從已發掘的 40 餘座墓葬來看，僅采集人骨標本 13 份，且大部分保存不全，僅能通過骨骼判斷性别、年齡。已采集的標本經過專家鑒定，女性比例大於男性，且普遍身材高大。采集頭骨標本 2 份，均呈現前額低平的特徵，有明顯的蒙古人種北亞類型體徵，與墓地發現的西周時期和宋代墓葬出土遺骸的體徵存在差異。

通過骨骼鍶同位素檢測分析，共采集樣本 13 份，除西區 M2（大型墓葬）墓主的食物以稻類作物和肉食爲主外，其他中小型墓葬墓主的食物則以黍類爲主。説明這一時期他們的生産生活方式以黍作農業爲主，而非遊牧。西區 M2 墓主的食物以稻類作物和肉食爲主，顯示其身份和財富與衆不同，食物來源也不一樣。東周時期，河洛地區以黍作農業爲主，墓地中僅 M2 墓主以稻作爲主食，顯示徐陽墓地上層貴族可能與同時期毗鄰南部的楚國存在較爲密切的關係。

六、徐陽墓地東周時期的遺存與陸渾戎的聯繫

徐陽墓地中的戎人葬俗表明墓地的主人有别於周邊其他族群。戎人是先秦時期中原各國對居住在西北地區遊牧民族的統稱，後來逐漸内遷。據文獻記載，春秋時期分布在伊洛河流域的戎人部落有 9 個，即陸渾之戎、伊洛之戎、陰戎、泉皋、揚拒、允姓之戎、姜戎、蠻氏、九州之戎。其中陸渾之戎、伊洛之戎、陰戎、泉皋、揚拒、九州之戎，以所居地名；而允姓之戎、姜戎和蠻氏，以姓氏名。這些戎人的來源去向因文獻闕如，大多難以考證，以陸渾之戎最爲有名，文獻記載也最爲詳盡。《左傳》僖公十一年（公元前 649 年）："夏，揚拒、泉皋，伊雒之戎，同伐京師，入王城，焚東門，王子帶召之也，秦晉伐戎以救周，秋，晉侯平戎於王。"《史記・匈奴列

傳》、《漢書・西羌傳》都有類似記載。這些戎人都曾參與王子帶之亂,後晉侯平戎於王,勢力衰落。揚、拒、泉、皋,指的四處戎邑。揚在今永寧縣西,拒即宜陽縣西渠穀水,泉在今洛陽市西南,皋即嵩縣東北鳴皋山下。揚、拒處於洛河流域,泉、皋處於伊河流域。這兩支戎族生活在伊洛河之間,被統稱爲伊洛之戎。又《左傳》僖公二十二年(公元前638年):"初,平王之東遷也,辛有適伊川,見披髮而祭於野者,曰:'不及百年,此其戎乎! 其禮先亡矣。'秋,秦、晉遷陸渾之戎於伊川。"陸渾戎遷入伊洛河流域要比伊洛之戎要晚一些,不排除伊洛之戎即爲辛有所見之戎的可能。

那麽徐陽墓地屬於哪支戎人留下的遺存呢? 筆者認爲,徐陽墓地爲陸渾戎遺存可能性最大。首先,徐陽墓地處在陸渾戎活動範圍的核心區域。據考證陸渾戎的分布區域大致在今伊闕山、鹿蹄山以南,伏牛山以北,熊耳山以東,徐陽墓地所在的順陽河流域爲陸渾戎活動核心區域。[1] 而其他戎人部落活動區域均不在該區域。其次,從歷史沿革上看,墓地以西兩公里發現的南留古城遺址,據文獻記載和考古發掘均可證實其爲兩漢時期陸渾縣縣治所在。[2] 西漢時期距離陸渾戎滅國時間并不太遥遠,當時這一區域應該還有大量的陸渾戎後裔生活居住,陸渾戎對當地的影響依然存在。中國古代州縣設置,基本都有歷史依據,因陸渾故地設陸渾縣,轄地雖歷代略有變更,但也基本囊括陸渾戎活動的大部分區域。再次,歷史事件與歷史地理指向比較明確。公元前525年,晉國大將荀吴揮師攻滅陸渾戎,陸子奔楚,餘衆逃甘鹿,周人大獲。徐陽墓地西北約10公里有鹿蹄山,山北爲洛水,洛水和鹿蹄山之間有甘國,鹿蹄山東側有甘水河,我們推測甘鹿并非邑名,而是指甘水、鹿蹄山一帶。東周時期此地爲甘公封地,是周王朝西南邊境,與陸渾戎接壤。由於周人早已得到晉人攻打陸渾的消息,也料定面對强大的晉國,陸渾戎必敗無疑。陸渾戎逃跑路綫要麽向南奔楚國,要麽向西北逃入周境,别無他途。戰事的發展也正如周人所料,周人伏兵甘鹿地區,趁火打劫,獲利甚豐。以此推之,陸渾戎活動中心應該距離甘鹿不會太遠。第四,徐陽墓地發現的"四馬駕車"和"五鼎四豆"的禮器組合也與陸渾戎"子"的爵位與諸侯的身份相符。陸渾戎爵位爲"子",也是一個小諸侯。第五,徐陽墓地的年代約略在春秋中晚期,陸渾戎自公元前638年遷入伊川,公元前525年被消滅,立國共114年。時間跨度上與徐陽墓地年代相當。綜合以上分析,徐陽墓地發現的戎人遺存從時間跨度、地域分布、歷史沿革、葬俗特徵等都與"秦、晉遷陸渾之戎於伊川"的陸渾戎高度吻合。因此,我們認爲徐陽墓地應爲陸渾戎貴族墓地。

---

[1] 嚴輝:《陸渾之戎地名地望通考》,《洛陽考古》2015年第3期。

[2] 酈道元《水經注》:"伊水又東北,涓水(順陽水)注之。水出陸渾西山。……有二源,俱導而東注。……北水東流合侯澗水,水出西北侯溪,東南流注於涓水。涓水又東逕陸渾縣故城北。"《河南府志》卷二十一:"陸渾廢縣,在嵩縣北三十里。秦置,即秦晉遷戎之地。"與考古發掘資料相印證。

當然,截至目前我們對徐陽墓地考古工作尚未結束,所獲取的信息仍然不太全面,本文只是對目前所獲信息的一些初步分析,隨着考古工作的進一步推進和深入,可能會有更全面準確的認識。

鄭州窪劉西周墓出土䧅組器拾遺

湯　威*

1999 年 10 月,鄭州市西北郊高新區的窪劉遺址在基建過程中發現一批古墓,文物當時有所流散。考古工作者進駐後進行的搶救性發掘清理中,確認出土大量青銅禮器的是西周墓葬,其中的 M1 出土青銅鼎、簋、甗、卣、尊等銅器。這批銅器流散伊始,迅即被當地公安機關收繳,時值 1999 年底鄭州博物館新館建成開放,經主管部門協調,這批青銅器就直接被移交給鄭州博物館收藏,并在新落成的博物館展廳進行陳列展覽。多年來,關於窪劉西周墓地的青銅器,發表有簡報以及相關的圖録,[1] 也有一些零星的研究,但有關這批銅器的形制、紋飾、時代以及族屬等方面還存在一些問題。筆者不揣淺陋,專對窪劉銅器群中的尊、卣組器進行研究,并對相關問題進行探討,不當之處,敬請學人指正。

一、形制與紋飾

窪劉貴族墓出土的銅器群中,有一對青銅卣非常醒目,它們的器形、紋飾、銅質、銹色均相同,僅大小有別。兩卣均爲扁圓體,高沿蓋,子母口,深腹,侈鼓下垂,圜底,低圈足。蓋頂立一四瓣組合的四面人首鈕,通體四面飾戟刺狀扉棱,拱形提梁兩端置卷角獸首與卣頸鈕環套合。卣頸部飾交尾連體龍紋,蓋立沿、圈足及提梁面上飾雙體夔龍紋,卣蓋與器腹均飾顧首花冠龍和卷角幼龍:花冠龍上身折立,顧首回望,張口叱咤,軀飾鱗甲,大尾卷翹;龍冠下垂齊爪,緣飾戟刺,似蛇有目,口吐歧信。幼龍尖尾細身,翔潛伏底,附于花冠龍後。此二卣均有鑄銘,其中大卣蓋内鑄兩列七字"䧅作父丁寶障彝",腹内底部鑄四字"作寶障彝";小卣蓋内及腹底均鑄兩列七字"䧅作父丁寶障彝"。銘文顯示此兩卣作器者均爲䧅,故而兩卣均可稱䧅卣。[2] 除兩件䧅卣外,此墓還出土有一件銘文和裝飾風格均相同的青銅尊,呈三段式,大敞口,長頸,腹微鼓,圜底,高圈足;通體飾四道扉棱,頸飾蕉葉紋及

---

* 鄭州博物館陳列部主任,副研究館員。

[1] 鄭州市文物考古研究所:《鄭州市窪劉村西周早期墓葬(ZGW99M1)發掘簡報》,《文物》2001 年第 6 期;又見鄭州市文物考古研究所:《鄭州窪劉西周貴族墓出土青銅器》,《中原文物》2001 年第 2 期;河南省文物管理局、鄭州市文化局:《輝煌的歷史記憶——鄭州配合基本建設考古成果展精品圖録》,香港:香港國際出版社,2002 年。

[2] 注 1 的兩篇原始報導資料均把拓片搞混,以至於後出的青銅器及金文著録都照單錯誤引用,特此修正。

夔龍紋，腹及圈足均飾花冠顧首龍紋；尊腹内底鑄銘“陆作父丁寶障彝”。此三件器物作器者都名陆，均爲器主爲祭祀父丁而同批鑄，故可統稱爲“陆組器”（圖一—五）。

圖一　陆組器（鄭州窪劉西周貴族墓出土）

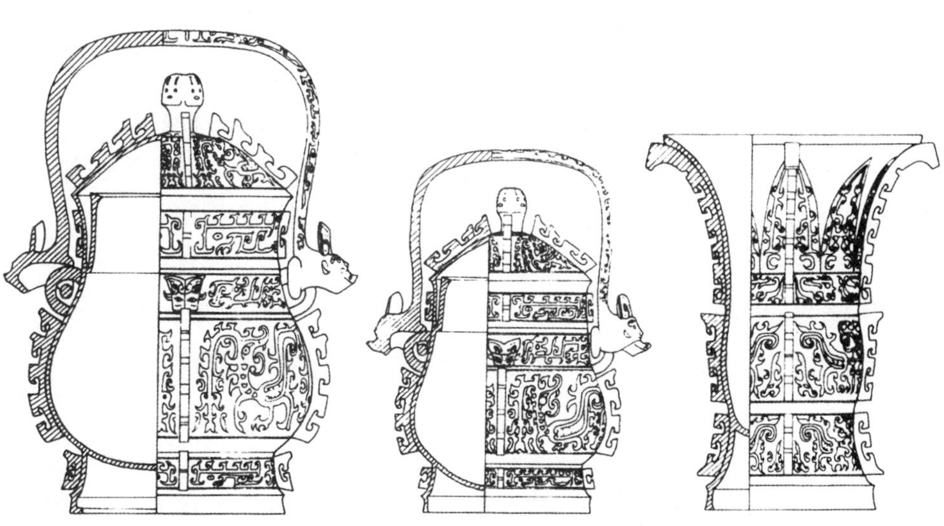

圖二　陆組器（鄭州窪劉西周貴族墓出土）

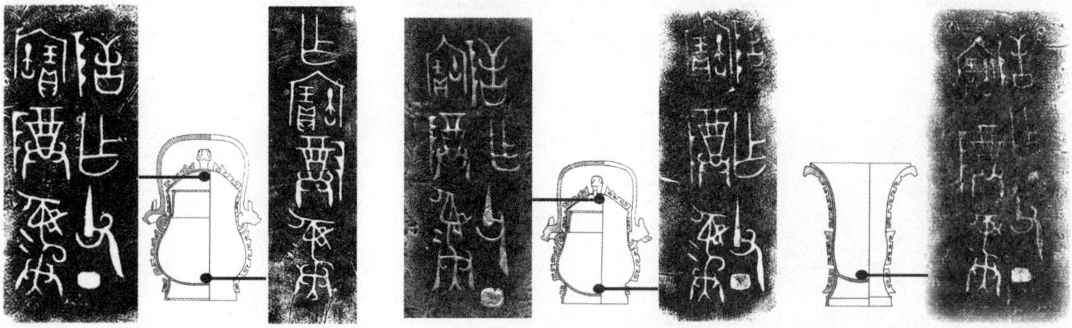

圖三 陊卣、陊尊銘文一覽

圖四 陊卣(小)腹部紋飾

圖五 陊尊局部紋飾

陊卣、陊尊造型奇偉,紋飾瑰麗,其醒目位置裝飾的多組垂冠顧首龍主題紋樣尤其令人印象深刻。這種花冠披垂、龍首回顧的紋飾此前在出土或傳世銅器中偶有所見,如 1955 年遼寧淩源出土的匽侯盂、[1] 1976 年陝西岐山賀家村 M112 出土的作寶用簋,[2] 以及 1976 年陝西扶風莊白微氏家族窖藏的作册旂尊、旂方彝、旂觥等旂組器,[3] 都有這種裝飾紋樣(前二器的垂冠顧首龍紋裝飾在器物腹部醒目位置,爲主題裝飾紋樣;作册旂組器的裝飾主題均爲外卷角的大獸面紋,垂冠顧首龍紋僅爲輔助紋飾,裝飾在器物的圈足或口沿、頸部等位

[1] 熱河省博物館籌備組:《熱河淩源縣海島營子村發現的古代青銅器》,《文物参考資料》1955 年第 8 期;中國青銅器全集編輯委員會:《中國青銅器全集》(六),北京:文物出版社,1997 年,圖 016。

[2] 曹瑋:《周原出土青銅器》,成都:巴蜀書社,2005 年,第 1492 頁。

[3] 陝西周原考古隊:《陝西扶風莊白一號西周青銅器窖藏發掘簡報》,《文物》1978 年第 3 期;寶鷄青銅器博物院:《青銅鑄文明》,西安:世界圖書出版西安有限公司,2010 年,第 180 頁。

置)。此外,諸多傳世品中也有此種主題紋飾,如《西清古鑒》收録的麥尊,[1]以及流散歐洲、法國吉美博物館的鮮簋[2]等器。但是與陌卣、陌尊形制、紋飾完全相同的青銅禮器組合并不多見。容庚先生《商周彝器通考》早年曾收録有一組尊、卣,[3]器形與紋樣和鄭州的陌卣、陌尊幾近相同,此二器未有鑄銘,流傳不詳。另,見諸著録的還有一套"見組器"(見卣、見尊各一[4]),形制與紋飾和陌卣、陌尊基本雷同,惟銘文不同,作器者私名爲"見"。可惜"見組器"的尊、卣早已勞燕分飛,天各一方。見卣,現存日本京都,爲住友氏的泉屋博古館收藏;見尊,則在大洋彼岸的美國,爲芝加哥美術館收藏。見卣是否與鄭州陌卣一樣也爲大小兩件的組合,不得而知。不過根據出土資料推測,見卣也應當是大小搭配的兩件組合。根據以上統計資料,陌卣、陌尊爲目前首次考古發掘出土的、裝飾有垂冠顧首龍主題紋樣的青銅禮器組合。

二、組合與時代

鄭州的這套陌組器是商周青銅禮器中典型的一尊二卣組合,即兩件銅卣形制、花紋相同,一大一小,容量之比爲3∶2,二卣與銅尊協調相配,紋飾甚至銘文也都相同。這種酒器核心的組合,最早見於1901年陝西寶鷄鬥鷄臺出土柉禁上的鼎組器(現藏美國大都會藝術博物館),[5]禁案上至今仍遺留着古時置放二卣一尊的清晰痕迹。一百多年來,隨着新的考古發現不斷湧現,隨葬一尊二卣青銅禮器組合的墓葬已有十餘例,如陝西寶鷄竹園溝M7、M8、M13,[6]扶風劉家村豐姬墓,[7]涇陽高家堡M4,[8]甘肅靈臺白草坡M1、M2,[9]河南鄭州窪劉M1,[10]羅山蟒張天湖M28,[11]河北元氏西張村墓,[12]湖北隨州安居羊子山墓,[13]

---

[1]《西清古鑒》83.13(原名周邢侯尊),影印摛藻堂四庫全書薈要版,臺北:世界書局,1985年。

[2]李學勤、(美)艾蘭:《歐洲所藏中國青銅器遺珠》,北京:文物出版社,1995年,圖108c。

[3]容庚:《商周彝器通考》,北京:哈佛燕京學社,1941年,圖537、654,原文名爲鳳紋尊、鳳紋卣。

[4]見卣,泉屋博古館:《泉屋博古——中國古銅器編》,2007年,圖96,第82頁;見尊,《美帝國主義劫掠的我國殷周銅器集録》,北京:科學出版社,1962年,圖A420。

[5]上海博物館:《周野鹿鳴:寶鷄石鼓山西周貴族墓出土青銅器》,上海:上海書畫出版社,2014年,第249頁。

[6]盧連成、胡智生:《寶鷄強國墓地》,北京:文物出版社,1988年。

[7]陝西省考古研究所等:《陝西出土商周青銅器》(三),北京:文物出版社,1980年,單色圖版第35-37。

[8]葛今:《涇陽高家堡早周墓葬發掘記》,《文物》1972年第7期。

[9]甘肅省博物館文物隊:《甘肅靈臺白草坡西周墓》,《考古學報》1977年第2期。

[10]鄭州市文物考古研究所:《鄭州市窪劉村西周早期墓葬(ZGW99M1)發掘簡報》,《文物》2001年第6期。

[11]河南省信陽地區文管會、羅山縣文化館:《羅山天湖商周墓地》,《考古學報》1986年第2期。

[12]河北省文物管理處:《河北元氏縣西張村的西周遺址和墓葬》,《考古》1979年第1期。

[13]隨州市博物館:《湖北隨縣安居出土青銅器》,《文物》1982年第12期。

山西靈石旌介 M1[1] 等。鹿邑太清宫長子口墓出土 5 尊 6 卣,[2] 寶鷄石鼓山 M3 出土 1 尊 6 卣,[3] 但是否包括本文特指的一尊二卣的固定組合,由於銘文及形制等情況不一,還有待深入考察。陳夢家先生曾根據早年所掌握的考古資料,對銘文相同、紋飾同類的尊卣組合做過精闢論述:“尊、卣同銘,爲西周初期的常制”、[4]“尊卣成組的銅器,最常見於成王及與成王相近時的銅器組中”。[5] 其實,按照現在的材料,一尊二卣的組合在商代晚期已經出現了,如羅山蟒張天湖 M28、靈石旌介 M1 等。只不過到西周成王時代,形成了固定的組合形式。

窪劉 M1 出土的青銅器中,除陸卣、陸尊外還包括三件鼎,以及壺、簋、甗、罍、觚、盉各一件,[6] 此外還有三件兵器戈等其他器物。需要指出的是,此墓所出的鼎、甗、罍、簋等器造型均具有明顯的晚商特徵。如舉父丁鼎(M1:1),其形制與殷墟後岡圓形祭祀坑出土的殷末戍嗣子鼎[7] 近似;史父辛鼎(M1:3)與殷墟西區 M1713 出土帝辛七年的亞魚鼎[8] 非常相似;耳弜亥簋(M1:6)與殷末帝辛(一説帝乙)時期的𣪘簋[9](華盛頓賽克勒美術館藏)極爲相近;車罍(M1:5)則與殷墟三期的爰罍[10] 完全無貳。總之,此墓隨葬青銅器的年代比較複雜。

下面,再來看陸組器及傳世或出土的其他飾有垂冠顧首龍紋諸器的具體年代(表一)。根據器物形制與銘文情況,見尊、見卣的年代當爲西周早期前段的成康之世。匽侯盂的時代,一般認爲屬於康王時期。麥方尊,唐蘭先生與彭裕商先生認爲應屬昭王時期,[11] 也有學者將之與麥盉、麥方彝諸器同列爲稍早的康王之世,但總的來説不出康昭之世。裝飾有垂冠顧首龍紋的微氏家族作册旂尊、旂觥、旂方彝等器,時代比較明確,均爲昭王十九年。鮮簋的年代,李學勤先生指出爲穆王三十四年。[12] 岐山賀家村的作寶用簋,形制紋飾與鮮簋完全相同(僅多一蓋),故也當列爲穆王時期。彭裕商先生推斷“顧龍紋”的裝飾紋樣起於康王之

---

[1] 山西省考古研究所、靈石縣文化局:《山西靈石旌介村商墓》,《文物》1986 年第 11 期。

[2] 河南省文物考古研究所等:《鹿邑太清宫長子口墓》,鄭州:中州古籍出版社,2000 年。

[3] 石鼓山考古隊:《陝西寶鷄石鼓山西周墓葬發掘簡報》,《文物》2013 年第 2 期。

[4] 陳夢家:《西周銅器斷代》(二),《考古學報》1955 年第 10 期,第 76 頁。

[5] 陳夢家:《西周銅器斷代》(一),《考古學報》1955 年第 9 期,第 159 頁。

[6] 鄭州市文物考古研究所:《鄭州市窪劉村西周早期墓葬(ZGW99M1)發掘簡報》,《文物》2001 年第 6 期。

[7] 中國青銅器全集編輯委員會:《中國青銅器全集》(二),北京:文物出版社,1997 年,圖 028。

[8] 中國社會科學院考古研究所安陽工作隊:《安陽殷墟西區一七一三號墓的發掘》,《考古》1986 年第 8 期。

[9] 中國青銅器全集編輯委員會:《中國青銅器全集》(二),北京:文物出版社,1997 年,圖 101。

[10] 中國青銅器全集編輯委員會:《中國青銅器全集》(三),北京:文物出版社,1997 年,圖 083。

[11] 唐蘭:《西周青銅器銘文分代史徵》,北京:中華書局,1986 年,第 254 頁;彭裕商:《麥四器與周初的邢國》,載《徐中舒先生百年誕辰紀念文集》,成都:巴蜀書社,1998 年,第 147－150 頁。

[12] 李學勤:《走出疑古時代》,瀋陽:遼寧大學出版社,1994 年,第 283－287 頁。

世,盛行在昭、穆時期,[1]所論頗是。鄭州窪劉陆組器的尊、卣與傳世見組器的尊、卣形制紋飾最爲接近,時代也應大致相同。兩者略微不同的是,見尊、見卣的器身施以底紋爲襯,而鄭州的陆組器則不見底紋,垂冠顧首龍紋的主題紋樣爲直接鋪陳。以此觀之,陆組器似乎要比見組器稍晚一點,其具體時代當在西周康王之世。

表一　顧首龍紋青銅器的時代比較

器物名	器物圖像	銘　文	時王
見卣、見尊	 	 	成康
匽侯盂			康王
麥方尊	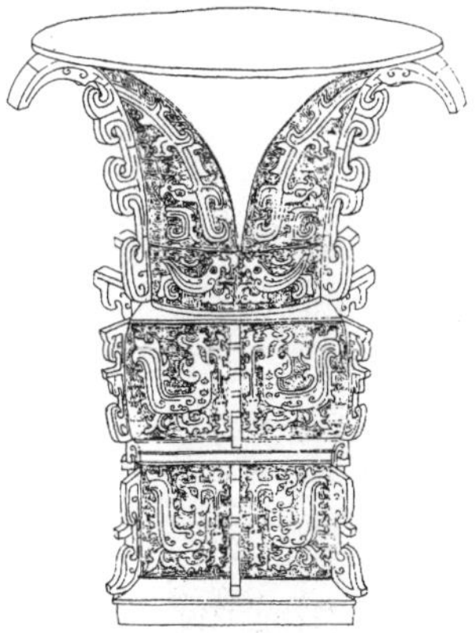		康昭

[1] 彭裕商:《麥四器與周初的邢國》,載《徐中舒先生百年誕辰紀念文集》,成都:巴蜀書社,1998年,第147－150頁。

續表

器物名	器物圖像	銘　文	時王
作册旂尊			昭王 十九年
鮮簋			穆王 三十四年
作寶用簋			穆王

三、作器者及墓主人族屬問題的探討

窪劉西周貴族墓 M1 的葬制不同於典型的殷人葬俗：不見腰坑，没有殉人、殉狗現象；隨葬器物中殷人常見的酒器組合過於欠缺，不見晚商遺址中常見的爵、觚等器。而且需要指出的是，此墓出土的銅戈均具有折鋒毁兵現象。綜上可以推斷，窪劉貴族墓 M1 是周人的墓葬。發掘者根據出土器物的綜合情況，推斷墓葬的下葬年代爲西周早期。

另一方面，窪劉 M1 出土的青銅器大都帶有濃郁的殷商風格，甚或有的本就是殷商之器。12 件青銅禮器中有 10 件鑄銘，銘文中多以日名記祖考，完全是殷人的習俗。考察本文阽組器的銘文構成，均是作器者阽爲祭祀父丁所作。張懋鎔先生曾指出，以日名記祖考是典型的殷人習俗，而周氏族人是不用日名的。[1] 由上分析，阽組器的作器者阽本爲商人，殷周交際，亡國入周，但仍俾守殷俗。

同墓出土的舉父丁鼎，亦爲祭祀父丁的祭器，與阽組器是否爲祭祀同一個祭主，還尚待考察。舉族是殷商大族，該族銅器曾見於安陽侯家莊西北崗殷代王陵區，在大司空村和劉家莊墓地也曾出現。根據以往著録和新近出土資料，目前發現鑄有舉銘族徽的青銅器約有不下 230 多例，且分布範圍甚廣，河南、山東、陝西等地均有出土。[2] 殷商舉族與王室關係密切，商王武丁時期的甲骨卜辭中有許多關於舉族的記載，表明當時的舉族已較爲活躍，而且地位顯赫。鄭州地區亦有舉族銅器的發現。《殷周金文集成》收録有一件殷商時代的舉父丁爵(《集成》08445)，據傳來源於鄭州新鄭。鄭州博物館早年曾從市區西北郊徵集過一批晚商銅器，其中一件銅觚也鑄有舉銘。結合窪劉墓的舉父丁鼎，説明殷周之際，在曾經作爲商代前期都城的鄭州市區附近仍然存在着商人的政治、軍事活動，舉族即是其中一支重要力量。窪劉墓的阽組器與舉父丁鼎若致祭的是同一父丁，則阽必屬舉族無疑；若是其他原因器物拼合導致同墓，則阽的族氏還需另當别論。

有觀點認爲，位於鄭州西北郊的晚商舌氏家族可能與窪劉的西周阽組器有關。舌族青銅器主要出土於河南安陽、鄭州，其間的鶴壁、新鄉等地亦有發現。據筆者統計，目前發現出土或傳世的舌族銅器數量近 70 件。[3] 1933 年安陽後岡西的薛家莊殷墓被盗，出土一批商代銅器，據董作賓先生《王孫舌考》一文所記，僅帶有舌字銘文的就有 11 件，其中 5 器被當時的安陽古物保存會收藏。《尊古齋所見吉金圖》、《鄴中片羽二集》、《河南吉金圖志剩稿》、《三代吉金文存》等早期著録雖有收録，但文物則大多散佚，或徑流失至海外。目前，比較明

---

[1] 張懋鎔：《古文字與青銅器論集》，北京：科學出版社，2002 年，第 217－221 頁。

[2] 何景成：《商末周初的舉族研究》，《考古》2008 年第 12 期。

[3] 湯威：《殷商舌族探徵》，《嵩山文明與中國早期王都——2014 中國古都學會(鄭州)年會論文集》，北京：科學出版社，2016 年，第 119－141 頁。

確的是其中有個別收藏在浙江省博物館。1993 年 1 月 3 日,鄭州博物館從位於市區北郊的滎陽小胡村附近的黄河大觀項目籌建處徵集到一批商代銅器,其中多鑄有舌銘。此前,該館還在 1974 年從臨近的古滎廢品公司揀選過一件舌鐃。2006 年 7 月,考古工作者對滎陽廣武鎮小胡村晚商墓地進行搶救性發掘,又新發現了一大批舌銘銅器,據公布的資料有 20 餘件,多爲鼎、卣、觚、爵、戈等器物。此處墓地面積廣泛,已發掘的晚商墓葬多達 58 座,出土遺物衆多,包括 155 件銅器和大量玉石器、海貝等。發掘者指出該墓地應爲"舌"氏家族墓地,大致相當於殷墟三、四期,個别墓葬的年代可能早到殷墟二期晚段。[1] 出土資料顯示,胡村舌族墓地出土有大量戚、戈、矛、鏃等兵器。鄭州博物館先前藏的一批舌族銅器裏,也有四件銅戈,且另有一件玉禮器戈。因而可推斷,鄭州舌族墓地的家族成員應是殷商晚期戍守王畿之外的軍事職官,主要是駐守拱衛殷商故都,控扼大河鎖鑰。但是,殷商金文之"舌"爲殷人族徽標志,而陌卣、陌尊所銘之"陌"爲作器者之私名,二者如何有關聯呢? 甲金文中的很多早期地名,後常有累加阜旁的傾向,阜旁後簡化作"阝",如井→邢、告→郜、于→邘等。如此説來,舌孳乳爲陌,陌可能初爲地名,後轉指人的私名。若此説可行,那陌的族氏則或可能爲舌族。

四、殷周管地的地望探討

窪劉 M1 中出土有六支商族的族徽標志,所有隨葬銅器像是一個擄獲的商人戰利品的集中展示,其來源可推測爲擄掠或賞賜。以此分析,窪劉貴族墓墓主可能爲西周初年克商有功、"分殷之器"的貴族,或云其與周初分封在管地監殷的管叔鮮有關。[2]

管是古地名,商晚期已有之。武王克商後封叔鮮於管,管叔之名因之。後管叔作亂被誅,國廢,然管城之名歷春秋戰國、漢、唐諸世猶存,至今鄭州市内仍有管城區之名。管地在典籍中多有記載,《逸周書・大匡解》和《逸周書・文政解》均言"惟十有三祀,王在管",記載周初武王在克商後第二年親臨管地巡視,這是目前所見有關管地的最早文獻記載,反映出管地政治、軍事地位在殷周時代的重要性。關於管地的地望,《左傳・宣公十二年》載:"(楚子)告令尹,改乘轅而北之,次於管以待之。晉師在敖、鄗之間。"杜預《集解》注曰:"熒(滎)陽京縣東北有管城。"研究者多引用此文獻來考證管地的方位,大致位於鄭州市區的西北郊一帶;也有學者根據《括地志》言"鄭州管城縣外城,古管國城也,周武王弟叔鮮所封",認爲西周之管即在今鄭州市管城區。總的來説,這兩種觀點都認可管地位於鄭州市區或其附近一帶。[3]

---

[1] 河南省文物考古研究院:《河南滎陽小胡村墓地商代墓葬發掘簡報》,《華夏考古》2015 年第 1 期。
[2] 張松林等:《西周管邑管城與管國》,《鄭州文物考古研究》(一),北京:科學出版社,2005 年,下册第 1498、1499 頁。
[3] 湯威:《商周管邑探析》,《歷史地理》(第三十四輯),上海:人民出版社,2017 年。

上世紀八十年代的文物普查工作中，考古工作者曾對鄭州市西北郊進行重點調查，獲得多處重要發現，其中發現典型西周遺存的遺址七處，如祥營遺址、窪劉遺址、瓦屋李遺址、道李遺址、鄭莊遺址、冉屯遺址、岳崗遺址等。這些遺址集中分布於50平方公里内，形成了集中密集的西周文化遺址群。[1] 其中，祥營遺址面積達30萬平方米，遺迹以西周早期土坑墓爲主，還發現有房基、窖穴等。窪劉遺址總面積20多萬平方米，是一處以二里頭文化村落遺址和西周早期墓地爲主的大型遺址。1999年在窪劉遺址發現了鄭州地區目前規格最高的西周文化遺存，有西周早期貴族墓葬12座，平民墓70多座，出土了一大批青銅禮器、兵器、車馬器以及玉器等珍貴文物，其中尤以ZGW99M1級别最高。[2] 在祥營和窪劉遺址之間的鄭州大學新校區也發掘有西周時期墓葬30座、灰坑76個、祭祀坑1個，是鄭州西周考古的又一重要收穫。[3] 在鄭州大學新校區以南的怡和電氣有限公司工地上發掘出西周時期墓葬75座，出土玉器、海貝、陶器等若干。[4] 在鄭州高新區南側的泉舜流體控制科技有限公司和高强機電有限公司工地上發掘出西周時期墓葬90餘座，灰坑、陶窑若干。[5] 此外，在鄭州市區西北部的董寨，也曾發現有西周時期的陶窑、房基和灰坑等。[6] 早些年前，在市區西部的旮旯王村、十里鋪也發現有面積不詳的周代文化遺存。[7] 鄭州博物館早年還從市區西部的重型機械廠徵集過一批西周青銅器。

近年來，考古工作者在鄭州近郊區域又新發現一批西周遺址，如：[8]

鄭州市第九人民醫院，沙口路以東，農業路以北，京廣路以西，發掘面積1 418平米，清理西周時期灰坑59處，墓葬8座，出土遺物較豐富，且發現兩處祭祀坑，其内清出完整牛骨架兩具。

鄭州七一三研究所總裝廠房，科學大道以南，紅松路以西，發掘面積1 320平米，清理西周時期墓葬22座，春秋時期墓葬20座，灰坑30處，戰國墓葬25座，灰坑9處，出土遺物較豐富。

銀江商務綜合樓，位於長興南路東側，宏達路南側，長虹路西側，國基路北側，2010年發

[1] 張松林：《鄭州市西北郊區考古調查簡報》，《中原文物》1986年第4期。

[2] 鄭州市文物考古研究所：《鄭州市窪劉村西周早期墓葬（ZGW99M1）發掘簡報》，《文物》2001年第6期；張松林等：《西周管邑管城與管國》，《鄭州文物考古研究》（一），北京：科學出版社，2005年，下册第1497頁。

[3] 張松林等：《鄭州文物考古工作回顧與思考》，《鄭州文物考古與研究》（一），北京：科學出版社，2003年，第12頁。部分資料依《鄭州地區西周遺址與封國》（下注）一文調整。

[4] 劉彦鋒、吴倩、汪松枝：《鄭州地區西周遺址與封國》，《古都鄭州》2006年第1期。

[5] 劉彦鋒、吴倩、汪松枝：《鄭州地區西周遺址與封國》，《古都鄭州》2006年第1期。

[6] 鄭州市文物考古研究所：《鄭州市董寨遺址發掘簡報》，《華夏考古》2002年第3期。

[7] 河南省文化局文物工作隊：《鄭州牛砦龍山文化遺址發掘報告》，《考古學報》1958年第4期。

[8] 以下資料來源見鄭州市文物局編：《鄭州文物年鑒（2010年卷）》。

掘,出土商周遺物甚豐,包括商代玉戈、玉飾件、貝幣,西周骨匕、石刀,戰國蚌鐮等,此外還發現有用牛、羊、人進行祭祀的三座西周早期祭祀坑。

蔣寨遺址,滎陽豫龍鎮蔣寨村南,2010 年發掘面積 2 700 平米,清理各類遺迹 300 多個,發現有豐富的商末周初遺存,遺迹主要有房址、灰坑、陶窑等,房址近 17 座,均爲西周時期半地穴式房址,出土遺物甚豐。

尤爲重要的是,近年來鄭州市西部新發現了一批分布密集的兩周古城,如娘娘寨遺址、官莊遺址、南城遺址、東趙遺址等,意義非常重大。上述考古發現爲探尋西周管城提供了重要綫索或歷史地理坐標體系,特别是出土高規格青銅器的窪劉西周早期貴族墓爲管地鄭州西北説增添了重要證據。

五、結　論

綜上所述,鄭州窪劉西周貴族墓 M1 的下葬年代爲西周早期。關於墓主人身份的具體判定,還需要更多材料來支持和檢驗。陆卣、陆尊,我們只能説它原本是入周後的殷遺民之器,却葬於周人之墓,真實地見證了商周交際、天命更替的時代大潮。

濟陽劉臺子西周墓葬青銅容禮器的器用問題簡論*

楊　博**

器物在特定情境下具有特殊意義。墓葬由於特殊的埋藏形式成爲考古學遺存中很少保留下來的、完整的、未被破壞的特定場景。這些場景曾經解决過很多以單件器物研究而容易出現的問題。比如鉞曾被看作是石斧或石錛,但以它在墓葬中相對人體的擺放方式可以知其應爲武器,可以成爲某種社會權力的象徵而非簡單工具。[1] 良渚墓葬常見的"冠狀器"則是相反的例子,其在墓葬中常出於墓主頭上部,這一位置表明它是梳狀束髮器的器柄,[2]但從器物功能看,本身似并無原先認爲的權力象徵意義。各種隨葬器物組合及其意義可藉由這些器物在墓葬中與墓主、葬具等的空間位置關係來一窺端倪,這種"情景"亦是其他非墓葬類遺迹中難得一見的。[3] 由是,隨葬品在墓葬中的方位及其位置關係,對於判斷隨葬品的性質與用途,了解其背後的社會意義和思想内涵,探求古人墓葬中的器用觀念等都具有重要意義。

學界對墓葬中器用問題早有涉及,但專門的研究始於近年。[4] 目前關於隨葬品擺放問題的研究才剛剛起步,其成果仍然較少,僅涉及個别地區的少數墓葬,研究深度也遠未到細緻、深入的程度,在學界也尚未引起廣泛的關注。墓葬隨葬銅禮器器用情况的研究,筆者認爲需要考慮以下幾個方面的内容,既要分析青銅器在墓葬中的放置位置,又要考慮不同的因素如時代、等級、性别、族屬、地域等所造成的差異,還要考慮青銅器之間的組合關係,因爲即

---

* 本文系國家社科基金青年項目(17CZS005)的階段性成果,本研究得到中國博士後科學基金資助項目(2016M590998)及出土文獻與中國古代文明研究協同創新中心博士創新資助項目(CTWX2016BS011)的資助。

** 中國社會科學院歷史研究所、出土文獻與中國古代文明研究協同創新中心助理研究員。

[1] 傅憲國:《試論中國新石器時代的石鉞》,《考古》1985 年第 9 期。

[2] 方向明:《良渚文化用玉種類的考古學認識》,《東方博物》2005 年第 2 期。

[3] 張弛:《社會權力的起源——中國史前葬儀中的社會與觀念》,北京:文物出版社,2015 年,第 6－7 頁。

[4] 如討論墓葬中隨葬品的擺放問題,參見霍蕾:《商墓隨葬品的擺放位置研究》,鄭州大學碩士學位論文,2012 年;祁冰:《陝西地區西周墓葬隨葬品擺放位置研究——以豐鎬、周原、梁帶村周代墓地爲例》,山西大學碩士學位論文,2013 年;畢經緯、楊歡:《隨葬品擺放規則初步研究——以海岱地區東周墓葬爲例》,《華夏考古》2016 年第 2 期。

使是相同的器物,其組合的不同就可能代表了不同的因素。[1] 筆者擬以濟陽劉臺子墓葬爲代表,選取相關墓葬再做一簡單嘗試,冀以求教於方家。

一、墓葬出土青銅容禮器概況

劉臺子遺址位於濟陽縣姜集鄉劉臺子村西約200米處的臺地上。臺地高出周圍地面約2.5米,總面積2萬平方米。遺址於1957年文物普查時發現,1967年村民在此耕作時發現銅器和瓷器,推測可能出自於同一墓葬。1979年3月,德州地區、濟陽縣文物工作者在此清理西周早期墓葬一座,編號爲M2。1982年冬進行第二次發掘,發現西周時期墓葬四座,清理了其中的M3、M4,1985年5月,山東省文物考古研究所在市縣文物工作者的支持下,發掘了M6。[2] 發掘的諸座墓葬中,M2、M3與M6出土有青銅器。M2爲長方形豎穴土坑墓,墓室面積約爲7.8平方米,墓中出土銅禮器五件,均位於北端二層臺上,如圖一所示,由西向東依次爲銅簋二、銅觶一、銅鬲一、陶鬲一、銅鼎一、陶罐一。其中鼎之器主名"季",觶銘"京",簋銘"夆彝"。所出鼎、鬲垂腹,觶體細長,簋腹略傾垂,由是似可推斷銅器年代在西周銅器二

圖一　劉臺子M2出土青銅容禮器情況
(《山東濟陽劉臺子西周早期墓發掘簡報》第19頁圖三)

[1] 参見拙作:《西周初期銅器墓葬禮器組合關係與周人器用制度》,《青銅器與金文》(第一輯),上海:上海古籍出版社,2017年,第525－540頁;《高家堡墓葬青銅禮器器用問題簡論》,《商周青銅器與先秦史研究論叢》,北京:科學出版社,2017年,第375－381頁。

[2] 德州行署文化局文物組、濟陽縣圖書館:《山東濟陽劉臺子西周早期墓發掘簡報》,《文物》1981年第9期;德州地區文化局文物組、濟陽縣圖書館:《山東濟陽劉臺子西周墓地第二次發掘》,《文物》1985年第12期;山東省文物考古研究所:《山東濟陽劉臺子西周六號墓清理報告》,《文物》1996年第12期。

期,即西周早期偏晚。[1]

M3 與 M4 可能爲同期夫妻異穴合葬墓。M3 墓室面積約 11.7 平方米,銅禮器出在其棺椁之間,有鼎一、簋一、戈一。鼎之形制似早於 M2 所出之鼎,但銘文有"王季",作器者似應與 M2 所出鼎的作器者爲同一人。M3 所出簋更與 M2 所出兩簋形制、銘文近同,似爲同組器物,准此,則 M3 年代應亦在西周銅器二期。

上述三座墓葬規模較小,似爲身份較低的貴族墓葬,而規模較大的 M6,墓室面積約 26 平方米,如圖二、圖三所示,其隨葬銅器在北二層臺中部,分三列置放。

圖二　劉臺子 M6 北二層臺出土器物
(《山東濟陽劉臺子西周六號墓清理報告》,第 5 頁圖二)

[1] 朱鳳瀚先生曾經按王世分西周青銅器年代爲五期,第一期武王至康王前期,第二期康王後期至昭王,第三期穆王至共王,第四期懿王至夷王,第五期厲王至幽王,其中第一期武王至康王初年傳統上認爲是西周早期偏早,第二期康、昭時期爲西周早期偏晚,第三期爲西周中期偏早,第四期爲西周中期偏晚至中晚期之際,第五期爲西周晚期。參見朱鳳瀚:《中國青銅器綜論》,上海:上海古籍出版社,2009 年,第 1227－1531 頁。

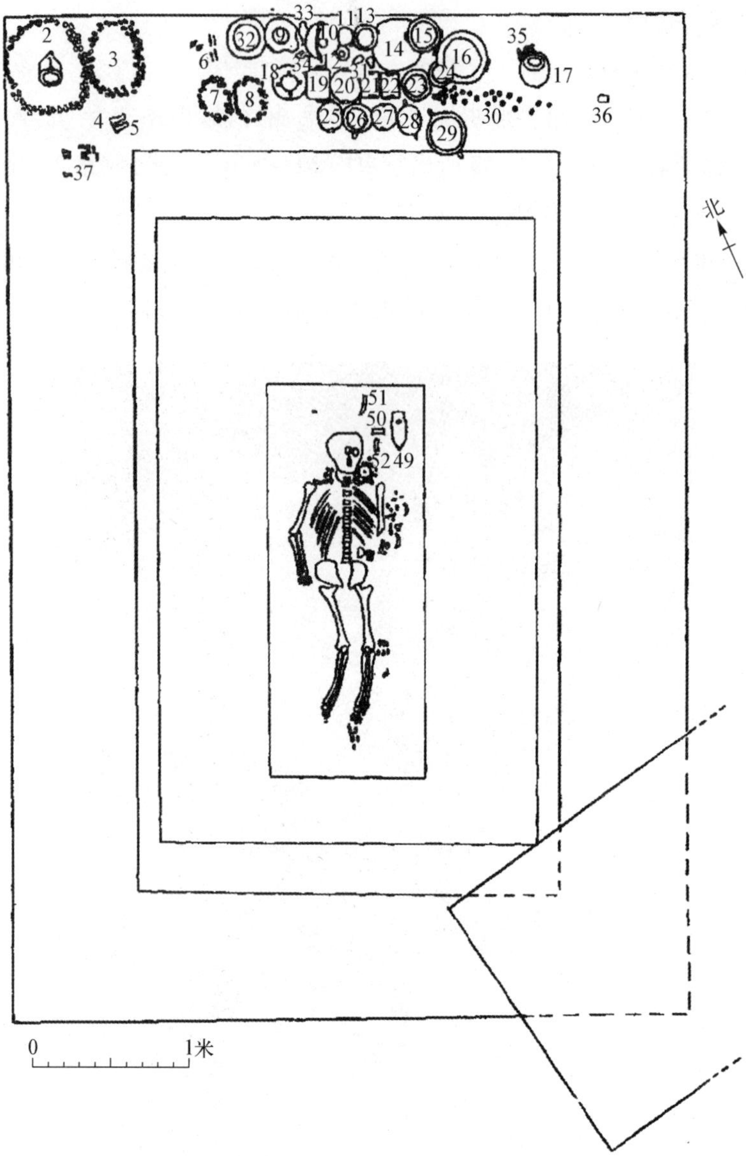

圖三　劉臺子 M6 平面圖
(《山東濟陽劉臺子西周六號墓清理報告》,第 6 頁圖三)

1、32. 陶鬲　2、3、7、8. 貝圈　4、5. 骨管　6、37. 蚌飾　9、11. 銅觶　10. 銅卣　12. 銅尊　13. 銅盉　14. 銅盤　15、25、26、28、29. 銅簋　16. 銅甗　17、31. 陶罐　18. 瓷壺　19、21、22. 銅方鼎　20、23、27. 銅圓鼎　24. 銅鬲　30、35. 海貝　33、34. 銅爵　36. 卜骨　49、51. 玉戈　50. 玉鸚鵡　52. 玉璜

北列自西向東爲：陶鬲一(M6：32)、觶一(M6：9)、爵二(M6：33、34)、卣一(M6：10)、尊一(M6：12)、觶一(M6：11)、陶罐一(M6：31)、盉一(M6：13)、盤一(M6：14)、簋一(M6：15)、甗一(M6：16)、陶罐一(M6：17)；

中列自西向東爲：瓷壺一(M6：18)、方鼎一(M6：19)、圓鼎一(M6：20)、方鼎二

(M6：21、22)、圓鼎一(M6：23)、鬲一(M6：24)；

南列自西向東爲：簋二(M6：25、26)、圓鼎一(M6：27)、簋二(M6：28、29)。

M6所出器物年代存在早晚之别，其中M6：27圓鼎淺腹、圓柱足，柱根部有短扉；M6：29簋腹部飾竪條棱，雙半環耳帶小鈎狀珥；M6：16甗之甑腹壁斜收；M6：10卣、M6：12尊中腰外鼓，作三凸棱狀，上述諸器均無垂腹現象，是均有可能歸入西周銅器一期，即西周早期偏早。此外該墓所出其他器物均或多或少存在垂腹，該墓之年代下限亦應在西周銅器二期。M6所出銅器銘文中，M6：23圓鼎銘有"王姒作亥姑寶尊彝"，三件方鼎、兩件觶及盉、盤均銘有"夆"。簡報曾推斷墓主爲昭王之女嫁到逢，爲逢君夫人。[1] 應該説，圓鼎銘"王姒"似應爲王配，但其所爲作器之"亥姑"不能確定爲昭王之女，但是簡報推斷墓主爲女性，且爲封君夫人級别墓葬是很有可能的。[2]

二、墓葬青銅禮器的器用情况

上面已經簡要介紹，三座隨葬銅禮器的墓葬中，M2、M3隨葬的銅器關係較密切，M6的墓主人身份似高於M2、M3，因其墓中皆出有與"夆"有關之銅禮器，故下文似可先一并討論其禮器器用問題。

首先就器用組合而言，M2隨葬銅禮器組合爲食器加酒器的組合：

食器：圓鼎一、簋二、鬲一；

酒器：觶一。

M3只隨葬食器組合，爲鼎一、簋一。

M6隨葬組合涵蓋食、酒、水三大器類：

食器：方鼎三、圓鼎三、簋五、甗一、鬲一；

酒器：爵二、觶二、尊一、卣一；

水器：盤一、盉一。

由是可見劉臺子墓葬西周早期隨葬器物基本組合可歸納爲：

食器：鼎(方鼎、圓鼎)、簋、鬲；

酒器：爵、觶、尊、卣；

水器：盤、盉。

其次來討論三組墓葬的器用位置。需要留意的是，M3葬俗較特殊：其一是有腰坑殉狗；其二，二層臺與椁面齊平；其三，隨葬禮器置於棺椁之間。M2、M4則無腰坑殉狗，隨葬禮器置於高於椁面的北部二層臺。三座墓葬的隨葬器物均置於墓主人頭端，且均伴以陶、瓷器物。

[1] 山東省文物考古研究所：《山東濟陽劉臺子西周六號墓清理報告》，《文物》1996年第12期。
[2] 朱鳳瀚：《中國青銅器綜論》，第1391－1392頁。

M3 銅禮器只有食器,鼎、簋與瓷豆相鄰。

M2 銅禮器可分爲兩組,一組爲簋二鬲一觶一,一組爲鼎一。

M6 隨葬銅禮器的器類較齊整,值得重點關注。其器物相鄰方式,似基本遵循了按大類分置之原則:酒器集中置於北二層臺最北一列,通過 M6∶31 陶罐與水器盉、盤相隔,盤東側爲食器簋、甗,剩餘的絶大部分食器位於中、南兩列。食、酒、水三大器類内部,鼎簋、鼎鬲、爵觶、尊卣、盉盤等組合器物相互鄰近,故此種置放方式可總結爲大類分置,組合器相鄰。

將之與同時同組墓葬,即 M2 相較,似可發現其還存在另一重要現象,即將酒器聚置,食器分置,M2 的食器鼎與簋、鬲分置兩處,M6 的食器簋、甗在最北一排,兩座墓葬之酒器(M2 只有一件觶)則聚置一處。

最後討論器用現象,其一,帶銘文器物中,基本器類多爲本宗族自作,如銘有"季"之鼎,銘有"夆"之器物,M2、M3 所出簋,M6 方鼎、觶及盉、盤等。族氏銘文器物加入組合,即 M2 所出觶,銘有"京"。

其二,周人文化特色占據主流。這首先體現在食器最重上,三座墓葬中食器均爲基本組合,繼而體現在觶作爲隨葬酒器之核心器類上,M6 中觶與爵數量配比呈現一比一的情況,且爲宗族自作。

其三,單甗制。這表現在高等級貴族墓葬中隨葬甗,且只有一件,與王畿地區及葉家山、北趙等地所見之情況相一致。

三、墓葬器用的一般與特別

上述討論劉臺子墓葬之容禮器器用情況,較之同期(西周銅器二期)王畿地區典型墓葬,如 1972 年扶風劉家村西周墓(豐姬墓)、張家坡 M183(孟員墓)等,呈現之器物組合與器用現象等方面是比較一致的,例如組合基本器類仍是食器鼎簋,酒器爵觶尊卣,水器盤盉;器用現象之單甗制等。[1] 不惟如此,其體現之演變趨勢亦是相合的,如隨葬鬲的墓葬增多,相較銅器一期顯示出鬲的地位上升,觚基本不見於本期墓葬,周人銅器風格由此確立,似顯示出周人族群文化認同的逐漸確立。[2]

這裏還需要通過器用位置的討論來加深上述認識。可與劉臺子墓葬相比較的,除上述王畿地區墓葬外,尚有竹園溝 BZM8、M4,[3] 葉家山 M28、M111,[4] 滍陽嶺 M242[5] 與北

[1] 朱鳳瀚:《中國青銅器綜論》,第 1266－1267 頁。

[2] 參見拙作:《西周初期銅器墓葬禮器組合關係與周人器用制度》,《青銅器與金文》(第一輯),第 540 頁。

[3] 盧連成、胡智生:《寶鷄㢐國墓地》,北京:文物出版社,1988 年。

[4] 湖北省博物館、湖北省文物考古研究所、隨州市博物館:《隨州葉家山:西周早期曾國墓地》,北京:文物出版社,2013 年。

[5] 河南省文物考古研究所、平頂山市文物管理局:《平頂山應國墓地Ⅰ》,鄭州:大象出版社,2012 年。

趙 M113 等。[1]

葉家山 M28、M111 同樣遵循食、酒、水器按大類分放,組合器臨近的原則。不同於 M65 的是,其酒、水器之間的間隔不再明顯,這與西周銅器一期石鼓山 M3、前掌大 M11 及 M18 等墓葬的器物放置情況相似。這種食器與酒水器置放區位的區别,似在一定程度上體現出時人於飯食(偏固體)、酒醴盥洗(偏流質)的器用差别。目前來看,此種情形在西周銅器二期即西周早期偏晚時較爲固定。同樣的情況尚見於竹園溝 BZM8、M4。BZM8 銅禮器均置於頭端,食器置於右側,酒器置於左側。BZM4 男性墓主的銅禮器置於其右側二層臺上,爵觶尊卣等酒器置於漆盤之上,北側爲一盤一壺,鼎簋甗等食器位於水器北側。如圖四所示,滍陽嶺 M242 在北側二層臺中部靠近外棺處,放置有食器銅鼎、銅簋各兩件,在二層臺東北部放有酒器尊、爵、提梁卣各一件,觶兩件。由其器物擺放位置可知,其對食器、酒器進行了有意識的分置,且酒器内觶處於核心位置,反映着周人酒器組合確立與强化的情況。

北趙 M113 食器的擺放位置較一致,基本放在棺椁之間的西南角,酒器中爵觚觶等飲酒器在棺椁之間的西北角,尊卣壺等儲酒器在西南角,爵觶、尊卣等組合器靠近,水器則在棺椁之間的西部居中,此似亦可視作上述按大類放置方式的範疇之内,由北向南大致組成飲酒器+水器(盉)+儲酒器+食器的組合放置形式。[2] 這與劉臺子 M6 北列 M6∶13 銅盉與尊、卣相鄰的情況相近,同樣體現出上論食器與酒醴盥洗器的置用區别。

劉臺子墓葬一個特殊置器方式是存在食器分置之情況,特别是將食器甗與酒器相鄰,這種情況見於年代在西周銅器一期的高家堡墓葬群。[3] 2003 年扶風法門寺莊李村 M9 與靈臺白草坡 M2 的器物擺放方式是食器分置酒水器兩端、酒器聚置的方式:如莊李村 M9 的食器銅鼎三、銅鬲一與銅甗一在北部二層臺上,銅甗與酒、水器罍一、尊一、爵二、卣一、盉一、斝一相鄰,上述器物自北向南依次擺放在二層臺東北部,食器簋二與斝相鄰。[4] 白草坡 M1 隨葬銅禮器亦置放在北部二層臺上,第一排由東至西依次是食器方鼎一、甗一,酒、水器尊一、爵一、觶一、盉一、卣二,食器方鼎一;食器方鼎、甗下爲食器簋二。[5] 這種置放方式,似均是以食器甗、鼎與酒器相鄰,酒器聚置,另一端接以食器的方式。[6] 惟劉臺子 M6 聚置之酒器一端接以陶器鬲,另一端接以陶罐與水器盉,與上述西周一期墓葬之擺放方式存在不同。

---

[1] 北京大學考古文博院、山西省考古研究所:《天馬——曲村遺址北趙晉侯墓地第六次發掘》,《文物》2001 年第 8 期。

[2] 就摆放位置而言,亦不排除盉在此作爲酒器之可能,如此 M113 器物置放方式爲酒器與食器分置之情形。

[3] 參見拙作:《高家堡墓葬青銅禮器器用問題簡論》,《商周青銅器與先秦史研究論叢》,第 375－381 頁。

[4] 周原考古隊:《陝西周原遺址發現西周墓葬與鑄銅遺址》,《考古》2004 年第 1 期。

[5] 甘肅省博物館文物隊:《甘肅靈臺白草坡西周墓》,《考古學報》1977 年第 2 期。

[6] 鄭州窪劉西周早期墓葬似亦是此種方式,參見鄭州市文物考古研究所:《鄭州市窪劉村西周早期墓葬(ZGW99M1)發掘簡報》,《文物》2001 年第 6 期,第 30 頁圖三。

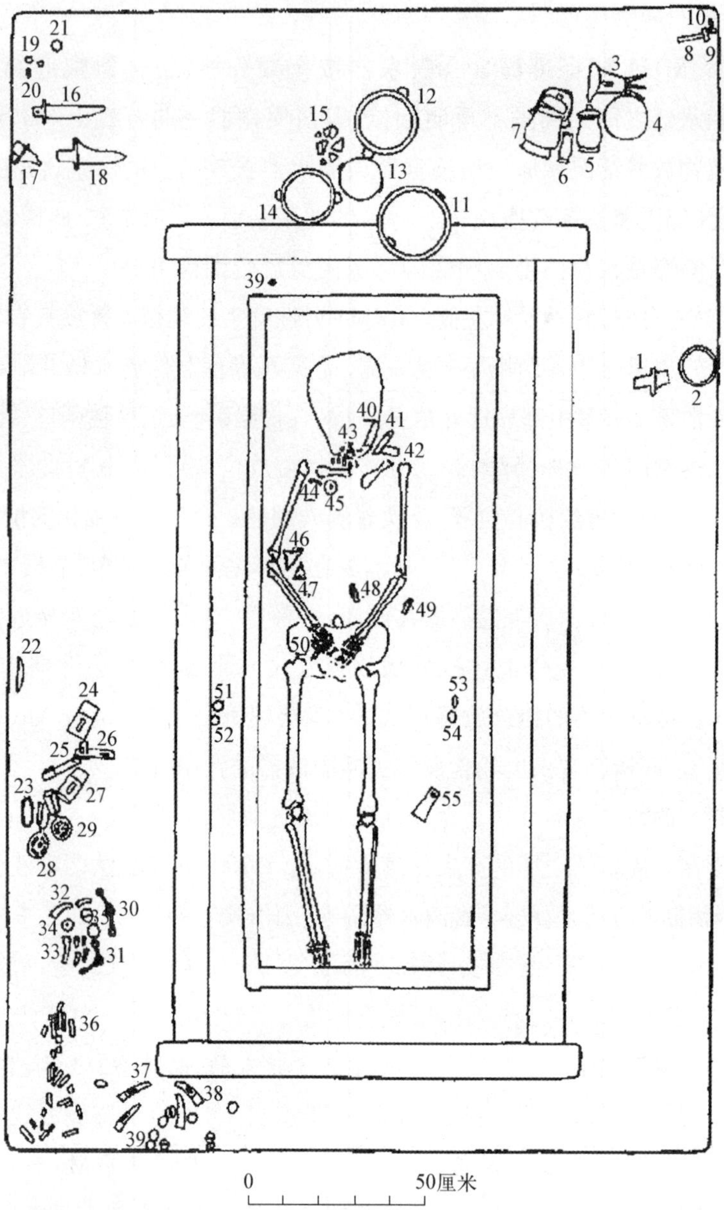

圖四 M242 隨葬器物平面圖
(《平頂山應國墓地Ⅰ》,第 147 頁)

1. 短胡無穿銅戈(明器) 2. 圓泡形銅盾鍚 3. 圓底形銅爵 4. 鼓腹形銅尊 5. 橢圓口形銅觶 6. 圓口形銅觶 7. 橢圓口形提梁銅卣 8. 短榫式碧玉刻刀 9. 蚌帽首 10. 條形玉綴飾 11. 旡鼎 12. 柞伯簋 13. 束頸高足銅鼎 14. 敞口銅簋 15. 平襠柱足陶鬲 16. 無胡銅戈 17. 短胡一穿銅戈 18. 短胡無穿銅戈(明器) 19. 圓泡形蚌飾 20. 橢圓泡形蚌飾 21. 圓泡形蚌飾 22. 圓餅形蚌飾 23. 圓泡形銅盾鍚 24. 素面銅車軎 25、26. 猪首形銅車轄 27. 素面銅車軎 28、29. 銅鑾鈴 30. 瓜子端環形銅馬銜 31. 三角端環形銅馬銜 32、33. 粗首形角鑣 34. 圓泡形蚌飾 35. 圓泡形銅帶扣 36. 鳥形蚌飾 37、38. 粗首形銅馬鑣 39. 圓泡形蚌飾 40、41. 長條魚形玉佩 42. 平行四邊卧鳥形玉佩 43. 海貝琀 44. 蠶形玉佩 45. 璧形玉佩 46、47. 三角卧鳥形玉佩 48、49. 寬體魚形玉佩 50. 弓背龍形玉佩 51－54. 銅棺環 55. 礪石綜上述,同屬西周銅器二期之王畿地區典型墓葬如豐姬墓、孟員墓,諸侯墓葬如葉家山M28、M111,北趙M113與地方宗族墓葬如竹園溝BZM8、劉臺子M6等,其基本器類組合均是一致的,而使用情況却在普遍情況下存在一定差異,似昭示出西周早期複雜社會風貌之一斑。采取將食器分置酒器兩端方式的西周一期墓葬,雖出自王畿地區,但其族屬似與殷遺民關係密切,其遺風在全盤接受了周人器用組合的劉臺子墓葬中仍可得見,體現出西周早期山東地方宗族文化之特色。《左傳》昭公十七年記有孔子"見於郯子而學之"事。清華簡《繫年》第三章:"飛廉東逃于商盍(奄)氏。"據簡文,飛廉是在商邑被攻克後東逃至商奄氏的,既稱"商奄氏",知此"奄氏"爲商人,而奄是商王國屬地。文獻記載盤庚自奄遷至殷,奄一度曾爲商前期末葉之都城。舊説奄地在今曲阜一帶,惟其在商前期末葉的王都地位,尚未得到考古資料的證實,但其位于山東地區當大致無誤。在此基礎上,若進一步講,山東地方宗族與殷人青銅禮器器用的一致性似體現出二者在族群上的密切聯繫。

四、小　結

隨葬銅禮器反映着商周貴族生活的一個側面,其在墓中的擺放位置對於判斷隨葬品的性質與用途,探求墓葬器用觀念等都具有重要意義。在此理論指導下對劉臺子墓葬隨葬銅容禮器使用情況的討論揭示出西周早期偏晚周人的文化特色與文化認同,藉由銅器之基本器類,如食器最重,代表周人酒器文化特色之觶成爲酒器核心器類等情況加以確立,而就擺放位置而言,亦以按大類分置、組合器鄰近爲基本原則,但一期墓葬中與殷遺民關係似較密切之酒水器聚置,食器分置之演變情形,山東地方宗族之劉臺子墓葬提供了一個值得討論的族群器用樣板。

介紹布拉格國立美術館所藏幾件商周時期有銘銅器*

[捷] 石安瑞**

布拉格國立美術館(Národní Galerie v Praze)是管理捷克共和國最大藝術館藏的國立機構,位於捷克首都布拉格,1949 年由其前身——建立於 1792 年的愛國友人藝術協會畫廊改建而成。其下屬亞非藝術分館(Sbírka umění Asie a Afriky, 舊稱東方藝術分館, Sbírka orientálního umění)成立於 1951 年 11 月,由於當時分館館長盧伯爾・哈耶克(Lubor HÁJEK, 1921 - 2000)的不懈努力,分館逐漸搜羅了全國各地陳列館、博物館以及私人收藏的亞非洲地區的大量藝術品,以至于目前藏品共計日、中、韓、藏、南亞、東南亞、非洲以及伊斯蘭文化地區的文物 13 500 多件,成爲了中、東歐館藏亞洲藝術品最重要機構之一,較好地反映出奥匈帝國地區 19 至 20 世紀前半葉對亞非洲藝術的收藏情況。分館經多次搬遷,目前留駐於布拉格市中心的交易會宫(Veletržní palác)。[1]

---

* 本文寫作過程中,得到朱鳳瀚師悉心指導,謹致誠摯謝意。筆者在訪問布拉格國立美術館亞非藝術分館以及在本文寫作過程中曾得到分館中國藝術部主任 Michaela Pejčochová(貝米沙)盡心竭力的幫助,特致謝忱。同時也得到該分館策展人 Lenka Gyaltso 以及國立美術館藝術展覽指導中心主任 Marcela Vichrová 的幫助,在此表示感謝。

** 北京大學歷史學系博士研究生;布拉格查理大學人文學院助理講師。

[1] 東亞藝術分館的基本陳列於 1961 年正式開放,與分館庫房一并位於捷克北部 16 世紀的普洛烏奇尼采河畔貝内紹夫宫堡(Zámek Benešov nad Ploučnicí)。不幸的是,宫堡於 1969 年遭遇火災,約 2 300 件古代文物已徹底銷毁。一説此數主要包括銅器與瓷器,見 Helena Honcoopová, "Lubor Hájek", in Jan Filipský (ed.), *Čeští a slovenští orientalisté, afrikanisté a iberoamerikanisté* (捷克和斯洛伐克的東方學家、非洲學家以及拉美學家), Praha: Libri, 1999, p.157.這裏所説的銅器主要包括唐代以後的文物,與瓷器一起展出在宫堡的上層樓,從火場中拯救出來較困難。宫堡失火之後,亞洲藝術館藏長期遷居布拉格兹布拉斯拉夫宫堡(Zámek Zbraslav),1998 - 2009 年間於此開放基本陳列。2009 年又遷至老城廣場 18 世紀中葉洛可可風格的金斯基宫(Palác Kinských),2011 - 2018 年間開放基本陳列,分館部分庫房位於布拉格交易會宫(Veletržní palác)。金斯基宫基本陳列已於 2018 年 2 月關閉,據了解計劃將亞洲藝術分館的基本陳列遷至國立美術館在城堡廣場的某一宫殿中,藏品暫放交易會宫的庫房中,準備進行開放式庫房陳列。普洛烏奇尼采河畔貝内紹夫宫堡以"中國藝術選粹"(Mistrovská díla čínského umění)爲題的基本陳列於 1961 年 4 月 30 日正式開幕,是捷克斯洛伐克地區博物館、美術館歷史上第一場中國藝術基本陳列,參見 Lubor Hájek, "Chinese Art in a Renaissance Castle"(文藝復興時期宫堡中的中國藝術), *New Orient Bimonthly* 5 (1961): 152 - 154. 捷克文介紹見 Milena Stránská, "Mistrovská díla čínského umění"(中國藝術選粹), *Nový Orient* 9 (1961): 202 - 203. 關於分館所藏中國藏品的英文簡介,見 Ladislav Kesner, "The Chinese and Tibetan Collections in the National Gallery, Prague"(布拉格國立美術館的中國和西藏藏品), *Orientations* 22.8 (1991): 24 - 25.

哈耶克和後任分館館長的拉迪斯拉夫・柯思納(Ladislav KESNER, ＊1961)曾刊布了亞非藝術分館所藏中國古代文物的捷克文目録,著録該分館所藏中國新石器時代至秦代的石器、銅器、玉器、陶器等文物,其中青銅食器、水器、酒器、樂器、兵器、車馬器、雜器、北方系小型銅器約90件。[1] 書中主要從藝術史角度對文物做介紹,但由於捷克文著作流傳範圍十分有限,未得到學界的關注。筆者近年來親自考察該分館收藏的中國古代青銅器,現選其中帶銘文的商周銅器予以簡單的介紹,同時也梳理相關捷克文的資料,以供學界研究。本文寫作時間正好與該館對藏品重新拍攝工作相逢,此次所刊的器物及其銘文的照片(除另有説明者外)均屬首次公布。

一、享簋(館藏號 Vp 29)

通高16.5釐米,口徑25釐米。此簋屬朱鳳瀚《中國青銅器綜論》(以下簡稱《綜論》)Ba型Ⅰ式,腹壁斜直,近底部圓曲内收,口沿微侈,方唇外折,底近平。無耳,較高坡狀圈足,腹部較深(圖一)。[2] 頸部飾小鳥紋,鈎喙,有冠羽,尾後部平齊,末端尾羽分叉,向兩邊微張。

圖一　享簋器影
© National Gallery in Prague 2017

圖二　享簋外底卷龍紋[3]

[1] Lubor Hájek, Ladislav Kesner ml., *Nejstarší čínské umění ve sbírkách Národní Galerie v Praze*(布拉格國立美術館所藏最早的中國藝術品), Praha: Národní galerie v Praze, 1989. 部分藏品亦見於 Ladislav Kesner (ed.), *Mistrovská díla asijského umění ze sbírek Národní galerie v Praze*(布拉格國立美術館藏亞洲藝術選粹), Praha: Národní galerie v Praze, 1998.部分銅器也爲柯思納的一篇英文文章所介紹,見 Ladislav Kesner, "Ancient Chinese Bronzes and Jades in the National Gallery, Prague"(布拉格國立美術館所藏古代中國銅器和玉器), *Orientations* 19.12 (1988): 28－38.

[2] 朱鳳瀚:《中國青銅器綜論》,上海:上海古籍出版社,2009年,第126－131頁。

[3] 摘自 Lubor Hájek, Ladislav Kesner ml., *Nejstarší čínské umění ve sbírkách Národní galerie v Praze*(布拉格國立美術館所藏最早的中國藝術品), p.171, fig. 64c.

鳥圓目甚凸出,以雲雷紋襯地。兩隻鳥爲一組,共六組,右向與左向兩組之間均有一小浮雕獸首。腹部飾菱形格,每格内有雷紋八組,中間一平圈。圈足紋飾與頸部同,惟鳥尾後部垂直下折,無獸首,有小扉棱三條。外底飾簡單的陽文蟠龍紋(圖二)。此簋形制與北京故宫博物院所藏㚸簋近似,惟故宫簋腹部菱形格中部凸起成乳釘紋、圈足飾獸面紋。[1] 屬商後期前段偏晚,約殷墟青銅器二期晚段至三期早段。[2]

簋内底鑄銘一字,作"享"(圖三,1)。通過書體對比可知此銘已見著録,爲陳介祺(1813－1884)舊藏器,拓本見於《簠齋吉金録》卷3、方濬益的《綴遺齋彝器款識考釋》卷6等晚清金石學家圖録中,後收入《殷周金文集成》02987(圖三,2)。[3] 今將《集成》所收拓本與布拉格簋銘對比,除書體一致外,拓本所示銅銹痕迹亦與實物相吻合。"享"字見於故宫博物院藏的商後期享簋銘(《集成》02986,銘文作"",器形未見),兩個"享"字構形相同,惟書體稍微有别。西安馬王鎮出土一件商代後期的觚,銘文作"册享"(《商周青銅器銘文暨圖像集成》09422),[4] 傳世器銘有"册享"(如《集成》07167－07170 等),可見"享"應是氏

1

2

圖三　享簋銘文

1. 享簋内底銘文　2.《集成》02987 拓本[5]

[1] 㚸簋器形見梅原末治:《冠斝樓吉金圖》卷上,京都:小林出版部,1947 年,第 16 頁。

[2] 殷墟青銅器分期參見岳洪彬:《殷墟青銅容器分期研究》,劉慶柱主編:《考古學集刊》第 15 集,北京:文物出版社,2004 年,第 51－100 頁,也收入中國社會科學院考古研究所夏商周考古研究室編:《三代考古》(一),北京:科學出版社,2004 年,第 298－349 頁。

[3] 中國社會科學院考古研究所編:《殷周金文集成》(修訂增補本),北京:中華書局,2007 年(以下簡稱《集成》)。

[4] 吴鎮烽編著:《商周青銅器銘文暨圖像集成》,上海:上海古籍出版社,2012 年(以下簡稱《銘圖》)。

[5] 摘自中國社會科學院考古研究所編:《殷周金文集成》第六册,北京:中華書局,1988 年,第 02987 號器。

名,[1]可能與“作册”這一官職有關。[2] 馬王鎮張家坡西周墓地 M163 又出土西周早期的青銅尊,銘文作“父丁享戉”(《集成》05738),[3]可知西周早期至少還存在享氏的一個分支,此後未見事迹。

該器爲陳介祺舊藏,傳出安陽,1951 年 4 月在中國購買入藏。

器影著録:[4]《問題》第 156 頁(全形)、第 157 頁(外底、外壁紋飾);《傳統》圖版 2(全形)、第 166 頁圖 2(外壁、外底紋飾);《中藝》圖版 2;《遠東》第 283 頁圖 30(外壁紋飾);《銅玉》第 31 頁圖 3(全形)、圖 4(外底紋飾);《國美》第 170 頁圖 64(全形)、圖 64c(外底紋飾)、第 171 頁圖 64a(器物細節);《選粹》第 55 頁。

銘文著録:《簠齋》卷 3 葉 16a(敦二十二“廟形百乳敦”);[5]《綴遺》卷 6 葉 2b(“臺門形敦”);《愙齋》第 7 册葉 2b(“享字敦”);《鬱華》第 9 册第 5 張拓本;《奇觚》卷 3 葉 1a(“享敦”);《殷存》上卷葉 10a(“敦”);《小校》卷 7 葉 54a(“敦”);《三代》卷 7 葉 1b 右上(“享簋”);《問題》第 157 頁;《傳統》第 166 頁圖 2;《總集》第 3 册編號 1745;《集成》第 6 册編號 02987;《國美》第 170 頁圖 64b(摹本);《銘圖》第 7 册編號 03539。

二、作彝觚(館藏號 Vp 708)

通高 22 釐米。屬《綜論》Ba 型Ⅳ式,體形較瘦長,喇叭形口,口沿凸凹不平,頸壁上段曲率不一,中腰微外鼓,圈足底部作高階狀(圖四)。腹部最大徑與通高比例數約爲 0.19。圈足上部飾弦紋兩周,腹部飾由雲雷紋組成的兩組簡省獸面紋,獸面僅保留目、角。獸面中軸綫有小扉棱。屬商代後期前段偏晚,約殷墟青銅器二期晚段至三期早段。

圈足内壁鑄陽文銘 2 字,作“乍(作)彝”(圖五)。“作”字以上的銹層較厚,是否還有文字待去銹後確定。[6]

---

[1] 享氏銅器一覽表見何景成:《商周青銅器族氏銘文研究》,濟南:齊魯書社,2009 年,第 441、632 頁。另外,《甲骨文合集》26993(無名組)有以下卜辭:“壬子卜,其往望,叀白令。叀享令。”這裏“享”很可能指享氏成員,參見郭沫若主編,中國社會科學院歷史研究所編:《甲骨文合集》第 9 册,北京:中華書局,1981 年,第 3330 頁。

[2] 張懋鎔:《試論商周青銅器族徽文字獨特的表現形式》,《文物》2000 年第 2 期,第 48－49 頁。但也有不同的意見,參考風儀誠:《再談商周族徽中的“册”字》,《饒宗頤國學院院刊》創刊號,香港:中華書局,2014 年,第 225－232 頁。

[3] 中國社會科學院考古研究所編:《張家坡西周墓地》,北京:大百科全書出版社,1999 年,第 155、159－161 頁。

[4] 以下所引書籍簡稱請參見本文末的《引用書目簡稱表》。

[5]《簠齋》曾著録兩件簋外底上紋飾的拓本(“敦十七”、“敦二十六”),不知爲何未録享簋的外底紋飾。

[6] 夭作彝觚銘文(《集成》07205－07206)與布拉格觚很接近,作“夭乍(作)彝”,亦爲陽文。青銅觚足内壁銘作陽文較多見,如亞弜觚(《集成》06958)、叡作父戊觚(《集成》07294－07295)、登觚(《集成》07258)等。

圖四　作彝觚器影
© National Gallery in Prague 2017

圖五　作彝觚銘文
© National Gallery in Prague 2017

20 世紀 30 年代初歸於捷克著名的立體派藝術家艾彌兒・斐拉(Emil FILLA,1882－1953),應爲 20 世紀上半葉中國海關總税務司官員約瑟夫・馬吉内克(Josef MARTÍNEK,1888－1976)舊藏品。[1] 1961 年遺贈入藏。

器影著録:《問題》第 164 頁;《傳統》圖版 7;《中藝》圖版 9;《宫堡》第 36 頁;《國美》第 139 頁圖 43。

銘文著録: 未見。

三、弓爵(館藏號 Vp 2909)

通高 18 釐米。屬《綜論》Db 型Ⅱ式,窄長流尖尾,直筒狀腹,横截面作圓形,卵底,菌狀柱較矮,立於口沿上流折旁,三條三棱形錐足外撇,鋬寬度均勻,但縱截面中部粗、兩端薄,作"⟫"形(圖六)。柱頂飾渦紋,腹部飾雷紋組成的簡省獸面紋,僅保留獸目。器形、紋飾與

[1] 馬吉内克係 20 世紀初捷克斯洛伐克收藏中國藝術品最重要的收藏家之一,詳見下文。斐拉所藏的中國藝術品大多也是從馬吉内克那裏購買的,參考 Tomáš Winter,"Emil Filla, primitivismus a mimoevropské umění"(艾彌兒・斐拉,原始主義和非歐洲藝術),布拉格查理大學藝術史系博士學位論文,2005 年,第 144－151 頁(斐拉藏中國藝術品目録)。1931 年馬吉内克在布拉格舉辦一次中國藝術品銷售展的目録中記録一件通高 22 釐米的青銅觚,大小與裴拉藏觚相同,應是同一件器物,參見 *163. výstava SVU Mánes: Čínské umění. Kolekce Martínkova. Výstavní sály budovy Mánes v Praze. 5. prosince－31. prosince 1931* (馬内斯美術聯盟第 163 次展覽:中國藝術——馬吉内克的收藏;布拉格馬内斯畫廊,1931 年 12 月 5 日至 31 日),Praha: SVU Mánes, 1931, p.11.

1950 年武官大墓 W1 陪葬墓出土的爵[1]以及 1959 武官北地出土的爵(M1：6)[2]基本相同,年代在商代後期前段,約殷墟銅器二期。

圖六　弓爵器影
© National Gallery in Prague 2017

圖七　弓爵銘文
© National Gallery in Prague 2017

鋬下鑄銘 1 字,作“”(圖七)。字底水平與器表面相等,僅有字的輪廓作陽文,類似做法已見於角(《集成》07756)、旅爵(《集成》07426)等器物。這些銘文製作方法較簡單,僅在陶範上刻上文字的輪廓即可。

“”字哈耶克釋“弓”,認爲是氏名,[3]這裏需要加一點説明。此字與“弓”字有明顯的差别,典型“弓”字上端均有下折的一短斜筆。如安陽出土的“亞弜”組銅器銘文中“弜”字較正規的寫法作“”(亞弜箕銘文,《銘圖》19272,殷墟劉家莊北地 M793 出土),傳世器銘文又作“”(亞弜鼎銘文,《集成》01399),均保留了“弓”字的特點。但同一組器亦有作“”者(亞弜鼎銘文,《集成》01400,殷墟小屯 M5[婦好墓]出土),上端無折筆,構形與爵銘相似,爵銘的“”字或與此字有關。如是,則此字或是“弜”字的簡略寫法,或是“弓”字的雙鈎寫法。考慮銘文的製作方法,若想刻出“弜”字,則很容易將兩個“弓”字分開,因此,此字爲“弓”字的雙溝寫法的可能性更大。此字之所以缺乏

---

[1] 郭寶鈞:《一九五〇年春殷墟發掘報告》,中國科學院考古研究所編:《中國考古學報》第 5 册,北京:中國科學院,1951 年,圖版貳壹:2。

[2] 中國社會科學院考古研究所編著:《殷墟青銅器》,北京:文物出版社,1985 年,圖版九五、圖三:2;中國社會科學院考古研究所編著:《殷墟發掘報告(1985－1961)》,北京:文物出版社,1987 年,第 242 頁圖一八四:1、圖版六〇:3。

[3] Lubor Hájek, Ladislav Kesner, *Nejstarší čínské umění ve sbírkách Národní Galerie v Praze*(布拉格國立美術館所藏最早的中國藝術品), p.140.

一般"弓"字的特徵,可能就是雙鈎寫法所致。[1] 爲了檢索方便,暫可名之爲弓爵。"弓"、"弜"作爲族名均見於商金文以及殷墟甲骨刻辭。

該器爲捷克斯洛伐克某收藏家舊藏,1980年購買入藏。

器影著録:《國美》第138頁圖42。

銘文著録: 未見。

四、作旅彝卣(館藏號 Vp 20)

通高20釐米。屬《綜論》Eb型扁罐形卣,腹最大經在下腹部,橫截面呈橢圓形,圈足外侈,足底部作矮階狀。圈狀蓋鈕,蓋兩側伸出呈竪犄角形,蓋緣較矮。頸部兩側有環鈕,套接扁提梁,提梁兩端作大耳長鼻獸首形(圖八)。頸部、蓋壁上部所飾長卷尾鳥紋形體相同(即《綜論》B型Ⅱ式),短身,鈎喙,有兩股冠羽,一股短後垂,一股長前垂。尾與身體相連,長尾羽分爲兩股,上股較細而短,上部有一岐羽;下股粗長,末端上翻卷,下部有二歧羽。唯頸部中心前後浮雕大耳雙角獸首,而蓋僅飾簡單的隔離綫及其左右側相背的E形紋。均以雲紋爲地,提梁飾變形蟬紋。屬西周中期偏早。

圖八　作旅彝卣
© National Gallery in Prague 2017

1　2

圖九　作旅彝卣銘文
© National Gallery in Prague 2017
1. 蓋内銘文　2. 器内底銘文

---

[1] 上文提到1950年武官大墓陪葬墓W1出土一件舊稱守乙爵的青銅器,其器形、紋飾與此爵相同,其鋬下鑄陽文銘2字(《集成》08012),一般釋爲"叏(守)乙"。細看拓本,第二字釋"乙"未嘗不可,但似亦有與"[illegible]"字相聯繫的可能,這一問題有待清晰拓本或照片來解決。1934－1935年侯家莊西北崗M1001出土一件守戈爵(M1001∶R11001),銘文作"叏(守)戈",可供參考,該爵雖殘,但仍可辨認其器形、紋飾與前兩件爵相似,見李濟、萬家保:《古器物研究專刊》第二本《殷墟出土青銅爵形器之研究》,臺北:中研院歷史語言研究所,1966年,圖版貳伍,後收入李濟:《殷墟青銅器研究》,上海:上海人民出版社,2008年,第190頁圖29。

器、蓋内底均鑄銘"乍(作)旅彝"三字(圖九)。包括此件器物,僅銘"作旅彝"的卣目前已見8件。[1]

1952年2月在中國購買入藏。

器影著録:《問題》第165頁;《藝展》圖版2(展覽目録編號5);《傳統》圖版9;《捷藏》附圖版第4頁(上);《中藝》圖版5;《宮堡》第37頁;《四千》圖版78;《銅玉》第32頁圖5;《國美》第151頁圖51;《選粹》第56頁。

銘文著録:《國美》第151頁圖51a(蓋内銘文黑白照片)、圖51b(蓋内銘文摹本)。

五、鄭登伯鬲(館藏號 Vp 66)

通高13.5釐米。屬《綜論》A型Ⅲ式聯襠鬲,寬口沿外折,短直束頸,腹部與三足相應處有高扉棱,底近平,蹄形足跟部較粗大(圖十)。腹部飾變形獸面紋,獸面中心綫有扉棱,以雷紋爲地。屬西周晚期偏晚至春秋早期偏早。

圖十　鄭鄧伯鬲器影
© National Gallery in Prague 2017

圖十一　鄭鄧伯鬲銘文
© National Gallery in Prague 2017

頸内壁鑄銘文8字,反書,作"奠(鄭)登(鄧)白(伯)乍(作)弔(叔)嫱薦(薦)鬲"(圖十一)。已知的同銘鬲共三件,分别爲北京故宫博物院(《集成》00597－00598)和南京博物院(《集成》00599)所藏,但器形僅故宫一鬲可見(即《集成》00597之器),[2]布拉格鬲器形、紋飾與故宫此鬲完全相同。四篇銘文書體基本相同,根據"登"、"乍"、"弔"、"嫱"、"薦"字皆反書可推測全銘反書。"薦(薦)"下面從艸,"薦鬲"是指進獻祭品用的鬲。

[1] 其他同銘器即《集成》05029、05030、05031、05032、05118(按:此卣銘共4字,但第1字爲後刻),《新收》948以及《新收》1826。

[2] 黄濬:《尊古齋所見吉金圖》卷2,北京:北平彩華珂羅版印刷局,1936年,葉21。亦見容庚:《商周彝器通考》下册,北京:哈佛燕京學社,1941年,第90頁160號器。

“鄭鄧伯”似指在鄭地的鄧氏的族長,可能是嫚姓鄧氏在鄭地的一個分支,氏名前加了地名是爲了與大宗相區分,[1]銘文還見“鄭鄧叔”(《集成》04396,《銘圖》05581)。此“鄭”的地望不明,歷來有陝西鳳翔一帶、華縣一帶兩説。[2] 從金文資料看是西周時期最重要城邑之一,爲周王經常活動的地點,也爲不少貴族世族或其分支的定居地點,銘文有“鄭凡媿”(《集成》02415)、[3]“鄭井伯”(《銘圖》03333)、“鄭井叔”(《集成》00580－00581、926、04400－04401)、“鄭虢仲”(《集成》04024－04026、02599)、“鄭義伯”(《集成》04391)、“鄭鑄友父”(《集成》00684)、“鄭楙叔”(《集成》09631)、“鄭饔遼父”(《集成》02493)、鄭噩叔(《銘圖》02122)等,可見凡、井、虢、義、鑄(祝)、楙(茅)、饔(雍)、噩(鄂)等氏族或其分支均居住於鄭地,説明此時鄭地已有大型多世族聚落的性質。[4] 金文還見以豐、井兩個地名爲氏名的限定語,豐地有“豐井”(《集成》00919)、“豐井叔”(《集成》03923)、“豐南伯”(《集成》04113)、“豐兮尸”(《集成》04001),井地有“井戈叔”(《集成》03891),疑大克鼎銘文中的“井微”(《集成》02836)或亦屬此類。至於爲什麽現有材料以地名限定氏名的現象幾乎僅限於鄭地,這一問題尚待深入的研究,但可以認爲鄭在西周晚期偏晚的政治勢力與此聚落的繁盛有密切的關係。

傳世有一件鄭鄧伯鼎,未見器形,銘文作“奠(鄭)登(鄧)白(伯)伋(及)弔(叔)嫦乍(作)寶鼎,其子=(子子)孫=(孫孫)永寶用”(《集成》02536),此鄭鄧伯與鬲的作器者應是同一人。傳世的鄭鄧伯作器還有兩件盨(傳1949年前洛陽邙山南坡出土,《銘圖》05569,目前僅見此一件盨著録),[5]但由於“鄧伯”可指多代鄧伯,不一定爲同一人所作。

1951年在布拉格Antikva古董拍賣行購買入藏。[6]

---

[1] 張長壽:《論井叔銅器——1983－1986年灃西發掘資料之二》,《文物》1990年第7期,第34頁;韓巍:《西周金文世族研究》,北京大學中文系博士論文,2007年,第27、43、128、140－141頁。

[2] 關於鄭的地望參考李峰:《西周金文中的鄭地和鄭國東遷》,《文物》2006年第9期,第70頁。

[3]《左傳》僖公二十四年稱凡氏爲周公之後裔,姬姓,故“鄭凡媿”不可能指嫁給鄭氏的凡氏女性,而只能指嫁給凡氏的媿姓女性,“鄭”字限定凡氏這一分支的所在地。

[4] 關於鄭的地位參見李峰:《西周金文中的鄭地和鄭國東遷》,《文物》2006年第9期,第72－73頁。關於鄭地這些氏族的婚姻聯盟見劉麗:《出土傳世文獻所見鄭國婚姻關係探討》,《出土文獻》第6輯,上海:中西書局,2015年,第33－40頁。

[5] 對此器的研究見張應橋、蔡運章:《奠登伯盨跋》,《文物》2009年第1期,第45－47頁。

[6] 捷克斯洛伐克1948年政變後開始逐漸施行各方面的國有化,拍賣行業不例外,1949年成立國有古董拍賣行Antikva(全稱Národní podnik Obchodní domy, závod Antikva,即百貨公司國有企業Antikva分公司,1952年改屬Národní podnik Obchod klenoty, hodinami a starožitnostmi[寶石時鐘古董商國有企業]管轄),是當時捷克斯洛伐克唯一的正式古董拍賣行,除了管理國內古董買賣外,亦負責古董的進出口工作;拍賣品的主要來源是私人古董店、拍賣行藏品以及對私人財産的没收充公,不知此鬲的來源屬哪一類。1952年底新成立Artia進出口文化財産外貿企業,接管古董、藝術品、音像等文化財産的進出口工作,另外還負責出版捷克斯洛伐克作品的外文版,哈耶克關於中國古代藝術著作的外文版即由此出版社出版。

器影著録:《國美》第 155 頁圖 54。

銘文著録: 未見。

六、關於 20 世紀中國古代銅器至捷克斯洛伐克的輸入渠道

中國古代青銅器在 20 世紀到捷克斯洛伐克的輸入過程可分爲兩個主要階段。第一階段爲 20 世紀 20 – 30 年代,主要依靠長期居住中國并對亞洲藝術感興趣的捷克斯洛伐克人,古代銅器方面最重要的收藏家是上文已提及的約瑟夫・馬吉内克(Josef MARTÍNEK,1888 – 1976)。馬吉内克於 1906 年離開布拉格,不久後定居中國,任天津海關税務司職員,1910 年前後開始收藏古玩等藝術品,1922 年,馬吉内克的部分收藏品由大英博物館收購。[1] 1929 年以前,馬吉内克遷至上海,任中國海關總税務司某科主任。1930 年和 1931 年,他在布拉格分别舉辦了兩次中國藝術品銷售展,1930 年許多展品由捷克斯洛伐克政府收購,1931 年大量展品由德國幾座博物館購得。[2] 不過,馬吉内克舊藏之器當中亦收許多僞器,布拉格國立美術館庫房中以及位於布拉格的納普爾斯特克亞非美文化博物館(Náprstkovo muzeum asijských, afrických a amerických kultur)庫房中尚能見到不少。

除了馬吉内克以外,此時還有少數外交官、企業家等人士也從中國帶回一些古代文物,

---

[1] 1922 年 1 月,馬吉内克藏品在倫敦帕蒂克和辛普森拍賣行(Puttick & Simpson)進行兩次拍賣,主要包括明清時期的繪畫與文物,但也包括幾件漢代以前的文物,參見拍賣目録 *Catalogue of Old Chinese Paintings. The Property of J. Martinek, Esq. of Tien-tsin, and The Property of a Gentlemen, which will be sold by auction by Messrs. Puttick & Simpson … on Friday, January 6th, 1922 at ten minutes pas one o'clock precisely* (中國繪畫目録,天津的 J・馬吉内克先生以及無名氏所有,將由帕蒂克和辛普森先生拍賣,1922 年 1 月 6 日星期五一點十分整), London: Puttick & Simpson, 1921 – 1922; *Catalogue of Chinese Porcelain and Objects of Art. The Property of J. Martinek, Esq., of Tien-tsin. Old English Furniture and Eastern Rugs from Various Sources, which will be sold by auction by Messrs. Puttick & Simpson … on Friday, January 13th, 1922 at ten minutes pas one o'clock precisely* (中國瓷器與其他藝術品目録,天津的 J・馬吉内克先生所有;各種來源的英國古家具與東方地毯,將由帕蒂克和辛普森先生拍賣,1922 年 1 月 13 日星期五一點十分整), London: Puttick & Simpson, 1921 – 1922. 此後還有幾次馬吉内克藏品在倫敦拍賣。

[2] 以上關於馬吉内克的敘述多據 Ladislav Kesner (ed.), *Mistrovská díla asijského umění ze sbírek Národní galerie v Praze*, p. 11 – 12. 這兩次展覽當時出目録,即 *Výstava starého čínského umění. Kolekce J. Martinka. Veletržní palác v Praze VII., 2. patro. 16. březen – 1. květen 9 – 18 hod.* (中國古代藝術展: J・馬吉内克的收藏;布拉格七區貿易展覽會中心二層,3 月 16 日至 5 月 1 日 9 點至 18 點), Praha: typ. Grafia, 1930 以及 *163. výstava SVU Mánes: Čínské umění. Kolekce Martínkova. Výstavní sály budovy Mánes v Praze. 5. prosince – 31. prosince 1931* (馬内斯美術聯盟第 163 次展覽: 中國藝術,馬吉内克的收藏;布拉格馬内斯畫廊,1931 年 12 月 5 日至 31 日), Praha: SVU Mánes, 1931. 這兩本目録内容較簡略,僅列藏品名稱、年代、材質以及價格(1930 年目録)或者大小(1931 年目録),圖片資料稀少。兩本目録中一共出現 11 件先秦青銅禮樂器,但僅有一件鬲鼎的照片(1931 年目録中第 6 號器,據目録介紹鑄有 6 個字的銘文[目録第 11 頁]),照片見圖版 9。

如20世紀20年代任職于捷克斯洛伐克駐京代表處并任國立藝術專門學校西洋畫教授的沃伊傑赫·齊蒂爾(Vojtěch CHYTIL,1896－1936)[1]或30年代任捷克斯洛伐克駐哈爾濱領事的魯道夫·海納(Rudolf HEJNÝ,1882－1957)。[2]

第二階段爲20世紀50年代。此時兩個年輕的社會主義國家政治關係友好、交流頻繁。1951年初,捷克斯洛伐克教育、科學和藝術部向捷克斯洛伐克駐華大使館撥款,以便派遣訪華的捷克文化代表團的成員在中國爲國立美術館購買中國藝術品,至於1954年已積累了相當多的古代文物和古代、現代藝術品。[3] 然而,此時中央人民政府政務院頒發《禁止珍貴文物圖書出口暫行辦法》已生效,其中明確禁止"古代金、石、玉、竹、木、磚、瓦等之有銘記者"以及"古代生産工具、兵器、禮樂器"出國,只能"由中央人民政府政務院核准運往國外展覽、交換、贈予",[4]導致當時所購買的文物無法出口。據哈耶克追記,通過接近兩年的外交談判才達成協議,少數文物(約3%)遵守出口禁令,部分文物允許出口(約二分之一,本文所介紹的享簋以及作旅彝卣即屬此情況),而剩餘部分爲中央政府所回購并捐贈給布拉格國立美術館。[5]

---

[1] 齊蒂爾在1921－1925年間於捷克斯洛伐克駐京代表處任職,1923－1927年間在北京國立藝術專門學校任教。在此之前,齊蒂爾以士兵身份加入奥匈帝國軍隊參與第一次世界大戰,逃兵之後經過西伯利亞和日本到達中國,1917年定居漢口,1919年搬到北京,1920年初回國。因自己是畫家,齊蒂爾對中國古代、現代繪畫最感興趣,成爲歐洲收藏中國現代繪畫最重要藏家之一,但其收藏品亦包括一些古代文物。關於齊蒂爾的生平事迹,可參見貝米沙著,周蓉、黄凌子譯:《布拉格的東方眼:捷克畫家齊蒂爾研究》,南寧:廣西美術出版社,2017年。

[2] 海納於1931－1939年間擔任捷克斯洛伐克駐哈領事,1939年3月納粹德國侵占捷克,領事館解散,海納回國退休。他舊藏的兩件青銅戈亦歸布拉格國立美術館。一件爲商代晚期的銎内戈(館藏號Vp 444),通長19.7釐米,援長13.6釐米,援最寬處6釐米,内部有銎,内部最寬處4.1釐米。長條形援,尖部圓鈍呈舌形,橢圓形銎接於援本中部偏上,内上下邊緣和中部有三道平行的凸棱,内後端長方形,上端去角,形制與1984－1988年大司空村M11出土青銅戈(84－88M11:1)、侯家莊M1001:R6825的青銅戈基本相同,年代在商晚期前段(約武丁至祖甲時期)。此戈援上近銎處有銘兩字,作"朕乍(作)",從其位置以及書體較晚的特徵看,銘文係後加的,疑爲蝕刻。此戈及其銘文著録見《四千》圖版75(全器)以及《國美》第121頁圖20(全器)、20a(銘文細部照片)和20b(銘文摹本)。另一件爲東周時期的直内戈(館藏號Vp 445),通長19.5釐米,闌高12.5釐米,直援尖鋒,援扁平無脊,中長胡,闌下出齒,闌側二長穿(中下部)和一小穿(上部),長方形内,中部一横穿,年代在春秋晚期至戰國早期。此戈内上有銘文,但爲銹斑所掩而不可辨,具體内容有待清理之後的進一步研究。器影著録見《國美》第119頁圖17。

[3] 詳見Michaela Pejčochová, *Masters of 20th-Century Chinese Ink Painting from the Collections of the National Gallery in Prague*, Prague: National Gallery in Prague, 2008, p.35.

[4] 此辦法的原文可參見中央人民政府政務院:《禁止珍貴文物圖書出口暫行辦法》,中央人民政府文化部文物局資料室編:《文物參考資料》第一至六期彙編,1950年,第5－8頁。

[5] Lubor Hájek, "Doslov"(後敘), in *Čínská keramika ze sbírek Národní galerie v Praze*(布拉格國立美術館所藏中國陶器), edited by Milena Horáková, Praha: Národní galerie v Praze, 1994, p.21; Lubor Hájek, "O Sbírce orientálního umění v Národní galerii"(關於國立美術館東方藝術的館藏), *Kritická příloha Revolver Revue* 2 (1995): 45;哈耶克於1954年在中國進行修學訪問,在北京亦親自(轉下頁)

另外,此時來華外交官、工程師、漢學家等文化代表團成員經常也獲得了一些古代中國藝術品,銅器方面可提到1950年至1952年間任捷克斯洛伐克駐華大使館總領事安東尼·哈謝克(Antonín HAŠEK,1908－1983),其舊藏之銅器有幾件目前亦歸布拉格國立美術館。[1]

附録一:辛墉鼎

哈耶克所著《中國藝術:關於中華民族藝術傳統》一書圖版8著録了一件銅鼎的黑白照片,據捷克文版所附炭畫筆拓本可知器内壁有“辛墉”兩字的銘文,[2]此銘爲《集成》

(接上頁)參與了古文物收購工作,據他追記,這些文物多購於琉璃廠等處北京古玩肆。這次訪問中哈耶克也參觀了中國各地博物館,在回憶中提到陪同他多次參觀故宫博物院的唐蘭教授以及招待他訪察北京歷史博物館的韓壽萱館長使他留下了深刻的印象,見Lubor Hájek,“Z čínských museí”(中國博物館訪問記),*Nový Orient* 6(1955):90－91;Lubor Hájek,“Reportáž z návštěvy Palácového muzea v Pekingu(北京故宫博物院訪問記)”,in *Západ slunce na moři: studie o mimoevropském umění*(海上日落:非歐洲藝術研究),edited by Ladislav Kesner,Praha:Nakladatelství H&H Vyšehradská,2009,p. 206.

[1] 其中有一件商晚期的鬲鼎(Vp 3138),窄沿方唇,雙立耳,分襠三柱足,腹部有三道扉棱,頸部飾夔紋,腹部飾下卷角獸面紋,以雷紋襯底,足飾蟬紋,約殷墟青銅器三至四期。内壁有銘文兩三字,但爲銹層所遮,僅能釋出一個“册”字,全文待去繡後確定。關於此鼎的介紹,見Ladislav Kesner,“Introducing a Newly Acquired Bronze Ding Vessel from the Late Shang Period”(介紹新藏的一件商晚期青銅鼎),*Bulletin of the National Gallery in Prague* 1(1991):114－115. 器影又參見《傳統》彩版Ⅱ、圖版4－5(紋飾細節)、《中藝》圖版1或《四千》彩版Ⅶ。

[2] Lubor Hájek,*Čínské umění. O národní výtvarné tradici čínské*(中國藝術:關於中華民族藝術傳統),Praha:SNKLHU,1954,p.167. 該書同時還出英文版*Chinese Art in Czechoslovakia*(在捷克斯洛伐克的中國藝術;translated by Wellington Chung,Prague:Artia,1954)和德文版*Chinesische Kunst in tschechoslowakischen Musseen*(Deutsche Übersetzung A[lžběta] Kučerová,Prag:Artia,1954)。1955年又出了德文增訂版,這些書均未刊載此炭畫筆拓本。哈耶克的這本書在國内外甚受歡迎,多次再版。在此書基礎上,哈耶克又出了*Chinese Art. Photographs by Werner Forman*一書(中國藝術:維爾納·福爾曼攝;London:Spring Books,1956),此書又出德文版*Chinesische Kunst. Fotografien von Werner Forman*(Prag:Artia,1956)和法文版*L'art chinois. Photographies Werner Forman*(traduit par Lise Ricol,Prague:Artia,1958)。又有Lubor Hájek,Werner Forman,*A Book of Chinese Art. Four Thousand Years of Sculpture,Painting,Bronze,Jade,Lacquer and Porcelain*一書(中國藝術之書:雕塑、繪畫、青銅器、玉器、漆器和瓷器的四千年;translated by Arnošt Jappel,London:Spring Books,1966),該書也出法文版*L'art chinois*(traduction de Konstantin Jelinek,Paris:Nouvelle office d'édition,1966)和西班牙文版*El Arte Chino*(traducción del alemán de Carlos Gerhard,México:Fondo de Cultura Económica,1966),這些書所載的照片及其數量與1954年的捷克版基本相同。哈耶克書中的照片都爲著名的古代文物攝影師維爾納·福爾曼(Werner FORMAN,1921－2010)所攝,出版後頗引中國文物界的矚目,1956年福爾曼應邀在中國各地博物館訪問兩個月,同時也爲中國攝影師舉辦了一系列關於文物攝影的講座。福爾曼當時在中國的十座博物館中拍了268件古代文物照片,原來計劃刊用於鄭振鐸主編的一本書,至1962年才整理出版,爲國際書店外文系列的書(*The Relics of Ancient China*,Peking:Guozi Shudian,1962)。不幸出版後不久,由於中國當局内部原因,此書的印量全部銷毁,今天僅有幾本存世。福爾曼的小傳可參見“Werner Forman” *The Times*,2010年2月26日,第84版。

01296 所收,器即《西清古鑒》卷三葉 38 所著録的"周辛癸鼎"。據哈耶克書的介紹,此鼎通高 20 釐米,與《西清古鑒》"高五寸一分(筆者按:即 16.3 釐米),深三寸三分,耳高九分(筆者按:即 2.9 釐米)"[1]也大致相吻合。書稱該鼎爲"布拉格國立美術館藏品",但根據美術館的檔案,該鼎從來非美術館所有。此鼎曾於 1954 - 1955 年在國立美術館舉辦的中國藝術展覽上展示過,據展覽目録中對此鼎的文字介紹可知,其實爲捷克斯洛伐克某私人收藏家提供展覽,[2]下落不明。由於該鼎器形除了《西清古鑒》綫圖以外未見著録,現將該書照片附上以供學者參考(圖十二)。

1

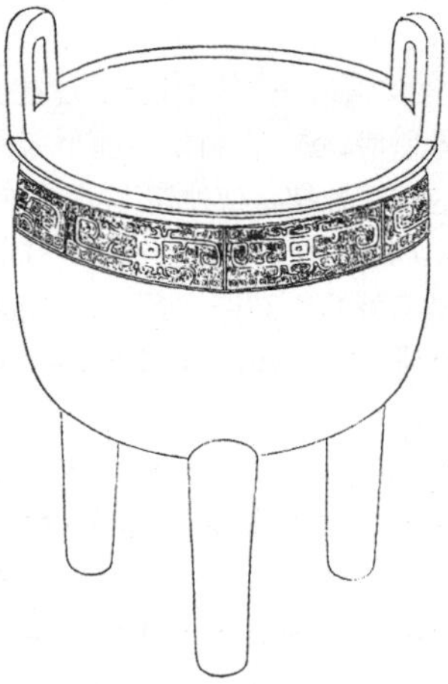
2

圖十二　辛墉鼎

1. 辛墉鼎器影(Werner FORMAN 攝)[3]　2.《西清古鑒》辛墉鼎器形摹本[4]

該鼎屬《綜論》Ac 型Ⅲ式,雙立耳稍外撇,窄沿方唇,中腹,腹壁近直,最大徑在腹上部,圜底,柱足較高,足根部略粗。口下飾一周省變形獸面紋,紋飾以目紋爲中心,左右兩側各伸出兩條平行的條紋,條紋末端一上卷,一下卷,目紋上下各有一對羽狀紋,各條紋主綫上下亦有羽狀紋若干處,以雲雷紋襯地(圖十三)。[5] 結合器形、紋飾、銘文特徵,此器年代在商後期前段,約殷墟青銅器二期。

[1] 梁詩正等編纂:《西清古鑒》卷 3,内府刻本,1755 年,葉 38b。

[2] Lubor Hájek, Regina Jindrová, *Čínské umění* (中國藝術), Praha: Národní galerie v Praze, 1954, p.10 (#7), p.[55].

[3] 摘自 Lubor Hájek, *Čínské umění. O národní výtvarné tradici čínské* (中國藝術:關於中華民族藝術傳統), Praha: Artia, 1954, pl.8.

[4] 梁詩正等編纂:《西清古鑒》卷 3,内府刻本,1755 年,葉 38a。

[5] 此鼎紋飾與安陽小屯 M18 所出土的盤(M18:14)一致,見中國社會科學院考古研究所安陽工作隊:《安陽小屯村北的兩座殷代墓》,《考古學報》1981 年第 4 期,第 502 頁圖九、圖版拾叁:1。該盤年代在殷墟青銅器二期晚段(大致祖庚至祖甲時代)。

圖十三　辛墉鼎紋飾細部[1]

内壁銘文2字(圖十四)。第一字多釋“辛”,第二字“”即“墉”字,亦作“”,《説文》云:“城垣也。從土庸聲。𩫖,古文墉。”此字四面出樓臺的寫法又見於1981年内蒙古昭烏達盟翁牛特旗敖包村出土的宁墉甗(《集成》00792)、1987年安陽梅園莊M59出土的墉爵(M59:1,《新收》166[2])、傳世的墉青鼎(《集成》01297)以及墉戈(《集成》10745),應是氏名。[3] “西清四鑒”中另外還著録丁墉鼎和己墉鼎(圖十五),[4]其銘文中的“墉”字亦作四面出樓臺式,此三件鼎或有共同的來源,特别是丁墉鼎與辛墉鼎的形制酷似。[5]

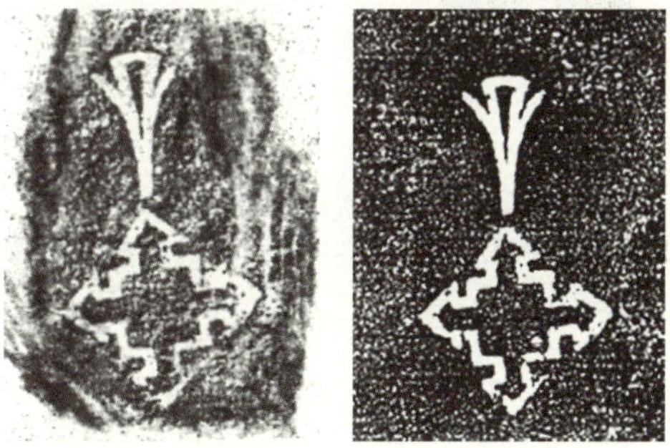

1　　2

圖十四　辛墉鼎銘文拓本

1. 辛墉鼎銘文炭畫筆拓本[6]　2.《集成》01296拓本

---

[1] 摘自Lubor Hájek, *Čínské umění. O národní výtvarné tradici čínské*(中國藝術:關於中華民族藝術傳統), Praha: Artia, 1954, p.167.

[2] 鍾柏生等編:《新收殷周青銅器銘文暨器影彙編》,臺北:藝文印書館,2006年,以下簡稱《新收》。

[3] 見何景成:《商周青銅器族氏銘文研究》,第451頁。殷墟甲骨刻辭有“乙亥貞,𠂤令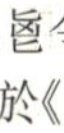(墉)以衆𢦏伐,受又(佑)”(《合集》31981[曆組二類]),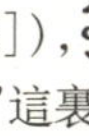應亦爲氏名。四面出樓臺的寫法亦見於《殷虚書契前編》8.10.1:“乙丑子卜,貞,余又乎(呼)出墉。”這裏“墉”是動詞還是名詞難以確定(如甲骨文“出田”或作“出于田”)。

[4] 丁墉鼎見《西清續鑒甲編》卷1,涵芬樓石印寧壽宫寫本,1910年,葉35(“周丁癸鼎”),該器“高四寸(筆者按:即12.8釐米),深二寸六分、耳高七分(筆者按:即2.2釐米)……重二十八兩”;己墉鼎見於《寧壽鑒古》卷1,涵芬樓石印寧壽宫寫本,1913年,葉1(“商己癸鼎”),“高四寸一分(筆者按:即13.1釐米),深三寸一分,耳高一寸一分(筆者按:即3.5釐米)……重六十兩”,後爲《集成》01292所收。

[5] 但也曾有學者認爲丁墉鼎和己墉鼎的銘文可疑,見容庚:《西清金文真僞存佚表》,《燕京學報》1929年第5期,第825頁。

[6] 摘自Lubor Hájek, *Čínské umění. O národní výtvarné tradici čínské*(中國藝術:關於中華民族藝術傳統), Praha: Artia, 1954, p.167.

器影著録:《西清》卷 3 葉 38a(綫圖);《傳統》圖版 8;《中藝》圖版 4;《四千》圖版 81;《銘圖》編號 00450(綫圖)。

銘文著録:《西清》卷 3 葉 38b;《續殷》上卷葉 10b;《三代》卷 2 葉 15b 左上;《傳統》第 167 頁;《總集》第 1 册編號 0283;《集成》第 3 册編號 01296;《銘圖》第 1 册編號 00450。

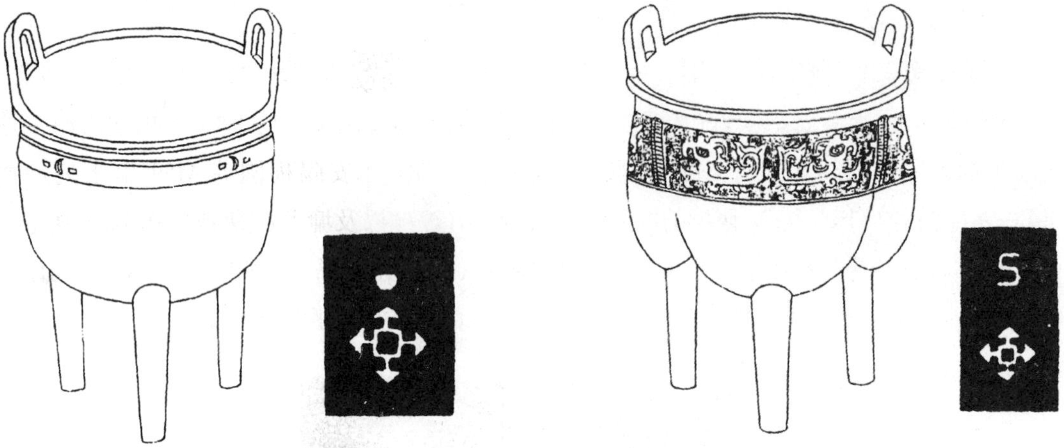

1 2

圖十五 丁墉鼎和己墉鼎器影及銘文
1. 丁墉鼎器影及銘文[1] 2. 己墉鼎器影及銘文[2]

附録二:叔向父簋

哈耶克的另一部著作《中國藝術之書:雕塑、繪畫、青銅器、玉器、漆器和瓷器的四千年》圖版 83 著録了一件西周晚期的青銅簋(圖十六),[3] 根據書中的介紹,此件簋爲私人收藏品,通高 25.5 釐米,器蓋對銘 14 字。[4] 書未附銘文拓本,但從銘文的英文翻譯可知此器即叔向父簋。同銘簋已見於北京故宫博物院(《集成》03854 - 03855)、上海博物館(《集成》03852)、日本奈良寧樂美術館(《集成》03853)、紐約大都會藝術博物館(《集成》03850)以及英國私人藏家皮特·莫斯爵士(Sir Peter MOORES,《銘圖》04799)的收藏。另外還見兩套原器下落不明的銘文拓本,即《集成》03849(器、蓋)以及《集成》03851(蓋)。哈耶克未説明此

[1] 摘自王傑等敕編:《西清續鑒甲編》卷 1,涵芬樓石印寧壽宫寫本,1910 年,葉 35a。

[2] 摘自《寧壽鑒古》卷 1,涵芬樓石印寧壽宫寫本,1913 年,葉 1a(器影)、1b(銘文)。

[3] Lubor Hájek, Werner Forman, *A Book of Chinese Art. Four Thousand Years of Sculpture, Painting, Bronze, Jade, Lacquer and Porcelain*, translated by Arnošt Jappel (中國藝術之書:雕塑、繪畫、青銅器、玉器、漆器和瓷器的四千年), London: Spring Books, 1966, pl.83.

[4] Lubor Hájek, Werner Forman, *A Book of Chinese Art. Four Thousand Years of Sculpture, Painting, Bronze, Jade, Lacquer and Porcelain*, translated by Arnošt Jappel (中國藝術之書:雕塑、繪畫、青銅器、玉器、漆器和瓷器的四千年), London: Spring Books, 1966, p.52.

器的具體來源,但由於書中所著録的器物皆爲捷克斯洛伐克國内的藏品,可以推測此簋亦爲捷克斯洛伐克某私人收藏家所藏。通過大小以及口沿下重環紋帶細部對比可知,此簋與1994年出現在倫敦蘇富比拍賣行的叔向父簋(即《銘圖》04799)不同,可能是下落不明的兩器之一,由於器、蓋俱全,《集成》03849的可能性較大。今附於此,待今後研究確定。

器影著録:《四千》圖版83。

銘文著録:未見。

圖十六 《四千》圖版83的叔向父簋器影(Werner FORMAN 攝)

《引用書目簡稱表》

西文書目:

《問題》HÁJEK, Lubor. "K otázce starých čínských bronzů"(關於中國古代青銅器的問題). *Umění* I, 2-3 (1953): 152-175.

《傳統》HÁJEK, Lubor. *Čínské umění. O národní výtvarné tradici čínské*(中國藝術:關於中華民族藝術傳統). Praha: SNKLHU, 1954.

《藝展》HÁJEK, Lubor, JINDROVÁ, Regina. *Čínské umění*(中國藝術). Praha: Národní galerie v Praze, 1954.[1]

《捷藏》HÁJEK, Lubor. "Za českými sbírkami čínského umění"(捷克收藏中國藝術奇遇記). *Nový Orient* 1 (1955): 10-11.

《中藝》HÁJEK, Lubor. *Chinese art. Photographs by Werner Forman*(中國藝術:維爾納·福爾曼攝). London: Spring Books, 1956.

《宫堡》ŠAMÁNKOVÁ, Eva, HÁJEK, Lubor. *Benešov nad Ploučnicí: státní zámek a čínské sbírky Národní galerie*(普洛烏奇尼采河畔貝内紹夫:國家宫堡以及國立美術館的中國館藏). Praha: Sportovní a turistické nakladatelství, 1963.

《四千》HÁJEK, Lubor, FORMAN, Werner. *A Book of Chinese Art. Four Thousand Years of Sculpture, Painting, Bronze, Jade, Lacquer and Porcelain*(中國藝術之書:雕塑、繪畫、青銅器、玉器、漆器和瓷器的四千年). London: Spring Books, 1966.

《遠東》BAŘINKA, Jaroslav et. al. *Kulturní tradice Dálného východu*(遠東文化傳統). Praha: Odeon, 1980.

《銅玉》KESNER, Ladislav. "Ancient Chinese Bronzes and Jades in the National Gallery, Prague"(布拉格國立美術館所藏古代中國銅器和玉器). *Orientations* 19.12 (1988): 28-38.

《國美》HÁJEK, Lubor, KESNER, Ladislav, ml. *Nejstarší čínské umění ve sbírkách Národní Galerie v Praze*(布拉格國立美術館所藏最早的中國藝術品). Praha: Národní galerie v Praze, 1989.

《選粹》KESNER, Ladislav (ed.). *Mistrovská díla asijského umění ze sbírek Národní galerie v Praze*(布拉格國

[1] 此書爲布拉格國立美術館1954年6月至1955年2月在素描版畫藝術分館裏舉辦的中國藝術展的展覽目録。

立美術館藏亞洲藝術選粹). Praha: Národní galerie v Praze, 1998.
中文書目:
《西清》梁詩正等編纂:《西清古鑒》,内府刻本,1755 年。
《簠齋》陳介祺撰、鄧實輯:《簠齋吉金録》,風雨樓影印本,1918 年。
《綴遺》方濬益:《綴遺齋彝器款識考釋》,上海: 商務印書館,1935 年。
《愙齋》吴大澂:《愙齋集古録》,涵芬樓石印本,1918 年。
《鬱華》愛新覺羅・盛昱:《鬱華閣金文》,北京大學圖書館藏手稿,1900 年前。
《奇觚》劉心源:《奇觚室吉金文述》,石印本,1902 年。
《殷存》羅振玉:《殷文存》,上虞羅氏影印刊本,1916 年。
《小校》劉體智:《小校經閣金文拓本》,石印本,1935 年。
《續殷》王辰:《續殷文存》,北京: 大業印刷局,1935 年。
《三代》羅振玉:《三代吉金文存》,北京: 中華書局,1937 年。
《總集》嚴一萍:《金文總集》,臺北: 藝文印書館,1983 年。
《集成》中國社會科學院考古研究所編:《殷周金文集成》,北京: 中華書局,1984－1994 年。
《新收》鍾柏生、陳昭容、黄銘崇、袁國華編:《新收殷周青銅器銘文暨器影彙編》,臺北: 藝文印書館,2006 年。
《銘圖》吴鎮烽編著:《商周青銅器銘文暨圖像集成》,上海: 上海古籍出版社,2012 年。

石鼓山墓地族屬初探*

張天宇**

陝西寶鷄石鼓山墓地是近年商周考古的重大發現之一，出土了衆多精美的青銅器，迅速成爲商周考古的一個熱點，關於其時代、族屬、考古學文化特徵和青銅器的時代、來源等問題，已有多位學者發表了看法，筆者在學習這些論著之後，對石鼓山墓地的族屬産生了一些新的看法，特寫成此文以求教於方家。

石鼓山墓地共發掘墓葬15座，[1]其中M3、M4規模最大，[2]M3墓主爲男性、M4墓主爲女性，發掘者認爲二者很可能是夫妻關係，學界多從之。筆者認爲要判定一處墓地的族屬，應以該墓地高等級男性墓葬的族屬爲準，因爲當時普遍遵守"同姓不婚"的原則，M4墓主爲女性，其葬俗既可能隨夫家，也可能與父家相同，甚至可能糅合夫、父兩家的因素。因此本文主要依據M3來判斷石鼓山墓地的族屬。

一、M3墓主族屬研究述評

目前學界對於M3墓主身份及其族屬的觀點主要有如下幾種：

（1）姜戎説

這是目前流傳度最廣、采信度最高的觀點，僅在具體的姜戎支系上存在差别。

王灝、劉棟、辛怡華最早撰文提出"M3的墓主人是姜姓羌族後裔，或者説是姜戎人"，[3]此後三位又多次撰文，反復重申墓主屬"户"氏，爲"姜姓"；[4]辛怡華後又撰文提出墓主是姜戎

---

* 本文得到北京大學大成國學基金資助。

** 北京大學考古文博學院博士生。

[1] 丁岩：《陝西寶鷄石鼓山商周墓地——2013年度考古收穫》，上海博物館：《寶鷄六章——青銅器之鄉的考古學敘述》，北京：北京大學出版社，2015年，第23頁。

[2] M3簡報見石鼓山考古隊：《陝西寶鷄石鼓山西周墓葬發掘簡報》，《文物》2013年第2期；M4簡報見陝西省考古研究院、寶鷄市考古研究所、寶鷄市渭濱區博物館：《陝西寶鷄石鼓山商周墓地M4發掘簡報》，《文物》2016年第1期。

[3] 王顥、劉棟、辛怡華：《石鼓山西周墓葬的初步研究》，《文物》2013年第2期。

[4] 辛怡華、王顥、劉棟：《石鼓山西周墓葬出土銅器初探》，《文物》2013年第4期；劉軍社：《寶鷄石鼓山西周姜戎族户氏家族墓地》，《大衆考古》2013年第5期；辛怡華、王顥：《再論石鼓山西周墓葬的墓主及族屬》，《文博》2014年第2期；辛怡華：《石鼓山M3壁龕及其相關問題》，《寶鷄社會科學》2014年第2期；劉軍社：《再談石鼓山M3的主人及其族屬》，《周野鹿鳴——寶鷄石鼓山西周貴族墓出土青銅器》，上海：上海書畫出版社，2014年，第21－29頁；辛怡華：《寶鷄石鼓山M3墓主及相 （轉下頁）

“户”氏日名爲“父乙”者。[1] 張天恩先生亦贊同墓主屬姜戎族的觀點,并認爲墓中出土的商式銅器是墓主參加伐紂得到的戰利品、先周文化銅器是墓主及其家族早年使用的禮器。[2] 袁永冰提出户姓種族是有扈氏的一支,是羌人。[3] 葛文華則認爲“户氏”是牧誓八國“微”的其中一支,屬羌戎族。李學勤先生認爲簡報“根據户方彝等一組青銅器在墓内的地位,判斷其便是墓主,是很合理的”。[4] 石鼓山墓地後續考古發掘的主持者王占奎和丁岩先生亦認爲該墓主人屬姜戎族,[5] 林森、[6] 張海濱與解華頂[7] 都贊同這一論斷。尹盛平、尹夏清則從文獻及地望的角度,提出石鼓山墓地“很可能屬於姜姓夨國的姜太公家族”。[8]

朱鳳瀚先生認爲“石鼓山墓葬的墓主人雖可能當歸於劉家文化之屬族”,但劉家文化的屬族“應該已在商後期偏晚一個較長的時段内,與以姬姓周人爲主體的周人族群在文化上乃至血緣上相融合,使其自身文化已成爲内涵豐富的周文化的一種,其屬族亦應歸入‘周人’這個若干個姓族組合的古代民族共同體内”,從這一角度而言,墓主“已完全可以成爲周人,其文化是周文化的一種”。[9] 换言之,朱先生認爲石鼓山墓葬可能屬於劉家文化,其族屬屬於廣義的周人。

(2) 姬姓貴族説

此説均將墓主推定爲具體的歷史人物,目前被對號入座的歷史人物有“虢仲”和“冉季載”兩位。彭曦根據墓主能够獲得兩件銅禁,地位顯赫,而石鼓山地處西虢封地之内,認爲只有虢仲符合其身份;[10] 劉明科、劉莉先將墓中出土的父乙卣和盉的“”形字釋爲

(接上頁)關問題》,《西部考古》第9輯,西安:三秦出版社,2015年,第55－60頁;劉軍社:《一個被遺忘的家族——寶鷄石鼓山西周户氏家族墓葬》,上海博物館:《寶鷄六章——青銅器之鄉的考古學敘述》,北京:北京大學出版社,2015年,第1－17頁。

[1] 辛怡華:《石鼓山M3墓主是“父乙”》,《寶鷄社會科學》2014年第3期。

[2] 張天恩:《石鼓山户氏青銅器相關問題簡論》,《文物》2015年第1期。

[3] 袁永冰:《寶鷄石鼓山西周墓所透露有關羌族的幾個重要信息》,《“石鼓山西周墓葬與青銅器文化”學術研討會論文集》(未公開發行),2013年,第78頁。

[4] 李學勤:《石鼓山三號墓器銘選釋》,《文物》2013年第4期。

[5] 王占奎、丁岩:《石鼓山商周墓地4號墓初識》,《周野鹿鳴——寶鷄石鼓山西周貴族墓出土青銅器》,上海:上海書畫出版社,2014年,第13－20頁。

[6] 林森:《寶鷄石鼓山西周墓地所見“分器”現象研究》,吉林大學邊疆考古研究中心編:《邊疆考古研究》第17輯,北京:科學出版社,2015年,第225－231頁。

[7] 張海濱、解華頂:《石鼓山墓地M3及西周早期壁龕墓淵源及族屬探析》,《中原文物》2016年第2期。

[8] 尹盛平、尹夏清:《關於寶鷄市戴家灣、石鼓山商周墓地的國别與家族問題》,《考古與文物》2016年第2期。

[9] 朱鳳瀚:《寶鷄戴家灣與石鼓山出土商周青銅器》序二,臺北:中研院歷史語言研究所,2015年,第19－21頁。

[10] 彭曦:《蠡測石鼓山西周早期M3主人》,《寶鷄社會科學》2013年第3期。

“冉”,進而推斷墓主爲冉氏,認爲此冉就是文獻中的“冉季載”。[1]

(3) 姒姓有扈氏説

李學勤先生指出“户”可通“扈”,文獻記載户縣有“有扈氏”,其地望與石鼓山相近,委婉地提出墓主是有扈氏後裔。[2] 康少峰亦贊同這一觀點。[3]

(4) 土著部落説

張懋鎔先生從隨葬的鼎簋入手,認爲12件鼎、簋中至少有9件屬於寶鷄“本地産品”,提出墓主“應是關中西部的土著部族”,“與周人并不同族”。[4]

(5) 殷遺民貴族説

任雪莉詳細對比石鼓山與戴家灣出土的銅器之後,發現二者從裝飾風格到器用制度都極其相似,强烈的同源關係顯示出兩處墓地是同一族屬。由於在之前的論著中已經提出戴家灣墓地的墓主爲殷遺民貴族,因此認爲石鼓山墓地的族屬也是殷遺民貴族。[5]

縱觀上述各家對於M3墓主身份及族屬的觀點,其判斷依據可以歸結爲三類:

(1) 依據銅器判定,其判定方法又可分爲以下幾種:

① 族徽(人名)多數法

這一方法是將墓中出土數量最多的族徽或人名視爲墓主。M3共出土族徽11種,其中族徽“户”出現3次,“冉”出現2次,其餘族徽各僅出現1次,“户”族徽出現次數最多,因此墓主人爲户氏。發掘者在簡報及後續相關文章中的觀點正是由此得出的。

② 重器判定法

這一方法是首先認定某幾件銅器是墓中最爲重要者,然後根據這幾件銅器上的銘文,或者對照文獻判斷墓主身份。

彭曦認爲銅禁乃是西周禁酒政策的産物,目前發現極少,是西周的重器,而M3内隨葬了一大一小兩件銅禁,表明墓主“必是一位生前地位十分顯赫,手握軍權武備的西周姬姓諸侯王”。提出墓主是“户”氏的論者,則是基於户方彝是目前發現的體型最大的方彝,兩件户卣的尺寸也遠超一般銅卣,因此這三件器物可以代表墓主的身份,而這三件器物上銘文均是“户”。

③ 位置判定法

這一方法是認定某些銅器所處的位置是墓葬中最爲重要的,因此這些銅器可以用來判

[1] 劉明科、劉莉:《寶鷄石鼓山西周墓地三號墓墓主之謎》,《大衆考古》2015年第12期。
[2] 李學勤:《石鼓山三號墓器銘選釋》,《文物》2013年第4期。
[3] 康少峰:《石鼓山M3墓葬墓主及其族屬管見》,《“石鼓山西周墓葬與青銅器文化”學術研討會論文集》,2013年,第72頁。
[4] 張懋鎔:《寶鷄石鼓山墓地文化因素分析》,《寶鷄社會科學》2014年第3期。
[5] 任雪莉:《百年牽手,同氣連枝——新出寶鷄石鼓山銅器與戴家灣銅器的對比研究》,《周野鹿鳴——寶鷄石鼓山西周貴族墓出土青銅器》,上海:上海書畫出版社,2014年,第30－39頁。

定墓主人身份。

由於 K3 規模最大,"處於墓室北壁正中",是"最突出的位置",非常顯赫,而户彝、大小户卣、大小禁和斗這六件器物都擺放在銅禁之上,"很明顯這就是一組器物",應當是墓主人的器物。同時,銘文爲"亞羌父乙"的圓罍與户器緊靠在一起,亦處於顯要位置,"羌"又直接表明了族屬,反映亞羌罍的作器者和 M3 的墓主是同一個族屬。辛怡華後來提出墓主爲"父乙",也是基於這一點,同時認爲"冉父乙"卣和"重父乙"卣乃是"冉"、"重"兩族爲墓主製作的禮器。

④ 金文隸定與文獻對應法

目前已經涉及的金文包括"户"、"亞羌父乙"、"冉"和"帝后"。

李學勤先生將"户"與"扈"相通,委婉地提出墓主乃有扈氏後裔的看法。

M3 : 19 銅罍銘文爲"亞羌父乙",因其中的"羌"字可與以往認爲的高領袋足鬲使用者姜戎人等同起來,相關論者皆引以爲據,判定墓主爲姜戎族;而墓中另有兩件"父乙"銅器,墓主就被進一步推定爲"羌"族"户"氏日名爲"父乙"之人。

劉莉、劉明科則首先對日名的含義進行了新的闡釋,認爲日名是"作器者在該日對死者進行祭祀",因此 M3 中的父甲、父乙、父丁、父癸等不同日名的受祭者其實均是"父"一人,只是作器者和祭日不同而已;之後,經過"綜合比較",認爲"真正受祭者當是'父乙'",再將族徽""釋爲"冉",墓主的代表器物便是"冉父乙卣與冉盉,還有鳥父甲鼎",進而將其與文獻中的"冉季載"相聯繫。[1]

M3 : 81 中臣鼎上的"帝后"二字由李學勤先生釋出,認爲該鼎來自於王室,"帝后"乃是武王之后邑姜。辛怡華、王顥便據此將邑姜與墓裏出土的高領袋足鬲相聯繫,認爲 K4 内的器物乃是邑姜以娘家人的身份贈送的助葬之器。[2]

(2) 依據陶器判定。

M3 僅隨葬 1 件陶器: 高領袋足鬲,"以高領袋足鬲爲代表的文化遺存,一般稱之爲劉家文化","既然高領袋足鬲是屬於劉家文化的遺物,劉家文化又是姜姓羌族文化,那麼隨葬高領袋足鬲的石鼓山 M3 的主人應當就是姜姓羌族後裔,或者説是姜戎人"。[3]

(3) 依據墓葬形制判定。

M3 没有腰坑、殉人、殉牲等典型的商文化葬俗,却有 6 個壁龕,而相關研究者又認爲壁龕的作風是來自於劉家文化,進而得出 M3 屬於劉家文化的結論。

同樣是根據墓葬形制,彭曦則認爲等級如此之高的墓,"按其禮制應爲亞字形或至少爲

[1] 劉莉、劉明科:《也談石鼓山西周 M3 墓主及相關問題》,《寶鷄社會科學》2013 年第 2 期。
[2] 辛怡華、王顥:《再論石鼓山西周墓葬的墓主及族屬》,《文博》2014 年第 2 期。
[3] 王顥、劉棟、辛怡華:《石鼓山西周墓葬的初步研究》,《文物》2013 年第 2 期。

中字型”,將衆多的青銅器放在狹小的壁龕内,表明墓主人下葬匆忙;同時根據墓葬的地理位置處於文獻中記載的西虢域内,認爲其墓主人只能是虢仲。[1]

需要説明的是,大部分研究者在討論 M3 的墓主身份及其族屬時,都是綜合運用以上多種方法而後得出相應結論的。

上述討論豐富了我們對於 M3 墓主族屬的認識,但是相關結論還遠没有達到統一的程度。上述的幾種研究方法也存在着各自的局限性。

(1) 族徽多數法

這種方法對於商系墓葬是行之有效的。根據相關研究,商系墓葬無論是單座墓葬還是一處墓地,其族徽構成均比較單純,可以根據數量較多的族徽來判定墓主或是墓地的族屬。[2] 但這一方法對於西周早期的周系墓葬就不適用,如寶鷄強氏墓地竹園溝 BZM13 出土族徽 13 種,BZM4 出土族徽 3 種,[3]然而這些族徽每種的數量僅有 1 件,没有占多數的族徽,無法使用此方法。這兩座的墓主人分别被推斷爲伯各和強季,顯然二者與上述的任何一種族徽都無任何關係。戴家灣墓地出土數量最多的族徽分别是“鼎”和“[illegible]”,族徽“鼎”出現在置於銅禁上的尊、卣内,與 M3 的情况雷同,正如任雪莉所言,“如果能够根據外來銅器的銘文判斷墓主,那麽戴家灣遺址則是姜戎鼎族和[illegible]族的墓地”。[4] 此外,如果墓中的族徽銅器全部或部分屬於外族贈送的助葬之物,則更不能用以判斷墓主的族屬。

(2) 人名多數法

這種方法是目前比較通行的方法,也取得了很多的成果,例如殷墟小屯 M5 墓主的判定。該墓銅器銘文中的人名有婦好、司母辛、司䲨母、亞弜、亞其、亞啓、束泉等,其中“辛”爲婦好廟號、“䲨母”可能爲婦好的字,[5]墓中器銘顯示屬於婦好(包括母辛、䲨母)的器物共有 140 件,屬於其他人的器物共 47 件,人名“婦好”最多,占據絶對優勢,因此該墓墓主爲婦好,這與卜辭記載、墓葬規模、隨葬品氣派等也是相稱的。[6] 但是,使用這種方法導致墓主判斷

---

[1] 彭曦:《蠡測石鼓山西周早期 M3 主人》,《寶鷄社會科學》2013 年第 3 期。

[2] 李楠:《殷墟族徽與族邑新探》,北京大學考古文博學院本科學位論文,2014 年;張天宇:《一墓多族徽與商周分界》,《江漢考古》2016 年第 6 期。

[3] 盧連成、胡智生:《寶鷄強國墓地》,北京:文物出版社,1988 年,第 49 - 85、144 - 186 頁。

[4] 任雪莉:《百年牽手,同氣連枝——新出寶鷄石鼓山銅器與戴家灣銅器的對比研究》,《周野鹿鳴——寶鷄石鼓山西周貴族墓出土青銅器》,上海:上海書畫出版社,2014 年,第 30 - 39 頁。

[5] 李學勤:《論“婦好”墓的年代及有關問題》,《文物》1977 年第 11 期;中國社會科學院考古研究所:《殷虚婦好墓》,北京:文物出版社,1980 年,第 228 頁。

[6] 中國社會科學院考古研究所:《殷虚婦好墓》,北京:文物出版社,1980 年,第 226 頁。需要説明的是,曹定雲先生認爲“司䲨母”與“婦好”并非同一人(參見《殷墟婦好墓銘文研究》,昆明:雲南人民出版社,2007 年,第 105 - 107 頁),即使如此,除去銘文爲司䲨母的 26 件銅器,屬於婦好的銅器仍有 114 件,仍遠多於其他銘文銅器的數量,并不影響墓主爲婦好的判定。

出錯的例子亦早已有之：紙坊頭一號墓銅器銘文反映的人名有𢐗伯(2件)、矢伯(2件)、伯(1件)、父乙(1件)，其中"伯"當爲"𢐗伯"之省，由於墓中出土的陶器與竹園溝、茹家莊兩處墓地出土的同類器基本相同，因此墓主被推定爲𢐗伯，[1]論者皆從之。但是該墓出有1件三足甗，是西周時期女性墓葬中專有的隨葬品。[2] 由於該墓被部分破壞，墓葬信息不明，如果該墓與竹園溝ZM7、ZM13和茹家莊BRM1一樣是帶有殉妾的男性墓，則該墓男性墓主是𢐗伯的可能性較大，原報告的結論尚能成立，如果不是，則該墓墓主只能是女性，原報告的結論不能成立。[3] 近來的例子則是葉家山M65與M28的墓主判定，M65銅器銘文顯示的人名有曾侯諫(3件)、侯(2件)、亞離父癸(1件)、朿父己(1件)，因爲曾侯諫出現次數最多，墓主即被推斷爲曾侯諫。[4] 等到M28發掘之後，出土銅器銘文顯示的人名有曾侯諫(9件)、曾侯諫作媿(6件)、曾侯(3件)、舉母辛(1件)、父辛(2件)，如此多的曾侯諫銅器，使研究者開始懷疑M28才是曾侯諫之墓而M65不是，[5]雖然另有研究者根據晚代曾侯可以使用先君銅器而前一代曾侯來不及隨葬新君之器，堅持認爲M65墓主爲曾侯諫、M28墓主爲另一位未具私名的曾侯，但目前尚未取得共識。

(3) 重器判定法

目前主要是將銅禁及其上的户組器(彝、卣)認定爲M3隨葬銅器中的"重器"。筆者經過研究後發現，西周早期銅器器類與墓主身份、族屬之間的對應關係尚不明朗，换言之，尚未發現有哪一種或哪幾種器類一定代表墓主的身份、族屬。認爲某些體量巨大、紋飾精美、器形罕見的器物是隨葬品中的"重器"，可能更多的是一種基於現實生活經驗的"推測"。葉家山M111中的84號獸面紋大圓鼎，是該墓出土的所有銅器中體量最大者，通高達56.5釐米，[6]將其稱之爲墓中的"重器"應該合情合理，但該鼎銘文爲戈祖辛，而M111墓主可根據墓中出土銅器銘文可判定爲曾侯犺，作爲"重器"的大鼎，其銘文與墓主并無任何關聯。

(4) 位置判定法

這種方法是認爲墓葬的某個位置是其中最爲重要者，該位置出土的隨葬品可以反映墓

[1] 盧連成、胡智生：《寶鷄𢐗國墓地》，北京：文物出版社，1988年，第41頁。
[2] 陳芳妹：《晉侯墓地青銅器所見性别研究的新綫索》，上海博物館編：《晉侯墓地出土青銅器國際學術研討會論文集》，上海：上海書畫出版社，2002年，第157－196頁。
[3] 張利芳：《紙坊頭一號墓墓主身份再分析》，《民族史研究》第11輯，北京：中央民族大學出版社，2012年，第351－367頁。
[4] 湖北省文物考古研究所、隨州市博物館：《湖北隨州葉家山M65發掘簡報》，《江漢考古》2011年第3期。
[5] 湖北省文物考古研究所、隨州市博物館：《湖北隨州葉家山M28發掘報告》，《江漢考古》2013年第4期；張天恩：《試論隨州葉家山墓地曾侯墓的年代和序列》，《文物》2016年第10期。
[6] 湖北省文物考古研究所、隨州市博物館：《隨州葉家山——西周早期曾國墓地》，北京：文物出版社，2014年，第119頁。

主的身份、族屬。因 K3 規模最大，又處於北壁正中“最突出的位置”，因此該龕中最爲重要的彝、卣可以用來推斷墓主族屬。正如隨葬品中何者爲“重器”的問題一樣，目前尚未發現當時隨葬品的置放位置中哪個位置更爲重要。且 M3 墓主人頭向南，K3 位於其腳端，認爲腳端的位置最爲重要似於情不合、於理不通。

（5）金文隸定與文獻對應法

據畢秀潔的研究，將“”釋爲“冉”始於清代學者劉心源，其依據是“”與“冉”字的古文“”形近；李孝定先生已指出“”、“”在甲骨金文中從不混用，絶非一字。[1] 因此，將“”釋爲“冉”，再將其與冉季載相對應是缺乏真憑實據的。

中臣鼎的年代，李學勤先生定爲“成王時，康王初年”，但先生亦指出銘文乃是後刻而成，目前尚無法確定加刻銘文的時代與器物時代相同，“帝后”之義，若從先生的觀點而解釋爲“已故王的配偶”，則也有可能是成王之后，而不一定是“武王之后邑姜”，如果不是邑姜，則 K4 所出的高領袋足鬲與邑姜之間的聯繫便不復存在了。

（6）墓葬形制法

因 M3 有多個壁龕，部分研究者又認爲壁龕作風來自於劉家文化，因此認爲 M3 屬於劉家文化。使用壁龕的作風在劉家文化和碾子坡文化中均存在，其中劉家文化使用頭龕，碾子坡文化使用壁龕，[2] 多龕的作風到底是來自於誰，仍是一個需要討論的問題。

（7）陶器法

筆者目前見到的所有利用陶器來判斷 M3 族屬的觀點，都是認爲“高領袋足鬲屬於劉家文化的遺物，劉家文化又是姜戎文化”，因此 M3 的墓主是姜戎人。

高領袋足鬲是不是可以直接和劉家文化、和姜戎族劃上等號，實際上是學界已經爭論多年的熱點問題。筆者認爲，即使使用同樣的陶器，也未必就屬於同一支考古學文化，因爲其器物組合可能不同；即使組合相同未必也是同一族屬。石鼓山 M3 的族屬之爭，本質上就是高領袋足鬲的族屬之爭，就是先周文化之爭。

二、石鼓山 M3 墓主爲姬姓周人説

筆者認爲，判斷 M3 族屬最理想的方法是結合周鄰墓區甚至整個區域的考古背景來進行，但受到目前石鼓山墓地考古資料的刊布尚不完全、整個區域的考古背景尚不明朗這一客觀條件的制約，目前還不具備使用這些方法的條件。就現有資料而言，將 M3 的陶器組合、墓

[1] 畢秀潔：《商代銅器銘文的整理與研究》，華東師範大學博士學位論文，2011 年，第 68－72 頁。

[2] “頭龕”是指位於墓葬頭端壁上之龕，而“壁龕”是指位於兩側墓壁上之龕，本文中除引文外的所有“頭龕”、“壁龕”均指上述定義下的龕。參見雷興山：《先周文化探索》，北京：科學出版社，2010 年，第 178 頁。

葬形制、墓地特徵與同樣使用高領袋足鬲的劉家文化墓葬和碾子坡文化墓葬進行對比,應該可以得出比較可信的結論。

(1) M3 墓主非姜戎

筆者認爲寶鷄市區附近隨葬高領袋足鬲的墓葬遺存,可以根據墓葬形制及陶器組合特徵分爲兩類:第一類的典型代表是高家村墓地,[1]第二類的典型代表是鬥鷄臺墓地,[2]可分别稱之爲“高家村類”和“鬥鷄臺類”墓葬遺存。這兩類墓葬遺存都隨葬有高領袋足鬲,且二者的高領袋足鬲完全相同,但筆者認爲二者分屬不同的墓葬遺存,理由如下:

① 墓葬特徵不同。“高家村類”墓葬遺存陶器組合是多件高領袋足鬲、高領球腹罐或圓肩罐,而“鬥鷄臺類”墓葬遺存陶器組合爲單鬲、單罐或單鬲+單罐。“高家村類”墓葬遺存的墓葬形制包括偏洞室墓、竪穴土坑帶頭龕墓和竪穴土坑墓,三類墓葬形制是時代早晚的差别。墓角及槨蓋板上常放置河卵石塊,墓内隨葬品口部亦多壓有石塊。“鬥鷄臺類”墓葬遺存的形制均爲長方形竪穴土坑,偶見帶壁龕者,没有偏洞室墓。“高家村類”墓葬均東西向,墓主人頭向西,僅有帶頭龕者而不見帶壁龕者。“鬥鷄臺類”的墓葬均南北向(圖一)。

② 墓地特徵不同。“高家村類”的墓地中僅有隨葬高領袋足鬲者,而“鬥鷄臺類”的墓地中既有隨葬高領袋足鬲者,又有隨葬聯襠鬲者,二者交錯雜處於同一墓地,看不出明顯的分區。

③ 在不同的遺址内,兩類遺存均有各自獨立的墓地,如鳳翔西村墓地與周原遺址劉家墓地。

④ 在同一遺址内,兩類遺存亦有其各自獨立的墓地。周原遺址内與“高家村類”墓葬遺存特徵相同者是劉家墓地的墓葬遺存,與“鬥鷄臺類”墓葬遺存特徵相同的是賀家墓地第二期第 3 段的墓葬遺存。[3] 兩墓地之間的直綫距離僅 1.6 公里,都是僅隨葬陶器的小型墓,在同一遺址内同時存在的同等級的相鄰墓地,應分屬不同的類型。

⑤ 本地區兩類墓葬遺存各自的典型代表分别是高家村墓地和鬥鷄臺墓地,二者直綫距離爲 13.5 公里,顯然屬於不同聚落。高家村墓地的墓葬均爲東西向,墓主頭均向西,而鬥鷄臺墓地的墓葬均爲南北向,墓主頭均向北。二者墓葬均爲僅隨葬陶器的規模相近的小型墓,等級相同,時代相同,葬俗迥異,顯然不是同一類墓葬遺存。

⑥ 高家村和鬥鷄臺這兩處墓地的上述種種差别在先周晚期就已存在,進入西周以後,這種差别依然存在,因此很難將二者視爲同一類遺存。

---

[1] 寶鷄市考古工作隊:《陝西寶鷄高家村劉家文化墓地發掘報告》,《古代文明》第 7 卷,北京:文物出版社,2008 年,第 286－322 頁。

[2] 蘇秉琦:《蘇秉琦文集》第 1 卷,北京:文物出版社,2010 年。此書包括 1948 年版的《鬥鷄臺溝東區墓葬》和未正式發行的《鬥鷄臺溝東區墓葬圖説》以及《鬥鷄臺溝東區墓葬編後記》。

[3] 雷興山:《先周文化探索》,北京:科學出版社,2010 年,第 173、183 頁。

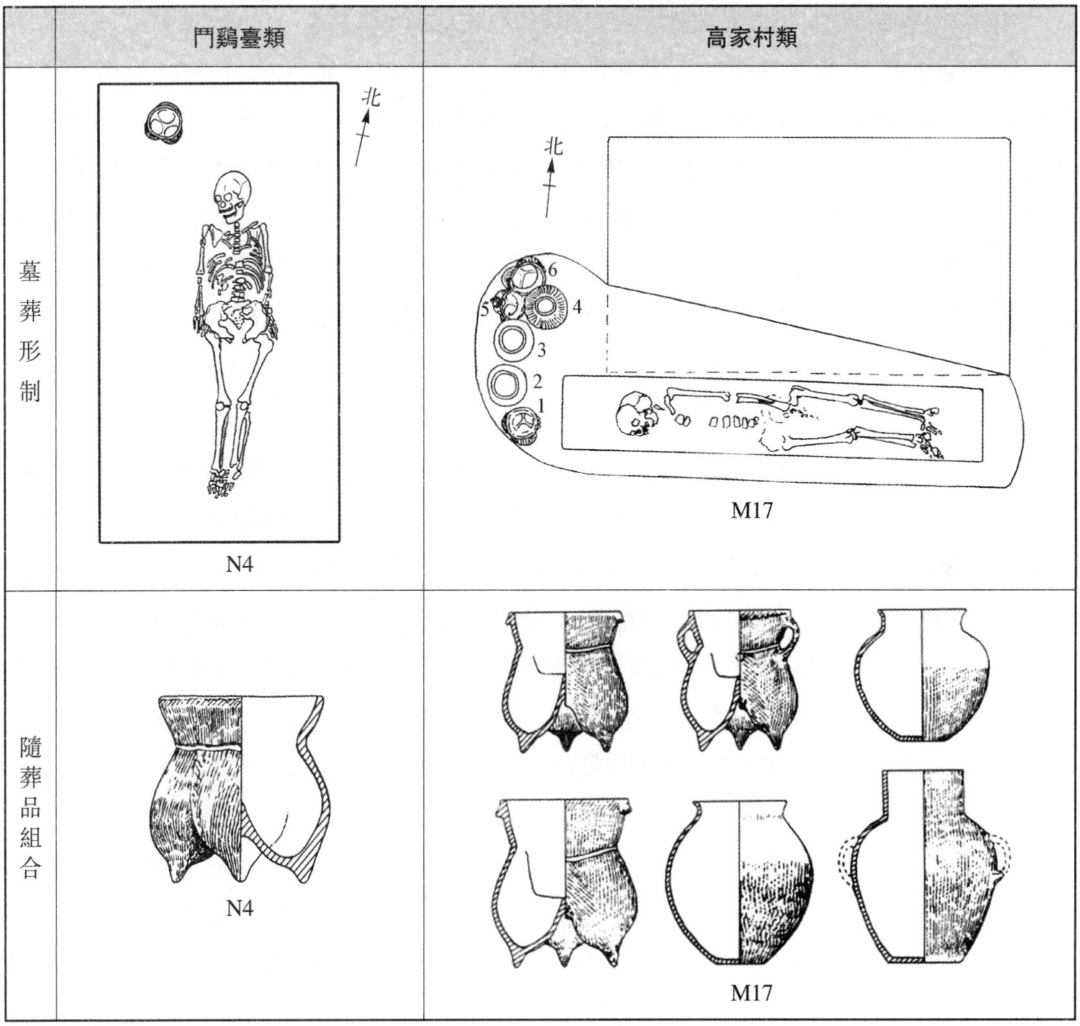

圖一　"高家村類"與"鬥鷄臺類"墓葬遺存比較圖

石鼓山墓地的墓葬無論大小,僅隨葬單件高領袋足鬲或聯襠鬲,或者單件的鬲+罐,絶不見隨葬多件陶器者,大墓所在的北區墓葬均爲南北向,這些特徵均與上舉"鬥鷄臺類"墓葬遺存相同。需要説明的是,鬥鷄臺和石鼓山兩處墓地的墓地特徵稍有差别:鬥鷄臺墓地的墓葬均爲南北向,由於當時發掘所限,目前看不出明顯的分區,而石鼓山墓地則明顯分爲東北和西南兩區,東北區的墓葬皆南北向,墓葬面積較大,出土大量青銅器的M3、M4即屬於該墓區,西南區的墓葬皆東西向,墓葬面積小,無隨葬青銅禮器者,東北墓區的葬者應處於統治地位。東北墓區的墓葬多隨葬高領袋足鬲,亦有隨葬聯襠鬲者,而西南墓地的墓葬隨葬品爲聯襠鬲或侈口鼓腹罐。一個墓地的主體文化因素應以占統治、主導地位的墓葬爲標準,從這個意義上而言,石鼓山墓地的主體文化因素與鬥鷄臺墓地是一致的,因此將二者都歸入"鬥鷄臺類"墓葬遺存。

M3 南北墓向、隨葬單件高領袋足鬲的葬俗,與本地區的"土著"——高家村劉家文化墓葬的東西墓向、隨葬多件高領袋足鬲和高領球腹罐的葬俗完全不同,部分研究者認爲的 M3(亦包括 M4)與高家村墓地晚期墓的情况非常接近的看法是不成立的,M3 不是由寶鷄當地的劉家文化發展而來的。與石鼓山 M3、高家村墓地晚期墓葬同時的旭光村墓,[1] 爲南北向竪穴土坑墓,隨葬陶器爲 2 件高領袋足鬲和 2 件高領球腹罐,屬於劉家文化無疑,這也説明即使寶鷄本地的劉家文化進入西周以後葬俗發生了部分改變,由東西墓向變爲南北墓向,其隨葬品組合却不會發生改變,這也更加表明 M3 不是由寶鷄本地的劉家文化發展而來的,同時考慮到 M3 與其他地區劉家文化墓葬隨葬品組合的差異,M3 也不可能是其他地方的劉家文化族群遷入本地區以後形成的。因此,M3 墓主人不可能是姜戎人。

需要説明的是,上述兩類墓葬遺存的差異及其對應的不同族屬,在過去先周文化的討論中,已有學者明確指出過。如劉軍社先生認爲"劉家文化的多鬲多罐的隨葬品形式與碾子坡文化的只隨葬一鬲的形式,顯然是有非常明顯區别的"。[2] 對於碾子坡文化的族屬,他認爲"碾子坡遺存能否歸入羌人系統,也值得考慮,因爲現已知的時代與之相當的羌人遺存——辛店文化、寺窪文化、劉家文化等,其陶鬲主要爲袋足鬲,但葬俗——墓葬形制、隨葬品的組合等與碾子坡文化顯然有别",碾子坡文化遺存"最有可能是阮人的遺存"。但是劉軍社先生在關於 M3 的研究文章中則説"以高領袋足鬲爲代表的文化遺存,一般稱之爲劉家文化",而未提及同樣使用高領袋足鬲但葬俗與之判然有别的碾子坡文化。張天恩先生指出劉家文化"盛行偏洞室墓,隨葬多件器物",而碾子坡文化"流行土壙竪穴墓,僅一件陶鬲隨葬",壁龕方面,劉家文化"還有大頭龕的竪穴土壙墓",而碾子坡文化"常見小壁龕,且不限於頭部",總之"二者的差異是多方面的,而且很明顯",雖然"使用的陶鬲畢竟相似大於相異的方面",但是二者"文化面貌差别明顯,不是同一種文化"。[3]

(2) M3 墓主非殷遺民

M3 内隨葬有大量的商式青銅器,而且殷墟遺址也發現過帶壁龕的墓葬,灃西還發現過隨葬高領袋足鬲的殷遺民墓,M3 墓主有没有可能是殷遺民呢? 筆者認爲不可能。利用墓葬隨葬的銅器大多屬於商式銅器判斷其墓主爲殷遺民,上文已論證其不合理之處。而據郜向平的統計,整個殷墟遺址發現的壁龕墓僅有 29 座,顯然是非常罕見的葬俗,而且雖然壁龕墓在殷墟多個地點都有發現,但以殷墟西區和北太平莊最爲集中,殷墟西區的 17 座壁龕墓中有 12 座位於相同或鄰近墓區内,表明"壁龕在殷墟流行於特定的族群中",[4] 而殷墟以外,僅

---

[1] 王桂枝:《寶鷄下馬營旭光西周墓清理簡報》,《文博》1985 年第 2 期。
[2] 劉軍社:《先周文化研究》,西安: 三秦出版社,2003 年,第 206 頁。
[3] 張天恩:《關中商代文化研究》,北京: 文物出版社,2004 年,第 328 頁。
[4] 郜向平:《商系墓葬研究》,北京: 科學出版社,2012 年,第 79－82 頁。

有藁城臺西和定州北莊子發現過 5 座壁龕墓,數量亦非常少,可以説壁龕不是商文化墓葬的原性因素。[1] 而灃西隨葬高領袋足鬲的殷遺民墓如 67 張家坡 M89、83 客省莊 M1 和 83 灃毛 M1 皆帶有腰坑、殉狗,表明遷入關中的殷遺民即使接受了周人的陶器,其固有的葬俗仍没有改變。因此,不能據壁龕和高領袋足鬲判斷墓主爲殷遺民。

(3) M3 墓主最有可能是姬姓周人

① 隨葬單件高領袋足鬲的作風來自於碾子坡文化。

上文所言的"鬥鷄臺類"墓葬遺存,其墓葬特徵與關中地區的碾子坡文化墓葬完全相同,其隨葬單件高領袋足鬲的作風顯然來自於碾子坡文化。

② 多龕作風來自於碾子坡文化。

劉家文化和碾子坡文化的墓葬均有使用壁龕的葬俗,這是以往學者都注意到的現象。雷興山先生則進一步將壁龕區分爲設於頭端的"頭龕"和設於兩壁的"壁龕",筆者認爲這一區分是壁龕研究的一個突破,從壁龕的位置上再次將劉家文化和碾子坡文化區分開來。筆者目前搜集到的帶壁龕的周系墓葬包括周原王家嘴 80WM1、96M20、01B4M1,賀家 76M124、01D2M1,岐山祝家巷 04M2,鳳翔西村 79M42、80M80 和碾子坡遺址先周晚期的 68 座墓。[2] 這些壁龕墓中未遭盜擾而有隨葬品出土者,可根據出土陶器分爲兩類,第一類是出土高領袋足鬲者,包括王家嘴 96M20、01B4M1,祝家巷 04M2 和碾子坡先周晚期墓葬,且高領袋足鬲均爲單件,[3] 另,祝家巷 04M2 爲單鬲+單瓿的組合;第二類是出土聯襠鬲者,包括王家嘴 80WM1,西村 79M42、80M80 和賀家 01D2M1,陶器組合爲單件聯襠鬲+單件圓(折)肩罐。很顯然,這些帶有壁龕作風的墓葬均屬於碾子坡文化和其後續文化。具有多個壁龕的墓葬,包括西村 79M42、80M80,王家嘴 80WM1 和碾子坡 M118、M177、M181、M184 和 M185,這些多龕墓從隨葬陶器組合上而言,仍然屬於"鬥鷄臺類"墓葬遺存。而目前已知的劉家文化墓葬帶龕者,全部爲頭龕,且僅有一個。墓葬使用壁龕的作風,無論是單個還是多個,其文化性質均屬於碾子坡文化和其後續文化,與使用單個頭龕的劉家文化絶然不同。認爲 M3 的多龕作風來源於劉家文化的看法,是不能成立的。值得注意的是,西村墓地 79M42 的聯襠鬲和折肩罐均出土於西北角壁龕中,與石鼓山 M3、M4 完全相同,而西村墓地又屬於本文所分的"鬥鷄臺類墓葬遺存",如此高度一致的葬俗,顯然表明二者屬於同一考古學文化。

[1] 所謂"原性因素"是指某支考古學文化或某個族群所固有的文化因素,如商文化的腰坑、殉狗。

[2] 需要説明的是,這裏列舉的關中地區壁龕墓,張懋鎔和曹斌已經分别進行了細緻梳理,筆者僅補充了王家嘴 80WM1,賀家 76M124、01D2M1 和祝家巷 04M2 四座墓的材料,兩位先生文中所列戴家灣遺址的材料,因係根據盜掘時的記録推測,本文没有列入。參見張懋鎔:《寶鷄石鼓山墓地文化因素分析》,《寶鷄社會科學》2014 年第 3 期;曹斌:《寶鷄石鼓山三號墓研究》,《考古與文物》2016 年第 3 期。

[3] 報告中介紹王家嘴 01B4M1 出土有兩件高領袋足鬲,筆者在寶鷄市周原博物館庫房觀摩實物後發現乃是同一件袋足鬲破損之後被修復成了兩件。

③ M3 墓主最有可能爲姬姓周人。

上面的討論已經認定 M3 屬碾子坡文化無疑,接下來要探討的問題則是碾子坡文化的族屬,或者更準確地説,使用碾子坡文化的人包括哪些族群?

周原遺址在商文化京當型退却以後,主要的兩支考古學文化是碾子坡文化和劉家文化,其中劉家文化的族屬學界幾乎公認爲姜戎,考慮到先周時期周原遺址乃是古公亶父所遷之"岐",那麽周原遺址的另外一支考古學文化——碾子坡文化,就是太王以來的先周文化,[1]或者説,周原遺址碾子坡文化的使用者一定包括了姬姓周人。[2]

周原遺址的碾子坡文化的使用者包括了姬姓周人,那麽周原遺址以外的區域尤其是本地區碾子坡文化的使用者又會包括哪些族群呢?

寶鷄市區在商末周初之時新出現了石鼓山、鬥鷄臺、紙坊頭、峪泉、賈家崖等聚落,這一變化,在整個大周原地區也是非常普遍的,出現了以周公廟、孔頭溝、水溝、楊家村、帖家河、彪角等爲代表的一大批新聚落,這些新聚落的形成,很可能是周邦(王朝)分封采邑的結果。作爲西周初年新分封的采邑,使用碾子坡文化的石鼓山墓地,其族屬很可能與周原遺址碾子坡文化的族屬一樣,是姬姓周人。

另一方面,石鼓山 M3 中存在的"一墓多族徽"現象也支持墓主爲姬姓周人這一判斷。所謂"一墓多族徽",是指單座墓内出土多種族徽。根據筆者的研究,商系銅器墓的族徽構成較爲"單純",多以某種族徽爲主體,而罕見其他族徽。周系銅器墓的族徽構成則呈現"多而雜"的特徵,且没有一種族徽的數量占據優勢。[3] 存在這些現象的墓葬,多數是姬姓周人的墓葬,而少有殷遺民,如葉家山 M28、M65、M107、M111 等墓,這些墓葬都出土有多種族徽銅器。石鼓山 M3 共出土 10 種族徽,没有一種族徽占據絶對優勢,是一座典型的多族徽墓葬,其族屬應與其他多族徽墓葬相同。

綜上所言,本文認爲石鼓山 M3 墓主族屬很可能是姬姓周人,由此也可判定石鼓山墓地是姬姓周人墓地。

2015 年 6 月初稿

2017 年 12 月改定

附記:本文是筆者 2015 年完成的碩士論文的其中一節,此次發表僅做了格式及少量語句方面的修改。論文寫作及修改期間得到了雷興山、劉緒兩位老師的悉心指導,謹致謝忱!

---

[1] 劉緒:《周原考古札記四則》,《俞偉超先生紀念文集·學術卷》,北京:文物出版社,2009 年,第254-262頁。
[2] 雷興山:《先周文化探索》,北京:科學出版社,2010 年,第 301 頁。
[3] 張天宇:《一墓多族徽與商周分界》,《江漢考古》2016 年第 6 期。

圖書在版編目（CIP）數據

青銅器與金文. 第二輯 / 北京大學出土文獻研究所編. —上海：上海古籍出版社，2018.12
ISBN 978－7－5325－9046－9

Ⅰ.①青… Ⅱ.①北… Ⅲ.①青銅器（考古）—研究—中國②金文—研究—中國 Ⅳ.①K877.3

中國版本圖書館 CIP 數據核字（2018）第 284391 號

青銅器與金文（第二輯）

北京大學出土文獻研究所　編
上海古籍出版社出版發行
（上海瑞金二路 272 號　郵政編碼 200020）
（1）網址：www.guji.com.cn
（2）E-mail：guji1@guji.com.cn
（3）易文網網址：www.ewen.co
啓東市人民印刷有限公司印刷
開本 787×1092　1/16　印張 30.5　插頁 5　字數 629,000
2018 年 12 月第 1 版　2018 年 12 月第 1 次印刷
ISBN 978－7－5325－9046－9
K·2581　定價：148.00 元
如有質量問題，請與承印公司聯繫